자유헌정론

The Constitution of Liberty

자유기업원

자유주의시리즈 79

자유헌정론
The Constitution of Liberty

2023년 5월 8일 초판 1쇄 발행
2026년 1월 2일 초판 2쇄 발행

저자_ 프리드리히 A. 하이에크
역자_ 최지희
발행인_ 최승노
편집/디자인_ 인그루출판인쇄협동조합
발행처_ 자유기업원
주소_ 서울특별시 영등포구 양평로25길 8, 어반322 503호
전화_ 02-3774-5000

ISBN 978-89-8429-270-3 93320
책값은 뒤표지에 있습니다.

낙장 및 파본 도서는 바꿔 드립니다.
이 책 내용의 전부 또는 일부를 재사용하려면 반드시 자유기업원의 동의를 받아야 합니다.

자유주의시리즈 79

자유헌정론
The Constitution of Liberty

THE CONSTITUTION OF LIBERTY by F. A. Hayek
© 1960 University of Chicago
Introduction to the Routledge Classics edition © 2006 Irwin Stelzer
All rights reserved.

Korean translation edition © 2023 by Centre for Free Enterprise
Authorised translation from the English language edition published by Routledge, a member of the Taylor & Francis Group
All rights reserved

이 책의 한국어 판권은 베스툰 코리아 에이전시를 통하여
저작권자인 Taylor & Francis Group과 독점 계약한 자유기업원에 있습니다.
저작권법에 의해 한국 내에서 보호를 받는 저작물이므로
어떠한 형태로든 무단 전재와 무단 복제를 금합니다.

자유헌정론

'하이에크 교수는 인간에 대한 전반적인 과학을 대담하게 선택했고 관련 주제 전체에 걸쳐 강력하고 명쾌한 생각을 펼쳤다.'

〈The Spectator〉

'하이에크의 대표작인 이 책은 자유와 부자유 그리고 이들 각각에 해당하는 제도들에 대한 깊은 성찰이 담긴 선언문이다. 이 선언문은 크게 세 부분으로 나뉜다. 이 삼위일체의 3부작은 높은 이상을 위해 최고의 정신이 만들어낸 걸작이요, 위대한 업적이다.'

〈The Economist〉

차 례

저자 서문 / 8
머리말 / 11

1부 자유의 가치

1. 자유와 자유들·································· 25
2. 자유문명의 창조력······························ 44
3. 진보의 상식··································· 71
4. 자유, 이성, 전통······························· 94
5. 책임과 자유·································· 119
6. 평등, 가치, 공로······························ 141
7. 다수결 원칙·································· 169
8. 고용과 독립·································· 193

2부 자유와 법

9. 강제와 국가·································· 215
10. 법, 명령, 질서······························· 238
11. 법치의 기원································· 260
12. 미국의 공헌: 헌정주의······················· 280
13. 자유주의와 행정: 법치국가··················· 306
14. 개인의 자유에 대한 보호책··················· 323
15. 경제정책과 법치····························· 346
16. 법의 쇠퇴··································· 366

3부 | 복지국가에서의 자유

17. 사회주의의 쇠퇴와 복지국가의 등장 · · · · · · · · · · · · · · · 393
18. 노동조합과 고용 · 414
19. 사회보장 · 442
20. 조세와 재분배 · 473
21. 통화 체계 · 500
22. 주택과 도시계획 · 522
23. 농업과 천연자원 · 547
24. 교육과 연구 · 572

후기: 나는 왜 보수주의자가 아닌가 · · · · · · · · · · · · · · · · · 601

주석 · 627

역자 소개 · 768

저자 서문

　이 책을 저술한 목적은 머리말에서 설명하고, 감사의 말은 주석에 담았다. 여기서는 여러분께 한 가지 주의사항을 알리고 또 양해를 구하고자 한다.

　이 책은 과학적 성과물을 주로 다룬 저작이 아니다. 내가 살면서 대부분의 시간을 경제학 연구에 바치지 않았다면, 그리고 최근 몇몇 사회과학의 성과를 알기 위해 노력하지 않았다면 이 책을 쓸 수 없었을 테지만, 단지 사실에만 관심을 두거나 원인과 결과를 진술하는 데에만 내용을 한정시키지 않았다. 이 책의 목적은 이상을 밝히고 그 이상을 어떻게 달성할지 보여주며 또 그 실현이 실제로 무엇을 의미하는지 설명하는 것이다. 그렇기 때문에 여기에서 과학적 논의는 목적이 아니라 수단이 된다. 나는 우리가 살고 있는 세계에 대해 내가 알고 있는 지식을 정직하게 이용했다고 믿는다. 내가 그 지식을 바탕으로 제공한 서비스의 가치를 수용할지 말지는 독자들의 몫이다.

내가 독자들에게 그동안 노력의 결과를 내놓기로 결정하게 된 상황에 대해 양해를 구하고자 한다. 야심만만한 목적일수록 그 결과가 기대에 못 미치는 것은 어쩌면 당연한 일일 것이다. 이 책처럼 포괄적인 주제를 다룰 경우, 가능한 한 좋은 책을 쓰겠다는 과제는 한 사람의 역량을 다하지 않고서는 결코 완수되지 않을 것이다. 책을 보다 보면 더 조리 있게 표현했으면 좋았을 텐데, 조금 더 신경을 썼더라면 실수하지 않았을 텐데 등의 생각이 절로 들 것이다. 독자들을 존중한다면 분명 제대로 된 완성품을 내놓아야 한다. 그렇다고 더 이상 수정이 필요없을 정도가 될 때까지 끌어야 한다고 생각하진 않는다. 다른 많은 사람들이 실제로 연구하고 있는 그런 종류의 문제를 놓고 이보다 최선일 수 없다는 확신이 들 때까지 출판을 미루는 것은 오히려 자신이 하는 일의 중요성을 과대평가하고 있기 때문일지도 모른다. 한 사람이 분석을 한 발짝 진전시키면 그의 성과물 덕분에 이후의 수고들이 절약될 것이다. 이것이 내가 바라는 것이다. 아마 더 적임자가 나타나 나의 기여가 들어간 건물의 다음 벽돌을 쌓을 것이다. 어쨌든 어떻게 해야 좀 더 간결한 형태로 주요 문제들을 적절히 논의할 수 있을지 더 이상 다른 아이디어가 떠오르지 않을 때까지 내가 이 책을 붙들고 연구해왔다는 사실을 밝히고 싶다.

나는 미국에서 글을 쓰고 있고 10년 가까이 이 나라에 거주해 왔지만, 독자들에게 미국인으로서 글을 썼다고 할 수 없음을 확실하게 알리고 싶다. 나의 정신세계는 조국 오스트리아에서 보낸 청년기와 시민권을 획득하여 지금까지 갖고 있는 영국에서 보낸 20년간의 중년 시절에 형성되었다. 이 사실을 알아두면 책을 읽는 데 다소 도움이 될 것이다. 이 저작은 상당 부분 그러한 배경의 산물이기 때문이다.

1959년 5월 8일
시카고에서
F. A. 하이에크

머리말

현 위치에 도달하기까지 우리는 어떤 길을 걸어왔을까, 우리의 위대함을 키워온 정부의 형태는 무엇인가, 그것이 발현하게 된 민족적 풍습은 무엇인가?…법을 살펴보면, 개인적 차이가 있음에도 모두에게 동일한 정의가 제공된다…우리가 현 통치 체제에서 누리는 자유는 우리의 일상에도 그대로 적용된다…그러나 이런 사적관계의 편안함이 시민으로서의 우리를 무법자로 만들지는 않는다. 그런 위험을 방지하는 주요 안전장치는 재판관과 법에 복종하라는 가르침이다. 실제로 법령집에 성문화되어 있는 법이든, 아니면 특히 부상자를 보호하라는 불문율처럼, 어기면 불명예를 얻게 되는 성문화되지 않은 규약이든 말이다.

페리클레스(Pericles)[1]

과거의 진리가 계속 사람들의 마음을 사로잡으려면, 다음 세대의 언어와 개념으로 다시 이야기되어야 한다. 한때 가장 효과적으로 진리를 표현했던 언어들도 점차 낡아져서 명확한 의미를 전달하지 못하게 된다. 밑바탕에 깔린 이념은 여전히 타당하지만, 지금 우리가 당면한 문제에 대해서조차 옛 언어로는 더 이상 이전과 같은 확신을 주지 못한다. 옛 언어로는 우리에게 익숙한 맥락으로 논쟁이 진행되지 못하고, 따라서 우리가 찾고 있는 문제의 해답을 정확히 제시하지 못하기 때문이다.[2] 사람들의 마음을 지배할 만한 이상은 어떤 문장으로도 완벽하게 표현될 수 없기에 어쩌면 이는 당연한 것인지 모른다. 이상에 대해 이야기할 때는 그 시대의 사회풍토에 잘 맞춰져야 하고, 그 시대의 사람들이 공통적으로 받아들이고 있는 것들을 전제로 해야 하며, 현재 사람들이 관심을 갖는 이슈에 관련된 용어를 사용해 보편적 원리를 표현해야 한다.

근대 서구 문명에 영감을 주었고, 부분적인 실현만으로도 문명의 성취를 가능케 했던 자유의 이상이 완전히 다시 쓰여진 것은 사실상 이미 오래전의 일이다.[3] 실제로 거의 한 세기 동안 이 문명의 바탕이 된 기본 원리들은 점점 더 무시되고 잊혀졌다. 사람들은 우리 문명의 기본 원리들에 대한 이해나 활용도를 높이려고 노력하기보다는 이를 대체할 대안적 사회 질서들을 더 많이 찾았다.[4]

우리와 전혀 다른 체제와 맞닥뜨리고 나서야 깨닫게 된 것은, 우리가 스스로의 지향에 대한 명확한 개념을 상실했고, 적대자들의 교조적 이데올로기에 대항해 내세울 만한 확고한 원리를 아무것도 가지고 있지 못하다는 사실이었다.

전 세계인의 도덕적 지지를 얻기 위한 투쟁에서 확고한 신념의 부재는 서구를 매우 불리한 처지로 내몰고 있다. 서구의 지적 지도자들은 이미 오랫동안 서구의 원리에 환멸을 느끼고 서구가 성취한 것은 폄하하면서 오로지 '더 나은 세상'의 창조에만 관심을 보여 왔다. 이런 풍조 속에서 추종자가 생기기를 기대할 수는 없다. 현재 진행 중인 거대한 이념 투쟁에서 이기고자 한다면 우선 우리가 믿는 바가 무엇인지 알아야 한다. 또 우리 자신이 흔들리지 않기 위해서는 우리가 수호하고 싶은 것이 무엇인지 마음속에서 명확히 해야 한다. 다른 국민들과의 관계에서도 우리의 이상을 분명하게 이야기해야 한다. 오늘날의 대외정책은 어떤 정치철학이 상대에게 승리하느냐의 문제여서, 바로 우리의 생존은 세계의 한 지역을 충분히 강력하게 공통의 이상 아래 집결시켜낼 능력에 달리게 되었다.

우리는 매우 불리한 조건에서 이 일을 해야만 한다. 세계인의 상당수가 서구 문명을 차용했고 또 서구의 이상을 받아들였다. 바로 그때 서구는 스스로에 대해 확신이 사라졌고 자신을 만들어 온 전통에 대한 믿음을 상당 부분 잃었다. 이 시기에 서구의 지식인 대부분은 모든 문명의 성장을 이끌었던 힘을 100% 발휘해 전례 없는 빠른 성장을 가능케 했던 자유, 바로 그 자유에 대한 믿음을 상당히 포기했다. 그 결과 서구화 과정에서 서양의 이념을 차용해 자기 국민들에게 전수했던 저개발국의 지식인들은 서구권이 어떻게 문명을 건설했는지가 아니라 성공 자체가 만들어낸 대안적 꿈만을 배우게 됐다.

이러한 사태의 진전은 특히 비극적이다. 왜냐하면 서양을 따르는 신봉자들이 취하는 행동의 기반이 되는 신념들이 그들 국가가 서구의 업적 중 일부를 더 신속하게 모방할 수 있도록 할 수도 있지만, 동시에 그 신념들이 그들만의 고유한 공헌을 가로막는 장애물이 될 수도 있기 때문이다. 서구의 역사적 발전의 결과물이 다른 문화적 토양에 모두 이식될 수도 없으며, 또 반드시 이식돼야만 하는 것도 아니다. 서구의 영향을 받은 지역에서 궁극적으로 어떤 유형의 문명이 탄생하더라도 위로부터 강요받지 않고 스스로 성장하도록 허용된다면, 그 문명은 더 단기간에 적절한 형태를 갖추게 될 것이다. 때로 반대의 사례가 없는 건 아니지만, 자유로운 진화를 위한 필요조건인 개인 주도 정신이 결여되어 있다면, 번성하는 문명은 어디에서도 자라지 못할 것이다. 개인 주도 정신이 결여되어 있다면 우선적 과제는 그것을 일깨우는 일이다. 그리고 자유체제는 이 일을 할 수 있지만, 통제체제는 할 수 없다.

서구로 눈을 돌리자면, 우리는 이 지역엔 어떤 근본적인 가치들에 대해 폭넓은 공감대가 여전히 존재할 것이라고 기대하기 마련이다. 그러나 이러한 공감대는 더 이상 분명하지 않다. 이 가치들이 힘을 되찾기 위해선 전반적으로 다시 쓰여지고 또 재차 입증되는 일이 시급하다. 일관성 있는 자유주의적 관점이 기댈 수 있는 철학 전체를 다룬 저작, 즉 그 이상을 포괄적으로 이해하려는 사람이 찾을 만한 저작은 없는 것 같다. '서양의 정치전통'이 어떻게 성장해 왔는지에 관해 서술한 훌륭한 역사 저작물들은 많다. 그러나 "대부분의 서구 사상가들의 지향은 모든 개인이 지배자의 자의적인 권위에 최소한으로 의지하면서 사전에 정의된 권리와 의무의 틀 안에서 자신의 행위를 스스로 결정할 수 있는 특권과 책임을 누릴 수 있는 사회를 만드는 것이었다"[5]는 점을 이 연구들이 말해주지만, 내가 알기로는 어떤 연구도, 이것이 우리 시대의 구체적 문제에 무슨 의미를 갖는지, 또는 무엇이 이 이념을 궁극적으로 정당화하는지를 설명해주지는 못한다.

최근 몇 년간 자유사회 경제 정책의 원리와 관련해 오랫동안 만연해 있던 혼란을 불식시키기 위해 상당한 노력들이 있었다. 내가 그간의 성취를 폄하하려는 것은 아니다. 나는 여전히 내 자신을 경제학자로 여기지만, 우리 시대의 수많은 시급한 사회적 질문에 대한 답은 궁극적으로는 기술적 경제학이나 어떤 다른 단일 학문의 범주 밖에 있는 원칙들을 인식하는 데서 찾아야 한다는 생각을 점점 더 많이 하게 되었다. 처음에는 원래 관심사였던 경제 정책 문제에서 출발했지만 점차 자유 철학의 기본 원리를 포괄적으로 재확인하는 것을 통해 그 문제들에 접근하는 야심차지만 어쩌면 주제넘은 작업을 하게 됐다.

하지만 내가 기술적 세부사항을 속속들이 잘 안다고 주장할 수 있는 영역을 훨씬 벗어난 모험을 하는 것에 대해 유감으로 생각하지는 않는다. 우리의 지향에 대한 일관된 개념을 되찾으려면 아마도 비슷한 시도들이 더 많이 이뤄져야 할 것이다. 사실 이 책을 쓰면서 배웠던 한 가지는 극히 일부 측면만 상세히 알고 있을 뿐인 전문가들의 결정에 의존하거나 전문가들의 의견을 지나치게 무비판적으로 받아들이는 태도로 인해 수많은 분야에서 우리의 자유가 위협받는다는 사실이다. 그러나 경제학자와 다른 전문가들 사이에서 거듭 갈등을 초래하는 문제가 이 책에서도 반복적으로 등장할 것이기 때문에 나는 경제학자가 다른 모든 전문가들의 노력을 조율할 자격을 가질 만큼 특별한 지식을 지녔다고 주장할 수 없음을 여기서 분명히 짚고 넘어가고자 한다. 다만 경제학자가 주장할 수 있는 바는, 목표들이 상충하는 문제에 대한 그들의 직업적인 관심 때문에, 어느 누구도 사회의 행위들을 이끄는 지식 전체를 이해할 수는 없다는 사실, 이에 따라 개인들의 노력을 조정하는 일에는 개별 인간의 판단이 아닌 비인격적인 메커니즘이 필요하다는 사실을 경제학자들은 누구보다도 잘 안다는 것 정도일 것이다. 어떤 한 개인이나 집단이 지닐 수 있는 것보다 더 많은 지식이 활용되는 사회의 비인격적 과정에 대한 경제학자들의 관심이야말로 자신들의 특정 지식이 충분하게 고려되지 않고 있다고 생각해 통제 권력을 요구하는 다른 전문가들의 야심과 끊임없이 대립하게 만든다.

한편, 이 책은 독자들이 기대하는 것보다 더 야심적이기도 하고 동시에 덜 야심적이기도 하다. 특정 국가나 특정 시기의 문제들을 주로 다루기보다는 적어도 이 책의 앞부분에서는 보편적 타당성에 관한 원칙들을 다루고 있다. 이 책의 기본 개념과 구상은 여러 이름이나 여러 형태로 표현되고는 있지만 실상은 동일한 지적 경향이 전 세계적으로 자유에 대한 믿음을 침식해왔다는 인식에서 출발하고 있다. 이런 추세에 효과적으로 대응하려면 겉으로 드러난 모든 현상들의 저변에 도사리고 있는 공통의 요소들을 이해해야 한다. 또 자유의 전통은 어떤 한 나라만의 배타적 창조물이 아니며, 오늘날에도 그 비밀을 독점적으로 소유하고 있는 나라는 없다는 점을 기억해야 한다. 나의 주된 관심은 미국이나 영국의 특정 제도나 정책이 아니라 이들 국가가 고대 그리스인, 초기 르네상스의 이탈리아인 및 네덜란드인이 제공했고 여기에 프랑스인과 독일인이 중요한 기여를 하면서 구축된 토대 위에 발전시킨 원칙들이다. 또 구체적인 정책 프로그램을 제공하는 것이 아니라 어떤 정책이 자유 체제에 적합한지 판단하는 데 필수적인 기준을 명시하는 데 이 책의 목적이 있다. 내가 포괄적인 정책 프로그램을 설계할 만한 능력이 있다고 생각한다면 이 책의 기본 정신에 반하는 것이다. 궁극적으로 그런 프로그램은 공통의 철학을 그 시대의 문제들에 적용시킨 가운데 형성되어야 하는 것이다.

다른 이상과 끊임없이 대조하지 않으면서 어떤 이상을 적절하게 서술하는 것은 가능하지 않은 일이지만, 나의 주된 목적은 비판하는 데 있지 않다.[6] 나의 의도는 다른 이상에 빗장을 걸기보다는 오히려 미래의 발전을 위해 문을 활짝 여는 데에 있다. 또는 국가가 특정 이상의 발전을 독단적으로 통제할 때 필연적으로 벌어지는, 문들에 빗장이 걸리는 일을 방지하고자 하는 데 있다고 할 수 있다. 나는 우리 제도의 개선이라는 긍정적인 과제에 중점을 두고 있다. 그리고 바람직한 발전 방향을 제시하는 수준에 그칠지라도, 어쨌든 치워 없애야 할 덤불 더미보다는 개방되어야만 하는 도로에 더 많은 관심을 가지려고 노력했다.

일반적인 원리를 다루기 때문에 이 책은 정치 철학의 기본 쟁점들을 주로 다룰 수밖에 없지만 이야기가 진행될수록 좀 더 구체적인 문제에 접근하게 된다. 이 책은 모두 세 부분으로 나누어져 있다. 1부에서는 우리가 왜 자유를 원하는지, 자유의 역할이 무엇인지를 보여주고자 했다. 여기에는 모든 문명의 성장을 결정하는 요인들에 대한 검증이 포함된다. 이 부분에서는 주로 이론적이고 철학적인(만약 철학적이라는 것이 정치이론, 윤리학 및 인류학이 만나는 분야를 서술하는 올바른 용어라면) 논의가 이루어질 수밖에 없다. 2부에서는 서구인들이 개인의 자유를 수호하기 위해 발전시킨 제도들에 대한 검토가 이어진다. 여기서는 법학 분야로 들어가 그 문제들에 역사적으로 접근하고자 한다. 그러나 법률가나 역사가의 관점으로 법학의 진화를 다루지는 않을 것이다. 우리의 관심사는 이상의 성장인데, 이 이상은 대부분의 시대에 희미하게 나타나고 불완전하게 실현되어 왔다. 이 이상이 우리 시대의 문제를 해결하기 위한 지침을 제공하려면 더 명료하게 다듬어질 필요가 있다.

3부에서는 이러한 원리들을 오늘날 중요한 경제사회적 문제들에 적용함으로써 검증할 것이다. 내가 선택한 주제는 우리 앞에 놓인 여러 선택지 중에서 잘못된 선택을 했을 때 자유를 위태롭게 할 가능성이 가장 큰 분야에 속한 것들이다. 이를 통해 동일한 목표를 추구할지라도 방법에 따라 얼마든지 자유가 확장될 수도 또 파괴될 수도 있음을 보여주고자 했다. 이 주제들은 대부분 기술적 경제학만으로는 정책형성을 위한 충분한 지침을 제공하지 못하며 오로지 보다 넓은 틀 내에서만 제대로 다루어질 수 있는 성질의 것들이다. 물론 각 주제마다 제기되는 복잡한 문제들을 이 책에서 전부 다 다룰 수는 없다. 이 주제들에 대한 논의는 기본적으로 이 책의 주목적인 자유의 철학, 법학 및 경제학의 통섭이 여전히 필요하다는 사실을 보여주기 위함이다.

이 책은 이해를 돕기 위한 것이지, 열정에 불을 붙이기 위해 쓴 것이 아니다. 자유에 관한 글에서 감정에 호소하려는 유혹을 저버리기 힘들 때가 종종 있었지만, 되도록 냉철함을 잃지 않고 논의를 진행하려고 노력했다. '인간의 존엄성'과 '자유의 아름다움' 같은 말로 표현되는 감정은 숭고하고 칭송받을 만하지만 합리적 설득을 하는 데에는 적합하지 않다. 사람들이 신성불가침한 정서로 받아들이면서 단호히 방어해왔고 또 단 한 번도 지적인 문제로 다루어진 적이 없었던 이상을 냉철하고도 순수하게 지적으로만 접근할 때의 위험을 나는 잘 알고 있다. 나는 감정의 고양 없이 자유라는 대의가 승리할 수 있다고 생각하지는 않는다. 자유를 위한 투쟁에 항상 자양분을 공급해 온 강한 본능이 필수적인 지원요소이기는 하지만, 이 본능은 안전한 길잡이도 아니고 오류를 막는 확실한 방책도 아니다. 이와 동일한 고상한 정서들이 매우 잘못된 목적을 위해서도 마찬가지로 동원되었었다. 보다 중요한 것은, 자유를 침식해온 논의들은 주로 지적 영역에서 벌어진다는 점이며, 따라서 우리는 이 영역에서 싸워야 한다는 것이다.

개인적 자유의 가치를 논쟁의 여지가 없는 자명한 윤리적 전제로 받아들이지 않고 그 가치를 설명하면서 내가 그 옹호논리를 편의의 문제로 바꾸고 있다는 인상 때문에 당혹해하는 독자들도 있을 것이다. 이는 오해다. 우리의 도덕적 전제에 아직 동의하지 않은 사람들을 설득하고 싶다면 우리는 그 도덕적 전제들을 당연한 것으로 여겨서는 안 된다. 우리는 자유가 그저 하나의 특정 가치가 아니라 거의 모든 도덕적 가치의 원천이자 조건이라는 점을 보여줘야 한다.[7] 자유 사회는 개인 혼자 자유로울 때 그가 할 수 있는 것보다 훨씬 많은 것을 그 개인에게 제공해준다. 따라서 우리는 자유로운 인간들의 사회가 부자유가 지배하는 사회와 어떻게 다른지를 알기 전까지는 자유의 가치를 제대로 평가할 수 없다.

또한 나는 독자들이 언제나 높은 이상이나 정신적 가치의 차원에서 토론이 진행될 것이라고 기대하지 않기를 바란다. 실제의 자유란 매우 소소한 일들에 달려있는 것이기에, 자유를 보존하려는 열망을 가진 사람이라면, 공동체의 세속적인 걱정거리에 관심을 기울이고, 더러운 일만 아니라면 이상주의자들에게는 하찮게 여겨지기 쉬운 문제들까지도 이해하려는 자세를 갖추는 헌신을 보여야 할 것이다.

자유를 위한 운동에서 지적 지도자들은 자신의 가슴에 가장 와 닿는 자유의 쓰임새에만 한정해 관심을 쏟을 때가 지나치게 많았고 자신들에게 직접적인 영향을 끼치지 않는 자유의 제약이 갖는 중요성을 이해하는 데에는 거의 노력을 기울이지 않았다.[8]

이 책의 주된 논의 대상이 사실의 문제인데다가 되도록 감정을 자제하다 보면 출발점이 아주 진부해질 수밖에 없을 것이다. 몇몇 필수 단어들의 의미가 너무 모호해져서 사용하려는 단어들의 의미에 대해 처음부터 다시 합의를 해야만 한다. 최악의 경우는 '자유'라는 단어다. "자유라는 단어는 구체적인 맥락이 주어지기 전까지는 아무런 의미도 없으며, 또 조금만 손을 대면 당신이 원하는 어떤 내용이라도 내포하게 된다"[9]라는 말이 나올 정도로 이 단어는 남용됐고 그 의미가 왜곡되었다. 따라서 우리가 관심을 기울이는 이 자유가 무엇인지를 설명하는 것에서부터 시작되어야 한다. 자유를 논할 때 빠지지 않고 등장하지만 마찬가지로 모호한 '강제', '독단', '법'과 같은 용어들을 검토하지 않는 한 자유를 명확하게 정의할 수 없을 것이다. 하지만 이 개념들에 대한 분석은 2부 시작부분으로 미뤄두었다. 보다 실질적인 이슈들을 다루기도 전에, 단어의 의미를 설명하는 무미건조한 작업이 독자들의 흥미를 잃게 만드는 큰 장애물로 작용하지 않도록 하기 위해서다.

  2천 년 이상에 걸쳐 서서히 발전되어 온 공동의 삶에 대한 철학을 재조명해보는 이러한 시도를 함에 있어서, 나는 이 철학이 역경을 헤치고 새로워진 힘으로 등장하곤 했다는 사실에서 용기를 얻었다. 지난 몇 세대 동안 이 철학은 쇠퇴기를 겪어왔다. 일부의 사람들, 특히 유럽사람들은, 이 책이 이제는 죽어버린 체제의 이론을 사인심문하는 종류의 것이라 할지 모른다. 그에 대한 대답은, 만일 우리의 문명이 쇠퇴하지 않으려면 이 체제가 반드시 부활되어야 한다는 것이다. 이 체제가 가장 강력했을 때 그 토대를 이루는 철학은 정체되었고, 이 체제가 수세적이었을 때는 종종 진보하곤 했었다. 이 체제는 지난 1백 년간 거의 아무런 진전이 없었으며, 현재는 수세에 몰려 있다. 하지만 그 체제에 대한 공격 자체가 이 체제의 전통적 형태의 어디가 취약한 부분인지를 보여주었다. 하지만 바로 그 공격 덕분에 체제의 전통적 형태의 어느 부분이 취약한지가 드러났다. 이젠 과거의 위대한 사상가들보다 더 현명하지 않아도 개인의 자유의 필수조건을 누구나 이해하기 쉬운 위치에 있다. 지난 1백 년간의 경험이 메디슨(Madison)이나 밀(Mill), 토크빌(Tocqueville)이나 훔볼트(Humboldt) 같은 사람이 인지할 수 없었던 많은 것들을 가르쳤기 때문이다.

이 전통이 부활할 수 있는 순간에 도달했는지의 여부는 우리가 이 전통을 개선하는 데 성공하느냐뿐만 아니라, 우리 세대의 기질에도 달려있다. 이 전통은 사람들이 자신의 야망에 한계가 없다고 생각하는 시기에는 거부되었는데, 이 전통은 인간의 지혜와 능력을 과신하지 않으며, 우리의 계획능력 내에서 가능한 최선의 사회조차 우리의 모든 욕망을 충족시키지 못한다는 것을 인식하는 겸손하고 소박한 신념이기 때문이다. 또한 완벽주의와도 거리가 먼 만큼이나, 특정 악에 대한 분노에 사로잡혀 자신의 계획을 실현시킬 수만 있다면 해롭고 불공정한 방법이라도 동원하려는 열정적 개혁가의 성급함과 조바심과도 거리가 멀다. 개인들에 있어서는 야망, 조바심 및 성급함이 때로는 바람직할 수도 있다. 하지만 이런 기질이 강제적 힘을 행사하도록 이끌고, 또 자신들의 권한에는 우월한 지혜가 들어있으므로 자신의 신념을 타인에게 강요할 권리가 있다고 여기는 사람들이 권한을 부여받고 이들에 의해 사태의 진전이 좌우된다면 이는 매우 위험한 일이다. 나는 사회가 성취해온 소중한 것들을 크건 작건 상관없이 모두 파괴해 온 것은 다양한 모습으로 출현한 완벽주의였다는 점을 우리 세대가 알았으면 한다.[10] '이 시대의 초월적인 지혜와 통찰력에 대한 거만하고도 지극히 건방진 신뢰'를 따라가기 보다는 제한된 목표, 더 많은 인내심, 더 많은 겸손함을 갖춘다면 우리는 실제로 더 멀리 그리고 더 빨리 나아갈 수 있을 것이다.[11]

chapter 1
자유의 가치
The Value of Freedom

전 역사에 걸쳐 웅변가와 시인들은 자유를 극찬했지만, 왜 자유가 그렇게 중요한지 우리에게 말해준 사람은 아무도 없었다. 이에 대한 우리의 태도는 우리가 문명을 고정된 것으로 보느냐, 아니면 진보하는 것으로 보느냐에 따라 달라진다…진보하는 사회에서는 자유에 어떤 제약이 가해지면 새로운 시도가 줄어들고 진보의 속도가 감소할 것이다. 자유사회가 개인에게 행동의 자유를 허용하는 것은, 그 개인에게 더 만족을 주기 때문이 아니라 그 허용이 결국 어떤 지시사회보다 다른 이들에게 더 큰 혜택으로 돌아가기 때문이다.

필립스(H. B. Phillips)[12]

1

자유와 자유들

> 세계는 아직까지 자유(liberty)에 대해 제대로 된 정의를 가져본 적이 없다. 그리고 지금 미국인에게는 그 정의가 절실하다. 우리 모두가 자유를 선언한다. 그런데 우리 모두 같은 단어를 사용하지만 같은 것을 의미하지는 않는다…여기 같은 이름으로 불리지만 서로 상이할 뿐 아니라 서로 양립할 수 없는 두 개의 자유가 있다.
>
> 에이브러햄 링컨(Abraham Lincoln)[13]

강제의 부재로서의 자유

이제부터 우리는 타인에 의한 강제가 가능한 한 최소화되는 인간 조건에 관해 이야기할 것이다. 앞으로 이 상태를 자유의 상태로 부르겠다.[14] 이 두 단어는 삶의 다른 여러 좋은 것들을 표현하는 데 너무 다양하게 사용되어 왔다. 따라서 이 단어들이 실제로 무엇을 의미하는가에 대한 질문으로 시작하는 것은 별로 유익하지 않을 것이다.[15] 그보다는 먼저 우리가 그 말을 사용할 때 의미하는 조건을 밝히고 그 다음 우리가 채택한 단어의 의미를 좀 더 명확히 정의해야 할 필요가 있는 경우에만 그 단어의 다른 의미를 고민하는 것이 더 나을 것이다.

한 사람이 타인의 자의적 의지[16]에 의해 강제를 받지 않는 상태는 대개 '개인적' 혹은 '사적' 자유(freedom)로 구별된다. 그러한 의미로 '자유'라는 단어를 사용하고 있음을 독자들에게 상기시키고 싶을 때마다 이 표현을 사용할 것이다. 때로 '시민적 자유'라는 용어가 같은 의미로 사용되기도 하지만, 이 용어는 '정치적 자유'라는 것과 혼동되기 쉽기 때문에 그 용어 사용은 피하고자 한다. 이는 '시민의'와 '정치적'이란 단어가 각각 같은 의미의 라틴어와 그리스어에서 파생됐기 때문에 생기는 불가피한 혼동이다.[17]

심지어 '자유(freedom)'에 대한 잠정적 정의조차도 동료와 더불어 살아가는 인간이 가까이 다가가고 싶어 해도 100% 실현될 것으로 기대하기 어려운 상태를 묘사하고 있음을 보여준다. 따라서 자유의 정책이 맡은 과업은 강제나 그것의 해로운 효과를 완전히 제거하지 못한다 하더라도 가능한 한 최소화하는 것임에 틀림없다.

여기서 채택한 자유(freedom)의 뜻은 이 단어의 본래 의미 그대로다.[18] 인간, 아니 적어도 유럽인은 자유와 부자유로 나누어진 역사로 들어서게 된다. 그리고 이런 구분은 매우 명확한 의미를 지녔었다. 자유인이 누리는 자유는 그 정도가 다양하겠지만 노예는 갖지 못한 독립성 내에서의 정도 차이일 뿐이다. 자유란 언제나 개개인이 자신의 결정과 계획에 따라 행동할 수 있음을 의미한다. 이는 자의적으로 결정을 내려 특정한 방식으로 행동하거나 행동하지 못하도록 강제할 수 있는 타인의 의지에 종속될 수밖에 없는 처지와 반대의 상황을 뜻한다. 따라서 이런 자유는 '타인의 자의적 의지로부터의 독립'이란 유서깊은 표현으로 일컬어져 왔다.

이러한 가장 오래된 의미의 '자유(freedom)'는 때때로 통속적 의미로 사용되기도 했다. 그러나 철학자들이 그것을 다듬고 개선하려고 시도하는 과정에서 벌어졌던 혼란들을 생각한다면 이 표현을 그대로 받아들이는 것도 괜찮을 것 같다. 그런데 그것이 자유의 본래 의미라는 것보다 더 중요한 점은 그것이 명확한 의미를 갖고 있고 오직 하나의 상태만을 기술한다는 것이다. 그 하나의 상태란 '자유'라고 불리는 다른 것들을 우리가 원하도록 만드는 여타의 이유들과는 또 다른 이유로 바람직한 상태를 말한다. 엄밀히 말해서 우리는 이런 다양한 '자유들'이 같은 속(屬)에 속하는 다른 종(種)이 아니라 때로는 서로 상충되기도 하는 완전히 다른 것이며, 따라서 분명히 구별되어야 함을 알게 될 것이다. 다른 관점으로 '~로부터의 자유', '~할 자유' 등으로 종류가 다른 자유들이 있다고 말할 수도 있겠지만, 우리의 인식에서 '자유'는 하나뿐이다. 정도의 차이는 있을지언정 종류의 차이는 존재하지 않는 오직 하나인 것이다.

이런 의미에서 '자유'는 전적으로 사람과 타인과의 관계를 뜻하는 것으로[19], 이때 자유에 대한 유일한 침해는 타인에 의한 강제뿐이다. 이는 특히 한 사람이 특정 시점에서 선택할 수 있는 물리적 가능성의 범위는 자유와는 아무런 직접적 관계가 없음을 의미한다. 암벽 등반가가 어려운 구간에서 살아남기 위한 길이 하나밖에 없다면 선택의 여지가 있다고 말하기 어렵지만, 그래도 그는 자유로운 게 분명하다. 또한 이 등반가가 크레바스에 빠져 헤어 나오지 못한다면 오직 비유적으로만 '자유롭지 않다'고 말할 수 있을 뿐, 그를 '자유를 박탈당했다'나 '포로로 잡혔다'라고 말하는 것은 사회적 관계에 적용시킬 때와 다른 의미에서 그 용어가 사용됐음을 알 정도로 대부분의 사람들은 여전히 '자유'라는 단어의 본래 의미를 충분히 느끼고 있을 것이다.[20]

물론 한 사람에게 얼마나 많은 행동의 진로가 열려 있는지는 매우 중요한 문제다. 그러나 이것은 그가 어느 정도까지 자신의 계획과 의도에 따라 행동할 수 있는지, 즉 타인이 원하는 것을 하도록 타인에 의해 만들어진 필요성을 향해서가 아니라 스스로 끈질기게 분투해온 목표를 향해 행동할 수 있는지, 또 그의 행동 패턴 중 어디까지가 그 자신이 계획한 것인지와는 다른 문제다. 그가 자유로운지 여부는 선택의 범위에 따른 문제가 아니라 그 자신의 의도에 맞춰 자신의 행동 방침을 구체화할 수 있을 것으로 기대할 수 있는지 여부, 혹은 그 자신이 아닌 타인의 의지에 따라 행동하도록 조건을 조작할 수 있는 힘을 다른 누군가가 가지고 있는지 여부에 달려 있다. 따라서 자유가 존재하려면 어느 정도 확고하게 보장된 사적 영역과, 타인의 간섭이 없는 환경적 조건이 전제돼야 한다.

자유(liberty)에 대한 이러한 개념은 이와 관련된 강제의 개념을 먼저 다루면 보다 명확해질 것이다. 먼저 이 자유가 왜 중요한지 따져본 뒤 이 작업을 체계적으로 할 것이다. 그런데 이를 시도하기에 앞서 자유라는 단어가 갖는 다른 의미들을 우리의 개념과 대비시켜 봄으로써 우리의 개념 특징을 보다 정확하게 설명하고자 한다. 이 의미들은 본래 대부분의 사람이 바람직하다고 여기는 상태를 묘사한다는 점에서 공통점을 지닌다. 또 상이한 의미들 사이에 어떤 연관성이 있는데 이는 동일한 단어가 상이한 의미로 사용되는 까닭을 설명해준다.[21] 그러나 우선 차이점을 가능한 한 분명히 하는 것에서 시작해보자.

정치적 자유와의 대비

가장 먼저 우리 자신들이 사용하는 의미와 비교해 보아야 할 '자유(freedom)'의 의미는 통상 명확히 구분된다고 여겨지는 것이다. 그것은 사람들이 자신의 정부를 선택하고, 입법 과정, 행정부의 통제에 참여하는 것으로서 흔히 '정치적 자유'라고 불리는 것이다. 이는 우리의 개념을 사람들의 집단 전체에 대해 적용함으로써 파생된 것으로 사람들에게 일종의 집단적 자유를 제공한다. 그러나 이런 의미에서의 자유로운 국민이라고 해서 반드시 자유로운 사람들로 이루어진 국민인 것은 아니며, 또 개인으로서 자유롭기 위해 이 집단적 자유에 참여할 필요도 없다. 워싱턴 D.C. 주민들이나 미국에 거주하는 외국인 체류자, 또는 아직 어려서 투표권이 없는 젊은이들이 정

치적 자유에 참여하지 않고 있다고 해서 그들이 완전한 개인적 자유를 누리지 못한다고 할 수는 없다.[22]

또 사회에 막 진출한 초년생들이 자신들이 태어난 곳의 사회질서에 동의했기 때문에 자유롭다고 주장하는 것 역시 터무니없는 말이다. 그 사회질서는 아마도 그들이 다른 대안을 알지 못하고 부모 세대와 다르게 생각하는 젊은 세대 전체가 성숙기에 도달한 후에야 바뀔 수 있을 것이다. 그렇다고 해서 이 사회질서가 그들을 자유롭지 못하게 만들지 않으며 또 그럴 이유도 없다. 정치적 질서에 대한 동의와 개인적 자유 사이에서 종종 발견되는 연관성은 오늘날 자유의 의미를 혼동시킨 원천 중 하나이다. 물론 "자유를 공권력과 공적인 법 제정에 적극적으로 참여할 수 있는……것과 동일시할"[23] 권리는 누구에게나 있다. 다만, 만약 그럴 경우 그는 여기서 우리가 관심을 갖는 것이 아닌 다른 상태에 관해서 말하고 있다는 점, 그리고 서로 다른 조건들을 기술하는 데에 동일한 단어가 공통으로 사용되고 있다고 해서 이들이 서로 등가라든가 혹은 서로 대체될 수 있다는 것을 의미하는 것은 아니라는 점만은 분명히 밝힌다.[24]

이런 식으로 단어를 사용하다 보면 혼동의 위험이 있다. 어떤 사람이 스스로 노예가 되도록 투표하거나 계약을 체결해 본래 의미에서의 자유(freedom)를 포기하는 데 동의할 수도 있다는 사실을 모호하게 만들 수도 있기 때문이다. 어떤 사람이 외인부대 같은 조직에서 장기간 복무하겠다고 자발적으로 그러나 절대 철회할 수 없는 계약을 맺었다면, 그 후로 그는 우리가 말하는 의미에서 자유롭다고

하기는 어렵다. 또 예수회 수사가 예수회 창시자의 이상에 따라 살면서 자신을 '지성도, 의지도 없는 시체'로 여긴다면 그 역시 자유롭다고 말하기 어렵다.[25] 수백만 명이 투표를 통해 스스로를 독재자에게 완전히 종속시켰다는 사실을 목격했기 때문에 아마도 우리 세대는 자신의 정부를 선택하는 것이 곧 자유를 보장하는 것은 아니라는 점을 이해하게 되었을 것이다. 게다가 국민이 승인한 체제라면 그 어떤 체제라도 정의상 모두 자유 체제라고 부른다면 자유의 가치를 논하는 것이 무의미할 것이다.

외국의 속박에서 벗어나 자신의 운명을 스스로 결정짓고 싶어 하는 민족의 열망을 이야기할 때에는 자유의 개념을 개인이 아닌 집단에게 적용하는 것이 정확하다. 이 경우에는 민족 모두가 강제를 받지 않는다는 의미에서 '자유(freedom)'를 사용한다. 개인의 자유를 옹호하는 사람들은 민족적 자유에 대한 그러한 열망에 대체로 공감해 왔다. 이 때문에 19세기에 자유주의와 민족주의적 움직임 사이에서 불안한 동맹이 지속되어 왔다. 민족적 자유가 개인의 자유와 유사해 보이지만 이 둘은 동일하지 않다. 전자를 얻기 위한 분투가 항상 후자를 증진시키는 것은 아니다. 때로 사람들은 민족적 자유를 선호한 나머지, 타 민족이 다수를 차지한 자유주의 정부보다 자기 민족의 압제자를 선호하는 쪽으로 나아갔으며, 또 이는 소수집단의 개인적 자유(liberty)를 무자비하게 탄압하는 구실이 되기도 했다. 개인의 자유에 대한 열망과 개인이 속한 집단의 자유에 대한 열망이 유사한 감정과 정서를 기반으로 할 때가 많지만 그럼에도 이 둘의 개념을 명확히 구분할 필요가 있다.

내적 자유와의 대비

우리가 사용하는 의미와 다른 의미로 사용되는 또 하나의 '자유'는 '내적' 혹은 '형이상학적' 자유이다.[26] 이것은 다른 종류보다 더 개인의 자유와 밀접하게 관련되어 있기 때문에 더 혼동되기 쉽다. 이것은 한 사람이 순간적인 충동이나 상황에 떠밀려서가 아니라 자신의 신중한 의지, 이성이나 지속적 신념에 의해 행동을 어느 정도까지 취하는지에 대한 것이다. 하지만 '내적 자유'의 반대는 타인에 의한 강제가 아니라 일시적 감정이나 도덕적 혹은 지적 연약함의 영향을 받는 것이다. 만약 어떤 사람이 진지하게 심사숙고한 끝에 행동하려고 결심했지만 그 일을 해내는 데 성공하지 못했다면, 그의 의도나 용기가 결정적 순간에 힘을 잃어 어떻게든 해보려던 일을 해내는 데 실패했다면, 우리는 그를 보고 '정념의 노예', '자유롭지 못한 사람'이라고 말할 수 있다. 또 좀 더 잘 알았더라면 행했을 그런 일을 무지나 미신 때문에 하지 못했을 때에도 종종 이 용어들을 사용하며, '지식이 너희를 자유롭게 하리라'라고 말한다.

어떤 사람이 여러 대안들 사이에서 지적인 선택을 할 수 있는지 혹은 그가 전에 다짐했던 결심을 고수할 수 있는지 여부는 타인이 그에게 자신의 뜻을 강요하는지의 여부와는 별개의 문제다. 물론 전혀 연관성이 없는 것은 아니다. 같은 조건일지라도 그 사람이 갖고 있는 의지의 정도에 따라 어떤 사람에게는 강요로 느껴지고 또 어떤 사람에게는 그저 극복해야 하는 일반적인 어려움에 불과할 수 있다. 그런 만큼 '내적 자유'와 타인의 강제가 없다는 의미에서의 '자유' 둘 다 한 개인이 자신의 가용한 지식을 얼마나 잘 활용할 수 있을 것인지를 결정할 것이다. 그럼에도 이 둘을 분리하는 것이 여전히 중요한 이유는 '내적 자유'라는 개념이 이른바 '의지의 자유'에 대한 철학적 혼동과 연관되어 있기 때문이다. 과학적 결정론이 개인의 책임에 대한 근거를 무너뜨렸다는 잘못된 신념이 있다. 이 신념은 자유의 이상에 대한 불신에 그 무엇보다 크게 일조했다. 나중에(5장) 이 주제를 좀 더 깊이 다루어 볼 예정이다. 이 혼동에 관해 여기서는, 우리가 마땅히 해야 할 일을 할 수 있을 때에만 자유롭다고 하는 궤변에 현혹되지 말라고만 독자들에게 말해두고 싶다.

권력으로서의 자유와의 대비

개인의 자유(liberty), 동일한 단어로 표현되지만 다른 개념을 지시하는 경우 간의 혼동에서 가장 위험한 것은 우리가 앞서 간단히 언급했던 이 단어의 세 번째 쓰임이다. 즉, 물리적으로 '내가 하고 싶은 것을 할 수 있는 능력'[27], 우리의 욕구를 충족시키는 힘, 또는 우리에게 열린 대안 선택의 정도 등을 묘사하기 위해 '자유'라는 단어를 사용하는 것이다. 이런 종류의 '자유'는 날아다닐 수 있다거나, 중력에서 해방되어 '새처럼 자유롭게' 움직일 수 있다거나 혹은 자신의 환경을 원하는 대로 바꿀 수 있는 힘이 있다거나 하는 등등의 환상의 형태로 꿈속에서나 등장한다.

이 단어는 오래전부터 은유적으로 흔히 사용되어 왔다. 장애물로부터의 자유, 즉 전능함을 의미하는 이 자유와 어떤 유형의 사회체제에서든 보장이 되는 개인의 자유를 완전히 혼동하는 사람이 최근까지는 거의 없었다. 사회주의 논쟁 과정에서 이 혼동이 의도적으로 조장된 후부터 이러한 은유적 사용법은 위험의 소지를 갖게 됐다. 자유를 능력과 동일시하는 것이 일단 인정되고 나면 '자유'라는 단어가 갖는 매력을 이용해 개인적 자유를 파괴하는 조치들을 지지하는 궤변이 무한정 양산될 수 있다.[28] 또 자유의 이름으로 자신의 자유를 포기하도록 촉구하는 속임수가 한도 끝도 없게 된다. 상황을 통제할 수 있는 집단적 권력이라는 개념이 개인적 자유라는 개념을 대체하고 전체주의 국가에서 자유의 이름으로 자유가 억압되는 일이 발생한 것도 바로 이 혼동과 관련이 있다.

개인적 자유의 개념에서 능력으로서의 자유의 개념으로 전환이 촉진된 것은, 자유를 정의할 때 '강제'라는 단어 자리에 '구속'이라는 단어를 사용하는 철학적 전통 때문이었다. '구속'이라는 단어를 엄밀히 살펴보면 인간 행위자의 구속행동이 항상 전제되어 있다는 측면에서 어떤 면에서는 '구속'이 더 적절한 단어일 수도 있다.[29] 이런 의미에서 자유에 대한 침해란 주로 인간이 하고자 하는 일을 하지 못하도록 막는 데 있음을 효과적으로 상기시켜주는 반면에, '강제'는 특정한 일이 이루어지도록 강요당한다는 점을 강조하고 있다. 두 가지 측면 모두 중요하다. 보다 정확하게는, 자유란 구속과 제한의 부재로 정의하는 것이 옳을 것이다.[30] 그런데 불행하게도 이 두 단어는 인간 행위에 미친 영향이 타인으로부터 연유된 것이 아닌 경우에도 사용되어 왔다. 그렇게 되면 자유에 대한 정의가 구속의 부재에서 "욕구 실현을 위한 장애의 부재"[31] 혹은 "외부 걸림돌의 부재"[32]라는 식으로 너무나 쉽게 옮겨가게 된다. 이는 자유를 우리가 원하는 것은 무엇이든 할 수 있는 실질적인 능력으로 해석하는 것과 같다.

자유에 대한 이런 식의 재해석은 특히나 불길한 결과를 초래한다. 사실상 개인의 자유(freedom)가 아직까지 대체로 지켜지고 있는 몇몇 국가에까지 이런 재해석이 깊이 침투했기 때문이다. 미국의 경우 이것이 '리버럴(liberal)' 진영에서 지배적인 정치 철학의 토대로 널리 수용되기에 이르렀다. 커먼즈(J. R. Commons)[33]와 존 듀이(John Dewey)처럼 잘 알려진 '진보 진영'의 지적 지도자들은 '자유란 특정한 것들을 할 수 있는 실질적인 능력'이며 '자유에 대한 요구는 능력에 대한 요구'인 반면에[34], 강제의 부재는 '자유의 소극적 측면'에 불과하며 "능력에 다름 아닌 자유를 위한 수단으로서만 가치가 있다"[35]는 이데올로기를 확산시켜 왔다.

이 개념들은 약분할 수 없다

본래 의미의 자유(liberty)와 능력으로서의 자유를 혼동하게 되면 필연적으로 부와 자유를 동일시하게 된다.[36] 그리고 이는 '자유'라는 단어가 가지고 있는 호소력을 부의 재분배에 대한 요구를 지지하는 데 활용 가능하도록 만든다. 자유(freedom)와 부 모두 우리 대부분이 바라는 좋은 것이고 우리가 원하는 것을 얻으려면 대개 둘 다 필요하기도 하지만, 그럼에도 이 둘은 여전히 서로 다르다. 내가 내 삶의 주인이고 내 자신의 선택을 따를 수 있는지 여부와 내가 선택할 수 있는 가능성이 많은지 적은지 여부는 전혀 다른 문제다. 궁정에서 온갖 호사를 누리고 살지만 왕자가 시키는 대로 살아야 하는 궁인은 소작농이나 장인보다 훨씬 덜 자유로울 수 있고 자기 스스로의 삶을 제대로 영위할 수 없으며 자신에게 유용한 기회를 제대로 선택하지 못할 수 있다. 마찬가지로 군대를 책임지는 장군이나 대규모 건설 프로젝트의 책임자는 어떤 면에서는 통제할 수 없는 막강한 권력을 행사할 수 있지만, 그는 가장 가난한 농부나 목동보다도 덜 자유로울 수 있다. 상사의 말 한마디에 그의 의도나 계획 전체를 변경해야 하고 자신의 삶을 스스로 변화시키거나, 자신에게 가장 중요한 것을 스스로 결정할 기회가 그들보다 적기 때문이다.

    자유(liberty)에 대한 논의가 명확해지려면 그 정의가 사람들이 이런 유형의 자유를 좋아하느냐의 여부와는 별개여야 한다. 우리가 관심을 갖는 자유에 가치를 부여하지 않는 사람들, 자유로부터 커다란 편익을 얻을 수 있다는 사실을 알지 못하는 사람들, 다른 이득을 취하기 위해 기꺼이 자유를 포기할 준비가 되어 있는 사람들이 분명히 적지 않을 것이다. 심지어 자기 자신의 계획과 결정에 따라 행동해야 한다는 것을 이점이라기보다는 오히려 부담으로 느끼는 사람들도 있을 것이다. 그러나 모든 사람에게 득이 돌아가지 않는다 하더라도 자유는 바람직한 것이다. 우리는 다수가 자유로부터 얻는 편익이 자유가 제공하는 기회의 활용에 달려있는지, 대다수의 사람이 스스로 자유를 원할 경우에만 자유가 정당화되는 것인지 여부를 반드시 검토해봐야 한다. 우리가 자유로부터 얻는 모든 편익이 대부분의 사람들이 자유의 효과라고 인식하지 못하는 곳에서 나올 수도 있을 것이다. 심지어 자유가 우리에게 가시적 기회를 제공함으로써 얻게 되는 편익의 효과만큼이나 우리에게 규율을 부과함으로써 얻게 되는 편익의 효과도 있을 수 있다.

하지만 무엇보다 우리가 자유로울 수 있지만 비참해질 수도 있음을 인식해야만 한다. 자유는 전적으로 선하다거나[37] 모든 해악이 사라졌음을 뜻하지 않는다. 사실 자유롭다는 것은 굶어죽을 자유, 값비싼 실수를 저지를 자유, 혹은 치명적 위험을 감수할 자유를 의미할 수 있다. 우리가 사용하는 자유라는 단어의 용법에서는 즉흥적으로 불안정하게 살아가는 무일푼의 방랑자가 안전하고 상대적으로 안락한 징집병보다 실제로 더 자유롭다. 하지만 자유가 다른 선(善)에 비해 항상 더 바람직해 보이는 것은 아닐지라도, 자유는 분명한 이름을 가져야 할 분명한 선(善)이다. '정치적 자유'와 '내적 자유'가 조금만 주의를 기울이면 큰 혼동 없이 사용할 수 있을 정도로 오랫동안 정착된 대안적 용어이기는 하지만, '능력'이란 의미로 '자유'라는 단어를 사용하는 것이 용인될 수 있는지는 의문이다.

그러나 우리가 같은 단어를 사용했다고 해서 여러 '자유들'을 동일 속(屬)의 다른 종(種)으로 보는 해석은 어떤 경우에도 피해야 한다. 이는 위험천만한 헛소리의 원천이자 터무니없는 결론으로 이끄는 언어적 함정이다.[38] 능력이라는 의미에서의 자유, 정치적 자유, 내적 자유를 개인적 자유와 같은 선상에 두고 생각해서는 안 된다. 하나를 더 얻기 위해 다른 하나를 희생함으로써 전체적으로 자유(freedom)의 공통요소를 더 확보할 수 있는 게 아니다. 좋은 것 하나를 내주고 다른 것을 얻는 식의 교환은 있을 수 있다. 그러나 그런 교환의 효과를 말할 수 있는 공통 요소가 자유(liberty)에도 있다는 주장은 실로 어리석으며, 여러 상황들에 동일한 단어가 사용되고 있으므로 거기에는 반드시 공통요소가 존재할 것이라고 추정하는 유치한 철학적 실재론이다. 하지만 우리는 다양한 이유로 자유의 교환을 원하고, 어떤 자유가 존재하느냐에 따라 다른 효과가 나타날 것이다. 그들 중 하나를 선택해야만 한다면 자유가 전체적으로 신장되느냐 여부가 아니라 여러 상황들 중에서 우리가 어디에 더 높은 가치를 두는지에 의해서만 결정될 것이다.

자유와 노예

자유에 대한 우리의 개념이 너무 소극적이라는 반론이 자주 제기된다.[39] 평화 또한 소극적 개념이고 안전이나 평정, 구체적 장애물이나 해악의 결여도 소극적이라는 의미에서 이는 사실이다. 자유는 이런 개념의 부류에 속한다. 즉, 구체적 장애물 – 타인에 의한 강제가 없는 것을 나타낸다. 우리가 자유를 가지고 무엇을 하느냐에 따라 적극적으로 바뀐다. 이런 자유는 우리에게 어떤 특별한 기회를 보장해주지는 않지만 우리가 처한 상황에서 무엇을 가지고 어떻게 할지 우리 스스로 결정할 수 있게 해준다.

자유의 용도는 다양할 수 있겠지만 자유 자체는 하나다. 자유(liberty)가 결여됐을 때 자유들이 비로소 등장한다. 자유들은 곧 나머지 사람들이 대체로 부자유할 때 특정 집단과 개인들만이 얻을 수 있는 남다른 특권과 면책이다. 역사적으로, 자유로의 여정은 구체적인 여러 자유들을 성취하면서 진행돼 왔다. 구체적인 어떤 일을 할 수 있도록 허용된 것을 '하나의 자유'라고 부를 수는 있겠지만, 그것이 자유(liberty)는 아니다. 자유가 존재하는 상태에서도 어떤 일은 허용되지 않을 수 있지만, 반면에 무언가를 하려고 할 때마다 허가가 필요한 상태라면 자유는 존재하는 것이 아니다. 자유와 자유들의 차이는 일반적 규범이 금지하지 않은 모든 것이 허용되는 상황과 명시적으로 허용되지 않은 모든 것이 금지되는 상황의 차이다.

자유(freedom)와 노예의 기본 차이를 다시 한번 살펴보면 결코 자유의 소극적 특징 때문에 자유의 가치가 약화되지 않음을 명확히 알 수 있다. 우리가 사용하는 자유라는 단어의 의미가 가장 오래된 의미임을 앞에서 이미 언급했다. 자유인과 노예의 지위를 구분짓는 실제적 차이를 살펴보면 이 의미를 확고히 하는 데 도움이 될 것이다. 우리는 가장 오래된 자유 공동체인 고대 그리스 도시들의 경우에 관한 한 이 차이를 잘 알고 있다. 지금까지 발견된 노예 해방의 수많은 법령을 통해 우리는 그 본질에 대해 명확한 그림을 그릴 수 있다. 자유를 획득한 자에게는 보통 4가지 권리가 부여됐다. 노예해방 법령을 보면 이전에 노예였던 자에게 첫째 '지역사회 구성원으로 보호받을 법적 지위', 둘째 '임의적 체포로부터의 면책', 셋째 '하고 싶은 일은 무엇이든 할 수 있는 권리', 넷째 '자신의 선택에 따라 이주할 수 있는 권리' 등을 부여했다.[40]

이 목록에는 18, 19세기에 자유의 필수 조건으로 여겨졌던 것들의 대부분이 포함되어 있다. 당시에는 노예 역시 사유재산을 소유할 수 있었기 때문에 사유재산 권리는 생략됐다.[41] 이 권리가 추가되면 강제로부터 개인을 보호하는 데 필요한 모든 요소들이 포함된다. 그러나 최근 들어 자유의 대체재로 제안되고 있는 '새로운 자유'는 말할 것도 없고 우리가 앞서 검토했던 다른 자유들에 대한 언급은 전혀 없다. 확실히 노예가 투표권을 얻었다고 자유인이 되지 않고, 이상주의 철학자들이 아무리 설득한들 '내적 자유'가 그를 노예상태에서 벗어나 다른 상태가 되게 하지는 못할 것이다. 또 사치나 안락함, 혹은 타인이나 자연 자원에 행사하는 어떤 권력도 그가 자기 주인의 자의적 의지에 종속되어 있다는 사실을 바꾸지 못할 것이다. 하지만 그가 다른 시민들과 마찬가지로 같은 법 아래 있고 임의적 얽매임에서 벗어나 자신의 일을 자유롭게 선택할 수 있으며 재산을 소유하고 취득할 수 있다면 어느 개인이나 집단도 그에게 자신의 명령을 따르라고 강제할 수 없는 것이다.

자유, 강제, 법률

자유(liberty)에 대한 우리의 정의는 강제 개념이 무엇을 의미하느냐에 달려있기 때문에, 그 용어를 제대로 정의하지 않는 한 자유에 대한 정의도 분명해지지 않을 것이다. 사실 밀접하게 연관되어 있는 것들, 특히나 자의성과 일반적 규범 혹은 법에 대해서는 더 정확한 의미를 부여해야 한다. 따라서 이제 이 개념들에 대해 여태까지와 유사한 논리적 분석이 진행되어야 할 것이다. 이 과정을 완전히 피해갈 수는 없다. 하지만 이 용어들의 정확한 의미를 따지는 딱딱한 작업을 하기에 앞서 우리가 정의했던 자유가 왜 중요한 것인지를 먼저 설명하고자 한다. 따라서 정확한 정의를 내리기 위한 노력은 자유 체제의 법적 측면을 검토할 이 책의 2부 첫머리에서 다시 시작할 예정이다. 여기서는 강제에 대해 보다 체계적으로 논의했을 때 나타날 결과를 몇 가지 살펴보는 것으로 충분할 것이다. 간단한 형태로 되어 있기 때문에 다소 독단적으로 보일 수 있으나 그 부분은 나중에 설명하겠다.

'강제'란 어떤 사람의 환경이나 상황이 타인에 의해 통제되는 것으로서, 이때 그는 더 큰 해악을 피하기 위해 자신의 일관된 계획을 따르는 것이 아니라 타인의 목적에 봉사하도록 강요받는다. 다른 사람이 그에게 강요하는 상황에서 차악을 선택한다는 의미를 제외한다면, 그는 자신의 지적 능력이나 지식을 활용할 수도 없고 자신의 목적과 신념을 따를 수도 없다. 강제는 사고하고 가치 판단을 하는 인간으로서의 개인을 제거하고 그를 다른 사람의 목적 성취를 위한 단순한 도구로 만든다는 바로 그 이유 때문에 해악이 아닐 수 없다. 사람이 자신의 목적을 자신의 지식이 알려준 수단을 통해 추구한다는 의미에서의 자유행동은 타인이 마음대로 만들어낼 수 없는 데이터에 기초해야 한다. 그러기 위해선 남이 정한 선택을 할 수밖에 없도록 타인이 환경을 조정하거나 할 수 없는 알려진 영역이 존재해야 한다.

하지만 강제를 막을 수 있는 유일한 방법은 강제적 위협뿐이므로 모든 강제를 없앨 수는 없다.[42] 자유사회에서는 국가에 강제의 독점권을 부여하고[43] 사적 개인에 의한 강제를 방지하기 위해 국가의 이러한 권력을 그것이 필요한 경우로만 제한하려고 시도함으로써 이런 문제들에 대처해왔다. 이는 국가가 개인의 사적 영역을 타인의 침해로부터 보호하고 이 사적 영역을 구분지어 주어야만 가능한데, 사적 영역의 구분은 일일이 지정하는 것이 아니라 개인이 각자 자신의 영역을 스스로 판단할 수 있는 조건을 만드는 방법으로 해야 하며, 정부가 다양한 상황에서 어떻게 행동할지를 예상할 수 있게 해주는 원칙이 있어야 그것에 의거해 개인의 판단이 이뤄질 것이다.

이 목적을 위해 정부가 행사할 수 있는 강제는 최소화시키고 또 이미 잘 알려져 있는 일반적 원칙에 의거해 제한하여 강제를 가능한 한 가장 무해하게 해야 한다. 그럼으로써 각 개인은 자신이 강제될 것임을 아는 처지에 스스로를 놓지 않는 한 되도록 개인의 요구사항이 절대로 강제되지 않게 된다. 강제가 불가피한 경우조차도 그것을 제한적이고 예측 가능한 책무들에만 국한시키거나, 적어도 타인의 자의적 의지와는 무관하게 만듦으로써 강제의 가장 해로운 효과를 소멸시킨다. 또 그것이 정해질 때에는 개인적인 사정들과 무관하고 어떤 특정 개인들에게 영향을 미칠지 예측할 수 없는 일반적이고 추상적인 규칙에 의존하도록 하면 정부의 강제 행위조차도 개인이 자신의 계획을 세우는 기반으로 삼는 데이터가 된다. 이미 잘 알려진 규칙에 따른 강제, 통상적으로 강제될 개인이 스스로를 그 상황에 놓은 결과인 강제는 다른 사람의 목적을 위한 수단으로 이용되는 것이 아니라 자기 자신의 목적을 추구하도록 돕는 도구가 된다.

2

자유문명의 창조력

문명은 우리가 전혀 생각하지 않으면서도 수행할 수 있는 중요 작전들의 수를 늘려감으로써 진보해간다. 생각이 필요한 작전은 전투에서 기병대와 같다. 기병의 수가 엄격히 제한되고 활기찬 말들이 준비되어야 하며 결정적 순간에만 수행되어야 한다.

화이트헤드(A. N. Whitehead)[44]

문명과 지식의 성장

무지를 인식하는 것이 지혜의 시작이라는 소크라테스의 격언은 사회를 이해하는 데 대단히 중요하다. 이를 위한 첫 번째 필요조건은 사람이 자신의 목적을 달성하는 데 도움이 될 많은 것에 필연적으로 무지하다는 것을 인식하는 것이다. 사회생활, 특히 '문명'이라고 불리는 보다 진보된 형태에서 이뤄지는 사회생활의 이점은, 개인이 그가 알고 있는 것보다 더 많은 지식으로부터 혜택을 받는다는 사실에 기초한다. 자신의 목표를 추구하는 개인이 그 자신이 얻은 지식보다 더 많은 지식을 사용할 수 있을 때, 그 자신이 소유하지 않은 지식의 혜택을 누리며 무지의 경계를 초월할 수 있을 때 비로소 문명이 시작된다고 말할 수 있다.

무엇을 기반으로 문명이 작동하는지에 대해 인간이 필연적으로 무지하다는 근본적인 사실은 거의 주목을 받지 못했다. 철학자와 사회학도들은 이 무지를 어느 정도 무시해도 되는 사소한 결함으로 호도했고 또 그렇게 취급했다. 그러나 완벽한 지식이 있다는 것을 전제로 한 도덕적 혹은 사회적 문제에 대한 논쟁이 때때로 논리학에서 예행연습으로 유용할 수 있겠지만 현실 세계를 설명하려는 시도에는 별 쓸모가 없다. 이 문제들은 우리들의 지식이 사실상 완벽과는 아주 거리가 멀다는 '실제적 어려움'에서 기인한다. 과학자들이 우리가 알고 있는 것을 강조하는 경향은 어쩌면 당연한 일이다. 그러나 우리가 알지 못하는 것이 훨씬 더 중요할 때가 많은 사회 영역에서 이러한 경향은 잘못된 결론으로 향하게 할 수 있다. 수많은 유토피아적 구상이 쓸모없는 이유는 우리가 완벽한 지식을 가졌다고 가정하는 이론가들의 생각을 따르기 때문이다.

하지만 우리의 무지는 논의하기 매우 어려운 주제임을 인정해야만 한다. 심지어 처음에는 무지에 대해 조리 있게 말하는 그 자체가 불가능해 보일 수 있다. 우리가 전혀 알지 못하는 것을 놓고 지적으로 논의할 수 없음은 자명한 사실이다. 하지만 답은 알지 못하더라도 적어도 그 문제가 무엇인지는 말할 수 있어야 한다. 이를 위해선 우리가 논하고자 하는 유형의 세계에 대한 참 지식이 필요하다. 사회가 어떻게 돌아가는지 이해하려면 사회에 관해 우리가 가진 무지의 일반적 속성과 범위를 규정하려는 노력이 수반되어야 한다. 어둠 속에서 아무것도 보이지 않지만 어둠의 영역이 어디까지인지 그 경계는 추적할 수 있어야 한다.

인간이 문명을 창조했으니 원하는 대로 제도를 바꿀 수도 있다는 주장의 의미를 살펴보면 통상적 접근방식의 오류가 명백히 드러난다. 인간이 자신이 무엇을 하는지 완벽하게 이해한 상태에서 어떤 의도를 가지고 문명을 창조했거나 또는 적어도 그것이 어떻게 유지되고 있는지를 분명히 알고 있다는 전제에서만 이 주장은 정당화될 수 있다. 물론 어떤 의미에서 인간이 문명을 창조했다는 것은 사실이다. 그것은 인간 행위의 산물, 아니 그보다는 몇 백 세대에 걸친 행위의 산물인 것이다. 그러나 이 말은 인간의 문명이 계획의 산물이라거나 또는 심지어 인간이 문명의 기능과 지속적 존립이 무엇에 기반하고 있는지 알고 있다는 것을 의미하지는 않는다.[45]

인간은 천부적으로 문명을 구상하고 또 그것을 창조할 수 있는 사고력을 갖고 있다는 개념 자체가 근본적으로 잘못됐다. 인간이 단순히 자신의 마음대로 만들어낸 패턴을 세상에 부여한 것이 아니다. 인간의 정신 그 자체가 주변 환경에 적응하려고 노력한 결과 끊임없이 변화하고 있는 하나의 시스템인 것이다. 더 고도로 발달한 문명을 이루기 위해 지금 우리를 이끄는 이념들을 단지 실행에 옮기기만 하면 된다고 믿는 것은 잘못됐다. 우리가 진보하려면 앞으로 더 많은 경험을 해보면서 불가피하게 현재의 발상과 이상이 계속 수정될 수 있는 여지를 남겨둬야 한다. 중세 조상이나 우리 조부모가 오늘날 우리 삶의 방식을 예견할 수 없었던 것처럼 우리 역시 500년 아니 50년 후에 문명이 어떻게 될지 상상할 수 없다.[46]

자신의 문명을 의도에 따라 건설하는 인간이라는 인간관은, 인간 이성이 본성 바깥에 놓여있는 그 무엇이며, 또 경험과는 무관한 독립적인 지식과 추론능력을 지닌 것이라고 간주하는 잘못된 지식제일주의에서 비롯된다. 그러나 인간 정신의 성장은 문명 발달의 일부이다. 인간의 목적과 가치의 범위와 가능성을 결정하는 것은 특정시점에서의 문명상태이다. 정신은 그 스스로의 성장을 절대로 예측할 수 없다. 우리는 늘 현재 목표를 달성하기 위해 노력해야 하지만 이 목표들 중 어떤 것이 성취될지 결정할 새로운 경험과 미래의 사건들을 위해 여지를 또한 남겨둬야 한다.

현대 인류학자가 그래온 것처럼 '인간이 문화를 지배하는 것이 아니라 오히려 그 반대'라고 주장하는 것은 어쩌면 과장일 수 있다. 그러나 "우리가 문화를 조종하고 통제할 수 있다고 믿게 만드는 것은 다름 아닌 문화의 본성에 대한 심각하고도 광범위한 무지이다."는 인류학자의 말을 상기할 필요가 있다.[47] 그는 적어도 지식제일주의적 관념에 중요한 수정의 필요성을 시사했다. 이 말은 우리의 지성이 달성 가능하다고 생각하는 것을 향한 의식적인 노력과, 우리가 목표로 했던 것과는 전혀 다른 것을 만들어내는 제도, 전통 및 습관의 작동 간 끊임없는 상호작용에 대한 보다 참된 모습을 그리는 데 도움이 될 것이다.

두 가지 중요한 측면이 있는데, 개인의 행동을 이끄는 의식적 지식은 그의 목적을 달성할 수 있게 하는 조건의 일부분을 구성한다. 인간의 사고 그 자체가 그가 성장해온 문명의 산물이며, 문명을 형성한 경험들 상당 부분을 알지 못한다. - 문명은 이런 경험들을 습관, 관행, 언어, 도덕적 신념의 형태로 체화시켜 문명의 일부로 만든다. - 나아가 어떤 개인의 사고가 의식적으로 조작할 수 있는 지식이란 그의 행동의 성공에 기여하는 지식의 극히 일부임을 고려해야 한다. 다른 사람들이 지닌 지식이 우리의 개인적 목표를 성공적으로 추구하는데 있어 얼마나 핵심적인 조건인지를 곰곰이 생각해보면, 우리 행동의 결과를 좌우하는 주변조건에 대한 우리의 무지의 정도는 그야말로 충격적인 수준이다. 지식은 오직 개인의 지식으로서만 존재한다. 사회 전체의 지식을 말하는 것은 비유에 지나지 않는다. 개개인 모두의 지식 총합은 통합된 전체로서는 그 어디에도 존재하지 않는다. 여기서 중요한 문제는, 분리되고, 부분적이며, 때로 상호 모순적인 각자의 신념으로 분산되어 존재할 뿐인 이 지식으로부터 어떻게 우리 모두가 혜택을 얻을 수 있느냐는 것이다.

다시 말해서 문명사회 구성원인 인간이 혼자서 할 수 있는 것보다 훨씬 더 성공적으로 개인의 목적을 추구할 수 있는 것은 문명이 우리 개인이 소유하지 않은 지식으로부터 지속적으로 이익을 얻을 수 있게 해주고 또 각 개인이 자신만의 지식을 이용하는 것 자체가 그가 알지 못하는 다른 사람들이 자신들의 목적을 달성하는 데 도움을 주기 때문이다. 우리는 사회 활동 전체가 우리가 으레 그럴 것으로 학습해온 것들을 제공하기 위해 스스로 계속 적응해왔다는 이 특별한 사실들을 거의 알지 못한다. 더구나 우리는 개인의 행위들을 적절히 조정함으로써 이러한 적응을 이끌어내는 힘에 대해 아는 바가 거의 없다. 우리를 조화롭게 만드는 것에 대해 아는 바가 얼마나 없는지 발견했을 때 우리의 태도는 대체로 놀라움이나 호기심보다는 분노에 가깝다. 때때로 얽히고설킨 문명의 전체 메커니즘을 부수고 싶은 충동적 욕망의 상당 부분은 인간이 스스로 무엇을 하고 있는지 이해하지 못하는 무능에서 비롯된다.

경험의 다양한 용도

문명의 성장과 지식의 성장을 동일시하는 것은 완전히 잘못된 결론을 향하게 한다. 특히, '지식'이 개인의 의식적이고 명시적 지식만을 의미해 이것은 이렇고 저것은 저렇다는 식의 진술을 가능하게 하는 것만을 지칭한다면 말이다.[48] 이런 지식은 과학 지식조차 다 품지 못할 정도로 협소하다. 앞으로 진행될 논의를 잘 이해하기 위해서는 요즘 유행하는 견해[49]와 달리 과학 지식은 사회가 지속적으로 이용하는 명시적이고 의식적인 지식 전체를 포괄하지 못한다는 점을 기억하는 것이 중요하다. 지식을 추구할 때 과학적 방법만으로 사회에 필요한 모든 명시적 지식을 다 얻을 수는 없다. 인간이 끊임없이 이용하는, 계속 변하는 다양한 개별 사실들에 관한 지식 모두가 조직적으로, 체계적으로 설명될 수 있는 것도 아니다. 지식의 대부분은 수많은 개인들 사이에 분산된 채 존재할 뿐이다. 연구를 통해 정립된 내용 지식뿐 아니라, 필요한 것을 알아내기 위해 어떻게 접근해야 하는지에 관한 방법론의 전문가 지식도 마찬가지다.[50] 그러나 지금 당면한 목적을 위해 가장 중요한 것은 여러 유형의 합리적 지식들을 구분하는 것이 아니다. 앞으로 명시적 지식이라고 할 때는 이 다양한 유형의 지식들을 모두 뭉뚱그린 것을 말할 것이다.

지식을 과거의 경험이 녹아든 환경에 대한 인간의 모든 적응을 포함하는 것으로 해석했을 때에만 지식의 증가와 문명의 발전은 동일시될 수 있다. 이런 의미에서 모든 지식이 지적 능력에 속하는 것은 아니며, 또 지적 능력이 우리가 가진 전체 지식의 일부에 속하는 것도 아니다. 따라서 우리의 습관과 기술, 정서적 태도, 도구, 제도는 모두가 부적절한 행동을 선택적으로 제거함으로써 성장해온 과거 경험에 대한 적응인 것이다. 이는 의식적 지식과 마찬가지로 성공적 행동을 위해 필수불가결한 기반이 된다. 물론 우리 행동 기저에 깔린 이런 모든 비이성적 요소들이 항상 성공에 도움이 되는 것은 아니다. 어떤 것은 유용함이 다했음에도, 심지어 도움이 되기보다 걸림돌이 되었음에도 오랫동안 잔존해 있을 수 있다. 그럼에도 불구하고 우리는 그것들 없이 행동할 수 없다. 지적 능력을 잘 활용하는 것조차도 그것들을 지속적으로 사용할 수 있는지에 달려 있다.

인간은 지식의 증가를 스스로 자랑스러워한다. 그러나 스스로 해낸 지식 증가의 결과로, 의식적 지식의 한계와 그로 인한 무지의 범위도 의식적 행동에 상당할 만큼 꾸준히 증가해왔다. 근대과학의 태동 이래로 뛰어난 학자들은 '확인되는 무지의 범위가 과학의 발전에 따라 증가할 것'을 잘 알고 있었다.[51] 불행히도 과학의 진보는 무지의 범위가 지속적으로 줄어들고 있으며 따라서 우리가 모든 인간 활동을 보다 포괄적이고 계획적으로 통제하는 것을 목표할 수 있다는 믿음이 대중에게 확산되는 효과를 낳았고 많은 과학자들 역시 은연중에 이에 동조하는 것처럼 보인다. 지식의 증가에 도취된 사람들이 종종 자유의 적이 되는 이유가 바로 여기에 있다. 자연에 대한 지식이 증가하면서 무지의 새로운 영역이 계속 드러나지만, 반면 이 지식으로 건설된 문명의 복잡성도 증가하면서 우리를 둘러싼 세계를 지적으로 이해하는 것을 막는 새로운 장애물이 나타나게 된다. 인간이 아는 게 많아질수록 전체 지식 중에서 한 사람이 흡수할 수 있는 양은 점점 더 적어진다. 우리가 더 문명화될수록 개개인은 문명의 작동에 필요한 사실들에 대해 상대적으로 더 무지하게 된다. 다름 아닌 지식의 분화가 이 지식 대부분에 대한 인간의 필연적 무지를 확대시키고 있는 것이다.

경험의 전수와 의사소통

지식의 전달과 소통에 대해 이야기했을 때 우리가 말하고자 했던 것은 앞서 구분했었던 문명 과정의 두 가지 측면에 관한 것이었다. 즉, 우리의 축적된 지식을 적시에 전달하는 것과, 행위의 기반이 되는 정보가 동시대인들 간에 소통되는 일에 대한 것이었다. 동시대인들 사이의 의사소통 도구는 인간이 목적 추구 과정에서 지속적으로 사용해온 문화적 유산의 일부이기 때문에 이 둘을 딱 잘라 구분할 수는 없다.

우리는 과학의 영역에서 지식이 축적되고 전달되는 과정에 익숙한데, 이는 과학이 자연의 일반 법칙과 우리가 살고 있는 세계의 구체적 특징을 보여주기 때문이다. 과학지식은 우리가 물려받은 지식 중 가장 명징하게 드러나고 우리가 알아둬야 하는 중요지식이어야 함에도, '앎'이란 것의 전체로 보자면 그저 일부분일 뿐이다. 그래서 인류는 다양한 차원의 도구를 진화시켜 왔고 이를 사용해 우리의 환경에 대처하고 있다. 이 도구들은 여러 세대에 걸쳐 전해 내려오는 경험의 결과물이다. 그리고 일단 더 효율적인 도구가 사용 가능해지면, 왜 그것이 더 나은지, 심지어 다른 대안은 없는지에 대해 전혀 알지 못한 채 그저 사용한다.

이 도구들은 인류가 진화시켜 왔고 인류의 환경적응에 중요한 역할을 담당했는데, 이 도구들엔 물질적 수단만 있는 것이 아니다. 왜인지도 모른 채 습관적으로 따르는 여러 행동 양식들, 즉 어느 한 사람이 고안하지 않았지만 누적된 발전의 결과 유용해진 '전통'과 '제도'와 같은 것들이 그것이다. 인간은 다른 형태가 아닌 바로 이 형태의 도구를 왜 사용하는지를 모르듯이, 다른 형태가 아닌 바로 이 형태의 행동을 왜 하게 되는지도 알지 못한다. 인간은 자기 노력의 성공 여부가 얼마만큼이나 자신이 의식조차 하지 않는 관습과 합치되는지 여부에 따라 좌우되는지 잘 알지 못한다. 이는 원시인이나 문명인이나 마찬가지일 것이다. 의식적 지식의 성장과 마찬가지로 중요한 이런 보다 넓은 의미에서의 도구의 축적, 즉 검증되고 보편적으로 채택되는 행위방식의 축적도 항상 일어나고 있다.

현재 우리의 관심사는 전수받은 지식이나 앞으로 쓰일 새로운 도구의 형성보다는 그것을 직접 얻지 못하는 사람들을 돕는 데 현재의 경험이 어떻게 활용될 수 있는지에 놓여 있다. 가능하다면 진보에 대해서는 다음 장의 적절한 시점에 살펴보기로 하고 여기에서는 계속 변화하는 환경에 개인들의 행위를 적응시키는 데에 사회 구성원 각자에게 분산되어 있는 지식과 서로 다른 기술들, 다양한 습관과 기회들이 어떻게 기여하는지를 집중적으로 살펴보고자 한다.

외부조건의 변화는 자원 이용, 인간행위의 방향과 유형, 습관과 관행의 변화를 어김없이 초래한다. 제일 처음 영향을 받은 개인들의 행동이 변화하는 것에 맞춰 추가 조정이 이루어지고 이 조정은 점차 전체 사회로 퍼져 나가게 된다. 즉, 어떤 변화든 사회가 풀어야 할 '문제'를 만들어내는 것이고, 어느 누구도 그것이 문제인지 알지도 못하는 사이에 전반적으로 새롭게 조정이 이뤄지면서 점진적으로 '해결'되는 것이다. 그 과정에 참여하는 사람들은 자신들이 무슨 일을 왜 하고 있는지 전혀 알지 못하고, 또 우리는 각 단계에서 누가 먼저 적절한 조치를 취할지, 또는 지식과 기능, 개인적 태도와 환경 등의 어떤 특정 조합이 어떤 사람에게 적합한 해답을 제시할지, 또는 어떤 사람이 보여주는 사례가 어떤 경로를 통해서 그것을 따르고자 하는 사람들에게 전달될지 예견할 방법도 없다. 지식과 기술이 어떻게 조합돼야 행동으로 연결되고 사람들에게 수용되는 적절한 관행이나 장치의 발견이 그로부터 생겨나는지를 알아내기도 어렵다. 그러나 변화된 환경 속에서 익숙한 일을 해가는 과정에서 익명의 사람들이 취한 수많은 소소한 조치들 중에서 지배적 사례가 등장하게 된다. 확실하게 인지되고 소통되는 주요 혁신 못지않게 이 소소한 조치들은 중요하다.

문제를 해결하기 위해 다양한 종류의 지식과 기능을 어떤 방식 혹은 과정으로 결합하는 것이 좋을지 사전에 알 수 없는 것과 마찬가지로 어떤 사람이 보다 나은 방법을 찾기 위한 소질과 기회의 올바른 조합을 지니고 있을지를 미리 알 수는 없다.[52] 지식과 소질의 성공적 조합은 공동의 숙고나 공동의 노력을 통해 문제를 해결하려는 사람들에 의해 결정되지 않는다.[53] 이는 각 개인들이 좀 더 성공한 사람들을 모방한 산물이며, 모방은 기호나 상징을 길잡이 삼아 이뤄지는데, 이는 제품의 가격일수도 혹은 어떤 행위가 더 도덕적 혹은 미적으로 가치있는지 오랜 관찰을 거친 가치판단이 담겨있는 표현일 수도 있다. 이를 간단히 말하면 다른 사람들의 경험의 결과를 이용한 성과물인 것이다.

이 과정이 작동되기 위해 반드시 필요한 것은 각 개인은 적어도 어떤 특정 상황과 관계되는 한 항상 자신만의 독특한 특정 지식에 기반하여 행동할 수 있어야 한다는 것과 자신이 알고 있는 한계 내에서 자기 자신의 개인적 목적을 위해 자신의 개인적인 기능과 기회들을 이용할 수 있어야 한다는 것이다.

무지의 인식에 기초한 자유옹호론

이 장의 주요 주장을 일목요연하게 정리하면 다음과 같다. 개인적 자유의 논거는, 우리의 목적과 복리의 성취를 좌우하는 수많은 요소들에 대해 우리 모두가 불가피하게 무지할 수 밖에 없다는 것을 인식하느냐에 달려 있다는 것이다.[54]

전지전능한 인간이 있다면, 우리가 현재의 소망뿐만 아니라 미래의 필요와 욕구의 성취에까지 영향을 미치는 모든 것들을 알고 있다면, 자유를 옹호할 여지가 없을 것이다. 뒤집어 말하면 당연하게도, 개인적 자유는 완벽한 예견을 불가능하게 만든다. 예견할 수 없고 예측할 수 없는 것을 위한 여지를 남겨두기 위해 자유는 필수적이다. 우리는 이 여지를 통해 목표를 실현할 기회를 얻게 된다는 것을 학습했기 때문에 자유를 원한다. 개개인이 아는 바가 너무 적고, 특히 우리 중 누가 가장 잘 알고 있는지를 거의 알지 못하기 때문에, 우리가 바라는 것이 우리가 원하는 때에 나타날 수 있도록 하는 수많은 사람들의 독립적이고 경쟁적인 노력을 신뢰하는 것이다.

인간의 자존심에 굴욕감을 줄 수 있겠지만, 우연한 사건들이 발생할 수 있는 가능성을 최대화할 수 있느냐 아니냐에 문명의 진보뿐 아니라 보존까지도 달려 있다는 것을 우리는 인정해야 한다.[55] 이 우연의 사건들은 개인들이 습득한 지식과 태도, 기능과 관습이 조합되면서 발생하며, 또한 특정 상황에 대처할 준비가 되어있는 적임자가 이 특정 상황과 직면하게 되었을 때 발생한다. 무지의 상황이 이토록 많이 필요하다는 것은, 우리가 확률과 운과 더불어 살아야 한다는 것을 의미한다.

물론 개인의 삶이나 사회적 삶에 있어 항상 호재만 발생하라는 법은 없다. 그것들에 대한 대비를 해야만 한다.[56] 그러나 그것들은 여전히 우연이지 확실한 것은 아니다. 이 우연들에는 의도적으로 택한 위험, 잘나가는 사람들 못지않게 훌륭한 사람이나 집단이 불행해질 가능성, 심지어 다수가 심각한 실패나 나락으로 빠질 가능성, 최종적으로 순이득을 얻을 높은 가능성 등이 포함된다. 우리가 할 수 있는 일은 개인의 자질과 형편의 어떤 특별한 배열이 새로운 도구의 개발이나 낡은 도구의 개량으로 이어질 수 있는 기회를 늘리고, 또 이런 혁신으로부터 이득을 얻을 수 있는 사람들에게 빠르게 알려질 가능성을 높이는 것뿐이다.

물론 모든 정치이론은 대부분의 사람이 매우 무지하다는 사실을 당연한 전제로 한다. 하지만 자유를 주장하는 사람들은 이 무지한 사람의 범주에 현자들뿐 아니라 자기 자신도 포함시킨다는 점에서 다른 사람들과 다르다. 역동적인 문명의 진화 속에서 지속적으로 활용되는 지식 전체와 비교해보면 현자가 의식적으로 활용할 수 있는 지식과 가장 무지한 자가 의식적으로 활용할 수 있는 지식 간의 차이는 상대적으로 미미하다.

존 밀턴(John Milton)과 존 로크(John Locke)가 제시하고 존 스튜어트 밀(John Stuart Mill)과 월터 배젓(Walter Bagehot)이 다시 서술한 관용에 관한 고전적 논의 역시 우리의 무지를 인식하는 것에서 출발한다. 이는 인간 정신의 작동에 대한 비합리주의적 통찰이 이룩한 일반적 고찰을 특수한 사례에 적용한 것이다. 통상적으로 잘 인식되고 있지 않지만, 모든 자유의 제도는 확실성이 아니라 우연과 개연성에 대처하기 위해 적응된, 무지라고 하는 근본적 사실에의 적응이라는 점을 이 책 전반을 통해 발견하게 될 것이다. 인간사에서 확실성을 확보할 수는 없으며, 그렇기 때문에 우리가 가지고 있는 지식을 최대한 활용하기 위해서는 규범의 준수가 어떤 상황에서 무슨 결과를 낳을지 구체적으로는 몰라도, 경험상 대체로 최선이었던 규범을 따르지 않을 수 없는 것이다.[57]

미지의 가능성을 위한 기회로서의 자유

인간은 예견의 실패로부터 배운다. 그렇다고 어리석은 인간제도로 인한 예측불가능성을 확대시키지는 말아야 한다. 가능한 한 우리는 올바른 예측의 가능성을 높이도록 인간 제도를 개선하는 것을 목표로 해야 한다. 그러나 무엇보다도 우리는 미지의 개인들이 우리 자신에 대해서조차 무지하다는 사실을 터득하고 이 지식을 자신들의 행동에 활용할 수 있는 최대한의 기회를 만들어야 한다.

어느 한 개인이 소유한 지식보다 혹은 지적으로 통합된 지식보다 더 많은 지식이 활용되는 것은 많은 사람들의 상호 조정 노력을 통해서이다. 그리고 분산된 지식이 그렇게 활용됐을 때 어떤 한 사람의 정신이 예측한 것보다 더 큰 성취가 가능하다. 자유사회가 현명한 통치자의 정신이 이해할 수 있는 것보다도 훨씬 더 많은 지식을 활용할 수 있는 이유는 자유(freedom)가 개인의 노력에 대한 직접적 통제의 포기를 의미하기 때문이다.

이러한 자유옹호론의 토대로부터 알 수 있는 것은, 만일 자유가 순기능을 할 것이라고 알려진 경우들에만 국한해서 허용된다면 자유의 목적이 달성되지 못할 것이라는 점이다. 자유의 효과가 유익할 것이라고 사전에 알려진 경우에만 허용되는 자유는 자유가 아니다. 자유가 어떻게 이용될지를 우리가 알고 있다면 자유의 대상은 대부분 사라질 것이다. 만일 자유의 쓰임이 바람직해 보이지 않는 곳에는 자유가 허용되지 않는다면, 우리는 자유의 혜택을 결코 누리지 못할 것이며, 자유가 제공해 주는 기회들로 인해 얻을 수 있는 예측치 못한 새로운 발전을 절대 이루지 못할 것이다. 따라서 개인적 자유가 빈번하게 남용된다는 주장은 결코 개인적 자유에 대한 반론이 될 수 없다. 자유는 필연적으로 우리가 좋아하지 않는 일들이 많이 벌어질 수 있다는 것을 의미한다. 자유에 대한 우리의 믿음은 특정 상황에서 어떤 결과가 나올지 예견할 수 있다는 점에 기반을 두고 있는 것이 아니라, 모든 것을 감안할 때 나쁜 쪽보다는 좋은 쪽으로 더 많은 힘을 발휘할 것이라는 신념에 기반을 두고 있다.

여기에서 또 알 수 있는 것은 어떤 특정한 일을 함에 있어 자유롭다는 것의 중요성은, 우리 혹은 대다수의 사람들이 그 특정한 일을 할 수 있는 것인지 여부와는 아무런 연관이 없다는 점이다. 모두가 행사할 수 있는 자유가 아니라는 이유로 보다 많은 자유를 허용하지 않는 것은 자유의 기능을 완전히 오해한 것이다. 백만 명 가운데 단 한 명만이 활용할 수 있는 자유가, 우리 모두가 활용할 수 있는 그 어떤 자유보다도 사회에 더 중요하고 다수에게 더 많은 혜택을 줄 수도 있다.[58]

심지어 특정한 일을 자유롭게 할 수 있는 기회가 적으면 적을수록 사회 전체로는 그 기회의 가치가 더욱 값지다고 말할 수 있다. 기회가 적을수록 그런 기회가 왔을 때 잡지 못하는 문제의 심각성은 더욱 커질 것이다. 왜냐하면, 그 기회를 놓치면 그것을 경험할 기회가 다시는 없을 수도 있기 때문이다. 또 어떤 한 사람이 자유로울 때에만 할 수 있는 중요한 일들 대부분에 대다수의 사람들은 무관심하다는 것 역시 사실이다. 그래도 자유가 중요한 이유는 개인들이 그들의 자유를 어떻게 사용할 것인지를 우리가 알지 못하기 때문이다. 만약 그렇지 않다면 자유의 결과는 개인이 무엇을 해야 할지를 다수가 결정해 달성할 수도 있을 것이다. 그러나 다수의 행동은, 이미 시도되고 확인된 것, 서로 다른 개인들의 다양한 행위와 경험이 선행된 후 논의 과정을 통해 이미 합의가 도출된 것들에만 국한될 수밖에 없다.

내가 자유에서 얻는 혜택은 대체로 타인이 자유를 사용한 결과이고 그들이 사용한 자유의 대부분은 나 스스로 결코 활용할 수 없었던 것들이다. 따라서 내가 행사할 수 있는 자유만이 내게는 가장 중요하다고 할 수만은 없다. 똑같은 것을 모두가 다 할 수 있느냐 하는 것보다는 어떤 일이 어느 누군가에 의해 시도될 수 있느냐 하는 것이 확실히 더 중요하다. 우리가 자유를 주장하는 이유는 우리가 특정한 일을 할 수 있게 되는 것을 좋아해서도 아니고, 어떤 특정 자유가 우리의 행복에 필수적인 것이라고 여겨서도 아니다. 물리적 제약에 반기를 들게 만드는 본능은, 비록 우군이기는 하지만, 자유를 정당화하거나 자유의 한계를 설정하기 위한 항상 신뢰할 만한 안내자는 아니다. 중요한 것은 내가 개인적으로 행사하고자 하는 자유가 무엇이냐 하는 것이 아니라, 사회에 유익한 일을 하기 위해 어느 누군가가 필요로 하는 자유가 무엇이냐는 점이다. 미지의 개인에게 이 자유를 보장해 줄 수 있는 유일한 방법은 모두에게 이 자유를 주는 것이다.

    그러므로 자유가 주는 혜택은 자유민에게만 국한되지 않는다. 또는 자기 자신이 누리는 자유로부터만 주로 혜택을 받는 것도 아니다. 역사적으로 소수의 자유로운 사람들이 존재했기 때문에 자유롭지 못한 다수가 혜택을 입었고 또 오늘날 자유롭지 못한 사회가 자유로운 사회로부터 무언가를 얻고 배움으로써 혜택을 보고 있음은 자명한 사실이다. 물론 우리가 타인의 자유로부터 얻는 혜택은 자유를 행사하는 사람의 수가 늘어날수록 더욱 커지게 된다. 그러므로 몇몇 사람을 위한 자유옹호론은 모든 사람의 자유에 적용된다. 그러나 아무도 자유를 누리지 못하는 것보다는 몇몇이라도 자유를 누리는 것이 모두에게 더 이롭고, 또 제한된 자유를 모두가 누리는 것보다는 완전한 자유를 여럿이 누리는 것이 모두에게 더 이롭다. 중요한 점은, 어떤 일을 할 수 있는 자유의 중요성이 그 일을 하고 싶어 하는 사람의 수와는 무관하며, 오히려 반대로 그 수가 적기 때문에 더 중요할 수 있다는 것이다. 이로부터 도출되는 하나의 귀결은, 비록 대다수가 통제로 인해 자신들의 자유가 현저하게 축소되었다는 사실을 알지 못할지라도, 이 통제는 한 사회를 무력하게 만들 수 있다는 것이다. 만약 다수가 누릴 수 있는 자유의 실행만이 중요하다는 전제하에 계속 나아간다면, 우리는 결국 부자유의 모든 특성을 지닌 정체된 사회를 만들게 될 것이다.

사상의 자유와 행동의 자유

적응 과정에서 끊임없이 나타나는 의도치 않은 참신한 산물은 첫째, 서로 다른 개인 간의 노력들이 조화되면서 나타나는 새로운 배치나 패턴 그리고 자원 활용에서의 새로운 배열로 구성되는데, 이는 그 본성상 그런 것들을 초래한 잠시의 특정 조건만큼이나 일시적일 것이다. 둘째, 새로운 환경에 맞춰 도구와 제도의 수정이 이뤄질 것이다. 그중 어떤 것은 그때그때의 조건에 대한 일시적 적응이겠지만, 어떤 것은 기존의 도구와 용법을 다양화시키는 방식으로 개선이 이루어져 계속 보존될 것이다. 여기서 후자는 단순히 특정 시간과 특정 공간이라는 조건에서만 잘 적응하는 것이 아니라, 보다 영속적인 환경조건에서도 잘 적응하는 것들로 구성될 것이다. 이처럼 자생적으로 "형성되는 것"⁵⁹⁾에는 자연을 지배하는 일반법칙의 인식이 스며들어 있다. 이렇게 도구와 행동 유형의 경험들에 구현되는 것들이 누적되면서 명시적 지식의 성장이 나타날 것이고, 이는 사람과 사람 사이에서 언어로 소통할 수 있도록 만들어진 일반적 규범을 형성할 것이다.

새로운 것이 출현하는 이 과정은 그 결과가 지적 영역에서 새로운 생각일 경우 가장 잘 이해된다. 이 영역은 우리 대부분이 적어도 그 과정의 개별 단계 중 일부를 알고 있는 분야로, 어떤 일이 일어나고 있는지 잘 알고 있으며, 따라서 자유의 필요성이 일반적으로 인정되는 분야이다. 대부분의 과학자들은 지식의 진보를 계획할 수 없음을 알고 있다. 미지의 세계로 나아가는 과정 - 연구가 바로 그런 것이다 - 에서 우리는 예측 불가한 개인의 천재성과 환경에 상당히 의존한다. 그리고 어떤 새로운 생각이 불쑥 떠오르는 것과 마찬가지로 과학의 진보도 사회가 개인에게 부여한 개념들, 습관 및 상황이 서로 어우러진 결과물, 즉 체계적인 노력만큼이나 우연한 행운에 따른 결과물이라는 것을 잘 알고 있다.

지적 영역에서의 진보가 예상치 못하고 계획되지 않은 곳에서 나타남을 더 잘 알고 있기 때문에 이 영역에서의 자유의 중요성은 지나치게 강조되는 반면에, 어떤 것을 하는 자유의 중요성은 무시되는 경향이 있다. 모두가 당연히 중요하다고 받아들이는 연구와 신념의 자유, 언론 및 토론의 자유는 사실 새로운 진리가 발견되는 과정의 마지막 단계에서만 의미가 있다. 어떤 것을 할 자유의 가치를 무시한 채 지적 자유의 가치만을 칭송하는 것은 장대한 건축물의 가장 멋진 부분만을 그 건축물 전부인 양 생각하는 것과 같다. 토론에 제시되는 새로운 생각, 조정과정에 동원되는 다양한 관점이 나올 수 있는 것은, 개인들이 새로운 상황에서 구체적 과제를 수행하기 위해 새로운 도구와 행동유형을 시도한 행동 덕분이다.

이 과정에서 지적이지 않은 부분 – 새로운 것을 출현시키는, 변화된 물리적 환경의 형성 – 을 이해하고 또 그 진가를 알아보려면 지식제일주의의 관점에서 강조된 요소보다 훨씬 더 많은 상상력이 요구된다. 우리는 새로운 생각이 나타나게 된 지적 과정은 잘 추적할 수 있지만, 명시적 지식의 습득으로 이어지지 않는 요소들의 연결과 조합을 재구성하는 건 거의 할 수 없다. 활용된 좋은 습관과 기술, 사용된 시설과 기회 그리고 결과에 유리하게 작용하는 주요 인물들이 처했던 특정 환경조건을 재구성하는 일도 거의 불가능하다. 이 부분의 과정을 이해하려는 우리의 노력은 단순화된 모델에서 어떤 종류의 힘이 작동하는가를 보여주고 또 그 힘들이 미치는 영향의 구체적 특성보다는 일반적 법칙을 지적하는 것 이상은 나아갈 수 없다.[60] 사람은 항상 자신이 아는 것에만 관심을 갖는다. 따라서 그 과정이 진행되고 있는 동안 사람들이 의식하지 못하는 이러한 요소들은 일반적으로 무시되고 또 상세하게 추적되지 않을 것이다.

사실 이런 무의식적인 요소들은 일반적으로 무시될 뿐만 아니라 보조적 또는 필수 조건으로 받아들여지기는커녕 대체로 방해물로 취급된다. 이 요소들은 추론 과정에 명시적으로 들어가는 '합리적'

인 것이 아니기 때문에 지적 활동과 대비된다는 의미에서 비합리적인 것으로 자주 취급된다. 그러나 우리의 행위에 영향을 미치는 합리적이지 않은 것들 중 많은 것이 이러한 의미에서 비합리적일 수 있겠지만, 우리가 행위를 할 때 사용하고 전제하는 '단순한 관습'과 '무의미한 제도들'의 상당수는 우리가 무언가를 성취하기 위한 필수 조건들이다. 지속적으로 개선되면서 우리의 성취 범위를 결정하는 사회에 성공적으로 적응한 결과다. 그 관습과 제도들에서 결함을 발견하는 것도 중요하지만 우리는 앞으로도 계속 그것들에 의지하지 않고서는 한시도 나아갈 수 없을 것이다.

생산과 무역의 '노하우' 못지않게 하루 일정을 짜고, 옷을 입고, 식사하고, 집을 정리하고, 말하고, 쓰고, 수없이 많은 문명의 이기들을 사용하기 위해 우리가 배우고 익혀 온 방식도 우리들 자신이 문명 과정에 기여할 때 반드시 바탕이 되어야 할 기반을 지속적으로 제공해준다. 문명의 시설이 제공하는 것이 무엇이든 그것의 새로운 쓰임과 개선 속에서 궁극적으로 지적 영역에서 다뤄지는 새로운 생각이 생겨난다. 추상적 사고의 의식적 조작도 일단 시작되고 나면 그 자체적으로 생명력을 갖지만, 새로운 방식으로 행동하고 새로운 방법을 시도하고 변화에 적응하기 위해 문명의 전체 구조를 바꾸려는 사람들의 능력에서 생겨난 지속적 도전이 없다면 지속가능하지도, 발전할 수도 없을 것이다. 지적 과정은 사실상 이미 형성되어 있는 생각의 정교화, 선별 그리고 제거의 과정일 뿐이다. 새로운 생각의 흐름은 대부분 행위와 물리적 사건들이 서로 충돌하는 분야에서 발생한다. 자유가 지적 영역에만 국한된다면 이 흐름은 끊기게 될 것이다.

그러므로 자유의 중요성은 자유가 허용하는 행위의 성격이 고상한지 여부에 의존하지 않는다. 심지어 보잘 것 없는 것에서도 행동의 자유는 생각의 자유만큼이나 중요하다. 행동의 자유(freedom)를 '경제적 자유(liberty)'라 부르며 폄하하는 것이 일반적 관행이 돼 버렸다.[61] 그러나 행동의 자유 개념은 경제적 자유 개념보다 훨씬 포괄적이며, 전자가 후자를 포함한다. 그리고 더 중요한 것은 '경제적'이라고 불릴 수 있는 행동이 무엇인지, 또 자유에 대한 어떤 제약이 '경제적' 측면이라고 불리는 것에만 국한될 수 있는지 매우 의문스럽다는 점이다. 경제적 고려는 우리가 단지 그것을 수단으로 상이한 목적들을 조정하고 조화시키는 것에 불과하며, 종국에 가서는 (구두쇠나 돈 버는 것 자체가 목표가 된 사람들의 목적을 제외하고) 그 어떤 목적도 경제적이지 않다.[62]

자유와 가치변화

지금까지 논의한 내용의 대부분은 인간이 자신의 목적을 달성하기 위해 수단을 사용하는 것뿐 아니라 목적 그 자체에도 적용된다. 인간의 목표가 열려있고, 의식적 행위의 목표가 처음에는 몇몇 소수에게만 떠올랐다가 시간이 지나면서 대다수의 목표가 되는 것이 자유사회의 한 특징이다.[63] 선(善)이나 미(美)로 간주되는 것조차도 (상대주의적 관점이라고 불릴 정도의 명시적인 방식은 아닐지라도 여러 측면에서 다음 세대에서는 어떤 것이 선이고 어떤 것이 미가 될지를 우리가 모른다는 의미에서) 가변적이라는 점을 인식해야 한다. 사람들이 왜 이것이 선이다 혹은 저것이 선이다고 여기는지, 또 어떤 것이 좋은지 나쁜지를 놓고 사람들의 의견이 분분할 때 누가 옳은지를 우리는 모른다. 지식에서뿐만 아니라 목적과 가치에서도 인간은 문명이 빚어낸 피조물이다. 결국, 개인들의 소망이 집단 혹은 종(種)의 영속에 적절한 것인지 여부가 그 소망들이 지속될 것인지 아니면 변할 것인지를 결정한다. 우리의 가치가 무엇이어야 한다고 결론을 이끌어 낼 수 있다 믿는 것은 오류일 뿐이다. 이제 다들 알다시피 가치란 것들조차 진화의 산물이기 때문이다. 이 가치들이 우리의 지성을 만들어온 것과 동일한 진화의 힘에 의해서 창조되고 변경된다는 데에는 의심의 여지가 없다. 단지 우리가 알 수 있는 것은, 어떤 것이 선이고 어떤 것이 악이냐에 대한 궁극적인 결정은 인간 개개인의 지혜가 아니라 '그릇된' 신념을 고수해온 집단의 쇠락을 통해 이루어진다는 사실이다.

문명의 모든 장치들은 인간이 현재의 목적을 추구하는 과정 속에서 스스로의 효율성을 증명해야만 한다. 효과가 없는 것은 도태되고 효과가 있는 것만 잔존할 것이다. 하지만 기존의 필요가 충족되고 새로운 기회가 등장함에 따라 새로운 목적이 끊임없이 생겨난다는 사실보다 더 중요한 것이 있다. 어느 한 집단이 번성할 것인지 소멸될 것인지는 그 집단이 물질적 필요를 충족시키는 방법을 얼마나 잘 알고 있느냐 하는 것뿐만 아니라 그 집단이 따르는 윤리적 규범이나 그 집단을 인도하는 미(美) 또는 잘 사는 것에 대한 이상에 의해서도 결정된다. 어느 사회에서나 한 집단은 그들이 추구하는 목적과 준수하는 행동 기준에 따라 번성할 수도 쇠퇴할 수도 있다. 그리고 성공한 집단이 추구한 목적은 그 사회 모든 구성원의 목적이 되는 경향이 나타난다.

아무리 해봤자 우리는 우리의 가치관과 윤리 규칙이 왜 우리 사회의 존속을 이끄는지 부분적으로밖에 알지 못한다. 끊임없이 변화하는 상황에서 어떤 목적을 달성하는 데 도움이 되는 것으로 입증된 모든 규범이 앞으로도 그럴 것이라고 확신할 수도 없다. 비록 이미 확립되어 있는 사회규범은 어떤 식으로든 문명의 보존에 기여한다는 가정이 있기는 하지만, 이를 확인할 수 있는 유일한 방법은 다른 개인들이나 집단들이 준수하는 다른 규범들과의 경쟁에서 스스로를 계속해서 증명할 수 있느냐 없느냐를 보는 것이다.

조직과 경쟁

선별 과정이 기반하고 있는 경쟁은 총체적으로 이해되어야 한다. 여기에는 개인 간의 경쟁과 마찬가지로 조직화된 집단과 비조직화된 집단 간의 경쟁도 포함된다. 협력이나 조직화와 반대되는 개념으로 경쟁을 생각하게 되면 그것의 본질을 오해하게 된다. 협력이나 조직화를 통해 어떤 결과를 성취하기 위한 노력은 개인의 노력과 마찬가지로 경쟁의 일부이다. 또 성공적 집단 관계는 서로 다른 방식으로 조직된 집단들 간의 경쟁에서 그들의 효율성을 입증한다. 여기서의 차이는 개인행동과 집단행동의 차이가 아니라, 상이한 견해나 관행에 기반한 다양한 방식들이 시도될 수 있는 조건과 하나의 기관이 배타적 권리를 갖고서 다른 기관들이 시도하는 것을 막을 수 있는 힘을 소유하는 조건의 차이다. 실험적 시도가 중단되고 특정 시점에 팽배한 신념이 지식의 진보를 막는 걸림돌이 되는 것은 바로 그런 배타적 권리가 남들보다 뛰어난 지식을 가진 것으로 추정되는 특정 개인이나 집단에 부여될 때이다.

자유(liberty)를 옹호한다고 해서 인간의 이성을 잘 활용하는 가장 강력한 방법 가운데 하나인 조직을 반대하는 것이 아니다. 모든 배타적, 특권적, 독점적 조직에 반대하는 것이며, 다른 조직이 더 잘해보고자 시도하는 것을 막기 위해 강제를 사용하는 것에 반대하는 것이다. 모든 조직은 주어진 지식을 기반으로 한다. 조직은 특정 목적과 방법에 대한 헌신을 의미한다. 하지만 지식 증가를 위해 고안된 조직일지라도 그 조직을 고안할 때 기반이 된 지식과 신념이 진실일 때에만 효과를 발휘할 수 있다. 조직 구조가 기반하는 신념이 사실과 모순된다면, 그 조직은 실패하고 다른 형태의 조직으로 대체될 것이 분명하다. 따라서 조직은 자발적이고 자유로운 영역에 놓여 있는 경우에만 유익하고 효율적일 것이며, 조직 개념 속에 전혀 고려되지 않았던 환경에 스스로를 적응시키지 못한다면 실패하고 말 것이다. 사회 전체를 단일계획에 따라 건설되고 지시되는 단일조직으로 전환시키는 것은 그것을 계획한 개인의 인간정신을 이루었던 바로 그 힘을 소멸시키는 일이 될 것이다.

　행동을 할 때 가장 유용하다고 합의된 지식만 사용한다면 무슨 일이 일어나게 될지 잠시 생각해볼 필요가 있다. 일반적으로 통용되는 지식에 비추어보아 쓸모없다고 여겨지는 시도는 모두 금지되고, 지배적 의견에 비추어 유의미한 것으로 보이는 질문과 실험들만 시도된다면, 인류는 그 지식을 통해 모든 통상적 행동의 결과를 예측하고 모든 오류나 실패를 피할 수 있는 지점에 도달할지도 모른다. 그렇게 되면 인간은 그 결과가 완벽하게 예견되는 것만을 시도할 것이기 때문에, 인간이 그의 주변 환경을 자신의 이성에 복속시킨 것 같이 보일 것이다. 하지만 이 문명은 정지 상태에 이르게 될 것이다. 이는 더 이상의 성장가능성이 소진됐기 때문이 아니라, 새로운 지식이 등장할 여지가 전혀 없을 정도로 인간이 자신의 모든 행위와 주변 환경을 현재의 지식상태에 완전히 복속시키는 데 성공했기 때문이다.

합리주의와 이성의 한계

　따라서 모든 것을 인간의 이성에 종속시키고자 하는 합리주의자는 심각한 딜레마에 부딪친다. 이성의 사용은 통제와 예측성에 달려 있다. 그러나 이성의 진보 과정은 자유와 인간 활동의 예측 불가능성에 기반하고 있다. 이성은 인간의 사고와 행위 간의 상호작용을 통해 이용됨과 동시에 형성되는 것인데, 인간 이성의 힘을 찬양하는 사람들은 통상적으로 이 상호작용의 한쪽 면만을 바라본다. 그들은 이성의 진보가 있기 위해서는 이성의 성장이 이루어지는 사회적 과정이 이성의 통제로부터 자유로워야만 한다는 사실을 보지 않는다.

인간이 과거에 거둔 몇몇 위대한 성공들은 인간이 사회생활을 통제할 수 없었기에 가능했다는 점에는 의심할 여지가 없다. 인간이 계속해서 진보를 이어갈 수 있을 것인지는 현재 인간의 수중에 들어 있는 통제권 행사를 의도적으로 자제하느냐 여부에 달려 있다고 할 수 있다. 과거에는 아무리 제한적이었을지라도 자생적 성장의 힘이 국가의 조직화된 강제에 대항하여 스스로의 역량을 발휘할 수 있었다. 이제 정부가 마음대로 사용할 수 있는 기술적 통제 수단들이 등장함에 따라 과거와 같은 역량 발휘가 여전히 가능할지 확신할 수 없다. 어쩌면 조만간 불가능해질지 모른다. 의도적으로 조직화된 사회의 힘이 진보를 가능하게 했던 자생적 역량을 파괴할지도 모르는 시점이 멀지 않았다.

3

진보의 상식

인간은 그가 어디로 가고 있는지 알지 못할 때 가장 높이 오른다.

올리버 크롬웰(Oliver Cromwell)[64]

진보에 대한 각성

    요즘은 글을 쓸때, 앞서 나가는 지식인들 사이의 평판을 중시한다면 진보라는 단어에 꼭 인용부호를 사용한다. 지난 2세기 동안 앞선 사상가의 표식이었던 진보의 혜택에 대한 무조건적 신뢰는 이제는 천박한 정신의 표식처럼 여겨지게 됐다. 세계 대부분의 지역에서 대다수의 사람이 지속적 진보에 큰 기대를 걸고 있지만 지식인들 사이에서는 진보라는 것이 존재하는지 혹은 적어도 진보가 바람직한 것인지 여부에 의문이 있는 게 일반적이다.

    진보가 불가피하다고 여기는 열정적이고 단순한 믿음에 반하는 이런 반응들은 어느 정도까지는 필요했었다. 진보에 대한 글이나 말의 대부분이 변호하기 곤란할 정도로 너무 허술하기 때문에 사람들이 이 단어를 사용하기 전에 다시 한 번 생각해 보는 것이 좋을 수도 있다. '문명이 바람직한 방향으로 지금까지 움직여왔고 현재 움직이고 있으며 또 앞으로 움직일 것이다'[65]라는 주장을 뒷받침해줄 명분 혹은 모든 변화를 필연적인 것으로 보거나 진보를 확실한 것, 늘 유익한 것으로 여겨야 할 어떤 근거도 존재하지 않았다. 우리가 반드시 지향해야 할 조건들을 예측할 수 있게 해주거나, 인간이 저지른 모든 어리석은 일들을 필연적이고 따라서 옳은 것이라고 입증해 줄 수 있는, 인식 가능한 '진보의 법칙'이 있을 거라는 보장은 그 어디에도 없었다.

진보에 대한 이런 환멸이 왜 유행하고 있는지 설명하기 어렵지는 않지만 설명을 위해선 위험감수가 필요하다. 어떤 의미에서 문명은 진보이고 진보는 문명이다.[66] 우리가 알기에 문명이라는 것을 보존하는 일은 우호적 조건에서 진보를 낳는 힘들의 작동에 달려있다. 진화가 항상 더 좋은 것으로 이끄는 것은 아니라는 말이 맞다면, 진보를 낳는 힘들이 없이는 문명과 우리가 가치를 두는 모든 것 - 인간과 짐승을 구별시키는 거의 모든 것 - 이 존재하지 않거나 오래 유지되지 못할 것이라는 말도 맞는 말이다.

문명의 역사는 8,000년도 채 되지 않는 짧은 기간 동안 우리가 인간 생활의 특징이라고 여기는 거의 모든 것을 창조해낸 진보에 대한 기록이다. 수렵생활을 포기한 후 우리의 직계 조상 대부분은 신석기 문화 초기에 아마도 농업을 시작했고, 곧이어 아마도 3,000년 전 혹은 100세대 전에는 도시 생활로 들어갔다. 어떤 면에서 인간의 생물학적 능력은 이 급속한 변화와 보조를 맞추지 못했고 비이성적인 부분의 적응은 다소 뒤처졌으며 또 본능과 감정의 많은 부분은 여전히 문명의 삶보다 수렵꾼의 삶에 더 맞춰져 있었음은 놀랄 일이 아니다. 우리 문명의 많은 특징이 우리에게 부자연스럽고 인위적이거나 건강하지 못하게 보인다면 그것은 사실상 문명이 시작된 이후 처음으로 도시 생활을 하면서 비로소 경험하게 된 것들이기 때문이다. 산업화, 자본주의 혹은 지나친 세분화에 대한 모든 익숙한 불만들은 대체로 떠돌이 수렵꾼으로 50만 년 넘게 살다가 시작한 지 얼마 안 된 새로운 삶의 방식 그리고 여전히 해결되지 않는 문제들을 만들어 내는 새로운 삶의 방식에 대한 이의 제기인 것이다.[67]

진보와 개선

개인의 노력이나 조직화된 인간의 노력과 관련하여 말할 때 진보는 어떤 알려진 목표를 향해 나아가는 것을 의미한다.[68] 따라서 이런 의미에서 사회적 진화를 진보라고 부를 수 없는 것은 인간의 이성이 알려진 수단을 활용해 고정된 목표를 달성하기 위해 분투한 것이 아니기 때문이다.[69] 진보를 인간 지성의 형성과 수정의 과정, 우리에게 알려진 가능성뿐만 아니라 인간의 가치관과 욕구 역시 계속 변화하면서, 적응하고 학습해가는 과정으로 생각하는 것이 보다 정확할 것이다. 진보란 지금까지 알려지지 않은 것의 발견에 있기 때문에 그 결과를 예측하는 것이 불가능하며 언제나 미지의 세계로 이어진다. 우리가 기대할 수 있는 것이라고는 기껏해야 어떤 종류의 힘이 진보를 가능하게 하는지 이해하는 것 정도이다. 그러나 진보에 유리한 조건을 만들어내려 한다면 반드시 이 누적적인 성장과정의 특성을 전반적으로 이해해야겠지만, 그렇다고 그것이 구체적인 예측을 가능케 하는 지식이 되는 것은 결코 아니다.[70] 그런 통찰을 통해 우리가 따라야 할 진화의 법칙을 도출할 수 있다는 주장은 터무니없다. 인간의 이성은 그 자신의 미래를 예측할 수도, 의도적으로 만들 수도 없다. 이성의 진보는 어디가 잘못되었는가를 발견하는 데 있다.

새로운 지식 탐구가 가장 의도적으로 이뤄지는 분야인 과학에서조차 연구 결과를 예측할 수 있는 사람은 아무도 없다.[71] 사실 과학이 유용한 지식, 즉 미래의 용도를 예견할 수 있는 지식을 의도적으로 목표 삼지만, 그조차 진보를 지연시킬 수 있다는 인식이 늘고 있다.[72] 진보는 그 본질상 계획될 수 없다. 구체적 문제 해결을 목표로 하면서 이미 해답의 궤도에 도달한 분야 정도라면 진보를 계획한다고 말할 수 있을지도 모른다. 하지만 우리가 우리 자신을 지금 눈에 보이는 목표를 추구하는 데에만 국한시키고 새로운 문제는 더 이상 생겨나지 않는다면 우리는 곧 우리 노력의 종점에 도달하게 될 것이다. 우리를 더 현명하게 만드는 것은 이전에 몰랐던 사실을 아는 것이다.

그러나 이로 인해 종종 애석하다는 생각이 들기도 한다. 진보는 한편으로는 우리가 노력해온 것을 성취하는 데에 있지만 그렇다고 우리가 그 모든 결과를 좋아하거나 모두에게 혜택이 돌아간다는 것을 의미하지는 않는다. 또 우리의 바람과 목표 역시 그 진보 과정이 전개됨에 따라 변화할 수 있기 때문에 진보라는 말 자체가 진보가 만들어낸 새로운 국면이 더 나은 상태라는 분명한 의미를 가지고 있는지에 대해서도 의문이 든다. 자연에 대한 지식과 힘의 누적적 성장이라는 의미에서 진보라는 용어는 새로운 상태가 기존의 것보다 더 큰 만족을 줄지 여부와 무관하다. 기쁨은 전적으로 우리가 추구한 바를 성취하는 데 있을지도 모르며, 보장된 소유는 아무런 만족을 주지 않을지도 모른다. 우리가 현 발전단계에서 멈춰야 한다면 100년 전 혹은 1,000년 전에 멈췄을 때보다 더 나은 삶을 살 수 있을지 혹은 더 행복할 수 있을지에 대해서는 아마 대답할 수 없을 것이다.

하지만 그 답은 중요하지 않다. 중요한 것은 매순간 달성 가능한 것으로 보이는 것을 성취하도록 열심히 노력하는 것이다. 인간의 지능이 스스로 증명한 것은 과거 성공의 결과가 아니라 미래를 그리고 미래를 위한 삶이다. 진보는 움직임 그 자체를 위한 움직임이다. 인간이 자신의 지성의 선물을 향유하는 것은, 학습의 과정 속에서이며, 새로운 것을 학습하는 효과를 통해서이다.

전반적으로 상당히 빠른 속도로 진보하는 사회에서만 구성원 다수가 개인적 성공을 향유할 수 있을 것이다. 정체된 사회에서는 잘 살게 된 사람만큼 더 못살게 된 사람들도 있을 것이다. 대다수의 개인적 삶이 진보에 참여하기 위해서 상당한 속도로 진보가 진행될 필요가 있다. 따라서 애덤 스미스의 말이 옳다는 데에는 의심의 여지가 없다. "사회가 완전한 부를 달성했을 때보다 부를 더 확보하기 위해 진보하고 있을 때 국민의 대다수인 노동 빈곤층의 상태가 가장 행복하고 편안해 보인다. 정체된 국가에서는 살기 어렵고 쇠퇴 국가에서는 비참하다. 진보 국가는 모든 다양한 사회질서 중에서 실제로 활기 넘치고 왕성한 국가다. 정체되면 활기가 없고 쇠퇴하면 침울해진다."[73]

진보사회의 가장 큰 특징은 개인이 추구하는 것의 대부분이 더 나은 진보를 통해서만 얻어진다는 점이다. 이는 진보의 필연적인 특성에서 비롯된다. 새로운 지식과 그 혜택은 점진적으로만 확산되고 다수의 야망은 언제나 아직 소수만 접근할 수 있는 것에 의해 결정될 것이다. 새로운 가능성을 마치 처음부터 사회 구성원들이 의도적으로 공유할 수 있었던 사회 공동 자산으로 생각하면 안 된다. 사회 공동 자산이 되는 것은 소수의 성취가 다수에게 서서히 이용 가능하게 되는 느린 진보의 과정을 통해서만이다. 발전 과정에서 눈에 띄는 몇몇 단계에 지나치게 관심이 쏠리면서 오해의 소지가 불거진다. 그러나 대개 주요 발견은 그저 새로운 시야를 열어줄 뿐이고 어디선가 생겨난 새로운 지식이 널리 사용되기까지 장기간에 걸친 많은 노력이 반드시 필요하다. 보편적으로 사용되려면 적응, 선별, 결합 및 개선의 과정을 거쳐야만 한다. 이 말은 다른 사람들에게는 아직 미치지 못한 새로운 성취로부터 이미 혜택을 보는 사람이 항상 존재한다는 것을 의미한다.

진보와 불평등

우리가 기대해온 빠른 경제적 진보는 대체로 이런 불평등의 결과이며 또 그것 없이는 불가능할 것으로 보인다. 이처럼 급속한 진보는 균일하게 진행될 수 없으며 일부가 나머지보다 훨씬 앞서가는 사다리꼴 스타일로 진행될 수밖에 없다. 우리가 습관적으로 더 많은 재화와 장비를 축적하는 것이 경제적 진보라고 여겨왔기 때문에 그 이유가 잘 드러나지 않았던 것이다. 그러나 우리의 생활수준의 향상은 동일한 재화를 더 많이 소비하게 할 뿐 아니라 다른 여러 재화를 사용하게 해주는 지식의 증가에 기인한다. 그리고 소득 증가는 한편으로는 자본 축적에 달려 있지만, 그보다는 자원을 더 효과적으로 사용하고 새로운 용도로 사용하는 것을 배우는 데 달려 있다.

지식의 성장이 특히 중요하다. 왜냐하면 물질 자원은 항상 희소해서 제한된 목적을 위해 보존되어야 하는 반면 (독점적 특허권을 가지고 인위적으로 희소하게 만들지 않는 경우) 새로운 지식의 사용은 무제한적이기 때문이다. 지식은 일단 달성되면 모두가 공짜로 이용하게 된다. 전반적 진보가 가능해지고, 또 과거의 성과가 후대의 진보를 촉진시키게 하는 것은 사회의 일부 구성원들의 실험에 의해 획득된 지식이라는 공짜 선물을 통해서다.

이 과정의 어떤 단계든 생산 방법을 이미 알고 있지만 여전히 너무 비싸서 다수에게 제공할 수 없는 것들이 항상 있을 것이다. 또 초기 단계에서는 대략적으로 균등하게 소득분배를 했을 때 개인에게 돌아갈 몫의 몇 배에 해당하는 자원을 지출했을 때에만 생산이 가능하다 보니 소수에게만 그 혜택이 돌아가게 된다. 처음에 새로운 재화는 일반적으로 "대중적 수요나 생활필수품의 일부가 되기 전까지 선택받은 소수의 기호품이다. 오늘날의 사치품은 내일의 필수품이다."[74] 게다가 새로운 것은 한동안 소수의 사치품이었기 때문에만 보다 많은 사람들이 이용할 수 있게 된다.

오늘날 잘사는 나라에서 얼마 전까지만 해도 그만한 수량을 생산하기가 물리적으로 불가능했던 편의시설을 대부분의 사람에게 제공할 수 있게 됐다면 이는 처음엔 소수를 위해 만들어졌기 때문에 가능한 결과다. 안락한 집, 교통과 통신 수단, 오락 등의 모든 편의시설들은 처음에는 오직 소량만 생산되었다. 하지만 더 적은 양의 자원으로 만드는 법 혹은 유사한 제품을 만드는 법을 점차 알게 되면서 대다수에게 공급할 수 있게 됐다. 부자들의 지출 중 상당 부분은 비록 의도한 것은 아니지만 결과적으로 나중에 가난한 사람들도 이용할 수 있도록 새로운 것을 실험하는 비용을 대는 데 사용된다.

여기서 중요한 점은 비싼 값에 소량 생산하는 법을 이미 알고 있었다가 저렴하게 대량 생산하는 법을 점차 배웠다는 것이 아니라, 앞선 위치에서만이 다음 단계의 욕구와 가능성들을 가시화시킬 수 있기 때문에 새로운 목표를 선택하고 그것을 성취하기 위한 노력이 다수가 그것을 얻기 위해 노력하는 시점보다 훨씬 앞서 시작된다는 점이다. 현재 목표가 실현된 뒤에 사람들이 새롭게 원하는 것을 조만간 이용 가능하게 하려면, 20년이나 50년 뒤에 대중에게 그 성과가 돌아가게 될 발전은 이미 그것을 누리는 위치에 있는 사람들의 관점으로 이끌어가야 한다.

오늘날 미국이나 서유럽에서 상대적으로 가난한 사람들이 자동차나 냉장고, 비행기 여행이나 라디오를 그들의 소득에 비추어 합당한 비용으로 향유할 수 있게 된 것은, 과거에 소득 수준이 더 높았던 다른 사람들이 그 당시 사치품이었던 그것들에 돈을 지출한 덕분이다. 진보의 길은 누군가 먼저 밟고 지나가기 때문에 한결 수월해진다. 허약하거나 운없는 사람들을 위한 길이 만들어질 수 있는 것은 정찰대가 목적지를 찾아냈기 때문이다. 오늘날 소수만이 누리고 다수는 꿈조차 꾸지 못하기 때문에 사치, 더 나아가 낭비처럼 보이는 것들은 궁극적으로 많은 사람이 이용하게 될 삶의 스타일을 실험하기 위한 대가인 것이다. 앞으로 시도되고 개발될 것들의 범위, 언젠가 모두가 이용하게될 경험을 위한 투자금은 현재 혜택의 불평등 분배에 의해 크게 확장된다. 그리고 다수가 이득을 보기 훨씬 전에 첫 단계가 시행된다면 진보의 속도가 매우 빨라질 것이다. 일부에게 충분한 기간 동안 이용되지 않았다면 모두를 위한 개선과 개량이 충분히 이뤄질 수 없는 것이다. 보다 나은 것이 모든 사람에게 동시에 제공될 때까지 기다려야만 했다면 많은 경우 그런 날은 결코 오지 않을 것이다. 오늘날 극빈자들조차도 일정 수준 이상의 물질적 풍요를 누리는 것은 과거의 불평등 덕분인 것이다.

삶 속에서의 실험

알다시피 진보 사회에서 남들보다 부유한 사람들은 물질적 혜택을 누리는 측면에서 다른 사람들보다 약간 앞서 있을 뿐이다. 그들은 다른 사람들이 아직 도달하지 못한 진화의 단계를 먼저 살아간다. 그 결과, 빈곤은 절대적이라기보다는 상대적 개념이 되었다. 물론 이 사실이 빈곤의 쓰라림을 줄여주는 건 아니다. 대개 선진 사회에서 충족되지 못한 욕구는 더 이상 물질적 욕구가 아니라 문명의 산물이긴 하다. 하지만 여전히 각 단계에서 대부분의 사람이 바라는 것들 상당수는 소수만 누릴 수 있고 좀 더 진전이 이뤄져야만 모두가 누리게 된다. 사실 우리가 갖고자 애쓰는 것들 대부분은 다른 사람들이 이미 갖고 있기 때문에 원하게 된 것들이다. 진보사회는 이러한 학습과 모방의 과정에 의존하지만, 이 사회는 자신이 창출한 이 욕구들을 더 노력하라는 자극으로만 이해한다. 이 사회는 모두에게 그 결과를 보장해주지 않는다. 다른 사람의 사례를 보며 생겨나는 욕구가 충족되지 못했을 때의 고통을 무시한다. 일부 사람이 누리는 것이 늘어날수록 모두의 욕구 역시 그에 비례해 증가하기 때문에 잔인하게 보인다. 하지만 진보사회가 존재하는 한 일부는 앞장서고 나머지는 따라갈 수밖에 없다.

진보의 각 단계마다 부자들은 가난한 사람들이 아직 접근할 수 없는 새로운 삶의 방식을 시도해봄으로써 가난한 사람의 진보가 훨씬 더 느려지지 않도록 봉사한다는 이 주장은 누군가에겐 설득력 없고 냉소적인 변론으로 보일 수도 있다. 하지만 조금만 다시 생각해보면 이는 반박할 수 없이 타당해서, 바로 이 점 때문에 사회주의 사회가 자유사회를 모방하게 될 수밖에 없다는 걸 알게 된다. 계획경제에서는 다른 사람들 모두가 이용하기 전에 새로운 것을 미리 시험해보는 업무를 하는 사람을 정해야 할 것이다. 일부가 먼저 해보는 것 말고는 새롭지만 아직은 비싼 생활방식을 모두가 누릴 수 있게 만들 방도가 없다. 개인이 특정한 새로운 것들을 테스트해 보도록 허용되는 것만으로는 충분하지 않을 것이다. 새로운 것들은 다음 단계에서 욕구의 대상이 되는 일반적 진보의 구성 부분이 될 때에만 적절한 용도와 가치를 획득하게 된다. 각 단계에서 다양한 새로운 가능성 중 어떤 것이 개발되어야 하는지, 또 언제 어떻게 특정 부분을 개선해 일반 진보에 적용해야 하는지 알기 위해서, 계획사회는 나머지보다 항상 몇 단계 앞서가는 계급, 또는 계급적 위계를 마련해야만 할 것이다. 그럴 때 그 불평등이 기획의 결과이고, 또 해당되는 특정 개인이나 집단의 선택이 계획당국에 의해 행하여지는 것이지 시장의 비인격적 과정이나 출생과 기회라는 우연에 의해서 행해지지 않는다는 사실에서 자유사회와는 그 상황이 다른 것이다. 덧붙여 지적해야 할 점은, 계획사회에서는 계획당국이 승인한 종류의 생활개선만 허용되며, 또 그것은 당국이 특별히 선정한 사람들에게만 제공된다는 사실이다. 또한, 계획경제사회가 자유경제사회와 동일한 속도의 진보를 달성하려면 사회에 퍼져야 할 불평등의 정도도 크게 다르지 않을 것이다.

바람직한 불평등의 정도를 측정할 수 있는 척도란 존재하지 않는다. 물론 개인의 지위가 자의적 결정에 따라 정해지거나, 인간의 의지에 의해 특정인에게 특권이 부여되는 것은 바람직하지 않다. 그러나 어떤 한 사람이 다른 사람을 크게 앞섰다고 해서 사회에 해가 될 수 있다는 말이 과연 어떤 면에서 정당한지 판단하기 어렵다. 생활 향상의 정도를 나타내는 분포상의 간격이 너무 클 경우에는 그렇게 말하는 것도 타당할 수 있다. 그러나 그 소득 피라미드 분포가 그런대로 연속적이고 크게 불평등하지 않다면, 하위 등급에 속한 사람들이 그들보다 다른 사람들이 잘 산다는 사실로 인해 물질적 이득을 본다는 것을 부정하기 힘들다.

불평등에 대한 반대는 선두 계층이 나머지 계층에게 돌아갈 몫을 갖는다는 오해에서 비롯된다. 불평등 사회가 촉진하는 지속적 진보의 관점이 아니라 과거 진보의 성과를 단순히 재분배한다는 관점에서 생각한다면 이 말이 옳다. 미지의 대륙이나 혹성에 사는 다른 사람들이 그들의 좋은 조건 때문에 갖게 된 앞선 지식을 우리가 갑자기 활용할 수 있게 되면 크게 이득을 볼 수 있을 것이다. 이처럼 선두 집단의 존재는 장기적으로는 뒤처진 집단에게 이득이 되고 우리 모두에게 큰 이득이 될 것이다.

국제적인 측면들

평등의 문제가 공동체의 구성원들에게 영향을 줄 때에는 냉정하게 토론하기가 어렵다. 더 넓은 측면, 즉 부국과 빈국의 관계를 보면 평등의 문제가 더 선명하게 나타난다. 그러면 공동체의 모든 구성원은 자기 집단의 소득 중 일정 몫에 대한 자연권이 있다는 관념에 덜 현혹될 수 있다. 오늘날 세계인 대다수가 상호 노력을 통해 혜택을 받고 있기는 하지만 세계 전체의 산물을 인류 전체 집단의 통일된 노력의 결과로 보는 것은 확실히 타당치 않다.

오늘날 서구인들이 부에 있어서 다른 지역 사람들을 훨씬 앞서고 있음은 부분적으로는 더 많은 자본을 축적한 결과이긴 하지만 이는 주로 지식을 더 효과적으로 활용한 결과다. 서구가 그렇게 앞서 갔기 때문에 서구의 현재 수준에 도달하려는 더 가난한 '미개발' 국가들이 훨씬 더 나아졌음은 의심할 여지가 없다. 나아가 어떤 세계 정부 같은 것이 있어 현대 문명이 부상하는 과정에서 물질적 이득이 전 세계에 균등하게 분배되도록 했다면 결과적으로 더 좋지 않았을 것이다. 오늘날 몇몇 국가가 서구에서 몇 백 년이나 몇 천 년에 걸쳐 이룬 물질적 풍요의 수준을 몇 십 년 만에 이룰 수 있었던 것은, 서구가 스스로의 물질적 성취를 다른 국가와 공유하도록 강요받지 않았기 (서구가 방해받지 않고 다른 나라들보다 훨씬 앞서 나아갈 수 있기) 때문에 이들 후발주자의 길이 더 쉬워졌다는 것이 명백하지 않은가?

선진 기술에 대한 지식이 있기 때문에 서구 국가가 더 부유할 뿐만 아니라 부유하기 때문에 더 선진화된 기술에 대한 지식을 가질 수 있다. 앞선 국가는 지식을 얻기 위해 많은 비용을 지불해야만 했지만, 그 지식이 이제 공짜 선물로 후발 국가에게 주어지면서 그들은 훨씬 더 적은 비용으로 같은 수준에 도달할 수 있게 된다. 실제로 일부 국가가 선도하는 한 나머지 국가는 내부에서 자발적인 진보를 이룰 조건이 형성되지 못할지라도 모두 뒤따라갈 수 있다. 자유가 없는 국가나 집단조차 자유의 과실을 향유할 수 있다는 점은 자유의 중요성이 잘 이해되지 못하고 있는 이유 중 하나다. 오랫동안 세상의 수많은 지역이 문명의 발전에서 배제되어 왔지만, 근대적 통신수단 덕분에 그런 나라들은 더 이상 다른 지역의 혁신에 크게 뒤처지지 않을 수 있었다. 소련이나 일본이 미국의 기술을 모방하려는 시도를 얼마나 오랫동안 해왔는가! 다른 누군가가 새로운 지식 대부분을 제공하고 실험해 주는 한, 그 집단의 구성원이 동시에 같은 수준으로 이 모든 지식을 활용하는 것이 가능할 것이다. 평등주의 사회가 이런 식으로 진보할 수는 있겠지만 그러한 진보는 본질적으로 기생적이며, 이를 위해 댓가를 치른 다른 사람들에게서 무단차용한 것이다.

이와 관련해 기억해 둘 것은, 한 나라가 세계의 발전을 이끌어낼 수 있게 하는 것은 그 나라 내에서 가장 앞선 계층이고, 자국 내의 그런 계층간 차이를 인위적으로 없앤 나라는 그 선도적 지위까지 상실한다는 것을 영국의 비참한 사례가 보여줬다는 사실이다. 영국의 부유층은 전통적으로 품질과 취향에서 타의 추종을 불허한 남다른 상품을 찾았고, 그 결과 영국이 세계 다른 나라에까지 이를 공급하게 된 덕분에 영국 내의 모든 계층은 그 혜택을 누리게 됐다. 다른 계층들이 모방하던 생활스타일을 가진 계층이 사라지면서 영국의 선도력도 함께 사라졌다. 머지않아 영국의 노동자들은 자신보다 더 부유한 사람들이 포함된 공동체의 일원이었기 때문에 혜택을 입어왔다는 것, 다른 나라 노동자들보다 자신들이 앞설 수 있었던 것도 한편으로 다른 나라의 부유층보다 영국의 부유층이 앞섰기 때문이었다는 점을 알게 될 것이다.

재분배와 진보의 속도

이처럼 국제적 규모의 불평등이 전체의 진보에 큰 도움이 된다면, 한 나라 안의 불평등도 마찬가지라는 것을 의심할 수 있을까? 여기서도 가장 빨리 움직이는 사람들이 역시나 전체 진보의 속도를 높일 것이다. 처음에는 다수가 뒤처지더라도, 앞서서 길을 개척하는 누적적 효과는 오래지 않아 뒤처진 다수의 진보를 촉진시켜 함께 전진하는 행렬을 따라잡을 수 있게 할 것이다. 부유한 사람이 많이 포진된 공동체의 구성원들은 사실 엄청난 이득을 얻는데, 이는 가난한 나라에 살기 때문에 부자들이 제공하는 자본과 경험으로부터 혜택을 누리지 못하는 사람들은 얻을 수 없는 것이다. 따라서 사회 내 빈부격차의 존재가 어떻게 해서 개인들이 더 많이 분배 받아야 한다는 주장을 정당화시키는지 이해하기 힘들다. 실제로 급속한 진보가 일정기간 지속된 뒤, 뒤따라가는 사람들의 누적된 이득이 앞서가는 사람들보다 훨씬 더 커서, 그 결과 장기적으로 계층간 불평등이 점차 줄어드는 경향이 나타나는 것이 일반적이다. 미국의 경험만을 봐도 하층계급의 지위상승에 일단 속도가 붙으면, 더 이상 부유층만을 주 고객으로 삼지 않고 대중의 필요에 부응하려는 노력의 여지가 생겨나는 것을 알려준다. 처음에는 불평등을 두드러지게 만드는 것처럼 보이던 바로 그 힘이 나중에는 불평등을 감소시키는 방향으로 향하는 것이다.

따라서 불평등을 줄이고 빈곤을 해소하기 위해 의도적인 재분배를 하는 것은 장기적 및 단기적 두가지 측면으로 그 성공 가능성을 봐야 한다. 어느 한 순간은 부유층에서 뺏어 극빈층에게 줌으로써 극빈층의 지위를 향상시킬 수 있다. 하지만 이처럼 진보의 대열 내에서 앞서가는 사람과 뒤진 사람을 평등하게 하면 일시적으로 그 간극을 메울 수는 있을 테지만, 머지않아 전체의 이동속도가 느려질 것이고 결국에 뒤에 있는 사람들은 주저 앉게 만들 것이다. 이는 최근 유럽의 경험에서 분명하게 확인된다. 부유한 사회가 평등주의 정책을 펼친 결과 정체까지는 아닐지라도 그 속도가 확실히 둔화되었다. 반면 가난하지만 경쟁이 치열한 나라들은 매우 역동적이고 진보적이다. 이는 제2차 세계대전 전후 시기의 주된 특징 중 하나다. 영국과 스칸디나비아 국가들 같은 복지 선진국도 서독, 벨기에, 이탈리아 같은 국가와 자신들 간의 이런 차이를 인지하기 시작했다.[75] 모두에게 동일한 평균적 기준을 강요하는 것보다 더 효과적으로 사회를 정체시키는 방법이 없으며, 또 가장 성공적인 사람들에게 평균보다 살짝 높은 기준만 허용하는 것보다 더 효율적으로 진보를 둔화시키는 방법이 없다는 것을 입증하려면 유럽에서 벌어진 실험을 보여주면 된다.

원시 국가를 일정거리를 두고 관찰했던 사람들은 모두 원시국가의 전체 인구가 낮은 수준을 계속 유지하는 한 그 사회는 아무런 희망이 없다는 것과 진보의 첫 번째 조건이 다른 사람보다 앞서는 사람이 있어야 한다는 사실을 아마 인정할 것이다. 그렇지만 신기하게도 발전된 국가 역시 마찬가지란 사실을 인정하는 사람은 거의 없다. 물론 정치적 특권층만 성공할 수 있거나 먼저 성공한 사람이 정치적 권력을 확보하고 또 그것을 가지고 다른 사람을 억압하는 사회는 평등주의 사회보다 나을 게 전혀 없다. 하지만 누군가의 성장을 가로막는 걸림돌은 결국 모두의 성장을 가로막는 걸림돌인 것이다. 그리고 이 재분배는 대중의 순간적 열정을 채워주기 때문에 다수의 진정한 이득에는 심지어 해롭기까지 하다.[76]

물질적 진보와 여타 가치들

서구 선진국과 관련해 진보가 너무 빠르다거나 지나치게 물질 중심적이라는 주장도 종종 나온다. 이 두 관점은 아마도 밀접하게 연관되어 있을 것이다. 물질적 진보가 매우 빨랐던 시기에 예술까지 크게 번성했던 적은 거의 없었다. 예술적, 지적 노력의 가장 위대하고 훌륭한 산물은 물질적 진보가 둔화되었을 때 자주 나타났다. 19세기 서유럽이나 20세기 미국 모두 예술적 성취는 그리 두드러지지 못했다. 비물질적 가치가 폭발적으로 창출되기 위해선 경제적 조건이 앞서 개선되는 것을 전제로 한다. 일반적으로 부의 급속한 성장기간 이후엔 비물질적인 방향으로 전환이 일어나기도 하고, 경제활동이 빠른 진보를 화려하게 창출하지 못할 때 재능 있는 사람들이 다른 가치를 추구하는 데 눈을 돌리는 것이 자연스러운 일이기도 하다.

물론 이런 면 하나 때문에 사람들이 급속한 물질적 진보의 가치를 회의적으로 보는 것은 아니다. 또한 사람들이 진보의 결과 전체 혹은 대부분이라도 원하는지조차 확실치 않다는 걸 인정해야 한다. 대부분의 사람에게 진보는 의식하지 못하는 사이에 벌어진 일로, 갈구하던 것을 주기도 하지만 전혀 원하지 않는 변화를 강요하기도 하는 사건이다. 개인은 진보에 참여할지 안 할지 여부를 선택할 권한이 없다. 그리고 새로운 기회를 가져다줄 뿐만 아니라 그들이 원하는 소중하고 중요한 것의 상당 부분을 빼앗아 가기도 한다. 누군가에게는 순전히 비극일 수 있고 미래 진보 과정에 참여하기보다 과거 진보의 성과 속에서만 살고 싶은 사람들에게는 축복보다는 저주일 수 있다.

어느 나라 어느 시대건, 습관과 삶의 방식이 수 세대에 걸쳐 정착돼 안정된 위치에 있는 집단이 있기 마련이다. 이 삶의 방식은 자기들과 아무 상관없는 상황 전개에 의해 갑자기 위협받을 수 있으며, 이럴 때 그 집단의 구성원뿐 아니라 때로는 외부인들도 이 삶의 방식이 그대로 보존되기를 바랄 것이다. 유럽의 많은 농부들, 특히 외딴 산지에 살고 있는 농부들이 그렇다. 그들의 삶의 방식은 막다른 골목에 다다랐고 또 계속해서 변화하는 도시 문명에 지나치게 의존하게 되어 그대로 보존하기 어려워졌지만 그럼에도 자신의 삶의 방식을 소중히 여겨 그대로 보존하려고 한다. 그러나 다른 사람들과 마찬가지로 이 보수적인 농부들의 삶의 방식도 과거 시대에 다른 유형의 사람들, 즉 그 시대에 이전 문화 속에서 살아가던 사람들에게 새로운 삶의 방식을 강요했던 혁신가들에 의해 형성된 것이다. 농부들이 잠식해 오는 산업에 불평하듯이, 과거의 유목민들도 목초지를 잠식해 오는 종획지에 불평했을 것이다.

그들이 어쩔 수 없이 따라야만 했던 변화들은 진보를 위해 치러야 할 대가의 일부다. 이 사례는 한 집단뿐 아니라, 엄밀히는 모든 인간이 문명이 성장함에 따라 자신이 선택하지 않은 길로 들어서게 된다는 사실을 보여준다. 만약 다수에게 진보로 인한 각종 변화에 대해 의견을 묻는다면, 아마 다들 진보의 필수조건과 그 귀결들을 막아버려서 결과적으로는 진보가 저절로 멈추기를 원할 것이다. 또한 나는 여지껏 다수결 투표에 의해서는 (소수 지배 엘리트가 내리는 것과 다르게) 자유시장 사회에서 만들어질 더 나은 미래를 위해 희생하기로 결정한 사례를 본 적이 없다. 이것은 사람들이 실제로 원하는 대부분의 성취가 진보의 지속성에 달려 있지 않다는 뜻이 아니다. 다만 사람들은 당장 만족스러운 효과를 주지 못하는 것은 감수하려 않기에 진보의 지속이 멈추게 된다는 것이다.

오늘 소수만이 만끽하는 것 모두를 조만간 모든 이가 누리게 되는 것은 아니다. 개인 서비스와 같은 편의는 모두가 누리는 게 분명

불가능할 것이다. 그것들은 사회가 진보함에 따라 부자들이 박탈당한 혜택 중 하나다. 하지만 소수가 얻는 이익의 대부분은 시간이 흐름에 따라 나머지 사람들도 이용할 수 있게 된다. 사실 현재의 불행과 빈곤이 감소하리라는 우리의 모든 희망은 이런 기대 때문이다. 진보를 포기한다면 지금 우리가 바라는 모든 사회적 개선 역시 포기해야만 한다. 교육과 보건 분야에서 바라는 모든 발전, 많은 사람들이 노력하는 목표를 이룰 수 있어야 한다는 우리의 바람은 모두 지속적 진보에 달려 있다. 맨 꼭대기의 진보를 막으면 이어서 아래로 흐르는 진보가 막힌다는 사실을 기억해야만 한다. 우리가 결코 원하지 않는 그 일이 일어나지 않도록.

문명은 지속적인 진보에 의존한다

지금까지 우리는 주로 우리 나라나 우리 문명의 일원으로 여겨지는 나라들에 대한 이야기만 했다. 이제 과거에 일어난 진보의 결과, 즉 지식과 야망에 대한 소통이 전 세계적으로 빠르고 쉽게 확산됨에 따라 우리에게서 급속한 진보가 지속되기를 원하는지 여부에 대한 선택권이 우리에게서 사라져왔다는 사실도 이야기해야 한다. 우리 문명의 업적이 세계 다른 나라 사람들에게 소망과 선망의 대상이 되었다는 새로운 사실이 현재 위치에서 우리에게 계속 압박을 가하고 있다. 보다 높은 차원의 관점에서 우리 문명이 정말로 더 우월한지 여부와 상관없이, 우리 문명의 물질적 결과를 알게 된 사람들은 거의 이 결과물을 원한다는 것을 인식해야만 한다. 사람들은 우리의 문명 전체를 받아들이고 싶어하지 않더라도 자기들에게 맞는 부분을 골라 선택할 수 있기만이라도 원하는 건 확실하다. 다양한 다른 문명들이 여전히 존속하고 있고, 또 대다수의 삶을 지배하는 곳에서조차 거의 예외없이 서구 문명의 지식과 기술을 가장 많이 채택한 사람들의 수중에 지도력이 집중되었다는 것은 유감스러울진 몰라도 무시할 수는 없는 사실이다.[77]

표면적으로는 오늘날 두 종류의 문명이 세계인의 충성을 놓고 경쟁하는 것처럼 보이지만 사실 그들이 대중에게 제시한 약속, 즉 그들이 제시한 혜택은 본질적으로 동일하다. 자유주의 국가와 전체주의 국가 모두 각자의 방법이 사람들이 원하는 것을 더 신속하게 제공할 수 있다고 주장하지만 그 목표 자체는 동일할 수밖에 없다. 주된 차이점이라면, 전체주의자들은 그 결과를 어떻게 달성할지 분명하게 알고 있는 것처럼 보이는 반면, 자유세계에서는 그 본성상 더 성장하기 위한 구체적 '계획'을 제시하지 못하고 오직 과거의 성취만을 보여줄 뿐이라는 점이다.

그러나 우리 문명의 물질적 성취가 다른 인민들의 야심을 불러일으켰다면, 이는 또한 자신들의 마땅한 몫이라고 믿는 것이 주어지지 않을 경우 그 문명을 파괴하는 새로운 힘을 부여하기도 하는 것이다. 가능성에 대한 지식이 물질적 혜택보다 더 빠르게 확산되면서 오늘날 대부분의 세계인이 이전과 달리 불만을 품고 있으며 자신들의 권리라고 여기는 것은 무엇이든 취하고자 한다. 한 나라 안의 빈민들처럼 그들도 기존에 존재하는 부의 재분배를 통해 자신의 목표를 달성할 수 있다고 잘못 생각하고 있으며, 이 생각은 서구의 가르침에 의해 확신이 되었다. 진보로 인한 부의 증대 속도가 충분히 빠르지 않다면 이들의 힘이 커지면서 그런 식으로 재분배를 강행할 수 있을 것이다. 그러나 선두주자의 진보 속도를 늦추는 재분배는 경제성장에서 공급될 부분을 줄이기 때문에 다음의 상황개선을 위해서는 또 재분배를 해야 하는 상황을 반드시 야기한다.

오늘날 세계 인구 상당수의 열망은 빠른 물질적 진보에 의해서만 충족될 수 있다. 현재 분위기에서 기대가 충족되지 못해 크게 실망하면 심각한 국제적 갈등이 빚어질 것은 불 보듯 뻔한 일이다. 실제로 전쟁으로 이어질 수도 있다. 따라서 세계 평화와 문명은 빠르고 지속적인 성장에 달려있는 것이다. 이 맥락에서 우리는 진보의 산물일 뿐만 아니라 진보의 포로다. 우리가 아무리 원한들, 그동안 성취해온 것들을 그저 편안히 앉아서 느긋하게 즐길 수만은 없다. 더 많은 사람들이 우리의 뒤를 따르는 그 길을 따라 계속 이끌고 또 앞으로 나아가야 하는 임무가 우리에게 주어졌다. 오랜 시간이 흘러 전 세계적으로 물질적 기준이 향상된 미래의 어느 시점에 확산의 주된 통로였던 파이프라인이 꽉 막혀 선봉대가 속도를 늦추더라도 후발대는 한동안 감속하지 않고 동일한 속도로 계속 움직일 수 있을 때조차도 그 속도로 계속 나아가길 원하는지 여부를 다시 선택할 수 있을 것이다. 그러나 인류 대부분이 기아, 오물, 질병을 없앨 수 있다는 가능성에 눈 뜨고 수세기 혹은 수천 년의 상대적 안정기가 지나고 현대 기술의 확산 물결이 막 밀려오며 그리고 첫 번째 반응이 무서운 속도로 증가하기 시작하는 바로 지금, 전진의 속도가 조금만 늦춰져도 우리에게 치명적인 결과를 안겨줄 수 있다.

4

자유, 이성, 전통

자유로움의 구현보다 더 풍요로운 것은 없다. 그러나 자유(liberty)의 습득과정보다 더 험난한 것도 없다… 자유(liberty)는 폭풍속의 분투를 통해 자리잡고 내부의 불협화음을 통해 완성된다. 그리고 그 혜택은 한참 지난 후에야 비로소 드러난다.

토크빌(A. de Tocqueville)[78]

자유의 두 전통

자유(freedom)는 저절로 나타난 것이 아니라 문명이 만든 인공적인 것이다. 그렇다고 계획해서 만들어진 것도 아니다. 자유가 창조해낸 모든 것처럼 자유의 제도들도 그에 따른 혜택으로 무엇이 있을지 사람들이 예견했기 때문에 확립된 것이 아니다. 그러나 일단 그 혜택이 무엇인지 알게 되자 사람들은 그 혜택을 누리기 위해 자유의 통치를 완벽하게 개선하고 확장하고 또 자유사회가 어떻게 작동하는지 탐구하기 시작했다. 자유이론의 발전은 주로 18세기에 이루어졌다. 영국과 프랑스 이 두 나라에서 먼저 시작됐다. 전자는 자유를 이해했지만 후자는 그렇지 못했다.

그 결과 오늘날 자유 이론에서 두가지 상이한 전통이 자리 잡게 됐다.[79] 하나는 경험적이고 비체계적인 전통이고 다른 하나는 사변적이고 합리주의적인 전통이다.[80] 전자는 자생적으로 성장했지만 불완전하게 이해됐던 전통과 제도의 해석에 기반을 두었고, 후자는 자주 시도되었지만 결코 성공한 적이 없는 유토피아의 건설을 목표로 한다. 그럼에도 인간 이성의 무한한 능력에 힘을 실어주던 프랑스 전통의 합리주의적이고 타당하며 논리적으로 보이는 주장이 점차 영향력을 얻게 된 반면, 정교성과 명료성이 떨어졌던 영국의 자유 전통은 쇠락의 길을 걷게 됐다.

이른바 '프랑스인의 자유 전통'이 주로 영국의 제도를 해석하려는 시도에서 탄생했고, 다른 국가들은 프랑스 저술가들의 서술을 기초로 영국의 제도를 이해하였기 때문에 이러한 차이가 분명하게 드러나지 못했다. 이 두 전통이 19세기의 자유주의 운동에서 합쳐지고 영국의 대표적인 자유주의자들조차 영국의 전통뿐 아니라 프랑스 전통을 따르게 되면서 종국에는 혼동되기 시작했다.[81] 결국 영국에서 철학적 급진주의인 벤담주의자가 휘그파를 이기면서 최근 들어 자유주의적 민주주의와 사회주의적 혹은 전체주의적 민주주의 간의 갈등의 형태로 재등장한 근본적인 차이가 자취를 감추게 되었다.[82]

이 차이는 오늘날보다 100년 전에 더 잘 이해되었다. 두 전통이 서로 어우러졌던 유럽 혁명 시기에 한 저명한 독일계 미국인 정치철학자가 '영국 성공회식' 자유와 '프랑스 가톨릭식' 자유의 차이를 분명하게 기술했다. 프랜시스 리버(Francis Lieber)는 1948년에 "프랑스 가톨릭식 자유는 정부에서 찾아진다. 영국 성공회적 관점에서 보자면 이는 찾을 수 없는 엉뚱한 곳에서 구하고 있는 것이다. 프랑스 가톨릭적 관점은 결국 프랑스인이 가장 높은 수준의 정치문명을 조직 내에서, 즉 고도의 공권력 개입에서 찾는 것으로 귀결된다. 이 개입이 폭정이냐 자유(liberty)냐 하는 문제는 오직 누가 개입하느냐, 어떤 계층의 이익을 위해 개입하느냐에 의해 결정된다. 반면 영국 성공회적 관점에 따르면 이러한 개입은 언제나 절대주의(absolutism)나 귀족제일 것이며 현재 노동자들의 독재는 노동자들의 비타협적 귀족정으로 나타날 것이다."[83]

리버의 저술 이후 프랑스의 전통이 모든 곳에서 영국의 전통을 점진적으로 대체해갔다. 두 전통을 구분하기 위해 18세기에 나타난 비교적 순수한 형태를 살펴볼 필요가 있다. 우리가 '영국 전통'이라고 부르는 것은 스코틀랜드의 도덕철학자 그룹에서 명시화시킨 것이다. 이는 데이비드 흄(David Hume), 애덤 스미스, 애덤 퍼거슨(Adam Ferguson)[84] 등이 주도했고 조시아 터커(Josiah Tucker), 에드먼드 버크(Edmund Burke), 윌리엄 페일리(William Paley) 등이 뒤를 이었으며 관습법의 법리학에 기반을 둔 전통에 크게 의존한다.[85] 이와 반대로 프랑스 계몽주의는 데카르트적 합리주의(Cartesian Rationalism)가 깊이 스며들어 있다. 백과전서파(the Encyclopedists), 루소(Rousseau), 중농주의자(the Physiocrats)와 콩도르세(Condorcet) 등이 대표적 인물들로 잘 알려졌다. 물론 이런 구분이 국경과 완전히 일치하는 것은 아니다. 몽테스키외(Montesquieu), 나중의 뱅자맹 콩스탕(Benjamin Constant) 그리고 무엇보다 알렉시스 토크빌(Alexis de Tocqueville) 같은 프랑스인들은 아마도 우리가 '프랑스식'이라고 부르는 것보다 '영국식'이라고 부르는 전통에 더 가까울 것이다.[86] 고드윈(Godwin), 프리슬리(Priestley), 프라이스(Price), 페인(Paine) 등과 같이 프랑스 혁명을 열렬히 지지한 세대는 말할 것도 없고, 프랑스 체류 이후의 제퍼슨(Jefferson)처럼[87] 영국의 토머스 홉스(Thomas Hobbes)는 적어도 합리주의 전통의 한 기반을 제공했다.

진화적 개념

지금은 이 두 집단이 현대 자유주의의 조상으로 한데 뭉뚱그려졌지만 사회 질서의 진화와 기능 그리고 그 안에서 자유가 맡은 역할에 대한 양자 간의 개념차는 상상 이상으로 컸다. 이러한 차이는 본질적으로 영국에서 경험주의자적 세계관이 우세하고 프랑스에서는 합리주의자적 접근이 우세하는 것에서 잘 드러난다. 이 두 접근방식의 차이는 실천적 결론 면에서 최근 다음과 같이 표현되기도 했다. "하나는 자발성과 강제성의 부재에서 자유의 본질을 찾는다. 반면 다른 하나는 절대적 집단 목표를 추구하고 성취하는 데에서만 자유가 실현될 수 있다고 믿는다."[88] "하나는 유기적이고 느리며 반의식적인 성장을 옹호하지만, 다른 하나는 교조적인 의도성을 옹호한다. 하나는 시행착오 절차를 지지하고 다른 하나는 강제된 전적으로 강건한 유형을 지지한다."[89] 방금 인용한 내용의 출처인 중요한 저서에서 탈몬(J. S. Talmon)이 보여준 것처럼 두 번째 관점은 전체주의적 민주주의의 기원이 된다.

프랑스 전통에서 비롯된 정치적 교리들이 전면적으로 성공을 거둔 것은 인간의 자부심과 야망에 크게 호소했기 때문이다. 그러나 우리는 두 학파의 정치적 결론이 사회가 어떻게 작동하는지에 대한 서로 다른 개념에서 나온다는 사실을 잊어서는 안 된다. 이러한 점에서 영국 철학자들은 심오하고 본질적으로 타당한 이론의 기틀을 닦은 반면, 합리주의 학파는 한마디로 말해 완전히 틀렸다.

이들 영국 철학자들은 자유옹호론의 필수불가결한 기반이 되는 문명의 성장을 잘 해석해주었다. 그들은 고안이나 설계가 아니라 성공한 것들의 존속에서 제도의 기원을 발견했다. 그들의 생각은 "국가가 어떻게 인간이 설계한 결과가 아니라 인간 행동의 결과로 우연히 설립되었을까"[90]라는 말에 잘 표현되어 있다. 이는 우리가 정치 질서라고 부르는 것이 흔히 상상하는 것과 달리 질서 정연한 지성의 산물이 아님을 강조한다. 그들의 직계 계승자가 봤을 때, 애덤 스미스와 그의 동시대인들의 업적은 "적극적 제도 덕분으로 여겨졌던 거의 모든 것을 어떤 명확한 법칙의 자생적이고 불가피한 발전으로 파악하고, 사전 설계나 정치적 지혜가 없어도 가장 복잡하고 분명하게 잘 만들어진 정책 체계가 수립될 수 있음을 보여준"[91] 것이었다.

"애덤 스미스가 흄, 퍼거슨 등과 공유한, 역사적 사건에 대한 반합리주의적 통찰"[92] 덕분에, 제도와 도덕, 언어와 법이 누적적 성장 과정을 통해 진화해 왔고, 이 틀이 있어야 인간의 이성이 그 안에서 그리고 그 틀과 함께 성장하고 성공적으로 작동할 수 있음을 처음으로 이해하게 됐다. 그들의 주장은 이러한 제도를 발명한 인간의 이성이 독립적이며 앞서 존재한다는 데카르트적 개념 그리고 시민사회가 어떤 현명하고 독창적인 입법자나 독창적 '사회 계약'에 의해 만들어졌다[93]는 개념과 정면으로 대립한다. 어떻게 세상을 새롭게 만들 것인가를 두고 지성인이 함께 숙고한다는 후자의 이상은 이런 설계이론의 특징적 산물이다. 프랑스 혁명을 이끈 이론가인 시이예스(Abbé Sieyès)가 혁명의회에 "자연 상태에서 막 벗어나 사회적 계약을 맺기 위해 모인 사람들처럼 행동하라"[94]고 촉구한 말이 이 관점을 그대로 보여준다.

고대인들은 이보다는 자유의 조건을 더 잘 이해했다. 키케로(Cicero)는 카토(Cato)가 로마 헌법이 다른 나라보다 우월하다고 말한 것을 인용한다. 왜냐하면 로마 헌법은 '한 사람이 아닌 다수의 재능에 기초한 것으로, 한 세대가 아니라 수 세기, 여러 세대에 걸쳐 오랜 기간 동안 만들어졌기' 때문이다. "그에 따르면 어떤 사람도 모든 것을 다 파악할 수 있을 만큼 엄청난 재능을 지니지 못하며, 또 한 시대를 살아가는 사람들이 실제 경험과 시간의 검증이라는 도움 없이 모두의 힘을 통합해 미래에 필요한 모든 준비를 다 하는 것은 불가능하기 때문이다."[95] 따라서 고대 세계의 두 자유 국가인 로마 공화정이나 아테네 모두 합리주의자의 사례가 될 수 없다. 사실 합리주의 전통의 근원인 데카르트는 스파르타를 모델로 했다. 그 위대함은 "개개의 법이 뛰어나기 때문이 아니라… 한 개인에 의해 시작된, 그들 모두가 단일한 목표를 추구한다는 상황에서 비롯된다."[96] 그리고 스파르타는 루소는 물론, 로베스피에르(Robespierre), 생쥐스트(Saint-Just) 그리고 후대의 '사회주의적' 혹은 전체주의적 민주주의를 옹호하는 대부분의 사람들에게 자유의 이상이 되었다.[97]

고대와 마찬가지로 영국의 자유(liberty) 개념은, 법률가들에 의해 시작된, 제도가 어떻게 발전해 왔는가에 대한 이해를 바탕으로 성장했다. 헤일(Hale) 대법원장은 17세기에 홉스를 비판하는 내용에서 "특히 법과 정부에서 당사자의 이성으로는 당장이나 즉각적으로, 뚜렷하게 그 타당성을 확인할 수 없지만, 간접적, 장기적, 결과적으로는 합당하다고 받아들여지는 일들이 많이 있다… 오랜 경험은 가장 현명한 의회가 처음 예견할 수 있었던 것보다 법의 편리함이나 불편함을 더 많이 발견할 수 있게 해준다. 지혜롭고 학식 있는 사람들의 다양한 경험을 통한 수많은 법률의 수정과 보완이, 이러한 오랜 경험의 도움 없이 가장 완숙한 현자가 만든 것보다 더 법률의 편리함에 잘 맞아떨어진다… 이것이 현재 법의 합당성을 통찰하는 일을 한층 더 어렵게 만드는데 법은 오래되고 반복적인 경험의 산물이기 때문이며, 경험은 보통 바보의 여주인이라 불리기도 하지만 그것은 인간이 가진 가장 현명한 수단이며, 또 어떤 현자도 단번에 예견할 수도 고칠 수도 없는 것을 제공하고 그 결함을 찾아내기 때문이다. 우리가 제도의 존재 이유를 반드시 명확히 해야 할 필요는 없다. 우리에게 확실성을 주는 제도화된 법률이라는 것만으로 충분하며, 그 제도의 존재 이유를 구체적으로 모를지라도 그것을 준수하는 것이 합리적이다."[98]

질서의 성장

이런 개념들로부터 사회 이론의 체계가 서서히 형성됐다. 이 사회 이론은 복잡하면서도 질서정연하고 목적이 분명한 제도들이 인간관계에서 어떻게 성장할 수 있었는지를 보여줬다. 누군가 설계하지 않은 이 제도들은 발명된 것이 아니라 자신들이 무엇을 하고 있는지 모르는 많은 사람들의 개별 행동에서 비롯된 것이다. 이는 인간 개인의 정신보다 더 위대한 것이 인간의 어설픈 노력에서 자라날 수 있다는 사실을 입증해주면서, 여러 면에서 이후의 생물학적 진화 이론보다 더 강력한 도전장을 모든 설계 이론에 던졌다. 따라서 인간지성이 설계한 산물이 아닌 것이 분명한 질서는 더 뛰어나고 초자연적인 지성이 설계한 것으로 볼 필요가 없었고, 제3의 가능성, 즉 적응적 진화의 결과로 발생하는 질서의 존재가 처음 밝혀졌다.[99]

오늘날에는 이 사회진화의 과정에서 선택의 역할을 강조하기 때문에 우리가 생물학에서 아이디어를 차용하고 있다는 인상을 받기 쉽지만, 사실은 그 반대임을 강조할 필요가 있다. 다윈(Darwin)과 그의 동시대인들이 자신들의 이론을 위한 영감을 사회 진화론에서 얻었다는 데는 의심의 여지가 없다.[100] 사실 이러한 생각을 처음 발전시킨 스코틀랜드 철학자 중 한 명은 생물학 분야에서의 다윈의 등장을 예견했다.[101] 그리고 이런 개념이 나중에 법과 언어의 다양한 '역사학파'에 적용되면서, 생물학에 적용되기 훨씬 전부터 공통의 기원[102]으로 구조의 유사성을 설명할 수 있을 것이라는 생각이 사회적 현상 연구에서 보편화되었다. 불행하게도 나중에 사회과학은 자기 분야의 이러한 출발을 망각한 채 생물학에서 이 생각들을 재수입하고, 사회과학에는 잘 어울리지 않는 '자연선택', '생존경쟁', '적자생존' 같은 개념을 차용하게 된다. 사회 진화에서 결정적 요인은 개인의 신체적 그리고 유전 가능한 특성의 선택이 아니라 성공한 제도와 습관의 모방을 통한 선택인 것이다. 이는 개인과 집단의 성공을 통해 작동하지만 그 결과 나타나는 것은 개인의 유전적 속성이 아니라 이념과 기술, 즉 학습과 모방으로 전달되는 문화적 유산 전체이다.

두 접근방법의 상충하는 전제들

두 전통을 자세히 비교하려면 별도로 책을 써야 할 것이다. 여기에서는 두 전통의 차이 중에서 중요한 몇 가지만 정리해보겠다.

합리주의 전통은 인간이 지적·도덕적 속성을 선천적으로 가지고 태어나 의도성을 가지고 문명을 만들 수 있다고 가정한다. 하지만 진화론자는 시행착오를 거쳐 어렵게 획득해온 결과들의 누적이자 부분적으로 명시적 지식 그리고 더 많은 비중으로 그 우월성이 증명된 도구와 제도의 형태로 세대를 거쳐 전수해온 경험의 총합이 바로 문명이라고 분명히 말한다. 인간의 이해 여부와 관계없이 제도는 인간의 목적에 봉사하며, 제도의 중요성을 우리는 분석에 의해 발견할 수 있다. 스코틀랜드 이론가들은 인간이 만든 문명의 구조가 얼마나 취약한지 잘 알고 있었다. 이 문명은 인간의, 보다 원시적이고 흉포한 본성에 기반하고 있으며, 이 본성은 인간이 설계하지도 통제할 수도 없는 제도에 의해 길들여지고 점검되어가는 상태이기 때문이다. 그들은 '인간의 본래적 선', '이해 관계의 자연 조화'의 존재나 '자연적 자유'의 유익한 효과 따위처럼, 이후 자유주의의 문 앞에 잘못 깔리게 될 미숙한 견해들과는 거리가 멀었다. 그들은 자유에는 이해의 충돌을 해소하기 위한 교묘한 제도와 전통이 필요함을 알았다. 그들이 집중한 문제는 어떻게 '인간본성의 보편적 동력인 자기애가 이 경우에 있어서 (다른 모든 경우에서처럼) 그 자신만의 관심사 추구에 의해 공공이익을 촉진하도록 인도되는가'였다. 개별적 노력을 유익하게 만든 것은 문자적 의미 그대로의 '자연적 자유'가 아니라 진화를 통해 '생명, 자유(liberty), 재산'을 지키게 된 제도들이었다.[103] 로크(Locke), 흄(Hume), 스미스(Smith), 버크(Burke) 중 어느 누구도 벤담처럼 "모든 법은 자유의 경색이므로 모든 법은 악이다"[104]라고 주장하지 않았다. 그들은 절대로 완벽한 자유방임주의(laissez faire)를 주장하지 않았다. 자유방임주의는 단어에서 알 수 있듯이, 프랑스 합리주의 전통의 일부로, 영국의 고전 경제학자 중 문자 그대로의 의미를 옹호한 사람은 아무도 없었다.[105] 그들은 개별적 노력을 사회적으로 유익한 목적으로 잘 전환시키는 것이 일종의 마술과도 같은 일이 아니라 '잘 구축된 제도'[106]의 진화를 통해서라는 사실을 후대의 비판자들보다도 더 잘 알았다. 실제로 그들의 주장은 합리주의적 자유방임주의의 논리적 귀결인 반국가주의 류나 무정부주의로 결코 흐르지 않았다. 국가의 적절한 기능과 국가 행동의 한계를 동시에 고려한 주장을 펼친 것이다.

두 학파 간의 차이는 개별적 인간 본성에 대한 가정에서 특히 두드러진다. 합리주의적 설계 이론은 반드시 개인의 합리적 행위 성향과 타고난 지성, 선이 있다는 가정에 기초한다. 이와 달리 진화적 이론은, 제도적 장치가 인간이 자신의 지성을 최대한 활용하도록 어떻게 유도하는지, 또 나쁜 사람들이 악행을 최소화하도록 어떻게 제도가 짜일 수 있는지를 입증했다.[107] 반합리주의 전통은 인간을 불완전하고 죄 많은 존재로 보는 기독교적 전통에 보다 가까운 반면, 이성주의자의 완벽주의는 기독교 전통과 절대로 화해할 수 없는 갈등 구도가 형성됐다. 심지어 '경제인'처럼 유명한 허구조차도 영국의 진화론적 전통의 고유한 구성요소가 아니었다. 조금 과장해서 말하자면, 영국 철학자들의 관점에서 인간은 본래 나태하고 게으르며 앞날을 생각하지 않고 낭비하는 존재이며, 경제적으로 행동하게 되거나 그의 목적을 위해 수단을 조정하는 법을 신중히 배울 수 있는 것은 전적으로 외부환경의 힘에 의한 것이다. 호모 에코노미쿠스 개념은 젊은 시절의 밀(J. S. Mill)만이 명시적으로 도입했는데, 진화론적 전통보다는 합리주의자의 그것에 속하는 다른 많은 개념

들도 함께였다.[108)]

관습과 전통

그러나 두 견해 간의 가장 큰 차이점은 전통의 역할과, 여러 세대에 걸쳐 진행되는 무의식적 성장 산물에 대한 가치를 어떻게 바라보느냐에 있다.[109)] 합리주의적 접근은 분명한 자유(liberty)의 산물이자 자유에 가치를 부여하는 거의 모든 것에 반대한다고 말하는 것이 타당할 것이다. 유용한 제도 전체가 의도적으로 만들어졌다고 믿고, 또 의식적으로 설계되지 않고도 인간의 목적에 봉사할 수 있는 것을 전혀 상상할 수 없는 사람들은 필연적으로 자유(freedom)를 적대시한다. 그들에게 자유는 혼돈을 의미한다.

반면 경험주의적 진화론 전통에서 보면 자유의 주된 가치는 설계되지 않은 것들이 성장할 수 있는 기회를 주는 데 있고, 자유사회의 유익한 기능은 자유롭게 성장한 제도의 존재에 주로 달려 있다. 사실 자유에 대한 순수한 믿음이란 존재한 적이 없었으며, 성숙한 제도, 관습, 습관, 그리고 "오랜 처방과 오랜 방식의 규제에서 생겨난 자유에 대한 모든 보호책"[110)]에 대한 순수한 추앙 없이 자유사회가 성공적으로 작동한 사례도 없었다. 역설적으로 보일지 모르나 성공적인 자유사회는 항상 큰 틀에서 전통에 얽매인 사회라는 것은 아마 사실일 것이다.[111)]

합리주의 특유의 그릇된 시각에 빠져있던 토머스 제퍼슨(Thomas

Jefferson)이 생각했듯이 전통과 관습, 성숙한 제도 그리고 기원과 이유를 알지 못하는 규율들에 대한 존경심은 우리가 "이전 세대 사람에게 인간의 것 이상의 지혜가 있었고… 그들이 이룬 것은 절대로 수정할 수 없는 것으로 간주"[112]하는 것을 뜻하지 않는다. 진화론적 견해는, 제도를 만든 과거의 사람들이 지금 우리보다 더 현명했다고 가정하는 것이 아니라, 수많은 세대의 실험이 한 사람이 가진 경험보다 더 많은 경험을 담고 있다는 통찰에 기반하고 있는 것이다.

도덕의 지배

지금까지 우리는 이러한 과정에서 생겨났고 또 우리에게 계승된 문명을 구성하는 다양한 제도와 습관, 도구와 일하는 방식에 대해 살펴보았다. 그러나 문명의 일부로 성장해온, 자유의 산물이자 전제 조건인 행동규범은 아직 살펴보지 못했다. 인간 교류 활동의 관습과 풍습 중에서 도덕규범은 유일하게 중요한 것은 아닐지라도 매우 중요한 내용이다. 우리는 서로 이해하고 더불어 살아가며 자신이 계획한 대로 잘 행동할 수 있다. 왜냐하면 대부분의 경우 우리 문명의 구성원이 무의식적인 행동 양식을 따르고, 명령이나 강제의 결과가 아니라 견고하게 확립된 습관과 전통의 결과로 행위의 규칙성을 보이기 때문이다. 비록 우리가 그 중요성을 알지 못하고 그 존재를 의식적으로 인지하지 못할지라도, 이런 관습들을 따르는 것은 우리가 살고 있는 세상의 질서를 위한 필수조건이자, 그 안에서 길을 찾아내기 위한 필수 조건이다. 그런 관습이나 규범이 충분히 준수되지 않는다면, 사회의 원활한 작동을 위해 비슷한 일률성을 확보하고자 강제가 동원될 수밖에 없을 것이다. 즉, 높은 수준의 자발적 순응이 있을 때에만 강제를 피할 수 있는 것이다. 이것은 자발적 순응이 자유의 작동을 위한 조건임을 의미한다. 합리주의 학파에 속하지 않은 자유의 위대한 사도들 모두가 누누이 강조했듯이, 뿌리깊이 박힌 도덕적 신념 없이는 자유가 절대로 작동하지 않으며, 개인들이 특정 원칙들을 자발적으로 준수하리라는 것이 규칙처럼 예측되는 곳에서만 강제가 최소화될 수 있다는 것은 분명한 진실이다.[113]

강제에 의하지 않은 규범의 준수에는 이점이 있다. 강제 그 자체가 나쁜 것일 뿐 아니라, 규범이 지켜지는 것은 대부분의 경우 바람직하지만 이를 어기는 것이 초래할 악평을 감수할 만한 가치가 있다고 생각이 든 개인은 그 규범을 어길 수 있어야 하기 때문이다. 규범의 준수를 강요하는 사회적 압력의 강도와 관습의 힘이 가변적이라는 것도 중요하다. 자발적 규칙이 갖는 유연성이, 도덕 영역에서의 점진적 진화와 자생적 성장을 가능케 하고, 수정과 개선으로 이어지는 진전된 경험을 가능하게 한다. 강제적이거나 의도적으로 부과된 규율이 아닐 때에만 그러한 진화가 가능하다. 즉 규범이 따를 만한 가치가 있다고 여겨지며, 다수가 그 규범을 따르는 중에라도 용감하게 주변의 비난을 감수하려는 개인들에 의해 그 규범이 깨질 수 있는 상태라면 말이다. 일관성 없이 동시에 모든 것을 변화시킬 수 있는 의도적으로 부과된 강제적 규칙과 달리, 이런 종류의 규칙은 점진적이고 실험적인 변화를 허용한다. 서로 다른 규칙을 준수하는 개인과 집단이 동시에 존재한다는 것은 더 효과적인 규범을 선별할 수 있는 기회를 제공한다.

자유사회의 작동에 필수불가결한 것이지만 합리주의적 정신이 도저히 용납하지 못하는 것은, 우리가 대체로 그 의미와 중요성을 이해하지 못하는 설계되지 않은 규범과 관습에 순종하는 것, 즉 전통을 존중하는 것이다. 그것은 데이비드 흄이 강조했고 또 반합리주의적, 진화론적 전통에서 결정적으로 중요한, 즉 "도덕 규범은 이성의 결론이 아니다."[114]라는 통찰에 기반한 것이다. 다른 모든 가치들과 마찬가지로 도덕은 이성의 산물이 아니라 그 전제이며, 우리의 지성이라는 도구는 도덕에 기여하도록 발전되어 온 것이다. 진화의 모든 단계에서 가치 체계는 우리 이성이 섬겨야 하는 궁극적 목적을 제공한다. 이렇게 가치체계가 이미 주어져 있다는 것은, 비록 우리의 제도를 개선하기 위해 늘 애쓰긴 해야겠지만, 우리가 이 제도를 전면적으로는 개조할 수 없으며, 또 제도를 개선함에 있어서도 우리가 이해하지 못하는 많은 것들을 그냥 그대로 받아들일 수밖에 없음을 의미한다. 우리는 항상 스스로 만들지 않은 가치와 제도의 틀 안에서 일할 수밖에 없는 것이다. 특히 새로운 도덕규범 체계를 총체적으로 구축할 수 없으며, 또 규범의 준수가 갖는 의미를 우리가 어떻게 이해하느냐를 기준으로 그 규범을 지킬지 말지 결정할 수도 없다.

미신에 관한 미신들

　이런 문제에 대한 합리주의자의 태도는 '미신'에 대한 그들의 생각에서 가장 잘 드러난다.[115] 나는 거짓으로 판명된 신념에 맞서온 18세기와 19세기의 지속적이고 끈질긴 투쟁의 공헌을 과소평가하고 싶지 않다.[116] 하지만 미신의 개념이 진리로 명백하게 논증되지 못한 모든 신념에까지 확장되는 것은 정당화될 수 없고 또 해가 되기도 한다는 점을 기억해야 한다. 거짓으로 판명된 것은 어느 것도 믿어서는 안 된다고 해서 진실로 입증된 것만 믿어야 한다는 것을 의미하지 않는다. 사회 속에서 잘 살고 또 잘 행동하기를 바라는 사람들이라면 누구나 수많은 상식적 신념을 받아들일 수밖에 없는 데에는 충분한 이유가 있다. 설사 그 이유들의 가치가 증명된 진리와 무관할지라도 말이다.[117] 그러한 신념은 그저 과거의 경험에 기초하지, 경험에서 신념이 증명돼서가 아닐 것이다. 물론 과학자라면 자기 분야에서 어떤 일반화를 받아들이도록 요구받았을때 당연히 그 일반화의 증거를 요구할 것이다. 과거 인류의 누적된 경험으로 도출된 수많은 신념들이 이런 과학의 방식으로 입증할 수 없으니 틀리다고 증명됐었다. 그렇다고 과학적 증거가 결여된 모든 신념을 버릴 수 있는 단계에 도달할 수 있음을 뜻하지는 않는다. 경험은 전문가의 실험이나 명시적 지식을 탐구하는 사람들이 보통 생각하는 것보다 훨씬 더 다양한 형태로 인간에게 다가온다. 우리가 시행착오를 거쳐 진화해온 방식에 의존해 일하는 것을 단지 그것을 채택한 이유가 전달되지 않았다는 이유만으로 거부한다면 수많은 성공적 행동의 그 기반이 파괴될 것이다. 행위의 적절성 여부가 반드시 왜 그러는지 아는 것에 좌우되는 것은 아니다. 그러한 이해는 적절한 행동을 하게 하는 하나의 방식이지 유일한 것이 아니다. 그 가치가 옳다는 것이 증명되지 못한 요소를 모두 제거한 신념만 남긴다면, 그렇게 멸균된 세상은 생물세계가 그럴 때의 상태처럼 치명적일 것이다.

이는 우리의 모든 가치에 적용되지만 그중에서도 도덕적 행위 규범의 경우 가장 중요하다. 언어 다음으로, 우리의 삶을 지배하지만 왜 있는지 또 우리에게 무엇을 하는지 알 수 없는 규범집합의 설계하지 않은 성장의 가장 중요한 사례가 도덕적 행위 규범일 것이다. 우리는 그것들을 준수한 결과 개인이나 집단으로서 우리에게 어떤 영향을 가져올지 알지 못한다. 합리주의 정신은 그런 규범에 복종하라는 요구에 지속적으로 반발해왔다. 그 정신은 "의심할 근거가 가장 미약한 모든 의심의 기반이 미약한 의견은 모두 전적으로 오류인 것으로 거부해야 한다."[118]라는 데카르트 원칙을 적용하라고 주장한다. 합리주의자는 종합적 도덕 체계를 의도적으로 고안하기를 항상 바랐다. 에드먼드 버크(Edmund Burke)가 묘사했듯이 그들의 도덕체계는 "모든 도덕적 의무의 실천과 사회의 기초는 이를 모든 개인에게 명백하게 입증할 수 있는 그들의 이성에 달려있다."[119]라고 하겠다. 18세기의 합리주의자들은 실제로 인간의 본성을 알기 때문에 그들이 "그에 적합한 도덕을 쉽게 찾아낼 수 있다"[120]고 대놓고 주장했다. 그들은 '인간 본성'이라고 부르는 것이 대개 모든 인간이 언어와 사고를 통해 배우는 도덕적 개념의 결과라는 사실을 이해하지 못했다.

도덕적인 것과 '사회적인' 것

이 합리주의 개념의 영향력이 점차 커지고 있다는 증거는, 내가 아는 모든 언어에서 '사회적(social)'이란 단어가 '도덕적' 혹은 심지어 '좋은'이라는 단어까지 대체하는 경우가 늘어났다는 점이다. 그 의미를 간단히 살펴보는 것이 좋겠다.[121] 사람들이 단순한 '의식'이라는 말 대신에 '사회의식'이라는 말을 쓸 때는, 은연중 우리가 다른 사람들에게 끼칠 행동의 구체적 결과를 알고 있음을, 또 행동을 할 때 단순히 전통적 규범에 의해서만이 아니라 문제가 되는 행동의 구체적 귀결을 명시적으로 고려해서 하길 바라고 있음을 말하는 것이다. 이 말은 우리의 행동이 사회적 과정의 완전한 이해에 의해 인도되어야 한다고, 또 상황의 구체적 사실을 의식적으로 평가해 이른바 '사회적 선'이라는 예측 가능한 결과를 만드는 것이 우리의 목표여야 한다는 것이다.

흥미로운 점은 '사회적'에 대한 이런 호소에는 실제로 사회에 의해 진화된 규범보다 개인 지성이 개인의 행동을 이끌어야 한다는 요구가 포함된다는 것이다. 즉, '사회적'이란 말을 쓰는 것은 (비인격적인 사회과정의 산물이라는) 원래의 의미가 아니라 상황 판단시 오직 개인의 판단에 의존하라는 의미라는 것이다. 따라서 도덕규범 준수보다 '사회적 고려'를 선호하는 것은 근본적으로 실제 사회 현상을 무시하고 개별 인간 이성의 우월적 능력을 신뢰한 결과다.

물론 이런 합리주의자의 요구에 대해 이를 위해선 인간 개개인의 정신적 능력을 뛰어넘는 지식이 있어야 하고 또 이 요구에 부응하려 하면 대부분의 사람은 법과 도덕의 규율이 정한 한계 내에서 자신만의 목적을 추구할 때보다 사회에 덜 유용한 구성원이 될 것이라고 답할 수 있겠다.

합리주의자의 주장은 이성만으로는 복잡한 현실의 세부 사항을 모두 숙달하기에 불충분하기 때문에 우리가 추상적 규칙에의 의존이라는 도구의 사용이 매우 일반화된 것이라는 점을 간과하고 있다.[122] 우리는 개인적 행동지침을 위한 추상적 규칙을 의도적으로 만드는 것처럼, 사회적 과정을 통해 진화된 공통의 규칙을 준수하는 것이다.

우리 모두는 목적 추구의 과정에서 보편적 규범을 그냥 따르지 않고 일일이 타당성을 재검증하려 하면 아무것도 못하게 될 거라는 걸 잘 안다. 하루 일과를 정할 때, 하고 싶진 않지만 필요한 업무를 한번에 해치울 때, 어떤 자극들을 참을 때, 또는 어떤 충동을 억누를 때 그런 일들을 무의식적인 습관으로 만드는 것이 필요하다는 것을 알게 된다. 그런 행동을 바람직하게 만드는 합리적 기반만으로는 순간적 욕구들의 균형을 잡고 장기적 관점에서 해야 할 일을 하도록 만들기가 쉽지 않기 때문이다. 우리 자신이 합리적으로 행동하기 위해서 성찰보다는 습관에 이끌리는 것이 필요하다든지, 잘못된 결정을 내리지 않도록 하기 위해서 우리 앞에 놓인 선택의 범위를 의도적으로 줄여야 한다고 말하는 것은 역설적으로 들릴 수 있다. 그럼에도 장기적 목표를 달성하고자 한다면 이런 것이 필요하다는 사실을 우리 모두 알고 있다.

특히 우리 행동이 우리 자신이 아니라 다른 사람에게 직접적으로 영향을 주는 경우, 따라서 주변에 불필요한 해를 끼치지 않도록 우리의 행동을 다른 사람의 행동과 기대에 맞춰 조정하는 게 중요한 경우에 더욱 그렇다. 여기서 어떤 개인도 점차 진화되어온 것보다 더 자신들의 목적에 훨씬 효과적인 규율을 합리적으로 구축할 가능성은 거의 없다. 그리고 설사 그가 규율을 만들었다 하더라도 사람들 모두 그 규율을 준수하지 않으면 목적을 이룰 수 없을 것이다. 따라서 우리에겐 만들어진 이유를 알지 못한 채 규범을 따르고, 또 구체적인 사례에서 그렇게 준수되는 것이 왜 중요한지를 알든 모르든 간에 규범대로 행하는 것 말고 다른 선택의 여지가 없다. 도덕규범은 주로 인간의 다른 가치 추구를 돕는다는 차원에서 도구의 역할을 한다. 그러나 구체적인 경우 왜 따라야 하는지 거의 알지 못했기 때문에 도덕규범을 준수하는 것 그 자체가 가치 있는 것으로, 즉 상황마다 정당성에 의문을 제기하지 않은 채 무조건 추구해야 하는 일종의 중간적 목표로 간주되어야 한다.

도덕원리로서의 자유

물론 이런 것들이 한 사회에서 생성된 모든 도덕적 신념이 유익하다고 증명해주는 것은 아니다. 어떤 집단이 그 구성원들이 따르는 도덕에 힘입어 발전하고 그 결과 그 집단이 성공해 나라 전체가 그들의 가치를 모방하게 되도록 이끄는 것처럼, 한 집단이나 나라는 자신들이 고수하는 도덕적 신념 때문에 스스로를 파괴할 수도 있다. 오직 궁극적 결과만이 한 집단을 이끄는 이상이 유익한지 파괴적인지 여부를 보여준다. 한 사회가 어떤 사람의 가르침을 선의 구현으로 여기게 되었다는 사실이 일반적으로 사람들이 그 가르침을 따른다면 그 사회가 실패하지 않을 수 있다는 근거가 될 수는 없다. 한 나라가 가장 훌륭한 사람, 어쩌면 가장 이타적인 이상을 지닌 성인으로 간주되는 인물의 가르침을 따르다가 망하는 경우도 생길 수 있다. 구성원이 삶의 방식을 자유롭게 선택할 수 있는 사회에서는 이럴 위험이 거의 없다. 왜냐하면 그런 사회에서는 그러한 경향을 자기 스스로 교정할 수 있기 때문이다. '쓸모없는' 이상에 이끌리는 집단은 쇠퇴할 뿐이고 당시 기준으로 덜 도덕적인 다른 집단이 그들의 자리를 대신할 것이기 때문이다. 그러나 이것은 모두에게 그런 이상을 강요하지 않는 자유로운 사회에서만이 가능하다. 모두가 동일한 이상을 위해 움직이는 곳, 반대자들이 다른 이상을 따르는 것이 허용되지 않는 곳에서는 그 이상을 따르던 국가 전체가 쇠락함으로써 그 규범이 부적절했음이 증명될 것이다.

여기서 제기되는 중요한 물음은 어떤 도덕규범에 대해 다수가 동의했다고 해서 이의를 제기하는 소수에게 그 규범을 강요하는 것이 충분히 타당한지, 또 이 권력 또한 더 보편적인 규범에 의해 제한되어서는 안 되는지의 여부다. 다시 말해서 개인행동의 도덕규범이 그 목적이 아무리 좋은 것이라 해도 특정 유형의 행동을 배제해야 하듯이, 통상적 입법도 보편적 규범에 의해 제한되어야 하는지 여부를 물을 수 있다. 개인의 행동뿐만 아니라 정치에서도 도덕규범이 필요하고, 개인적 결정의 결과뿐만 아니라 집단의 잇따른 결정에 따른 결과 역시 그 결정이 보편 원칙에 합당한 경우에만 유익할 것이다.

집단행동에 대한 이런 도덕규범은 그런 어려움 속에서 매우 천천히 발전되어 왔다. 그러나 이는 이 규범이 얼마나 소중한 것인지 보여주는 것으로 받아들여야 한다. 우리가 발전시킨 이런 종류의 몇 가지 원칙 중에서 가장 중요한 것은 개인의 자유다. 이는 정치 행동의 도덕적 원칙으로 간주하는 것이 가장 적절할 것이다. 이것은 다른 모든 도덕적 원칙과 마찬가지로 특정 상황에서 그 결과가 유익할 것인지 여부를 묻지 않고 존중되어야 하는 원칙처럼 그 자체를 가치 있는 것으로 받아들여야 한다. 이 원칙을 제한하는 어떤 편법도 허용되지 않을 만큼 강력한 신조나 전제로 받아들이지 않는다면 우리가 원하는 결과를 달성하지 못할 것이다.

사실 자유를 주장하는 것은 궁극적으로 원칙을 주장하는 것이며 집단행동의 편의주의를 반대하는 것이다.[123] 앞으로 살펴보겠지만 이는 행정가가 아닌 재판관만이 강제를 명령할 수 있다는 말과 같다. 19세기 자유주의의 지적 선구자인 뱅자맹 콩스탕(Benjamin Constant)은 자유주의를 원칙의 체계[124]라는 말로 그 핵심을 지적했다. 자유(liberty)는 정부의 모든 행동이 원칙에 따라 이뤄지는 체계일 뿐만 아니라 그 자체가 모든 구체적 입법 행위를 주관하는 최우선 원칙으로 받아들여지지 않는다면 보존되지 않을 이상이다. 이러한 근본적 규칙이 물질적 이득이라는 미명하에 타협돼서는 안 되는 궁극적인 이상(비상사태에는 일시적으로 침해될지라도 모든 항구적인 체제의 기반이 되는 이상)으로 확실히 고수되지 않는 한, 자유는 조금씩 잠식되다가 붕괴될 것이다. 개별 상황에서는 자유의 제한으로 얻을 수 있는 구체적이고 가시적인 이득이 확실히 보이지만, 그로 인해 희생되는 이득은 그 속성상 알 수 없으며 불확실하기 때문이다. 자유사회가 내거는 약속들은 언제나 확실한 것이 아니라 가능성일 뿐이며, 이는 개개인들에게는 확실한 선물이 아니라 기회일 뿐이라는 뜻이다. 따라서 자유가 최고의 원칙으로 취급되지 않는다면 이 치명적 취약점으로 인해 서서히 침식되는 것을 피할 수 없을 것이다.

이성의 역할

지금쯤 독자들은 자유 정책이 의도적인 통제를 억제하고, 목표가 불분명하면서도 자생적으로 생성된 것들을 수용하라고 요구한다면, 사회 질서와 관련된 사안에서 이성이 할 수 있는 남은 역할은 무엇일까라는 의문이 들 것이다. 여기서 첫 번째 답변은 이성의 용도에 대한 적절한 한계를 찾는 것이 필수적이라면 그 한계를 찾는 것 자체가 가장 중요하고 어려운 이성의 발휘라는 점이다. 게다가 여기서 이성의 한계를 강조한다 해서 이성이 어떤 중요한 긍정적 임무를 지니고 있지 않음을 암시하는 것이 아니다. 이성이 인간의 가장 소중한 소유물임은 의심할 바 없는 사실이다. 우리 주장의 의도는 이성이 전능하지 않고 이성이 자신의 주인이 되어 스스로의 발전을 통제할 수 있다는 믿음이 오히려 이성을 파괴할 수 있다는 사실을 보여주기 위함이다. 우리는 이성이 효과적으로 기능하고 지속적으로 성장하기 위한 조건을 이해하지 못하는 사람들에 의해 이성이 남용되는 것을 막고자 한다. 호소하고 싶은 것은, 우리는 이성을 똑똑하게 사용해야 하고 또 그러기 위해 이성이 성장하고 효과적으로 기능할 수 있는 유일한 환경인 통제되지 않고 비합리적인 영역을 보존해야 함을 직시하라는 것이다.

여기서 취한 반합리주의적인 입장은 비합리주의나 신비주의와 혼동되어서는 안 된다.[125] 여기서 주장하는 바는 이성의 포기가 아니라 이성이 적절히 통제되는 영역을 합리적으로 검토하자는 것이다. 이성을 똑똑하게 사용한다는 것은 최대한 많은 영역에서 의도적 이성을 사용하는 것이 아니라는 것이다. 우리가 현재 지닌 이성을 절대적인 것으로 여기는 미숙한 합리주의에 맞서 데이비드 흄이 "계몽의 무기를 계몽에 겨누고" "합리적인 분석을 통해 이성의 주장을 약화시기 위해"[126] 수행했던 노력을 지속해야 한다.

이처럼 인간사의 질서를 잡아가는 데 있어 이성을 똑똑하게 사용하기 위한 첫 번째 조건은, 수많은 독립된 개체의 협력에 기초한 사회가 굴러가는데 이성이 실제로 무엇을 하는지, 또 무엇을 할 수 있는지 이해하는 법을 배우는 것이다. 이는 사회를 똑똑하게 재구성하려 하기에 앞서 먼저 그 기능을 이해해야 하고, 또 그 기능을 이해한다고 확신할 때라도 그것이 오류일 수 있음을 인식해야 한다는 걸 의미한다. 우리는 인간 문명이 스스로 생명을 지녔고, 사물을 개선하기 위한 모든 노력은 완벽한 통제가 불가능한 전체 안에서 이뤄져야 한다는 점, 이 전체의 힘이 발휘되도록 우리가 이해하는 한도 내에서 돕는 것이라는 점을 반드시 알아야 한다. 우리는 의사가 살아 있는 유기체를 대하는 것과 유사한 태도를 취해야 한다. 의사처럼 우리도, 우리가 대체할 수 없고 따라서 우리가 뭔가를 성취하려 노력할 때 사용해야만 하는 힘에 의해 지속되는 자기 유지적 전체를 다루어야 한다. 그것을 개선하기 위해서는 그 힘을 거스르기보다 더불어 일해야 한다. 개선을 위한 모든 노력 속에서 우리는 항상 주어진 전체 안에서 일하고 총체적이기보다 점진적인 구축을 목표로 하며[127] 전체를 재설계하려고 하기보다 각 단계에서 활용 가능한 역사적 자료를 이용하고 차근차근 세부 사항을 개선해나가야 하는 것이다.

결론의 어느 부분도 이성을 이용하는 것에 반대하지 않았으며, 단지 정부의 배타적인 강제력 행사를 요구하는 식의 이용에 반대할 뿐이다. 실험을 반대하는 것이 아니라 특정 분야에서 실험할 수 있는 권한을 독점하는 것을 반대하는 것이며, 그 결과 독점권을 지닌 사람들이 확신하는 것보다 더 나은 해결책이 배제되는 것을 반대하는 것이다.

5

책임과 자유

> 진단보다는 치료, 의도보다는 결과를 우선시하는 사회에서 민주주의가 살아남을 수 있을까. 인간이 자유롭고 평등하다면, 격리치료보다는 제대로 된 판정을 받아야 한다.
>
> 워머스(F. D. Wormuth)[128]

자유와 책임의 분리 불가능성

자유(liberty)는 개인이 선택의 기회와 부담을 동시에 가지고 있을 뿐 아니라 행동의 결과를 감수하고 그 결과에 따라 칭찬이나 비난을 받는다는 것을 의미한다. 자유와 책임은 불가분의 관계다. 각 개인이 자신의 행동 결과에 따른 지위를 차지하고 그 지위를 자신의 행동에 따른 몫으로 받아들이는 것을 옳다고 여기지 않는다면 자유사회는 제대로 기능하거나 유지되지 않을 것이다. 자유사회는 개인에게 기회만 제공하고, 또 노력의 결과는 수많은 우연에 좌우되겠지만, 사람들이 자신이 통제할 수 있는 상황들 -마치 그 상황들만 문제가 되는 것처럼- 에 주의를 기울이도록 강하게 유도한다. 개인만 알 수 있는 환경을 활용할 기회가 그 개인에게 주어지기 때문에, 그리고 대체로 다른 사람은 그가 그 기회를 최대한 잘 활용했는지 여부를 전혀 알 수 없기 때문에 그들이 취한 행동의 결과는 바로 그 행동에 의해 결정된다는 추정, 그 반대의 경우가 명확하게 나타나지 않는 한 그런 추정이 가능하다.

개인의 자유(freedom)를 확고히 신뢰했을 때 언제나 강력하게 나타났던 개인 책임에 대한 이 신념은 자유 존중의 약화와 함께 현저하게 약화됐다. 도덕 설교라면 뭐든 싫어하는 세대가 책임을 지루하고 적대적인 대상으로 여겼기 때문에 책임은 노련한 연사나 저술가들이 기피하는 단어이자 인기 없는 개념이 되었다. 삶의 지위 심지어 사람의 행동을 결정하는 것은 자신들이 전혀 통제할 수 없는 상황이라고 배운 사람들은 책임이란 말에 노골적인 적대감을 드러냈다. 그러나 이처럼 책임을 거부하는 것은 통상적으로는 책임에 대한 두려움, 필연적으로는 자유에 대한 두려움 때문이다.[129] 많은 사람들이 자유를 두려워하는 까닭은 의심할 바 없이 자신의 삶을 건설할 수 있는 기회란 다른 한편으로 끊임없이 주어지는 과제, 목적 달성을 위해 자신에게 부과해야만 하는 규율을 의미하기 때문이다.

'의지의 자유'에 대한 회의 때문에 신뢰할 수 없게 된 두 가지

개인의 자유와 책임에 대한 존중이 동시에 약화된 것은 과학의 가르침을 잘못 해석한 결과에 크게 기인한다. 과거의 견해는 '의지의 자유'에 대한 신념과 밀접하게 연결되어 있었는데, 이 신념은 한 번도 정확한 의미를 가진 적이 없었고 훗날엔 현대과학에 의해 그 기반이 박탈됐다. 모든 자연현상은 선행된 사건들이나 인지 가능한 법칙에 의해서만 결정된다는 신념과 인간 자체도 이 자연의 일부로 봐야 한다는 신념이 점차 늘어나면서 인간의 행동과 정신 활동 역시 외부 환경에 의해 필연적으로 결정된다는 결론이 도출되었다. 따라서 19세기 과학을 지배했던 보편적 결정론의 개념[130]이 인간 행동에도 적용되었고 이 때문에 인간 행동의 자발성이 무시되었다. 물론, 인간행동 역시 자연법칙에 종속된다는 것은 일반적 가정일 뿐이라는 점과 인간행동이 특정환경에 의해 어떻게 결정되는지는 아주 드문 경우 외엔 실제로 알 수 없다는 점은 인정해야만 했다. 게다가 인간의 정신활동이 통일된 법칙을 따른다고 인정하게 되면 자유와 책임의 개념에 필수적인 개인의 개성을 없애버리는 것처럼 보였다.

지난 수세대 동안의 지성사는 이 결정론적 세계관이 어떻게 자유에 대한 도덕적, 정치적 믿음의 근간을 흔들었는지에 대한 많은 예를 제공한다. 그리고 오늘날 과학교육을 받은 많은 사람들은 아마도 과학자가 일반 대중을 위해 글을 쓸 때 '최종 분석에서 자유 같은 것이 존재한다는 확신을 얻지 못하기 때문에' 자유란 '과학자에게는 논증하기 매우 곤란한 개념'이라고 인정한 말에 동의할 것이다.[131] 보다 최근에는 다행히도 물리학자들이 보편적 결정론의 논제를 사실상 포기했다. 하지만 세계의 확률적 규칙성이라는 보다 새로운 개념이 어떤 식으로 의지의 자유에 대한 수수께끼에 영향을 미칠지 의심스럽다. 사람들이 자발적 행동과 책임의 의미에 관해 어려움을 겪고 있는 것은 인간의 행동이 인과적으로 결정된다는 신념에서 비롯되는 것이 아니라 지적 혼란의 결과, 즉 전제를 따르지 않는 결론이기 때문이다.

의지가 자유롭다는 주장은 이를 부정하는 것과 마찬가지로 별 의미가 없으며 전체 사안은 실체가 없는 유령과도 같은 문제다.[132] 즉, 논쟁 참가자들의 긍정적 혹은 부정적 답변이 함의하는 바가 무엇인지 명확히 하지도 않은 단어에 관한 논쟁이다. 확실히 의지의 자유를 부정하는 사람들은 '자유(free)'라는 단어에서 다른 사람이 아닌 자신의 의지대로 행동하는 것을 묘사하는 통상적 의미를 뺄 것이다. 무의미한 진술을 하지 않기 위해서 그들은 다른 정의를 제시해야만 하지만 그들은 결코 그렇게 하지 않는다.[133] 게다가 행동이 어떤 요인에 의해 필연적으로 결정된다는 의견이 '자유(free)'의 의미에 조금도 포함될 수 없다는 생각은 모두 다 전적으로 그 근거가 없다.

양측이 각자의 입장에서 도출한 결론을 보면 혼동된 부분이 명백해진다. 결정론자들은 보통 인간의 행동이 자연적인 원인에 의해 완전히 결정되기 때문에 그들의 행동에 책임을 묻거나 칭찬하거나 또 비난할 명분이 없다고 주장한다. 반면 의지주의자들은 인과 관계의 사슬 바깥에 어떤 동인이 존재하기 때문에 이 동인은 칭찬과 비난의 합법적 대상이자 책임 대상이 된다고 주장한다. 실질적 결론에 관해서만 보자면 의지주의자들이 더 옳았고 결정론자들은 그저 혼란에 빠진 것이라는 데 의심의 여지가 없어 보인다. 그러나 이 논쟁에서 특이한 사실은 두 경우 모두 각자 전제한 주장에서 결론이 도출된 것이 아니라는 점이다. 앞서 살펴본 바와 같이 책임의 개념은 사실 결정론적 관점에 기초하는 것이지만,[134] 인과관계의 전체 사슬 밖에 서 있는 형이상학적인 '자아'를 구축했을 때만 칭찬이나 비난으로부터 전혀 영향을 받지 않는 것으로 취급되어 인간의 책임 면제를 정당화시킬 수 있는 것이다.

책임부여의 기능

물론 이른바 결정론자의 입장에서 보면 예측 가능한 동일한 방식으로 환경 상황에 변함없이 반응하는 자동인형을 상상해볼 수 있다. 그러나 이는 '의지의 자유'를 극단적으로 반대하는 사람조차 받아들이지 않는 입장이다. 그들은 외부 환경에 대한 반응인 어떤 순간의 개인의 행동은 유전적 체질과 축적된 경험과 과거의 개인적 경험 – 매번 독특하고 고유한 개성을 만드는 누적적 과정 – 에 비추어 해석된 새로운 경험들이 함께 영향을 주면서 결정된다고 주장한다. 이 개성은 일종의 필터로 작용하여 외부 사건이 개성을 통해 행위를 초래하고, 따라서 행위는 예외적 환경에서만 확실한 예측이 가능하다는 것이다. 결정론적 입장이 주장하는 바는, 유전형질과 과거 경험의 축적된 효과가 개인의 개성 전체를 구성하며, 외부나 물질적 영향을 전혀 받지 않는 '자아'나 '나'라는 건 존재하지 않는다는 것이다. 이것이 의미하는 바는 '의지의 자유'를 부정하는 사람들이 그 영향력을 부정하는 요소들, 즉 추론이나 논쟁, 설득이나 비난, 칭찬이나 비난의 예상 등과 같은 것이 개성을 결정하고 나아가 이를 통해 개인의 특정 행동을 결정하는 가장 중요한 요인에 속한다는 것이다. 인과관계의 사슬 바깥에 분리된 '자아'가 존재하지 않기 때문에 상벌을 통해 합리적으로 영향을 줄 수 없는 '자아' 또한 존재하지 않는다는 것이다.[135]

사실 교육과 예시, 합리적 설득, 승인이나 반대 등을 통해 사람들의 행동에 영향을 줄 수 있다는 사실이 완강히 부인된 적은 결코 없을 것이다. 따라서 이제 단 하나 남은 의문은 어떤 사람이 주어진 환경에서 어떤 행동을 취했을 때 이것이 동료의 존경심을 높일지 낮출지 혹은 상이나 벌을 예상할 수 있을지 안다는 것이 기대되는 방향으로 행동하도록 하는 데 어느 정도까지 영향을 주느냐는 것이다.

흔하게 일컬어지는 "그가 현재의 그인 것은 그 자신의 잘못이 아니다"라는 말은 엄밀히 말해 난센스다. 책임을 부여하는 목적은 그를 현재의 그와 다르게 만들기 위해서다. 만약 한 사람이 어떤 행동의 결과에 책임이 있다고 말한다면 이것은 사실에 대한 진술이나 인과관계에 대한 주장이 아니다. 그가 했거나 하지 않았던 일의 결과를 바꿀 수 없었다면, 이 진술은 물론 정당화될 수 없을 것이다. 그런 상황에 대해 '일지 모른다'나 '할 수 있었다' 등의 단어를 썼다고 해서 그가 결정의 순간에 주어진 상황의 인과법칙의 필연적 결과와 다르게 행동할 수 있었다는 의미가 되지도 않는다. 오히려 어떤 사람이 자신이 한 일에 책임이 있다는 말은 그가 이 책임부여의 말을 사실로 믿지 않을 때 했을 행동과 다르게 행동하도록 하기 위함이다. 사람에게 책임을 부여하는 것은 그가 다르게 행동했을지도 모른다는 말을 하기 위해서가 아니라 다르게 행동하도록 만들기 위해서다. 내가 어떤 상황에서 '어쩔 수 없는' 나태함이나 건망증으로 누군가에게 해를 끼쳤다면, 책임에서 면제되는 것이 아니라 나에게 더 큰 압박을 가해 그런 일이 생길 수 있다는 가능성을 늘 염두에 두도록 만드는 것이다.[136]

그러므로 이제 단 하나 남은 의문은 어떤 행동이나 그 결과에 책임을 지게되는 그 사람이 정상적인 동기를 따르는 유형인지(즉, 책임을 물을 수 있는 사람인지), 그리고 그 사람은 주어진 상황에서 우리가 그에게 각인시키고자 하는 생각이나 신념에 영향을 받으리라 기대할 수 있는지 여부다. 대부분의 그런 문제들처럼 우리는 특정 상황에 무지하기 때문에 알 수 있는 것이라곤 사람들이 책임을 질 거라는 우리의 기대가 전반적으로 어떤 위치에 있는 사람에게 바람직한 방향으로 영향을 줄 것이라는 점뿐이다. 일반적으로 우리가 집중하는 문제는 특정 행동의 경우에 어떤 정신적 요인이 작용했는지 여부가 아니라 행동을 이끌어낼 때 어떤 특정 생각이 효과적이었는지이다. 이를 위해서는 기대가 실제로 행동에 변화를 주었는지 여부와 상관없이 개인이 칭찬이나 비난을 받을 필요가 있다. 특정 상황에서의 효과에 대해 우리는 결코 확신할 수 없지만 그가 책임을 질 것이라는 지식이 일반적으로 행동에 바람직한 방향으로 영향을 줄 것이라고 믿는다. 이런 의미에서 책임을 묻는 것은 사실을 주장하는 것과 무관하다. 책임 부여는 그보다는 사람들이 특정 규범을 준수하도록 하는 관행의 성격을 지닌다. 이런 식의 관행이 효과가 있는지 여부는 항상 논쟁의 여지가 있다. 효과가 있는지 여부에 대해서는 대체로 경험이 말해주는 것 이상으로는 알기 힘들다.

책임감은 법적 개념이 되고 말았는데, 법은 어떤 때 한 개인의 행동이 의무를 만들어내는지, 혹은 처벌에 처하게 되는지를 결정하는 명확한 검증을 요구하기 때문이다. 하지만 당연하게도 책임감은 도덕적 개념 그 이상이며, 개인의 도덕적 의무에 대한 우리 견해의 바탕이 되는 생각의 시작점이다. 사실 책임감의 범위는 우리가 보통 생각하는 도덕의 범위보다 훨씬 넓다. 사회 질서 작동에 대한 우리의 모든 태도, 다른 개인의 상대적 위치를 결정하는 방식에 대한 동의나 반대는 책임감에 대한 우리의 관점과 밀접하게 연관되어 있다. 따라서 이 개념의 중요성은 강제의 영역을 훨씬 넘어서며, 그 중 가장 중요한 것은 개인의 자유로운 결정을 인도하는 역할에 있을 것이다. 자유사회는 그 어떤 것보다도 법에 의해 강요된 의무를 넘어서 책임감에 이끌려 행동하고, 개인이 노력한 결과인 성공과 실패 모두에 스스로 책임지는 것, 스스로 적합하다 여기는 대로 행동하도록 허용될 때 그 결과도 스스로 감당해야 한다는 것이 당연한 견해로 받아들여질 것이 요구된다.

책임감 있는 사람

따라서 책임 부여는 이 관행이 미래 행동에 효과를 줄 것으로 기대되기 때문에 정당성을 얻게 된다. 이는 유사한 미래 상황에서 무엇을 고려해야 할지 가르치는 것을 목표로 한다. 개인들은 대체로 자신의 행동과 관련된 특정상황을 가장 잘 알 수 있는 위치에 있기 때문에 그들 스스로 결정하도록 놓아두어야 하지만, 개인들이 자신의 지식을 활용해 최선의 효과를 낳을 수 있는 외적 조건을 갖추는 것도 우리의 관심사다. 인간이 합리적 존재라고 가정하기 때문에 자유(freedom)를 허용한다면 또한 그들이 결정에 따른 결과를 감수하게 함으로써 그들이 합리적인 존재로서 행동하는 것을 가치 있게 만들어줘야 한다. 이는 한 사람이 항상 그의 관심사에 관해 최선의 판단을 내리는 것으로 간주한다는 뜻이 아니다. 단지 우리가 그 사람보다 그것들을 더 잘 이해하는 사람이 누구인지 확신할 수 없다는 것과 또 환경이 인간의 목적을 위해 쓰이도록 하는 공동의 노력에 모든 사람들의 능력이 충분히 활용되기 원한다는 것을 의미할 따름이다.

그러므로 책임 부여는 인간에게 합리적 행위능력의 부분이 있음을 전제로 하며, 책임이 주어졌을 때 더 합리적으로 행동하도록 만드는 것을 목표로 한다. 이는 학습과 예측, 즉 그들 행동의 결과에 대한 지식에 의해 인도되는 최소한의 능력이 있음을 전제로 한다. 이는 이성이 실제로 인간의 행동을 결정하는 데 있어 작은 역할만 한다는 주장에 반대되는 것이 아니다. 책임 부여는 이 작은 것을 가능한 한 멀리 가도록 하는 것이 목적이기 때문이다. 이 맥락에서 합리성은 한 사람의 행동에서 일정 수준의 일관성과 일치성, 그리고 일단 획득하면 훗날 또는 다른 상황에서도 그의 행동에 영향을 주는 지식이나 통찰력의 지속적 영향력을 의미할 뿐이다.

자유(liberty)와 책임의 상호보완성은 책임질 수 있는 사람만 자유를 주장할 수 있다는 것을 의미한다. 유아, 지적장애인, 정신이상자에게는 적용되지 않는다. 이는 한 사람이 경험을 통해 배울 수 있고 그렇게 습득한 지식을 통해 자신의 행동을 이끌 수 있음을 전제로 한다. 아직 충분히 배우지 못했거나 배울 수 없는 사람들에게는 효력이 없다. 결과에 대한 지식에 의해 전혀 통제되지 않는 불변의 충동에 따라 행동이 결정되는 사람 혹은 진정한 의미의 이중인격자, 정신분열증 환자는 이런 의미에서 책임을 질 수 없다. 책임을 인식시킬 지식이 그의 행동을 바꿀 수 없기 때문이다. 정말 통제할 수 없는 충동, 경험적으로 정상적인 동기에 반응을 보이지 않는 도벽이나 알코올중독을 앓고 있는 사람들도 마찬가지다. 그러나 책임을 인식하고 있는 사람은 그 인식이 그의 행동에 영향을 줄 것이라고 믿는 한 그를 책임질 수 있는 사람으로 취급해야 한다. 이 취급이 특정 상황에서 바람직한 효과를 가져올지 여부와는 상관이 없다. 책임 부여는 특정 상황에 잘 들어맞기 때문이 아니라 사람들이 합리적이고 신중하게 행동하도록 독려하는 효과가 있다는 믿음에 기반을 두고 있다. 이는 다른 사람의 마음을 들여다볼 수 없는 우리의 무능함 때문에 강제에 의존하지 않고 우리 삶에 질서를 도입하기 위해 사회가 고안한 장치다.

책임을 질 수 없는 사람들, 따라서 자유를 주장하는 것이 전적으로 적용되지 않거나 적용할 수 없는 사람들에 관한 특수한 문제들을 여기서 논의하는 것은 적절하지 않다. 중요한 점은 공동체의 자유롭고 책임감 있는 구성원이 되는 것은 특권뿐 아니라 부담을 수반하는 지위라는 사실이다. 그리고 자유(freedom)가 그 목적을 달성하기 위한 것이라면, 사람들이 최소한으로 요구되는 능력을 가지고 있다는 전제가 틀렸다고 명백하게 입증되지 않는 한 그 지위는 누구의 재량으로 주어지는 것이 아니라 객관적으로 확인 가능한 검증(예를 들면 연령)을 충족하는 모두에게 자동적으로 주어져야 한다. 개인적 관계에서는 보호대상에서 완전히 책임감 있는 사람으로의 변화가 점진적이고 불분명할 수 있다. 개인 사이에 존재하고 국가가 간섭해서는 안 되는 그런 가벼운 형태의 강제는 책임의 정도에 따라 조정될 수 있다. 그러나 정치적, 법적으로는 명확하게 딱 구분되어야 하고 자유가 유효하려면 보편적이고 비인격적인 규칙에 따라 결정되어야 한다. 한 사람이 자기 삶의 주인인지 아니면 다른 사람의 의지에 종속되어야 하는지를 결정할 때 우리는 다른 사람이 이해할 수 없고 예측할 수 없으며 또 환영받지 못하는 방식으로 행동할 권리가 있는지 여부와 마찬가지로 그가 책임감이 있는지 여부를 판단해야 한다. 모든 인간에게 완전한 자유(liberty)가 주어질 수 없다는 사실이 모든 자유가 반드시 개인의 조건에 맞춰 조정된 제한과 규제의 대상이 된다는 의미는 아니다. 소년 법원이나 정신 병동의 개별화된 조치는 부자유와 보호 관계의 흔적이다. 사적으로 친밀한 관계에서 우리는 우리 행동을 상대의 성격에 맞춰 조정하곤 하지만, 공공 생활에서 자유(freedom)가 유지되기 위해서는 사람을 독특한 개인이 아닌 유형으로 간주하고 특정 경우에 맞는지 아닌지와 관계없이 정상적인 동기와 자제력을 지녔다는 전제 하에 대우해줘야 한다.

개별적 목표의 추구

사람은 그 자신의 목표를 추구하도록 허용되어야 한다는 이상이, 자유롭게 내버려두면 사람은 자신의 이기적 목표를 추구하려 하거나 추구하게 될 것이라는 믿음과 혼동되는 경우가 많다.[137] 하지만 자신의 목표를 추구할 수 있는 자유는 이기주의자뿐 아니라 타인의 안녕이 자신의 가치관에서 매우 중요한 가장 이타주의적인 사람에게도 소중하다. 타인의 복지를 삶의 주된 목표로 삼는 것은 인간의 자연스러운 본성의 일부이자 행복의 주요 조건 중 하나다. 그렇게 하는 것이 정상적 선택의 일부로 열려 있고 일반적으로 우리가 하고 싶어하는 선택일 때도 많다. 물론 일반적으로 이 측면에서 주된 관심사는 우리 가족의 복지일 것이다. 하지만 그뿐 아니라 우리는 타인을 친구로 삼거나 그들의 목표를 우리 것으로 공유하며 그들에게 공감과 지지를 표현하기도 한다. 우리의 동료를 택하고 우리의 관심이 필요한 사람을 택하는 것은 자유와 자유사회 도덕 관념의 핵심부분이다.

하지만 보편적인 이타주의는 무의미한 관념이다. 다른 사람을 효과적으로 돌볼 수 있는 사람은 아무도 없다. 우리가 맡을 수 있는 책임은 구체적일 수밖에 없고, 구체적인 사실을 알고 있는 사람과 선택이나 특수 조건이 우리와 관련이 있는 사람들에 대해서만 관심을 가질 수 있다. 무엇이 가장 중요한지 그리고 누구의 필요가 가장 중요한 것처럼 보이는지 결정하는 것은 자유인의 기본 권리이자 의무 중 하나다.

각 개인이 우리가 존중해야 할 각자만의 가치 척도를 가지고 있다는 인식은, 비록 우리가 그 사실을 인정하지 않는다 할지라도, 개인의 개성적 가치관 관념을 형성하는 일부가 된다. 우리가 다른 사람을 어떻게 평가하느냐는 필연적으로 그의 가치관이 무엇인지에 달려 있을 것이다. 그러나 자유를 믿는다는 것은 스스로를 다른 사람의 가치를 평가하는 최종 심판관으로 여기지 않는다는 것이고, 그가 마찬가지로 다른 사람의 영역을 침범하지 않는 한 탐탁지 않더라도 그의 목적 추구를 막을 자격이 없다고 느낀다는 것을 의미한다.

각 개인마다 추구할 권리가 있는 자신만의 가치가 있다는 사실을 인정하지 않는 사회는 개인의 존엄성을 존중할 수 없고, 자유를 진정으로 알 수 없다. 하지만 마찬가지로 자유사회에서 개인은 그가 자유를 사용하는 방식에 따라 평가받고 존중받는다는 것도 사실이다. 자유 없이는 도덕적 평가와 존경이 무의미할 것이다. 성숙한 한 인간의 선한 행동이나 악한 행동 모두 보상, 규정, 강제 아래였다면, 미덕이란 이름 말고는 무엇이 미덕이었을까, 선행은 얼마나 칭송받아야 할까, 착실하고 공정하며 자제력이 강한 것은 정말 고마운 것일까?[138] 자유(liberty)는 선을 행할 수 있는 기회이지만, 이는 어디까지나 나쁜 일을 할 기회이기도 할 때에만 그렇다. 개인이 어느 정도 공통의 가치에 인도될 때에만 자유사회가 제대로 기능할 수 있다는 사실 때문에 철학자들은 자유(freedom)를 도덕규범을 따르는 행동으로 정의하기도 했다. 그러나 이런 자유에 대한 정의는 우리가 염려하는 자유에 대한 부정에 해당된다. 도덕적 공적의 조건인 행동의 자유에는 그릇된 행동을 할 수 있는 자유가 포함된다. 어떤 사람에게 선택의 기회가 주어졌을 때에만, 그가 강제가 아닌 자발적으로 규율을 지켰을 때에만 우리는 칭찬이나 비난을 가할 수 있다.

개인의 자유 영역이 개인의 책임 영역이기도 하다는 말은 어떤 사람에게 행한 우리의 행동에 책임을 져야 한다는 의미가 아니다. 사실 우리가 그들을 불쾌하게 만드는 행동을 해서 스스로를 다른 사람에게 비난받는 입장에 처하게 만들 수 있다. 하지만 우리 결정에 전적으로 책임을 져야 하는 주된 이유는 우리의 행동에 따른 사건 발생의 원인에 주의를 집중시키기 위함이다. 개인 책임에 대한 신념의 주된 기능은 우리 자신의 지식과 능력을 우리의 목적 달성을 위해 최대한 활용하도록 만든다는 것이다.

자신의 복지에 대한 책임

자유가 부과하는 선택의 부담, 자유사회가 개인에게 부여한 자신의 운명에 대한 책임은 현대 사회 조건 속에서 불만의 원천이 되었다. 그 어느 때보다 지금, 소유한 구체적 능력이 무엇이냐가 아니라 그 능력을 제대로 활용할 수 있느냐에 한 사람의 성공 여부가 달려 있다. 전문화가 덜 되고 조직화가 덜 복잡하던 시절에는 거의 모든 사람이 존재하는 대부분의 기회를 알 수 있었다. 그리고 자신의 특별한 기술과 재능을 잘 활용할 수 있는 기회를 찾기가 그리 어렵지 않았다. 하지만 사회가 성장하고 더 복잡해짐에 따라 한 사람이 얻을 수 있는 보수는 그가 가진 기술이나 능력이 아니라 기술과 능력이 제대로 사용되는지 여부에 달리게 된다. 한 사람의 능력에 가장 적합한 직업을 찾는 일이 더 어려워지고 동일한 기술이나 능력을 가진 사람들 간의 보수 격차도 점차 커질 것이다.

자신이 동료에게 매우 유익을 끼칠 수 있는 사람인데도 자신의 재능이 낭비되고 있다는 생각보다 더 가슴 아픈 일은 아마도 없을 것이다. 자유사회에서는 한 사람의 재능이 적절히 사용되었는지 살펴볼 책임이 그 누구에게도 없으며, 그의 특별한 재능이 사용될 기회를 줘야 한다고 주장할 사람도 없다. 스스로 그 기회를 찾지 않는 한 낭비될 것이다. 이러한 사실은 아마도 자유 체제에 대한 가장 큰 비난이자 가장 쓰라린 분노의 원인일 것이다. 어떤 잠재적 능력을 가졌다는 인식은 그 능력을 활용하는 것이 그 누군가의 의무라는 주장으로 자연스럽게 이어진다.

유용한 영역, 즉 적합한 직업을 찾아야 한다는 것은 자유사회가 우리에게 부과하는 가장 어려운 과제다. 그러나 이는 자유(freedom)와 불가분의 관계다. 각 사람의 재능이 적절히 사용되도록 다른 사람에게 그것들을 사용하라고 강제할 힘을 갖고 있는 사람은 아무도 없기 때문이다. 누가 그를 위해 봉사해야 하는지, 어떤 능력이나 제품을 사용해야 하는지에 대한 사람들의 선택권을 박탈해야만, 어떤 사람의 재능이 그가 당연하다고 여기는 방식대로 사용되도록 보장해줄 수 있을 것이다. 한 사람의 가치와 보수가 추상적 역량이 아니라 그 대가를 지불할 수 있는 다른 사람에게 유용한 구체적인 서비스로 전환시키는 데 성공했는지에 달려 있다는 사실은 자유사회의 본질이다. 그리고 자유의 주 목적은 개인이 습득할 수 있는 지식을 최대한 활용하는 것을 보장하기 위해 기회와 유인을 제공하는 것이다. 이 점에서 남들과 다른 특별한 개인으로 만드는 것은 그의 일반 지식이 아니라 특정 상황과 조건에 대한 구체적인 지식이다.

자유를 위한 교육

이런 점에서 자유사회의 결과는 종종 이전 사회 형태의 유물인 윤리적 견해와 충돌한다는 점을 명심해야 한다. 사회적 관점에서 보자면 한 사람의 역량을 제대로 활용하는 것으로 바꾸는 예술, 한 사람의 재능을 가장 효과적으로 사용하는 법을 발견하는 기술이 아마 가장 유용할 것이다. 그러나 이런 식으로 기지를 부리는 것에 사람들은 눈살을 찌푸렸고 구체적 상황을 보다 효과적으로 잘 활용해서 비슷한 능력을 지닌 사람들보다 더 많은 혜택을 얻는 것을 불공평하다고 여겼다. 많은 사회에 존재하는 '귀족' 전통은, 과제와 의무가 이미 할당된 조직의 위계질서 조건에서 생겨나고, 다른 사람들이 원하는 것을 제공해야 하는 숙명에서 자유로울 수 있는 특권을 지닌 사람들에 의해 발전되어 왔는데, 이 '귀족' 전통은 다른 사람이 자신의 재능을 발견해줄 때까지 기다리는 것을 고상한 것으로 여겼다. 반면 종교적 혹은 인종적 소수 집단만이 힘든 투쟁 속에서 이런 종류의 기지를 의도적으로 계발시켰고 또 그 때문에 혐오의 대상이 되었다. 그러나 사물이나 자신의 능력을 더 잘 활용할 수 있는 방법을 발견하는 것은 한 개인이 우리 사회에서 동료의 복지를 위해 할 수 있는 최대 공헌 중 하나이며, 자유사회가 다른 사회보다 훨씬 더 번영할 수 있게 된 것도 이런 기회를 최대한으로 제공했기 때문임은 의심할 여지가 없다. 이런 기업가적 능력을 성공적으로 활용(자신의 능력을 가장 잘 활용하는 법을 발견한다는 면에서 우리 모두 기업가다)하면 자유사회에서 가장 많은 보수를 받게 된다. 반면 자신의 능력을 활용하는 유용한 수단을 찾는 일을 다른 사람에게 맡긴 사람은 더 적은 보수에 만족할 수밖에 없다.

'쓰이기를' 기대하지만 적절하게 쓰일 곳을 자기 스스로 찾을 수 없고, 또 자신의 능력이나 기술의 적절한 용도를 보장하는 것이 다른 사람의 책임이라고 여기는 기술자라면 훈련을 받은 만큼 자유사회에 기여할 수 없는 사람이라는 걸 명심해야 한다. 한 사람이 특정 분야에 종사할 수 있을지라도 그가 자신의 능력에서 최대 이익을 얻을 수 있는 사람들에게 그 역량을 알리는 능력이 없다면 그가 제공하는 서비스의 가치는 자유사회에서 낮게 평가될 수밖에 없을 것이다. 똑같이 노력해서 동일한 전문 지식과 기술을 습득한 두 사람 중에서 한 사람은 성공하고 다른 한 사람은 실패한다면, 정의라는 측면에서 부당하다 느낄 수 있다. 그렇지만 자유사회에서 유용성을 결정하고 그에 따라 교육과 기풍을 조정하는 것은 다름 아닌 기회의 활용임을 반드시 알아야 한다. 자유사회에서 보수가 주어지는 것은 우리가 지닌 기술 때문이 아니라 그것을 적합한 용도에 사용해서이다. 자신의 직업을 다른 사람이 정하는 게 아니라 스스로 자유롭게 선택할 수 있는 한 더욱 그렇다. 물론 성공적 경력의 어느 만큼이 남들보다 뛰어난 지식, 능력 혹은 노력 덕분이며, 어느 만큼이 우연 때문인지를 가려내는 것은 거의 불가능하다. 그렇다고 해서 이 사실이 바른 선택을 해야 하는 중요성을 퇴색시키는 것은 결코 아니다.

사회주의자들이 한 주장들을 보면 이 기본적인 사실에 대한 이해가 얼마나 부족한지 잘 드러난다. "모든 아이들은 시민으로서 삶, 자유(liberty), 행복 추구뿐만 아니라 그의 재능에 맞는 사회적 지위에 대한 자연권을 지닌다."[139] 자유사회에서는 한 사람의 재능이 그에게 특정한 지위를 '권리로 보장'해주지 않는다. 이러한 주장은 어떤 기관이 그들의 판단에 따라 사람에게 특정 지위를 부여할 권리와 힘이 있다는 것을 의미하게 된다. 자유사회가 제공해주는 것이라고는 자신의 재능에 대한 시장탐색에서처럼 온갖 위험과 불확실성 속에서 적합한 자리를 탐색할 수 있는 기회뿐이다. 이런 면에서 자유사회는 개인들에게 압박을 가해 종종 분개하게 만드는 것도 부인할 수 없는 사실이다. 하지만 다른 형태의 사회가 이런 압박을 없앨 것으로 생각하는 것도 착각이다. 자신의 운명을 스스로 책임져야 하는 압박을 대체하는 것은 누군가의 명령에 반드시 복종해야 하는 것보다 훨씬 더 부당한 압박이다.

한 사람이 자신의 운명을 전적으로 책임진다는 신념은 오직 성공한 사람만의 믿음이라는 주장이 있다. 자신이 성공했기 때문에 이런 신념을 갖게 됐다는 저변에 깔린 생각이 딱히 그른 것은 아니다. 내 생각에는 오히려 그 반대로 그런 신념을 가졌기 때문에 성공하는 것 같다. 자신이 성취한 모든 것은 전적으로 그의 노력, 기술, 지성에 따른 결과라는 확신은 대체로 잘못된 것이지만 그의 열정과 집중력에 유익한 영향을 끼쳤을 것이다. 성공한 사람이 자만심에 차 의기양양해하는 모습이 종종 참을 수 없고 불쾌할지라도 성공이 전적으로 자신에게 달려 있다는 신념은 아마도 성공하는 행동에 실제적으로 가장 효과적인 동기로 작용할 것이다. 반면 자신의 실패에 대해 다른 사람이나 상황을 탓하는 성향이 강할수록 불만은 많아지고 비효율적으로 되기 쉽다.

책임의 범위

현대에 와서는 개인의 책임 범위가 너무 확장되고 또 자신의 행위의 결과를 본인이 책임지지 않게 되는 바람에 책임의식이 약화되었다. 우리가 책임을 부과하는 것은 개인의 행동에 영향을 끼치기 위함이기 때문에 책임부과의 범위는 인간으로서 예측 가능한 행위의 결과와 그의 고려가 들어갔어야 할 것이라 여겨지는 부분들에 한정돼야 할 것이다. 책임감이 제 효과를 제대로 발휘하기 위해서는 범위가 분명하고 제한적이어야 하며 인간의 감정적, 지적인 능력이 감당할 수 있는 것이어야 한다. 사람이 모든 것에 책임져야 한다고 가르치는 것은 어떤 것에도 책임질 수 없다고 가르치는 것만큼 파괴적이다. 자유가 요구하는 것은 개인의 책임이 그가 당연히 판단할 수 있다고 생각되는 것까지만 적용되며, 그의 예측 범위 내에서 나타날 효과를 고려해 행동해야 하며 또 그가 동등하게 자유로운 다른 사람들의 행동이 아니라 자신의 행동에 대해서만 책임을 지도록 하는 것이다.

책임이 효과가 있으려면 반드시 개인의 책임이어야 한다. 자유사회에서는 집단적 책임이란 있을 수 없다. 협동적 행위라 하더라도 참여한 사람들이 각자 노력하고 그 책임도 개별적으로 감당하는 것이다. 공동 책임이나 분할 책임은 반드시 다른 사람과의 합의가 필요하고 그로 인해 각 개인들의 권한이 제한되게 된다. 만약 합의된 행동과 의무가 연계돼서 부여되지 않은 채 공동의 책임만 있다면 결과적으로 아무도 책임을 지지 않게 된다. 모두의 재산은 사실상 누

구의 재산도 아닌 것처럼 모두의 책임은 누구의 책임도 아니기 때문이다.[140]

근대적 발전, 특히 대도시의 발전이 과거 유익한 자발적 공동행동을 낳았던 지역적 관심사에 대한 책임감을 많은 부분 파괴한 것은 부정할 수 없다. 책임의 본질적 조건은 개인이 판단할 수 있는 환경, 과도한 상상력 없이도 해결책을 찾아낼 수 있는 문제들 그리고 다른 사람이 아닌 자신의 문제에 한정된다는 점이다. 산업 도시의 익명의 군중 속에서 살아갈 때에는 그런 조건이 적용되기 힘들다. 개인은 더 이상 작은 공동체의 일원으로 서로 얼굴을 알고 가깝게 지내며 친밀하게 서로 관심을 갖고 살아갈 수 없다. 그 결과 독립심은 다소 커졌지만 개인적 유대와 이웃의 우호적인 관심에서 나온 안전감은 사라졌다. 국가의 비인격적 권력을 향해 보호와 안전에 대한 요구가 증가하는 것은 분명 더욱 작은 이익공동체가 사라진 결과이자 더 이상 지역 집단의 다른 구성원의 개인적 관심이나 도움을 기대할 수 없게 된 개인적 고립감에 따른 결과다.[141]

친밀한 관심을 주고받던 공동체가 사라지고 제한적이고 비인격적이며 일시적인 유대관계의 광범위한 네트워크로 대체된 것이 아쉬운 만큼이나, 친밀하게 잘 알고 지내는 사람들에게 느끼던 책임의식과 멀리 떨어져 있고 공식적으로만 아는 사람들에 대한 책임의식이 같을 수는 없는 것이다. 우리와 친숙한 이웃들의 운명에는 진실되게 관심을 가질 수 있고 또 도움이 필요할 때 어떻게 도와야 할지 잘 알 수 있다. 반면 이 세상에 존재하는 것을 알지만 그들 각자의 상황이 어떠한지 모르는 수백, 수천만 명의 불행한 사람들에 대해서는 동일한 감정을 느낄 수 없다. 그들의 불행에 아무리 마음이 움직이더라도 고통 받는 사람들의 숫자에 대한 추상적 지식이 우리의 일상행동을 좌우하지는 못한다. 우리가 하는 일이 유용하고 효과적이려면 우리의 목표대상은 마음과 동정심의 크기에 맞춰 제한되어야 한다. 우리 공동체, 우리의 나라, 우리의 세계에 존재하는 도움이 필요한 불쌍한 사람들 모두에 대한 '사회적' 책임을 끊임없이 상기시키는 것은 우리의 감정을 계속 희석시키는 효과를 낳아서, 우리의 행동이 요청되는 책임과 그렇지 않은 책임 간의 구분을 사라지게 할 것이다. 책임이 효과가 있으려면, 책임이 한정적이어서 개인이 다양한 할 일에서 우선 순위를 정할 때 자신의 구체적 지식에 의존할 수 있고, 자신의 도덕적 원칙을 자신이 아는 환경조건에 적용시킬 수 있으며 또 자발적으로 해악을 줄이도록 도울 수 있을 만큼이어야 한다.

6

평등, 가치, 공로

나는 평등을 향한 열정을 존중하지 않는다. 내 생각에 그것은 단지 질투를 관념화시킨 것에 지나지 않는다.

올리버 웬들 홈즈(Oliver Wendell Holmes, Jr.)[142]

동등하게 대우하는 것과 동등하게 만드는 것

자유(liberty)를 위한 투쟁의 가장 큰 목표는 법 앞의 평등이었다. 국가가 강제하는 규칙 아래에 있는 이러한 평등은 사람들이 상호 관계에서 자발적으로 따르는 규범의 평등성에 의해 보완될 수 있다. 이렇게 평등의 원칙이 도덕적, 사회적 행동 규범에까지 확대되는 것은 일반적으로 민주주의 정신이라고 불리는 것이 주로 발현된 것이다. 민주주의 정신의 이런 측면은 자유가 필연적으로 창출하는 불평등을 비공격적으로 만들어 준다.

법과 행동에 관한 보편적 규범이 갖고 있는 평등성은 평등 중에서 자유에 공헌하는 유일한 유형이자 자유를 파괴하지 않고 확보할 수 있는 유일한 것이다. 자유는 다른 종류의 평등과는 전혀 무관할 뿐만 아니라 심지어 여러 면에서 불평등을 낳기 마련이다. 불평등은 개인의 자유가 반드시 초래하는 결과이지만 또한 개인의 자유를 정당화하는 근거이기도 하다. 개인의 자유를 누린 결과가 어떤 삶의 방식이 더 성공적임을 입증해내지 못했다면 그 이점은 상당 부분 사라졌을 것이기 때문이다.

자유를 주장하면서 정부에게 인간을 평등하게 대우해달라고 요구하는 것은 인간이 실제로 평등하다고 가정하기 때문도, 인간을 평등하게 만들기 위해서도 아니다. 이 요구는 개인이 매우 다르다는 인식 때문뿐 아니라 불평등의 결과가 갖는 그 의미 때문에 나온 것이다. 이 평등대우의 요구는 개인 간의 차이가 정부가 그들을 다르게 대우할 명분이 되지 않는다고 주장한다. 그리고 국가가 매우 상이한 사람들에게 삶의 동등한 지위를 보장하고자 할 때 필연적으로 발생하게 될 차별 대우에 반대한다.

보다 광범위한 물질적 평등을 주장하는 현대의 사람들은 그들의 요구가 모든 사람의 사실적 평등이라는 가정에 기반을 두고 있다는 사실을 대개는 부정한다.[143] 그럼에도 이 가정이 그러한 요구를 정당화하는 주된 요소라는 건 널리 알려져 있다. 평등한 처우를 요구할 때 모든 사람의 사실적 평등과 같은 명백하게 사실이 아닌 가정에 기반해 요구하는 것보다 더 해로운 것은 없다. 소수 민족이나 소수 인종의 동등한 대우를 주장하는 경우에 다른 사람들과 다르지 않다는 주장을 기반으로 한다면 사실적 평등이 불평등한 대우를 정당화시킬 것임을 은연중에 인정하는 것이다. 그리고 실제로는 상당한 차이가 존재한다는 증거가 드러나는 데 얼마 걸리지도 않을 것이다. 법 앞의 평등 요구의 핵심은 사람이 다름에도 불구하고 똑같이 대우받아야 한다는 것이다.

개인적 차이의 중요성

인간 본성의 무한한 다양성, 즉 개인 능력과 잠재력의 폭넓은 차이는 인류의 가장 큰 특징이다. 그 진화 덕분에 인간이 모든 종류의 피조물 중에서 가장 변화무쌍한 존재가 되었다. "생명체는 다양성을 기반으로 하기 때문에 모든 개별 인간은 고유한 특질들의 집합체다. 그리고 이 특질들이 인간에게 존엄성을 부여한다. 모든 신생아는 그를 구성하는 데 기여했던 수천 개의 알려지지 않은 유전자와 유전자 패턴이 상호 연결되었기 때문에 잠재성에 관한 한 미지수다. 타고난 본성과 양육의 결과로 신생아는 지금까지 존재했던 사람들 중에서 가장 위대한 남자나 여자가 될 수도 있다. 어떤 아이든 그는 자신만의 독특함을 가진다… 그 차이가 별로 중요하지 않다면 자유(freedom)도 그다지 중요하지 않고 개인의 가치라는 이념 역시 별로 중요하지 않은 것이다."[144] 저자는 이어 널리 받아들여지고 있는, '표면적으로 민주주의와 일치하는 것처럼 보이는' 인간 본성의 획일화 이론이 "언젠가 자유(freedom)와 개인의 가치라는 가장 기본적 이상을 훼손하고 우리가 알고 있는 삶을 무의미하게 만들 것"[145]이라고 덧붙였다.

현대에는 사람들 간의 선천적 차이의 중요성을 최소화시키고 모든 중요한 차이를 환경의 영향 탓으로 돌리는 것이 유행이 되었다.[146] 그러나 환경의 영향이 아무리 중요하더라도 개인이 출발부터 매우 다르다는 사실을 간과해서는 안 된다. 모든 사람이 매우 유사한 환경에서 자라난다 해도 개인 간 차이의 중요성은 거의 줄어들지 않을 것이다. 사실 "모든 사람은 평등하게 태어났다"는 말은 사실이 아니다. 우리는 모든 사람이 법적·도덕적으로 동등하게 대우받아야 한다는 이상을 표현하기 위해 이 성스러운 표현을 계속 사용할 수 있다. 그러나 평등의 이상이 무엇을 의미할 수 있는지 혹은 무엇을 나타내야 하는지를 이해하고 싶다면 먼저 우리 자신을 사실적 평등에 대한 신념에서 해방시켜야 한다.

사람이 매우 다르다는 사실에서 도출되는 바는 사람들을 동등하게 대한다면 그 결과는 실제 지위상의 불평등일 수밖에 없다는 것,[147] 그리고 사람들을 동등한 위치에 놓을 수 있는 유일한 방법은 그들을 다르게 대우하는 것뿐이라는 것이다. 따라서 법 앞의 평등과 물질적 평등은 서로 다를 뿐 아니라 서로 충돌하기까지 한다. 그리고 둘 중 하나를 얻을 수 있을 뿐 동시에 둘 다 이룰 수는 없다. 자유가 요구하는 법 앞의 평등은 물질적 불평등을 야기한다. 우리가 주장하는 바는, 국가가 불가피하게 강제를 동원해야 할 때는 모든 사람을 동등하게 대해야 하겠지만, 사람들의 여건까지 동등하게 만들겠다는 열망으로 한 걸음 더 나아간 차별적 강제를 정당화하는 건 자유사회에서 용납될 수 없다는 것이다.

평등 그 자체를 반대하는 것은 아니다. 다만 평등에 대한 요구는 사회에 사전에 계획된 분배 패턴을 강요하기를 열망하는 사람들이 대부분 내세우는 이유일 뿐이라는 것이다. 우리는 평등의 질서든 불평등의 질서든 의도적으로 선택된 분배의 패턴을 사회에 부과하려는 모든 시도에 반대한다. 평등의 확대를 요구하는 사람들 상당수가 사실은 평등이 아니라 분배를 요구하는 것임을 알 수 있다. 이 분배는 개인의 능력대로 배분받아야 한다는 개념에 더 가까우며, 분배에 대한 그들의 바람은 더 엄격한 평등주의자의 요구만큼이나 자유와 조화를 이룰 수 없다.

보다 균등하게 또는 보다 정의롭게 분배하기 위한 강제적 수단 사용을 반대한다고 해서 그런 분배를 바람직하지 않다고 여기는 것은 아니다. 하지만 자유사회를 지키고 싶다면 목적의 바람직함이 강제적 수단 사용을 정당화시키는 충분조건이 될 수 없음을 인식하는 것이 중요하다. 누군가는 극단적 빈부 격차가 없는 공동체에 매력을 느낄 수 있고, 부의 전반적 증대가 빈부 격차를 점진적으로 감소시키는 것처럼 보여 이를 환영할 수도 있다. 나도 이런 정서에 충분히 공감하며 미국이 이룬 사회적 평등 수준이 전적으로 높이 살 만하다고 생각한다.

또 이렇게 많은 사람들이 선호하는 바가 어떤 면에서든 정책에 반영되지 않을 이유가 없어 보인다. 정부 조치에 대한 합법적 필요가 있고 그런 필요를 충족시킬 다양한 방법 중 하나를 선택해야 한다면 그 중에선 불평등을 감소시키는 쪽의 방법이 더 나을 것이다. 예를 들어, 유언 없는 상속에 관한 법에서 어떤 규정이 다른 규정보다 더 평등하다면 그 중 더 평등한 규정을 선호할 강력한 이유가 될 것이다. 하지만 실제적 평등을 이루기 위해 자유사회의 근본 전제, 즉 동등한 법에 의해 모든 강제에 한계점을 둘 것을 포기하라는 것은 전혀 다른 문제다. 이에 반대하며 우리는 경제적 불평등은 차별적 강제나 특권에 의존하는 해결책을 정당화시키는 해악이 아니라고 믿는다.

본성과 양육

우리의 주장은 두 가지 기본 전제에 기반하는데, 상당히 일반적인 동의를 얻기 위해 이에 대해 언급할 필요가 있다. 첫 번째 전제는 모든 인간이 유사하다는 믿음의 표현이다. 이 주장은 다른 인간의 잠재력을 결정적으로 규정할 수 있는 능력을 지닌 사람이나 집단은 존재하지 않으며 또 어느 누구도 그런 능력을 일관되게 행사할 수 있다고 절대로 믿어서는 안 된다는 것이다. 사람 간의 차이가 아무리 큰들 그들이 특정 상황에서 그 상황에 책임감을 가지는 사람의 정신이 할 수 있는 모든 것을 충분히 이해할 수 있을 만큼 그렇게 위대하다고 믿을 근거는 없다.

두 번째 전제는 공동체의 어떤 구성원이 가치 있는 일을 할 수 있는 능력을 추가적으로 획득한 것은 그 공동체를 위한 이익으로 간주되어야 한다는 것이다. 사실 어떤 사람들 입장에선 자신의 분야에서 더 능력 있는 경쟁자가 새로 등장하는 것은 상황이 더 악화된 것일 수 있다. 하지만 공동체 측면에서 그러한 추가적 능력은 다수를 이롭게 하는 것이다. 이는 어떤 개인의 능력과 기회를 증대시키는 바람직함이 다른 사람에게도 동일하게 제공될 수 있느냐의 문제와는 무관함을 의미한다. 물론 다른 사람들 역시 그런 능력에 접근해서 이를 획득할 수 있는 기회가 박탈당하면 안 된다는 전제가 있어야 한다.

평등주의자들은 일반적으로 개인 능력의 차이를 다르게 생각한다. 즉, 선천적 차이와 환경의 영향으로 인한 차이 혹은 '본성'의 결과로서의 차이와 '양육'의 결과로서의 차이로 간주한다. 결론부터 말하자면 어느 쪽이든 도덕적 가치와는 아무런 관계가 없다.[148] 둘 다 한 개인이 동료들에게 갖는 가치에 큰 영향을 줄 수 있겠지만 그가 바람직한 자질을 가지고 태어났다고 해서 좋은 환경에서 자라난 것보다 더 신뢰를 받는 것은 아니다. 둘을 명확히 구분하는 것이 중요하다. 자질의 혜택은 분명 인간이 통제할 수 없는 상황에서 기인한 반면 환경의 혜택은 우리가 조절할 수 있는 요인들에 기인하기 때문이다. 여기서 중요한 문제는 환경에서 얻어진 이점들을 가능한 한 제거하도록 제도를 바꾸는 것이 좋은가 하는 점이다. "우월한 재능과 근면의 결과가 아닌 한, 출생과 재산 상속에서 비롯된 모든 불평등은 폐지되는 것이 마땅하다"[149)]는 주장에 동의해야 할까?

어떤 이점은 인간이 만든 것에 달려있다는 사실이, 모두에게 동일한 이점을 제공해야 한다거나 누군가에게 이점이 주어진다는 것이 다른 누군가는 그 이점이 박탈된다는 것을 의미하지 않는다. 이런 맥락에서 고려해야 할 가장 중요한 요소는 가족, 상속, 교육인데, 여기서 양산된 불평등은 가장 많은 비판을 받아왔다. 중요한 환경적 요소는 사실 이것만이 아니다. 문화적, 도덕적 전통의 지역적, 부문별 차이는 말할 것도 없고 기후나 경관 같은 지리적 조건 역시 마찬가지로 중요하다. 하지만 여기서는 그 효과에 대해 일반적으로 가장 비난받는 세 가지 요소에 대해서만 살펴보기로 하자.

가족에 관해 흥미로운 사실은 대부분이 가족이라는 제도를 존중하는 반면 특정 가문에서 태어났기 때문에 특별한 이점을 받는 사람이 있다는 점에 대한 반감도 존재한다는 것이다. 모든 사람에게 동일한 조건이 주어진 상황에서 천성적으로 타고난 유용한 자질은 사회적으로 유익하지만, 같은 자질이라도 이것이 다른 사람은 이용할 수 없는 유리한 환경적 혜택의 결과로 얻어진 것이라면 바람직하지 않다는 생각이 보편적이다. 하지만 똑같이 유용한 자질임에도 선천적 재능의 결과일 때에는 환영받지만 지적인 부모나 좋은 가정과 같은 환경의 산물일 때에는 왜 바람직하지 않은 가치가 되는지 이해하기 어렵다.

대부분의 사람이 가족이라는 제도에 부여하는 가치는, 자녀들이 만족스러운 삶을 살 수 있도록 하는데는 부모가 다른 누구보다 더 잘 준비시킬 수 있다는 믿음에 근거한다. 이 말은 누군가가 자신의 가정환경에서 얻는 혜택이 다를 뿐 아니라 이 혜택이 몇 세대에 걸쳐 누적될 수 있음을 의미한다. 한 사람의 바람직한 자질이 가정환경의 결과라면 다른 경우보다 사회적 가치가 떨어진다고 믿을 이유가 무엇인가? 한 세대에서 획득하기 거의 힘들지만 두세 세대에 걸쳐 지속적으로 노력한 끝에만 형성될 수 있는 사회적으로 가치 있는 자질이 존재한다고 생각하는 데에는 사실 타당한 근거가 있다. 이것은 가족을 통해서 더 효과적으로 전달되는 한 사회의 문화적 유산이 존재한다는 것을 뜻한다. 그렇다면 지위 상승이 한 세대에 국한되지 않고, 개인이 같은 수준에서 출발하도록 의도적으로 만들어지지 않고, 자녀들이 그의 부모들이 제공할 수 있는 더 나은 교육과 물질적 환경에서 혜택을 누릴 기회를 박탈당하지 않는다면 그 사회에서는 더 나은 엘리트들이 출현할 것이 당연하다. 이 사실을 인정하는 것 또는 특정 가족에 속한다는 것은 개인 개성의 일부이며, 사회는 개인뿐 아니라 다양한 가족들로 구성돼 있으며, 가족 내에서 문명의 유산이 전달되는 것은 신체적으로 유리한 자질이 유전되는 것만큼이나 더 나은 삶을 향하는 인간의 노력에서 중요한 도구라는 사실을 인정하는 것이다.

가족과 상속

많은 사람이 도덕, 취향, 지식의 전수를 위한 도구로 가족제도가 바람직하다는 데에 동의하면서도, 한편 물질적 재산의 전수가 바람직한가에 대해서는 의문을 제기한다. 그러나 도덕, 취향, 지식의 전수가 가능하려면 생활의 수준과 생활환경이 변함없어야 하고 비물질적 혜택뿐 아니라 물질적 혜택도 전달될 수 있어야 한다는 사실은 의심할 여지가 없다. 물론 부유한 부모에게서 태어난 사람이 다정한 부모나 지적인 부모에게서 태어난 사람보다 대단히 더 좋은 것도 대단히 더 나쁜 것도 아니다. 다만 확실한 것은 많은 아이들이 넉넉한 가정의 혜택을 누리며 출발할 수 있다면 이는 뛰어난 지능을 물려받거나 가정에서 수준 높은 도덕적 교육을 받는 것 못지않게 공동체에 유익하다는 사실이다.

여기서는 사적 상속이 자본에 대한 통제 확산을 막는 수단이자 자본 축적 유인책으로서 필수적이라는 주장을 자세히 다루지 않겠다. 그보다는 상속제도를 반대하는 근거인, 누군가에게 공짜로 혜택을 준다는 문제에 더 관심을 기울이고자 한다. 상속이 불평등을 초래하는 제도 중 하나라는 건 의심의 여지가 없다. 여기에서 우리는 자유(liberty)를 위해서는 무제한적인 상속의 자유(freedom)까지 요구되는지 여부를 묻는 게 아니다. 여기서 다룰 문제는, 상당한 불평등을 초래하더라도 사람들이 자녀나 누군가에게 물질적 재산을 물려줄 자유가 있는지 여부에 관한 것이다.

할 수 있는 한 다음 세대를 잘 준비시키려는 부모들의 타고난 본능을 활용하는 것이 바람직하다는 점에 일단 동의한다면, 이것을 비물질적 혜택에만 국한시킬 합리적 근거는 없다. 규범과 전통을 전승하는 가족의 기능은 물질 재화의 전수 가능성과 밀접하게 연관되어 있다. 그리고 물질적 조건에서의 혜택을 한 세대로 제한하는 것이 어떻게 사회에 진짜 이득이 될지 납득하기 어렵다.

다소 냉소적으로 보일 수 있지만, 자기 자식에 대한 편애의 본성을 최대한 잘 활용하고자 재산 상속을 막지 말아야 한다는 의견도 있다. 권력과 영향력을 가진 사람들이 자녀에게 해줄 수 있는 많은 일들 중에 재산 상속은 사회적으로 가장 저렴한 방식임에 틀림없다. 이 경로가 막힌다면 이들은 그 재산이 주었을 법한 소득과 위신을 가져다줄 지위에 자식들을 올려놓기 위해 또 다른 길을 모색할 것이다. 이는 재산 상속에서 발생하는 것보다 더 큰 자원의 낭비와 부조리를 발생시킬 것이다. 이것이 바로 공산주의 사회를 포함해 재산 상속이 존재하지 않는 모든 사회에서 나타나는 현상이다. 따라서 상속이 초래하는 불평등을 싫어하는 사람들은 자신의 관점에서 보더라도 현재의 상태가 그나마 가장 덜 나쁜 상태라는 사실을 인정해야 한다.

기회의 평등

유산 상속은 과거 불평등의 대명사로 가장 널리 비판받았지만 오늘날에는 더 이상 그렇지 않은 것 같다. 이제 평등주의자들의 선동은 교육의 차이로 인한 불평등에 더 집중되는 경향을 보인다. 요즘은 조건의 평등을 보장해줄 것을 요구하는 목소리가 더 커지고 있다. 즉, 일부에게만 제공되는 것으로 알려진 최고의 교육이 모두에게 무상으로 주어져야 한다는 주장이다. 또 이것이 불가능하다면 자기 부모가 지불할 능력이 있다는 이유만으로 남들보다 더 나은 교육을 받는 사람이 있어서는 안 되며, 똑같은 능력 시험을 봐서 이것을 통과한 사람들은 모두 고등 교육이라는 제한된 자원의 혜택을 누릴 수 있어야 한다고 주장한다.

교육 정책의 문제에는 너무 많은 쟁점들이 있기 때문에 평등이라는 큰 주제하에 그 모든 걸 논의할 수는 없다. 이 책의 마지막 부분에 별도의 장을 할애해 그 쟁점들을 다뤄야 할 정도다. 여기에서는 교육 분야에서 평등을 강요한다면 누군가는 받았어야 할 교육을 받지 못하게 된다는 점만 지적하고자 한다. 일부만 가질 수 있고 일부만 누리는 것이 바람직한 혜택들이, 누릴 자격도 없고 다른 사람보다 잘 활용하지도 못할 사람에게 가는 것을 막을 방도란 아무리 애를 써봐도 우리에겐 없다. 이 문제는 국가가 배타적이고 강압적인 권력을 사용한다고 해도 잘 해결되지 않는다.

이 시점에서 평등의 이상이 근대 교육 분야에서 겪은 변화를 간략히 살펴보는 게 좋겠다. 고전 자유주의 운동의 절정기였던 100년 전에는 그러한 요구가 '재능 있는 자에게 기회를(la carrière ouverte aux talents)'이라는 구호로 표현되었다. 그 요구는, 인간이 만든 성공에 걸림돌이 되는 모든 장애물을 제거하고, 모든 특권을 폐지하고, 각자의 상황을 개선할 기회의 여건을 국가가 모두에게 동일하게 부여하자는 것이었다. 사람은 제각각 다르고 또 각기 다른 가정에서 자라기 때문에 동등한 출발이란 있을 수 없다는건 일반적인 상식이었다. 따라서 정부의 의무는 모두가 어느 정도 위치까지 오를 수 있다는 동일한 성공 전망을 갖도록 보장하는 것이 아니라, 본래 정부의 조치에 의존할 수밖에 없는 편의시설들을 동등한 조건으로 모두가 사용할 수 있게 해주는 정도라고 이해됐다. 개개인이 다르고 성공에 필요한 환경의 극히 일부만이 정부 조처에 의존하기 때문에 결과가 다 다른 것은 당연하다고 간주되었다.

모두가 시도해볼 수 있도록 허용되어야 한다는 이 개념은 대부분 완전히 다른 개념인, 모든 사람이 동등한 출발과 동일한 성공 전망을 보장받아야 한다는 개념으로 대체되었다. 이 말은 정부가 모든 사람에게 동일한 환경을 제공하는 대신 개개인의 전망과 관련된 모든 조건을 통제하는 것을 목표로 삼고 그 결과 다른 모든 사람들과 같은 전망을 보장할 수 있도록 그의 능력에 맞게 조건을 조정해야 한다는 뜻과 마찬가지다. 물론 기회를 개인의 목적과 능력에 의도적으로 맞추는 것은 자유(freedom)에 반대되는 것이다. 어떻게 해야 개인의 능력을 잘 활용할 수 있는지 가장 잘 알고 있는 게 정부가 아닌 한에는 이런 방식으로는 모든 가용 지식을 최대한 잘 활용할 수가 없다.

이런 요구의 정당성을 조사하다 보면 일부 사람들의 성공이 덜 성공한 사람들에게 자주 초래하는 불만, 더 직설적으로 말하자면 질투에 의존하고 있음을 발견할 수 있다. 이러한 열정을 충족시키고 사회 정의라는 그럴듯한 옷으로 포장하려는 현대적 경향은 자유

(freedom)에 대한 심각한 위협으로 발전하고 있다. 최근에는 모든 불만의 근원을 제거하는 것이 정치의 목표가 돼야 한다는 주장을 이런 요구의 근거로 삼으려는 시도까지 나오고 있다.[150] 이 주장대로라면 남들보다 더 건강하거나 더 명랑한 성격, 더 좋은 배우자나 더 잘 자라는 아이들을 누군가 가지지 못하도록 감시하는 것이 정부의 책무가 되는 것이다. 만약 실제로 충족되지 못한 욕구 모두를 공동체가 책임지도록 돼 있다면 개인의 책임정신은 끝장날 것이다. 하지만 인간에게 질투는 불만의 여러 원천들 중 자유사회가 없앨 수 있는 것이 아니다. 아마도 자유세계의 보존을 위한 필수 조건이라면, 질투를 용인하지도, 사회적 정의로 위장하여 승인하지도 않고, 존 스튜어트 밀(John Stuart Mill)의 말처럼 "모든 열정 중에서 가장 반사회적인 악"[151]으로 대하는 것일 것이다.

능력과 가치 간의 갈등

엄격한 평등주의적 요구의 대부분은 질투와 다를 바 없는 것에 기반을 두고 있지만, 표면적으로 더 큰 평등에 대한 요구로 보이는 많은 것들이 사실상 이 세상의 좋은 것들에 대한 공정한 분배를 요구하는 것으로, 따라서 훨씬 더 믿을 만한 동기에서 나온 것임을 알아야 한다. 대부분의 사람들은 불평등이라는 단순한 사실에는 반대하지 않지만, 보상의 차이가 그 보상을 받는 사람들의 확연한 자격 차이와 부합되지 않는다면 반대할 것이다. 이에 대한 해답은, 자유사회는 전반적으로 이런 종류의 정의가 달성된다는 것이다.[152] 그러나 만약 정의가 도덕적 자격에 비례해 보수가 주어지는 것을 의미한다면 이는 옹호될 수 없는 주장이다. 이 주장으로 자유를 입증하려는 어떤 시도도 자유를 훼손시킬 것이다. 왜냐하면 확인할 수 있는 자격에 상응해 물질적 보상이 이뤄져야 함을 어쩔 수 없이 인정하게 되고 그러고 나서 잘못된 역설에서 도출되는 결론에 직면하게 되기 때문이다. 올바른 답변은, 자유사회에서는 물질적 보상이 사람들이 자격으로 인정하는 것에 상응해 이뤄지는 것이 바람직하지도 실현 가능하지도 않다는 것이며, 한 개인의 지위도 그의 자격에 대해 동료들이 갖고 있는 평가에 의존하지 않는다는 것이다. 이 주장은 처음에는 매우 이상하고 놀라운 것으로 보일 수 있기 때문에 가치와 자격의 차이를 구분하여 더 자세히 설명할 때까지 판단을 유보해줄 것을 독자들에게 당부한다.[153] 분명하게 요점을 정리하기 어려운 이유는 '능력'이라는 용어 때문이다. 내가 하고자 하는 말의 의미를 표현할 수 있는 유일한 용어인 '능력'이 광범위하고 또 모호하게 쓰일 때가 많기 때문이다. 여기서는 오직 칭찬받을 만한 행위의 속성, 즉 성과의 가치가 아니라 행동의 도덕적 측면을 나타내는 뜻으로만 사용될 것이다.[154]

지금까지 논의를 통해 보았듯이 이런 의미에서 한 사람의 성과나 능력이 그의 동료에게 갖는 가치는 확인 가능한 능력과 관련성이 전혀 없다. 후천적 능력뿐만 아니라 타고난 재능 역시 그 재능을 보유한 그를 전혀 신뢰하지 않는 다른 동료들에게조차 가치가 있다. 그의 특별한 재능이 매우 흔하거나 매우 드물다는 사실을 바꾸기 위해 인간이 할 수 있는 일은 거의 없다. 착한 마음이나 고운 목소리, 예쁜 얼굴이나 손재주, 재치나 매력적인 성격 등은 대체로 그가 누렸던 경험이나 기회와 마찬가지로 그의 노력과 무관하다. 이 모든 예에서 한 개인의 능력이나 서비스가 우리에게 주는, 또한 그가 보상받는 근거가 되는 가치는 우리가 도덕적 가치나 당연한 응보라고 부르는 것과는 아무 관련이 없다. 여기서 문제는 사람들이 혜택을 받을때, 그의 동료가 그들의 활동에서 얼마의 이익을 얻었는지에 비례해서 받아야 하는가 아니면 그 능력에 대해 다른 사람들이 어떻게 평가하는지에 따라 받아야 하는가 여부다.

능력에 따른 보상은 실제로 평가 가능한 능력, 즉 단지 더 높은 권력자의 눈에 비친 능력이 아니라 다른 사람이 인식하고 동의할 수 있는 실력에 따른 보상이어야 한다. 이런 의미에서 평가 가능한 능력이란 한 사람이 일정한 행동 규범에 따라 그에게 요구된 일을 해냈고 이를 위해 그가 어느 정도 고통을 감수했고 또 노력했음을 확인할 수 있다는 걸 전제로 한다. 이것이 사실인지 아닌지 여부는 결과만 보고 판단할 수 없다. 능력은 객관적 결과가 아니라 주관적 노력의 문제다. 가치 있는 결과를 얻기 위한 시도는 매우 높이 살 만하지만 100% 실패할 수도 있다. 100% 성공은 전적으로 우연의 결과일 수도 있고 따라서 그 사람의 능력은 없을 수도 있다. 어떤 사람이 최선을 다했음을 안다면 그 결과에 상관없이 보상받는 것을 보고 싶을 것이다. 그리고 매우 가치있는 성과가 전적으로 운이나 유리한 환경 덕분이라면, 우리는 그 주인공에게 별다른 신뢰를 주지 않을 것이다.

모든 경우를 이렇게 구별할 수 있기를 바랄 수도 있다. 하지만, 우리가 확신 있게 그렇게 할 수 있는 경우는 사실상 극히 드물다. 그것은 우리가 행위당사자의 능력과 신념, 심리와 감정 상태, 집중력, 에너지와 끈기 등을 포함해 그 당사자의 모든 것을 알고 있을 때에나 가능하다. 즉, 능력을 정확히 판단하기 위해선 자유주의가 없애자고 주장하는 바로 그 상황이 필요한 것이다. 우리가 사람들로 하여금 스스로 결정하도록 하는 이유는 우리에게 없는 지식을 그 사람들이 사용하기를 원하기 때문이다. 하지만 우리에게 없는 능력과 지식을 남들이 자유롭게 사용하기를 바라는 한, 우리는 그들이 성취한 것의 장점을 판단할 위치에 있지 않은 것이다. 장점에 대해 판단한다는 것은 사람들이 이용해야 할 기회를 잘 활용했는지 그리고 이를 위해 얼마나 많은 의지를 갖고 극기의 노력을 기울였는지 우리가 판단할 수 있다고 전제돼야 한다. 또 그들이 거둔 성과 중에서 어떤 부분이 그들이 통제할 수 있었던 환경에서 연유한 것인지, 어떤 부분이 그렇지 않은지를 구분할 수 있다는 전제도 필요하다.

보상의 원리와 선택의 자유

공로에 대한 보상과 자신의 목표를 선택할 자유는 자주 상충하는 데, 특히 결과의 불확실성이 크고 다양한 노력의 기회를 어떻게 평가할지 의견이 크게 갈리는 영역에서 더욱 심하다.[155] '연구'나 '탐구' 같은 시험적인 시도나 '투기' 같은 경제활동에서는 다른 많은 사람들이 칭찬할 만큼 열심히 노력했다 하더라도 성공한 이들에게만 명성이나 이익이 부여돼야 그 활동에 가장 적임자들이 모여들 것이다. 누가 성공한 사람이 될지 미리 알 수 있는 사람은 없고 마찬가지로 누구의 공로가 가장 컸다고 말할 수 있는 사람도 없다. 정직하게 노력한 모든 사람에게 상을 골고루 나눠주는 것은 분명 우리의 목적 달성에 별 도움이 되지 않을 것이다. 게다가 그렇게 하려면 또 누군가는 그것을 위해 노력할 사람을 결정할 권리를 가져야 한다. 불확실한 목표를 추구하는 과정에서 사람들이 자신의 지식과 능력을 활용할 때는, 다른 사람이 그들이 해야 한다고 생각하는 것이 아니라 스스로 목표하는 결과에 다른 사람들이 부여한 가치를 따라야 한다.

어떤 결정이든 언제나 불확실성이 수반되기에, 아무리 최선을 다해 현명하게 결정을 내렸다 해도 예상치 않은 결과가 나왔을 땐 그 가치에 따라 재평가돼야 한다. 어떤 사람이 노력 끝에 결과물을 얻었지만 그것이 동료들에게 준 가치에 상응하는 보상을 받지 못한다면 그는 주어진 목표를 추구하는 것이 노력과 위험을 감수할 가치가 있는지 판단할 근거를 얻지 못할 것이다. 무엇을 해야 할지에 대해 타인의 말을 들어야 하기에, 내 능력을 가장 잘 활용할 수 있는 방법에 대한 다른 사람의 평가가 나의 임무와 보수 모두를 결정할 수밖에 없는 것이다.[156]

물론 사람들은 능력을 최대한 많이 키우기를 바라기보다 최소한의 고통과 희생으로, 즉 최소한의 능력으로 최대한의 유용성을 얻길 원하는 게 사실이다. 모든 능력에 대해 그에 딱 맞는 보상을 주는 것은 불가능할뿐더러 사람들이 자기 능력을 최대한 키우는 것을 목표로 삼게 되는 것도 바람직한 게 아니다. 그런 걸 유도하는 시도는 사람들이 동일한 서비스를 제공하고도 서로 다른 보상을 받는 결과를 초래할 뿐이다. 우리가 확실하게 판단할 수 있는 것은 결과의 가치이지, 다양한 사람들이 그것을 달성하기 위해 들였던 노력이나 관심의 정도가 아니다.

자유사회가 결과에 따라 제공하는 상은 그것을 얻기 위해 사람들이 얼마나 많은 노력을 기울일 가치가 있는지를 말해주는 역할을 한다. 그러나 노력 여부에 관계없이 동일한 결과를 도출해낸 사람 모두에게 동일한 상이 주어질 것이다. 이렇게 다양한 사람이 제공해도 서비스가 동일하다면 보상도 같다는 원칙은 다른 재능과 능력이 필요한 다양한 서비스에 대한 상대적 보상에도 똑같이 적용된다. 여기서도 능력은 별 관계가 없다. 시장은 사람들에게 혜택을 주는 다양한 가치의 서비스를 제시한다. 하지만 그 서비스를 얻기 위해 그렇게 많은 것을 들일 필요가 있었는지, 혹은 공동체가 분명 훨씬 싸게 그것들을 얻을 수 있었던 건 아닌지 여부는 거의 알 수 없을 것이다. 얼마 전 언론에서 한 피아니스트가 자기가 돈을 지불해야 하더라도 연주를 하겠다고 말한 내용이 보도된 적이 있다. 그 피아니스트의 말은 아마도 스스로 즐거운 일을 하면서 또 그 활동을 통해 막대한 소득을 올리는 많은 사람들의 입장을 대변하는 듯하다.

공로에 따른 분배의 결과들

자기가 들인 고통과 노력 이상으로 보상받으면 안 된다는 생각을 다들 갖고 있지만, 그럼에도 불구하고 그 생각의 이면에는 엄청난 전제가 깔려있다. 즉 각각의 모든 사례마다 사람들이 주어진 기회와 재능을 얼마나 잘 활용했는지, 그 성취물들이 주어진 여건에 비춰볼 때 얼마나 치하할 만한지 판단할 수 있다는 전제가 필요한 것이다. 또한 누군가 한 사람의 가치를 분명하게 결정할 위치에 있고, 또 그 사람이 무엇을 성취할지 결정할 자격이 있는 사람이 있다는 전제가 필요하다. 그리고 자유(liberty)를 옹호하는 주장이 특히 거부하는 전제가 또 필요하다. 우리는 한 사람의 행위를 이끄는 모든 것을 알 수 있고 또 알고 있다는 전제 말이다.

따라서 도덕적 장점이라는 인간 이념에 의거해 개인의 지위가 결정되는 사회는 자유사회와 정반대인 것이다. 그 사회에서는 성공 대신 수행한 의무에 대해 보상을 받게 된다. 또 각 개인의 일거수일투족이 다른 사람이 그렇게 해야 한다고 생각하는 것에 따라 이뤄지고 따라서 그 개인이 의사결정에 따른 책임과 위험을 감수하지 않아도 되는 사회가 될 것이다. 하지만 만약 모든 인간의 행동을 이끌 만큼 충분한 지식을 가진 사람이 아무도 없다면 능력에 따라 모든 노력을 보상해줄 수 있는 권한을 가진 인간은 역시나 존재하지 않는다.

각자 개별적으로 행동할 때 우리는 일반적으로 누군가에게 무엇을 지불할지를 정하는 건 그의 능력이 아니라 그의 성과의 가치라는 전제하에 행동한다. 친밀한 관계에서는 어떨지 몰라도 일상적 거래 관계에서는 그렇다. 왜냐하면 어떤 사람이 커다란 희생을 치르면서 우리에게 서비스를 제공했다 하더라도 동일한 서비스를 다른 사람에게 더 쉽게 공급받을 수 있다면 우리는 그 사람에 대한 빚이 그 희생으로 결정된다고 생각하지 않기 때문이다. 다른 사람과 거래할 때 특정 개인이 그 서비스를 제공하기 위해 얼마를 지불했는지 묻지 않고, 제공된 서비스 가치에 상응한 동일한 가치로 보상하는 것이 정의롭게 행동하는 것이라고 느낀다. 우리의 지불액을 결정짓는 것은 다른 사람이 우리에게 제공한 것에서 얻은 혜택이지 그것을 제공한 사람들의 공로가 아니다. 또 다른 사람과 거래할 때, 우리의 주관적 능력이 아니라 우리의 서비스가 상대에게 어떤 가치를 가지는가에 따라 보상받기를 기대한다. 사실 사람들과의 관계에서 일반적으로 자유인의 징표는 자신의 생계가 자기 능력에 대한 사람들의 견해가 아니라 자신이 사람들에게 제공한 것에 의존하는 것이라는 점을 우리는 알고 있다. 우리 지위나 소득을 '사회' 전체가 결정하는 것으로 생각하는 한 우리는 능력에 따른 보상을 요구하게 된다.

도덕적 가치나 미덕은 가치의 일종이지만 모든 가치가 도덕적 가치인 것은 아니며 우리의 가치 판단의 대부분이 도덕적 판단은 아니다. 자유사회에서는 분명 그러리라는 것이 가장 중요한 요점임에 틀림없지만, 가치와 장점을 구분하지 못하면서 심각한 혼란을 일으키게 됐다. 가치 있는 결과를 만들어냈던 모든 활동을 반드시 높이 평가할 필요는 없다. 그리고 우리가 얻은 것에 가치를 부여했던 대부분의 경우 우리는 그것을 제공한 사람들의 장점을 평가할 위치에 있지 않다. 어떤 분야에서 한 사람의 능력이 30년 동안 일한 후가 그 전보다 더 가치 있다면 이것은 이 30년이 가장 유익하고 즐거웠는지 혹은 끊임없는 희생과 걱정의 시기였는지 여부와 무관하다. 누군가가 한 분야에서 30년간 일한 후에 그 능력이 더 가치 있어졌다 해도, 이것은 지난 30년이 유익하고 즐거웠는지 혹은 끝없는 희생과 근심의 세월이었는지 여부와는 전혀 관계가 없다. 어떤 취미를 추구하다가 특별한 기술을 만들어 내거나 우연한 발명이 다른 사람에게 매우 유용한 것이 됐지만 능력이 없는 상태라고 해서, 고통스러운 노력을 통해 결과를 냈을 때보다 더 가치가 떨어지는 것은 아니다.

    가치와 능력의 이러한 차이는 어떤 특정 사회에만 국한된 것이 아니라 어디에서나 볼 수 있다. 물론 가치보다 좋은 점에 상응한 보상을 제공하도록 시도할 수는 있겠지만 성공하기 힘들 것 같다. 그런 시도를 하다 보면 우리는 사람들이 스스로 무엇을 할지 결정할 수 있도록 하는 유인들을 파괴하게 될 것이다. 게다가 능력에 따른 보상을 제공하는 시도가 상당히 성공적이었을지라도 더 매력적이지는 못하지만 심지어 견딜 수 있는 사회질서라도 만들어낼 수 있을지 상당히 의문스럽다. 성공하지 못한 사람들은, 능력과 성공 사이에 필연적 연관성이 없다고 솔직하게 인정하는 것보다, 고소득은 능력에 따른 결과이고 그 반대는 저소득으로 간주되는 사회, 지위와 보수가 능력에 상응한다고 보편적으로 믿는 사회, 대다수의 동료들이 자신의 행동을 인정해주는 것 외에 성공으로 가는 다른 길이 없는 사회를 훨씬 더 못 견뎌할 것이다.[157]

능력에 따라 보상하려고 노력하는 대신, 가치와 능력 사이의 연관성이 얼마나 불확실한지를 분명히 하는 것이 아마도 인간 행복에 더 기여할 것이다. 우리는 오직 하나의 상위가치만 존재하는 곳에서 개인의 능력에 기인한다고 보는 경향이 너무 큰 것 같다. 개인이나 집단이 우월한 문명이나 교육을 보유하고 있다는 것은 중요한 가치로, 그들이 속한 공동체의 자산이기도 하다. 그러나 대체로 그것이 어떤 능력을 키워주는 것은 아니다. 인기와 존중은 재정적 성공에 더 달려있지, 장점에 달려있는 것이 아니다. 사실 우리가 가치를 발견하는 곳마다 종종 존재하지 않는 능력을 가정하는 데 익숙해져서 특히 그 불일치가 너무 커서 무시할 수 없을 때 주저하게 되기 때문이다.

적절한 보상 없이도 형성되는 미덕을 존중해야 하는 데에는 다 이유가 있다. 하지만 본보기로 널리 알려지면 좋을 만한 뛰어난 미덕에 대한 보상 행위는 사회의 작동에 역할을 하는 유인책과는 다른 문제다. 자유사회가 만들어내는 제도에서 한 사람의 출세는 대다수의 동료나 그의 상사 판단에 달려 있다. 실제로 조직이 점점 커지고 복잡해짐에 따라 개인의 기여도를 확인하는 작업은 더 어려워질 것이다. 그리고 많은 사람들의 입장에서 확인 가능한 기여도의 가치보다 관리자의 눈에 보이는 능력에 따라 보상을 결정하게 될 것이다.

따라서 능력을 종합적으로 판단하는 단일한 척도가 사회 전체에 부과되는 상황이 초래되지 않고, 또 다양한 조직이 다양한 전망을 제공하면서 서로 경쟁한다면, 이는 자유(freedom)와 양립할 뿐 아니라 개인에게 열린 선택의 폭을 넓혀주게 된다.

자유와 분배적 정의

자유(liberty)나 강제와 마찬가지로 그 명확성을 위해 정의는 사람이 다른 사람을 의도적으로 어떻게 대하는지에만 국한되어야 하는 개념이다. 정의 개념은 그 대상이 되는 사람들의 생활 조건에 관한 의도적 마음가짐의 영역이다. 우리가 각 개인이 전망과 기회에 관한 자신의 견해에 따라 노력을 기울이기를 바라는 한 각자 노력한 결과는 예측할 수 없고 그 결과로 나타난 소득 분배가 정당한지에 대한 질문은 의미가 없어진다.[158] 정의는 정부에 의해 결정되는 사람들의 생활 조건이 모두에게 동등하게 제공될 것을 요구한다. 그러나 그런 조건의 평등은 반드시 결과의 불평등으로 이어진다. 특정 공공시설을 공평하게 제공하거나 자발적인 거래 관계에서 다른 파트너에게 평등한 대우를 하는 것 둘 다 능력에 비례한 보상을 보장해주지 못할 것이다. 능력에 따른 보상은 다른 사람들이 우리가 하길 바라는 일에 복종한 것에 대한 보상이지, 우리 스스로 최선이라 생각한 일을 해서 다른 사람들에게 제공한 이득에 대한 보상이 아니다.

사실 소득규모를 고정시키려는 정부의 시도에 반대하는 논거 중 하나는 정부는 모든 일을 공정하게 해야 한다는 것이다. 능력에 따른 보상의 원칙이 소득 분배의 정당한 토대로 받아들여지면, 원하는 모든 사람들이 그 원칙에 따라 보상받는 것이 정의가 될 것이다. 곧 동일한 원칙이 모든 사람에게 적용되어야 하고 인정할 만한 능력에 상응하지 않는 소득은 용납될 수 없다는 주장이 나올 것이다. 단순히 '일해서 번' 소득 혹은 이득과 그렇지 않은 것들을 구분하려 해도 원칙 없이는 안 될 텐데, 심지어 이 원칙은 국가가 적용하려 노력해도 일반적으로 적용될 수가 없을 것이다.[159] 그리고 일부 보상을 의도적으로 통제하려는 모든 시도는 새로운 통제가 추가적으로 필요하다는 주장을 낳을 것이다. 분배 정의의 원칙이 일단 도입되고 나면 사회 전체가 그것에 따라 조직될 때까지 충족되지 않을 것이다. 이 모든 과정을 거쳐 본질적으로 자유사회와 반대되는 사회가 탄생하게 된다. 즉, 권력집단이 개인이 무엇을 하고 어떻게 해야 할지를 결정하는 사회가 되는 것이다.

특정한 공동체 성원의 자격에 기초한 요구들

끝으로, 명시적으로 언급된 적은 거의 없지만, 좀 더 평등한 분배 요구의 근거가 되는 또 다른 주장을 간략하게 살펴볼 필요가 있다. 특정 공동체나 국가의 구성원은 그가 속한 집단의 일반적 부에 맞춰 물질적 수준을 누릴 자격이 있다는 주장이 그것이다. 이러한 요구는 개인의 능력에 따라 분배하려는 바람과 완전히 상충된다. 어떤 공동체에서 태어난 것이 어떤 능력을 가졌다고 말해주는 것이 아니며, 어떤 개인이 다른 곳이 아닌 바로 그곳에서 태어났다는 우연을 근거로 정의에 관해 어떤 주장을 펼칠 수 없다. 상대적으로 부유한 공동체는 사실 가장 가난한 구성원들에게 가난한 공동체에서 태어난 사람들은 모르는 혜택을 정기적으로 제공해준다. 부유한 공동체에서 그 구성원들이 더 많은 혜택을 주장할 수 있는 유일한 명분은 정부가 몰수하고 재분배할 수 있는 사적 재산이 많이 있고 누군가 계속 그 부를 누리는 것을 직접 본 사람들은 추상적으로만 알고 있는 사람들보다 더 강하게 그것을 욕망할 것이라는 점뿐이다.

법과 질서의 유지를 보장하고 특정 서비스의 공급을 조직하는 집단 내의 공동의 노력이 어째서 그 구성원들에게 이 집단이 가진 부의 특정 몫에 대한 권리를 부여해야 하는지는 분명한 근거가 없다. 특히 부를 창출한 사람들이 같은 국가나 공동체에 속하지 않는 사람들에게 동일한 권리를 내주는 것을 꺼려하는 경우였다면 그런 요구는 옹호되기 힘들 것이다. 국가 차원에서 그러한 권리주장을 받아들이는 것은 사실상 개인 재산과 동일한 토대 위에서는 정당화될 수 없는 국가 자원에 대해 새로운 종류의 집단 재산권을 창출할 뿐이다. 이러한 요구가 글로벌 차원에서도 정당하다고 인정하려는 사람은 거의 없을 것이다. 그리고 어떤 국가는 다수가 그런 요구를 집행할 수 있는 힘을 가지고 있어 국가 내부적으로는 이런 권리 주장의 실현이 가능하지만, 전 세계 차원에서는 아직 그렇지 못하다는 사실만으로도 이 권리주장은 더욱 정당성을 잃는다.

약자나 불의의 재난을 당한 희생자를 돕기 위해 동원 가능한 모든 정치조직들을 활용하려고 노력해야 하는 데에는 타당한 이유가 있다. 한 국가의 모든 시민이 공통된 특정 위험에 대비하는 가장 효율적인 방법은 모든 시민들을 그러한 위험으로부터 보호하는 것이다. 이처럼 공통된 위험으로부터 어느 정도까지 보호할 수 있는지는 당연히 그 공동체의 보편적 부에 달려 있다.

그러나 가난한 사람들, 즉 단지 같은 공동체 내에 더 부유한 사람이 있다는 이유로 가난한 자로 분류된 사람들에게 부자의 부를 공유할 자격을 주거나, 문명과 안락함 정도가 일정 수준에 도달한 집단에서 태어났기에 그 모든 이익에 대한 몫을 주장할 권리를 부여하는 것은 전혀 다른 문제다. 모든 시민이 일부 서비스를 공통적으로 제공받는 것에 관심이 있다고 해서 모든 혜택에 대해 자신의 권리를 주장하는 것이 정당화되지 않는다. 누군가 기꺼이 줄 수 있는 것에 기준을 세울 수 있겠지만 그것이 누군가 요구할 수 있는 것에 대한 기준이 될 수는 없다.

우리가 맞서 싸워온 이 견해가 받아들여지면 국가들은 점점 더 배타적이 될 것이다. 한 나라가 사람들을 받아들여 그들이 살면서 얻을 수 있는 혜택을 허용하기보다는 그들을 아예 배척하고자 할 것이다. 일단 허용하면 사람들은 조만간 그 부의 일정 몫을 주장할 것이기 때문이다. 한 나라의 시민권이나 거주 여부가 특정 생활수준에 대해 요구할 권리를 부여한다는 개념은 심각한 국제적 마찰의 원인이 되고 있다. 그리고 국가 내에서 그 원칙을 적용하는 유일한 명분은 정부가 그것을 집행할 권력을 가지고 있기 때문이다. 동일한 원칙이 국제적 차원에서 강제 적용되는 상황을 만나더라도 우리는 놀라지 말아야 한다. 소수가 누려온 혜택에 대한 다수의 권리가 국가 차원에서 일단 인정되면 이는 기존의 국가라는 경계에서 멈출 이유가 없기 때문이다.

7

다수결 원칙

인간이 상당 부분 이해관계에 좌우될지라도, 이해관계 그 자체와 모든 인간사는 전적으로 신념에 좌우된다.

데이비드 흄(David Hume)[160]

자유주의와 민주주의

법 앞의 평등은 모든 사람이 법 제정에 동일한 지분을 가져야 한다는 요구로 이어진다. 전통적 자유주의와 민주화 운동이 만나는 지점이 바로 여기다. 그럼에도 이 둘의 주된 관심사는 서로 다르다. 자유주의(이 장 내내 이 단어는 19세기 유럽에서의 의미대로 사용될 것이다)는 민주적이든 아니든 모든 정부의 강제적 권력을 제한하는 데 주력하는 반면, 교조적 민주주의자(민주주의 만능론자)는 통치에 대한 것, 즉 당대의 다수 의사만을 추구한다. 두 가지 이상 간의 차이점은 각자의 반대

진영 이름을 확인하면 분명해진다. 민주주의의 반대는 권위주의 정부이고 자유주의의 반대는 전체주의다. 두 체제 중 어느 쪽도 다른 하나의 반대 진영을 반드시 배제하지 않는다. 민주주의는 전체주의 권력을 행사할 수 있고 권위주의 정부가 자유주의 원칙에 따라 행동하는 것 역시 가능하다.[161]

대부분의 용어처럼 '민주주의'란 단어 역시 넓고 모호한 의미로 쓰인다. 하지만 민주주의가 통치의 방식, 즉 다수결 원칙을 지칭하는 것으로 엄격히 국한된다면 이는 자유주의의 방식과는 명백히 다른 문제를 가리킨다. 자유주의는 법이 어떠해야 하는가에 대한 원칙이고 민주주의는 법 제정을 어떻게 해야 하는가에 대한 원칙이다. 자유주의는 다수가 받아들이는 것만이 법이 되어야 마땅하다고 여기지만, 이렇게 만들어진 법이 그 때문에 반드시 좋은 법이 된다고 생각하지는 않는다. 사실 자유주의의 목적은 어떤 원칙을 지키도록 다수를 설득하는 데 있다. 다수결의 원칙을 결정 방식으로 받아들이지만, 어떤 결정이 바람직한 지에 대한 권위로 받아들이지는 않는다. 교조적인 민주주의자에게는 다수가 어떤 것을 원한다는 사실은 선한 것으로 간주하기에 충분한 근거가 된다. 그들에게 있어서 무엇을 법으로 삼을지, 무엇이 좋은 법인지를 결정하는 것은 다수의 의지다.

자유주의와 민주주의 이상 간의 이러한 차이점에 대해선 이미 널리 받아들여진 구분이 존재한다.[162] 하지만 '자유(liberty)'라는 단어를 정치적 자유로 사용하고 이에 따라 받아들여 자유주의를 민주주의와 동일시하는 사람도 있다. 그들에게 자유의 이상은 민주적 행동의 목표가 무엇이어야 하는지를 설명해주지 않는다. 민주주의가 창출하는 모든 조건은 당연히 자유의 조건과 같다. 이는 아무래도 매우 혼란스러운 단어 사용처럼 보인다. 이것은 자유란 단어의 혼란스러운 오용에 지나지 않는다.

자유주의는 민주주의가 선택해야 하는 정부의 범주와 목적에 관한 교리 중 하나이지만, 민주주의는 정부의 목표에 관해 아무것도 말해주지 않는다. 오늘날 '민주적'이라는 말이 대중적인 목표, 특히 평등주의적 목표를 설명하기 위해 자주 사용되지만, 다수의 권력이 어떻게 사용되어야 할지에 대한 견해와 민주주의 사이에는 아무런 상관관계가 없다. 우리가 남들에게 강요하게 될 것이 무엇인지 제대로 파악하려면 현재 대다수의 여론이라는 사실 말고도 다른 기준이 필요하고, 그 기준은 여론의 형성 과정과 무관한 것이어야 한다. 교조적 민주주의자들이 가정하는 것처럼 한 사람의 계급적 위치가 스스로의 진정한 이익을 파악하도록 가르쳐주고 따라서 다수의 투표가 다수의 최선의 이익을 가장 잘 알려주는 것은 아니기 때문에, 한 사람이 어떻게 투표해야 하고 무엇이 바람직한가에 대한 질문에 민주주의는 아무런 답을 주지 못한다.

목적이 아닌 수단으로서의 민주주의

요즘 '민주적'이란 단어를 일반적인 칭찬의 의미로 무분별하게 사용하는 것 역시 위험하다. 왜냐하면 민주주의는 좋은 것이라서 확장되면 인류에게 늘 이득이 된다는 의미가 전달되기 때문이다. 그 말이 당연한 이야기처럼 들리겠지만 결코 그렇지 않다.

민주주의를 확장하는 것이 언제나 가능한 경우는 적어도 두 가지 측면이 있다. 즉, 투표권의 범위와 민주적 절차로 결정하는 사안의 범위가 그것이다. 어떤 쪽이든 최대한 확장될수록 좋다거나 민주주의 원칙은 무한대로 확대되어야 한다고 단언하기는 어렵다. 그런데도 어떤 사안을 놓고 논란이 벌어지면 어김없이 민주주의는 늘 가능한 한 확대할수록 좋다는 점이 당연하다는 식으로 여겨지는 게 대부분이다.

투표권에 관한 한 사실 이렇게 하는 것이 그렇게 당연하지 않다는 것은 누구나 암묵적으로 인정한다. 어떤 민주주의 이론으로도 선거권을 가능한 한 확대시키는 것이 항상 개선이라고 보기는 어렵다. 우리는 보편적 성인 참정권에 대해 이야기하지만 사실 참정권은 편의에 따라 제한이 결정된다. 통상 21세인 연령제한이나, 범죄자, 국내체류 외국인, 재외국민, 특수지역 혹은 직할령 거주민 등을 제외시키는 것이 당연한듯 받아들여진다. 비례대표제가 좀 민주적인 듯하다는 이유로 더 바람직하다고 할 수 있는지도 결코 자명한 게 아니다.[163] 법 앞의 평등이 반드시 모든 성인이 투표권을 가질 것을 요구하는 것이라고도 말할 수 없다. 개인적이지 않은 규칙이 모두에게 동일하게 적용될 때에 법 앞의 평등이 구현되는 것이다. 만약 40세 이상 혹은 소득자만, 세대주만, 문해력이 있는 사람만 투표권을 행사할 수 있게 한다 해도 그동안 일반적으로 받아들여졌던 제한보다 더 원칙의 위반이라고 할 수 없다. 모든 정부 공무원이나 공공 자선단체 수혜자들이 투표에서 배제된다면 민주주의의 이상을 더 잘 수행할 수 있을 것이라는 주장도 가능하다.[164] 서구권에서 보편적 성인 참정권이 최상의 방책인 듯 보이지만, 이 보통선거권이 기본적 원칙을 충족시키는 것인지 입증하지는 못한다.

또한 다수의 권리는 대개 주어진 한 나라 안에서만 인정되며 한 나라라는 것도 항상 본래적이거나 자명한 단위가 아니라는 사실 역시 유념해야 한다. 우리는 대국의 시민들이 인원이 더 많다는 이유만으로 소국의 시민들을 지배해야 한다는 것이 옳다고 여기지 않는다. 국가든 아니면 초국가적 조직이든 어떤 목적을 위해 합류한 사람들 중 다수가 마음대로 권력의 범위를 확장할 권한이 있다고 간주될 근거는 전혀 없다. 요사이 민주주의 이론이 문제를 겪고 있는 것은, 그 이론은 늘 모종의 이상적인 단일공동체를 가정해 개발되었지만, 적용은 실재하는 국가 내의 매우 불완전하고 대개 임의적으로 구성된 조직들에 이뤄진다는 사실 때문이다.

이상의 이야기는 아무리 교조적인 민주주의자라도 민주주의의 확장이 항상 좋은 것이라고는 주장하기 어렵다는 사실을 보여주기 위한 것일 뿐이다. 민주주의를 옹호하는 일반 논거가 아무리 강력할지라도 그것은 궁극적이거나 절대적인 가치가 될 수 없고 무엇을 성취했느냐에 따라 판단되어야 한다. 어떤 목적을 달성하기 위해서는 최선의 방법일지 모르나 민주주의 그 자체가 목적이 될 수 없다.[165]

집단적 행동이 필요한 곳에서는 결정의 방법으로 민주주의가 좋을 것이라고 강하게 추정되지만, 집단적 통제를 확대하는 것이 좋을지 아닐지의 문제에서는 민주주의의 원칙보다는 다른 원칙에 근거해 결정이 이루어져야만 한다.

인민주권

따라서 민주주의 전통과 자유주의 전통은 국가적 조치가 필요할 때마다, 특히 강제적 규칙이 정해져야 할 때마다 다수결에 의해 결정하는 것에 동의한다. 하지만 민주적 결정이 주도하는 국가적 행동의 범위에 대해서는 각기 입장이 다르다. 교조주의적 민주주의자는 가능한 한 많은 사안들이 다수결로 결정되는 것이 바람직하다고 생각하지만 자유주의자들은 그렇게 결정되어야 하는 사안의 범위에는 명확한 한계가 있다고 믿는다. 교조적 민주주의자는 현재의 다수가 스스로 어떤 권력을 가질지, 어떻게 권력을 행사할지 결정할 권리를 소유해야 한다고 여기는 반면 자유주의자는 일시적 다수의 권력이 장기적 원칙에 의해 제한되는 것을 중요하게 여긴다. 그들에게 있어서 다수의 결정이 권위를 갖게 되는 것은 단순히 일시적 다수의 의지를 행사함으로써가 아니라 공동의 원칙에 대한 폭넓은 동의에서 비롯되는 것이다.

교조적 민주주의자에게 핵심적인 개념은 대중의 주권이다. 그들에게 다수결의 원칙은 무제한적이며 제약이 없고 제약을 가할 수도 없는 것임을 의미한다. 원래 모든 독단적 권력을 방지하고자 했던 민주주의 이상은 이에 따라 새로운 독단적 권력을 정당화시킨다. 하지만 민주적 결정의 권위는 같은 신념을 공유하며 뭉친 공동체의 다수가 결정한 것이라는 점에 근거한다. 그리고 대다수는 설령 눈앞의 이익에 해가 될지라도 이 공동의 원칙을 지킨다는 전제가 필수적이다. 이런 견해는 설득력을 잃어버린 개념인, '자연법'이나 '사회적 계약'으로 표현되곤 했던 것과 무관하다. 여기서 핵심 포인트는 그런 원칙을 수용하는 것이 바로 사람들의 집단을 공동체로 만든다는 사실이다. 그리고 이런 공동의 수용은 자유사회에 있어 필수불가결한 조건이다. 사람들 집단은 보통 그들 스스로 법을 정해서가 아니라 같은 행동 규범을 따름으로써 사회가 된다.[166] 이 말은 다수의 권력이 공동으로 준수되는 그 원칙에 의해 제한되고, 또 그것을 넘어서는 어떤 권력도 정당하지 않다는 뜻이다. 물론 필요한 일이 어떻게 수행돼야 할지 사람들이 합의에 도달하는 것도 꼭 필요하고, 또 이것이 다수의 의사에 따라 결정되어야 한다는 것도 타당하다. 하지만 바로 이 다수에게 무엇을 할 수 있는지를 스스로 결정할 자격을 주어야 하는지는 분명치 않다. 어떤 일을 하기 위해 행사할 권력을 아무도 갖지 말아야 한다는 것이 아니다. 강제력 행사의 필요성에 충분한 동의가 이뤄지지 않았다면 아무도 합법적으로 그 권력을 행사할 수 없다는 의미이다. 소수의 권리를 인정한다는 것은 다수의 권력이 궁극적으로 소수도 수용한 그 원칙들에 근거하며, 또 그 원칙에 의해 제한받는다는 뜻이다.

따라서 정부가 어떤 일을 하든지 다수의 동의를 구해야 한다는 원칙이 다수가 원하는 대로 행할 도덕적 권리가 반드시 있다는 의미는 아니다. 자신들에게 유리하게 차별 규칙을 정함으로써 스스로의 특권을 확보하는 다수는 어떤 도덕적 정당성도 주장할 수 없음이 명확하다. 민주주의에서 제한이 없는 정부가 필연적인 것은 아니다. 또 민주주의 정부라고 다른 정치체제보다 개인 자유에 대한 안전장치가 더 적게 필요한 것도 아니다. 사실 엄청난 선동가들이 이제 권력이 국민의 손에 넘어갔으므로 더 이상 그 권력을 제한할 필요가 없다고 주장한 것은 현대 민주주의 역사에서 비교적 최근에 이르러서다.[167] "민주주의에서 권리는 다수가 정하는 것이다"[168]라는 주장이 제기될 때 민주주의는 바로 선동정치로 전락한다.

민주주의의 정당화

민주주의가 목적이 아니라 수단이라면 우리가 원하는 목적에 비추어 그 한계를 결정해야 한다. 민주주의를 정당화하는 세 가지 주된 논거가 있다. 각각이 다 결정적이라고 여겨질 만큼 강력한 논거들이다. 첫째, 여러 상반된 의견 중에서 하나의 의견이 우세할 필요가 있을 때마다, 필요하다면 하나를 억지로 우세하게 만들어야 할 때 싸움보다는 산술적으로 어느 쪽이 더 강한 지지를 받는지로 결정하는 것이 덜 소모적이라는 주장이다. 민주주의는 인간이 지금까지 발견한 것 중에서 유일한 평화적 변화의 방법이다.[169]

역사적으로 가장 중요했고 여전히 매우 중요한 두 번째 주장은 항상 유용한지 여부를 이제는 확신할 수 없지만 민주주의가 개인의 자유(liberty)를 지키는 중요한 안전장치라는 것이다. 17세기의 한 저술가는 "민주주의의 산물은 자유이고 그 자유는 용기와 산업을 낳는다."[170]라고 말한 적이 있다. 물론 이 견해는 민주주의가 아직 자유는 아님을 인식하고 단지 다른 형태의 정부보다 자유를 낳을 가능성이 더 크다고 주장할 뿐이다. 어떤 사람이 다른 사람을 강제하는 것을 미연에 방지할 수 있다는 점에서 이 견해는 일리가 있다. 일부의 성원이 다른 사람들을 독단적으로 강제할 권력을 가져야 한다는 것은 다수의 이익과 부합할 수 없기 때문이다. 그러나 다수의 집단행동으로부터 개인을 보호하는 것은 이와 별개의 문제다. 여기서도 강제적 권력은 사실 항상 소수에 의해 행사되어야 하기 때문에 소수에게 맡겨진 그 권력이 거기에 복종하는 자들에 의해 언제든 폐지될 수 있다면 권력이 남용될 가능성이 적다고 주장할 수 있다. 하지만 다른 형태의 통치 체제보다 민주주의에서 개인의 자유가 더 크다고 해서 그것이 확실하다는 뜻은 아니다. 자유의 실현은 다수가 의도적으로 이를 목표로 삼느냐 여부에 달려 있다. 민주주의에만 기대 자유를 유지하려 한다면 자유가 살아남을 가능성은 거의 없을 것이다.

세 번째 주장은 민주적 제도의 존재가 사회 문제에 대한 일반적 이해 수준에 어떤 영향을 주는지에 근거한다. 나로서는 이것이 가장 강력한 주장으로 보인다. 흔히 사람들이 주장하듯이[171] 어떤 상태에서든 몇몇 교육받은 엘리트에 의한 정부는 사실상 다수결에 의해 선택된 정부보다 더 효율적이고 더 정의로운 정부일 수 있다. 그러나 중요한 점은, 정부의 형태를 민주주의나 기타 다른 것들과 비교할 때, 어느 시점에 대중이 어떻게 생각하는지를 논거의 자료로 삼을 수 없다는 것이다. 토크빌이 위대한 저작 『미국의 민주주의(Democracy in America)』에서 논증하고자 한 것은 민주주의가 대중을 교육하는데 유일한 효과적 수단이라는 것이었다.[172] 이 주장은 그의 시대와 마찬가지로 오늘날에도 사실이다. 민주주의는 무엇보다도 의견을 형성해가는 과정이다. 그 최대의 장점은 통치하는 사람들을 선택하는 방법에 있는 것이 아니라 인구의 상당수가 의견 형성 과정에 적극적으로 참여할 수 있기 때문에 그만큼 다양한 범주의 사람들이 선택 대상에 포함된다는 사실에 있다. 민주주의는 가장 현명하고 가장 잘 아는 사람들의 손에 권력을 쥐어주는 것이 아니며 어떤 국면에서는 엘리트가 내린 정부의 결정이 전체에게 더 유리할 수 있다는 사실을 인정해야 할 수도 있다. 하지만 그럼에도 민주주의에 대한 지향을 포기해선 안 된다. 민주주의의 가치가 스스로 진가를 발휘하는 것은 정태적 측면이 아니라 역동적 측면에 있다. 민주주의는 눈앞의 성과 면에서 다른 형태의 정부에 못 미칠 가능성이 크겠지만, 자유에서와 마찬가지로 장점도 장기적인 측면에서만 그 유익함이 드러날 것이다.

여론 형성과정

정부가 다수 의견에 따라야 한다는 개념은 그 의견이 정부로부터 독립적이었을 때에만 타당하다. 민주주의의 이상은 정부를 이끌 관점이 독립적이고 자발적인 과정에서 나온다는 믿음에 달려 있다. 따라서 개인의 의견이 형성되는 더 큰 영역이 다수의 통제와 독립적으로 존재해야 한다. 이런 연유로 언론 및 토론의 자유가 민주주의와 불가분의 관계라는 사회적 합의가 널리 퍼져있다.

또 광범위하게 퍼진 것으로, 민주주의는 채택될 행동의 방향에 대한 의견차를 해결할 방법을 제공할 뿐만 아니라 어떤 의견이 채택되어야 하는가에 대한 기준도 제공한다는 견해가 있다. 자세히 들어가 보면, 그 견해는 무엇이 실제로 타당한 법인가와 무엇이 법으로 제정되어야 하는가에 대한 문제를 심각하게 혼동하고 있다. 민주주의가 제대로 기능하기 위해서는 전자가 늘 확실해야 하고 또 후자에 대한 의문이 늘 제기되어야 한다. 다수의 결정은 사람들이 바로 지금 무엇을 원하는지 말해주지만 사람들이 전보다 더 많이 알게 되었을 때 그들의 이해가 무엇을 바랄지는 말해주지 않는다. 그리고 그 결정이 설득을 통해 바뀔 수 있는 것이 아니라면 아무런 가치가 없을 것이다. 민주주의의 주장은 어떤 소수의 의견도 다수의 의견이 될 수 있음을 전제로 한다.

다수의 견해와 가치관에 순응하는 것이 민주주의자 특히 민주적 지식인의 의무라고 제시되고 있기 때문에 이 문제를 강조해야 한다. 물론 집단의 행동에 관한 한 다수의 견해를 따라야 한다는 것은 사회적 관례다. 하지만 그렇다고 해서 그 다수의 견해를 바꾸려는 어떤 시도도 하지 말아야 하는 건 아니다. 그 관례를 가슴 깊이 존중하면서도 다수의 지혜는 존중하지 않을 수도 있다. 우리의 지식과 이해가 늘어남에 따라 다수의 의견은 언제나 반대에 부딪치게 된다. 의견이 형성되는 과정에서 어떤 견해가 다수의 의견이 될 때쯤이면, 그것은 더 이상의 최선의 견해가 아니기 십상이다. 누군가는 이미 다수가 도달한 지점 그 이상으로 앞서갔기 때문이다.[173] 많은 다양하고 새로운 의견들 중에서 어떤 것이 최선의 해답으로 증명될지 알 수 없기 때문에 우리는 충분한 지지를 얻을 시간을 기다려야 하는 것이다.

모든 시도가 다수의 의사에 따라 주도되어야 하고 다수의 기준에 더 순응할수록 사회가 바람직해진다는 발상은 사실 문명이 성장한 원리에는 반하는 것이다. 그런 발상을 보편적으로 수용한다면 필시 문명은 침체되거나 쇠퇴할 것이다. 진보란 다수를 설득하는 소수가 이루는 것이다. 새로운 견해는 일단 어디에선가 먼저 출현해야 다수의 견해가 될 수 있다. 소수의 사람이 먼저 경험하지 않은 사회적 경험이란 존재하지 않는다. 다수의 의견이 형성되는 과정도, 지나친 합리주의 관념이 상정하는 것과 달리, 논의의 대상이 아니다. 전적으로도 아니 대체적으로도 말이다. 민주주의란 토론에 의한 정치 체제라는 견해는 어느 정도 사실이다. 하지만 이는 서로 경쟁하는 다양한 견해와 욕구에 담긴 장점이 시험되는 과정의 마지막 단계에 불과하다. 토론이 필수적이긴 하나 사람들이 무언가를 배우는 주된 과정은 아니다. 사람들의 견해와 욕구는 스스로의 구상에 따라 행동하는 개인들에 의해 형성된다. 그리고 대중은 이들이 그 개별 경험에서 터득한 바를 취하는 것이다. 어떤 사람들이 다른 사람들보다 더 많은 것을 알고 설득할 더 나은 위치에 있지 않는다면 의견의 진전은 거의 기대할 수 없다. 우리는 누가 최선책을 알고 있는지 대개 모르기 때문에 판단을 우리의 통제를 벗어난 과정에 내맡기게 된다. 하지만 대다수에게 최종적으로 더 나은 방법을 가르치는 것은 언제나 다수가 규정한 것과 다른 식으로 행동하는 소수들이다.

원칙의 필요와 시류편승의 위험

어떤 의미에서 자생적인 사회 성장의 산물이 지녔을, 보다 높은 차원의 초개인적인 지혜가 다수의 결정에서 비롯되었다고 믿을 만한 근거는 없다. 다수의 결의는 그런 고차원적인 지혜를 찾는 곳이 아니다. 다수의 결의는 그것이 어떤 것이든 집단에서 가장 지적인 구성원들이 모두의 의견을 들은 후 내린 결정보다 못할 수밖에 없다. 이는 덜 사려 깊은 사고를 한 결과로 보통 누구도 완전히 만족시키지 못할 타협안을 제시할 것이다. 다양하게 구성된 다수가 자리를 바꾸면서 잇따라 내놓은 결정들이 누적된 결과에서는 더욱 그렇다. 그 결과는 일관된 개념이 아니라 상이하고 상충되는 동기와 목적의 표출일 것이다.

그런 과정과 자생적 과정을 혼동해서는 안된다. 자생적 과정은 자유 공동체들이 개인의 지혜가 고안해낼 수 있는 것보다 더 나은 많은 것들을 배울 수 있게 하는 원천이다. '사회적 과정'이란 말이 의도적 설계보다 더 나은 해결책을 만들어내는 점진적 진화를 의미한다면 다수의 의지를 관철시키는 것은 사회적 과정이 될 수 없다. 다수의 의지 관철은 관습과 제도를 낳은 자유로운 성장과 근본적으로 다르다. 왜냐하면 그것의 강제적이고 독점적이며 배타적인 특성이 자유사회에서 그릇된 시도는 기각되고 성공적 시도들은 자리 잡도록 하는 자정 능력을 말살시키기 때문이다. 그것은 또 전례에 의해 법이 형성되는 누적적 과정과도 본질적으로 다른데, 그 다수의 의지관철이, 판결과정처럼, 이전 사례에서 준수했던 원칙들이 지금까지 의식적으로 고수해온 사실에 따라 일관되게 통합된 것이 아닌 한에는 말이다.

게다가 다수의 결정이 일반 상식적 원칙을 벗어났다면 전체적으로 아무도 원하지 않은 결과를 만들어낼 가능성이 매우 크다. 다수가 그 결정 때문에 생각지도 또 원하지도 않은 추가적인 행동을 강요받게 되는 경우가 빈번하다. 집단행동에는 원칙이 없어도 된다는 믿음은 대체로 환상에 불과하다. 그리고 원칙 포기는 보통 이전의 결정에 뜻하지 않게 내포된 부분으로 인해 예상치 못한 방향으로 내몰리는 결과를 낳는다. 개인의 결정은 그저 그때그때의 상황에 대처하기 위한 것일 수 있다. 그러나 유사한 상황마다 정부가 비슷한 조처를 취하게 되면 예측성이 생겨난다. 따라서 애초에 보편적으로 적용할 의도가 없었던 원칙이든, 보편적으로 적용하면 바람직하지 않거나 터무니없는 원칙이든, 처음엔 아무도 예상치 못했던 차후의 행동을 초래하게 된다. 일관된 원칙을 세우지 않고 모든 문제를 사안별로 그 자체의 미덕에 따라 판단하겠다고 공언하는 정부는 대개,

스스로 선택하지도 않은 원칙을 따르며 원래 의도하지도 않은 행동을 하게 되는 처지에 놓이게 된다. 모든 사안을 의도적으로 통제할 것이라고 공언하며 출범한 정부가 조만간 매 단계마다 이전 행동이 초래한 필연적인 상황들로 골머리를 앓는 모습은 이제 우리에게 익숙한 풍경이 되었다. 정부가 스스로를 전능하다고 여기게 된 탓에, 이제 우리는 어리석은 일인 줄 알면서도 이런저런 일들을 반드시 혹은 불가피하게 해야 한다고 떠들어대는 소리를 이렇게나 많이 듣고 있는 것이다.

이념의 법칙

정치인들이 특정 행동 방식을 취할 수밖에 없다면(혹은 역사가가 그의 행동을 피치 못한 것으로 간주한다면), 이는 객관적인 사실 때문이 아니라 자신이나 타인의 의견 때문이다. 특정 신념의 영향을 받는 사람들은 주어진 사태에 대한 누군가의 반응이 상황에 따라 고유하게 결정된다고 생각한다. 어떤 사태에 대한 사람의 반응은 환경이 결정짓는다는 통념에 영향을 받는 사람에서 그런데, 특정 문제에 관심을 갖는 실용적 정치인들에게 이러한 믿음은 사실상 모든 의도나 목적으로 대체될 수 없는 불변의 사실이다. 구체적인 현실 문제에 관심을 갖는 실제 정치인들에게 이 통념은 사실상 어떤 의도와 목표에서건 불변의 사실인 것이다. 필연적으로 정치인은 독창적이지 않아야 하며, 자신의 정책을 대다수 사람들이 지지하는 의견에 따라 짤 수밖에 없다. 정치인은 사회적으로 받아들여진 사고의 틀 안에서만 활동하고, 사회적 관습 안에서 생각하고 발언해야 성공할 수 있다. 한 정치인이 이념의 영역에서 지도자가 된다는 것은 모순이나 마찬가지다. 민주주의에서 정치인의 임무는 최대 다수의 사람들이 지지하는 의견이 무엇인가를 찾아내는 것이지, 먼 훗날 다수의 견해가 되도록 새로운 의견을 퍼뜨리는 것이 아니다.

정치적 사안에서 결정을 좌우하는 의견은 언제나 오랜 기간에 걸쳐 확산되고 다양한 여러 차원에서 진행된 느린 진화의 결과다. 새로운 이념은 소수에서 시작되고 점진적으로 확산되어 그 기원을 전혀 알지 못하는 다수의 것이 된다. 현대 사회에서 이 과정은 역할 분담을 가져오는데, 구체적인 사안에 집중하는 사람들과 보편적 이념에 집중하는 사람들과 과거 경험에서 도출한 다양한 행동원칙을 다듬고 조정하는데 집중하는 사람들로 나뉘게 된다. 행위의 결과가 어떨지 그리고 무엇을 목표로 삼아야 할지에 대한 우리의 견해는 대부분 우리가 사회적 유산으로 얻은 지침이다. 이런 정치적, 도덕적 견해는 과학적 신념과 마찬가지로 추상적인 이념을 전문적으로 다루는 사람들로부터 온다. 보통 사람과 정치 지도자 모두의 생각의 틀을 구성하고 행동을 이끄는 근본적 발상이 바로 그들에게서 비롯된다.

진화를 이끄는 것은 결국 이념이고 따라서 새로운 이념을 퍼뜨린 사람들이란 믿음, 그 진화 과정의 개별 단계들이 일관된 개념으로 이끌어져야 한다는 믿음이 자유주의 신조의 기본 틀이 되었다. "어느 시대에나 인류에게 주어졌지만 무시됐던 교훈, 즉 겉보기에는 삶의 실제 문제와 인간의 현세 문제와는 동떨어진 듯한 사변적 철학이 사실 이 세상에서 가장 큰 영향을 끼치는 것이며, 궁극적으로 반드시 지켜야 할 것들이 사라지지 않도록 한다는 교훈."[174] 역사를 공부하게 되면 이 교훈을 반드시 깨닫게 된다. 오늘날 이 사실이 존 스튜어트 밀이 글을 쓰던 시대만큼 잘 이해되지 않더라도, 사람들이 인식하든 안하든 언제나 진실이었음은 의심할 여지가 없다. 추상적인 사고를 하는 사상가가 대중에게 끼치는 영향은 간접적으로 작동하기 때문에 그 영향력은 잘 알려지지 않는다. 사람들은 자기 시대의 상식이 된 이념들이 아리스토텔레스나 로크, 루소, 마르크스 혹은 20년 전 지식인들 사이에서 유행했던 어느 교수의 견해에서 나왔는지 알지도 못하고 관심도 없다. 대부분 자기 사고의 일부가 된 발상과 이상의 원전을 읽지 않는 것은 물론이고 저자의 이름조차 들어본 적이 없다.

현재 사안에 직접적 영향을 주는지 여부를 놓고 보자면 정치철학자의 영향은 무시할 만한 것일지도 모른다. 그러나 그의 생각이 역사가, 홍보가, 교사, 작가, 또는 지식인들의 작업을 통해 공동의 자산이 되고 나면 이 생각은 발전의 방향에 영향을 끼친다. 이 말은 새로운 생각이 대개 처음 공개된 후 한 세대나 그 이후에 정치 행위에 영향력을 행사하기 시작한다[175]는 의미일 뿐만 아니라, 사변적 사상가의 공헌이 그런 영향력을 행사하기 전에 선택과 수정이라는 기나긴 과정을 거쳐야 한다는 의미이기도 하다.

정치적, 사회적 신념의 변화는 필연적으로 어떤 시점에서든 여러 상이한 차원에서 진행된다. 우리는 그 과정을 한 차원에서의 확산이 아니라 피라미드의 상부에서부터 서서히 아래로 이동하는 과정으로 봐야 한다. 여기서 상위의 차원은 더 높은 보편성과 추상성을 나타내는 것으로, 지혜가 반드시 더 많다는 뜻은 아니다. 이념이 아래로 퍼져나감에 따라 특성 자체가 변한다. 상위 수준의 보편성을 가진 이념은 어느 때든 보편적 발상에 관심을 가진 사람들의 지지를 놓고 유사한 특성을 지닌 다른 것들과 경쟁할 뿐이다. 대다수에게 이런 보편적 발상은 구체적이고 특수한 문제에 적용하는 과정에서만 알려지게 된다. 이 이념들 중에서 어떤 것이 사람들에게 전달되고 지지를 얻게 될지는 어느 한 사람의 정신에 의해서가 아니라 구체적 문제보다 보편적 이념에 더 관심을 가진 사람들과 결과적으로 구체적 문제를 보편적 원칙에 비추어 보는 사람들 사이에서 다른 차원으로 진행되는 토론에 의해 결정될 것이다.

헌법 제정 회의 같은 드문 사례를 제외하고 토론과 다수결의 민주적 과정은 반드시 법과 정부의 전체 체계의 일부로 국한된다. 이에 따른 점진적 변화는 바람직한 사회체제에 대한 보편적 관념, 대중들이 살기 원하는 세상에 대한 어떤 일관된 이미지에 의해 이끌릴 때라야만 바람직하고 실행 가능한 결과를 낳을 수 있을 것이다. 그러한 이미지를 얻는 것은 간단한 일이 아니며, 전문적인 연구자라 할지라도 선학들보다 조금 더 명확하게 보기 위해 노력하는 것이 고작이다. 현재 당면한 문제에 관심을 갖는 실무자는 복잡한 사회 질서의 다양한 부분에서 일어나는 상호관계를 검토할 시간이 없고, 또 관심도 갖지 않는다. 그는 그저 자신에게 주어진 가능한 체제 중에서 선택할 뿐이며, 다른 사람이 제시하고 다듬은 일련의 원칙이나 정치 정책을 최종적으로 수용하는 것이다.

대중이 공동의 이념 체계에 의해 늘 인도되지 않는다면, 일관된 정책은커녕 구체적 사안에 대한 실질적 토론도 불가능할 것이다. 절대 다수가 공유하는 바람직한 사회 유형에 대한 보편적 개념 같은 것이라도 없다면, 민주주의가 궁극적으로 제대로 기능할지 의심스럽다. 그런 개념이 존재하더라도 모든 다수결 결정에서 다 반영되진 않을 것이다. 집단이 항상 최고의 지식에 따라 행동하거나 추상적으로 인식한 도덕적 규칙을 개인보다 더 잘 지키는 것은 아니다. 그러나 바로 그런 공동의 원칙에 호소함으로써만 토론을 통해 합의에 이르고 거친 폭력의 논리가 아니라 이성과 논쟁을 통해 이해관계가 조정되기를 바랄 수 있다.

정치철학자의 의무

여론이 진전을 이루려면 지침을 제공하는 이론가 스스로 다수의 의견에 얽매여서는 안 된다. 정치철학자의 임무는 다수의 의지를 수행하는 실무 공무원의 임무와 다르다. 스스로를 사람들이 어떻게 생각해야 할지를 결정하는 '지도자'의 위치에 올려서는 안 되지만 공동 행동의 가능성과 결과를 보여주고 다수가 아직 생각하지 못한 종합적 정책 목표를 제시하는 것이 그의 의무다. 다양한 정책의 가능한 결과가 종합적인 그림으로 제시된 후에야 민주주의는 비로소 원하는 것을 결정할 수 있다. 정치가 가능한 것들을 구현하는 예술이라면, 정치 철학은 불가능해 보이는 것들을 정치적으로 가능하게 만드는 예술이다.[176]

정치철학자가 사실의 문제에만 자신을 제한하고 상충되는 가치 사이에서 결정하는 일을 두려워한다면 그 임무를 제대로 수행할 수 없다. 자신이 과학자의 실증주의에 갇히는 것을 용납해서는 안 된다. 그렇게 된다면 정치철학자는 자신의 역할을 벌어진 사태의 설명에만 국한시키고 앞으로 어떻게 되어야 할지에 대한 어떤 논의도 금하게 된다. 그렇게 된다면 그의 가장 중요한 역할을 수행하기 훨씬 전에 멈출 수밖에 없게 될 것이다. 일관된 그림을 그리려고 노력하는 과정에서 정치철학자는 서로 상충하는 가치관(대부분의 사람들은 인식하지도 못하는 것이다)이 있음을 발견하고, 그중 무엇을 받아들이고 거부할지 선택해야 함을 알게 된다. 그가 옳다고 생각하는 가치관을 방어할 준비가 돼 있지 않는 한, 전체로서 판단받아야 할 종합적인 그림의 윤곽 그리기도 해내지 못할 것이다.

이 임무과정에서 그는 다수의 뜻을 종종 반대함으로써 민주주의에 최선의 봉사를 하게 된다. 여론이 진전되는 과정을 완전히 잘못 파악하는 경우라야 여론의 영역에서 다수의 견해를 따르는 것이 마땅하다는 주장에 이르게 된다. 현존하는 다수의 의사를 마땅히 그래야 하는 것의 기준으로 간주하게 되면 전체 과정은 순환에 빠지고 정체될 것이다. 사실 자신의 의견이 매우 인기 있을 때야말로 정치 철학자는 자신의 임무를 수행하는 데 실패하고 있는지 의심해야 하는 것이다.[177] 불편하고 귀찮다고 여기는 원칙들을 고수하면서 다수가 계산에 넣고 싶어 하지 않는 사항을 고려하라고 주장함으로써 그는 자신의 가치를 증명해야 한다. 다수가 믿는다는 이유만으로 지식인들이 어떤 신념에 굴복하는 것은 자신만이 부여받은 사명뿐만 아니라 민주주의의 가치 자체를 배신하는 행위다.

민주주의가 경시하는 것이라고 해서 다수 권력의 자기 제한을 주장하는 원칙이 오류가 되는 것이 아니고, 자유주의자의 눈에 잘못된 것이 분명한 결정이 자주 내려진다고 해서 민주주의가 바람직하지 않다고 여겨서도 안 된다. 자유주의자는 오직 내가 가진 자유주의의 이념만을 믿을 뿐이다. 제대로 이해시킬 수 있다면 다수가 스스로의 권력 행사를 제한할 수 있게 이끌 이념이자 구체적인 사안을 결정할 때의 지침으로 받아들이도록 설득할 이념 말이다.

민주주의 보존의 조건

이러한 자유주의의 주장은 권력의 제한을 경시하면 결국 번영과 평화뿐만 아니라 민주주의 그 자체도 파괴하게 된다는 것에 그치지 않는다. 자유주의자들은 민주주의 자체에 가해져야 하는 제한이 또한 민주주의가 효과적으로 작동할 수 있도록 하는 제한이 되며, 그 안에서 다수가 정부의 행동을 진정으로 지도하고 통제할 수 있다고 믿는다. 민주주의가 오직 자기 스스로 만든 보편적 규범에 의해서만 개인을 구속하는 한에는 민주주의는 강제력을 통제할 수 있다. 민주주의가 개인들에게 보다 구체적인 지침을 내리려 하는 순간, 달성해야 할 목표만을 지시할 수 있을 뿐 어떤 방식으로 달성해야 할지에 대한 결정은 실무 공무원에게 내맡겨 둘 수 밖에 없는 처지임을 깨닫게 된다. 다수결은 목표만을 결정하고 그 목표를 추구하는 것은 관리자들의 재량에 맡기는 것이라는 생각이 일단 널리 받아들여지면, 머지않아 그 목표를 달성하기 위한 어떤 수단도 모두 정당하다고 믿게 될 것이다.

개인은 다수가 통과시킨 일반법을 두려워할 이유가 없지만 그 지침을 실행하기 위해 세워진 통치자들을 두려워할 이유는 많다. 오늘날 개인의 자유에 위협이 되는 것은 민주주의 의회가 타당하게 행사하는 권력이 아니라, 구체적인 목표 달성을 담당한 관리자들에게 의회가 넘겨준 권력이다. 개인 각자의 목적을 추구할 때 지켜야 할 규칙을 다수가 정해야 한다는 데 동의하고 나면, 우리는 대리인들의 명령과 자의에 더욱 더 종속되었음을 깨닫게 된다. 의미심장하게도, 무제한의 민주주의를 지지하는 사람들 대부분은 머지않아 공동체에 바람직한 바를 결정하는 일은 전문가에게 맡겨야 한다는 견해와 독단의 수호자가 될 뿐만 아니라, 다수의 그런 무제한적 권력을 가장 열렬히 지지하는 자들은 일단 그러한 권력이 인정되고 나면 실제로 그 권력을 행사하는 것은 다수가 아니라 자신들임을 가장 잘 아는 바로 그 관리자들이란 사실이다. 이 문제에 대해 근대의 경험이 입증한 것이 있다면, 구체적 목적을 위한 통치의 대행자들에게 광범위한 강제력이 일단 부여되면 민주주의 의회는 그 권력을 통제하기 힘들다는 것이다. 의회가 사용할 수단을 스스로 결정하지 않는 한, 대행기관은 어떻게든 자의적으로 결정하게 된다.

보편적으로 고찰해보고 최근 경험에 비추어 보면 정부가 강제적 조치를 민주적으로 수행할 수 없는 과제로 국한했을 때에만 민주주의가 유효하다.[178] 민주주의가 자유(liberty)를 수호하는 수단이라면 개인의 자유 또한 민주주의가 제대로 작동하기 위해 필수불가결한 요소다. 민주주의는 아마도 제한된 정부의 가장 좋은 형태일 테지만 무제한적 정부로 변한다면 이치에 맞지 않게 된다. 민주주의가 모든 역량을 갖추고 있고 특정 순간에 다수가 원하는 모든 것을 지원한다고 주장하는 사람들이 민주주의의 몰락을 부추기고 있다. 민주주의에게 고전적 자유주의자는 사실 교조적 민주주의자보다 더 좋은 친구다. 왜냐하면 그는 민주주의를 실현 가능하게 하는 조건들을 수호하는 데 주력하기 때문이다. 자신의 행위가 일정한 한도 내에서만 유익하다는 것, 또 의도적 수단으로 만들어지지 않은 원칙들을 준수해야 한다고 다수를 설득하는 것은 '반민주적'인 것이 아니다. 민주주의가 살아남기 위해서는 민주주의 그 자체가 정의의 원천이 아니며, 모든 구체적 문제에 대한 대중의 견해에 반드시 나타나지는 않는 정의의 개념을 인정해야 한다는 것을 알아야 한다. 우리의 위험은 정의를 지키기 위한 수단을 정의 그 자체로 착각하는 것이다. 다수에게 정당한 권력에 대한 적정한 한계를 인식시키고자 노력하는 사람들은, 따라서 민주적 행위의 새로운 목표를 끊임없이 제시하는 사람들 못지않게 민주적 과정에 필수적인 사람들이다.

　이 책의 2부에서는 민주주의를 실행하기 위한 필수조건과 서구인들이 법치라는 이름으로 발전시켜 온 정부에 대한 제한장치에 대해 좀 더 살펴보겠다. 여기서는 법에 의한 통치의 전통에 먼저 익숙해지지 않고서는 어느 누구도 성공적으로 민주적 메커니즘의 정부를 운영하거나 유지하기 어렵다는 점만 덧붙이고자 한다.

8

고용과 독립

독립된 삶은 울타리 안에 감추기 위함도 열차 승무원을 위함도 아니라,
영예로운 특권을 위해서다.

로버트 번즈(Robert Burns)[179]

노동자 계층의 성장

앞서 논의한 이상과 원칙들은 중요한 측면에서 우리와 다른 사회에서 발전되었다. 그곳에선 인구의 상당수가 독립적인 생계활동에 종사했고 또 이들 대부분이 여론 형성에 참여했다.[180] 그런데 그 사회에서 작동하던 원칙이 지금도 여전히 유효할까? 사회 구성원의 대부분이 거대조직에 고용되어 자신이 소유하지 않은 자원을 사용하고 타인의 지시대로 일하는 지금의 현대사회에서 말이다. 특히 독립적인 사람들(자영업자들, 프리랜서)이 지금 사회에서 훨씬 작고 덜

중요한 부분을 구성한다면 그들의 기여가 이런 이유로 덜 중요해진 것일까 아니면 그들은 여전히 자유사회의 안녕에 필수 요소일까?

본론으로 들어가기 전에 우리는 한 가지 신화에서 벗어나야 한다. 마르크스주의자들만이 가장 극단적인 형태로 믿었던 것이지만 이젠 널리 받아들여져서 여론을 오도시킬 지경이 된, 노동자 계급의 성장에 관한 신화 말이다. 즉, 재산이 없는 프롤레타리아의 출현은 착취에 따른 결과이며 그 과정에서 대중은 전에 독립적으로 생계를 유지할 수 있었던 소유물들을 박탈당했다는 그릇된 신화가 그것이다. 실상은 전혀 다르다. 현대 자본주의가 부상하기 전 대부분의 사람은 집, 땅, 그리고 필요한 생산도구를 상속받아 그것에 의존해 가정을 일구고 아이를 양육해왔다. 이후 부모로부터 땅과 도구를 물려받지 못한 사람들이 살아남아 그 세를 늘릴 수 있었던 것은 부유층이 그 자산을 많은 사람들을 고용하는 데 사용하는 것이 가능해졌고, 또 그로 인해 이윤이 생겼기 때문이다. 만약 '자본주의가 프롤레타리아를 만들었다'면 많은 수의 사람들이 살아남고 번성할 수 있도록 해줬기 때문일 것이다. 물론 오늘날 서구 세계에서 이 과정은 더 이상 옛날식의 프롤레타리아 증가가 아니라 자유사회의 원동력이 되는 것들로부터 소외되거나 반목하는 다수 노동자 계층의 성장을 낳는다.

지난 2백 년간의 인구 증가는 도시에 거주하는 산업 노동자를 중심으로 이뤄졌다. 기술의 변화로 인해 대규모 산업이 발달하고 새로운 대규모 사무직 노동자계층이 출현했고 그로 인해 인구 구성에서 노동계층 비율의 확대가 촉진된 것이 분명하다. 또한 그 덕분에 나타난 무산계급의 양적 증가는 아마도 다시 대규모 조직의 성장을 도왔을 것이다.

이러한 발전이 갖는 정치적 의미는 종속되고 재산이 없는 사람들의 수가 급속도로 증가하던 시기에 그동안 배제당해온 선거권을 갖게 되었다는 사실에서 더욱 두드러진다. 그 결과 모든 서구 국가에서 노동자 입장의 견해가 선거권자 절대다수의 견해가 되었다. 현재 정책을 좌우하는 것이 바로 그들의 의견이기 때문에 피고용인(노동자계층)의 지위를 상대적으로 더 매력적인 것으로, 독립적 지위를 덜 매력적으로 만드는 조치들이 나오게 됐다. 따라서 노동자 계층이 그렇게 자신들의 정치적 힘을 행사하는 것은 자연스러운 것이다. 문제는 사회가 고용으로 이뤄진 거대한 단일 위계질서로 점진적으로 변모하는 것이 그들의 궁극적 이익에 부합하느냐는 점이다. 노동자의 다수가 상당수의 독립된 지위의 사람들을 유지시키는 것이 자신들의 이익에 부합한다고 인식하지 않는 한 그런 결과를 초래할 가능성이 높다. 독립된 지위의 사람들이 상당수 유지되지 않을 경우, 우리 모두는 자유가 침해되었음을 알게되고, 또한 노동자들도 아주 다양한 고용주들 가운데 선택할 여지가 없어져서 스스로의 처지가 전과 같지 않음을 알게 될 것이다.

노동자의 자유를 위한 조건

문제는 자유(freedom)를 많이 행사하는 게 노동자에게는 이익이 바로 체감되는 것이 아니란 것이고, 노동자들의 자유는 그들의 삶에 미치는 결과가 즉각적으로 보이지 않는 결정을 내리는 다른 누군가에게 달려있음을 알아차리는 게 대개 쉽지 않다는 것이다. 자유를 위한 결정 없이도 살 수 있고 또 살아야 하기 때문에 노동자들은 자유의 필요를 인식하지 못하고, 또 삶에서 거의 발생하지 않을 행동의 기회에 하등의 중요성도 부여하지 않는다. 그들은 독립 계층이 자신의 기능을 발휘하는 데 꼭 필요한 수많은 자유의 행사를 불필요한 것으로 간주하며 보상과 적절한 보수에 대한 관점도 그들과는 전혀 다르다. 따라서 오늘날 자유는 자신의 삶의 기준과 관점을 다른 사람에게 강요하는 노동자 계층 다수에 의해 심각하게 위협받고 있다. 사회의 보편적 이익, 즉 궁극적으로는 그들에게도 이익인 관점으로 노동자를 설득하는 것은 실제로 가장 어려운 일일 것이다. 왜냐하면 그 관점은 노동자들로서는 도달하기도 어렵고 그만한 노력이나 위험을 감수할 가치도 없어 보이는 지위에 사회의 소수가 도달하도록 해주는 조건을 유지해야 한다는 것이기 때문이다.

노동자 계층의 삶에서 어떤 자유(liberty)를 행사하는 것이 별 상관없는 것일지 몰라도, 그렇다고 해서 이것이 노동자는 자유롭지 못하다는 뜻은 아니다. 한 사람이 자신의 삶의 방식이나 생계 수단을 놓고 선택한 모든 것은 결과적으로 그가 다른 일을 하는 데 관심이 없어진다는 뜻이다. 원하는 형태의 삶을 살 수 있는 기회를 그 어느 독립된 지위보다 더 잘 제공하면 절대 다수의 사람들이 피고용을 선택할 것이다. 피고용 노동자의 지위가 가져다주는 상대적 안정, 위험과 책임의 부재를 특별히 선호하지 않는 사람들도 독립이 달성 불가능해서라기보다는 독립된 자영업자로 살면서 벌 수 있는 것보다 더 만족스러운 활동과 더 큰 수입을 가져다준다는 이유로 피고용을 선택하기도 한다.

자유(freedom)는 우리가 원하는 대로 모든 것을 가질 수 있다는 의미가 아니다. 삶의 과정을 선택함에 있어 우리는 언제나 복잡한 이해득실 속에서 선택을 내려야 한다. 그리고 일단 선택하면 이익의 대가로 치르는 손해도 감수해야 한다. 노동력을 팔아 정기적 수입을 원하는 사람이라면 다른 사람이 결정한 당장의 업무에 노동 시간을 바쳐야 한다. 다른 사람의 명령에 따라 일하는 것은 노동자가 자신의 목적을 달성하기 위한 조건이다. 때때로 이런 삶이 매우 짜증 날 수 있지만 정상적 상황에서는 그가 강제적으로 행동한다는 것이 곧 자유가 없다는 뜻이 되지는 않는다. 사실 일자리를 포기함에 따른 위험이나 희생이 너무 커서 지독히 싫어하면서도 그 일을 계속하기도 한다. 하지만 이는 인간이 선택하는 어떤 직업이든 다 마찬가지다. 독립적이고 자유로운 직업도 예외가 아니다.

핵심적인 사실은 경쟁 사회에서 노동자는 심각한 실업시기 외엔 고용주의 손아귀에 있지 않다는 것이다. 법은 현명하게도 한 개인의 노동력을 영구적으로 넘기는 계약을 인정하지 않으며 구체적 업무에 대한 계약도 강요하지 않는다. 설사 그런 계약을 했다 하더라도 특정한 고용주 밑에서 일을 계속하도록 아무도 강제할 수 없다. 그리고 정상적으로 작동하는 경쟁사회라면 비록 보수는 적을 수 있겠

지만 다른 일자리가 있기 마련이다.[181]

고용주가 단 한 명(즉, 국가)뿐이고 피고용만이 유일한 생계 수단인 상황이 어떨지 생각해보면, 노동자의 자유(freedom)는 얼마나 다양하고 많은 고용주가 존재하는지에 달려 있음이 분명하다. 명목상 독립된 공기업 등에 고용의 권력이 아무리 위임된다 한들, 사회주의 원칙이 일관되게 적용되면 필연적으로 단일 고용주의 출현으로 귀결될 것이다. 그리고 이 단일 고용주는 직접적이든 간접적이든 개인을 강제할 무제한의 권력을 갖게 될 것이 분명하다.

노동자의 도덕적 기준

따라서 노동자의 자유는 그들과 다른 지위의 사람들 계층이 존재하는지에 달려 있다. 그러나 노동자가 다수를 이루는 민주주의에서 그러한 계층집단이 존재할 수 있는지, 그 기능을 수행할 수 있는지 여부는 바로 다수인 노동자들이 삶에 대해 갖고 있는 개념에 의해 결정된다. 지배적인 관념은 대다수의 것일 테고, 이 대다수는 위계적 조직의 구성원일 뿐 자신들이 몸담고 있는 별개의 조직들 간의 관계를 결정짓는 문제와 관점이 어떤 것인지는 대체로 알지 못한다. 그런 다수가 만들어낸 기준은 그들이 사회의 효율적인 구성원으로 살아갈 수 있게는 해주지만, 한 사회의 자유가 유지되려면 사회 전체에 이를 적용할 수 없다.

노동자의 관심사와 가치는, 자원 사용을 조직하는 데 따르는 위험과 책임을 지는 사람들의 관심사와 가치와는 차이가 있을 수밖에 없다. 일정 봉급이나 임금을 받고 지시에 따라 일하는 사람도 끊임없는 결정을 해야 하는 사람만큼이나 양심적이고 근면하며 똑똑할 수 있다. 하지만 일에서의 선택범위가 더 제한돼있기 때문에 노동자는 그만큼 창의적이거나 실험적이기는 힘들다.[182] 노동자는 미리 규정되지 않았거나 통상적이지 않은 행위를 해야 되는 것이 아니다. 더 할 수 있는 능력이 있더라도 그에게 부여된 과제 이상으로 나아갈 수는 없다. 할당되는 업무는 미리 계산된 업무분담에 따라 배정된 영역에 한정된다.

고용되었다는 사실은 한 사람의 주도성과 창의성보다 큰 영향을 끼칠 것이다. 그는 자원을 통제하고 끊임없이 새로운 배치와 조합을 고민해야 하는 사람들이 지는 책임이 무엇인지 거의 알지 못한다. 자산과 소득의 사용에 관해 결정을 내려야 하는 삶은 어떤 태도와 자세가 필요한지도 아는 바가 거의 없다. 자영업자에게는 개인생활과 업무시간 사이에 명확한 구분이 없지만, 자기 시간의 일부를 판매해 고정된 수입을 받는 노동자는 그렇지 않다. 노동자에게 업무란 일정 시간 동안 주어진 업무의 틀 안에 자기자신을 맞춰넣는 것이지만, 자영업자에게 업무는 삶의 계획을 수립, 재정립하고 항상 새롭게 나오는 문제에 대한 해결책을 찾는 것이다. 특히 노동자와 자영업자는 적절한 소득 수준이 얼마인지, 놓치지 말아야 할 기회가 무엇인지, 어떤 삶의 방식을 채택해야 성공에 가장 도움이 될지에 대한 견해에서 차이를 보인다.

그중에서 가장 극명한 차이를 보이는 것은 다양한 업무수행에 대해 적절한 보수가 어떻게 결정될 것인가에 관한 견해일 것이다. 누군가 큰 조직의 일원으로 지시를 받으며 일할 때, 각각의 업무마다 그가 개인으로서 기여한 가치가 얼마인지 확인하기는 어렵다. 그가 얼마나 충실하고 영리하게 규율과 지시를 따랐는지, 그가 얼마나 전체 메커니즘에 자신을 잘 맞추었는지 여부는 다른 사람의 의견에 의해 결정되어야만 한다. 보수를 정할 때 결과가 아니라 공로평가에 따라야 할 때가 많다. 구성원이 조직에 만족하려면 가장 중요한 것이 보수에 관한 원칙이다. 보편적으로 공정하다고 인정되고, 공개된 분명한 원칙을 따르며, 인사부에서 구성원 모두 동료들이 보기에 합당한 몫을 받도록 책임지는지 등이다.[183] 하지만 주변에서 납득할 만큼 보수를 받는다는 이 원칙은, 자신의 책임과 판단하에 일을 하는 사람에게는 적용될 수 없다.

그들에 의해 결정된 입법의 효과

피고용인 다수가 입법과 정책을 제정할 때 그 조건이 집단의 기준에 맞춰지고 독립된 지위의 사람에겐 불리해지는 경향이 있다. 결과적으로 노동자의 지위는 점점 더 매력적이 되고 상대적 힘 또한 더 커진다. 오늘날 대기업이 소기업보다 더 많은 혜택을 누리는 것은 과거라면 독립된 지위를 목표로 했을 많은 사람들에게 피고용인의 지위를 더 매력적이도록 만들어준 정책이 일조한 결과로 볼 수 있다.

어쨌든 피고용상태는 인구 대다수에게 현실적일 뿐 아니라 매력적인 지위가 되었다는 것은 의문의 여지가 없다. 사람들은 피고용취업을 통해 그들이 주로 원하는 것, 즉 현재의 지출을 정할 수 있는 확실한 고정수입, 자동적인 임금인상, 노후보장 대책 등을 얻을 수 있다. 따라서 사람들은 경제생활의 일정 책임에서 벗어나게 됐다. 그리고 고용 조직의 쇠락이나 실패의 결과로 경제적 불행이 찾아올 때 이는 확실히 그들의 책임이 아니라 다른 누군가의 잘못이라고 아주 자연스럽게 느끼게 됐다. 그렇다면 어떤 더 높은 차원의 수호 권력이 그들이 이해할 수는 없지만 생계가 달려 있는 활동을 감시해주길 바라는 것은 당연한 일이다.

이 계층이 우위를 차지하는 곳에서 사회 정의의 관념은 대체로 그들의 요구에 맞춰 조정됐다. 이는 입법뿐만 아니라 제도와 비즈니스 관행에도 적용되었다. 세금은 본질적으로 노동자의 소득 개념을 기초로 한다. 온정주의에 따른 사회 서비스는 전적으로 그들의 요구에 따라 제공된다. 소비자 신용의 기준과 방식조차 주로 그에 맞춰 조정된다. 그리고 생계를 유지하는 과정에서 자본의 소유와 고용에 관한 모든 것은 소수 특권집단들의 특수한 이익으로 취급되어, 배척하는 게 정당하다고 여겨지게 된다.

미국인들에게 이 그림은 너무 과장된 것처럼 보일 수 있지만 유럽인들은 이런 특징 대부분이 너무나 익숙하다. 일단 공무원들이 피고용층 가운데 가장 다수이며 영향력 있는 집단이 되고, 그들이 누리는 남다른 특권이 모든 피고용자들(노동자들)에게 당연한 권리로 요구되면, 대개 이런 방향으로의 진전이 훨씬 가속화된다. 공무원에게 주어진 정년 보장, 연공서열에 따른 자동 승진 등의 특권은 그들만의 것이 아니라 모두의 것으로 여겨지며 공무원 집단을 넘어 확대되기 마련이다. 또한 그 어느 조직보다 정부 관료조직에서 두드러진 것은 개인의 업무활동의 가치를 구체적으로 확인할 수 없기 때문에 업무의 결과보다는 평가 가능한 실적에 근거해 보상한다는 점이다.[184] 관료조직에 지배적인 이 기준은 노동자들의 요구에 의한 입법과 새로운 제도 도입과정에 미치는 공무원의 영향력 때문에 퍼져나가는 경향이 있다. 많은 유럽 국가에서 새로운 사회 서비스(복지제도)라는 관료적 체계는 매우 중요한 정치적 변수이자, 필요와 공로라는 새로운 관념을 만들고 사용하는 기구가 되어왔고, 대중의 삶은 이 관료조직의 기준에 점차 종속되고 있다.

통합된 고용위계 속에서는 불가능한 자유

취업을 위한 기회가 무수히 존재하느냐 여부는 조직들을 재구성하고 재편하는 지속적인 과정에서 주도성을 가질 수 있는 독립적 개인들이 존재하느냐에 궁극적으로 달려있다. 급여를 받는 경영자가 운영하고 다수의 주주가 소유하는 수많은 기업들도 다양한 기회를 제공하므로, 상당한 재산을 소유한 사람이 더 이상 필요하지 않다고 일견 생각될 수 있다. 그러나 이런 종류의 기업은 상당히 성숙한 기존의 산업에는 적합할지 몰라도, 새로운 벤처기업이 나타나지 않고도 경쟁 여건이 유지되거나 전체 기업 구조가 그대로 고착화되는 것을 막을 수 있을지 극히 의문스럽다. 새로운 벤처기업의 출현에서 위험을 감수할 수 있는 개인 자산가는 여전히 대체 불가능한 존재다. 또 이렇게 개인이 집단적 결정보다 우월하다는 점은 벤처기업에만 국한되는 게 아니다. 어느 이사회의 집단적 결정이 아무리 정확하다 해도, 대체로 거대하고 잘 자리잡은 대기업의 남다른 성공은 여러 수단을 통제해 독립적으로 영향력을 발휘하는 뛰어난 한 개인 덕분이다. 기업 제도에서 지시하는 소유주와 피고용인을 분명하게 구분하는 것이 아무리 모호해졌을지라도, 피고용인과 소비자에게 선택권을 주어 개별 기업의 강제력 행사를 근절시키는 기업 시스템은 자원 사용에 있어 사적 소유권과 개인의 결정권을 전제로 한다.[185]

독립적인 자산가의 중요성

상당한 재산을 가진 개인 자산가의 중요성은 단순히 그의 존재가 경쟁력 있는 기업 구조를 유지하기 위한 필수 조건이라는 사실에 그치지 않는다. 투자자(독립적 자산가)가 자신의 자본을 물질적 이익 추구에만 사용하지 않고 물질적 보상이 없는 목적을 위해 사용할 때 그는 자유사회에서 더 중요한 인물이 된다. 투자자가 문명사회에서 하는 필수적인 역할은 시장의 유지보다는 시장 메커니즘이 제대로 처리하지 못하는 목표를 지원하는 데서 더 두드러진다.[186]

시장 메커니즘은 가격을 매길 수 있는 서비스 확보에 가장 효과적인 방법이긴 하지만, 수혜자에게 팔 수 있는 형태가 아니기에 시장을 통해 제공할 수 없는 다른 중요한 것들도 존재한다. 경제학자들은 대중이 그 값을 지불할 수 있는 것만이 유용하다는 취지로 말하거나, 필요한 것임에도 시장이 제공해줄 수 없는 경우 국가가 개입해야 한다는 주장으로 그 예외조항을 언급할 때가 많았다. 그러나 시장의 한계가 정부의 어떤 행동에 대한 정당한 논거를 제공하더라도 확실히 국가만이 그런 서비스를 제공할 수 있다는 주장은 정당화될 수 없다. 시장이 만족시킬 수 없는 수요가 있다는 바로 그 인식 때문에 정부가 수익이 없는 일을 할 수 있는 유일한 기관이 되어서는 안된다는 점 그리고 어떤 독점권도 허용되어서는 안 되며 그러한 수요를 충족시킬 수 있는 가능한 한 많은 독립적 센터가 있어야 한다는 점을 분명히 해야 한다.

재정적으로 자신의 신념을 뒷받침할 수 있는 개인이나 집단의 리더십은 문화시설, 순수예술, 교육과 연구, 자연의 아름다움과 역사적 유물 보호 분야 그리고 무엇보다 정치, 도덕, 종교의 새로운 이념 전파에 있어 반드시 필요하다. 소수의 견해가 다수의 견해가 될 수 있는 기회를 가지려면 이미 다수에게 큰 존경을 받는 사람들이 먼저 행동에 돌입해야 할 뿐만 아니라 모든 다양한 견해와 취향을 대변하는 자들이 아직 다수에게 공유되지 않은 이념을 자신들의 재정과 열정을 동원해 지원할 위치에 있어야 한다.

그런 그룹을 형성시킬 수 있는 더 좋은 방법을 알지 못한다면, 많은 사람들 중에서 100명 중 1명, 1,000명 중 1명을 무작위로 뽑아 그들이 무엇을 선택하든 그것을 추구할 수 있는 충분한 부를 허락하자는 주장이 강력하게 나올 법하다. 대부분의 취향과 의견이 표현되고 모든 종류의 관심사에 기회가 주어진다면 비록 인구의 일부, 더 나아가 100명 중 1명, 1,000명 중 1명만이 그 기회를 활용했다 하더라도 그만한 가치가 있다. 그 활용법이 후세에서야 보탬이 되는 것으로 밝혀진다 해도 말이다. 부모로부터 받은 상속을 통한 선택은, 사실 우리 사회에서 그런 상황이 연출되고 있지만(물려받은 능력이 있을 개연성을 고려하지 않더라도) 적어도 특별한 기회를 부여받은 사람들이 대개 교육을 받았을 것이고 물질적 혜택이 익숙한 환경에서 자라났을 거라는 이점을 갖는다. 따라서 그것을 당연하게 여기는 사람들에게 이는 더 이상 만족의 주된 원천이 되지 않는다. 부를 상속받은 사람들은 보통 신흥 부자들이 흔히 탐닉하는 속된 쾌락에 매력을 느끼지 않는다. 사회적 신분 상승의 과정이 때로 몇 세대에 걸치게 마련이라는 주장에 일말의 타당성이 있다면, 그리고 대부분의 힘을 생계에만 바치는 대신 스스로가 선택한 목표에 시간과 부를 바칠 사람도 필요하다면, 상속은 아마도 우리에게 알려진 것 중에서 최선의 선발 수단임을 부정할 수 없을 것이다.

이와 관련해 흔히 간과되는 점은 집단적 합의에 따른 행동은 이전의 시도들이 이미 상식적 관점을 만든 상황, 바람직한 것에 대한 의견이 확정된 상황, 그리고 새로운 가능성을 발견하는 것이 아니라 이미 보편적으로 인식된 가능성들 가운데 선택하는 것이 문제인 상황에 국한된다는 사실이다. 그러나 여론은 여론을 만들어내기 위해 어느 방향으로 노력을 해야 할지 결정할 수 없고, 정부나 여타 기존에 조직된 집단은 그렇게 할 독점적 권력을 가져서도 안 된다. 조직적인 노력은 필요한 자원을 스스로 소유했거나 그런 사람들의 지지를 얻은 소수의 개인에 의해 실행되어야 한다. 그런 사람이 없다면 현재 소수만이 갖고 있는 견해는 절대로 다수가 받아들일 기회를 얻지 못하게 될 것이다. 정치적 다수에게 리더십을 전혀 기대할 수 없다는 것은 그들이 부유한 후원자를 대체한 곳마다 예술에 대한 지원이 얼마나 불충분한가에서 잘 드러난다. 이러한 사실은 다수의 도덕적 가치에 변화를 가져오는 자선 활동이나 이상적 활동에서 더욱 극명하게 드러난다.

대중의 양심을 일깨우기 위해 자신의 삶과 재산을 다 바친 외로운 선구자들의 사례, 노예제 폐지, 형벌과 감옥 개혁, 아동이나 동물 학대 방지, 혹은 정신이상자에 대한 보다 인간적인 처우 등에 지지를 이끌어내기 위해 오랫동안 벌인 활동 등에 대한 긴 이야기를 여기서 세세히 다 다룰 수는 없다. 이 모든 것들은 특정 관행에 대한 압도적인 다수의 견해를 바꾸기 위해 분투하던 소수의 이상주의자들의 오래된 희망이었다.

부자의 윤리

하지만 부자들의 그런 일이 성공적으로 수행되려면, 공동체 전체가 부를 유익하게 사용하고 증대시키는 일이 부를 가진 자들만의 과제라고 여기거나, 부유층이 자원을 물질적으로 생산적인 사용에 관심을 두는 사람들로만 채워져 있어서는 안 된다. 다시 말해 쓸모 있는 일은 전혀 하지 않는다는 의미가 아니라 물질적 이득만을 전적으로 추구하지 않는다는 의미에서 유한계급의 존재를 용인할 수 있어야 한다. 사람들 대부분이 자기 밥벌이를 해야 한다는 사실 때문에, 모두가 예외 없이 그래야 하고, 또 다른 사람이 인정하지 않는 목표를 추구할 수 있는 소수도 존재하지 않아야 바람직한 것이 아니다. 그런 이유로 어떤 사람의 부를 빼앗아 다른 사람에게 주는 것은 확실히 구역질나는 짓이다. 그 특권을 다수결에 의해 정하려는 것도 일리가 없기는 마찬가지인데, 왜냐하면 그 방법으로는 대다수에게 이미 받아들여진 목표를 가진 사람이 선택될 것이기 때문이다. 이는 그저 또다른 형태의 고용, 혹은 인식된 공로에 대한 또 다른 형태의 보상만을 낳을 뿐, 아직 보편적으로 바람직하다고 인정받지 못한 목표를 추구할 기회를 만들진 않는다.

목적이 분명한 일이 없다는 의미로서의 나태함에 눈살을 찌푸리는 도덕적 전통을 나는 전적으로 존중한다. 그러나 소득을 위해 일하지 않는다는 것이 반드시 무위도식한다는 뜻이 될 수 없다. 또 물질적 보상이 뒤따르지 않는 직업을 영예롭게 여기지 말란 법도 없다. 우리 필요의 대부분이 시장에 의해 충족되고, 동시에 이를 통해 대부분의 사람들이 생계를 유지할 기회를 얻는다. 하지만 이 사실이, 그 어떤 사람도 재정적 이익을 가져다주지 않는 목적 혹은 다수나 조직화된 집단만이 추구할 수 있는 목적에 모든 에너지를 쏟도록 허용되면 안 된다는 의미가 되어서는 안 된다. 기회를 소수만이 가질 수 있다고 해서, 아무도 기회를 가지지 말아야 한다는 것도 아니다.

보다 많은 돈을 버는 것으로 자신의 유용함을 입증하는 것이 부유층의 윤리라면 이것이 과연 자신들의 존재를 제대로 정당화하는지 의문이다. 독립적 자산투자자가 자유사회의 경제적 질서를 위해 아무리 중요하다 해도, 그의 중요성이 더욱 큰 부문은 사상이나 의견, 취향과 신념의 영역일 것이다. 지적, 도덕적, 예술적 리더가 모두 피고용계층인 사회, 특히 그들 대부분이 정부 기관에 취업한 사회는 심각한 취약성을 드러낸다. 하지만 우리는 어느 분야에서나 그런 지위를 향해 가고 있다. 프리랜서 작가나 예술가, 법률가나 의료인들이 앞장서 독자적인 여론을 만들어가고 있지만, 그런 리더십을 발휘해야 하는 그들의 절대다수는 오늘날 피고용인의 자리에 있고 대부분의 국가에서 국가에 고용되어 있다.[187] 19세기 이후 이런 관점에 큰 변화가 생겼다. 그 시대에는 다윈(Darwin)[188]과 머콜리(Macaulay), 그로트(Grote)와 러복(Lubbock), 모틀리(Motley)와 애덤스(Henry Adams), 토크빌과 슐레만(Schliemann) 같은 유한계급 학자들은 대단한 명성을 가진 공인이었고 칼 마르크스 같은 이단적 사회비판자조차도 동시대인 다수가 혐오해 마지않았던 교리들을 정교화하고 전파하는 데 전 생애를 바치게 해준 부유한 후원자가 있었다.[189]

이 계급은 대부분 사라지면서 이제는 거의 사업가 집단만 남은 자산 계급이 지적 리더십을 발휘하지 못하고 심지어 일관되고 옹호할 만한 삶의 철학마저 갖지 못한 상황이 전개되었다. 유한계급에 속한 부유층은 학자와 정치가, 문학가 그리고 예술가들의 비율보다 더 많이 산재하기 마련이다. 과거에는 생활방식을 공유하는 사람들끼리의 집단 내 교류를 통해 부유층은 이념 운동과 여론 형성을 위한 토론 과정에 참여할 수 있었다. 유럽 출신의 관찰자에게는 미국에서 여전히 지배층으로 여겨지는 이들이 현저히 무력하다는 사실이 충격이 아닐 수 없었다. 이는 미국의 전통이 유한계급, 속되게 경제적이라고 부르는 것 이외의 목적에 부를 사용하는 집단의 성장을 막아온 탓에 주로 기인한다. 그러나 자산계급에서 문화적 엘리트의 부재 현상은 이제 유럽에서도 뚜렷해졌다. 유럽에서는 인플레이션과 과세의 복합적 효과가 과거의 유한계급을 대부분 몰락시켰고 새로운 유한계급의 출현을 막았다.

비물질적 가치들에서의 리더십

그런 유한계급 중에 한량의 수가 학자나 공무원보다 훨씬 더 많고, 이들은 눈에 띄게 낭비를 해서 대중의 양심에 충격을 줄 것이라는 점은 부인할 수 없는 사실이다. 하지만 그러한 낭비는 자유에 따른 것으로 어디에서나 볼 수 있다. 그리고 유한계급 중에서 가장 한가로운 자들의 소비를 어느 정도까지가 낭비적이고 반대해야 하는 수준인지 판정할 기준을 세우는 것은 어려운 일이다. 이는 이집트의 농민들이나 중국의 노동자들이 미국 대중의 소비를 낭비가 심하다고 판단하는 것과 다른 문제다. 양적으로 말해서 부유층의 여흥에 들어가는 낭비는 마찬가지로 대중의 '불필요한' 오락 활동에 드는 비용과 비교해 본다면 사실상 별것 아니다.[190] 그것은 어떤 윤리적 기준에서 중요할 수 있는 목적과는 한참 동떨어져 있다. 유한계층의 생활 소비가 눈에 유독 띄고 또 익숙하지 않는 특징 때문에 그렇게 특별히 비난받아 마땅한 것으로 보일 뿐이다.

일부 사람들의 사치스러운 씀씀이가 다른 사람들에게 불쾌감을 크게 안길 때조차도 어떤 구체적인 사례에서는 삶에서 가장 부조리한 실험이 보편적으로 유익한 결과를 결코 낳지 못할 것이라고 단언할 수 없는 것 또한 사실이다. 새로운 가능성의 차원에서 살아가는 것이 처음에는 매우 부질없는 일처럼 보일 수 있다고 해도 놀랄 일이 아니다. 하지만 여가를 성공적으로 활용하는 일조차 개척정신이 필요하고 지금은 일반화된 많은 삶의 형태들이 삶의 예술[191]에 모든 시간을 바친 사람들 덕분이며, 훗날 대중에게 취미활동의 도구가 된 스포츠의 장난감과 도구들 다수를 잘 노는 사람들이 발명했다는 사실은 의심의 여지가 없다.

이런 측면에서 다양한 활동에 대한 유용성의 평가는 도처에 만연한 금전적 기준에 의해 이상하게 왜곡되었다. 놀랍게도 우리 문명의 물질주의에 대해 가장 큰 소리로 불만을 토로하는 사람들이야말로 그들이 기꺼이 비용을 지불하는 것 외에는 서비스에 대한 다른 유용한 기준이 있음을 인정하지 않는다. 그러나 테니스나 골프 선수가 이런 게임을 완벽하게 치르기 위해 시간을 바치는 부유한 아마추어

보다 더 유용한 사회 구성원이라고 말할 수 있을까? 혹은 공공 박물관의 유급 큐레이터가 개인 소장가보다 더 유용한 사람일까? 독자들이 이 질문에 성급히 답하기 전에 나는 먼저 부유한 아마추어가 앞서 존재하지 않았다면 골프선수나 테니스 선수 혹은 박물관 큐레이터가 나타날 수 있었을지 묻고 싶다. 짧은 인생을 살면서 마음껏 장난스러운 탐구에 몰두하는 사람들에게 새로운 욕구가 더 등장하지 않을까. 생활의 예술과 비물질적 가치 대부분이 물질적 걱정이 없는 사람들의 행동에서 나왔다는 점은 지극히 자연스러운 사실이다.[192]

우리 시대의 최대 비극은 대중이 부유층을 끌어내린 결과로 물질적 복지의 높은 수준에 스스로 도달했다고 믿게 된 것과 부유층이 유지되거나 출현하면 자신의 몫을 그들에게 빼앗기게 된다고 두려워하게 된 것이다. 우리가 이제껏 살펴본 바와 같이, 성장하는 사회에서 소수에게 부를 누리도록 허락하지 않으면 소수가 누릴 그 부는 나타날 수도 없다. 이 부는 나머지 사람들로부터 빼앗은 것도 빌려온 것도 아니다. 선발대가 새로운 삶의 방식을 시작했다는 첫 신호인 것이다. 사실 다른 사람은 자녀나 손주 대에서나 가능할 법한 이런 특권을 가진 사람들은 공로가 가장 큰 개인이 아니라 남들이 부러워하는 자리에 우연히 놓인 사람들일 뿐이다. 하지만 이런 사실은 성장 과정과 분리할 수 없고, 그 과정은 한 사람이나 한 집단의 사람들이 예상할 수 있는 것보다 언제나 더 멀리 나아간다. 일부의 사람들이 그런 혜택을 먼저 누리지 못하도록 한다면 나머지 사람들도 그것을 절대 누리지 못하도록 막히게 된다. 질투심 때문에 어떤 예외적인 형태의 삶이 불가능해진다면 결국 우리 모두는 물질적, 정신적 빈곤으로 고통 받게 될 것이다. 또 우리가 개인적 성공이라는 불쾌한 조짐들을 제거하게 되면 동시에 발전을 가능케 하는 동력 역시 파괴할 수밖에 없다. 신흥 부자들 상당수의 과시욕, 상스러운 취향, 낭비벽 등을 경멸하는 것에 충분히 공감할 수 있지만, 우리가 싫어하는 모든 것을 금지해 버린다면 예상치 못했던 좋은 것들마저 금지되어 더 나쁜 결과가 초래된다는 것도 인식해야 한다. 다수가 자신들이 싫어하는 모든 것의 출현을 막을 수 있는 세상은 정체되고 아마도 쇠퇴하게 될 것이다.

chapter 2
자유와 법
Freedom and the Law

처음 통치체제란 것이 일단 자리잡았을 때, 지배자의 지혜와 재량에 모두 맡기는 것 말고 통치 방법에 대해 달리 생각할 것이 없었다. 지난 경험을 통해 해결책으로 고안해낸 이것이 오히려 치료해야 할 상처를 악화시켜 모든 부분에서 훨씬 불편해졌다는 사실을 깨닫게 될 때까지는 그랬다. 사람들은 한 사람의 의지대로 살아가는 것이 모든 사람이 불행해진 원인이 될 것임을 알게 되었다. 그래서 그들은 법 앞에 서게 되었다. 법 안에서 모든 사람은 사전에 자신들의 의무를 알고 이를 위반했을 때의 벌칙도 미리 알 수 있었다.

리처드 후커(Richard Hooker)[193]

9

강제와 국가

> 그것은 불확실하고 확정할 수 없는 부역을 해야 하는 절대적인 농노제다. 다음 날 아침에 어떤 부역을 해야 할지 전날 밤에 알 수 없으며 개인은 명령을 받으면 무엇이든 해야만 한다.
>
> 헨리 브랙톤(Henry Bracton)[194]

강제의 의미

앞서 우리는 자유(freedom)를 강제의 부재로 잠정 정의했다. 그러나 강제는 자유(liberty) 그 자체만큼이나 골치 아픈 개념이다. 상당히 유사한 이유로 우리는 다른 사람이 우리에게 가하는 행동과 물리적 환경이 미치는 영향을 명확하게 구분하지 않았다. 사실 이를 반드시 구분하기 위한 두 개의 다른 표현이 영어에는 있다. 환경 때문에 어쩔 수 없이 이런저런 일을 하게 되었다고 말하는 것과 달리, 강제되었다고 말할 때에는 어떤 인간 행위자가 있음을 전제로 한다.

한 사람이 자기 자신의 목적이 아니라 타인의 목적을 위해 다른 사람의 뜻에 따를 때 강제가 발생한다. 강제되는 자에게 선택권이 전혀 없는 것은 아니다. 그에게 선택권이 없다면 그의 '행위'라고 할 수 없다. 만일 물리적 힘에 의해 내 손이 서명을 하거나 손가락이 방아쇠를 당겼다면 내가 행동한 것이 아니다. 내 몸이 다른 사람의 물리적 도구가 되는 그런 폭력은 물론 강제만큼이나 나쁜 것이며 동일한 이유로 금지되어야 한다. 그러나 강제는 내 앞에 놓인 대안들이 조작되어 있어서 강제자가 바라는 행위가 가장 덜 고통스러운 것이기 때문에 내 정신이 타인의 도구가 되는 길을 선택할 수밖에 없음을 의미한다.[195] 강제된 것이라 할지라도 주어진 상황에서 차악을 선택하는 것은 여전히 나 자신인 것이다.[196]

분명히 강제는 사람들이 다른 사람의 행동에 행사할 수 있는 영향력 모두를 포괄하는 것이 아니다. 어떤 사람이 자신의 행동이 다른 사람에게 해를 가하고 그의 의사를 바꾸게 만들 것을 알면서 행동하거나 또 그렇게 행동하겠다고 위협하는 모든 사례들도 여기에 포함되지 않는다. 거리에서 내 길을 가로막아 돌아가게 하는 사람, 도서관에서 내가 원하는 책을 빌린 사람, 심지어 불쾌한 소음을 내서 나를 내쫓는 사람이 나를 강제했다고 말할 수 없다. 강제란 위협을 가해 해를 끼치는 것과 그로 인해 특정 행동을 유발시키는 의도까지 모두 포함한 것이다.

선택은 피강제자에게 달렸지만, 그 대안들은 강제자가 결정하는 것이기에 그는 강제자가 원하는 것을 선택할 것이다. 그가 자신의 능력 사용을 완전히 박탈당한 것은 아니다. 하지만 그는 자신의 목적을 위해 자신의 지식을 사용할 가능성을 박탈당한 것이다. 한 사람이 자신의 목적을 추구함에 있어 지적 능력과 지식을 효과적으로 사용하기 위해서는 환경의 조건을 예측하고 행동 계획을 고수할 수 있어야 한다. 사람들 대부분의 목표는 연결된 일련의 행동에 의해서만 성취될 수 있고 이는 일관된 전체로서 결정되며 그들이 기대하는 것과 사실이 일치하리라는 가정에 기초한다. 우리가 무언가를 성취한다는 것은 사건을 예측할 수 있거나 적어도 확률을 알 수 있기 때문이다. 물리적 환경은 종종 예측이 안되기도 하겠지만 악의적으로 우리의 목표를 좌절시키지는 않을 것이다. 하지만 우리의 계획을 결정하는 사실들이 오직 다른 사람의 통제하에 있다면 우리의 행동 역시 마찬가지로 통제될 것이다.

따라서 강제가 나쁜 이유는 한 사람이 정신적 능력을 충분히 사용해서 공동체를 위해 최대한 기여하는 것을 막기 때문이다. 강제의 상황에서 피강제자는 주어진 상황에서 자신을 위해 할 수 있는 최선을 다할 것이지만 그의 행동이 어디에 들어맞을지 포괄적으로 설계하는 것은 바로 다른 사람의 생각이다.

강제와 권력

정치철학자들은 강제보다 권력에 대해 더 자주 논의해왔다. 왜냐하면 정치권력은 통상적으로 강제력을 의미하기 때문이다.[197] 그러나 존 밀턴(John Milton)과 에드먼드 버크(Edmund Burke)에서 액튼(Acton) 경과 제이콥 부르크하르트(Jacob Burckhardt)에 이르기까지 권력을 최고의 악[198]으로 표현했던 위인들의 말이 옳기는 하지만 여기에서 단지 권력에 대해서만 말하면 잘못된 결론으로 빠질 수 있다. 힘 그 자체 – 자신이 원하는 것을 성취할 수 있는 능력 – 가 나쁜 것이 아니라 해를 끼치겠다고 위협을 가해 다른 사람이 자신의 뜻에 따라 봉사하도록 강요하는 강제력이 나쁜 것이다. 자신의 뜻이나 목적을 위해 사람들이 자발적으로 참여한 대기업에서 그 책임자가 행사하는 권력에는 악이 들어있지 않다. 사람들의 자발적인 노력을 통합적인 지도하에 결집시켜 집단의 힘을 엄청나게 고양시킬 수 있다는 것은 문명사회가 가진 강점이다.

우리 능력의 확장이라는 의미에서의 권력은 부패하지 않는다. 타인의 의지를 우리에게 종속시키고 우리 목적을 위해 그의 의지에 반해 그 타인을 이용하는 것이 부패한 권력이다. 인간관계에서 권력과 강제가 서로 밀접하게 공존한다는 점과 소수가 점유하고 있는 거대 권력이 보다 큰 권력에 의해 억제되지 않는 한 다른 사람을 강제할 수 있다는 점 모두 사실이다. 그러나 강제는 일반적으로 생각하는 것처럼 권력에 반드시 따라오는 결과도, 흔하게 동반되는 결과도 아니다. 헨리 포드(Henry Ford)의 권력이나 원자력에너지위원회의 권력, 구세군 대표의 권력(적어도 최근까지는), 미국 대통령의 권력 모두 자신이 선택한 목적을 위해 타인을 강제하는 권력이 아니다.

경우에 따라 강제 대신 '무력'이나 '폭력'이라는 용어를 사용한다면 오해의 소지를 줄일 수도 있을 것이다. 왜냐하면 무력 혹은 폭력은 강제의 가장 중요한 형태이기 때문이다. 그렇다고 이 단어들이 강제와 동의어가 될 수 없다. 물리적 힘의 위협만이 강제를 행사할 수 있는 유일한 수단이 되지 않기 때문이다. 마찬가지로 강제만큼이나 자유(liberty)의 대척점에 있는 단어인 '억압'은 그저 지속적인 강제적 행동의 상태를 지칭할 뿐이다.

강제와 독점

강제는 우리 동료들이 특정한 서비스나 혜택을 우리에게 제공하려고 하는 조건이나 상황과는 신중하게 구별되어야 한다. 우리에게 꼭 필요한 서비스나 자원을 독점적으로 통제해서 누군가가 진짜 강제력을 가지게 되는 건 극히 예외적인 경우에나 벌어지는 일이다. 사회적 삶이란 필연적으로 우리가 대부분의 욕구를 충족시키기 위해 우리 동료들의 서비스에 의존한다는 것을 의미한다. 자유사회에서 이런 상호적인 서비스는 자발적이며 각자가 누구에게 어떤 조건으로 서비스를 제공할지를 결정할 수 있다. 우리 동료들이 우리에게 제공하는 혜택과 기회는 우리가 그들의 조건을 충족시켜 주었을 때에만 이용할 수 있다.

경제적 관계뿐만 아니라 사회적 관계에서도 마찬가지다. 어느 여주인이 내가 특정 행동 기준이나 드레스코드를 지켰을 때에만 나를 파티에 초대한다든가 내가 관습적 예절을 지킬 때만 이웃이 나랑 대화를 한다면, 이는 확실히 강제라고 볼 수 없다. 생산자나 판매자가 그들이 부르는 가격이 아니면 원하는 물건을 내게 공급하지 않는다고 해서 그것을 '강제'라고 부르는 것은 타당하지 않다. 경쟁 시장에서도 분명히 마찬가지다. 첫 번째 가격 제안이 맞지 않다면 나는 다른 사람을 찾을 수 있다. 내가 독점자를 대할 때도 역시 그렇다. 예를 들어 유명한 화가가 내 초상화를 그려주길 원하지만 그가 아주 비싼 값이 아니면 안 된다고 거부했을 때 내가 강제당했다고 말할 수 없는 것이다. 없어도 그만인 다른 상품이나 서비스 역시 마찬가지다. 누군가의 서비스가 내 생존이나 내가 가장 중시하는 것을 지키는 데 필수적이지 않는 한 그가 서비스 제공을 위해 요구한 조건을 '강제'라고 부르는 것은 적절치 않다.

그러나 독점자, 예를 들어 오아시스에 있는 샘의 소유주라면 진정한 의미의 강제를 행사할 수 있다. 항상 합리적인 가격으로 물을 이용할 수 있다는 전제하에 사람들이 정착했는데, 그곳의 다른 샘이 말라버려서 살아남기 위해서는 하나뿐인 샘 주인의 요구를 무조건 다 들어줄 수밖에 없다는 사실을 뒤늦게 알게 됐다고 가정해보자. 이것이 바로 강제의 정확한 사례다. 독점자가 사람들이 전적으로 의존하는 필수품을 통제할 수 있는 다른 사례를 몇 가지 더 생각해볼 수 있다. 하지만 독점자가 자신의 서비스에 의존하는 사람에게 아무리 불쾌한 요구를 할지라도 그가 필수품의 공급을 중단할 처지가 못 된다면 강제를 행사할 수 없다.

국가의 강제력을 제어하는 적절한 방법에 대해 나중에 논의하겠지만, 독점자가 강제력을 획득할 위험이 있을 때마다 이를 막으려면 가장 효과적인 방법은 모든 고객을 동일하게 대우하도록 요구하는 것이다. 즉, 모두에게 같은 가격을 제시하도록 하고 모든 차별을 금지하는 것이다. 이는 국가의 강제력을 제어하기 위해 배운 것과 동일한 원칙이다.

개별 고용주는 통상적으로 특정 재화나 서비스를 제공하는 사람보다 더 많은 강제를 행사할 수 없다. 그가 생계를 위해 돈을 벌 수 있는 수많은 기회 중에서 단 하나의 기회를 없앨 수 있을 뿐이라면, 다른 곳에서는 자기 밑에 있을 때만큼 많이 벌 수 없는 사람들에게 임금을 지불하지 않는 것 이상은 할 수 없다면, 고용주는 고통을 줄 수는 있지만 강제할 수는 없다. 고용조건이 진짜 강제를 행사할 기회를 만드는 경우도 물론 있다. 실업이 심각한 시기에는 해고 위협으로 애초 계약했던 것과 다른 행동을 강요할 수 있다. 또 광산촌과 같은 조건에서 관리자는 자기가 싫어하는 사람에게 완전히 독단적이고 변덕스러운 포악을 부릴 수 있다. 하지만 그러한 조건들은 아예 불가능한 건 아니지만, 번영하는 경쟁사회에서는 최악의 경우, 즉 매우 예외적인 것이다.

정부가 유일한 고용주이자 모든 생산기관의 소유주인 완전한 사회주의 국가처럼, 고용에 대한 완전한 독점은 무제한적인 강제권을 부여할 것이다. 레온 트로츠키(Leon Trotsky)는 이런 상황을 두고 "유일한 고용주가 국가인 나라에서 이에 반대한다는 것은 서서히 굶어

죽는 것을 의미한다. 일하지 않는 자는 먹지도 말라는 낡은 원칙은 새로운 원칙으로 대체되었다. 복종하지 않는 자는 먹지도 말라."[199]

필수 서비스를 독점하는 경우 말고는 단순히 이익을 주지 않을 수 있는 권력만으로 강제를 만들어낼 수는 없을 것이다. 다른 사람이 그런 권력을 사용한다면 사실상 내 계획을 적용해온 사회적 지형을 변화시킬 것이며 필연적으로 나는 내 모든 결정을 재고해야 할 것이다. 아마도 삶의 모든 계획을 바꾸고 전에는 당연하게 여겼던 많은 것들을 걱정하게 될지도 모른다. 하지만 내 앞에 놓인 대안들이 고통스러울 정도로 별로 없고 불확실할지라도 또 나의 새 계획이 미봉책일지라도, 내 행동을 이끄는 것은 다른 사람의 의지가 아니다. 나는 커다란 압박을 받으며 행동해야 할 수도 있지만 그렇다고 강압에 의해 행동했다고 말할 수 없다. 비록 나와 내 가족이 굶주릴 위협 때문에 매우 낮은 임금에 사람들이 기피하는 일을 하라고 강요받는다 하더라도, 나를 고용하려는 유일한 사람의 '자비'를 바라야 할 입장이라고 해도, 나는 그 사람이나 다른 누군가에게 강제당하는 건 아니다. 나를 궁지로 내몬 행동이 내가 특정 행동을 하거나 하지 않게 하려는 것이 아닌 한, 나에게 해를 가하는 행동이 내가 다른 사람의 목적을 위해 봉사하게 하려는 의도가 아닌 한, 내 자유(freedom)에 미치는 영향은 집을 파괴하는 화재나 홍수 혹은 내 몸을 상하게 하는 사고와 같은 자연재해와 다를 바가 없다.

강제의 정도

무장한 정복자들이 피정복민에게 노역을 시킬 때, 조직폭력배들이 '보호'라는 명목으로 돈을 갈취할 때, 타인의 비리를 아는 자가 희생자들을 공갈 협박할 때, 그리고 국가가 명령에 따르도록 처벌을 가하고 물리력을 행사하겠다고 위협할 때에도 당연히 강제가 발생한다. 주인이 노예를, 폭군이 국민을 지배하며 무한한 형벌을 가할 권력이 있어 주인의 의지에 완전히 복종할 것을 강요하는 극단적인 경우에서부터 상대가 가장 하기 싫어하는 일을 하도록 강요하는 위협에 이르기까지 다양한 정도의 강제가 존재한다.

누군가를 강제하려는 시도의 성공 여부는 보통 당하는 사람의 내적 힘에 달려 있다. 어떤 사람이 그의 목표를 포기하게 하려면 암살 위협보다 다른 상황에서 소소한 불편을 일으키는 위협이 더 효과적일 수 있다. 눈살만 찌푸려도 자신이 원하지 않는 일을 '해야 한다'고 느끼는 매우 심약하고 예민한 사람들에게 동정심은 더 가겠지만, 사실 우리가 집중할 것은 정상적이고 평균적인 사람에게 영향을 줄 수 있는 정도의 강제다. 이는 그 사람이 소중히 여기는 사람이나 물건에 신체적, 물리적 해를 가하겠다고 위협하는 정도일 테지만 무력이나 폭력의 사용을 반드시 수반할 필요는 없다. 그 사람이 가는 길에 소소하지만 다양한 장애물들을 계속 놓음으로써 자발적인 행동을 좌절시킬 수 있다. 간교한 속임수나 적의가 물리적으로 더 강력한 강제의 수단이 될 수도 있다. 교활한 소년들 무리가 어느 인기 없는 사람을 마을 밖으로 내쫓는 것도 가능하다.

서로 애정이나 경제적 필요, 물리적 환경에 묶여 있든 아니든 사람들 사이의 모든 친밀한 관계는 어느 정도 강제의 기회를 제공한다. 긴밀한 관계는 다 그렇겠지만, 개인적 가사 서비스라는 환경은 개인의 자유(liberty)에 대한 제약으로 여겨지는 독특한 유형의 억압적인 강제를 초래할 수 있다. 또한 까다로운 남편, 잔소리 많은 아내 혹은 신경질적인 엄마는 매사에 기분을 맞춰주지 않으면 삶을 고통스럽게 만들기도 한다. 그러나 여기서 사회는 개인을 보호하기 위해 다른 사람과의 그런 유대 관계를 자발적인 것으로 만드는 것 외에는 할 수 있는 일이 거의 없다. 이런 친밀한 관계를 규제하려는 시도는 그 무엇이든 반드시 선택과 행동에 대한 더욱 포괄적인 제한을 동원하게 되며 그리고 훨씬 더 큰 강제로 이어질 것이다. 자신의 동료나 파트너를 자유로이 선택할 수 있다면, 그런 자발적인 관계에서 발생하는 강제는 정부의 소관이 될 수 없는 것이다.

'강제'라고 부르기에 타당한 것과 타당하지 않은 것 그리고 반드시 금지해야 할 더 심한 형태의 강제와 정부의 관심사가 되어서는 안 되는 약한 형태의 강제를 구별하는 데 필요 이상으로 많은 지면을 할애했다고 독자들은 생각할 수 있다. 하지만 자유(liberty)가 그랬듯이, 강제 개념의 점진적 확장은 그 가치를 박탈시켜 버렸다. 자유는 도달 불가능한 것으로 정의될 수 있다. 마찬가지로 강제는 도처에 만연해있고 피할 수 없는 현상으로 정의될 수 있다.[200] 누군가 다른 사람에게 가할 수 있는 해악이든, 밀접한 인간 관계에서 우리가 맞닥뜨리게 되는 가벼운 형태의 강제든 우리는 그 모든 걸 막을 수는 없다. 하지만 그렇다고 해서 더 심각한 형태의 강제를 막으려는 시도조차 하지 말아야 한다거나, 자유(liberty)를 그런 강제의 부재로 정의하지 말아야 한다는 건 아니다.

강제와 보장된 사적 영역

강제는 한 개인의 행동에 필수적인 데이터를 다른 사람이 통제하는 것이기 때문에 개인이 그러한 간섭으로부터 보호받을 수 있는 사적인 영역을 스스로 확보할 수 있게 해야만 강제를 막을 수 있다. 내 자신이 의지하는 사실이 타인에 의해 의도적으로 구성된 것이 아니도록 보장하려면 권력을 가진 권위체가 필요하다. 누군가 다른 사람에게 강제당하는 것을 막을 방법은 강제를 위협하는 것뿐이기 때문이다.

그렇게 보장된 자유 영역의 존재는 우리에게 정상적인 삶의 조건이기 때문에 우리는 '신뢰보호의 원칙에 대한 간섭'이나 '권리 침해' 혹은 '자의적 간섭' 등의 용어를 사용해 '강제'를 정의하려고 한다.[201] 그러나 강제를 정의하면서 그것을 방지하기 위한 장치들을 당연하게 여겨서는 안 된다. 기대의 '정당성'이나 개인의 '권리'는 그런 사적 영역을 인정한 결과다. 그런 보호 영역이 존재하지 않는다면 강제는 존재 정도가 아니라 훨씬 더 일반화될 것이다. 보호 영역의 경계를 분명히 함으로써 강제를 방지하려 시도했던 사회에서만

이 '자의적 간섭' 같은 개념의 의미가 확실해진다.

그러나 그런 사적 영역의 인정 자체가 강제의 도구가 되지 않도록 하려면, 특정인에게 특정한 것을 의도적으로 배분하는 식으로 사적 영역의 범위와 내용을 결정해서는 안 된다. 한 사람의 사적 영역에 무엇이 들어갈지가 다른 사람이나 집단의 의사에 따라 결정된다면 이는 단순히 강제력이 다른 사람이나 집단의 의지로 옮겨진 것에 불과하다. 또한 사적 영역의 내용이 일단 정해지면 변하지 않고 계속 고정되는 것도 바람직하지 않다. 사람들이 자신의 지식과 능력 및 예측력을 가장 잘 사용하려면 사적 영역에 무엇이 포함될지 결정하는 과정에서 스스로의 목소리를 내는 것이 바람직하다.

이 문제에 사람들이 발견한 해법은 대상이나 환경이 어떤 조건에서 개인 혹은 사람들의 보호영역에 들어가는지 결정짓는 일반적 규범을 인식하는 것이었다. 그러한 규범들을 수용함으로써 사회 각 구성원들은 자신의 보호 영역의 내용을 구성할 수 있고 또 모든 구성원이 그들 영역에 속하는 것과 그렇지 않은 것을 인식할 수 있게 된다.

이 영역이 물질적인 것으로만 구성된다고 생각해서는 안 된다. 우리 환경의 물질적 대상을 나의 것과 다른 사람의 것으로 구분하는 것이 영역을 정하는 규범의 주된 역할이지만, 이는 또한 사물의 특정 용도를 보장하거나 우리 행동에 대한 간섭을 막는 등의 수많은 '권리'들을 보장해준다.

재산 그리고 강제로부터의 보호

사유 재산이나 개별[202] 재산을 인정하는 것은 강제 방지를 위해 유일한 방법은 아니지만 필수적인 조건이다. 우리는 어떤 물질적 대상들에 대한 배타적 통제를 확신하지 못하면 좀처럼 일관된 행동 계획을 수행할 수가 없다. 그리고 내가 통제하지 못하는 곳에서 타인들과 협력하려면 누가 통제하는지를 알아야만 한다. 재산을 인정하는 것은 강제로부터 우리를 보호하는 사적 영역의 범주를 정하는 첫 번째 단계다. 그리고 "사유재산제도를 싫어하는 사람은 자유(freedom)의 첫 번째 요소가 결여된 것"[203]이고 "어느 누구도 개별 재산을 거리낌없이 공격하면서 동시에 문명의 가치를 높게 평가한다고 말할 수 없다. 양자의 역사는 서로 분리될 수 없다"[204]라는 인식은 오래전부터 있어 왔다. 현대 인류학은 "사유 재산이 원시적 수준에서 매우 분명하게 나타난다"는 사실과 "사람과 환경, 자연스러움과 인위적인 것 사이의 물리적 관계를 결정짓는 법적 원칙으로서 재산권의 뿌리는 문화적 차원에서 모든 질서정연한 행위의 중요 전제조건이다"[205]라는 사실을 실증한다.

그러나 현대 사회에서 강제로부터 개인을 보호하기 위한 필수적 요건은 그가 재산을 소유해야 한다는 것이 아니라 그가 어떤 행동계획을 추구할 수 있도록 해주는 물질적 수단이 다른 대리인의 배타적 통제 속에 모두 들어가서는 안 된다는 것이다. 재산[206]이 없는 사람도 실제적으로 자유를 향유할 수 있으며, 우리의 필요를 위한 재산

관리를 다른 사람에게 맡길 수 있다는 사실은 현대 사회가 이룩한 업적 중 하나다. 중요한 점은 개인이 필요한 것을 유일하게 제공할 수 있거나 그를 유일하게 고용할 수 있는 사람에게 종속되지 않도록 재산이 충분히 분산되어야 한다는 것이다.

타인의 재산이 우리 목표 달성에 이용될 수 있는 것은 주로 계약의 집행력 때문이다. 계약들에 의해 형성된 권리의 연결망은 우리 자신의 재산만큼이나 우리 보호 영역의 중요한 부분이자 우리 계획의 기초다. 강제가 아닌 자발적 동의에 기초해서 사람들 간에 상호 이익이 되는 협업이 이뤄지기 위한 결정적인 조건은 누군가의 필요를 충족시켜 줄 수 있는 사람들이 많아야 한다는 것, 즉 어느 누구도 삶의 필수조건이나 발전 가능성을 위해 특정인에게 의존할 필요가 없어야 한다는 것이다. 특정 물건의 소유자가 강제력을 가지지 못하게 된 것은 재산의 분산으로 인해 생긴 경쟁 덕분이다.

유명한 격률(maxim)[207]에 대한 일반적 오해에 비추어 볼 때 우리는 우리가 필요로 하는 서비스를 제공하는 사람들의 의지로부터 독립적이라는 점을 반드시 언급해야 한다. 왜냐하면 그들은 자신의 목적을 위해 우리에게 서비스를 제공하고 또 일반적으로 우리가 그들의 서비스를 왜 이용하는지 그 용도에 대해 별로 관심이 없기 때문이다. 우리 동료들이 자신의 이익을 위해서가 아니라 우리의 목적을 인정한 경우에만 자신들의 제품을 우리에게 팔려고 한다면 우리는 동료들의 신뢰에 과도하게 의존해야 한다. 우리가 소망하는 어떤 목적을 위해 완전히 낯선 사람들에게서 도움을 기대하고 이용할 수 있는 것은 일상생활의 경제적 거래에서 우리는 자신의 목적을 위해 우리를 돕는 동료들에게 그저 비인격적인 수단에 불과하기 때문이다.[208]

한 개인의 목적을 추구하기 위해 필요한 자원이나 서비스가 희소하여 결과적으로 누군가의 통제를 받게 되는 경우에는 개인의 사적인 영역을 구분하기 위해 재산과 계약의 규칙이 필요하다. 이런 규칙의 필요성은 인간의 노력을 통해 이익을 얻는 대부분의 경우에서 그렇다 하더라도 모든 경우가 다 그런 것은 아니다. 하수시설이나 도로처럼 일단 만들어지면 누구나 원하는 대로 충분히 이용할 수 있는 서비스도 있다. 그런 서비스를 제공하는 것은 오래전부터 공적 노력의 영역으로 인식되어 왔다. 그리고 그 서비스를 공유할 권리는 개인의 사적 영역에서 중요한 부분이다. 그러한 권리가 개인의 자유(liberty)에서 얼마나 중요한지 알고 싶다면 '왕립 고속도로 이용' 보장이 역사적으로 어떤 역할을 했는지만 기억하면 된다.

여기에서 법인에게 자유로운 활동 영역을 보장해주는 모든 권리나 보호받는 이익을 다 열거할 수 없다. 하지만 현대인들은 이 점에 대해 약간 둔감해졌기 때문에 사적 영역에 대한 인정 내에는 자유의 시대에는 일반적으로 프라이버시와 비밀의 권리, 한 사람의 집은 그의 성(城)이라는 개념[209], 그리고 집 안에서 그의 활동을 평가할 권리를 지닌 사람은 아무도 없다는 점이 포함된다는 것을 짚고 가야 할 것이다.

일반규칙의 실행은 강제를 최소화한다

다른 개인들에 의한 강제와 국가에 의한 강제, 이 둘을 제한하기 위해 발전해온 추상적이고 보편적인 규칙의 성격은 다음 장의 주제로 다루고자 한다. 여기서는 한 개인이 다른 한 개인을 강제하는 것을 막을 수 있는 유일한 수단인 국가의 강제적 위협에 유해하고 반대할 만한 성격이 있다면 그것을 어떻게 제거할 수 있는지에 대한 일반적 방법을 살펴볼 것이다.

이 강제의 위협이 알려진 상황만 대상으로 하기 때문에 잠재적 강제 대상이 그 상황을 피할 수 있다면, 실제적이고 피할 수 없는 강제와는 사뭇 다른 결과를 가져온다. 자유사회가 채택해야 하는 대부분의 강제적 위협은 이런 피할 수 있는 유형이다. 시행되고 있는 규칙 대부분, 그중에서도 특히 사법은 (공무원과 구분되는) 사적 개인이 특정 행동을 수행하도록 제약하지 않는다. 이런 법적 제재는 누군가 특정 행동을 하지 못하게 막거나, 그가 자발적으로 받아들인 의무를 이행하도록만 설계되었을 뿐이다.

내가 특정한 위치에 처하면 강제될 수 있음을 사전에 알고 그런 상황을 피할 수 있다면 나는 강제될 필요가 없다. 적어도 강제에 관한 그 규칙이 나만 개인적으로 겨냥한 것이 아니라 유사한 상황에 처한 모든 사람들에게 똑같이 적용되도록 만들어진 것인 한에는, 그것은 내 계획에 영향을 미치는 다른 자연적 장애물들과 다를 바가 없다. 이는 내가 이런저런 일을 했을 때 어떤 일이 일어날지 내게 말해주니 국가법(the laws of the state)도 내게는 자연의 법칙(the laws of nature)과 동일한 의미를 갖는다. 그리고 내가 자연 법칙에 대한 내 지식을 이용하는 것과 마찬가지로 내 목적 달성을 위해 국가법에 대한 지식을 활용할 수 있다.

불가피한 강제

물론 몇몇 경우에 국가는 우리에게 특정한 행동을 강제한다. 가장 대표적인 것이 세금과 다양한 의무적 봉사, 특히 국방의 의무다. 이런 것들은 피할 수 없는 것이지만 적어도 예측이 가능할 뿐 아니라 의무가 없을 경우 개인이 그 에너지를 어떻게 사용할지에 상관없이 강제 부과된다. 이것은 대체로 강제의 나쁜 속성을 제거한다. 만약 이미 알려져 있는 일정 금액의 세금 납부 의무가 내 모든 계획의 기반이 된다면, 군 복무 기간이 내 경력의 예측 가능한 부분이라면, 그럼 나는 스스로 세운 전반적 인생계획을 추구할 수 있고 사회의 다른 이들과 똑같이 타인의 의사와 무관한 독립적 개체로 살아갈 수 있다. 비록 강제적 병역의무 기간엔 심각한 강제를 겪는 게 사실이지만, 또한 영구징집 같은 경우는 결코 자유롭다고 말할 수 없겠지만, 예측가능한 제한적인 군 복무는 스스로의 삶을 만들어나갈 수 있는 가능성을 덜 제한하는 건 분명하다. 독재권력이 스스로 선한 행동이라고 간주하는 것을 확실히 행사하기 위한 체포위협이 지속되는 그런 상황보다는 말이다.

정부가 강제력을 발휘해 우리 삶에 간섭하는 것이 가장 혼란을 크게 초래하는 경우는 그것이 피할 수도 예측할 수도 없을 때다. 자유사회에서도 배심원이나 특별 경찰로 임무를 요청받을 때처럼 강제가 필요한 경우가 있다. 그런 경우 우리는 강제에 대한 자유 재량권을 아무에게도 주지 않음으로써 그 영향을 완화시킨다. 대신에 누가 봉사할 것인가에 대한 결정은 제비뽑기처럼 우연한 과정에 따라 이뤄지도록 한다. 예측할 수 없는 사건에서 비롯되었지만, 알려진 규칙을 따르는 이런 예측 불가능한 강제행위는 '신의 행동'과 동일한 방식으로 우리의 삶에 영향을 준다. 그렇지만 이것은 우리를 다른 사람의 자의적 의지에 종속시키지 않는다.

강제의 정당화

강제의 금지가 국가의 강제적 위협 사용을 정당화할 수 있는 유일한 이유일까? 우린 아마도 모든 형태의 폭력이 강제에 속한다거나 혹은 강제를 성공적으로 금지하면 모든 형태의 폭력이 금지되는 것이라고 적어도 그렇게 주장할 수 있을 것이다. 그러나 일반적으로 금지하는 것이 바람직하다고 여겨지는, 얼핏 봐도 분명히 알 수 있는 다른 종류의 유해한 행동이 더 있다. 이것은 사기와 속임수다. 그것들을 '강제'라고 부르는 것은 그 단어의 의미를 지나치게 확대해석한 것일 수 있겠지만, 잘 살펴보면 그것들을 금지하려는 이유는 강제에 적용되는 것과 마찬가지다. 속임수는 강제와 마찬가지로 자신이 원하는 일을 하도록 만들기 위해 어떤 사람이 신뢰하는 데이터를 조작하는 것이다. 그것이 성공하면 속임수를 당한 사람은 강제와 같은 방식으로 원치 않는 도구가 되어 자신의 목적 달성과 무관하게 다른 사람의 목적에 봉사하게 된다. 둘 다를 모두 포괄할 수 있는 하나의 단어는 없지만, 강제에 대한 모든 내용이 사기나 속임수에 똑같이 적용된다.

이 점을 반영하면 개인이 일관되고 합리적인 패턴을 가지고 행동할 수 있는 최상의 조건을 보장하기 위해 알려진 규칙을 시행한다는 유일한 목적으로 정부가 강제하는 경우를 제외하고 자유는 강제와 폭력, 사기와 속임수를 반드시 금지해야 한다.

강제의 제한이라는 문제는 정부의 고유기능과 관련된 문제가 아니다. 정부는 강제적 활동만 하는 기관이 결코 아니다. 정부가 비강제적이고 또 순수한 서비스 활동을 수행하기 위해 일반적으로 강제에 의해 자금을 조달하는 것도 사실이다. 자체 재산에서 나온 수입으로 활동에 필요한 재정을 조달했던 중세 국가에서는 강제적 수단에 기대지 않고 서비스를 제공할 수 있었다. 그러나 현대 사회에서 정부가 강제력을 통해 재정을 조달하지 않고 장애인이나 노약자 돌봄 서비스, 도로망이나 정보망 건설과 같은 서비스를 제공하는 것은 현실적으로 불가능하다.

그러한 서비스의 바람직한 제공 범위를 놓고 완벽한 만장일치를 기대하기는 어려우며 사람들에게 자신의 관심이 없는 목적 달성을 위해 기여하라고 강제하는 것이 도덕적으로 정당화될 수 있는지도 명확하지 않다. 그러나 우리 대부분은 우리 자신의 목표를 실현하는 데 다른 사람의 기여로부터 혜택을 받을 수 있다면 그런 기여가 어느 정도는 필요하다고 생각한다.

조세 분야를 제외하면 더욱 심각한 강제의 예방이 정부의 강제력 사용의 정당성이라고 받아들이는 것이 좋을 것이다. 이 기준은 개별 각각이 아니라 법률 체계 전체에만 적용될 수 있을 것이다. 예를 들어 강제에 대한 안전장치인 사유재산 보호를 위해 특별 규정이 필요할 수도 있는데, 이 규정은 개별적으로 강제를 감소시키는 식이 아니라 소유자에게 해를 끼치지 않는 행동을 사유재산이 불필요하게 방해하지 않도록 보장해주는 식으로 작동하는 것이다. 그러나 국가의 간섭 혹은 불간섭 개념 전체는 국가가 강제하는 일반 규칙에 의해 그 범위가 정해진 사적 영역이 존재한다는 가정을 전제로 하고 있다. 그리고 진짜 문제는 국가가 자신의 강제 행동을 이 규칙의 시행에 국한시켜야 할 것인가 아니면 이것을 넘어서야 할 것인가이다.

사람들, 특히 존 스튜어트 밀[210]은 행위자에게만 영향을 주는 행동과 다른 사람에게도 영향을 주는 행동 간의 구별을 통해 강제로부터 벗어나야 하는 사적 영역을 정의하려는 시도를 자주 해왔다. 그러나 다른 사람에게 영향을 미치지 않는 행동이란 거의 없기 때문에 그런 구별은 별로 유용하지 않는 것으로 판명되었다. 이러한 구별은 각 개인의 사적 보호 영역을 확정해야만 의미가 있다. 사적 영역의 목적은 해가 될 수 있는 다른 사람들의 행동으로부터 사람들을 보호하는 것[211]이 아니라 다른 사람이 사람들의 행동 데이터를 통제하는 것으로부터 보호하는 것이다. 보호 영역의 경계를 결정할 때 중요한 문제는 우리가 금지하고 싶어 하는 다른 사람의 행동이 보호 대상인 사람의 합리적 기대를 실제로 방해하는지 여부다.

특히 타인의 행동에 대한 지식이 야기하는 즐거움이나 고통은 강제의 합법적 근거로 간주되어서는 안 된다. 예를 들어, 사람들이 어떤 신에 대한 공동체의 집단 책임을 믿고 어떤 구성원의 죄가 모두의 것이 된다고 생각했을 당시에는 정부가 종교적 복종을 합법적으로 강요할 수 있었다. 하지만 사적 행위가 자발적 성인 행위자 외에 누구에게도 영향을 미칠 수 없는 상황에서는 단순히 다른 사람의 행동을 싫어한다거나 다른 사람이 스스로의 행동 때문에 해를 입을 것이라는 지식조차 강제의 정당한 근거가 되지 못한다.[212]

문명의 성장이 끊임없이 제공하는 새로운 가능성에 대해 배울 수 있는 기회가 있다는 점은 자유(freedom)를 옹호하는 주된 논거 중 하나였다. 따라서 다른 사람의 시기심 때문에[213] 혹은 뿌리 깊은 사고 습관을 방해하는 어떤 것도 싫어하기 때문에 우리가 어떤 행동을 추구하는 데 제약을 받아야 한다면 이는 자유를 위한 모든 주장을 무의미하게 만들 것이다. 공공장소에서 행동 규범을 지켜야 할 경우는 분명 존재하지만 몇몇 사람들이 싫어한다는 것이 어떤 행동을 금지할 충분한 근거는 되지 못한다.

이는 사적 영역에서 이뤄지는 행동의 도덕성은 일반적으로 국가의 강제적 통제의 대상이 아님을 의미한다. 자유사회가 자유롭지 못한 사회와 구별되는 가장 중요한 특징 중 하나는 다른 사람들의 사적 영역에 직접적인 영향을 미치지 않는 행동의 경우 대부분의 사람들이 준수하는 규칙이 자발적인 성격을 지니며 강제에 의해 준수되는 것이 아니라는 점이다. 최근의 전체주의 체제의 경험은 "도덕적 가치의 주장과 국가의 주장을 동일시하지 않는"[214] 원리의 중요성을 보여주었다. 사실 악을 행하려는 사람들보다 도덕적 악을 근절하기 위해 강제를 행사하려는 사람들 때문에 더 큰 악과 불행이 초래되었다고 할 수 있다.

강제와 도덕적 압력

그러나 사적 영역에서의 행동이 국가에 의한 강제적 조치의 적절한 대상이 될 수 없다는 사실이 자유사회에서 그런 행동이 여론의 압력이나 반대에서 반드시 벗어나야 한다는 것을 의미하지는 않는다. 국가의 강제가 가장 적었던 100년 전 빅토리아 시대의 보다 엄격한 도덕적 분위기에서 존 스튜어트 밀은 '도덕적 강제'를 맹렬히 공격했다.[215] 아마도 그는 자유(liberty)를 지나치게 과장했던 것 같다. 어쨌든 도덕적 규범과 관습에 대한 복종을 보장하기 위해 대중의 찬성이나 반대가 가하는 압박은 강제라고 표현하지 않는 것이 더 정확할 것이다.

지금까지 우리는 강제는 궁극적으로 정도의 문제라는 점, 국가가 자유를 위해 금지하고 또 위협해야 하는 강제는 더 심각한 형태의 강제 - 정상적인 능력을 가진 사람에게 위협을 가해 그에게 중요한 목적을 추구하지 못하게 만드는 강제 - 일 뿐이라는 점을 살펴보았다. 사회가 비순응자들에게 가하는 온건한 형태의 압력을 우리가 강제라고 부르고 싶어하든 아니든, 법보다 구속력이 적은 이런 도덕적 규범과 관습이 사회적 삶을 촉진하는 데 있어 엄격한 법률만큼 중요할 뿐 아니라 없어서는 안 되는 역할을 수행한다는 점엔 의심의 여지가 없다. 도덕규범과 관습은 일반적으로만 준수되는 것이며 보편적으로는 그렇지 않다는 것을 우리는 안다. 그러나 이런 지식은 유용한 지침을 제공하고 불확실성을 감소시킨다. 그런 규범의 존중은 사람들이 때로 인정받지 못한 방식으로 행동하는 것을 막을 수 없지만, 규범을 무시하고 행동을 강행하려는 사람에게 그 행동을 자제하게 한다. 때로는 이런 비강제적 규범은 이후에 법률이라는 형태로 성장하게 되는 것의 실험적 단계의 모습일 수도 있다. 또 그것들은 대다수 사람들에게 행동지침의 역할을 하는 다소 무의식적인 습관에 유연한 토대를 제공할 때가 많다. 전체적으로 사회적 교류와 개인 행동의 이런 관습과 규범은 개인의 자유를 심각하게 침해하는 것이 아니라 최소한의 행동 통일성을 보장해주는 것으로 개인의 노력을 방해하기보다 도와주는 것이다.

10

법, 명령, 질서

> 질서는 외부로부터 사회에 부과된 압박이 아니라 내부에서 확립된 균형상태이다.
>
> 오르테가 가셋(J. Ortega y Gasset)[216]

추상 규칙에 의한 개별 영역의 확정

"각 개인의 존재와 활동이 안전하고 자유로운 영역을 확보하도록 보이지 않는 경계선을 확정하는 규칙이 바로 법이다."[217] 지난 세기 위대한 법학자 중 한 명은 자유의 법(law of liberty)의 기본 개념을 이렇게 언급했다. 자유(freedom)의 기초가 된 이 법의 개념은 그 후로 대부분 잊혀졌다. 이 장의 주요 목적은 법의 개념을 재발견하고 보다 정확하게 규정하는 것이다. 법 아래의 자유(freedom under the law)라는 이상이 세워지게 했고 법을 '자유의 과학'[218]이라 부르게 만들어 준 그 법 개념 말이다.

사회에서 인간의 삶 심지어 집단 내에서 사회적 동물의 삶조차도 일정한 규범에 따라 행동하는 개인들 덕분에 가능한 것이다. 지적 능력의 성장과 함께 이런 규범들은 무의식적인 습관으로부터 명시적이고 분명한 진술로 발전하고 그와 함께 점점 더 추상적이고 보편화되는 경향을 보인다. 우리는 법 제도에 이미 익숙하기 때문에 추상적인 규칙으로 개인 영역들의 경계를 명확히 하는 것이 얼마나 미묘하고 복잡한 장치인지를 보지 못한다. 만약 이것이 의도적으로 설계되었다면 인간의 위대한 발명품 중 상위권에 들어갔을 것이다. 그러나 당연하게도 언어나 화폐, 혹은 사회적 삶이 기초하고 있는 대부분의 관행 및 관습과 마찬가지로 어느 누군가가 발명한 것이 아니다.[219]

규범에 따른 개인 영역의 경계 구분 같은 것은 동물 사회에서도 나타나는 현상이다. 모든 동물은 굴에서 멀리 떨어져 있을 때에는 싸우려고 하지 않는다. 이 사실을 통해 동물들 사이에서 지나치게 잦은 싸움이나 먹이 사냥을 방해하는 것 등을 막기 위한 질서가 어느 정도 확립되었음을 알 수 있다. 결과적으로 두 마리가 중간 지대에서 만나면 그중 한 마리는 보통 무력 시도를 하지 않고 그냥 물러날 것이다. 따라서 각 개체에 속하는 영역은 구체적인 경계의 분리에 의해서가 아니라 규범의 준수에 의해 결정되는 것이다. 물론 동물 개체는 이를 규범으로 인지하지 않은 채 행동으로 따르고 있다. 이 예를 통해 무의식적 습관조차 일종의 추상성을 내포하고 있음을 알 수 있다. 집으로부터의 거리 같은 일반적 조건이 한 개체가 다른 개체를 만났을 때의 대응 방식을 결정할 것이다. 동물들의 집단생활을 가능하게 해주는 진정한 사회적 습관을 좀 더 정의하고자 한다면 상당 부분 추상적 규칙의 관점에서 설명해야 한다.

행동에서 그런 추상적 규칙의 준수가 나타나지만 의사소통을 통해 개체들에게 이 규범이 전달되는 것은 아니다. 추상화는 개별 객체가 유사한 상황마다 동일한 방식으로 반응할 때 일어난다.[220] 사람들은 이 추상적 규칙을 말로 풀어 설명할 수 있기 전부터 오랫동안 그것을 따라 행동해왔다.[221] 심지어 의식적 추상화의 능력을 얻었을 때조차도 사람들의 의식적 사고와 행동은 공식화할 수 없음에도 준수해온, 엄청나게 많은 그런 추상적 규칙에 따라 이뤄질 것이다. 행동과정에서 일반적으로 준수되고 있는 규범은 언어로 정리하고 공식화할 필요가 없다는 뜻은 아니다.

명령과 법률 간의 차이

엄격한 의미에서 '법률'이라고 하는 이런 추상적 규칙의 본질은 특수하고 구체적인 명령과 대조했을 때 가장 잘 드러난다. '명령'이란 단어를 넓은 의미로 사용한다면 인간 행동을 지배하는 일반적 규칙들도 사실상 명령으로 간주할 수 있다. 법률과 명령은 모두 사실의 진술과는 다르다는 점에서 이 둘은 동일한 논리적 카테고리에 속한다. 그러나 모든 사람이 준수하는 보편적 규범은 엄밀한 의미의 명령과 달리 그 명령을 내린 누군가가 존재한다는 것을 반드시 전제로 할 필요가 없다. 보편성과 추상성이라는 측면에서 규범은 명령과 다르다.[222] 이런 보편성과 추상성의 정도는 어떤 사람에게 지금 당장 어떤 구체적인 것을 하라고 내리는 지시에서부터, 이런저런 상황에서 그가 하는 모든 일은 일정한 요구 조건을 만족시켜야 한다는 지침에 이르기까지 매우 세세하고 다양하다. 이상적 형태의 법은 '불변의' 명령으로 묘사될 수 있는데, 이는 불특정의 모르는 사람을 향해야 하고, 어떤 시간과 장소에서라도 추론될 수 있어야 하며, 어느 장소 어느 시간에서라도 일어날 수 있는 모든 상황에 적용돼야 한다는 의미이다. 법률과 명령을 혼동하지 않아야겠지만, 우리가 명심해야 할 것은 법률 조항이 구체적이 될수록 점차 명령으로 변해간다는 점이다.

두 개념 간의 중요한 차이점은 명령에서 법률에 가까워질수록 어떤 행동을 취할지를 결정하는 주체가 명령자나 법 제정자에게서 행위자로 점차 옮겨간다는 사실에 있다. 이상적인 명령은 행동을 구체적으로 어떻게 할지 정하고 또 명령을 받은 사람이 스스로의 지식을 활용하거나 스스로가 선호하는 방식을 택할 여지를 원천봉쇄한다. 그런 명령에 따라 수행되는 행동은 그 명령을 내린 사람의 목적만을 위해 진행된다. 반면 이상적인 형태의 법은 행위자가 결정할 때 고려해야 할 추가 정보만을 제공한다.

권력자와 수행자 사이에서 특정 행동을 유도하는 목적과 지식을 분배하는 방식은 보편적 법률과 구체적 명령 사이의 가장 중요한 구별점이다. 이는 원시 부족장이나 가장이 부족원이나 가족 구성원들을 규제하는 다양한 방식을 보면 알 수 있다. 극단적인 예로는 명령받은 대로만 행동하도록 하는 경우가 있을 것이다. 만약 우두머리가 부하들의 행동 하나하나를 일일이 지시한다면 그들은 자신의 지식이나 판단을 사용할 기회를 얻지 못하고 단순한 도구가 될 것이다. 그리고 추구되는 모든 목표와 지식은 우두머리의 것이 될 것이다. 그러나 대부분의 경우엔 어떤 식의 조치를 취할지 혹은 언제까지 그 목적을 달성할지 등 일반적 지시만 내리고 세부사항에 대해서는 각자가 상황에 따라, 즉 담당자가 알고 있는 바대로 결정하도록 맡기는 것이 목적 달성에 더 도움이 될 것이다. 그런 일반적 지침은 일종의 규칙을 만들어내고 그 규칙하에 일부는 우두머리의 지식에 따라, 또 일부는 행위자의 지식에 따라 행동이 이뤄질 것이다. 어떤 목적을 언제, 누가, 그리고 어떤 방법으로 추구할지 결정하는 사람은 우두머리일 것이다. 하지만 구체적으로 어떤 방법을 취할지 결정하는 것은 바로 각자의 몫이다. 따라서 대저택의 하인이나 공장의 직원들은 대부분 정해진 명령을 수행하는 일상적 업무에 종사하면서 구체적인 상황에 맞춰 명령을 적용하고 아주 가끔씩만 구체적인 명령을 수행하게 될 것이다.

이런 상황에서 모든 활동이 향하는 목표는 여전히 우두머리의 것이다. 하지만 우두머리는 집단 구성원이 일정한 한계 내에서 각자의 목표를 추구하도록 허용할 수도 있다. 이를 위해선 각자가 자신의 목적을 위해 사용할 수 있는 수단을 가지고 있어야 한다. 이런 식으로 수단이 할당되면 특정 사물이나 시간의 분배 형태 역시 개인이 자신만의 목적을 위해 사용하는 식도 가능해진다. 이렇게 각자가 가질 수 있는 권리의 목록은 우두머리의 구체적 명령으로만 변경할 수 있다. 혹은 개인의 자유 행동 영역을 오랜 시간에 걸쳐 확립된 보편적 규칙에 따라 정하고 조정하는 방법도 있다. 이 규칙은 각자 자신의 행동(집단 내 다른 사람과의 물물교환, 혹은 공적에 따라 우두머리가 베푼 인센티브)을 통해 자신의 목표를 추구할 수 있는 영역을 구성하고 조정할 수 있게 해 준다. 따라서 규칙에 따른 사적 영역의 구분으로부터 재산권 같은 권리가 탄생하게 된다.

특수한 혹은 구체적 규칙 대 보편적 혹은 추상적 규칙들

이와 유사한 이행, 즉 특수성과 구체성에서 보편성과 추상성으로의 전환이 관습 규범에서 현대적 의미의 법으로의 진화에서도 발견된다. 개인의 자유를 함양하는 사회법률에 비해 원시 사회의 행동 규범은 비교적 구체적이다. 개인이 스스로 행동할 수 있는 범주를 제한할 뿐만 아니라 그가 특정 결과를 도출해내기 위해 어떻게 진행해야 할지 혹은 특정 시간과 장소에서 무엇을 해야 할지까지 구체적으로 지시할 때가 많다. 그 안에는 어떤 절차에 의해 어떤 효과가 생길지에 대한 구체적 지식과, 어떤 절차를 위해선 어떤 조건이 필요한지의 요구사항이 구분되지 않은 채 담겨 있다. 한 가지 예를 들어본다면, 반투(Bantu)족은 나이, 성별이나 지위에 따라 엄격하게 규정된 경계선에 따라 마을의 14개 오두막 사이를 이동해야 하는 규칙이 있어 행동 선택에 크게 제한을 받는다.[223] 반투족이 따르는 것이 누군가의 의지가 아니라 공동체의 관습일지라도, 특정 지점에 도달하기 위한 의식 절차를 따르는 것은 다른 사람들과 동등한 자유를 확보하기 위해 필요한 것보다 선택권을 훨씬 더 많이 제한한다.

관습적 업무수행 방식이 더 이상 개인이 알고 있는 유일한 방법이 아닐 때, 바람직한 목적 달성을 위해 다른 방법을 생각해낼 수 있을 때 '관습 강요'는 비로소 장애물이 된다. 개인의 지적 능력이 성장하고 습관적 행동 방식에서 벗어나려는 경향이 나타나면서, 규칙을 명시적으로 기술하거나 개혁하고 또 다른 사람의 영역을 간섭하지 않도록 행동의 범위를 제한하는, 본질적으로 소극적인 규정으로 적극적 명령을 점차 줄여나가야 한다.

명령을 법으로 전환하는 것보다 관습을 법으로 전환하는 것이 진정한 법의 '추상적 특징'이라 부르는 부분을 더 잘 설명해준다.[224] 일반적이고 추상적인 규칙은 구체적인 상황에서의 행동이 일정한 조건을 충족시켜야 한다고 규정한다. 이런 조건을 충족시키는 행동 방식이라면 무엇이든 허용된다. 규칙은 그저 개인이 움직여야 하는 범위의 틀을 제공할 뿐 결정은 그 틀 안에서 개인의 몫이다. 다른 개인들과의 관계에서 금지조항은 대부분 전적으로 소극적인 특징을 가지는데, 자기 자신과 관계된 것은 그렇지 않다. 자신의 행동을 통해 적극적인 의무가 나오는 조건을 만들어낸다. 그것들은 그의 마음대로 할 수 있는 수단이고, 또 시간과 장소라는 구체적 상황에 대한 그의 지식과 함께 자신의 결정에 근거로 활용할 수 있는 데이터를 일부 제공해준다는 점에서 중요하다.

법은 개인행동이 충족시켜야 할 조건의 일부만을 결정짓고 다양한 조건에서 불특정인에게 적용되기 때문에, 어떤 상황이나 사실에 관계없이 입법자는 특정 사람에게 어떤 영향을 미칠지 또 어떤 목적을 위해 그것들을 사용할지 예측할 수 없다. 그것을 '제도적'이라고 부를 때 그것을 지킴에 있어 개인은 입법자의 목적이 아니라 자기 자신의 목적을 추구한다는 것을 의미한다. 실제로 항상 세부적인 행동의 구체적 목적은 일반적 규칙에 들어가서는 안 된다. 법은 살인행위 자체를 금지한다. 예외적인 특정 상황 이외에는 살인을 금지한다. 하지만 특정인의 살해를 금지하는 것이 아니다.

그런 규칙들을 준수할 때 우리는 타인의 목적을 위해 봉사하지 않으며 그의 뜻대로 움직인다고 말할 수도 없다. 내가 자연의 법칙에 대한 내 지식을 활용하는 것처럼 내 자신의 목적을 위해 그 규칙을 활용한다면 그리고 그 사람이 내 존재나 그 규칙이 나에게 적용되는 특정 상황, 혹은 내 계획에 미칠 영향에 대해 알지 못한다면 내 행동이 다른 사람의 뜻에 따라 움직이는 것으로 보기 힘들다. 강제를 당하는 상황만 아니라면 법은 단지 내 마음대로 할 수 있는 수단을 바꿀 뿐 내가 추구해야 하는 목표를 결정하지 않는다. 약속을 반드시 지켜야 한다는 룰이 없었다면 체결할 수 없었을 계약을 수행하면서, 혹은 법률적으로 충분히 알고 선택한 행동의 법률적 귀결을 받아들이면서 내가 타인의 의지를 따른다고 말하는 것은 터무니없는 소리다.

특정 규칙이 보편적으로 적용된다는 것을 아는 것은 결과적으로 다양한 목적과 행동 형태가 그에게 새로운 특성을 가지게 된다는 의미가 된다. 그는 자신이 바라는 어떤 목적을 위해 활용할 수 있는 인위적인 인과관계를 알고 있다. 이런 인위적인 법칙이 그의 행동에 미치는 영향은 자연의 법칙이 미치는 것과 정확히 같은 종류다. 이에 대한 지식을 통해 그는 행동의 결과를 예측할 수 있고 확신을 가지고 계획을 세울 수 있다. 거실 바닥에서 모닥불을 피우면 집이 다 불타버린다는 지식과 이웃집에 불을 지르면 감옥에 간다는 지식은 크게 다를 게 없다. 자연의 법칙처럼 국가의 법률도 그가 움직여야 하는 환경에서 고정된 특징들을 제공한다. 이 법률이 그에게 열려있는 선택 중 몇 가지를 제거한다 해도, 원칙적으로는 다른 누군가가 그에게 원하는 특정 행동으로만 그의 선택을 한정시키지는 않는다.

자의성, 특권 및 차별

이 책의 주제인 법 아래에서의 자유라는 개념은 우리에게 적용되는지 여부와 상관없이 확립된 추상적 보편 규칙이라는 의미로서의 법을 우리가 준수하면 다른 사람의 의지에 종속되지 않으므로 자유롭다는 주장에 근거하고 있다. 왜냐하면 입법자는 그가 제정한 규칙이 적용될 구체적 사례를 알지 못하기 때문이며 또 그 규칙을 적용할 재판관은 존재하는 전체의 규칙과 해당 사건의 특정 사실에서 결론을 내릴 수밖에 없기 때문이다. 이는 사람이 지배하는 것이 아니라 법이 지배하는 것이라고 말할 수 있다. 규칙은 특정 사례에 대한 무지 속에 확립된 것이며 규칙을 시행하는 데 사용되는 강제는 인간의 의지로 결정되는 것이 아니기 때문에 법은 자의적인 것이 아니다.[225] 또한 모든 사람에게 동일하게 적용되는 보편적 규칙을 의미할 때에만 '법'이라고 해야 맞다. 이런 보편성은 아마도 '추상성'이라고 부르는 법의 특성에서 가장 중요한 면일 것이다. 진정한 법은 어떠한 세부사항도 명시해서는 안 되고 특히 어떤 특정인이나 특정 집단의 사람들을 배제해서는 안 된다.

정부의 모든 강제적 조치가 추상적 보편 규칙 집행에 국한되는 체제의 중요성에 대해 어느 위대한 법사학자는 다음과 같이 말했다. "진보하는 사회의 운동은 지금까지 신분에서 계약으로의 운동이었다."[226] 각 개인이 사회에서 차지하는 할당된 자리인 신분이라는 개념은 실제로 규칙이 완전히 보편적이지 않고 특정 개인이나 집단을 선정해 그들에게 특별한 권리와 의무를 부여하는 상태에 해당한다. 그러나 신분과 대립되는 개념으로 계약을 강조하는 것은 조금 잘못된 것이다. 개인이 자신의 지위를 구축하도록 법이 제공한 수단들 중에서 그중 가장 중요하긴 하지만 하나만 골라낸 것이기 때문이다. 신분 통치와 진정한 대척점에 있는 것은 보편적이고 평등한 법치로, 모든 사람에게 동일한 규칙 혹은 법률에 해당하는 라틴어의 본래 의미인 레게스의 규칙이다.

진정한 법의 지배는 보편적이어야 한다는 요구가 다른 계층의 사람에게 때로 특별한 규칙이 적용될 수도 없다는 의미는 아니다. 다른 계층의 의미가 일부의 사람만 가진 특성에 대한 것이라면 말이다. 여성이나 시각장애인 혹은 특정 연령 이상의 사람에게만 적용할 수 있는 규칙이 있을 수 있다. 이는 임의로 구분한 것이 아니며 집단 내부 및 외부 사람들이 모두 타당한 것으로 인정한다고 해서 한 집단이 다른 집단의 뜻을 따르는 것이 아니다. 바람직한 구분이 되기 위해 만장일치가 되어야 한다는 뜻이 아니라 단지 개인의 견해가 그 개인이 집단에 속했는지 여부에 따라 달라지지 않는다는 것이다. 예를 들어, 집단 내부와 외부에 속한 다수가 그 구분을 선호하는 한 양쪽 모두의 목적에 도움이 된다고 추정할 만한 강력한 근거가 된다. 그러나 집단 내부에 속한 사람들만이 그 구분을 선호한다면 이는 분명히 특권이다. 반면 집단 외부에 속한 사람들이 그것을 선호한다면 이는 차별이다. 누군가에게 특권인 것은 언제나 나머지에게는 차별이 된다.

법과 자유

모든 사람에게 동일하게 적용되는 추상적 보편 규칙조차도 자유에 심각한 제약을 가할 수 있다는 사실을 부인할 수 없다. 그러나 곰곰이 생각해보면 그럴 가능성이 얼마나 낮은지 알 수 있다. 주된 안전장치는 규칙을 제정한 사람과 적용하는 사람에게, 즉 피통치자뿐만 아니라 통치자 모두에게 규칙이 동일하게 적용되어야 하며 누구도 예외를 허용할 권리가 없다는 점이다. 금지와 명령이 예외 없이 (다른 보편 규칙에 따른 예외를 제외하고) 모두에게 그대로 적용된다면, 또 정권 역시 법을 집행할 권한을 제외하고 다른 특별한 권한을 갖지 못한다면, 어느 누구도 합리적으로 하고 싶어 하는 것이 금지되는 일은 거의 없을 것이다. 광신적 종교집단의 경우 그 구성원들은 기꺼이 따르지만 다른 사람들에게는 중요한 목적을 추구하는 데 걸림돌이 되는 제약을 강요할 수 있다. 그러나 종교가 극히 억압적인 규칙을 제정할 구실을 제공했고 따라서 종교의 자유(liberty)는 자유(liberty)를 위해 매우 중요한 것으로 간주되는 것도 사실이지만, 종교적 신념은 자유(liberty)를 심각하게 제약하는 보편규칙이 전반적으로 강제되게 했던 거의 유일한 토대였다는 사실 또한 중요하다. 하지만 모든 사람에게 문자 그대로 부과되는 대부분의 제약들을 예를 들어 스코틀랜드의 안식일처럼 몇몇에게만 부과되는 제약들과 비교해보았을 때 비록 짜증은 날지라도 얼마나 무해한 것인가! 사적인 일로 간주하는 영역에 대한 대부분의 금지, 예를 들면 사치 금지법은 통상 선택된 집단에게만 적용되었고 금주법의 경우에는 정부에게 예외를 허용할 권리가 있었기 때문에 실행 가능했다는 점에서 의의를 찾을 수 있다.

또한 다른 사람에 대한 인간의 행동에 관한 한 자유(freedom)는 보편 규칙에 의해서만 제한될 수 있음을 기억해야 한다. 다른 사람의 사적 영역을 방해하지 않을 수 있는 종류의 행동이란 없기 때문에 언론, 출판, 종교 모두 완전히 자유로울 수는 없다. 이런 모든 영역에서 (그리고 나중에 자유가 의미하고) 의미할 수 있는 것은 오로지 우리가 할 행동이 어떤 사람이나 기관의 승인에 의존하지 않으며 모두에게 똑같이 적용되는 동일한 추상적 규칙에 의해서만 제한된다는 것이다.

그러나 우리를 자유롭게 하는 것이 법이라면 이것은 추상적 보편 규칙이라는 의미의 법에서만 해당되는 것이지, '실질적 의미의 법'이라고 부르는 즉, 그 기원이 아니라 규칙의 특성 때문에 단순히 형식적인 의미의 법과는 다른 법에는 해당되지 않는다.[227] 구체적 명령으로서의 '법'은 입법기관에서 나온 것이기 때문에 '법'이라 부르는 명령은 억압의 주된 수단이 된다. 이 두 가지 법 개념의 혼동과 법이 지배할 수 있다는 믿음, 즉 전자의 의미에서 법을 제정하고 집행하는 사람이 그들의 의지를 강요하는 것이 아니라는 신뢰를 상실하게 되면서 자유(liberty)의 쇠퇴를 가져왔고 정치적 강령 못지않게 법 이론이 이 쇠퇴에 기여해왔다.

현대 법 이론이 이런 구분을 점점 더 모호하게 만드는 방식을 나중에 살펴봐야 할 것이다. 다만 여기서는 극단적인 입장의 사례를 보여줌으로써 법의 두 가지 개념을 대조해보고자 한다. 존 마샬(John Marshall) 대법원장의 유명한 진술에서 전통적인 견해를 볼 수 있다. "법 권력과 구별되는 사법권은 존재하지 않는다. 법정은 그저 법의 도구일 뿐, 아무것도 할 수 없다."[228] 이런 견해에 반대하던, 이른바 진보학자로 불리던 사람들이 가장 좋아하고 또 가장 자주 인용하던 현대 법학자인 홈즈(Holmes) 판사는 "일반 명제가 구체적인 사례를 판결하지 않는다"라고 말했다.[229] 현대 정치학자도 동일한 입장을 보였다. "법은 지배할 수 없다. 인간만이 다른 사람에게 권력을 행사할 수 있다. 인간이 아니라 법이 지배한다고 말하는 것은 결국 인간이 인간을 지배한다는 사실을 감추기 위해서다."[230]

'지배한다'는 말이 누군가를 타인의 뜻에 복종하게 한다는 것을 뜻한다면, 사실상 정부는 자유사회에서 그런 지배 권력을 가지고 있지 않다. 이런 의미에서 시민은 지배될 수 없으며 자신의 목적을 위해 선택한 직업에서 그의 지위가 뭐든 법에 따라 일시적으로 정부의 대리인이 될 수는 있다. 그러나 '지배한다'는 것이 특수한 경우와 상관없이 보편 규칙을 확립하고 이를 모든 사람에게 동등하게 적용한다는 의미라면, 시민은 지배될 수 있다. 여기서는 규칙이 적용되는 대부분의 경우에 어떠한 인간의 판단도 필요없기 때문이다. 심지어 법원이 보편 규칙을 특정 사건에 어떻게 적용할지 결정해야 할 때에도 그 판단은 법원의 의지가 아니라 수용된 규칙의 전체 시스템에 따른 결과인 것이다.

규칙하의 행위에서의 지식분화

각 개인이 자신의 행동을 결정할 수 있는 범위를 보장해주는 근본적 이유는 그의 지식, 특히 특정한 시공간에 대한 구체적인 자기만의 지식을 최대한 활용하도록 하기 위해서이다.[231] 법은 그가 어떤 사실에 기대야 할지를 알려준다. 그것을 기반으로 그는 자신의 행동의 결과를 예측할 수 있는 범위를 확대해갈 수 있다. 동시에 법은 그가 고려해야 할 행동의 예상되는 결과나 책임질 것에 대해 말해준다. 이는 그에게 허용된 것, 해야 하는 일을 그가 알고 있거나 확신하는 상황에 달려있다는 뜻이다. 그의 자유로운 의사결정의 범위를, 그의 예측능력 밖의 결과에 의존하게 만들면 어떤 규칙도 효과적일 수 없고 그에게 의사결정의 자유를 줄 수도 없다. 규칙은 예측할 수 있다고 추정된 영향들 중에서 그가 고려해야 할 것 몇 가지를 선택하고 나머지는 무시할 수 있게 해준다. 특히 그러한 규칙은 다른 사람에게 해를 끼치는 어떤 일을 하지 말라고 요구할 뿐만 아니라 특정 상황에 적용했을 때 어떤 결과를 고려해야 할지, 어떤 것을 고려할 필요가 없는지 명확하게 결정할 수 있도록 알려준다. (규칙은 그래야만 한다)

따라서 개인이 자신의 지식을 근거로 효과적으로 행동하고 또 목적에 맞게 그가 지식을 더하도록 법이 역할을 한다면, 이는 인간이 이런 규칙에 따라 이용해왔던 지식이나 과거의 경험에 따른 결과 또한 구현하도록 돕는 것이다. 사실 공통된 규칙 아래 진행된 개인 간의 협력은 일종의 지식 분업[232]에 기초한 것이다. 여기서 개인은 구체적인 상황들을 고려해야 하고 법은 그들의 행위가 사회의 보편적 혹은 영속적 특징에 적합하도록 보장해준다. 이렇게 법으로 구현된 경험, 즉 개인들이 규칙을 따름으로써 활용하게 되는 이 경험은 대개 그들에게 알려져 있는 것이 아니기 때문에 논의하기가 어렵다. 이런 규칙 대부분은 의도적으로 고안된 것이 아니며 점진적 시행착오를 거쳐 여러 세대의 경험이 지금의 규칙 형태가 되도록 일조하면서 성장해온 것이다. 따라서 대부분의 경우 특정 형태의 규칙이 나오게 된 이유와 고려사항 모두를 아무도 알지 못한다. 따라서 우리는 규칙이 실제로 수행하는 기능을 발견하려 노력해야 한다. 특정 규칙이 나오게 된 근거를 알지 못한다면 (사실 상당수의 규칙이 그렇다) 의도적인 입법을 통해 개정하려고 할 때 그 규칙의 일반적 기능이나 목적이 무엇인지 이해하려고 노력해야 한다.

따라서 시민들은 규칙에 따라 행동하고, 그 규칙은 전체 사회가 환경과 구성원의 보편적 특성에 적응하도록 만든다. 그것은 개인이 좋은 기회를 얻기 위해 행동 계획을 수립하는 데 일조하고 또 그렇게 해야 한다. 어떤 구체적 상황에서 각자가 무엇을 할 자격이 있는지에 관해 개인들 사이에서 갈등이 발생할 수 있기 때문에 규칙이 존재한다. 그리고 각자의 권리가 무엇인지 명확히 말해주는 규칙이 있을 때에만 이런 갈등의 발생을 막을 수 있다. 여기서는 몇 가지 알려진 규칙이 어떤 유형의 상황을 포괄하는지만 알면 되고 구체적 내용이 무엇인지는 크게 중요하지 않다.

그러나 그 요구조건을 충족시키지만 100% 만족시키지는 못하는 그런 규칙이 있을 수 있다. 우리가 '재산권'이라고 부르는 특히 토지와 관련한 일련의 권리들에 정확히 무엇이 포함되는지, 보호 영역에 다른 어떤 권리가 포함되는지, 국가가 어떤 계약을 집행하는지 등은 오직 경험만이 가장 유용한 제도가 무엇인지 답해줄 수 있다. 누군가 원하는 대로 대상을 사용하거나 남용할 수 있는 권리인 로마의 재산 개념처럼 이런 종류의 권리에 대한 특정 정의에서 '자연적'이라고 말할 수 있는 것은 없다. 아무리 자주 반복되는 것이라도 사실상 엄격한 형태 그대로 실행할 수는 없다. 그러나 매우 발전된 법적 질서의 주요 특징들은 데이비드 흄이 "자연의 3대 기본법, 즉 소유의 안정, 동의에 따른 양도, 약속의 이행"[233]이라고 부른 것과 매우 유사하다.

그러나 여기서 우리의 관심사는 이러한 규칙의 상세한 내용이 아니라 자유사회가 가지고 있는 보편적 속성이다. 입법자는 자신이 만든 규칙을 사람들이 어떤 용도로 사용할지 예측할 수 없기 때문에 전체적으로 혹은 대부분의 경우에 유익하게 만드는 것만을 목표로 할 뿐이다. 그러나 규칙은 그 규칙을 만들어낸 기대치를 통해 작동하기 때문에 특정 사례에서 그 결과가 바람직하든 그렇지 않든 항상 적용되어야 한다.[234] 입법자가 스스로를 구체적 명령보다는 보편 규칙에 한정시키는 것은 그 명령들이 적용되는 구체적 상황에 대해 무지하기 때문이다. 구체적 행동에 대한 계획을 세워야 하는 사람들이 사용하도록 확실한 데이터를 제공해주는 것만이 그가 할 수 있는 전부다. 그러나 그들의 행동 조건을 정하는 데 있어 그는 기회와 가능성을 제공할 수는 있지만 그들의 노력 결과를 확실히 보장해주진 않는다.

추상적 법 규칙의 핵심은 그것이 적용되는 대부분의 경우에 유익할 것 같다는 것뿐이며, 사실은 인간이 구조적 무지에 대처하기 위해 배운 수단 중 하나라는 점이 더 중요하다. 이는 몇몇 합리주의자들이 공리주의를 해석해 우리에게 가르쳐준 것이다. 비록 이 유용성이 이성적 주장으로 입증될 수는 없지만 현실에서 규칙 그 자체가 다른 어떤 것보다 더 편리하다는 것이 실천을 통해 증명되었기 때문에 그렇게 알려진 것이라 하더라도 어떤 특정 법 규칙의 정당성은 그 근거가 바로 그 유용성에 있다는 것은 사실이다. 그러나 일반적으로 말해서 규칙 전체가 그렇게 정당화되는 것뿐이지 각각의 적용이 그런 것은 아니다.[235] 법이나 도덕에서 충돌되는 것들이 그 결정의 모든 결과를 이해할 수 있는 누군가에게 가장 유용한 방향으로 결정되어야 한다는 생각은 규칙의 필요성을 부정하는 셈이다. "전지전능한 개인들로 이뤄진 사회만이 보편적 공리주의적 토대 위에서 모든 행동을 평가할 수 있는 완전한 자유(liberty)를 각 개인에게 줄 수 있다."[236] 그런 '극단적' 공리주의는 부조리를 초래한다. 따라서 '제한된' 공리주의라고 하는 것만이 우리 문제에 적용될 수 있다. 그러나 구체적인 상황에서는 규칙을 준수하는 것이 유익하다고 인정될 수 있을 때에만 규칙이 법적 구속력이 있다는 생각보다 법적·도덕적 규칙에 대한 존중을 더 파괴하는 신념은 거의 없다.

이런 잘못된 신념의 가장 오래된 형태는 (대개 잘못 인용되는) 'salus populi suprema lex esto(인민의 복지를 최고의 법으로 삼을지어다 - 인민의 복지가 최고의 법'이다'가 아니다)'[237]라는 관용구와 관련이 있다. 정확히 해석하면 그 뜻은 법의 목적이 인민의 복지여야 하고, 보편 규칙이 그것을 위해 일하도록 설계되어야 한다는 것을 의미하지만, 어떤 특정 사회적 목적 개념도 이러한 보편 규칙을 깨는 것을 정당화해서는 안 된다. 달성해야 할 특정 목표, 구체적 결과는 절대로 법이 될 수 없다.

명령 없는 질서

자유(liberty)의 적들은 항상 인간사의 질서를 위해선 누군가 명령을 내리고 다른 사람들은 복종해야 한다[238]는 논점에 근거해 자신들의 주장을 펼친다. 일반법하의 자유 체제에 대한 반대 대부분은 명령하는 지성의 의도적 조직화 없이 인간 활동의 효과적인 조정은 생각할 수 없다는 데서 출발한다. 경제이론의 성과 중 하나는 각 개인의 통제 영역의 경계가 알려진 상황에서 개인의 자발적 활동에 대한 상호 조정이 시장에 의해 어떻게 발생하는지 설명한 데 있었다. 개인의 상호 조정 메커니즘을 이해하는 것은 개인행동을 제한하는 보편 규칙을 제정할 때 필요한 지식의 가장 중요한 부분이다.

사회 활동의 질서정연함을 통해 거의 모든 단계에서 그의 동료들이 일정 기여를 할 것을 기대함으로써 개인이 일관된 행동 계획을 수행할 수 있다는 사실을 알 수 있다. "사회생활에는 일종의 질서, 일관성, 지속성이 분명히 존재한다. 만약 그렇지 않다면 우리 중 누구도 자기 일을 할 수도 또 가장 기본적인 욕구를 충족시킬 수도 없을 것이다."[239] 만약 개인들이 주로 자신들만 알고 그 전체가 어느 한 사람에게 알려져 있지 않은 특정 상황에 맞춰 행동을 조정하기 원한다면, 이런 질서정연함은 통일된 지침에 따른 결과일 수 없다. 따라서 사회와 관련된 질서는 본질적으로 개인의 행동이 성공적인 예측에 의해 인도되고, 사람들이 지식을 효과적으로 사용할 뿐만 아니라 다른 사람에게 기대할 수 있는 협력이 무엇인지 높은 신뢰 수준으로 예측할 수 있다는 것을 의미한다.[240]

상황에 따라 조정해야 하고 대다수 사람들 사이에 지식이 분산되어 있는 그런 질서는 중앙의 지시에 따라 구축되는 것이 아니다. 요소들의 상호작용이나 사람들에게 영향을 미치는 사건들에 대한 그들의 반응으로부터만 발생할 수 있다. 그것은 폴라니(M. Polanyi)가 '다중심적 질서'의 자생적 형성이라고 부르는 것이다. "개인들이 스스로의 결정으로 (모두에게 일률적으로 적용되는 법에 따라) 서로 상호작용함으로써 인간들 사이에 하나의 질서가 확립될 때 사회에 자생적 질서 체계가 세워진다. 그 다음 개인들의 노력은 각자의 주도권을 행사함으로써 조정되고 이러한 자기 조정은 공공 기반에서 자유를 정당화한다. 사람들은 상급자나 공공 기관의 특정 명령에 따라 행동하지 않기 때문에 그러한 개인의 행동이 자유롭다고 할 수 있다. 그들이 따르는 강제는 비인격적이고 보편적인 것이다."[241]

사람들은 물리적 대상을 체계화하는 방식에 더 익숙해서 그런 자생적 질서의 형성을 이해하기 어렵지만, 물론 물리적 질서를 창출하는데 있어서도 이와 유사하게 개별 요소들의 자발적 조정에 의존해야 하는 많은 예들이 있다. 만약 각각의 개별 분자나 원자들을 다른 것과 맞추어 일일이 제 위치에 놓아야 한다면 크리스털이나 복잡한 유기화합물을 만들 수 없었을 것이다. 특정 상황에서 그들이 어떤 특성을 가진 구조로 스스로 배열할 것이라는 사실에 의존해야 한다. 이런 경우 그런 자발적 힘의 사용은 원하는 결과를 얻기 위한 유일한 수단으로, 질서를 창출하는 과정의 많은 특징들이 우리의 통제를 벗어나게 됨을 암시한다. 다시 말해 우리는 이런 힘에 의존할 수 없고 동시에 특정 원자들이 최종 구조 내에서 어떤 위치를 차지할지도 확신할 수 없다.

마찬가지로 사회에 질서를 구축하기 위한 조건들을 만들어낼 수 있지만 그 요소들이 적절한 조건하에서 스스로 질서를 만드는 방법을 구성할 수는 없다. 이런 의미에서 입법가들의 역할은 특정 질서를 세우는 것이 아니라 질서 잡힌 제도장치가 확립되고 스스로 갱신할 수 있는 환경을 조성하는 것이다. 자연에서와 마찬가지로 그런 질서 확립을 유도하기 위해 개별 원자의 행동을 예측할 수 있어야 하는 것은 아니다. 즉, 개별 원자는 개체 스스로가 발견하는 미지의 특정 상황들에 의존할 것이다. 여기서 필요한 것은 그들 행동의 제한된 규칙성뿐이다. 우리가 시행하는 인간 법률의 목적은 그런 제한된 규칙성을 보장해 질서의 형성을 가능하게 하는 것이다.

각자 자신의 목적을 추구하기 위해 자신의 능력을 최대한 잘 활용하기를 바라는 지적 능력을 갖춘 인간이 이러한 질서의 구성요소라면, 질서의 확립을 위해 필요한 주된 조건은 각자가 자신의 환경 속에서 고려할 수 있는 상황들에 대해 아는 것이다.

예측할 수 없는 방해에 맞선 보호의 필요성은 때때로 '부르주아 사회'[242]의 고유한 특성으로 표현된다. 그러나 '부르주아 사회'가 분업 상황에서 자유로운 개인이 협력하는 사회를 의미하지 않는 한 그러한 견해는 그 필요성을 극소수의 사회 제도들에만 국한시킨 것이다. 그것은 개인 자유의 본질적 조건이며 그것을 보장하는 것이 법의 주된 기능이다.[243]

11

법치의 기원

법의 목적은 자유(freedom)를 폐지하거나 제한하는 것이 아니라 보존하고 증진하기 위함이다. 법을 만들 줄 아는 피조물들의 모든 국가에서 법이 없으면 자유도 없기 때문이다. 자유(liberty)는 다른 사람의 구속과 폭력으로부터의 자유를 말한다. 이것은 법이 없는 곳에서는 불가능한 일이다. 또한 그것은 흔히 말하듯이, 모든 사람이 자기가 원하는 일을 다 할 수 있는 자유가 아니다(다른 모든 사람이 그에게 변덕을 부린다면 누가 자유로울 수 있겠는가?). 그러나 자유는 그가 속한 곳의 법이 허용하는 범위 안에서 사람, 행동, 소유 그리고 전 재산을 원하는 대로 처분하고 청구할 수 있는 자유다. 그리고 그 안에서 다른 사람의 독단적 뜻에 종속되지 않고 자신의 뜻을 자유롭게 따를 수 있는 것이다.

존 로크(John Locke)[244]

현대적 자유는 17세기 영국에서 시작되었다

근현대에서 개인의 자유는 17세기 영국 이전에 그 흔적을 찾기 힘들다.[245] 항상 그렇듯이 처음 그것은 의도적 목표의 결과라기보다 권력투쟁의 부산물로서 나타났다. 그리고 오랜 기간이 지나서야 그 혜택이 인식되었다. 그리고 200년이 넘는 기간 동안 개인 자유의 보존과 완성은 그 나라의 주된 이상이 되었고 그 제도와 전통은 문명 세계의 모델이 되었다.[246]

이는 중세의 유산이 현대의 자유와 무관하다는 뜻이 아니다. 그 중요성은 흔히 생각하는 것과 완전히 다르다. 사실 많은 면에서 중세인은 오늘날 생각하는 것보다 더 많은 자유를 누렸다. 영국인이 누렸던 자유가 실제로 대륙 사람들[247]보다 더 컸다고 생각할 근거는 별로 없다. 하지만 중세 사람들은 가문의 자산이나 사람에게 부여된 특권이라는 의미로서의 자유들은 알았지만 사람들의 보편적 조건으로서의 자유(liberty)에 대해서는 알지 못했다. 상당한 면에서 법과 질서의 본질과 근원에 관련해 당시 지배적이던 일반적 개념들이 자유의 문제가 근대적 형태로 나타나는 것을 막았다. 그러나 영국은 다른 곳에서는 절대주의의 등장으로 파괴된 법의 우월성에 대한 공통된 중세의 이상을 더 많이 간직하고 있었기 때문에 근대적 자유의 성장을 주도할 수 있었다.[248]

중세 초기에만 완전하게 받아들여진 것이긴 했지만, 이 중세의 견해는 근대적 발전에 있어서 중요한 배경이었다. 이 견해는 "국가는 스스로 법을 창조하거나 제정할 수 없으며, 당연히 법을 폐지하거나 위반할 수 없다. 이는 정의 자체를 폐지하는 것이기에 불합리하고 죄악이며 법을 창조한 유일신에 대한 반란"[249]이라는 것이었다. 수세기 동안 공인된 원칙은, 왕이나 여타 인간의 권위는 이미 존재하는 법을 선언하거나 발견하고 또 남용된 부분을 수정할 수 있는 것일 뿐이라는 것이었다.[250] 중세 후기에 이르러 새로운 법의 의도적 창조 개념, 즉 우리가 입법이라고 알고 있는 개념이 점차 받아들여졌다. 이에 영국에서는 의회가 법 조사기관에서 입법기관으로 변모했다. 그런데 반목하던 정당들이 공인된 일반법에 따라 행동하는 것이 아니라 독단적으로 행동한다고 서로를 비난하던, 입법 권력을 둘러싼 논쟁에서 우연하게도 개인적 자유의 강령이 발전되었다. 15세기와 16세기에 생겨난 고도로 조직화된 국민국가의 새로운 권력은 처음으로 입법을 의도적인 정책의 수단으로 사용했다. 한동안은 이 새로운 권력이 대륙에서와 마찬가지로 영국에서도 중세의 자유를 파괴하는 절대왕정으로 나아가는 것처럼 보였다.[251] 17세기 영국의 투쟁에서 나온 제한된 정부라는 개념은 새로운 문제를 다루는 새로운 출발이었다. 마그나카르타, 위대한 '자유의 창설'[252]로부터 내려온 초기 영국의 강령과 중세의 위대한 저작들이 근대 발전에 중요한 의미를 가지게 된 것은 그것들이 당시의 투쟁에서 무기의 역할을 했기 때문이다.

그러나 이 글의 목적상 중세의 강령에 더 이상 연연할 필요가 없다 하더라도, 근대 초기에 부활한 고전적 유산에 대해서는 좀 더 자세히 살펴봐야만 한다. 고대인들의 경험은 17세기의 정치사상에 큰 영향을 미쳤을 뿐 아니라 우리 시대에도 직접적 의미를 갖기 때문이다.[253]

고대 아테네의 이상의 원천

고전적 전통이 자유(liberty)의 근대적 이상에 영향을 주었음은 논란의 여지가 없지만, 그 본 모습은 잘못 이해될 때가 많다. 고대인들은 개인적 자유라는 의미의 자유에 대해 알지 못했던 것으로 흔히 간주된다. 고대 그리스에서조차 많은 지역과 시기에서 그러했다. 그러나 가장 위대한 시기인 아테네(혹은 로마 공화정 후기)는 확실히 달랐다. 플라톤 시대 타락한 민주주의에서는 그랬을 수 있으나, 페리클레스(Pericles)가 "우리가 우리 정부 안에서 누리는 자유(freedom)는 우리 일상생활에까지 확장된다. 거기에서 우리는 서로 질시에 찬 감시를 하지 않으며 이웃이 자기가 원하는 일을 했다고 해서 화가 나지 않는다"[254]라고 말했던 아테네의 민주주의는 해당되지 않는다. 또 시칠리아 원정에서 가장 위험했던 순간에 장군이 병사들에게 상기시켜주었던 것은 그들이 무엇보다 "자신들이 원하는 대로 살 수 있는 자유가 있는"[255] 나라를 위해 싸우고 있다는 점이었다. 니키아스(Nicias)가 아테네를 그렇게 불렀고 또 그리스인들 자신과 이후 튜더 및 스튜어트 왕조 시대 영국인들 모두가 그렇게 보았듯이 "자유국가 중에서 가장 자유로운 국가"가 지닌 자유의 주된 특징은 무엇이었을까?

그 답은 엘리자베스 여왕 시대에 그리스로부터 차용했으나 그 이후로는 사용하지 않은 단어에서 찾을 수 있다.[256] '이소노미아'는 16세기 말에 이탈리아에서 영국으로 수입된 단어로 '모든 종류의 사람에 대한 법의 평등'[257]을 의미한다. 곧 이어 리비의 번역가가 모두에 대한 법과 치안판사의 신뢰성이 동등한 상태를 묘사하기 위해서 영어식 표현인 '아이소노미'로 바꿔서 자유롭게 사용했다.[258] '법 앞의 평등', '법의 통치', '법의 지배' 등으로 점차 대체될 때까지 그 단어는 17세기 내내[259] 계속 사용되었다.

고대 그리스 시대의 아이소노미 개념의 역사에서 흥미로운 교훈을 얻을 수 있다. 문명이 반복하는 것처럼 보이는 순환의 첫 번째 예를 보여줬기 때문이다. 그것이 처음 나타났을 때는[260] 솔론(Solon)이 아테네에서 앞서 수립했던 국가를 묘사하는 말이었고, 그때 그는 사람들에게 "귀족과 하층민 모두에게 동등한 법"[261]을 주었다. 따라서 그들에게 "공공 정책의 통제가 아니라 알려진 규칙에 따라 법적으로 통치된다는 확신"[262]을 주었다. 아이소노미는 폭군들의 자의적 통치와 대조되는 것으로 그런 폭군 중 한 명의 암살을 경축하는, 널리 알려진 술자리 노래에 등장하는 친숙한 표현이 되었다.[263] 이 개념은 데모크라티아라는 말보다 더 오래된 것이며 모든 사람이 동등하게 통치에 참여해야 한다는 요구는 그 결과 중 하나였다. 헤로도토스(Herodotus)에게 "정치 질서 중에서 가장 아름다운 이름"[264]은 민주주의보다는 아이소노미였다. 이 용어는 민주주의가 실현된 후에도 한동안 계속 사용되었다. 처음에는 민주주의를 정당화하는 측면으로 나중에는 이미 말했듯이[265] 민주주의가 갖는 특성을 감추기 위해 점점 더 많이 사용되었다. 민주주의 정부는 얼마 안 가 민주주의를 정당화해 준 '법 앞의 평등'이라는 것을 무시하게 됐기 때문이다. 그리스인들은 두 가지 이상이 연관돼 있지만 동일하지는 않다는 것을 분명하게 이해했다. 투키디데스(Thucydides)는 망설임 없이 '아이소노미 과두제'[266)]에 대해 말했고 플라톤조차도 민주주의를 정당화하는 것이 아니라 그것과 대비시키기 위해 '아이소노미'라는 용어를 사용했다.[267)] 4세기 말에 이르러서는 "민주주의에서는 법이 주인이 되어야 한다"[268)]라고 강조해야 한다는 데에까지 도달했다

이러한 배경과 반대로 아리스토텔레스의 몇몇 유명한 구절들은 그가 더 이상 '이소노미아'라는 용어를 사용하지 않음에도 이러한 전통적 이상을 입증해준다. 그는 『정치학(Politics)』에서 "법이 통치하는 것이 그 어떤 시민이 통치하는 것보다 적절하다"며 최고 권력자는 "법의 수호자이자 법의 하인으로만 임명되어야 한다"면서 "최고 권력을 행사할 사람은 하나님과 법 안에 최고권력을 두어야 한다"라고 강조했다.[269)] 아리스토텔레스는 '법이 아니라 사람이 통치'하고 '법이 아니라 다수결의 원칙으로 모든 것을 결정'하는 정부를 규탄한다. 그에게 있어 그런 정부는 자유 국가가 아니다. "정부가 법의 테두리 안에 있지 않다면 그런 정부는 자유국가가 아니다. 왜냐하면 법이 모든 것보다 우위에 있어야 하기 때문이다." "모든 권력을 국민의 투표에 집중시키는 정부는 엄밀히 말해 민주주의 정부가 될 수 없다. 그들의 법령은 그 범주 내에서 보편성을 지니지 못하기 때문이다."[270)] 『수사학(Rhetoric)』에 있는 다음 구절을 더한다면 법에 의한 통치라는 이상에 대해 매우 완벽한 진술을 도출해낼 수 있다.[271)] "잘 도출된 법률이 되기 위해 가장 중요한 점은, 법률이 할 수 있는 모든

것들을 스스로 정의하고, 재판관의 결정에 가능한 한 적게 맡겨져야 한다는 것이다. 이를 위해 입법자의 결정이 특수한 것이 아니라 미래 지향적이고 보편적이어야 한다. 반면 의원들과 배심원들은 자신들 앞에 상정된 구체적 사건들에 대해 판단하는 것이 임무이다."[272]

아리스토텔레스의 진술에서 '인간이 아닌 법에 의한 통치'라는 구절을 직접 가져와 근대에서 사용했음을 입증할 명확한 증거가 있다. 토머스 홉스(Thomas Hobbes)는 "질서가 잘 확립된 연방국가에서 사람이 아닌 법에 의한 통치를 주장한 것은 아리스토텔레스 정치학의 또 다른 오류일 뿐"[273]이라고 믿었다. 이에 대해 제임스 해링턴(James Harrington)은 "공동의 권리와 관심사의 기반 위에 시민사회가 형성되고 유지되게 하는 것은… 아리스토텔레스와 리비에 따르면 인간이 아닌 법의 제국이다."[274]

로마공화국의 이상의 원천

17세기 동안 라틴 저술가가 그리스인들의 직접적 영향을 대체했다. 따라서 우리는 로마 공화국에서 유래된 전통을 간단히 살펴보아야 한다. 솔론(Solon)의 법을 의도적으로 모방해 만들어졌다고 알려진, 그 유명한 12표법은 자유(liberty)의 토대를 이룬다. 그 공법(public laws)의 제1항은 다음과 같다. "모든 시민에게 공통된 법에 반하여 다른 사람에게 상해를 가하는 누군가를 위한 특권이나 법령이 제정될 수 없으며, 모든 시민에게 공통된 법은 그 지위와 상관없이 누구나 이용할 권리가 있다."[275] 이는 관습법(common law)의 발전과 매우 유사한 과정을 거쳐 점진적으로 형성된 기본적인 개념으로[276], 처음으로 완전하게 발전된 사법 체계였다. 이는 이후에 대륙의 법적 사고를 결정지었던 유스티니아누스 법전(Corpus Iuris Civilis)의 정신과 매우 다르다.

이 자유로운 로마의 법 정신은 주로 17세기 라틴 르네상스 시기 동안 다시 한 번 영향력을 행사했던 역사가와 웅변가들의 작품을 통해 우리에게 전해졌다. 리비 – 그의 번역가는 사람들이 (리비 자신은 사용하지 않은) '이소노미아'라는 용어에 익숙해지게 했고, 해링턴은 리비를 통해 법의 통치와 인간의 통치를 구분할 수 있게 도왔다[277] –, 타키투스(Tacitus), 무엇보다 키케로(Cicero)는 고전적 전통을 전파시킨 주요 권위자였다. 키케로는 실제로 근대 자유주의의 주요 권위자가 됐고[278] 우리는 법 아래 자유(freedom)에 대한 가장 효과적인 구성물들을 바로 그에게서 빌려 사용한다. 입법을 지배하는 보편 규칙이나 레게스 레굼(leges legum)의 개념,[279] 자유로워지기 위해 법을 준수한다는 개념,[280] 재판관은 그저 법이 말하는 것을 전달하는 입이어야 한다는 개념[281] 등이 그것이다. 로마법의 고전 시기에 법과 자유 사이엔 갈등이 없었고 자유는 법의 특정 속성, 즉 보편성, 확실성, 정부의 재량권에 대한 제약 등에 의존한다는 점을 키케로보다 더 확실히 이해한 권위자는 없었다.

이 고전 시기는 완벽한 경제적 자유의 시대였기에 그 덕분에 로마가 번영하고 강력할 수 있었다.[282] 그러나 2세기부터 국가사회주의가 빠르게 발전했다.283) 이 발전 과정에서 법 앞의 평등이 만들었던 자유(freedom)는 다른 종류의 평등 요구가 나타남에 따라 점차 파괴되었다. 이후 제국 시대에 새로운 사회 정책을 위해 국가가 경제생활에 통제를 강화하자 엄격했던 법이 약화됐다. 콘스탄티누스 황제 때 절정에 달했던 이 과정은 로마법에 정통한 학자의 말을 빌면 다음과 같이 귀결되었다. "절대 제국은 형평성의 원칙과 함께 법의 장벽에 의해 제국의 의지가 제한되지 않는다고 선언했다. 유스티니아누스는 박식한 교수들과 함께 이 과정을 그렇게 결론지었다."284) 그 후 1,000년 동안 입법이 개인의 자유를 보호해야 한다는 개념은 사라졌다. 그리고 입법의 기술이 다시 발견되었을때, 대륙에서 모델로 삼았던 것은 군주가 법 위에 서 있다는 개념을 가진 유스티니아누스 법전이었다.285)

특권에 맞선 영국의 투쟁

그러나 영국에서는 고전적 권위자들이 엘리자베스 여왕 통치 기간 동안 널리 영향력을 끼친 덕분에 다른 발전의 길을 준비할 수 있었다. 여왕 서거 이후 왕과 의회 간에 큰 싸움이 시작됐고 그 결과 일종의 부산물로 개인의 자유가 나타났다. 오늘날 우리가 직면하고 있는 것과 매우 유사한 경제 정책 이슈를 둘러싸고 당시 논쟁이 시작되었다는 점이 중요하다. 19세기 역사가에게는 갈등을 유발한 제임스 1세와 찰스 1세의 정책이 시사성이 떨어진 구시대적 주제로 보일지도 모르지만, 왕들의 산업 독점 시도로 야기된 문제들은 친숙한 것들이다. 찰스 1세는 심지어 석탄 산업을 국유화하려고 시도하기까지 했고, 이로 인해 반란이 일어날 수 있다는 말을 듣고서야 포기했다.[286]

법원이 그 유명한 독점 판례[287]에서 어떤 물품의 배타적 생산권을 부여하는 것은 "관습법과 국민의 자유(liberty)에 위배된다"고 판결한 이후 모든 시민에 대한 평등한 법 요구는 왕의 지향에 대항하는 의회의 주요 무기가 되었다. 당시의 영국인들은 생산의 통제가 언제나 특권의 창출을 의미한다는 것을 오늘날보다 더 잘 이해했다. 즉, 폴에게 금지되는 일은 피터에게 허용되는 것이라는 것을 말이다.

기본 원칙의 첫 번째 위대한 선언을 야기한 것은 또 다른 유형의 경제 규제였다. 1610년의 고충 청원은 왕이 런던에 건물을 짓고, 밀로 녹말을 만드는 것을 금지하기 위해 만들어진 새로운 규제안에서 비롯됐다. 이 유명한 하원의 청원문은 다음과 같이 말한다. 영국 국민의 전통적 권리 중에서 "불확실하고 독단적인 형태의 정부에 의해서가 아니라 속할 권리가 있는 지도자와 구성원들에게 주어진 일정한 법 규칙에 의해 인도되고 통치될 권리, 이것보다 더 소중하고 귀한 것은 없다…이 뿌리로부터 이 왕국의 국민들이 지닌 명백한 권리, 즉 이 땅의 관습법이나 의회의 동의에 따라 제정된 법령 외에는 그들의 생명, 땅, 신체, 물건에까지 어떤 처벌도 받지 않을 권리가 자란 것이다."[288]

결국 1624년 독점법으로 시작된 논쟁에서 휘그 원칙의 기반을 닮은 에드워드 코크(Edward Coke) 경이 마그나 카르타에 대한 자신의 해석을 발전시켰고, 이는 새로운 강령의 초석이 되었다. 하원 명령으로 바로 인쇄된 "영국의 법제도(Institutes of the Laws of England)" 제2부에서 그는 (독점 판례와 관련해) "카드를 혼자서 만들거나 혼자서만 어떤 거래를 하는 것이 어떤 사람에게 보장된다면, 그 보장은 이전에 또 합법적으로 그 거래를 이용했을 국민의 자유에 반하는 것이며 결국 대헌장(권리장전)에 위배되는 것"[289]이라고 주장했을 뿐만 아니라, 왕실의 특권에 대한 반대를 넘어서 의회 자체에도 경고하기 위해 "모든 명분을 불확실하고 왜곡된 재량권에 맡기지 말고 법이라는 소중하고 일관된 척도에 따라 평가하도록 하라"[290]고 말했다.

내전을 거치면서 이 쟁점에 대해 전면적인 논의가 지속됨에 따라 이후 영국의 정치적 발전을 지배하는 모든 정치적 이상이 점차 나타났다. 우리는 여기서 당시의 논쟁과 소논문 문헌에서 그 발전과정을 추적할 수는 없다.[291] 우리는 단지 왕정복고시기에 그것들이 전통의 일부로 확립됐고, 또 1688년 명예혁명 이후 승리한 측의 강령 일부가 되기까지 점점 더 빈번하게 출현한 주된 생각들을 열거할 수 있을 뿐이다.

후세대에게 영국 내전의 영구적 업적의 상징이 된 위대한 사건은 1641년 특권재판소와 특히 자주 인용되는 메이틀랜드(F. W. Maitland)의 말을 빌리자면 "법을 집행하는 재판관들의 법정이 아니라 정책을 집행하는 정치가들의 법정"[292]인 성실재판소의 폐지였다. 이와 거의 동시에 재판관의 독립성을 보장하려는 노력이 처음 나타났다.[293] 그

후 20년간의 논쟁에서 정부의 독단적 행동을 점차 금지하는 것이 핵심 쟁점이 되었다. '독단적'이란 단어의 두 가지 의미가 오랫동안 혼동되어 왔지만 의회가 왕처럼 독단적으로 행동하기 시작하자[294] 어떤 행동이 독단적이냐 아니냐는 권위의 원천에 달려있는 것이 아니라 기존 법의 보편 규칙에 부합하는지 여부에 달려 있다는 사실을 인식하게 되었다. 가장 자주 강조되는 점은 이전에 존재하던 법이 그것을 규정하고 있지 않으면 어떠한 처벌도 있어서는 안 된다는 것,[295] 모든 법령은 소급되지 않고 장차 일어날 일에 적용되어야 하며[296] 또 모든 치안판사의 재량권은 법에 의해 엄격히 제한되어야 한다[297]는 것이다. 전체를 관통하는 지배적인 생각은 법이 왕이어야 한다는 것, 또는 그 당시 논증적 문헌 중 하나인 『법과 군주(Lex, Rex)』[298]에서 표현했듯이 '법이냐 왕이냐' 여야 한다는 것이었다.

이런 기본적 이상들이 어떻게 보호되어야 하는지에 관해 성문화된 법개념[299]과 권력 분립의 원칙[300]이라는 두 가지 중대한 개념이 점차 등장했다. 왕정복고 직전인 1660년 1월 '웨스트민스터 집회 의회 선언문'에서 헌법의 핵심 원칙을 공식 문서로 명시하려는 마지막 시도가 있었다. 그 놀라운 내용은 다음과 같다. "국가의 자유에 있어서 국민이 법에 의해 통치되어야 한다는 것, 정의는 잘못된 행정에 대해 책임을 지는 곳에 의해 집행되어야 한다는 것보다 더 중요한 것은 없다. 따라서 이 연방의 모든 자유인들의 생명, 자유(liberty) 및 재산을 다루는 모든 절차는 이 땅의 법에 따라야 하며 의회는 통상적인 행정이나 법의 집행에 간섭하지 않을 것임을 선포한다. 이전의 모든 의회가 그랬듯이 정부의 독단에 맞서 국민의 자유(freedom)를 수호하는 것이 원칙인 것이다."[301] 그 후로 권력 분립의 원칙은 '수용된 헌법 원칙'[302]은 아니더라도 적어도 지배적 정치 강령으로라도 남게 됐다.

휘그 강령의 입법화

이 모든 개념은 1688년 스튜어트 왕조 축출 이후 100년 동안 축약된 형태로 영국뿐 아니라 미국과 대륙에도 결정적인 영향을 미쳤다. 비록 당시에는 영향력 면에서 그 이상이었던 저서들도 있었겠지만[303]. 지속적 영향력 측면에서 존 로크의 『통치론 제2논고(Second Treatise on Civil Government)』가 독보적이어서 이 내용만 다루도록 하겠다.

로크의 저서는 주로 명예혁명의 정당성을 포괄적이고 철학적으로 설명한 것으로 유명하며[304] 정부의 철학적 기반에 대해 폭넓게 고찰한 것이 가장 큰 공헌으로 여겨진다. 그 가치에 대해서는 의견이 다를 수 있다. 그러나 적어도 당시에는 중요했으며, 여기서 우리가 주로 관심을 갖는 부분은 승리를 거둔 정치적 강령의 성문화, 즉 정부 권한을 통제해야 한다고 합의한 실천적 원칙들을 성문화시켰다는 점이다.[305]

로크는 자신의 철학적 논의에서 권력을 정당화하는 원천과 통치의 보편적 지향에 관심을 가진 반면, 실천적 문제에서는 누가 권력을 행사하든지 독단적 권력을 어떻게 막을 수 있을까 하는 점에 관심을 가졌다. "정부 체제하의 인간의 자유(freedom)는 그 사회 모든 사람들에게 공통되고 그 속에 확립된 입법 권력에 의해 만들어진 상설법을 갖는 것이다. 그 법이 제한하지 않는 모든 일에서 본인의 의지를 따르고, 불안정하고 불확실하며 자의적인 타인의 뜻에 복종하지 않을 자유(liberty)다."[306] 그의 논의는 "불규칙하고 불확실한 권력 행사"[307]에 반대하는 방향으로 전개된다. 중요한 점은 "어느 나라든 입법권이나 최고 권력을 가진 사람은 누구든지 즉흥적인 판결이 아니라 국민에게 공표되어 알려진, 확립된 상설법에 따라 통치해야 한다. 공평하고 정직한 재판관들은 그런 법에 따라 분쟁을 해결해야 한다. 그리고 그런 법을 집행하기 위해서만 공동체의 힘을 사용해야 한다."[308] 입법부조차 "절대적 독점권"[309]이 없고 "즉흥적이고 독단적인 법령을 통해 스스로를 지배 권력으로 여겨서는 안 되며, 이미 공표된 상설법과 알려진 권위 있는 판결들에 의거해 정의를 실현하고 국민들의 권리를 결정해야 한다."[310] 반면 "법의 최고집행자는…의지도, 권력도 없다. 단지 법에만 있다."[311] 로크는 어떤 절대 권력도 인정하려 하지 않았고 주권 이념을 공격하기 위해 『통치론(Treatise)』을 저술했다.[312] 그가 제안한 권력 남용에 대한 실질적 안전장치로는 권력 분립이 있다. 로크는 선구자들보다 덜 분명하고 덜 친숙한 형태로 그의 생각을 풀어 설명했다.[313] 그의 주된 관심사는 '행정권을 지닌 사람'[314]의 재량권을 어떻게 제한할지였지만 이에 대해 특별한 안전장치를 제시하지 못했다. 그의 궁극적인 목표는 오늘날 종종 '권력 길들이기'라고 부르는 것이었다. 사람들이 "입법부를 선택하고 그것에 권위를 부여하는 목적은 모든 사회구성원의 재산을 지키는 보호책 및 울타리로 기능하는 법과 일련의 규칙들을 만들어, 권력을 제한하고 그 사회의 모든 부분 및 구성원들의 지배력을 완화하는 것이다."[315]

18세기의 발전

하나의 이상이 대중의 견해로 수용되어 정책으로 완전히 실현되기까지는 오랜 시간이 걸린다. 200년 후에 그 과정이 뒤바뀌었을 때에도 법치의 이상은 아직 완전하게 실현되지 않았던 것이다. 어쨌든 그것이 자리를 잡던, 점차 일상 속 실천으로 스며들기 시작하던 시기는 18세기 초반이었다.[316] 1701년 왕위계승령(the Act of Settlement)으로 사법부의 독립이 최종 확인된 후부터[317] 1706년 사권(私權) 박탈의 최종안이 의회에서 통과된 시기를 거치면서 입법부의 독단적 행동을 막는 모든 규정들이 최종적으로 재정립되었을 뿐만 아니라[318] 권력 분립의 원칙이 재확인되기에 이르렀다.[319] 그 시기는 17세기 영국인들이 쟁취하려고 했던 대부분의 원칙들이 천천히 그리고 꾸준히 확장되던 때였다.

그 당시 중요한 사건 몇 가지를 간략하게 언급해보자. 하원의원 한 명이, 오늘날조차 영국 법에 들어가지 않는다고 주장되는, '죄형법정주의'의 기본 원칙을 다시 주장했던 존슨(Johnson) 박사가 논란을 보고

하던 당시) 때가 있었다.[320] "법이 없으면 위법도 없다는 것은 보편적 동의에 의해 확립된 격률일 뿐만 아니라 그 자체로 명백하고 부정할 수 없는 것이다. 그리고 위법이 없으면 처벌도 없다는 것은 역시나 분명한 사실이다."[321] 또 다른 예로 캠든(Camden) 경이 윌크스(Wilkes) 사건에서 법원이 정부의 특정 목적이 아니라 보편적 규칙에만 관심을 갖는다는 것, 혹은 종종 그의 입장으로 해석되는 것처럼 공공 정책은 법정에서 논의할 대상이 아니라는 것을 분명히 밝힌 경우도 있다.[322] 다른 면에서는 진보가 더 느리게 진행되었다. 극빈층의 관점에서 보자면 법 앞의 평등이라는 이상은 오랫동안 다소 의심스러운 사실로 남아있다는 것도 사실일 것이다. 그러나 그런 이념의 정신으로 법을 개혁하는 과정이 더디게 진행된다고 해도 원칙 그 자체가 논란의 대상은 아니었다. 그것은 더 이상 일개 정당의 견해가 아니라 토리당에게도 완전히 받아들여졌다.[323] 하지만 어떤 면에서 진화는 이상과 멀어지는 방향으로 이뤄졌다. 특히 권력 분립의 원칙은 한 세기 동안 영국 헌법에서 가장 두드러진 특징으로 간주되기는 했지만,[324] 근대 내각정부가 발전함에 따라 점점 더 약화되었다. 그리고 무제한적 권력을 주장하는 의회가 다른 원칙에서 출발하게 되었다.

흄, 블랙스톤 및 페일리의 재정립

18세기 후반부는 이후 100년 동안의 여론의 풍토를 결정짓는 이상을 일관되게 드러냈다. 흔히 그렇듯이 이러한 이념을 대중들에게 전달하는 것은 정치철학자와 법률가의 체계적인 진술보다는 역사학자의 사건 해석이었다. 그들 중 가장 영향력 있는 사람은 데이비드 흄이다. 그는 저술을 통해 중요한 점을 재삼 강조했고[325] 그에게 있어 영국 역사의 진정한 의미는 '의지의 통치에서 법의 통치로의 진화'[326]라고 말할 수 있다. 적어도 그의 책『영국사(History of England)』에서 특징적인 한 구절은 인용할 만하다. 흄은 성실재판소 폐지와 관련해 다음과 같이 말했다. "그 당시 어떤 독재적 권위가 몇몇 치안판사에게 위임되지 않은 채 존속한 정부는 세상에 없었고 어떤 역사적 기록에서도 발견되지 않는다. 또 이전에는 인간 사회가 법과 형평성이라는 보편적이고 엄격한 격률 외에 다른 어떤 통제도 없이 스스로 유지되는, 그런 완벽한 상태에 도달할 수 있는지 합리적 의심을 가질 수 있었다. 그러나 의회는 왕을 재량권을 지닌 탁월한 치안판사로 생각했다. 따라서 그가 자유(liberty)를 파괴하는 방향으로 쉽게 돌아설 수 있다고 여긴 것이다. 그리고 법을 엄격하게 준수해야 한다는 격률에서 다소 불편함이 생겨나겠지만 그로 인한 이점은 불편함을 상쇄하고도 남는다는 사실이 밝혀졌다. 영국인들은 계속된 논쟁 끝에 마침내 그 숭고한 원칙을 확립한 자기 조상들을 기억하며 영원히 감사해야 할 것이다."[327]

18세기 말에 와서 이러한 이상들은 명시적으로 진술된 것보다 더 자주 당연하게 여겨지고 오늘날의 독자들은 애덤 스미스[328]와 그의 동시대인들이 '자유(liberty)'라고 표현했던 것을 이해하려면 그러한 이상들을 추론해야 할 것이다. 블랙스톤(Blackstone)의『주해

(Commentaries)』에서처럼 사법부의 독립과 권력분립의 의미 같은 특수한 요점을 상세히 설명하거나[329] '법'의 의미를 상급자나 특정인의 일시적이고 갑작스런 명령이 아니라 영속적이고 단일하며 보편적인 '규칙'[330]으로 정의함으로써 명확히 하려는 노력들을 발견할 수 있다.

물론 이런 이상들과 관련해 가장 잘 알려진 표현은 에드먼드 버크(Edmund Burke)의 많은 저술에서 발견된다.[331] 그러나 법의 지배에 대한 가장 완벽한 진술을 한 사람은 아마도 '성문화(成文化) 시대 위대한 사상 체계자'[332]인 윌리엄 페일리(William Paley)를 꼽을 수 있을 것이다. 그의 말은 조금 길더라도 인용할 만한 가치가 있다. "자유국가의 첫 번째 격률은 법을 제정한 사람과 집행한 사람이 다르다는 점이다. 다시 말해 입법과 사법의 성격이 분리되어야 한다는 것이다. 이런 기관들이 동일한 사람이나 기관으로 통합되면 종종 편파적인 동기에서 출발해 특정 경우를 위해 특정 법률을 만들고 사적인 목적을 추구하게 된다. 반면 분리되어 있으면 어떤 집단에 의해 누구에게 영향을 미칠지 예측할 수 없는 보편법이 만들어진다. 제정된 후에는 다른 사람들에 의해 적용되고 누구에게나 영향을 미치게 된다…법의 영향을 받는 당사자와 이해관계가 알려지면 입법가는 필연적으로 어느 한쪽 편에 서는 경향을 보일 것이다. 그리고 그들의 결정을 규제할 어떤 고정된 규칙이나 그 절차를 통제할 어떤 우월한 힘도 없는 곳에서는 이러한 경향이 공공 정의의 진실성을 저해할 것이다. 그 결과 그런 헌법의 지배를 받는 국민은 일관된 법 없이 살게 된다. 즉, 이미 알려지고 확립된 판결규칙 없이 살아야 한다. 혹은 특정인을 위해 만들어진 법 아래 살아야 하며, 태생적인 동기의 모순과 부당성을 안고 살아가야 한다."

"이 나라에서 입법과 사법의 기능을 분리함으로써 그러한 위험들은 사실상 효과적으로 방지된다. 의회는 법이 영향을 미치는 대상이 되는 개인들이 누구인지 알지 못한다. 법 앞에 어떤 사례나 당사자가 없다. 사적인 의도는 없다. 결과적으로 보편적 효과와 경향을 고려해 결정을 내리게 될 것이다. 따라서 항상 공정하고 모두에게 혜택이 돌아가는 법안을 만들어 낼 것이다."[333]

영국적 진화의 종말

18세기 말경에 자유 원칙의 발전에 대한 영국의 주된 공헌은 막을 내리게 된다. 매컬리(Macaulay)가 흄이 18세기에 한 일을 19세기에 다시 한 번 했고[334] 또 《에든버러 리뷰(Edinburgh Review)》의 휘그당 지식인들과 맥컬로치(J. R. MacCulloch)와 시니어(N. W. Senior) 같은 스미스 전통에 속한 경제학자들은 고전적 범위에서 자유(liberty)에 대해 계속 숙고했지만, 그 이상의 발전은 없었다. 휘그주의를 점차 대체하게 된 신자유주의는 철학적 급진주의와 프랑스 전통의 합리주의 경향의 영향을 점점 더 많이 받게 되었다. 벤담과 공리주의자들은 그때까지 영국 헌법의 가장 존경받았던 특징의 대부분을 경멸하며 영국이 중세 시대부터 지켜온 신념[335]을 파괴하는 데 한몫했다. 그리고 그들은 지금까지 영국에 전혀 없었던 것, 즉 합리주의 원리에 의거해 영국의 법과 제도 전체를 재편하려는 욕망을 드러냈다.

프랑스 혁명의 이상에 끌린 사람들이 영국 자유의 전통 원칙에 대한 이해가 부족했음이 영국에서 혁명 초기 사도들 중 하나인 리처드 프라이스(Richard Price) 박사에게서 분명하게 드러난다. 1778년 그는 이렇게 주장했다. "자유를 '인간이 아닌 법의 통치'라고 말한다면 너무나 불완전하게 정의된 것이다. 만일 공동의 합의가 아닌 한 사람 혹은 한 국가의 비밀결사대가 법을 제정했다면 그들에 의한 통치는 노예제와 다를 바 없다."[336] 8년 후 그는 튀르고(Turgot)에게서 추천서를 받을 수 있었다. "자네는 자네 나라의 저술가들 중에서 자유에 대한 올바른 생각을 제시하고 또 거의 모든 공화주의 저술가들이 그토록 반복해서 언급했던 '자유는 오로지 법의 지배만 받아야 한다'는 관념의 허점을 드러낸 최초의 인물이지 않는가?"[337] 그때부터 본질적으로 프랑스의 정치적 자유라는 개념은 사실상 영국의 개인적 자유 이상을 점차 대체했다. "불과 한 세기 전만 하더라도 프랑스 혁명의 근간을 이루었던 이념을 거부하고 또 나폴레옹에 대한 저항을 이끌었던 영국에서 바로 그 이념이 승리했다."[338] 영국은 17세기에 이룬 대부분의 성과들을 19세기 이후에도 보존했지만 그 기저에 자리한 이상이 보다 발전한 것은 다른 곳이었다.

12

미국의 공헌: 헌정주의

> 유럽은 자유국가의 본거지가 될 수 없는 것처럼 보였다. 인간은 자신의 일에 관심을 가져야 하고 국가는 국가 행동에 대해 하늘에 책임을 져야 한다는 평범한 생각, 즉 오랫동안 고독한 사상가들의 마음속에 숨겨져 있고 라틴어 책 속에 감추어져 있던 이념이 인권이라는 이름으로 마치 정복자처럼 자신이 변화시켜야 할 세상을 향해 터져 나온 것은 바로 미국에서부터였다.
>
> 액튼(Acton) 경[339]

건국의 아버지들과 영국적 전통

"1767년 무제한적인 통치권력을 위임받은, 근대화된 영국 의회가 그들 다수가 적합하다고 생각한 법은 무엇이든 통과시킬 수 있다는 선언을 발표하자, 식민지에서는 공포로 가득한 절규가 터져 나왔다. 매사추세츠 주의 제임스 오티스(James Otis)와 샘 애덤스(Sam

Adams), 버지니아 주의 패트릭 헨리(Patrick Henry) 그리고 해안가를 따라 위치한 다른 식민지의 지도자들은 '반역'과 '마그나 카르타(Magna Carta)'를 외쳤다! 그들은 그러한 강령이 영국의 선조들이 맞서 싸워온 본질을 무너뜨렸고 영국의 현자와 애국자들이 죽음으로 지켜온 그 훌륭한 앵글로 색슨 자유(liberty)에서 그 핵심을 지워냈다고 주장했다."[340] 다수의 무제한적 권력에 열정을 바쳐온 미국의 어느 운동가는 개인의 자유를 수호하기 위한 새로운 시도로 이어진 운동의 시작이라고 평했다.

초기 운동은 영국인의 전통적 자유 개념에 전적으로 기반을 두고 있다. 에드먼드 버크와 그에게 동조한 다른 영국인들만이 "식민지인들은 자유에 공헌했다. 그것도 영국의 이념에 따라, 또한 영국적 원칙 위에서 자유에 공헌했다."[341]라고 말한 유일한 사람들이 아니었다. 식민지인들은 오랫동안 이런 생각을 갖고 있었다.[342] 그들은 자신들이 1688년 휘그 혁명의 원칙을 지지한다고 느꼈다.[343] 그리고 "휘그 정치인들은 워싱턴 장군을 위해 건배하고 미국이 저항한 것에 기뻐하며 독립을 인정해야 한다"[344]라고 생각했다. 따라서 식민지인들은 윌리엄 피트와 그들을 지지하는 휘그 정치인들을 위해 축배를 들었다.[345]

영국에서 의회가 완전한 승리를 거둔 이후 독재적인 어떤 권력도 허용되어서는 안 되며 모든 권력은 더 높은 차원의 법에 의해 제한되어야 한다는 개념이 점차 잊혀졌다. 그러나 식민지인들은 이 이념을 가져왔고 이를 바탕으로 의회에 저항했다. 식민지인들은 의회가 자신들을 대표하지 않을 뿐만 아니라 심지어 스스로의 권력에 대한 어떤 제한도 인정하지 않는 것에 반대했다. 더 고차원의 원칙을 가지고 권력을 법적으로 제한하는 원칙을 의회 자신에게 적용함으로써 자유 정부의 이상을 더욱 발전시킬 주도권은 미국인에게로 넘어갔다.

다른 어떤 국가도 그렇지 못했는데, 지도자들 가운데 정치 철학에 정통한 학자들이 많았다는 점에서 미국은 운이 좋았다. 신생 국가가 다른 여러 면에서 여전히 낙후되어 있을 때 "정치학에서 만큼은 미국이 1위를 차지했다"라고 말할 수 있음은 정말 놀라운 사실이다. 스미스(Smith), 튀르고(Turgot), 밀(Mill), 훔볼트(Humboldt) 같은 위대한 유럽인과 어깨를 나란히 할 수 있는 6명의 미국인이 있었다.[346] 더욱이 그들은 이전 세기 영국 사상가들 어느 누구 못지않게 고전 전통에 정통했고 그들의 이념을 완벽히 이해하고 있었다.

정부를 제한하는 장치로서의 헌법

마지막까지 모국과의 갈등 속에서 식민지인들이 진행시킨 논의와 주장들은 전적으로 자신들이 영국국민으로서 부여받은 것으로 간주한 권리와 특권을 기반으로 했었다. 지금까지 굳게 믿어왔던 원칙인 영국 헌법이 본질상 공허하고 의회의 주장에 성공적으로 항고할 것이 없다는 사실을 깨닫고 나서야, 식민지인들은 잃어버린 토대를 다시 쌓아야 한다는 결론을 내리게 되었다.[347] 그들은 '고정된 헌법'[348]이 모든 자유 정부에 필수적이며, 헌법은 제한된 정부를 의미한다[349]는 것을 기본 강령으로 삼았다. 지난 시간 동안 그들은 메이플라워 서약이나 식민지 헌장 같은 정부의 권한을 정의하고 제한하는 성문화된 문서들에 익숙하게 되었다.[350]

그들은 또 경험을 통해 다른 권력을 할당하고 분배하는 헌법 역시 모두 어떤 권위의 권력을 반드시 제한한다는 사실을 배웠다. 헌법은 스스로를 절차상의 문제에만 국한하고 단지 모든 권위의 근원만을 결정하도록 했다. 하지만 그들은 이런저런 조직이나 사람이 말하는 것을 모두 법이라고 정한 문서를 '헌법'이라고 부르긴 어려웠을 것이다. 그들은 그런 문서를 통해 특정 권한이 서로 다른 당국에 부여되면 대상이나 추구 목표뿐만 아니라 채택될 방법 면에서 그들의 권력 또한 제한될 수 있음을 인식했다. 식민지인들에게 자유는 정부가 법이 명시적으로 요구한 행동에 대해서만 권력을 가져야 하고 아무도 독재적 권력을 소유할 수 없음을 의미했다.[351]

따라서 헌법의 개념은 대의제 정부의 개념과 밀접하게 연관되었으며, 대의 기관의 권한은 그들에게 특정 권한을 부여한 문서에 의해 엄격하게 제한되었다. 모든 권력은 국민에게서 나온다는 표어는 되풀이되는 대표자 투표를 말하는 것이 아니라, 헌법 제정 기구(국가 체제 구성 기구)로 조직된 국민이 대의적 입법부의 권한을 결정할 배타적 권리를 가지고 있다는 사실을 일컫는 것이었다.[352] 이에 따라 헌법은 정부의 다른 부처뿐만 아니라 입법부의 모든 자의적 행위로부터 국민을 보호하는 것으로 간주되었다.

그런 방법으로 정부를 제한하는 헌법에는 권위의 원천을 제한하는 규정 외에 실질적 효과를 가져오는 규칙 또한 포함되어야 한다. 또 임명된 입법부의 행동을 지배할 보편 원칙을 규정해야 한다. 그러므로 헌법의 이념은 권위 혹은 권력 체계의 이념뿐 아니라 규칙이나 법체계의 이념까지 포괄하고 보다 높은 차원의 보편성을 가지며 또 상위기관에서 나온 법적 절차들이 위임받은 기관에 의해 통과된 더 구체적인 법적 내용을 통제한다.

자유의 헌정

현재의 입법을 지배하는 상위법이라는 개념은 아주 오래된 것이다. 18세기에는 통상적으로 그것이 신의 법, 자연의 법, 이성의 법으로 여겨졌다. 그러나 상위법을 성문화시켜 완전히 새롭게는 아니더라도 명시적이고 시행 가능한 것으로 만들려는 생각을 처음 실천에 옮긴 사람은 미국 독립의 식민지인들이었다. 사실 개별 식민지들은 일반 입법보다 훨씬 더 대중적 기반을 가지고 있는 상위법을 성문화하는 최초의 실험을 했었다. 그러나 세계 전체에 막대한 영향을 끼쳤던 모델은 바로 연방 헌법이었다.

헌법과 일반법의 근본적 차이는 보편법과 구체적 사례에 대한 법원의 적용간의 차이와 유사하다. 판사는 보편법에 기반해 구체적 사건을 판결한다. 따라서 구체적 법을 제정하는 입법부는 헌법의 더 보편적인 원칙에 매여 있다. 두 경우 모두 이렇게 구분하는 것이 타당하다. 사법적 판결은 보편법에 부합할 때만 타당하고 특별법은 더 보편적 원칙에 부합할 때만 타당한 것으로 간주되기 때문이다. 그리고 판사가 특정한 이유로 법을 위반하지 않도록 하는 것처럼, 입법부가 임시적이고 즉각적인 목적을 위해 보편적 원칙을 위반하는 것을 막고자 한다.

지금까지 우리는 왜 이것이 필요한지 그 이유를 다른 맥락에서 살펴봤다.[353] 눈앞의 목적을 추구하는 모든 사람은 사실상 지적 능력의 한계로 인해 보편적으로 준수가 요구되는 행동 규칙을 위반하기 쉽다. 우리는 정신 능력에 한계가 있기 때문에 눈앞의 목표가 항상 더 크게 보이고 따라서 그것을 위해 장기적 이득을 희생하는 경향이 있다. 따라서 사회적 행동뿐만 아니라 개인적 행동에서 어떤 결정을 내릴 때, 그 순간의 필요와 관계없이 보편적 원칙을 따름으로써 합리성이나 일관성의 기준에 접근할 수 있는 것이다. 전체적 효과를 고려한다면 입법은 다른 어떤 인간 활동보다 원칙에 의한 인도가 가장 필요하다.

개인과 마찬가지로 입법부도 중요한 눈앞의 목적을 위해 공식화된 원칙을 거부해야 한다면 그 목적을 위한 수단을 취하는 데 더 꺼리게 될 것이다. 어떤 의무나 약속을 파기한다는 것은, 이런저런 일반적인 상황이 발생할 때마다 계약이나 약속이 파기될 수 있다고 명시적으로 말하는 것과는 다른 문제다. 법을 소급하거나 법을 통해 특권을 부여하고 혹은 개인에게 처벌을 가하는 것은, 그러지 말아야 한다는 원칙을 폐기하는 것과는 다른 문제다. 입법부가 어떤 위대한 목적을 달성하기 위해 재산권이나 언론의 자유를 침해할 수 있는 권리를 갖는 것은 그러한 권리가 침해될 수 있는 일반적인 조건을 명시하는 것과는 상당히 다르다.

그러한 입법부의 행위가 정당화될 수 있는 조건들을 명시하는 것은 비록 입법부만이 그러한 요구를 받는다고 해도, 마치 재판관이 자신이 근거한 원칙들을 명시하도록 요구받는 것과 마찬가지의 유익한 효과를 가질 것이다. 또한 다른 기관에만 이런 기본 원칙을 수정할 수 있는 권한이 있다면, 특히 이 기관의 절차가 길고, 또 수정이 필요했던 특정 목적의 중요성이 드러나기까지 시간이 필요한 경우에는 훨씬 더 효과적일 것이다. 일반적으로 정부의 가장 보편적인 원칙을 제정하기 위해 설립된 제헌의회나 유사 기관들은 다른 특정한 법은 통과시키지 못하고 오직 이런 일만 할 수 있는 곳으로 간주된다.[354]

이런 맥락에서 흔히 사용되는 '재고 요청'이란 표현은 광범위한 문제의 한 측면만을 강조하는 것으로, 그 경솔한 표현 때문에 그와 관련된 중요한 문제를 명확히 하기보다는 오히려 모호하게 만들었다. 때로는 단순히 뜨거운 열정을 식힐 시간을 주는 것이 매우 중요할 수 있다. 하지만 문제는 그것만이 아니다. 특정한 수단의 모든 가능한 영향을 명시적으로 판단할 수 없는 사람의 일반적 무능력을 고려하고 또 개별적 결정을 일관된 전체에 맞추기 위해서는 보편성이나 원칙들에 의존한다는 점을 고려해야 한다는 것이다. "사람들이 자신의 관심사 달성을 위해서는 보편적, 불변적인 정의의 규칙을 준수하는 것보다 더 효율적인 방법이 없다."[355]

　헌법 체계가 국민의 뜻을 절대적으로 제한하는 것이 아니라 현재의 목표를 장기적인 목표에 종속시키는 것이라는 점은 굳이 말할 필요가 없다. 사실상 이것은 특정 목표 달성을 위해 그 당시 가용한 수단을 이보다 앞서 장기간 다수를 차지했던 다른 사람들이 제정한 보편적 원칙에 따라 제한한다는 뜻이다. 다시 말해서 이는 특정 사안에 대한 그 당시 다수의 의견에 따른 합의안은 이 다수가 보다 포괄적인 조직에 의해 사전에 확립된 보다 보편적인 원칙을 준수할 것이라는 전제를 기반으로 하고 있음을 의미한다.

　이 같은 권위 분화는 보기보다 더 많은 것을 함축한다. 그것은 의도적 이성의 힘을 제한하는 것을 인정하고 미봉책보다는 입증된 원칙을 더 선호하는 것을 의미한다. 게다가 규칙 체계가 반드시 명시적으로 기술된 헌법의 규칙으로 끝나는 것이 아님을 의미한다. 개인의 마음을 지배하는 힘처럼 사회적 질서를 만드는 힘은 다층적인 사안들이다. 그리고 헌법조차도 보다 근본적인 원칙, 즉 명시적으로 표현된 적은 없으나 이에 대한 동의와 성문화된 기본법을 가능케 하며 그것에 선행하는 원칙이 기저에 깔려있음을 기초로 하거나 이를 전제로 한다. 우리가 의도적으로 법을 제정하는 법을 배웠다고 해서 모든 법이 어떤 인간 행위자에 의해 의도적으로 만들어져야 한다고 생각해서는 안 된다.[356] 오히려 인간 집단이 법 제정이 가능한 그런 사회를 구성할 수 있는 것은 토론과 설득을 가능케 하고 명시된 규칙들을 타당한 것으로 수용하기 위해 반드시 따라야 하는 공통의 신

념을 서로가 공유하고 있기 때문이다.[357]

여기에서 어떤 사람이나 인간 조직도 자기들이 좋아하는 법을 다른 사람에게 강요할 완전한 자유를 가지지 못한다는 결론이 나온다. 홉스적 주권[358] 개념(또한 그로부터 발생한 법실증주의)의 기저에 깔린 정반대의 견해는 자율적이고 자기 결정적인 이성을 구상하는 잘못된 합리주의에서 비롯된 것이며 모든 합리주의적 사고는 신념과 제도라는 비이성적 틀 안에서 작동한다는 사실을 간과한 것이다. 헌정주의는 모든 권력이 일반적으로 통용되는 원칙에 따라 행사될 것이며 권력을 부여받은 사람이 무엇을 하든 옳기 때문이 아니라 옳은 것을 행할 것으로 생각되기 때문에 선출되었다는 전제를 기반으로 한다. 궁극적으로 권력은 물리적 사실이 아니라 사람들을 복종하게 만드는 의견의 상태임을 이해했느냐 여부에 헌정주의가 달려 있는 것이다.[359]

국민들이 따르는 장기적 결정과 보편 원칙이 당대 다수의 권력을 제한하는 것을 '반민주주의적'이라고 주장하는 것은 대중선동가뿐이다. 이러한 제한은 국민들을 그들이 권력을 줘야 하는 이들로부터 보호하기 위한 것이자 국민 자신들이 살아갈 질서의 보편적 특징을 결정지을 수 있는 유일한 수단이 된다. 보편 원칙을 수용함으로써 특정 사안에서는 그들의 손발이 묶이는 건 불가피하다. 자신들에게 사용되지 않기를 바라는 조치들을 삼감으로써 지금의 다수가 언젠가 소수가 되었을 때 그런 조치들이 채택되는 것을 미연에 방지할 수 있기 때문이다. 사실 장기적 원칙을 따르게 되면, 특정 이슈가 발생할 때마다 결정을 내리는 방식보다, 정치 질서의 보편적 속성에 대한 더 큰 통제력이 국민에게 주어진다. 그 당시의 특정 목표가 무엇이든 간에 정부의 권력을 제한하는 영구적인 수단이 자유사회에 확실히 필요하다. 그리고 새로운 미국이라는 국가가 스스로에게 부여한 헌법은 권력의 원천에 대한 규제를 의미했을 뿐만 아니라 자유(liberty)의 헌법, 즉 모든 독단적 강제로부터 개인을 보호할 헌법을 의미했다.

주헌법들과 권리장전들

독립선언에서 연방헌법 제정까지의 11년은 13개 새로운 주들이 헌정주의의 원리를 실험한 시기였다. 몇 가지 측면에서 그 주들 각각의 헌법은 모든 통치 권력을 제한하는 것이 얼마나 중요한 헌정주의의 목표였는지를 최종적인 연방헌법보다 더 분명히 보여준다. 이들을 살피면 무엇보다 헌법문서의 일부로 혹은 별도의 권리장전으로 열거됨으로써 어디서든 개인의 권리를 침해할 수 없다는 점이 가장 두드러졌다.[360] 그중 상당 부분이 식민지인들이 사실상 누려왔던 권리[361]나 항상 그럴 자격이 있다고 생각했던 권리를 재진술한 것에 지나지 않았고, 또 다른 대부분은 당시 논란이 되고 있던 이슈들을 성급하게 공식화한 것임에도 이는 미국인에게 헌정주의가 어떤 의미인지를 분명하게 보여주었다. 그것들은 연방 헌법에 영감을 주게 된 대부분의 원칙들을 여기저기서 앞서 보여준다.[362] 1780년 매사추세츠 헌법 이전의 권리장전에서 밝혔듯이, 그중 가장 중요한 원칙은 정부는 '인간이 아닌 법의 통치'363)여야 한다는 것이었다. 권리장전 중에서 가장 유명한 것은 독립선언 이전에 작성되고 채택되었던 버지니아 헌법으로, 영국과 식민지의 선례를 모델로 만들어졌고 이후 다른 주의 권리뿐만 아니라 1789년 프랑스의 인권선언과 이를 통해 모든 유사한 유럽 문서들의 본보기로 활용되었다.364) 실제로 미국 각 주의 다양한 권리장전과 주요 조항들은 이제 누구에게나 친숙하다.365) 그런데 주의 권리장전 중 네 군데에서 나타나는 '소급입법의 금지' 또는 두 군데에서 보이는 '재산 영구소유권과 독점 금지' 등 몇 가지 조항은 살펴볼 필요가 있다.366) 또 일부 헌법에서 권력 분립의 원칙 확립367)이 강조되었다는 사실도 중요하다. 실제로 이 원칙은 잘 지켜졌기 때문보다는 잘 위반되었기 때문에 더 예우되었다. 독자들에게는 수사학적 수식어에 지나지 않겠지만 당시 사람들에게 아주 중요했던 또 다른 반복적 특징은 여러 헌법에 담긴 '자유 정부의 근본 원칙'에 대한 호소368)였고, 또한 "자유의 은총을 지키기 위해서는 근본 원칙을 반복적으로 자주 상기하는 것이 절대적으로 필요하다"369)는 점을 끊임없이 상기시킨 부분이다.

이렇게 존경할 만한 원칙들 가운데 많은 것들이 여전히 이론에 머물렀으며 주 입법부는 영국 의회가 그랬던 것처럼 무소불위를 주장할 뻔했던 것도 사실이다. 실제로 "대부분의 (독립전쟁기의) 혁명 헌법 아래서 입법부는 실제로 무소불위의 힘을 발휘하였고 그에 따라 행정부는 약화됐다. 거의 모든 제도가 입법부에게 사실상 무제한의 권력을 부여했다. 6개 주의 헌법에서는 통상적인 입법 절차를 통해 헌법을 개정하는 입법부를 막을 수 있는 것은 아무것도 없었다."370) 그렇지 않은 곳에서조차 입법부는 헌법의 내용과 이 헌법이 보호하려고 했던 성문화되지 않은 시민의 권리를 고압적인 태도로 무시할 때가 많았다. 그러한 남용에 대한 명시적 안전장치가 발전하기까지는 시간이 걸렸다. 미국 식민지동맹 기간은 헌법을 집행할 명시적 기구가 없다면 종이 위에 적힌 헌법만으로는 아무것도 변화시키지 못한다는 중요한 교훈을 주었다.371)

연방주의의 발견: 권력분립은 권력을 제한한다

미국 헌법은 계획의 산물이라는 것, 근대 역사상 처음으로 국민들이 살고 싶어 하는 종류의 정부를 의도적으로 구성했다는 것은 상당 부분 사실이다. 미국인들 스스로도 그 프로젝트의 독특한 본질을 잘 인식하고 있었다. 어떤 의미에서는 '영국'보다는 '프랑스 전통'이라고 부르는 것에 가까운 의도적 구성과 실용적 절차에 대한 열망인 합리주의 정신에 의해 인도된 것 역시 사실이다.372) 이러한 태도는 전통에 대한 일반적 불신과 전적으로 자신들이 새로운 구조를 만들었다는 대단한 자부심으로 인해 종종 더 강화되었다. 그것은 다른 많은 유사한 예에서보다 여기에서 더욱 정당화되었다. 그러나 이는 본질적으로 잘못된 것이다. 최종적으로 나타난 통치 형태가 예상했던 구조와 얼마나 다른지, 역사적 사건이나 계승된 원칙을 새로운 상황에 적용한 결과가 얼마나 많은지 등을 주목해야 한다. 연방헌법에 담겨있는 새로운 발견들은 전통적 원칙을 특정 문제에 적용한 데서 나온 것이거나 그저 희미하게 인식됐던 보편적 이념의 결과로 나타난 것이었다.

'연방 정부의 헌법을 연방의 긴급 상태에 좀 더 적합한 형태로 바꾸기 위해' 연방대회가 1787년 5월 필라델피아에서 개최되었을 때 연방주의 운동의 지도자들은 자신들이 두 가지 문제에 직면했음을 발견했다. 모두가 연방의 권력이 불충분하며 강화되어야 한다는 것에 동의했지만, 주요 관심사는 여전히 정부의 권력을 제한하는 것이었고 개혁 추구의 기본 동기는 주 입법부의 권력남용을 억제하는 것이었다.[373] 독립 후 첫 10년 동안의 경험을 통해 그저 방점이 자의적 정부로부터의 보호에서 효율적인 공동 정부 수립으로 옮겨졌을 뿐이다. 그러나 주 입법부의 권력 사용을 의심할 수 있는 새로운 근거를 제공하기도 했다. 첫 번째 문제 해결이 두 번째 문제에 대한 해답을 줄 것이고 일부 필수 권력을 중앙 정부로 이전시킴과 동시에 나머지는 각 주에 남겨둠으로써 모든 정부를 효과적으로 제한하게 된 것은 예상 밖의 결과였다. 매디슨(Madison)이 "강화된 중앙정부의 권력이 주 입법부의 확대된 특권에 대한 균형추가 될 수 있는 한, 사적 권리의 적절한 안전장치와 중앙정부의 적절한 권력 부여 문제는 결국 동일 선상에 있다"[374]라고 생각을 밝혔다. 그 후에 액튼 경은 다음과 같은 위대한 발견을 했다. "민주주의에 대한 모든 보증수표 중에서 연방제가 가장 효과적이고 적합했다… 연방제는 권력을 분할

하고 또 정부에 몇 가지 규정된 권리만 부여함으로써 절대 권력을 제한하고 제약을 가했다. 그것은 다수뿐 아니라 모든 국민의 권력을 제한하는 유일한 방법이었다. 또 모든 진정한 민주주의에서 자유(freedom)의 필수적인 보장책으로 밝혀진 양원제의 탄생을 위한 강력한 기반을 제공했다."[375]

여러 기관으로 권력을 분립시켜 누군가 행사할 수 있는 권한을 항상 제한해야 하는 이유가 무엇인지 언제나 이해된 것은 아니었다. 분리된 기구들은 상호 견제를 통해 서로가 자신들의 권한을 넘어서지 않도록 막는 것만이 아니다. 더 중요한 사실은 어떤 종류의 강제는 다양한 권력들 간의 연합 또는 조정이나 여러 가지 수단을 동원해야 한다는 것이다. 또 이런 수단이 각자 다른 기관의 수중에 있다면 아무도 그런 종류의 강제를 행사하지 못하게 된다. 가장 친숙한 예로 많은 종류의 경제적 통제를 들 수 있다. 경제적 통제는 이를 행사하는 기관이 자기 영역의 경계를 넘어 인적 이동과 재화의 이동을 통제할 수 있을 때에만 효과적이다. 그런 권력이 없다면 내부 사건들은 통제할 수 있더라도 둘 다 동시에 사용해야 하는 정책은 추진할 수 없다. 따라서 연방정부는 아주 명확한 의미에서 제한된 정부인 것이다.[376]

여기서 중요한 연방헌법의 또 다른 특징은 개인의 권리를 보장하는 조항이다. 처음에 권리장전을 헌법에 포함하지 않기로 결정했던 이유와 나중에 처음 그 결정을 반대했던 사람들까지 설득했던 고려 사항 모두 중요한 의미를 지닌다. 포함에 반대했던 진영의 주장은 알

렉산더 해밀턴(Alexander Hamilton)에 의해 『연방주의자(Federalist)』에 분명하게 밝혀져 있다. "[권리장전은] 헌법상 불필요할 뿐만 아니라 위험할 수 있다. 그것들은 보장되지 않는 권력에 대한 다양한 예외를 포함하고 있으며, 이러한 측면에서 보장된 것 이상을 주장하는 것에 그럴듯한 구실을 제공할 것이다. 왜 행사할 권한이 주어지지 않은 일을 해서는 안 된다고 선언해야 할까? 예를 들어 왜 언론의 자유는 그것을 제한할 권한이 없는데도 제한해서는 안 된다고 주장할까? 나는 그러한 조항이 규제할 권리를 부여한다고 주장하는 것이 아니다. 그러나 그것을 강탈하려는 사람들에게 그런 권한을 주장할 수 있는 그럴듯한 구실을 제공할 것이 분명하다. 그들은 그럴듯한 핑계를 대며 다음과 같이 주장할 것이다. 주어지지도 않은 직권의 남용을 막는 불합리한 조항들이 헌법에 담겨서는 안 되며, 언론 자유의 제한에 반대하는 조항은 그와 관련해 적절한 규제를 가할 권리가 연방정부에 부여된다는 의미가 내포된 것이라고 말이다. 이것은 권리장전에 대한 무분별한 열정에 의해 구성적 권력의 강령에 주어지는 수많은 수단들의 표본이 될 것이다."[377] 따라서 헌법은 다른 어떤 문서가 철저하게 열거할 수 있는 것보다 훨씬 더 광범위한 개인의 권리를 보호하기 위한 것이며, 권리들에 대한 명시적 열거는 나머지 부분이 보장되지 않는다는 뜻으로 해석될 소지가 크다는 점에 대해 근본적으로 반대한 것이다.[378] 경험에 비추어 보았을 때 어떤 권리장전도 '우리 제도에 일반적으로 포함되어 있는 보편 원칙'[379]에 내포된 권리들을 모두 진술할 수 없고 그중 일부를 선택하는 것은 다른 것들이 보호되지 않음을 암시할 수 있다는 우려가 충분히 타당해 보인다. 다른 한편 특별히 보호되지 않는다면 헌법이 개인의 권리를 침해하는 데 이용될 수 있는 권력을 정부에게 부여하게 되는 경우가 있으며, 이처럼 특별히 보호되어야 할 몇 가지 권리들은 이미 헌법의 본문에 언급되었기 때문에 좀더 완벽한 목록이 추가되어야 한다는 주장에 공감대가 형성됐다. 나중에는 다음과 같이 언급됐다. "권리장전은 중요하고 없어서는 안 될 때도 많다. 권리장전은 국민들이 정부에 실제로 부여한 권력에 대한 확실한 보증의 역할을 할 수 있기 때문이다. 이것은 모국에서, 식민지의 헌법 및 법에서, 그리고 주 헌법에서 모든 권리장전의 실질적 토대가 된다. 그리고 권리장전은 국민 스스로에게 있어 부당하고 억압적 행위를 막는 중요한 보호책이다."[380]

"이 헌법에서 특정 권리의 열거는 국민이 가지고 있는 다른 권리를 부정하거나 폄하하는 것으로 해석되어서는 안 된다"라고 신중하게 단서(수정헌법 제9조)를 달아 그 당시에는 너무나 분명해 보였던 위험들에 대비했다. 이 조항은 나중에 그 의미가 완전히 잊혀지게 되었다.[381]

자유(liberty)의 주역들이 헌법[382]에 대해 항상 느꼈던 경외심이 이런 측면에까지 확장되는 것으로 여기지 않도록, 특히 동일한 전통의 산물로 간주되지 않도록 미국 헌법의 또 다른 특징을 간단하게나마 언급해 보겠다. 권력분립의 원칙은 최고 통치권자가 국민으로부터 직접 권력을 부여받고 결과적으로 입법부를 관장하는 정당과는 다른 정당에 속할 수 있는 대통령제 공화정을 형성하는 방향으로 나아갔다. 당초 목표했던 바가 이런 결과를 낳았던 그 강령에 대한 해석이 아니었음은 나중에 살펴보기로 하자. 행정부의 효율성을 일부 제한하는 것이 유용한지 여부를 파악하기는 어려운 일이다. 또 미국 헌법의 다른 우수성이 그러한 특징들과 결합되지 않았다면 보다 큰 혜택이 돌아왔을 것이라고 느껴질 지도 모른다.

사법심사제의 발전

헌법의 주된 목적이 입법부를 제한하는 것이라고 생각한다면 다른 법들이 적용되는 방식, 즉 사법재판소를 통해 이런 제한이 적용되도록 협의가 이뤄져야 함이 분명하다. 따라서 한 신중한 역사학자는 다음과 같이 말했다. "위헌법률심사는 미국이 발명한 것이 아니라 헌법의 역사만큼이나 오래된 것이며 이것이 없었다면 입헌주의는 결코 달성될 수 없었을 것이다."[383] 성문화된 헌법 제정으로 나아간 운동의 성격을 보면 법률의 위헌성을 선언할 수 있는 법원의 필요성에 의문을 제기해야만 했다는 사실이 매우 흥미롭다.[384] 어쨌든 중요한 사실은 헌법의 초안을 작성한 사람들 중 일부는 위헌법률심사를 헌법에서 꼭 필요한 부분으로 여겼으며, 그것을 채택한 직후 토론 과정에서 그들은 입장을 분명히 했고[385] 또 연방대법원의 결정을 통해 곧 이 나라의 법이 되었다. 헌법에서 명시적으로 규정하고 있는 주는 한 곳도 없었지만 주 헌법에 따라 주 법원에 이미 적용되었다(연방헌법 채택 이전에도 그런 사례가 몇 가지 있었다).[386] 연방헌법에 따라 연방법원이 동일한 권한을 가져야 한다는 것은 명백해 보였다. 마샬(Marshall) 대법원장이 작성한 마버리 대 매디슨(Marbury v. Madison) 판결문은 성문화된 헌법의 근거를 노련하게 잘 요약한 것으로 유명하다.[387]

그 판결 이후 54년 동안 대법원은 이 권한을 다시 주장할 기회를 더 이상 찾지 못했다는 점이 자주 지적되어 왔다. 그러나 그 기간 동안 주 법원이 그에 상응하는 권한을 자주 행사했고 연방대법원은 그것을 행사하지 않았던 것이다. 따라서 그 권한을 사용해야 했음에도 사용하지 않았음을 보여줄 수 있어야만 문제점으로서 유의미하다는 사실에 주목할 필요가 있다.[388] 게다가 위헌법률심사를 기초로 한 헌법의 전체 강령이 전반적으로 발전한 시기가 바로 이 때였다는 사실에도 의문의 여지가 없다. 17세기와 18세기에 있었던 대영제국의 논쟁에 이어 자유 역사의 한 자리를 차지할 만한 개인의 자유의 법적 보장에 관한 귀한 문헌이 이즈음에 나타났다. 제임스 윌슨(James Wilson), 존 마샬(John Marshall), 조셉 스토리(Joseph Story), 제임스 켄트(James Kent), 다니엘 웹스터(Daniel Webster) 등의 공헌에 대해 보다 자세히 살펴볼 필요가 있다. 이들의 강령에 대한 이후의 반박은 미국 정치 전통이 진화하는 데 끼친 당시 법학자들의 위대한 영향력을 희석시켰다.[389]

여기에서는 이 시기 동안 있었던 헌법 강령의 또 다른 발전에 대해서만 살펴보자. 권력분립에 기반한 헌법 체계는 엄밀한 의미의 법과 (보편 규칙이 아닌) 입법부의 다른 법령을 명확히 구분할 것을 전제로 했다는 인식이 점차 늘어나고 있다. 당시 논의에서 "심의에 기반해 아무런 원한도 없고 그 대상이 누구인지도 모르는 보편법"[390]의 개념에 대해 끊임없이 언급되는 것을 볼 수 있다. '보편'법과 구별되는 '특별'법은 바람직하지 못하다는 논의가 상당히 있었다.[391] 사법적 판결은 엄밀한 의미의 법이 "비슷한 상황에서 공동체 모든 구성원에게 동등한 구속력을 갖는 보편적 공법"[392]이 되어야 한다고 거듭 강조했다. 입법부에 대한 주요 제한들 중 하나로 간주되기까지 이러한 구분을 주 헌법에 포함시키기 위한 다양한 시도들이 있었다.[393] 이는 연방 헌법이 소급법을 명시적으로 금지한 것과 함께(연방대법원의 초기 판결은 이상하게도 형법에만 국한되었다)[394] 헌법 규정이 어떻게 실제 입법 과정을 통제하는지를 보여준다.

정당한 절차에 관한 심각한 이야기

그 세기 중엽에 연방대법원이 의회 입법의 합헌성을 심사할 권한을 다시 주장했을 때, 그 권한의 존재에 어떤 의문도 제기되지 않았다. 오히려 문제는 헌법이나 헌정원칙이 입법에 부과하는 실질적 제한의 본질이었다. 한동안 사법적 판결은 '모든 자유 정부의 본질적 속성'과 '문명의 근본 원리'에 자유롭게 의존했다. 그러나 대중 주권의 이상이 영향력을 발휘함에 따라 보호받을 권리에 대한 명시적 열거를 반대했던 사람들이 우려했던 일이 일어났다. 법원은 "헌법에 스며들어 있지만 말로는 표현되지 않은 정신에 저촉된 법안을 무효화"³⁹⁵⁾할 재량이 없다는 강령을 수용하기에 이르렀다. 수정헌법 제9조의 의미는 잊혔고 그 이후로도 잊힌 채로 남아 있는 것 같다.³⁹⁶⁾

이처럼 헌법의 명시적 조항에 얽매였던 이 세기 후반의 대법원 판사들은 자신들이 처한 상황이 바로 헌법이 명시적으로 금지하지는 않았지만 방지하고자 했던, 입법권력 남용의 전형적 상황이라는 걸 알게 됐다. 사실상 그들은 수정헌법 제14조가 규정했던 무기를 스스로 없애버렸던 것이다. "어느 주도 미국 시민의 특권이나 면책권을 약화시키는 법을 제정하거나 집행할 수 없다"는 금지 조항은 5년도 안 되어 법원의 결정에 의해 '실질적인 무효 조항'으로 전락했다.³⁹⁷⁾ 그러나 같은 조항의 다음 부분 즉, "어느 주도 정당한 법적 절차 없이 어떤 사람의 생명, 자유 또는 재산권을 박탈할 수 없으며 그 사법권 내에서 동등한 법적 보호를 부정할 수 없다"는 부분은 예기치 못하게 중요해졌다.

본 수정안의 '정당한 절차' 조항은 주 입법에 관해 수정헌법 제5조가 이미 규정했고 또 몇몇 주 헌법들이 유사하게 규정한 것을 명시적으로 거듭 규정했다. 일반적으로 연방대법원은 이전 조항을 '법 집행을 위한 정당한 절차'라는 본래의 의미에 따라 해석했다. 그러나 한편 단지 헌법상의 문구들만이 어떤 법률을 위헌으로 간주할지 법원의 결정을 정당화할 수 있는 명백한 원칙으로 되고, 다른 한편 헌법 정신에 반하는 것처럼 보이는 입법이 점차 늘어났다. 바로 이 세기 마지막 25년에 연방대법원은 지푸라기라도 잡는 심정으로 그 절차적 규칙을 실질적 규칙으로 해석했다. 헌법에서 재산권을 언급한 것은 수정헌법 제5조와 제14조의 '정당한 절차' 조항뿐이다. 그 후 50년 동안 이 조항들은 법원이 개인의 자유뿐 아니라 정부가 경찰력 사용과 조세징수를 포함해 경제생활을 통제하는 것과 관련된 법안을 제정하는 기초가 됐다.[398]

이런 특이하고 한편으로 우연한 역사적 발전의 결과는 그것이 제기한 현재 미국 헌법의 복잡한 쟁점들을 여기서 더 자세히 살펴보아야 할 만큼 충분히 일반적인 교훈을 주지는 못한다. 당시 출현했던 상황에 만족했던 사람은 거의 없었을 것이다. 법원은 그토록 모호한 권한을 가지고 특정 법이 입법부에 부여된 특정 권한을 넘어섰는지 혹은 성문법이 됐든 아니든 간에 헌법이 고수하고자 했던 보편 원칙을 위반했는지 여부가 아니라, 입법부가 그 권한을 사용한 목적이 바람직한 것인지에 관해 불가피하게 판결을 내리게 됐다. 이제 그것은 권한을 행사하는 목적이 '합리적인지',[399] 다시 말해 다른 경우에나 정당화될 수 있을지라도 특정 상황에서 특정 권한 행사를 정당화할 수 있을 만큼 필요한 일인지의 문제가 되었다. 법원은 자신의 고유한 사법적 기능을 명백하게 넘어서며 입법권력을 침해하고 있었다. 이로 인해 결국 법원은 여론 및 행정부와 갈등을 빚게 됐다.

1937년의 커다란 위기

대부분의 미국인들에게 이것은 최근의 익숙한 역사지만, 여기서 행정부와 대법원 사이의 투쟁이 절정에 다다랐던 일을 한번은 짚고 넘어갈 필요가 있다. 즉, 시어도어 루스벨트 시기와 라 폴레트(La Follette) 시니어 휘하에서 진보주의자들이 펼친 반(反)사법부 운동 시기부터 이 갈등은 미국의 두드러진 특징으로 계속되었다. 1937년의 투쟁은 법원이 극단적 입장에서 한발 물러서도록 했을 뿐만 아니라 영속적 중요성을 지닌 미국 전통의 근본 원칙을 재확인하는 것으로 이어졌다.

현대 들어 가장 심각했던 경제 불황이 절정에 달했을 때 월터 배젓(Walter Bagehot)이 "천재적이고 매력적인 목소리에 절제된 정신을 가진 어떤 사람, 그는 특별한 진보는 그 자체로 좋은 것일 뿐 아니라 모든 것 중에 최고로 좋고 또 다른 모든 좋은 것의 근원이라고 단언하고 또 주장하는 사람이다"[400]라고 썼을 때 염두에 뒀던 특별한 인물 하나가 미 대통령직을 역임하게 되었다. 가장 필요한 것이 무엇인지 알고 있다고 확신했던 프랭클린 루스벨트는 비록 이것이 "누군가의 손에 들어가면 위험해질 수 있는 새로운 권력 기구를 만들어 내는 것"[401]을 의미할지라도 비상시국에 신임 받은 사람에게 무한한 권한을 주는 것이 민주주의의 기능이라고 생각했다.

목적이 바람직하다면 수단이 정당하다고 여기는 이런 태도는 반세기 동안 입법의 '합리성'을 습관적으로 판단했던 대법원과의 정면 충돌로 이어질 수밖에 없었다. 연방대법원이 만장일치로 국가산업부흥법(NIRA: National Industrial Recovery Act)을 부결한 것은 잘못된 조치로부터 국가를 구했을 뿐만 아니라 헌법상의 권리 안에서 행동한 것도 사실이다. 그러나 이후 과반수의 보수파가 훨씬 더 의심스러운 이유로 대통령의 조치를 차례로 무효화시키자 루스벨트 대통령은 정책을 추진할 유일한 방법은 연방대법원의 권력을 제한하거나 인사를 개편하는 것이라고 확신하게 되었다. '대법원 재구성안'이라고 알려진 법안을 둘러싸고 갈등이 폭발됐다. 1936년 압도적인 다수에 의해 대통령이 연임하면서 이를 시도할 수 있는 그의 입지가 충분히 강화됐고, 또한 대통령의 계획이 널리 폭넓은 지지를 받았다고 법원을 설득할 수 있었던 것으로 보인다. 결과적으로 연방대법원이 극단적인 입장을 철회하고 핵심 쟁점에서 자신의 입장을 번복했을 뿐만 아니라 정당한 절차의 조항을 사실상 입법에 대한 실질적 제한조치로 사용하기를 포기했을 때, 대통령은 가장 강력한 논거를 잃게 되었다. 결국 그의 정책은 자신이 속한 당이 압도적 다수를 차지한 상원에서 완전히 패배하게 되었으며, 그의 명성은 대중적 인기가 정점에 도달했던 그 순간에 심각한 타격을 입게 되었다.

이 에피소드가 법 아래 자유(freedom)라는 이념에 대한 미국의 기여를 다룬 이번 장의 결론으로 적절한 이유는 상원 사법위원회의 보고서에서 사법부의 전통적 역할을 탁월하게 재정립했기 때문이다. 여기서 그 문서의 가장 특징적인 몇 구절만 인용해보겠다. 그 원칙에 대한 진술은 미 헌법 시스템의 보존은 '어떤 입법이 아무리 유익할지라도 입법을 즉각적으로 채택하는 것보다… 헤아릴 수 없을 정도로 더 중요하다'는 것을 전제로 한다. 그것은 "인간의 통치 및 지배와 구별되는 법에 의한 통치와 지배가 지속되고 영속하기 위해 우리는 단지 미국 헌법의 기본 원칙만을 다시 주장할 뿐이다"라고 선언한다. 그리고 계속해서 "만약 연방대법원이 정치적으로 부과된 현재의 지배적 정서에 대응하기 위해 존재한다면 연방대법원은 궁극적으로 냉정하고 지속적인 숙고를 혐오하는 군중들의 열정이 포함될 수도 있는 그 당시 여론의 압박에 굴복해야 할 것이다… 인권과 연관된 자유 정부라는 중요한 문제를 다룰 때 연방대법원의 판결만큼 세련되고 확고한 자유 정부의 철학은 다른 어느 정치인의 저술과 실천에서도 찾아볼 수 없다"[402]라고 언급했다.

입법부가 자신의 권한을 제한한 대법원에게 가장 큰 경의를 표한 것이다. 그리고 이 사건을 기억하는 미국인들 모두 그것이 국민 대다수의 정서를 표현한 것임을 의심하지 않았다.[403]

미국 모델의 영향

미국의 헌정주의 실험은 믿을 수 없을 정도로 성공적이었지만 - 또 그 절반만큼이라도 지속되었던 성문화된 헌법이 있는지 알지 못하지만- 이것은 계속해서 정부를 규제하는 새로운 방식의 실험이고 이 분야에서 모든 지혜를 포함하는 것으로 간주해서는 안 된다. 미국 헌법의 주요 특징들은 아주 초기 단계에 헌법의 취지에 대한 이해에서 나왔고 이후 습득한 교훈을 서면으로 작성해 구체화시키려는 수정 권한을 사용한 적은 극히 드물었다. 어떤 면에서 성문화된 헌법보다 그렇지 않은 부분이 더 많았다. 어쨌든 이 연구의 목적을 위해서는 기저에 깔린 보편 원칙이 구체적 특징들보다 더 중요할 것이다.

요컨대 입법부가 보편 규칙을 따른다는 사실이 미국에서 확립되었다는 점, 기저에 깔린 원칙이 다른 경우에도 적용될 수 있는 방식으로 구체적 문제를 다루어야 한다는 점, 만일 명시적이지는 않더라도 지금까지 준수되던 원칙을 위배했다면 이 사실을 인정하고 국민들의 기본 신념이 실제로 달라졌는지 확인하기 위해 세밀한 과정을 거쳐야 한다는 점 등이 중요하다. 위헌법률심사는 변화에 절대적 장애물이 아니며, 그로 인한 최악의 결과는 절차를 지연시키고 헌법 제정 기구가 쟁점 사안에서 그 원칙을 거부하거나 재확인하도록 하는 것이다.

정부의 당면한 목표 추구를 보편 규칙으로 제한하는 관행은 시류에 편승하는 것을 사전에 방지하는 것이다. 이를 위해 위헌법률심사는 국민투표 같은 일반적 방법의 보완책으로 국민 다수에 대한 호소 등을 통해 보편 원칙 문제를 결정한다. 게다가 정부가 특수하고 일시적인 목적이 아니라 사전에 정해진 장기적 보편 규칙에 따라서만 국민 개개인에게 강제를 가할 수 있다면, 이런 정부는 모든 종류의 경제적 질서와 양립하지 못한다. 보편 규칙에 규정된 방식으로만 강제가 집행된다면 정부가 특정 업무를 수행하는 것이 불가능해진다. 따라서 "모든 껍데기를 벗어버린 자유주의는 '인간이 아닌 법의 통치'를 뜻하는 헌정주의(constitutionalism)"[404]라는 것은 사실이다. 사법부 수호자들의 '자유주의(liberalism)'가 소수의 생각이라고 공격당했던 1937년 연방대법원 투쟁 당시의 미국에서 의미했던 것을 '자유주의'라고 지칭한다면 말이다.[405] 이런 의미에서 미국인은 헌법을 수호함으로써 자유(freedom)를 수호할 수 있었다. 이제 미국의 사례에서 영향을 받은 자유주의 운동이 19세기 초 유럽 대륙에서 헌정주의와 법치의 확립을 주된 목표로 삼게 된 과정을 살펴보자.

13

자유주의와 행정: 법치국가

막연하고 일반적인 행복이 최고권력의 판단에 놓여져 있고 그 행복이 최고권력의 목적이 되어야 한다면 그 최고권력에 명확한 제한이 존재할 수 있겠는가? 폭군이 될 위험이 아무리 크더라도 군주들은 국민의 아버지여야 하는가?

폰 베르그(G. H. von Berg)[406]

절대주의에 대한 반발

대부분의 유럽 국가에서는 18세기 중엽까지 200년간 전제 정부가 자유(liberty)의 전통을 파괴했다. 초기 개념 중 일부는 전승되거나 자연법 이론가들에 의해 발전되기는 했지만 부활의 주된 힘은 영국 해협을 건너왔다. 그러나 이 새로운 운동이 성장하는 과정에서, 당시 미국에 존재했거나 100년 전에 영국에 존재했던 것과는 다른 상황을 맞닥뜨렸다.

이 새로운 요소는 절대주의가 구축한 강력한 중앙집권적 행정기구이자 국민의 주요 통치자가 된 전문 행정가들의 기구다. 이 관료제는 그 자체로 앵글로색슨 세계의 제한된 정부가 할 수 있거나 할 것으로 기대된 것보다 훨씬 더 국민의 복지와 요구에 관심을 가졌다. 따라서 운동 초기 단계에 대륙의 자유주의자들이 직면한 문제들은 영국과 미국에서는 나중에 점진적으로 나타났기 때문에 체계적인 논의가 거의 없었던 것들이었다.

독단적 권력에 반대하는 운동의 가장 큰 목표는 처음부터 법치의 확립이었다. 영국 제도의 해석자들은(그중 대표주자가 몽테스키외(Montesquieu)였다) 법의 통치를 자유의 핵심으로 여겼다. 다른 반대되는 전통의 대표주자였던 루소조차도 "기하학에서 중요한 난제가 원의 면적을 구하는 것이라면 정치학에서 중요한 난제는 인간 위에 법을 두는 통치 형태를 찾는 것"이라고 생각했다.[407] '보편 의지'라는 그의 양가적 개념은 법치 개념의 정교화로 이어졌다. 그것은 모든 사람의 의지뿐만 아니라 의도에서도 보편성을 지녀야 한다는 것이었다. "내가 법의 목적이 항상 보편적이라고 말할 때 이는 법이 항상 모든 대상과 추상적인 행동을 고려하지 어떤 개인이나 누군가의 특정 행동을 고려하는 것이 아니라는 뜻이다. 예를 들어 법은 특권이 있을 수는 있겠지만 그것을 누릴 사람을 지정해서는 안 된다. 법이 여러 계층의 시민을 만들고 심지어 각 계층에 들어갈 자격을 지정할 수도 있다. 그러나 이러저러한 개인을 지명해서는 안된다. 법이 세습으로 왕정을 세울 수는 있지만 왕을 고르거나 왕족을 지명해서는 안 된다. 한마디로 개인을 지명하는 것과 관련된 모든 것은 입법 권한의 범주를 벗어난 것이다."[408]

프랑스 혁명에서 실패한 시도들

역사가인 미슐레(Michelet)의 유명한 구절을 빌어 표현하자면, 1789년의 혁명은 '법의 도래'[409]로 널리 환영받았다. 나중에 앨버트 다이시(A. V. Dicey)는 다음과 같이 말했다. "바스티유는 무법 권력이 겉으로 드러난 가시적 상징이었다. 바스티유의 함락은 영국에 이미 법의 지배가 존재했다는 걸 유럽의 나머지 지역에 알려주는 것처럼 느껴졌다."[410] 그 유명한 '인간과 시민의 권리선언'은 헌법의 본질적 부분으로 대표되는 개인의 권리 보장과 권력분립의 원칙에 대한 주장과 함께 엄격한 법치의 확립을 목표로 했다.[411] 또한 초기의 헌법 제정 과정은 법의 통치에 대한 기본 개념들을 명확히 하기 위한 노고와 현학적 노력들로 가득차 있다.[412]

이 혁명이 법치의 이상에서 얼마나 큰 영향을 받았든 간에[413] 그것이 진짜로 그 이상의 진보를 가져왔는지는 의문이다. 국민 주권의 이상이 법치의 이상과 함께 승리를 거두었다는 사실은 곧 후자를 뒤로 물러나게 했다. 그것과 조화되기 어려운 다른 포부들이 급속히 나타났던 것이다.[414] 법에 대한 존경심을 증진시킬 수 있는 폭력 혁명은 아마도 없을 것이다. 라파예트(Lafayette) 같은 사람은 '클럽의 통치'에 반대하고 '법의 통치'를 호소할 수도 있었겠지만, 그건 헛수고였을 것이다. '혁명 정신'의 일반적 효과는 아마도 프랑스 민법의 주 작성자가 이 법안을 입법부에 제출할 때 했던 말로 가장 잘 나타낼 수 있을 것이다. "이러한 열정은 모든 권리를 혁명의 목표를 위해 폭력적으로 희생시켰고 국익이 요구하는 것에 대한 정의할 수 없고 가변적인 관념 이외에는 다른 어떤 것도 인정하려 들지 않았다."[415]

개인의 자유를 증진하려는 혁명의 노력이 실패로 돌아가게 된 결정적 요인은 마침내 모든 권력이 국민의 수중으로 넘어왔기 때문에 권력 남용에 대한 모든 안전장치가 불필요해졌다는 믿음을 만들어 냈다는 데 있다. 민주주의의 도래가 자동적으로 권력의 독단적 사용을 방지할 수 있다고 생각했던 것이다. 그러나 국민이 선출한 대표들은 행정가들의 권력으로부터 개인이 보호되는 것보다 행정 조직이 자신들의 목적을 위해 충분히 봉사하는 것을 훨씬 더 열망했다는 사실이 곧 밝혀졌다. 프랑스 혁명은 많은 면에서 미국인에게 영향을 받았지만 미국이 성취한 주요 결과, 즉 입법 권한을 제한하는 헌법을 얻지 못했다.[416] 게다가 혁명 시작 단계부터 법 앞에 평등의 기본 원칙은 단순한 권리의 평등(égalité de droit)보다 실질적 평등(égalité de fait)을 주장했던 현대 사회주의 선구자들의 새로운 요구로 인해 위협받게 되었다.

혁명 이후 프랑스의 자유주의

토크빌이 잘 설명했듯이[417], 혁명 중에도 훼손되지 않았고 이후 수십 년 동안의 모든 격동에서도 살아남은 것은 바로 행정 당국의 권력이었다. 실제로 프랑스에서 수용한 권력 분립의 원칙을 극단적으로 해석한 결과 행정 당국의 권력이 강화되었다. 그것은 주로 법원의 간섭으로부터 행정 당국을 보호함으로써 국가의 권력을 제한하기보다 강화하는 데 사용되었다.

혁명에 뒤이은 나폴레옹 정권은 개인의 자유(liberty)를 보장해주기보다 행정 기구의 효율성을 높이고 권한을 확장하는 데 더 관심을 보였다. 이런 경향에 반대해서 7월 왕정의 짧은 기간 동안 다시 한번 슬로건이 되었던 법아래 자유는 그다지 진전을 이루지 못했다.[418] 공화국은 행정부의 자의적 권력 행사에 맞서 개인을 보호하기 위한 체계적 시도를 할 기회가 거의 없었다. 19세기 내내 프랑스에서 이런 상황이 지배적이었기 때문에 '행정법'은 앵글로색슨 세계에서 지금까지도 악명이 높다.

행정기관의 재량권을 제한하는 기능을 점차 맡게 된 새로운 권력이 행정 기구 내에서 점진적으로 커지게 된 것도 사실이다. 원래 입법부의 의도를 충실히 수행하기 위해 만들어진 참사원(Conseil d'État)은 동시대의 영국에서 가능한 것보다 더 확실하게 시민들을 행정 당국의 재량권으로부터 보호해주는 방식으로 발전해서, 최근 그 사실을 발견한 앵글로색슨계 학자들을 깜짝 놀라게 만들었다.[419] 프랑스의 이런 발전은 같은 기간 독일에서 생겨난 유사한 진화보다 더 많은 관심을 끌었다. 독일에서 군주제가 지속되었지만 민주주의적 통제의 자동적인 효율성에 대한 맹신이 이 쟁점을 뭉개버리진 않았다.

따라서 정치적으로 실제적 영향을 끼친 기간은 아주 짧았음에도 그 문제에 대한 체계적 논의는 대륙의 법적 사고에 심오한 영향을 주어 행정부의 통제에 대한 정교한 이론이 탄생할 수 있었다.[420] 또 이런 독일식 법치 형태에 반대하는 새로운 법 이론이 발전해 세계를 정복하고 모든 곳에서 법치를 약화시켰기 때문에 이 부분을 좀 더 살펴보는 것이 중요하다.

독일 법치국가 전통의 원천

프로이센가 19세기에 얻은 평판을 고려했을 때 법의 통치를 위한 독일의 운동이 이 나라에서 시작되었다는 사실은 독자들에게 깜짝 놀랄 일일 것이다.[421] 그러나 어떤 면에서 18세기 계몽 군주제의 통치는 놀라울 정도로 현대적이었다. 실제로 법과 행정 원칙에 관한 한 거의 자유주의적이었다고 말할 수 있다. 프리드리히 2세는 자신을 국가의 첫 번째 신하로 말했는데, 이는 결코 무의미한 주장이 아니었다.[422] 주로 위대한 자연법 이론가와 부분적으로 서구적 원천에서 유래한 전통은 18세기 후반 철학자인 임마누엘 칸트(Immanuel Kant)의 도덕과 법 이론의 영향을 받아 크게 강화되었다.

독일 저술가들은 대개 칸트의 이론을 법치국가를 지향하는 운동이 시작된 출발점으로 여긴다. 이렇게 말한다면 칸트의 법철학의 독창성을 과장한 것이긴 하지만[423] 그의 생각들은 의심할 바 없이 독일에서 가장 큰 영향력을 행사했다. 그의 주요 업적은 법치의 원칙을 보다 보편적인 원칙에 특별히 적용한 도덕의 일반 이론을 제시했다는 데 있다. 그의 유명한 '정언명령', 즉 "격률에 따라 행동해야 하며 동시에 그것이 보편법이 되어야 한다"[424)]는 규칙은 사실 법치의 기초가 되는 기본 이념을 윤리학의 일반 영역으로까지 확장시킨 것이다. 그것은 법치와 마찬가지로 특정한 규칙이 정당성을 확보하기 위해 반드시 따라야 할 단 하나의 기준을 제시한다.[425)] 하지만 그런 규칙들이 자유로운 개인에 대한 지침이 되기 위한 모든 규칙의 보편적이고 추상적인 특징의 필요성을 강조함으로써 이 개념이 법적 발전의 토대를 마련하는 데 가장 중요한 것임이 입증되었다.

여기서 칸트 철학이 헌법 발전에 어떤 영향을 주었는지를 상세히 다룰 필요는 없다.[426)] 단지 빌헬름 폰 훔볼트(Wilhelm von Humboldt)가 젊은 시절 쓴 탁월한 논문 "정부의 영역과 의무(The Sphere and Duty of Government)"[427)]에 대해서만 다루고자 한다. 이 논문은 칸트적 견해를 설명하면서 널리 사용되는 표현인 '법적 자유(freedom)의 확실성'을 대중화시켰을 뿐만 아니라 몇 가지 측면에서 극단적 입장의 전형이 되었다. 즉, 그는 국가의 모든 강제적 행동을 전에 발표된 보편법의 집행만으로 제한했을 뿐 아니라 법 집행이 국가의 유일한 합법적 기능이라고 서술했다. 이는 개인의 자유(liberty)라는 개념을 내포하지 않기 때문에 국가가 어떤 비강제적 기능을 수행할 수 있는지에 대한 의문은 남는다. 이후 법치국가 옹호자들이 서로 다른 개념들을 종종 혼동하게 된 것은 훔볼트의 영향을 받은 까닭이다.

프러시아의 선구자들

18세기 프러시아의 법 발전 과정에서 나중에 중요성이 더해진 두 가지 사실을 더 자세히 살펴보고자 한다. 그중 하나는 프리드리히 2세가 1751년에 민법전[428]을 만들며 모든 법들을 성문화하려는 운동을 시작한 것이다. 이 운동은 급속히 확산되었고 1800~1810년의 나폴레옹 법전에서 가장 잘 알려진 성과를 올리게 되었다. 이 운동 전체는 대륙이 법치주의 확립을 위해 기울인 노력 중에서 가장 중요한 것으로 간주되어야 한다. 왜냐하면 적어도 이론적으로는 관습법 국가들이 도달한 단계를 뛰어넘어 그 진보의 보편적 특성과 발전 방향을 크게 규정지었기 때문이다.

물론 가장 완벽하게 작성된 법전을 가지고 있다고 해서 법치를 확실히 보장해주는 것은 아니다. 또 뿌리 깊은 전통을 대체해줄 수도 없다. 그리고 이 때문에 법치 이념과 판례법 체계 간에 명백한 갈등이 존재한다는 사실이 가려져서는 안 된다. 판사들은 실제로 성문법 체계보다는 판례법 체계하에서 법을 덜 제정하게 될 것이다. 그러나 입법뿐 아니라 사법권 역시 법의 원천이라는 점을 명시적으로 인정하는 것은 비록 영국 전통의 근저에 놓인 진화론을 따른 것이긴 하지만, 이는 법의 제정과 적용 사이의 구분을 모호하게 만드는 경향이 있다. 관습법의 유연성은 정치적 이념으로 받아들여지는 한에는 법치의 발전에 유익하다고 높이 평가되어 왔다. 그런데 일단 자유를 지키는 데 필요한 경계심이 사라지면 그 유연성을 약화시키는 경향에 익숙해지는 건 아닌가 하는 점도 문제가 된다.

성문화의 노력이 법치의 기반이 되는 몇몇 보편적 원칙을 명시적으로 공식화시켰다는 데에는 이견의 여지가 없다. 이중 가장 중요한 것은 '죄형법정주의와 법률불소급의 원칙'[429]을 공식적으로 인정한 것으로, 1787년 오스트리아 형법[430]에 처음 포함되었고 프랑스 인권 선언에 포함된 후 대부분의 대륙 법전에 포함되었다.

그러나 18세기 프러시아가 법치 실현을 위해 가장 기여한 부분은 (공공)행정 통제다. 프랑스에서는 권력 분립의 이념을 문자 그대로 적용함으로써 행정부의 활동이 사법부의 통제에서 벗어나게 됐지만 프러시아는 반대 방향으로 발전했다. 19세기 자유주의 운동에 심오한 영향을 끼친 지도적 이상은 개인 혹은 시민의 재산에 대한 모든 행정 권한 행사가 사법적 심사(위헌법률심사)의 대상이 되어야 한다는 것이었다. 이 방향으로 가장 멀리 나아간 실험은 1797년의 법으로, 프러시아가 신동부지방에만 적용했지만 보편적으로 따라야 할 모델로 간주되었다. 이 법은 행정 당국과 시민들 사이의 모든 분쟁을 보통 법원의 관할권 아래 두었다.[431] 이는 향후 80년 동안 법치국가 논의에서 주요 모델 중 하나로 제시됐다.

자유주의 운동의 이상으로서 법치국가

이러한 기초 위에서 19세기 초 법치국가의 이론적 개념이 체계적으로 발전하게 됐다.[432] 그리고 이 법치국가는 헌정주의의 이념과 함께 새로운 자유주의 운동의 주된 목표가 되었다.[433] 독일에서 운동이 시작되었을 무렵 미국의 선례가 프랑스혁명 당시보다 더 알려지고 이해되었기 때문인지 아니면 독일이 공화정이 아니라 입헌군주제의 틀 안에서 발전한 탓에, 민주주의가 출현함에 따라 문제들이 자동적으로 해결될 것이라는 환상에 빠지는 경향이 덜했기 때문인지 모르겠으나, 여기에서는 헌법으로 모든 정부를 제한하고 개별적으로는 법원이 집행하는 법으로 모든 행정부의 활동을 제한하는 것이 자유주의 운동의 핵심 목표가 됐다.

당시 독일 이론가들의 주장 중 상당 부분은 프랑스에서 여전히 수용되고 있는 용어인 '행정관할권'을 대놓고 반대했다. 즉, 개인의 자유를 보호하기보다 법의 집행을 감시하는 데 주안점을 둔 행정 기구 내 준사법기구에 반대한 것이다. 남부 독일 주의 한 대법원장이 말했듯이, "사적 권리가 공적 행동에 의해 보장되었는지 아니면 침해받았는지 등의 문제가 제기될 때마다 보통 법원에서 판결해야 한다"[434]는 강령이 급속도로 발전했다. 1848년 프랑크푸르트 의회가 전체 독일 헌법의 초안을 작성하려고 했을 때 의회는 모든 '행정 재판'(당시 이해에 따르면)을 중단하고 모든 사적 권리에 대한 침해는 사법재판소(고등법원)에서 판결해야 한다는 조항을 초안에 집어넣었다.[435]

그러나 각각의 독일 주들에서 입헌군주제를 확립함으로써 법치 이념을 효과적으로 실현하리라는 희망은 곧 무너졌다. 새로운 헌법은 그 방향으로 거의 성과를 거두지 못했고 곧 "헌법이 제정되었고 법치국가가 선포되었지만 사실상 경찰국가는 계속되었다. 누가 공법과 기본권리의 공법상 개인주의적 원칙의 수호자가 될 것인가? 이 기본법이 막고자 했던, 팽창과 활동을 갈망하는 바로 그 행정부 말고는 아무도 없었다."[436] 프러시아는 경찰국가라는 명성을 얻고 프러시아 의회에선 법치국가 원칙을 놓고 커다란 투쟁이 벌어졌으며[437] 또 최종 해결책이 도출된 것도 그 후 20년 동안의 일이었다. 한동안 적어도 북부독일에서는 행정부 행동의 적법성에 대한 통제를 보통법원에 맡겨야 한다는 이념이 남아 있었다. 나중에는 대개 '정의주의'[438]라고 불렸던 이런 법치국가 개념이 곧 영국 행정학 연구자인 루돌프 폰 그나이스트(Rudolf von Gneist)[439]가 발전시킨 다른 개념으로 대체되었다.

행정법원의 문제

행정부 활동(행정조치)에서 통상적 관할과 사법적 통제를 분리해야 한다는 주장에는 두 가지 이유가 있다. 두 가지 모두 독일에서 행정법원 체계가 궁극적으로 확립되는 데 기여했으며, 또 혼동될 때도 많지만 그들은 상당히 다르거나 심지어 양립할 수 없는 목표를 추구했기에 명확하게 구분해야만 했다.

하나는 행정행위를 둘러싼 논란에서 제기된 문제들로, 주로 사법 및 형법 분야의 교육을 받은 일반 판사들은 갖지 못한 법과 사실 두 분야 모두에 대한 지식이 필요하다는 주장이다. 이것은 강력하고 결정적인 주장이지만 사법, 상법, 형법의 문제를 다루는 각각의 법원이 분리된 것보다 사법 판결을 내리는 법원과 행정 분쟁을 다루는 법원 간의 분리가 더 확고하다는 사실을 뒷받침해주지 못한다. 보통 법원과 분리된 행정법원은 이러한 의미에서만 법원만큼이나 정부로부터 독립적이며, 법 집행, 즉 기존 법조문의 적용에만 관심을 기울일 수 있는 것이다.

또한 별도의 행정법원은 완전히 다른 근거, 즉 행정행위의 적법성을 둘러싼 분쟁은 그 활동이 통치정책, 혹은 편의성의 문제를 수반하기 때문에 순수한 법률상의 문제로만 판결될 수 없다는 근거로 필요하다고 생각될 수도 있다. 하지만 이런 이유로 별도 설립된 법원은 항상 현 정부의 목표에 관심을 가질 것이고 완전히 독립적일 수 없다. 그들은 행정기구의 일부이며 행정수반의 지시를 따르게 된다. 그들의 목적은 정부 기관이 개인의 사적 영역을 침해하는 것으로부터 개인을 보호하는 것보다 정부의 의도나 지시에 반하는 일이 일어나지 않도록 보장하는 것에 더 중점을 두게 될 것이다. 이들은 개인을 보호하는 수단이라기보다 하위 기관이 정부(입법부 포함)의 의지를 수행하도록 관철시키기 위한 장치가 될 것이다.

행정부의 활동을 지도하고 제한하는 구체적 법 규칙이 있는 경우에만 이러한 과제를 분명하고 딱 떨어지게 구분할 수 있다. 입법과 사법권이 이런 규칙 제정을 시도해야 하는 상황에서 행정법원이 설립되면 이런 식의 구분이 모호해지는 것은 불가피하다. 그런 상황에서 법원이 마땅히 해야 할 일은 지금까지 행정부의 내부 규칙에 지나지 않았던 것을 법적 규범으로 공식화시키는 것이다. 또 그렇게 함으로써 보편적 특성을 가진 내부 규칙과 현재 정책의 특수한 목적만을 표현하는 것들을 구분하는 일이 매우 어렵다는 사실을 알게 될 것이다.

1860년대와 1870년대 독일에서 이런 상황이 펼쳐졌다. 오랫동안 간직해온 법치국가의 이념을 실천하려는 시도가 나타난 것이다. 이 과정에서 장기간 유지되어 온 '사법주의' 주장을 결국 꺾은 주장은 행정부 활동을 둘러싼 분쟁에서 비롯된 복잡한 쟁점들을 다루는 업무를 특별한 훈련을 따로 받지 않는 일반 판사들에게 맡기는 것이 현실적으로 불가능하다는 것이었다. 그 결과 독립된 행정법원이 새로 출범했다. 이는 완전히 독립된 법원으로 오직 법률적 문제에만 관심을 가졌다. 그리고 시간이 지남에 따라 모든 행정 활동에 대해 엄격하게 사법적 통제를 가하기 원했다. 그 시스템을 고안했던 사람들, 특히 주 설계자인 루돌프 폰 그나이스트와 대부분의 후기 독일 행정법률가들에게 독립된 행정법원의 창설은 법치국가의 명확한 증거로, 법치의 확립으로 보여졌다.[440] 실제로는 행정부의 자의적 결정을 단지 소수의 일시적 결함으로 보기에는 허점이 너무나 많았지만, 그 당시로서는 불가피한 것으로 보였다. 그들은 행정기구가 계속 기능하려면 그들 활동에 대한 명확한 규칙이 마련될 때까지 폭넓은 재량권이 주어져야 한다고 믿었다.

따라서 독립된 행정법원의 설립이 조직적으로 법치를 보장하기 위한 제도적 준비 단계의 가장 마지막인 것처럼 보였지만 가장 어려운 과제가 아직 남아 있었다. 확고하게 자리 잡은 관료정치 기구에 대해 사법적 통제기구를 중첩시켜 설립하는 것은 전체 시스템이 구상한 정신에 따라 규칙이 계속 제정되었을 때에만 효과적일 수 있다. 그러나 실제로 법치주의 이상을 위해 고안된 구조가 완성되려면 그 이상을 상당 부분 포기해야만 했다. 새로운 장치가 도입되었던 바로 그때 지적 경향에서도 중대한 반전이 시작되었다. 법치국가를 주된 목표로 하는 자유주의 개념이 폐기됐던 것이다. 1870년대와 1880년대에 행정법원 제도가 독일 주들에서(프랑스에서도) 마지막 형태를 갖추게 되었고 국가사회주의와 복지국가를 향한 새로운 운동이 힘을 얻기 시작했다. 결과적으로 새로운 제도는 행정부가 여전히 보유하고 있던 재량권을 점차 법제화함으로써 정부를 제한하려고 했던 개념을 실현할 의지가 사라졌다. 이제 흐름은 정부가 새로운 과업을 수행할 때 필요한 재량권을 위헌법률심사제로부터 명시적으로 면제시켜 새로운 제도의 허점을 확대하는 것이 됐다.

따라서 독일의 업적은 실천적인 면보다는 이론적인 면으로 더 고려할 가치가 있는 것이 됐다. 그러나 그 중요성을 과소평가해서는 안 된다. 독일은 자유주의 사조가 쇠퇴하기 전에 그 자유주의의 물결이 도달했던 마지막 민족이었다. 서구의 모든 경험을 가장 체계적으로 탐구하고 소화한 것도, 그 교훈들을 의식적으로 현대 행정국가의 문제에 적용시켰던 것도 바로 독일인들이었다. 그들이 발전시킨 법치국가 개념은 오랜 법의 지배 이상의 직접적인 산물이었고 그것이 제한하려고 했던 주요 대상은 군주나 입법부가 아니라 정교한 행정기관이었다.[441] 그들이 발전시킨 새로운 개념들이 결국 확고히 뿌리내리지는 못했지만 어떤 면에서 그것들은 발전의 과정에서 나타난 최종단계였으며, 어쩌면 더 오래된 많은 제도들보다 오늘날의 문제에 더 적합할 수 있다. 이제 개인의 자유(liberty)를 주로 위협하는 것은 전문 행정가의 권력이기 때문에 이를 견제할 목적으로 독일에서 발전된 이 제도에 대해 보다 주의 깊게 살펴볼 필요가 있다.

대륙적 전통에 대한 영국의 오해

독일의 이런 발전이 큰 주목을 받지 못했던 이유 중 하나는 지난 세기 말부터 독일을 비롯한 대륙 곳곳의 지배적 상황을 두고 이론과 실천 사이에서 강한 대립이 있었기 때문이다. 원칙적으로 법치의 이상은 오랫동안 사람들의 인정을 받아왔고 또 중요한 제도적 진보를 보여주는 행정법원은 그 효과가 다소 제한적이었지만 그래도 새로운 문제 해결에 중요한 기여를 했다. 하지만 새로운 실험이 그 새로운 가능성을 발전시키는 데 주어진 시간이 짧았기 때문에 이전 상황들의 몇 가지 특징들이 완전히 사라지지 않았었다. 그리고 복지국가로의 진행이 영국이나 미국보다 대륙에서 훨씬 먼저 시작되었고 또 이로 인해 법에 따른 통치라는 이상과 조화되기 힘든 새로운 특징들이 나타났다.

결과적으로 대륙과 앵글로색슨 국가들의 정치 구조가 가장 비슷했던 1차 세계대전 직전에 프랑스와 독일의 일상적 관행을 관찰한 영국인이나 미국인은 그곳의 상황이 법의 지배와 거리가 아주 멀다고 느꼈을 수 있다. 자주 인용되는 예를 들면, 런던 경찰의 행동과 권한은 베를린 경찰의 것과 그 어느 때보다 큰 차이를 보였다. 그리고 대륙에서 이미 시작된 것과 유사한 발전의 징후들이 서구에서 나타나기 시작했지만, 한 예리한 미국의 관찰자는 19세기 말의 기본적 차이를 다음과 같이 묘사했다. "어떤 경우에는 [심지어 영국에서조차] [지방] 위원회의 관리에게도 규제를 할 수 있는 법적 권한이 주어졌다. (영국의) 지방정부위원회나 우리 보건위원회가 바로 그런 예를 보여준다. 그러나 이는 예외적인 것이며 대부분의 앵글로색슨인들은 이 권력이 본질적으로 독단적인 것으로 절대적 필요 그 이상으로 확대되어서는 안 된다고 생각했다."[442]

이러한 분위기 속에서 영국에서는 앨버트 다이시(A. V. Dicey)가 이젠 고전이 된 저작[443]에서 법의 지배를 전통적 개념으로 재정립했는데, 그의 방식은 대륙의 상황과 대비시켜 진행시키는 것이었고 이는 이후의 모든 논의에서 지배적인 것이 되었다. 그러나 그가 그린 그림은 다소 오해의 소지가 있었다. 그는 법치가 대륙에서는 불완전하게만 우세했다는 전제에서 출발했다. 이 전제는 모두가 인정하는, 부정할 수 없는 것으로 여겼다. 또 그는 이 전제가 행정부의 강제가 위헌법률심사로부터 면제된 사실과 연관되었다고 인식하여, 보통 법원이 행정행위를 심사할 수 있는지 여부를 자신의 검증기준으로 삼았다. 다이시는 프랑스식 행정관할권제도(심지어 그것마저도 불안전하게)[444]만 알고 독일의 발전에 대해 사실상 무지했던 것으로 보인다. 비록 당시의 프랑스 국참사원은 현대의 연구자가 주장한 대로 "시간 내에 행정부의 모든 재량권을 사법적 통제권 안으로 가져오는 데 성공했을 수 있었던"[445] 발전을 이미 시작했다 하더라도, 당시 프랑스 제도에 관한 그의 신랄한 혹평은 어느 정도 일리가 있다. 그러나 그것들은 확실히 독일 행정법원 원칙에 적용될 수 없다. 이는 애초에 다이시가 그토록 지키고 싶었던 법의 지배를 보장하기 위한 목적으로 독립된 사법 기관으로 만들어진 것이었다.

1885년에 다이시가 유명한 『헌법학 개론(Lectures Introductory to the Study of the Law of the Constitution)』을 출판했을 당시 독일 행정법원은 이제 막 형태를 갖추는 중이었고, 프랑스 체제는 최근에 최종 형태를 드러낸 상태였다. 그럼에도 다이시의 '근본적 실수'는 "너무나 근본적이어서 그처럼 명성이 뛰어난 저자로서는 변명하기 어렵다"[446]는 가장 불행한 결과를 가져왔다. 독립적인 행정법원에 대한 바로 그 이념, 심지어 '행정법'이라는 용어조차도 영국에서는 (미국에서는 그보다 덜하지만 그래도) 법의 지배에 대한 부정으로 간주되었다. 따라서 나름의 생각대로 법치의 타당성을 밝히려고 했던 다이시의 시도는 사실상 그것을 보존할 수 있는 최상의 기회를 제공할 수 있는 발전을 가로막은 셈이다. 그는 대륙에 존재하는 것과 유사한 행정기구가 앵글로색슨 세계에서 성장하는 것을 막을 수 없었다. 오히려 그는 새로운 관료 기구를 효과적으로 통제할 수 있는 제도의 성장을 막거나 지연시키는 데 더 기여했던 것이다.

14

개인의 자유에 대한 보호책

이 작은 틈새로 결국 모든 사람의 자유가 빠져나갈 것이다.

존 셀던(John Selden)[447]

법치와 초법적 원리

이제 다양한 역사적 흐름을 고찰하여 법 아래 자유의 핵심 조건을 체계적으로 정리할 차례다. 인류는 오랜 시간 고통스러운 경험을 통해 자유의 법이 몇 가지 특징을 갖춰야 한다는 것을 배웠다.[448] 그건 무엇일까?

첫 번째로 강조해야 할 점은 법치란 알려진 규칙을 집행하기 위한 경우 외엔 정부가 개인에게 절대로 강제를 행사해서는 안 된다는 뜻이기 때문에,[449] 입법부를 포함한 모든 정부의 권한을 제한한다는 것이다. 그것은 법이 어떠해야 하는가에 대한 원칙이자, 개별법이 가져야 할 일반적 속성에 관한 원칙이다. 오늘날 법치의 개념은 통치행위에서 단순한 합법성의 요구 조건과 종종 혼동되기 때문에 이 점이 중요하다. 물론 법치는 완전한 합법성을 전제로 하지만 그것만으로는 충분하지 않다. 법이 정부에게 마음대로 행동해도 되는 무한한 권한을 준다면 그 모든 행동은 합법적이겠지만 법의 지배 아래 있는 것은 아닐 것이다. 따라서 법치란 헌정주의 그 이상의 것이다. 법치는 모든 법이 일정한 원칙을 따를 것을 요구한다.

　법치는 모든 입법에 제한을 가하는 것이므로 입법자가 통과시킨 법이라는 것 자체만으로는 법이 될 수 없다. 헌법 조항이 있으면 법치를 침해하는 것이 더욱 어려워진다. 또 통상적 입법 활동에 따른 의도치 않은 침해를 예방하는 데 도움이 된다.[450] 그러나 최고 입법권자는 결코 자신의 권한을 법으로 제한하지 않을 것이다. 왜냐하면 자신이 만든 어떤 법도 언제든 폐지시킬 수 있기 때문이다.[451] 따라서 법치는 법의 규칙이 아니라 법이 어떠해야 하는지에 관한 규칙, 혹은 상위법 우선의 원칙이나 정치적 이상인 것이다.[452] 법치는 입법자가 그것을 따라야 한다고 여기는 한에서만 유효할 것이다. 민주주의에서 이것이 의미하는 바는, 공동체의 도덕적 전통의 한 부분이 되지 않는 한, 즉 다수가 공유하고 의심 없이 받아들이는 공통된 이상이 되지 않는 한 법치는 자리잡을 수 없다는 것이다.[453]

　이 사실이 법치 원칙을 향한 끊임없는 공격을 더욱 불길하게 만든다. 법치의 적용은 또한 우리가 최대한 가까이 다가가고자 하지만 결코 완벽하게 실현할 수 없는 이상이기에 그 위험은 더욱 커진다. 법치의 이상이 사람들 생각에 확고히 자리 잡았다면 입법과 사법은 법치에 점점 더 가까워지는 경향을 보일 것이다. 그러나 실행 불가능하고 심지어 바람직하지 못한 것으로 간주되어 사람들이 그 이상의 실현을 위해 노력하기를 멈춘다면, 법치의 이상은 순식간에 사라질 것이다. 그러한 사회는 독단적인 폭정 상태로 재빨리 회귀할 것이다. 이것이 바로 지난 2, 3세대 동안 서구 세계 전체를 위협해온 문제다.

또한 법치는 단지 정부의 강제 행사만을 제한한다는 사실도 똑같이 명심해야 한다.[454] 강제 행사만이 정부의 유일한 기능이 아니다. 법 집행을 위해서라도 정부는 자신이 관리할 물질적 자원과 인적 자원을 필요로 한다. 그리고 외교 분야처럼, 통상적으로 국민에 대한 강제 문제가 발생하지 않는 정부만의 활동 영역들이 있다. 우리는 정부의 강제적 활동과 비강제적 활동을 구분하는 것에서 다시 시작해야 한다. 일단 가장 중요한 것은 법치는 정부의 강제적 활동과만 관련돼 있다는 점이다.

정부가 행사하는 주된 강제 수단은 처벌이다. 법의 지배하에서 정부는 공표된 보편 규칙의 위반을 처벌할 때에만 개인의 사적 영역을 침해할 수 있다. 그러므로 '죄형법정주의'의 원칙은[455] 법치의 이상이 낳은 가장 중요한 결과물이다. 한편 이 진술이 얼핏 보기엔 명확하고 확실해 보이지만, 우리가 '법'의 정확한 의미를 묻게 되면 많은 난제들이 드러난다. 어떤 관리자의 명령에 불복한 사람을 어떤 방식으로 처벌할지를 단순히 기술한 것이 법이라면 이 원칙이 충족되는 것이 아닐 것이다. 그러나 가장 자유로운 국가에서조차 법은 종종 그런 강제 행위에 대한 규정으로 보인다. 경찰에게 불복종하는 경우에 '공중도덕 위반'이나 '공공질서 위반' 혹은 '경찰 업무 방해' 등으로 처벌받지 않을 나라는 없을 것이다. 따라서 우리는 법치를 가능하게 하는 복잡한 원칙들 전체를 고찰해야 이 원칙의 핵심요소를 비로소 완전히 이해할 수 있다.

진정한 법의 특징들

법치의 이상이 매우 확실한 법 개념을 전제로 한다는 점과 입법 당국이 제정한 것이라도 그 모든 게 이런 의미에서의 법은 아니라는 점을 지금까지 살펴봤다.[456] 현재 관행으로는 입법 당국이 적절한 방식으로 통과시킨 것 모두를 '법'이라고 부른다. 그러나 단어의 공식적 의미 그대로 따져보면[457] 이 법률 중 몇 개만이(오늘날에는 더 극히 일부만이) 사적 개인 사이 또는 개인과 국가 사이를 규제하는 실체적인 (혹은 실질적인) 법이다. 이른바 법률이라는 것의 대부분은 정부기관을 지휘하는 방식과 사용할 수 있는 수단에 관해 국가가 공무원에게 하달한 지시라고 할 수 있다. 오늘날엔 이런 수단의 사용을 지시하고 일반 시민이 준수해야 하는 규칙을 정하는 것이 모두 입법부의 업무다. 이것이 확립된 관행이긴 하지만 반드시 그래야만 하는 것은 아니다. 나는 보편규칙을 정하는 임무와 행정부에 명령을 내리는 임무를 분리된 각각의 대표기구에 위임함으로써, 또한 그들의 결정을 독립적인 위헌법률심사제도에 맡김으로써 두 가지 유형의 결정이 혼동되는 것[458]을 막는 것이 바람직하지 않나 하는 생각밖에 들지 않는다. 우리는 두 가지 유형의 결정이 민주적으로 통제되기를 바라지만 이것이 반드시 같은 의회기구의 손에 있어야 한다는 뜻은 아니다.[459]

현행 제도는 정부가 자신에게 주어진 수단(지시를 수행하기 위해 고용된 사람들의 모든 서비스를 포함)을 관리해야 하지만, 그렇다고 이것이 민간인의 노력도 이와 유사하게 관리해야 한다는 의미가 아니라는 사실을 가리는 데 기여한다. 자유로운 사회와 자유롭지 않은 사회를 구분하는 것은 전자의 개인이 공적 영역과 분명하게 구분되는 사적 영역을 인정받았다는 점이다. 사적 개인은 지시받지 않고 모든 사람에게 동일하게 적용되는 규칙만 준수할 것으로 기대된다. 자유 시민의 자랑거리는 알려진 법의 테두리 안에 있는 한 누구의 허락을 구하거나 누구의 명령에 복종할 필요가 없다는 것이었다. 하지만 오늘날 우리 중 누가 이런 주장을 할 수 있을지는 의문이다.

실체적 의미에서의 법(실체법)인 보편적이고 추상적 규칙들은 우리가 봐온 것처럼 본질적으로 장기적 조치이며, 아직 알려지지 않은 사례들을 다룰 뿐, 특정의 인물이나 장소 혹은 대상에 대한 언급이 포함되지 않는다. 그러한 법률은 그 효과 면에서 항상 소급 적용되지 않고 미래 지향적이 되어야 한다. 이렇게 돼야 한다는 것이 거의 보편적으로 받아들여지는 원칙이지만 항상 법률의 형태로 표현되는 것은 아니다. 이는 법치가 계속 유효하기 위해 반드시 준수되어야 할 상위법 원리의 좋은 예다.

법의 확실성

진정한 법에 요구되는 두 번째 주요 특징은 알려지고 또 확실해야 한다는 점이다.[460] 자유사회를 원활하고 효율적으로 운영하기 위해 법의 확실성이 갖는 중요성은 아무리 강조해도 지나치지 않는다. 단일 요소로서는 이 땅에 자리잡은 법의 상대적 확실성만큼 서구의 번영에 기여한 것도 없을 것이다.[461] 법의 완전한 확실성이 우리가 도달하려고 노력해야 하지만 절대로 완벽하게 도달할 수 없는 이상이라고 해서 이 사실이 달라지는 게 아니다. 확실성이 어느 수준까지 도달했는지를 폄하하는 것이 유행이 되었고, 또 주로 소송을 다루는 변호사들이 그러는 이유도 이해가 간다. 그들은 대개 결과가 불확실한 사건들을 다룬다. 그러나 법적 확실성의 정도는 소송까지 가지 않는 분쟁들로 판단해야 한다. 왜냐하면 법리를 검토하는 것만으로 분명한 결론이 내려지는 경우들이기 때문이다. 따라서 법적 확실성을 측정하는 척도는 법원까지 가지 않는 사건들이다. 이런 불확실성을 과장하는 현대의 경향은 법치에 반대하는 캠페인의 한 부분인데, 이는 나중에 다시 살펴볼 것이다.[462]

요점은 법원의 결정이 예측 가능하다는 것이지, 그것들을 결정하는 모든 규칙을 말로 표현할 수 있다는 뜻이 아니다. 법원의 행위가 기존의 규칙을 따라야 한다는 주장은 모든 규칙이 명시적이어야 한다거나 충분한 단어로 미리 기록되어야 한다는 의미가 아니다. 후자를 주장하는 것은 사실상 이룰 수 없는 이상을 위해 분투하는 것이다. 절대로 명시화 할 수 없는 그런 '규칙'이 존재한다. 이런 규칙의 상당수는 단지 일관되고 예측 가능한 결정을 이끌어내기 때문에 사람들이 감지할 수 있고, 또 그것을 따르는 사람들에게 기껏해야 '정의감' 정도로 인식될 것이다.[463] 물론 심리학적으로도 법적 추론은 명시적 삼단 논법으로 구성되지 않고 주요 전제 역시 대개는 명시적이지 않다.[464] 결론이 의존하는 많은 보편적 원칙들은 공식화된 법안 내에 암묵적으로만 존재하기 때문에 법원에서 찾아내야 하는 것들이다. 그러나 이는 법적 추론만의 특이한 점이 아니다. 우리가 공식화할 수 있는 모든 일반화는 우리가 명시적으로 알지 못하지만 그럼에도 불구하고 우리의 정신 작용을 지배하는 상위의 일반화에 의존한다. 우리는 우리의 결정이 의존하는 보다 보편적 원칙들을 발견하기 위해 항상 노력하겠지만, 이것은 아마도 그 본성상 결코 완성될 수 없는 끝없는 과정일 것이다.

일반성과 평등

진정한 법의 세 번째 요건은 평등이다. 평등을 규정하는 것의 중요성은 다른 것들과 마찬가지이지만 그 어려움은 훨씬 더 크다. 모든 법은 모두에게 평등하게 적용돼야 한다는 말에는 우리가 규정한 보편성 그 이상의 의미가 담겨있다. 법이란 표면적으로는 모든 사람들에게 완벽하게 보편적이면서도,⁴⁶⁵⁾ 어떤 계층에게는 다른 규정으로 작동하기도 하는 것이다. 자발적으로 잘 살아가는 시민 집단 내에서조차도 그런 계층화는 반드시 생겨난다. 계층화는 계속적으로 진행되어 언제나 특정 사람들 혹은 한 명의 개인으로까지 세분하는 지점까지 다다르게 된다.⁴⁶⁶⁾ 이 문제를 해결하기 위해 수많은 기발한 시도가 이뤄졌음에도 어떤 방식의 계층화가 법 앞의 평등과 양립하는지 말해줄 수 있는 전적으로 만족스러운 기준은 아직 발견되지 않았음을 인정할 수밖에 없다. 흔히 말하듯이, 법은 법과 무관한 차별을 해서는 안 된다거나 또는 법의 목적과 무관한 이유로 사람을 차별해서는 안 된다고 말하는 것은⁴⁶⁷⁾ 쟁점을 회피하는 것에 지나지 않는다.

그러나 법 앞의 평등은 목표를 정확하게 결정해주지 않고 방향을 알려주는 이상이기에, 언제나 도달할 수 없는 곳에 놓여있다. 하지만 무의미한 것은 아니다. 우리가 충족시켜야 할 중요한 요건 하나, 즉 선택된 어떤 집단 내부의 사람들뿐만 아니라 집단 밖의 사람들도 역시 이러한 계층 구분의 타당성을 인정해야 함을 이미 언급했다. 법이 사람들 각각에게 미칠 영향을 예측할 수 있는지 여부를 묻는 것은 실제로 중요한 문제다. 법의 평등이라는 이상은 아직 알려지지 않은 사람들의 기회를 동등하게 향상시키는 것을 목표로 하지만 예측 가능한 방법으로 기존에 알려진 사람들에게 이익이나 해를 주는 것도 허용될 수 없다.

흔히들 말하길, 법치에서의 법은 보편적이고 평등한 것뿐 아니라 정당해야 한다고 한다. 법이 효과를 발휘하기 위해서는 사람들 대부분이 정당하다고 받아들여야 한다는 것에는 의문의 여지가 없다. 하지만 우리가 보편성과 평등성 외에 다른 공식적인 정의의 기준을 갖고 있을지는 의문스럽다. 일단 법이 공식화 되면 우리는 보편적으로 받아들여지는 보편적 규칙에 의거해 적합성 여부는 평가할 수 있을 것이다. 그 규칙이 성문화된 것이 아니어도 말이다. 그러나 자유(freedom)의 지배와 양립할 수 있는지와 관련해서는 보편성과 평등성 말고는 법을 평가할 기준이 없다. 서로 다른 사람들 간의 관계를 조정하는 것에만 국한되고 개인들의 사적인 관심사에 개입하지 않는 그런 법에 대해서는 말이다. "법은 나쁘고 부당할 수 있다. 그러나 법의 보편성과 추상성의 공식화는 이런 위험성을 최소한으로 줄여준다. 법의 보호적 특성, 즉 존재 이유는 그 보편성에서 찾을 수 있다."[468]는 말은 진정 옳다.

보편적이고 평등한 법이 개인의 자유(liberty) 침해를 가장 효과적으로 보호해준다는 사실을 인정하지 않을 때가 종종 있다면, 이것은 주로 국가와 그의 대리기관을 법으로부터 암묵적으로 열외시키고 정부가 개인에게 그러한 면제권을 부여할 권한이 있다고 가정하는 습관 때문이다. 법치의 이상은 다른 사람에게 법을 집행(국가의 유일한 독점권이다)하지 않을 땐 같은 법에 따라 행동하고 따라서 다른 사적 개인과 똑같이 제한 받을 것을 국가에게 요구한다.[469] 모든 법이 통치자를 포함한 모두에게 동일하게 적용된다면 어떠한 억압적인 규칙도 채택될 수 없게 된다.

권력분립

　새로운 보편 규칙을 정하는 것과 이를 구체적인 사례에 적용하는 것을 효과적으로 분리하기란, 각각의 기능을 다른 사람이나 기구에게 각각 일임하지 않고는 인간의 힘으로 불가능할 것이다. 따라서 권력분립 원칙의 적어도 이 부분만큼은[470] 법치의 필수적인 부분으로 간주되어야 한다. 특정 사례만 염두에 두고 규칙을 제정해서는 안 되며 특정한 사례들은 보편 규칙 이외의 기준으로 판정되어서도 안 된다. 이 보편 규칙이 아직 명시적으로 공식화되지 않았고 따라서 앞으로 자료수집이 더 필요한 것일지라도 말이다. 이를 위해서 정부의 그때그때의 목표에 구애 받지 않는 독립된 법원이 필요하다. 요점은 어떤 상황에서 강제력 행사 여부가 결정되기 전에 상호 조정을 거친 두 개의 기관에 의해 각기 두 개의 기능이 독립적으로 수행돼야 한다는 것이다.

　훨씬 더 어려운 문제는 법치를 엄격하게 적용했을 때, 행정부가 나머지 둘과 동등한 조건으로 상호 조정된, 고유하고 독립된 권력으로 간주되어야 하는지 여부다. 물론 행정부에게도 적합하다고 판단되면 자유롭게 행위해야 하는 영역이 존재한다. 그러나 법의 지배 아래에서는 시민에 대한 강제적 권력 행사는 그 영역이 아니다. 권력 분립의 원칙은, 행정부가 사적 개인을 대함에 있어 입법부가 제정하고 독립적인 법원이 적용하는 규칙에 항상 복종하는 건 아니라는 의미로 해석되어서는 안 된다. 그러한 권력을 주장하는 것은 법치와 정반대되는 것이다. 어떤 업무시스템에서든 행정부는 독립된 법원이 통제할 수 없는 권한을 갖게 되는 건 틀림없지만, '개인과 재산에 대한 행정권'은 그들에게 허용될 수 없다. 법치는 언제, 어디서, 어떻게 강제를 행사할지 규정한 규칙에 따라 집행부의 강제 행위가 제한될 것을 요구한다. 이것을 보장할 수 있는 유일한 방법은 이런 종류의 모든 행동을 위헌법률심사의 대상이 되게 하는 것이다.

그러나 행정부가 따라야 할 규칙을 일반 입법부가 제정해야 할지 아니면 이 기능을 다른 기관에 위임해야 할지는 정치적 편의의 문제다.[471] 이는 법치 원칙과는 직접적 관련이 없으며 그보다는 정부에 대한 민주주의적 통제의 문제다. 법치 원칙에 관한 한 입법권의 위임 그 자체에는 아무런 반대가 없다. 시나 도의 지방 의회 같은 지방의 입법기관에 규칙 제정 권한을 위임하는 것도 반대할 이유가 전혀 없다. 심지어 이 권한을 비선출직의 기관에 위임한다 해도, 그 기관이 스스로 만든 규칙을 적용하기 전에 먼저 공표하고 그들 자신도 그것을 따른다면 법치를 위배하지 않는다. 현대에 와서 위임권의 광범위한 사용이 야기하는 문제는 보편 규칙을 제정할 권력이 위임되기 때문이 아니라 권력 행사의 지침을 분명하게 제시할 보편 규칙이 공식적으로 제정되지 않음으로써 사실상 규칙 없이 강제력을 행사할 수 있는 권한이 행정 당국에 주어지기 때문이다. 흔히 '법 제정권 위임'이라 불리는 것은 규칙을 제정할 수 있는 권력을 위임하는 것(비민주적이거나 정치적으로 현명하지 못한)이 아니라 법의 강제력 사용을 결정할 권한을 위임하는 것이다. 즉, 입법부의 법안처럼 법원의 이의 제기 없이 받아들여질 수밖에 없는 것이다.

행정재량권의 한계들

이에 따라 행정부 재량권의 법적 한계는 오늘날 중요한 이슈가 되었다. '모든 사람들의 자유가 조만간 빠져나갈 작은 틈새'가 바로 여기 있는 것이다.

이 문제에 대한 논의는 '재량권'이라는 용어의 의미에 대한 혼란으로 인해 방해 받아 왔다. 우리는 이 단어를 법을 해석하는 판사의 권한에 대해 우선적으로 사용한다. 그러나 규칙을 해석하는 권한은 우리가 다루려는 그 재량권이 아니다. 판사의 업무는 타당한 법의 규칙 체계 전체 정신에 내포된 함의를 발견하거나, 필요할 경우, 법원이나 입법자에 의해 명시화되지 않은 것을 보편 규칙으로 발현시키는 것이다. 이 같은 해석 업무는 특정한 구체적인 목적을 추구하기 위해 자신의 뜻대로 할 수 있는 권한이라는 의미의 재량권이 판사에게 주어진다는 뜻이 아니다. 이는 그의 법 해석이 원칙상 상급 법원의 검토 대상이 될 수 있다는 점을 통해 알 수 있다. 판결 내용이 다른 기관의 검토 대상이 되며 검토의 기준이 기존의 규칙과 사건의 사실들뿐인지의 여부는 어떤 판결이 원칙에 의한 것인지 아니면 판사의 재량권에 의한 것인지를 알려주는 가장 좋은 시금석일 것이다. 법에 대한 구체적인 해석은 논란을 일으킬 수 있고 때로는 완전히 납득할 만한 결론에 도달하는 것이 불가능할 수도 있다. 그럼에도 불구하고 재판은 단순한 의지 행위가 아니라 규칙에 의해 이루어져야 한다는 사실에는 변함이 없다.

우리와 별 관련 없는 또 다른 부류의 재량권은 정부의 위계질서 내 어디에나 있는 리더와 직원 사이의 관계에 관한 문제다. 위로는 독립된 입법부와 행정부처 수장들 간의 관계에서부터 아래로는 관료조직의 각 단계에까지 전체 정부 권한 중에서 어떤 부분이 특정 부서나 공무원에게 위임되어야 하는가라는 문제가 발생한다. 법에 의해 특정 업무가 특정 기관에 할당되기 때문에 개별 기관이 어떤 일을 할 자격을 가졌는지, 정부 권한 중 어떤 부분을 행사하게 될 것인지는 흔히 재량권의 문제로 다루어진다. 정부의 모든 행위가 고정된 규칙을 따르는 것은 아니며 정부 위계질서의 각 단계에서 하위 기관에 상당한 재량권이 주어져야 한다는 것은 분명하다. 정부가 스스로 내부의 자원을 관리하는 한 비슷한 상황에서 한 기업의 경영자에게 필요한 정도의 재량권이 주어져야 한다는 것은 당연하다. 다이시가 지적한 대로, "말하자면 그 자신의 사업경영 과정에서 정부는, 자신의 관심사를 추구하는 모든 사적 개인이 가져야 할 행동의 자유가 정부 자신에게도 필요함을 알게 될 것이다."[472] 입법 기관이 행정 기관의 재량권을 제한하는 데 지나치게 열성적이어서 불필요하게 그 효율성을 저해시킬 때가 종종 생기기 마련이다. 이는 어느 정도 불가피한 면이 있다. 그리고 사업의 경우엔 수익이라는 효율성 판단의 기준이 있지만, 관료조직은 그 기준이 미비하기 때문에 사업적 관심사보다 더 큰 범주의 규칙이 적용돼야 한다.[473]

법치에 직접적 영향을 주는 부류의 재량권은 특정한 정부 대리인의 권한을 제한하는 것이 아니라 정부 전체의 권한을 제한하는 것에 관한 문제다. 이는 전반적인 행정의 범위 문제다. 정부가 자신의 가용 수단을 효율적으로 사용하기 위해서는 상당한 재량권을 행사해야만 한다는 사실을 부정하는 사람은 아무도 없다. 하지만 다시 말하건대, 사적 개인과 그의 재산은 정부 행정의 대상도, 정부의 목적을 위해 사용될 수단도 아니다. 재량권의 문제는 행정부가 시민의 사적 영역을 침해하는 경우에만 우리와 관련이 있게 된다. 그리고 법치 원칙은 사실상 행정당국이 이 영역에서는 재량권을 갖지 말아야 한다는 것을 의미한다.

법의 지배 아래 활동할 때 행정 기관은 판사가 법 해석에 있어 재량권을 발휘하는 것처럼 재량권을 자주 행사해야 할 것이다. 그러나 이 재량권은 독립된 법원에서 그 내용을 심사판정함으로써 통제될 수 있어야 하고 또 그렇게 돼야 한다. 이는 그 판정이 법의 지배 원칙으로부터 그리고 법에 규정돼 있고 관련 당사자들이 잘 알고 있는 상황으로부터 도출되는 것이어야 한다는 의미다. 그 판정은 정부가 갖고 있는 특별한 지식이나 그 당시 목적, 사람들에게 미칠 효과에 관한 선호를 비롯해 다른 구체적 목적에 부여된 특정 가치에 의해 영향을 받아서는 안 된다.[474)]

이 시점에서 현대 세계에서 자유가 어떻게 유지될 수 있는지 알고 싶은 독자는 겉보기에 아주 훌륭하나 그 중요성이 종종 인정받지 못한 법률적 관점을 살펴볼 준비를 해야 한다. 모든 문명국가에는 행정부 결정에 맞서 법원에 호소하기 위한 몇 가지 조항이 존재하지만, 이는 대개 당국이 자신이 했던 일을 할 권리가 있는가의 문제만 다룬다. 그러나 어떤 기관이 행한 모든 것이 합법이라고 법이 규정하고 있다면 무슨 일을 해도 법원에서 규제할 수 없음을 우리는 이미 살펴보았다. 법의 지배 아래에서 법원은 어떤 기관이 취한 특정 행동이 법적으로 허용된 것인지 여부를 판결할 권한을 가져야만 한다. 다시 말해 행정부의 활동이 개인의 사적 영역을 침해하는 모든 경우에 대해 법원은 특정 행동이 권한 내(infra vires)인지 아니면 권한 밖(ultra vires)인지를 판단할 권한을 가져야 한다는 것이다. 이 경우에 한해 행정부의 재량권 행사는 금지된다.

이 요건은 분명히 자신이 사용할 수 있는 수단을 가지고 특정한 결과를 얻으려 노력하는 행정기관에는 적용되지 않는다.[475] 그러나 법치의 본질은 사적 개인과 그의 재산은 이렇게 정부가 마음대로 사용하는 수단이 될 수 없다는 데에 있는 것이다. 보편 규칙에 따라 강제가 행사되는 곳에서는 모든 구체적인 강제 행위의 정당성이 그러한 규칙에서 도출되어야 한다. 이것을 보장하기 위해서는 정부의 일시적 목적이 아니라 오직 규칙에만 관심을 가지며, 다른 기관이 그렇게 행동할 권리가 있는지뿐만 아니라 그런 행동이 법에 의해 요구된 것인지 여부까지 말할 권한을 지닌 기관이 존재해야 한다.

입법과 정책

지금 우리가 관심을 갖는 구분은 흔히 입법과 정책이라는 대비되는 용어로 다뤄진다. 후자의 용어가 적절하게 정의된다면, 우리가 말하고자 하는 요점을 다음과 같이 표현할 수 있을 것이다. 강제는 현행 정책의 개별 목표를 달성하기 위한 수단일 때가 아니라 일반법에 부합할 때에만 허용된다. 그러나 이런 기술 방법은 오해의 소지가 있는데, '정책'이란 용어가 더 넓은 의미로 사용되며, 그 경우 모든 입법적 요소가 그 안에 들어가기 때문이다. 따라서 입법은 장기 정책의 주요 도구이며, 법 적용에서 행해지는 모든 것은 그 전에 이미 결정된 정책을 수행하는 것이다.

혼란의 더 큰 원인은 법률 내에서 '공공 정책'이란 표현이, 성문화되지 않았더라도 좀더 특수한 규칙의 타당성을 보증하는 것으로 이해되는, 몇 가지 널리 퍼진 일반 원칙을 묘사하는 데 사용된다는 사실에 있다.[476] 선의를 지키거나 공공질서를 유지하는 것 혹은 부도덕한 목적의 계약을 승인하지 않는 것이 법률 정책이라고 말할 때, 이는 행동 규칙이라기보다는 정부의 영구적 목적 차원에서의 규칙을 가리킨다. 즉, 정부는 주어진 권한의 한계 내에서 그 목적을 달성하기 위한 행동을 해야 한다는 뜻이다. '정책'이란 용어가 이런 데에 사용되는 이유는 달성해야 할 목표를 구체화하는 것이 추상적 규칙인 법의 개념과 상충되는 것처럼 느껴지기 때문인 것으로 보인다. 이렇게 추론하면 그 관행이 설명되긴 하지만, 이 추론은 확실히 위험의 소지가 있다.

정책이 시대 변화에 따라 달라지는 구체적인 목표를 추구하는 정부의 행위를 뜻하는 것이라면 그것은 입법과 완전히 대비된다. 이러한 의미에서 행정부는 주로 정책 집행에 관심을 갖는다. 행정부의 임무는 끊임없이 변화하는 지역사회의 요구에 부응하기 위해 정부가 이용할 수 있는 자원을 감독하고 배분하는 것이다. 국방에서 도로 유지, 보건위생에서 거리 치안에 이르기까지 정부가 시민을 위해 제공하는 모든 서비스는 분명히 이런 종류에 속한다. 이런 임무를 위해 특정한 수단과 공무원들을 채용하고 끊임없이 다음의 우선 과제와 사용 수단을 결정해야 할 것이다. 이런 임무와 관련된 전문 행정가들은 자신이 할 수 있는 모든 것을 지금 추구하고 있는 공공 목적의 서비스로 끌어들이는 경향을 가질 수밖에 없다. 오늘날 법치가 그토록 중요한 까닭은 사적 영역을 집어삼키려는 행정 기구로부터 민간 시민을 보호하기 위해서다. 법치란 이런저런 특별 임무를 위임받은 기관들이 자신의 목적을 위해 어떤 주권(통치권, 독일인이 '국가 주권'이라고 부르는 그 주권이 아니다.)도 행사할 수 없으며 특별히 그들에게 부여된 수단에만 국한해야 한다는 것을 의미한다.

기본권과 시민적 자유

자유(freedom)의 통치 아래에서 개인의 자유 영역은 일반법에 의해 명시적으로 제한되지 않은 모든 행동을 포함한다. 지금까지 살펴보았듯이, 행정 당국의 간섭을 받지 않도록 보다 중요한 사적 권리를 특별히 보호해야 하며 이러한 권리들 몇 가지를 명시적으로 열거하게 되면 오직 그것들만이 헌법에 의해 특별히 보장받는다는 의미로 해석될 수 있다는 사실은 매우 우려스러운 부분이다. 이러한 우려는 충분한 근거가 있는 것으로 증명됐다. 그동안의 경험으로 보자면 불완전할 수밖에 없는 권리장전일지라도 이는 쉽게 침해될 수 있는 몇몇 권리들에 중요한 보호장치가 되어준다는 주장이 분명 타당하긴 하다. 하지만 오늘날 기술의 변화는 개인 자유(liberty)에 대한 새로운 잠재적 위협을 끊임없이 만들어내기 때문에 보호받아야 할 권리 목록을 완벽하게 작성할 수 없음을 인식해야 한다.[477] 라디오와 텔레비전 시대에는 정보에 대한 자유로운 접근이 더 이상 출판의 자유에 문제가 되지 않는다. 사람의 행동을 통제하기 위해 약물이나 심리적 기술이 사용되는 시대에는 개인의 신체의 자유 문제가 더 이상 물리적 구속으로부터의 보호 문제가 아닌 것이다. 이동의 자유 문제는 자국 정부가 여권을 발급해주지 않아 해외여행이 불가능해졌을 때 새로운 중요성을 갖게 된다.

기술적으로 정신을 통제할 수 있는 가능성이 급속히 커지고 처음에는 개인의 인격에 무해하거나 유익한 권력으로 보였던 것이 정부의 수중으로 넘어가게 되는 시대의 초입에 서있음을 고려한다면 이 문제는 매우 중요한 것이다. 인간 자유에 대한 가장 큰 위협은 우리의 미래에 여전히 존재한다. 스스로의 목적을 위해 정부 기관이 식수에 적절히 약물을 첨가하거나 다른 유사한 수단으로 전체 인구의 마음을 들뜨게 혹 우울하게 하거나, 흥분시키거나 무력하게 만들 수 있는 날이 조만간 닥칠 수도 있다.[478] 권리장전이 어떤 경우에도 그 의미가 유지되기 위해선, 권리장전의 목적이 개인의 자유(liberty)를 침해하는 모든 것들로부터 개인을 확실히 보호하기 위한 것이며 따라서 거기에는 정부의 간섭에 맞서 개인이 실제로 과거에 누려왔던 면책권들을 보호하는 보편적 조항이 담겨있는 것으로 받아들여져야 한다.

마지막 방편으로 이런 근본적 권리를 법적으로 보장하는 것은 헌정주의가 제공하는 개인 자유에 대한 안전장치의 일부일 뿐이며, 자유(liberty)에 대한 법률적 침해로부터 더 확실히 안전을 보장하는 것은 권리의 법적 보장이 아니라 헌법 그 자체다. 이미 보아왔듯이, 권리의 법적 보장은 현행법의 성급하고 즉흥적 행동으로부터 보호해주는 것 그 이상을 할 수 없으며 최종 입법자의 의도적 행위에 의한 권리 탄압은 전혀 막을 수 없다. 이에 대한 유일한 안전장치는 여론이 그 위험성을 분명히 인식하는 것이다. 그러한 조항이 중요한 이유는, 대중들에게 개인 권리의 가치를 일깨워주고 또 국민이 그 중요성을 충분히 이해하지 못하는 경우라도 개인 권리의 가치를 앞으로 지켜내야 할 정치적 신조의 한 부분으로 만들어주기 때문이다.

개인적 영역에 대한 개입의 조건들

우리는 지금까지 이러한 개인 자유(freedom)의 보장을 절대 침해될 수 없는 절대적 권리인 것처럼 서술했다. 사실 이 개념은 사회의 정상적 작동은 이를 기반으로 한다는 것과 이 원칙에서 벗어나려면 특별한 정당화가 필요하다는 것 정도만을 의미할 뿐이다. 자유사회의 가장 근본적인 원칙조차도 전쟁의 경우처럼 장기적인 자유(liberty)를 보전하기 위해서는 일시적으로 희생될 수 있다. 하지만 그러한 경우에는 정부의 비상 권한(또한 그 남용을 막을 안전장치)의 필요성에 관해 광범위한 동의가 있는 것이다.

우리가 더 깊이 생각해봐야 할 것은, 인신보호영장 발급 중단이나 계엄령 선포로 시민의 자유 중 일부를 일시적으로 박탈할 필요성이 아니라, 공공의 이익을 위해 개인이나 집단의 특정 권리가 침해될 수 있는 조건이다. 언론의 자유 같은 근본적 권리조차도 '명백하고 현존하는 위험' 상황에서는 제한되어야 할 수 있다거나 정부가 토지 강제 매입을 위해 토지수용권을 행사할 수도 있다는 것은 논쟁의 여지가 없다. 그러나 법치가 유지되려면 그런 행동들은 법에 의해 규정된 예외적인 사안으로만 한정되어야 한다. 따라서 그 정당성은 어떤 정부 기관의 자의적 결정을 통해 얻어지는 것이 아니라 독립 법원에서 심의되어야 한다. 또한 그로 인해 영향을 받는 개인들은 자신들의 정당한 기대가 좌절됨으로 인해 피해를 입지 않아야 하고 그런 행동의 결과로 발생한 손실은 모두 보상되어야 한다.

'정당한 보상 없이는 몰수도 없다'는 원칙은 법치가 자리잡은 곳에서 항상 인정되어 왔다. 그러나 법률 지상주의에서는 이 원칙이 필수 불가결한 요소로 항상 인정되는 것이 아니었다. 정의는 이를 요구한다. 더욱 중요한 점은, 사적 영역의 불가피한 침해는 개인의 정상적 기대가 좌절되면서 나타난 손해보다 공공의 이익이 더 큰 경우에만 허용되어야 한다는 것이 바로 우리의 최고 보험이라는 사실이다. 완전한 보상을 요구하는 주된 목적은 그런 사적 영역 침해를 제한하기 위함이며, 사회의 정상 작동을 가능케 하는 원칙에 대한 예외를 정당화할 정도로 그 특정 목적이 중요한지 확인하기 위함이다. 공적 행위에 따른 혜택은 가시적이지 않아 추정하기 어렵고 당면한 특정 목적의 중요성을 과대평가하는 전문 행정가들의 악명 높은 경향에 비추어 볼 때 일단 개인 소유자를 믿어줘야 하고 보상은 노골적인 남용의 기회를 주지 않도록 최대한 높게 책정되는 것이 바람직하다. 결국 이것이 의미하는 바는, 정상 규칙에 예외가 허용되려면 공공의 이익이 분명하고 상당한 정도로 그 손실을 초과해야 한다는 것이다.

절차적 보호장치

이제 법치를 구성하는 필수 요소들을 나열해보는 작업이 모두 마무리됐다. 그러나 인신보호영장제도, 배심원 재판제도 등과 같이 앵글로색슨 국가에서 대부분의 사람들이 자신들이 누리는 자유(liberty)의 주요 기반으로 여기는 절차적 안전장치는 다루지 않았다.[479] 영국과 미국 독자들은 아마도 내가 본말을 전도해서 근본적인 것은 제쳐두고 사소한 부분에만 집중했다고 느낄 것이다. 사실 일부러 구성을 그렇게 짰다.

　나는 어떤 식으로든 이러한 절차적 안전장치의 중요성을 폄하할 생각이 전혀 없다. 자유를 수호함에 있어 이들의 가치는 아무리 강조해도 지나치지 않다. 그러나 그것들의 중요성에 대해서는 일반적으로 잘 인식되고 있는 반면에 안전장치가 효율적으로 작동되기 위해서는 여기서 정의된 법치의 수용이 전제돼야 한다는 사실, 따라서 그러지 못하면 모든 절차적 안전장치가 쓸모 없게 된다는 사실은 제대로 이해되지 않고 있다. 사실 영어권 세계가 인간에 대한 법의 지배라는 중세적 개념을 보존할 수 있었던 것은 절차적 안전장치에 대한 존중 때문일 것이다. 그러나 이 사실이 모든 정부 기관들의 행위를 총괄하는 추상적 법치의 존재에 대한 기본 신념이 흔들렸을 때에도 자유가 지켜질 것이라는 증명은 아니다. 사법형식은 특정 목적이나 가치의 상대적 바람직함에 따라 판결을 내리는 것이 아니라 법에 따라 판결을 내리도록 보장하기 위한 것이다. 사법 절차의 모든 규칙, 즉 개인을 보호하고 정의의 공정성을 보장하기 위한 모든 원칙은 개인 간 혹은 개인과 국가 간의 모든 분쟁이 일반법에 의거해 결정되어야 함을 전제로 한다. 이 규칙들은 법이 자리잡도록 고안된 것이지만, 법이 판결을 기관 당국의 재량에 맡기도록 의도되면 법은 정의를 보호하는 데 무력해진다. 오직 법이 판결하는 곳에서만, 즉 독립된 법원이 최종 판결을 내리는 곳에서만 절차적 안전장치가 자유의 안전장치가 될 수 있다.

　나는 여기에서 전통적 제도가 전제하는 법의 근본 개념에 집중했다. 내가 보기엔 사법적 절차의 외형적 형태를 고수하면 법치를 지킬 수 있다는 믿음이 오히려 그 보전에 가장 큰 위협이기 때문이다. 법치에 대한 신념과 사법 형식에 대한 존중은 서로 맞물려 있어 어느 쪽도 다른 하나가 없이 단독으로 존재하면 효과적이지 않다는 점을 의심하지 않으며, 오히려 그 점을 강조하고 싶어하는 편이다. 그러나 오늘날 주로 위협받는 것은 전자이다. 이런 위협의 주요 원인 중 하나는 재판 형식을 철저히 지키면 법치가 보존될 것이라는 착각이다. "사회는 사법적 절차의 형식과 규칙을 본래 그것들이 속하지 않은 곳에 도입한다고 해서 구제되지 않을 것이다."[480] 사법적 판결의 필수 조건이 결여된 곳에서 사법 형식을 가장해 일을 처리하거나 혹은 법의 적용으로 결정될 수 없는 사안에 대해 판사에게 결정권을 주는 것은, 아무 효과가 없을 뿐 아니라 그가 존경받아야 할 곳에서조차 그에 대한 존경심을 파괴할 뿐이다.

15

경제정책과 법치

의회(하원의회)…가 처한 상황조건은, 그들이 만들 법은 사회의 대부분뿐만 아니라 그들 자신 및 그들의 친구들에 대해서까지 완전한 효력을 갖는다는 점이다. 이것이야말로 항상, 인간의 지략으로 통치자를 인민과 결합할 수 있는 가장 강력한 속박의 하나였다고 생각된다. 이는 통치자와 인민 사이에 이해관계의 공유와 정서의 공감을 만들어 낸다. 그 본보기를 보여 준 정부는 거의 없었지만, 어떤 정부도 이것 없이는 독재정치로 타락한다.

제임스 매디슨(James Madison)[481]

개인적 자유는 특정한 통치방법들을 배제한다

경제 영역에 있어 자유(freedom)에 대한 고전적 주장은 다른 모든 영역과 마찬가지로 법치가 정책을 지배해야 한다는 암묵적 가정에 기초한다. 이러한 배경에서 살펴보지 않는다면 애덤 스미스나 존 스튜어트 밀 같은 사람들이 했던 정부의 '개입'에 대한 반대의 본질을 이해할 수 없다. 따라서 그 기본 개념에 익숙하지 않은 사람들은 그들의 입장을 종종 오해하곤 했다. 그리고 모든 독자가 법치의 개념을 받아들이지 않게 되자마자 영국과 미국에서 바로 혼동이 발생했다. 경제활동의 자유는 법 아래 자유를 뜻했지 정부 활동의 부재를 의미하는 것은 아니었다. 그러므로 저자들이 원칙의 문제로 반대했던 정부의 '간섭' 혹은 '개입'은 법의 보편적 규칙이 보호하고자 했던 사적 영역의 침해만을 의미할 뿐이었다. 그 자유는 정부가 어떤 경제적인 문제에도 절대 관여해서는 안 된다는 의미가 아니었다. 원칙적으로 금지되어야 하며 어떤 편의상의 이유로도 정당화될 수 없는 종류의 정부조치가 있다는 의미였다.

애덤 스미스와 그의 후계자들에게 관습법상의 통상적 규칙 집행은 분명히 정부의 간섭이 아니었다. 또 그들은 일반적으로 이 용어를 이 규칙들을 대체하는 데 적용하거나 또는 모든 사람에게 무기한 동일하게 적용되도록 의도된 입법부의 새로운 법안을 통과시키는데 적용하려고 하지도 않았다. 그들이 명시적으로 그렇게 말한 적은 없지만 그들에게 간섭은 보편법을 일상적으로 집행한 것이 아니라 특정 목적 달성을 위해 의도된 정부의 강제력 행사를 의미했다.[482] 그러나 여기서 중요한 기준은 어떤 목적을 추구하느냐가 아니라 어떤 방법을 채택하느냐. 국민들이 분명히 원하는 것이라면 아마도 그들은 어떤 목표든 정당하다고 여겼을 것이다. 그러나 그들은 특정한 명령과 금지의 방식을 자유사회에서는 일반적으로 허용할 수 없는 것으로 여겼다. 간접적으로만, 즉 정부에게서 특정한 목적을 달성할 수 있는 어떤 수단을 박탈하는 방법으로만 이 원칙은 정부에게서 자신의 목표를 추구할 권력을 박탈할 수 있다.

후대의 경제학자들은 이러한 문제들에 대해 혼동이 발생한 것에 일정 부분 책임이 있다.[483] 사실, 경제 문제에 대한 정부의 모든 관심에 의구심이 드는 것, 특히 정부가 경제 활동에 적극적으로 참여하는 데에 강력한 반대가 존재하는 것에는 다 그럴만한 이유가 있다. 그러나 이런 주장들은 경제적 자유에 대한 일반적 주장과 상당히 다르다. 이 주장들은 이 분야에서 선호돼 온 정부 정책들의 대부분이 사실상 편의성이 없다는 사실에 기반한다. 실패가 예상되기 때문이건, 비용이 이익보다 더 크기 때문이건 말이다. 이것이 의미하는 바는, 편의성이 법치와 양립할 수 있는 한에는 정부의 개입이라고 해서 거부될 수 없으며 모든 경우가 편의성의 관점에서 검토될 수 밖에 없다는 것이다. 분별없고 해로운 정책에 맞서 싸우면서 불간섭의 원칙에 습관적으로 기대는 것은 자유 체제와 양립할 수 있는 정책과 그렇지 않은 것들 간의 근본적인 구분을 흐릿하게 만드는 결과를 초래해 왔다. 또한 자유 기업에 반대하는 사람들은 특정 정책이 바람직한지 여부는 원칙의 문제가 아니라 언제나 편의성의 문제라고 주장함으로써 이러한 혼동을 더욱더 조장했다.

다시 말해 정부의 활동 규모보다는 그 성격이 더 중요하다는 것이다. 시장경제가 제대로 기능하려면 국가의 특정 활동이 전제되어야 한다. 또한 시장경제의 작동을 보조하는 국가의 활동도 있다. 또한 시장의 원활한 작동과 양립될 수 있는 것이라면 시장은 더 많은 국가 활동도 받아들인다. 그러나 자유 체제가 기반한 바로 그 원칙에 위배되는 활동, 따라서 자유 체제가 제대로 작동하기 위해서는 완전히 배제시켜야 하는 국가의 활동도 있다. 결과적으로 상대적으로 활동이 적지만 잘못된 일을 하는 정부는, 경제 문제에 관심을 갖지만 자신의 활동을 경제의 자생력을 보조하는 선으로 제한한 정부보다 시장 경제의 역량을 약화시키는 데 더 많은 역할을 할 것이다.

이 장의 목적은 자유 체제와 양립할 수 있는 정책과 그렇지 않은 정책을 구분할 수 있는 기준을 법치가 제공한다는 사실을 보여주는 데 있다. 양립할 수 있는 것들은 편의성 측면에서 더 검토될 수 있을 것이다. 물론 양립할 수 있는 정책 중 많은 것들이 검토를 통해 보면 여전히 바람직하지 않거나 심지어 해로울 수도 있을 것이다. 그러나 양립할 수 없는 것들은 바람직한 목적을 위해 효과적이거나 어쩌면 해가 없고 효과만 있는 수단을 제공한다 할지라도 반드시 거부해야 한다. 법치를 준수하는 것이 자유 경제의 원활한 작동을 위한 충분조건은 아니지만 필수조건임을 알게 될 것이다. 중요한 점은 정부의 모든 강제력 행사가, 개인이 일정한 확신을 가지고 자신의 계획을 세울 수 있고 인간의 불확실성을 최대한 줄일 수 있는 영구적인 법적 틀에 의해 분명하게 결정되어야 한다는 사실이다.

정당한 정부활동의 범위

우선 정부의 강제적 조치와 순수한 서비스 활동을 구분해보자.

후자는 강제력이 발동되지 않거나 세금으로 재정을 조달할 때에만 강제가 동원되는 활동이다.[484] 정부가 다른 곳에서 전혀 공급되지 않을 서비스(대개는 비용을 지불할 사람들에게만으로 혜택을 제한할 수 없는 서비스가 그렇다)를 공급할 때 발생하는 유일한 문제는 그로 인해 얻어지는 혜택이 비용을 들일 가치가 있느냐는 것이다. 물론 정부가 특정 서비스를 제공할 수 있는 독점권을 주장한다면 그것들은 엄밀한 의미에서 강제성을 갖게 된다. 일반적으로 자유사회는 정부가 강제의 독점권을 가질 뿐만 아니라 강제에만 독점권을 가지고 다른 모든 면에서는 다른 사람들과 같은 조건에서 기능할 것을 요구한다.

이 서비스 영역에서 정부가 통상적으로 역할을 맡은 대부분의 활동은 보편적인 중요성을 갖는 사실들에 대해 신뢰성 있는 지식을 획득하도록 촉진하는 것이다.[485] 그중 가장 중요한 기능은 안정적이고 효과적인 통화체계를 구축하는 것이다. 도량형 기준을 확립하거나 설문조사, 토지 등기, 통계 등으로 수집된 정보를 제공하는 것과 몇몇 종류의 교육을 편성하지 않더라도 지원하는 것 역시 그만큼 중요한 일이다.

정부의 이런 모든 활동은 개인의 의사결정에 도움이 되는 틀을 제공하기 위한 노력의 일환이다. 이런 활동들은 개인이 자신의 목적을 위해 사용할 수 있는 수단들을 제공해준다. 좀더 물질적인 유형의 다른 많은 서비스들도 마찬가지의 역할을 한다. 정부는 법의 보편 규칙 집행과 무관한 활동을 위해 강제력을 행사해서는 안 되지만 시민들과 동일한 조건에서 수행하는 활동은 무엇이라도 원칙을 위배하는 것이 아니다. 정부가 그렇게 해야 할 타당한 이유가 없는 대부분의 영역이 존재한다면, 정부 활동의 바람직함 여부에 의문을 제기할 수 없는 영역도 존재할 것이다.

분명 바람직하지만 개별 수익자에게 비용을 청구하는 것이 어렵거나 불가능하기 때문에 경쟁력 있는 기업이 제공하지 않을 서비스는 모두 후자에 속한다. 보건위생 및 의료 서비스, 도로 건설과 유지, 도시 거주자들을 위해 자치단체가 제공하는 위락시설 등이 대표적이다. 또 애덤 스미스가 말한 것처럼 "거대 사회에 가장 이로울 수 있지만 그 특성상 개인이나 소수의 개인에게 수익을 돌려줄 수 없는 공공사업"[486] 역시 이에 속한다. 그리고 군사 기밀을 유지하거나 특정 분야의 지식을 발전시키는 등 정부가 정당성을 부여받기 원하는 종류의 활동이 그 밖에도 많이 있다.[487] 그러나 정부가 어느 시점에는 그런 분야에서 앞장설 수 있는 가장 좋은 자격을 갖추었다 할지라도 항상 그럴 것이라는, 따라서 정부에게 변함없는 신뢰를 부여해야 한다는 주장은 정당화될 수 없다. 게다가 대부분의 경우 정부가 그런 활동에 실질적 관리자가 반드시 돼야 하는 것도 아니다. 문제의 서비스들은 일반적으로 정부가 재정적인 책임의 일부나 전부를 부담하지만 그 업무는 독립적이고 어느 정도 경쟁적인 기관에 맡김으로써 제공될 수 있고 또 더 효율적일 수 있다.

기업가들이 모든 국영기업을 불신하는 데에도 상당한 근거가 있다. 국영기업이 민간 기업과 동일한 조건으로 운영되도록 보장하기란 매우 어려운 일이다. 게다가 원칙적으로도 이 조건이 충족된 경우라야 불신이 사라지는 것이다. 따라서 정부가 국영기업을 지원하기 위해 강제력, 특히 조세징수 권한을 행사하는 한 정부는 언제든 그들을 실제적 독점적 지위로 올려놓을 수 있다. 이를 방지하기 위해서는 특정 분야에서 국영기업에게 주는 정부 보조금 등의 특별한 혜택이 그와 경쟁하는 민간 기업에도 주어져야 할 수도 있다. 정부가 이런 조건을 충족시키는 것은 매우 어려울 것이며 그로 인해 국영기업에 반대하는 일반적인 생각이 강화될 것은 두말할 필요도 없다. 그렇다고 모든 국영기업이 자유 체제에서 제외되어야 한다는 뜻은 아니다. 분명히 그것은 엄격한 한계 내에 있어야 한다. 경제 활동의 지나치게 많은 부분이 국가의 직접적 통제의 대상이 된다면 자유(liberty)에 실질적 위협이 될 수 있다. 그러나 여기서 반대해야 하는 것은 국영기업이 아니라 국가의 독점이다.

행정활동의 범위

게다가 자유 체제는 원칙적으로 경제활동에 대한 일반 규제 모두를 배제하지 않는다. 그 규제가 특정 활동에 종사하는 사람들 모두를 충족시킬 수 있는 조건을 구체적으로 명시한 일반 규칙의 형태로 규정할 수 있는 것이라면 말이다. 특히 여기에는 생산 기술을 지배하는 모든 규제가 포함된다. 여기에서 우리의 관심사는 그러한 규제가 제대로 작동할 것인지의 문제가 아니다. 아마도 예외적인 경우에는 제대로 작동할 것이다. 하지만 규제는 항상 실험의 범위를 제한해서 유용한 발전을 막는다. 규제는 일반적으로 생산 원가를 상승시키거나, 같은 결과로 전반적인 생산성을 저하시킨다. 그러나 초래되는 비용문제를 충분히 고려해서 주어진 목표 달성을 위해서라면 감당할 만한 가치가 있다 여겨지는 것이라면, 더 이상 논의할 거리가 없다.[488] 경제학자는 여전히 의문을 제기할 것이며, 그러한 정책에 따른 전체 비용은 항상 과소평가되고 있으며 특히 새로운 발전의 저해와 같은 불이익은 완벽히 계산될 수 없기 때문에 그런 정책에 반대를 강하게 주장할 것이다. 그러나 예를 들어 인이 함유된 성냥의 생산과 판매가 건강상의 이유로 금지되거나 특정 예방 조치가 취해졌을 때에만 허용되거나 또는 야간작업이 전반적으로 금지된다면 이러한 조치가 적절한지 여부는 전체 비용과 이득을 비교해 판단해야 한다. 일반 원칙만으론 최종 결정을 할 수 없다. '공장법'으로 알려진 광범위한 규제 영역 대부분이 그렇다.

오늘날 자주 나오는 주장은, 행정 당국에 광범위한 재량권이 주어지지 않고 모든 강제력이 법률 규정에 의해 제한된다면 일반적으로 정부의 적절한 기능이라고 인정되는 업무 또는 이와 유사한 업무들을 제대로 수행할 수 없다는 것이다. 사실 이것을 두려워할 이유는 별로 없다. 만일 법이 행정 당국이 특정 상황에서 채택할 수 있는 특정 정책에 대해 일일이 언급할 수 없다면, 어떤 중립적인 법정을 통해 법이 목표로 했던 일반적 효과를 달성하기 위해 그 채택된 정책이 필요했었는지 여부가 판정될 수 있도록 체계를 만들 수도 있다. 행정 당국이 행동해야만 하는 다양한 상황을 모두 다 예측할 수 없음에도, 일단 특정 상황이 발생하면 당국이 어떤 방식으로 행동할지를 꽤 정확하게 예측할 수 있다. 전염병 확산을 막기 위한 농부의 소 살처분, 화재 확산을 막기 위한 주택 철거, 오염된 우물 봉쇄, 고압 송전 시 보호조치 요구, 건물 내 안전 규제 시행 등은 행정 당국이 보편 규칙을 적용함에 있어 다소의 재량권이 당연히 요구된다. 그렇다고 보편 규칙이나 위헌법률심사에서 면제되어야 할 종류의 무제한 재량권이 필요하다는 것은 아니다.

이러한 정책들이 재량권 부여가 필요한 증거로 제시될 때가 종종 있었기에 30년 전에 한 행정법 학자는 놀랍게도 다음과 같이 지적했다. "의료 및 안전 법규는 일반적으로 재량권 사용이 결코 두드러지지 않는다. 오히려 그 법안의 많은 부분에서 그런 권한이 없는 것이 확연히 나타났다… 따라서 영국의 공장법은 실질적으로 보편 규칙(대부분 행정 규제로 그 틀이 정해졌지만)에 전적으로 의존하는 것이 가능함을 알 수 있다… 많은 건축 법규는 최소의 행정적 재량으로 틀이 짜졌고 실제로 모든 규제는 표준화가 가능한 요건들로 한정되어 있다… 이 모든 경우에 유연성의 고려가 사적 권리의 더 높은 고려를 창출해냈다. 공공 이익의 명백한 희생 없이도 말이다."[489]

그런 모든 경우에 결정은 보편 규칙으로부터 도출된 것이지 당시 정부를 이끄는 특정 선호나 특정인이 어떻게 해야 하는가에 관한 의견에 따른 것이 아니다. 정부의 강제력은 특정 목적이 아니라 보편적이고 시대를 초월한 목적에 여전히 기여한다. 그것은 다양한 사람들 사이에 어떠한 구별도 하지 않는다. 공무원은 보편 규칙의 논리를 적용한다는 점에서 그 기관에 주어진 재량권은 제한된 것이다. 이 규칙이 모호하지 않게 완벽히 적용되지 않는 것은 인간의 불완전성 때문일 뿐이다. 그럼에도 불구하고 규칙 적용이 문제가 되는데, 이는 그 당시 정부 혹은 다수 집단의 특정 바람이나 가치를 대표하지 않는 독립된 판사가 그 기관이 그런 행동을 할 권리를 가졌는지 여부뿐만 아니라 그 일이 법에 의해 요구된 것인지에 대해서도 판결할 수 있어야 한다는 사실에 잘 드러난다.

여기서 쟁점은 정부의 활동을 정당화할 규제가 나라 전체에 일률적인 것인지, 민주적으로 선출된 입법 기관에서 그것을 제정했는지 등의 문제와는 아무런 관련이 없다. 몇몇 규제는 지방조례로 통과될 필요가 분명히 있으며, 그중 건축 법규 등 상당수는 필연적으로 그 내용이 아니라 형식 면으로만 다수결의 산물일 수밖에 없을 것이다. 여기서 중요한 것은 주어진 권한의 근원이 아니라 그 한계다. 행정당국이 자체적으로 제정한 것이어도 사전에 공표되고 엄격하게 준수되는 규제는 입법부가 행정기관에 부여한 모호한 재량권보다 훨씬 더 법치에 부합할 것이다.

행정상의 편의를 위해 엄격한 제한을 완화시켜야 한다는 항변이 늘 있었지만 이는 우리가 지금까지 살펴보았던 목적의 달성에 꼭 필요한 요건이 아니다. 법치가 다른 목적을 위해 무너진 후에는 법치를 보존하는 것이 행정적 효율성을 고려하는 것보다 더 이상 중요하지 않게 된다.

원칙적으로 배제되는 수단들

이제 우리는 일련의 정부 정책 수단을 살펴봐야 한다. 즉, 보편 규칙을 적용시키는 것만으로는 달성되지 않고 필연적으로 사람들 간에 임의적 차별을 초래하기 때문에 법치가 원칙적으로 배제하는 정책 수단 종류에 대해 보고자 한다. 여기서 가장 중요한 것은 다양한 서비스나 상품을 누가, 얼마에, 얼마나 공급할 것인가를 결정하는 것이다. 다시 말해 다양한 직종과 직업, 판매조건, 생산량 혹은 판매량에 대한 접근을 통제하기 위한 정책수단들이 그것이다.

직업 변경의 진입 장벽에 관한 한, 우리의 원칙은 일정하게 믿을 수 있는 자격을 갖춘 사람들에게만 진입을 허용하는 몇몇 경우는 바람직할 수도 있다는 가능성을 완전히 배제하는 건 아니다. 그러나 보편 규칙 실행의 강제를 제한하려면 자격요건을 갖춘 사람은 모두 들어갈 수 있어야 하고 또 관련 당국의 재량에 의해 결정된 어떤 특정 상황('지역적 필요' 등)에 따라서가 아니라 보편 규칙이 규정한 조건을 만족시키는 것에 한해 진입이 허용되어야 한다. 사람들이 자격이 없는데 있는 척 가장하지 않도록 막으면, 즉 사기와 속임수를 막는 보편 규칙을 적용하면 그런 통제를 할 필요도 없을 수 있다. 이 목적을 위해서는 그러한 자격을 나타내는 명칭이나 타이틀을 보호하는 것으로 충분하다. 그러나 독약이나 총기 판매와 같은 경우에는 일정한 지적, 도덕적 자질을 만족시키는 사람만이 그런 직업에 종사하는 것이 바람직할 것이다. 필요한 자격을 갖춘 모든 사람이 이런 직업에 종사할 권리를 가지는, 또 필요하다면 독립된 법원이 그의 청구를 심사하고 집행하는 한 기본 원칙은 충족된다.[490]

정부가 실제로 가격을 고정시키든, 허용 가격을 결정하는 규칙을 정하든 정부의 직접적인 가격 통제는 어떤 것이라도 자유체제의 작동과 양립할 수 없는 데엔 몇 가지 이유가 있다. 우선, 생산을 효과적으로 이끌 수 있는 장기적인 규칙에 따라 가격을 책정하는 것이 불가능하다. 적정 가격은 지속적으로 변화하는 상황에 따라 달라지며 그에 따라 지속적으로 조정되어야 한다. 반면 완전히 고정되지 않고 일부 규칙(비용과의 관계 등)에 따라 결정되는 가격은 사실 모든 판매자에게 동일한 것이 아니고, 따라서 시장의 기능을 방해할 것이다. 여기서 더 중요한 점은, 가격이 자유 시장에서 형성되는 것과 다를 경우 수요와 공급이 일치하지 않게 되어, 효과적으로 가격을 통제하려면 누가 팔고 살지 결정할 방법을 모색할 수밖에 없어진다는 것이다. 이 방법은 필연적으로 재량적일 수밖에 없으며, 본질적으로 자의적인 근거를 바탕으로 사람들을 차별하는 임시방편적 결정으로 이루어질 수밖에 없다. 경험을 통해 확인됐듯, 가격 통제는 수량 통제, 즉 해당 기관이 어느 정도의 양을 특정 개인이나 기업이 얼마만큼 구매하거나 판매할 수 있는지를 결정해야 효과를 볼 수 있다. 그리고 수량에 대한 통제는 그 무엇이든 필연적으로 재량적이 될 수밖에 없으며, 규칙을 따라서가 아니라 특정 목적의 상대적 중요성에 대한 당국의 판단에 의해 결정될 수밖에 없다.

가격과 수량 통제가 자유 체제에서 완전히 배제돼야만 하는 것은 그 방법이 침해하는 경제적 이해가 다른 것보다 더 중요하기 때문이 아니다. 이러한 종류의 통제는 규칙에 따라 행사될 수 없고 바로 그 본질상 재량적이고 자의적일 수밖에 없기 때문이다. 정부 기관에 그러한 권한을 부여하는 것은 무엇을, 누가, 누구를 위해 생산할 것인지 결정하는 권한을 독단적으로 부여하는 것을 의미한다.

사법의 내용

엄밀히 말해 가격과 수량에 대한 모든 통제가 자유 체제와 양립할 수 없는 두 가지 이유가 있다. 하나는 그런 모든 통제가 틀림없이 자의적일 것이기 때문이고, 다른 하나는 시장이 적절히 기능하도록 허용하는 방식으로 그것을 행사하기가 불가능하기 때문이다. 자유 체제는 조정 메커니즘 자체가 계속 기능하는 한 거의 모든 데이터 조합, 거의 모든 일반적 제재나 규제에 적응할 수 있다. 그리고 적절한 조정을 이끌어내는 것은 주로 가격의 변동이다. 이것이 의미하는 바는, 시장 체계가 제대로 기능하려면 그것을 운영하는 법치가 보편 규칙인 것만으로는 불충분하며 시장이 잘 작동할 수 있게 하는 이러한 내용이 갖춰져야 한다는 것이다. 자유 체제의 경우가 보여주는 것은 보편 규칙들에 의해 강제가 제한되면 어떤 체제든 만족스럽게 작동한다는 것이 아니라 자유체제하에서만 보편 규칙들이 체제를 작동시키는 틀로 역할 할 수 있다는 것이다. 시장의 다양한 활동에 대해 효율적인 조정이 필요한 경우에는 최소한 몇 가지 요건이 충족되어야 한다. 그중 중요한 것은 우리가 보아온 바로는, 폭력과 사기 방지, 재산의 보호와 계약의 집행, 그리고 모든 개인이 얼마를 생산할지 또 얼마를 팔지 선택할 수 있는 동등한 권리의 승인이다. 이런 기본 조건이 충족되었더라도 체제의 효율성은 여전히 규칙의 구체적 내용에 따라 달라질 것이다. 그러나 기본 조건이 충족되지 않는다면 가격의 움직임에 맞춰 개인이 판단했을 것을 정부가 직접 명령을 하달해 달성해야 할 것이다.

법 질서의 성격과 시장 체계 기능과의 관계에 대한 연구는 상대적으로 적다. 이 분야에 대한 연구는 대부분 경쟁 질서를 옹호하는 쪽보다 비판하는 쪽이 더 많았다.[491] 옹호하는 쪽은 대개 앞서 언급한 시장의 기능에 대한 최소한의 요건을 진술하는 데 만족해 왔다. 그러나 이러한 조건에 대한 개괄적인 진술은 거의 그것이 제공해주는 답변만큼이나 많은 의문을 제기한다. 시장이 얼마나 잘 기능할지는 구체적인 규칙의 성격에 달려 있다. 개인 간의 관계를 조직하는 주요 수단인 자발적 계약에 의존하는 계약은 계약의 법적 내용이 구체적으로 무엇이어야 하는지는 결정하지 않는다. 그리고 사유재산권을 인정하는 것도 시장 메커니즘이 가능한 한 효과적이고 유익하게 작동하기 위해 이 권리의 내용이 정확히 무엇인지를 결정하지 않는다. 사유재산의 원칙은 동산에 관한 한 상대적으로 문제가 되지 않지만 부동산에 관한 한 굉장히 어려운 문제가 된다. 어떤 땅을 사용하는 것이 이웃의 땅에 영향을 미치기 때문에 그 소유자가 자기 재산을 마음대로 사용하거나 남용할 수 있는 무한한 힘을 주는 것은 분명 바람직하지 않을 수 있다.

경제학자들이 대체로 이러한 문제 해결에 거의 기여하지 못한 점은 유감스러운 일이지만, 그럴만한 이유는 있다. 사회 질서의 성격에 대한 일반적 추측은 법 질서가 따라야 하는 원칙에 대한 일반적 진술보다 더 많은 것을 만들어낼 수 없다. 이런 보편적 원칙을 세부적으로 적용하는 것은 주로 경험과 점진적 진화에 맡겨야 한다. 이는 구체적 사례들에 대한 관심을 전제로 하며, 이것은 경제학자보다는 법률가의 영역이다. 어쨌든 경쟁이 원활하게 작동하도록 법 체계를 점진적으로 개정하는 과제는 매우 느리게 진행되기 때문에 창조적 상상력의 배출구를 찾고 또 보다 발전된 청사진을 그리려고 안달이 난 사람들에게는 큰 매력이 없었을 것이다.

'계약의 자유'

좀 더 면밀히 고려해야 할 또 다른 지점이 있다. 허버트 스펜서(Herbert Spencer)[492] 시대부터 '계약의 자유'라는 이름 아래 우리 문제의 다양한 측면을 논의하는 것이 관례가 되어왔다. 또 한동안 이 관점은 미국 사법권에서 중요한 역할을 수행했다.[493] 계약의 자유가 개인의 자유에서 중요한 부분이라는 말은 실제로 일리가 있다. 그러나 이 문장은 오해를 불러일으키기도 한다. 우선, 개인이 어떤 계약을 체결할 수 있느냐가 아니라 국가가 어떤 계약을 이행할 것이냐가 문제다. 어떤 현대 국가도 모든 계약을 이행하려 노력하지 않았고 또 그렇게 해야 하는 것도 바람직하지 않다. 범죄나 부도덕한 목적을 위한 계약, 도박 계약, 거래를 제한하는 계약, 또는 특정 성과에 대한 일부 계약도 이행되지 않는다.

계약의 자유라는 말이 뜻하는 바는, 다른 모든 영역에서의 자유와 마찬가지로 특정 행동을 허용하는지 여부가 정부 당국의 특별 승인이 아니라 보편 규칙에만 의존함을 의미한다. 이것이 뜻하는 바는, 계약의 타당성과 이행가능성은 정부 기관에게 특정 내용을 승인받는 것이 아니라 다른 모든 법적 권리를 결정지은 보편적이고 평등하며 알려진 규칙에만 의거해야 한다는 것이다. 이는 법이 일정한 일반 조건을 충족시키는 계약들만을 인정하거나 국가가 명시적으로 합의된 조건을 보완하는 계약 해석의 규칙을 제정하는 것을 배제하지는 않는다. 이와 같이 계약의 공인된 표준 형태가 존재한다는 것은 그 반대조건이 규정되지 않는 한 사회적 합의로 간주되어 사적 거래를 크게 촉진시키게 된다.

훨씬 더 어려운 문제는 예를 들어 부주의와는 상관없이 발생한 산업재해에 대한 책임의 경우처럼, 법이 당사자 양측의 의도에 반하는 계약에서 발생한 의무를 규정해야 하는지 여부다. 그러나 이마저도 원칙보다는 편의성의 문제일 것이다. 계약의 이행 가능성은 법이 우리에게 제공하는 도구이며, 계약에 따른 결과가 무엇인지는 법이 말해주는 것이다. 보편 규칙을 통해 이런 결과를 예측할 수 있고 개인이 자신의 목적을 위해 가능한 계약 형태를 자유롭게 이용할 수 있는 한 법치의 필수 조건들은 충족된다.

법치와 분배정의

　원칙으로만 따져보아도 자유 체제와 조화를 이룰 수 있는 정부 활동은 그 범주가 상당히 넓고 다양하다. 자유방임 또는 비개입이라는 낡은 공식은 자유 체제에서 허용되는 것과 허용되지 않는 것을 구별할 적절한 기준을 제시해주지 못한다. 자유사회가 가장 효율적으로 운영될 수 있도록 하는 영구적인 법적 틀 안에는 실험해보고 개선할 수 있는 충분한 공간이 존재한다. 우리는 시장 경제를 가장 유익해지도록 만드는 최선의 방안이나 제도를 이미 발견했다고 확신할 수 있는 지점에 서있지 않다. 사실 자유 체제의 본질적 조건이 구축된 이후 그 이상의 추가적 제도 개선은 모두 느리고 점진적으로 진행되는 것이다. 그럼에도 부와 기술적 지식의 지속적 성장은 정부가 시민들에게 서비스를 제공하고 실현 가능한 범위 내에서 그런 가능성을 이끌어 낼 수 있는 새로운 방법을 끊임없이 제시할 것이다.

　그렇다면 개인의 자유(liberty)를 보호하기 위해 확립된, 정부에 대한 제한을 없애야 한다는 압박이 왜 계속 가해지는 것일까? 그리고 법치 안에 개선의 여지가 그토록 많다면 왜 개혁가들은 그렇게 법치에 대해 힘을 빼고 기반을 약화시키려고 지속적인 노력을 기울였던 것일까? 지난 몇 세대 동안 법치의 한계 내에서 달성할 수 없는 새로운 정책적 목표가 출현했다는 데에서 그 답을 찾을 수 있다. 보편 규칙을 집행하는 것 외에 강제력을 행사할 수 없는 정부는 관리 목적으로 명시적으로 맡겨진 것 이상의 수단을 필요로 하는 특정 목표 달성을 위해서는 어떤 권한도 가질 수 없다. 특히 특정인의 물질적 지위를 결정하거나 분배적 또는 '사회적' 정의를 시행할 수 없다. 이러한 목적을 달성하기 위해서는 – '계획'이라는 단어가 너무 모호하기 때문에 – 프랑스어인 '계획 경제'로 가장 잘 설명되는 그런 정책을 추구해야 한다. 다시 말해, 특정 목적을 위해 어떤 특정 수단을 사용해야 하는지를 결정하는 정책을 말이다.

그러나 이것이야말로 법치를 따르는 정부가 해서는 안 될 일이다. 정부가 사람들을 어떻게 배치해야 하는지를 결정하려면 정부는 개인의 노력 방향 역시 결정할 수 있는 위치에 있어야 한다. 그 이유를 이 자리에서 반복해서 얘기할 필요도 없을 것이다. 정부가 다양한 사람들을 동등하게 대함에도 불평등한 결과가 나올 수 있고, 사람들에게 그들이 원하는 능력과 수단을 마음대로 사용할 수 있게 해준다면 개개인의 결과를 예측할 수 없다는 사실 말이다. 따라서 법치가 정부에 부과하는 제약은, 개인들이 그들의 서비스가 동료들에 대해 갖는 가치보다는 다른 사람들에게 느껴진 공로나 응보에 따라 보상받도록 하는 정책을 모두 배제시켜준다. 다시 말해서 교환적 정의에 대립되는 분배적 정의를 추구하는 것을 배제한다. 분배적 정의를 위해서는 중앙 정부가 모든 자원을 배분해줘야 한다. 즉, 무엇을 해야 하고 무엇을 위해 봉사해야 하는지 사람들에게 명령해야 한다. 분배적 정의가 목표인 경우 서로 다른 개인들 각각의 의무에 대한 결정은 보편 규칙에서 도출되는 것이 아니라 계획 당국의 특정 목적과 지식에 따라 이루어진다. 앞서 살펴보았듯이 서로 다른 사람들이 각자 받아야 할 것을 공동체의 여론이 결정한다면, 또한 그들이 각자 무엇을 해야 할지를 당국이 결정해야 한다.

자유(freedom)의 이상과 소득 분배를 보다 '정의롭게' '수정'하려는 욕구 사이의 갈등은 대개 선명하게 인식되지 않는다. 하지만 분배적 정의를 추구하는 사람들은 실제로 모든 활동이 법치에 의해 방해받는 자신들을 발견하게 될 것이다. 그들은 스스로가 추구하는 목적의 본질상, 차별적이고 재량적인 행동을 택하게 될 수밖에 없다. 하지만 그들은 자신의 목적과 법치가 원칙상 양립될 수 없다는 것을 대개는 인식하지 못하기 때문에, 대체로 지켜지길 원했던 원칙을 개별적인 상황들에서는 회피하거나 무시하기 시작한다. 이러한 노력의 필연적인 최종 결과는 기존 질서의 수정이 아니라 완전한 포기이며, 완전히 다른 체제, 즉 명령경제로 대체하는 것이다.

그러한 중앙 계획 체제가 자유시장을 기반으로 한 체제보다 더 효율적이라는 것은 진실이 아니지만, 서로 다른 사람들이 보상을 받을 때 누군가가 판단하는 도덕적 근거의 자격에 맞춰 보상이 이뤄지도록 하는 데엔 중앙 지시 체제만한 것이 없다는 것은 진실이다. 법치가 정한 한계 내에서 시장이 보다 효율적이고 원활하게 운영될 수 있도록 하는 많은 거래가 이뤄진다. 이 한계 속에서는 사람들이 현재 분배적 정의라고 여기는 것을 실현할 수 없다. 우리는 분배적 정의를 추구한 결과 현시대의 정책에서 가장 중요한 분야들에서 나타난 문제들을 검토해야 할 것이다. 그러나 이에 앞서 지난 두세 세대 동안 법치를 불신하고 법치의 이상을 폄하함으로써 독재 정권의 부활에 저항하는 것을 심각하게 약화시킨 지적 흐름들에 대해 먼저 고찰해야만 한다.

16

법의 쇠퇴

절대권력은, 그것이 대중적인 기원을 갖는다는 가설에 의해, 헌법상의 자유만큼이나 정당하다는 독단적 신조는… 암흑의 시대를 열었다.

액튼(Acton) 경[494]

반동의 독일적 기원

앞에서 우리는 독일에서의 전개에 더 주목했는데, 이는 비록 실천으로 이어지지는 못했지만 법치의 이론이 그곳에서 가장 발전했기 때문이다. 또한 그곳에서 시작된 법치반대의 움직임을 이해해야 하기 때문이기도 하다. 다른 많은 사회주의 강령이 그랬듯이 법치를 약화시킨 법 이론도 독일에서 시작돼 전 세계로 퍼져나갔다.

독일은 자유주의의 승리 이후 사회주의 혹은 복지국가의 대표주자로 바뀌기까지 그 간격이 다른 곳보다 훨씬 짧았다. 법치 보장을 의도했던 제도들이 완성되자마자 바로 여론이 바뀌어 당초의 목적을 달성하지 못하게 되었다. 정치적 상황과 순수한 지적 발전이 상호 결합되어 다른 나라에서 보다 느리게 진행되었던 전개가 독일에서는 가속화되었다. 독일이 점진적 진화보다는 정치적 수완에 의해 최종적으로 통일을 이뤄냈다는 사실은 사전에 고안된 패턴에 따라 의도적 계획을 가지고 사회를 재구성해야 한다는 믿음을 강화시켰다. 당시 독일의 철학적 사조는 이런 상황이 부추긴 사회적, 정치적 야망을 강하게 뒷받침했다.

정부가 단순히 '형식적' 정의뿐만 아니라 '실질적' 정의 또한 실행해야 한다는 요구가 프랑스혁명 이래로 끊임없이 제기되었다. 이런 생각은 19세기 말까지 이어지며 법원칙에 심대한 영향을 미쳤다. 1890년에 한 대표적인 사회주의 이론가는 점차 지배적 원칙이 되어가고 있던 생각을 다음과 같이 표현했다. "모든 시민을 개인적 자질과 경제적 지위에 관계없이 완전히 평등하게 대우하고 그들 사이에 무한 경쟁을 허용함으로써 상품 생산이 무한대로 증가하게 되었다. 그러나 가난한 사람들과 약자들은 그 산출물에서 극히 일부만 가질 수 있었다. 따라서 경제나 사회의 신규 법안은 강자에 맞서 약자를 보호하고 삶의 좋은 것들 중 적정한 몫을 보장해 주고자 한다. 왜냐하면 실제로는 불평등한 것을 평등하게 취급하는 것보다 더 부정의한 것이 없다는 걸 오늘날 알게 됐기 때문이다[!]"[495] 그러자 아나톨 프랑스(Anatole France)는 "가난한 사람뿐만 아니라 부자들도 다리 밑에서 자거나 길에서 구걸하고 또 빵 훔치는 것을 금지한 위대한 법의 평등"[496]이라고 조롱했다. 이 유명한 구절은 스스로가 공평한 정의 모두의 기반을 무너뜨리는 중이라는 것을 이해하지 못한, 선의는 있지만 생각이 짧은 사람들에 의해 수도 없이 되풀이되었다.

전통적 제한에 대립하는 학파들

이런 정치적 견해의 부상은 그 세기에 일찍이 등장했던, 비록 많은 면에서 서로 대립되지만 법치에 의해 정부 당국을 제한하는 것에 공통적으로 반감을 갖고 사회 정의의 이상에 따라 사회적 관계를 의도적으로 구성하려는 정부의 조직적 역량에 보다 큰 권한을 주려는 바람을 공유했던 다양한 이론적 발상의 영향력이 커진 덕분이었다. 이런 지향의 네 가지 주요 운동을 중요한 순서대로 나열하자면 법실증주의, 역사주의, '자유법' 학파, '이해법' 학파이다. 좀더 자세히 살펴봐야할 첫 번째를 보기 전에 나머지 세 개를 먼저 간략하게 살펴보자.

나중에 '이해법'으로 알려진 한 가지 전통은 현대 미국의 '법현실주의'와 다소 유사한 사회학적 접근의 한 형태다. 보다 급진적인 형태에서조차 이 운동은 법치의 엄격한 적용을 통해 분쟁을 해결할 때 동원되는 논리적 구성에서 벗어나 구체적인 사건에서 문제가 되는 특정 '이익'에 대한 직접적인 평가로 이를 대체하고자 했다.[497] '자유법' 학파는 이와 나란히 진행된 운동으로 그 대상은 주로 형법이었다. 그 목적은 판사들이 가능한 한 고정된 규칙의 속박에서 벗어나 '정의감'을 바탕으로 개별 사안을 판결할 수 있게 해주자는 것이었다. 이 정의감이 전체주의 국가의 독단성으로 나아가는 데 얼마나 큰 역할을 했는지는 누차 지적되어온 부분이다.[498]

역사주의는 앞서 존재했던 위대한 역사학파(법학과 여타 분야에서)[499]와 엄격하게 구분되도록 정확하게 정의되어야 한다. 이 역사주의는 역사 발전의 필연적 법칙을 인식하고 그 통찰을 통해 현 상황에 적합한 제도가 무엇인지 알 수 있다고 주장했다. 이 견해는 극단적 상대주의로 이어졌는데, 즉, 우리는 우리 시대의 산물도, 물려받은 견해와 이념에 매여 있는 것도 아니며, 그 한계를 초월해 현재의 견해가 환경에 따라 어떻게 결정되는지를 명시적으로 인식해 우리 시대에 적합한 방식으로 제도를 재확립하도록 지식을 활용할 수 있다고 주장했다.[500] 그러한 견해는 합리적으로 정당화될 수 없는 규칙이거나, 구체적인 목적을 위해 의도적으로 계획된 것이 아닌 규칙이라면 어떤 것도 거부하는 방향으로 자연스럽게 이어진다.[501] 이 점에서 역사주의는 이제 살펴보게 될 법실증주의의 주요 내용에 기반이 된다.

법실증주의

법실증주의 학설은 지난 2천여년간이나 우리의 주요 문제들이 논의되는 근간이었음에도 뚜렷한 답을 못 보여준 전통에 대한 반발로 출현한 것이다. 이는 자연법적 개념으로 여전히 우리에게 가장 중요한 문제들에 답을 제시한다. 지금까지는 이 개념과 관련된 문제들에 대해 논의하는 것을 의도적으로 피해왔다. 왜냐하면 이 이름 아래 수많은 학파들이 실제로는 다른 이론들을 주장하고 있어서 이들을 분류하려면 따로 책 한 권을 써야 할 정도이기 때문이다.[502] 그러나 여기서 우리가 반드시 알아야 할 것은 이런 다양한 자연법 학파들이 똑같은 문제 하나로 고심한다는 공통점이 있다는 사실이다. 자연법 옹호론자들과 법실증주의자들 간의 커다란 갈등을 보면, 전자는 그 문제의 존재를 인식하는 반면 후자는 존재 자체를 부정하거나 또는 적어도 법학 내에서 타당한 위치를 가지고 있음을 부정한다는 사실이 그 밑바탕에 깔려 있다.

모든 자연법 학파는 입법가에 의해 의도적으로 만들어지지 않은 규칙이 존재한다는 사실에 동의한다. 그들이 동의하는 것은, 모든 실정법이 사람의 손으로 만든 규칙이 아니라 발견되는 규칙에서 타당성이 도출되며, 이 규칙들이 실정법의 정당성 기준과 사람들이 그 규칙을 준수해야 하는 근거를 제공한다는 사실이다. 신적 영감에서 그 답을 찾든, 아니면 인간 이성의 고유한 능력에서 또는 그 자체는 인간 이성에 속하지 않지만 인간 지성의 작용을 지배하는 비이성적인 요소들을 구성하는 원칙에서 그 답을 찾든, 혹은 자연법을 영구적이고 불변한 것으로 생각하든지 아니면 맥락에 따라 가변적인 것으로 보든지 간에 그들 모두는 실증주의가 인정하지 않는 문제에 대한 해답을 찾는다. 후자(자연법을 가변적인 것으로 보는 실증주의)에게 법이란 그 정의상 전적으로 인간 의지의 의도적 명령으로 구성되어 있다.

이런 이유로 법실증주의는 애초부터 법치의 이상이나 이 개념의 본래 의미에서 법치국가의 이상에 깔려있는 초법적 원칙에 공감하거나 또는 그것을 이용할 수 없다. 이 원칙들은 입법권에 제한을 가하기 때문이다. 이 실증주의가 반박할 여지없이 득세한 그런 상황이 발생한 나라는 지난 세기 후반 독일을 제외하고는 아무 곳도 없었다. 결과적으로 법치의 이상이 처음 그 실질적 내용을 박탈당한 곳도 바로 여기였다. 법치에 명확한 특성이 담기길 요구했던 법치국가의 실체적 개념은 입법부가 국가의 모든 활동을 승인할 것을 요구하는 순전히 형식적인 개념으로 대체되었다. 요컨대, '법'은 어떤 기관이든 합법적이어야 함을 명시하는 것에 불과하다. 따라서 이 문제는 단순하게 적법성 여부가 된다.[503] 세기가 바뀌면서 실체적 법치국가의 '개인주의' 이상은 과거의 것이며 '국가와 사회 이상의 창조적 역량에 의해 극복되었다'는 강령이 수용되기에 이르렀다.[504] 또 한 행정법 권위자는 1차 세계대전 발발 직전의 상황을 다음과 같이 설명했다. "우리는 문화국가의 이상을 떠올릴 정도로 경찰국가의 원칙들로 회귀했다. 유일한 차이점은 그 수단에 있다. 법을 근거로 현대 국가는 경찰국가가 했던 것보다 훨씬 더 많은 일을 스스로에게 허용한다. 따라서 19세기를 거치며 법치국가라는 용어는 새로운 의미를 부여받게 되었다. 이제 우리는 법치국가란 법률에 근거하고 법정문서를 통해 모든 활동이 이뤄지는 국가를 뜻하는 것으로 이해한다. 법치국가라는 용어는 오늘날 통용되는 의미로는 국가의 목적과 그 권한의 한계에 대해서 아무것도 말해주지 않는다."[505]

그러나 이러한 강령이 가장 효과적인 형태를 갖추고 독일의 경계를 훨씬 넘어 큰 영향을 미치기 시작한 것은 1차 세계대전 이후였다. '순수법학'으로 알려지고 켈젠(H. Kelsen) 교수[506]가 주창한 이 새로운 공식은 제한된 정부에 대한 모든 전통이 완전히 저물었음을 알렸다. 전통적 제한이 야망을 가로막는 짜증나는 장애물임을 간파하고 다수의 권력에 대한 모든 제한을 치워버리고 싶었던 개혁가들은 그의 가르침을 적극 받아들였다. 켈젠 자신은 일찍이 "근본적으로 돌이킬 수 없는 개인의 자유(liberty)가 점차 저편으로 물러나고 사회 집단의 자유가 어떻게 무대 전면을 장악했는지"를[507] 관찰했었다. 또 자유(freedom)에 대한 개념의 변화는 그가 두 손 들고 환영했던 "민주주의가 자유주의로부터 해방"[508]되었음을 의미했다. 체제에 대한 그의 기본 개념은 국가와 법질서를 동일시하는 것이다. 따라서 법치국가는 극히 형식적 개념이자 모든 국가,[509] 심지어 전제국가의[510] 특징이 된다. 입법가의 권력에는 어떠한 한계도 없으며,[511] "이른바 근본적 자유"[512]도 없다. 그리고 독단적 전제주의가 법질서의 특징임을 부인하려는 모든 시도는 "자연법적 사고의 순진함과 가정에 불과함"[513]을 드러낼 뿐이다. 추상적이고 보편적인 규칙이라는 실체적 의미에서의 진정한 법과 단순히 형식적인 의미에서의 법(입법부가 만든 모든 성문법을 포함)을 근본적으로 구별하는 것을 모호하게 만들 뿐 아니라, '규범'[514]이라는 모호한 용어 속에 그것들 모두를 포함시킴으로써 정부 기관에서 내린 명령과 구별하기 어렵게 만들기 위해 온갖 노력이 이루어진다. 심지어 사법 행위와 행정 활동의 구분도 사실상 사라진다. 간단히 말해 법치에 대한 전통적 개념의 신조는 그 어떤 것도 형이상학적 미신으로 간주될 뿐이다.

이렇게 논리적으로 가장 일관된 버전인 법실증주의는 1920년대 독일인의 사고를 지배했고 전 세계로 급속히 확산된 이념을 보여준다. 1920년대 말 그 이념은 독일을 완전히 장악해서 "자연법 이론 신봉죄로 유죄판결을 받는 것은 일종의 지적 불명예"[515]가 되었다. 히틀러가 권력을 잡으려고 하던 당시에 예리한 관찰자들은 이러한 여론이 무제한의 독재 정권을 창출해낼 가능성을 이미 읽어냈다. 1930년 한 독일의 법학자는 "법치국가에 반대되는 사회주의 국가 실현을 위한 노력"[516]의 결과를 상세히 연구한 끝에 이런 "학설의 발전은 법치국가의 소멸로 가는 모든 장애물을 제거했고, 파시스트와 볼셰비키의 승리가 국가의 승리로 가는 문을 열었다"[517]라고 지적했다. 히틀러가 마침내 완성시킨 이런 발전을 놓고 우려의 목소리가 높아졌고 여러 명의 연사가 독일헌법법률가대회에서 그 우려를 언급했다.[518] 하지만 이미 늦었다. 반자유주의 세력은 국가가 법에 구속되어서는 안 된다는 실증주의적 강령을 너무나 잘 알고 있었다. 러시아를 비롯해 히틀러의 독일과 파시스트의 이탈리아는 국가가 법치 하에서 '자유롭지 않고'[519] '법의 포로'[520]가 되기 때문에 '정의롭게' 행동하려면 추상적 규칙의 속박에서 해방되어야 한다고[521] 믿게 되었다. '자유로운' 국가는 원하는 대로 국민들을 다룰 수 있어야 한다는 것이다.

공산주의하에서의 법의 운명

개인 자유(freedom)와 법치의 불가분성이 가장 분명하게 드러나는 것은 근대 전제주의가 가장 발전한 국가에서 이론상으로도 법치를 절대적으로 부정하는 장면이다. 사회주의 이념을 여전히 진지하게 받아들이고 그 체제 내에서의 법의 역할 문제가 광범위하게 논의되었던 공산주의 초기 단계 시기의 러시아에서 나타난 법 이론 발전사는 매우 교훈적이다. 이 논쟁에서 제기된 주장들은 그들의 무자비한 논리에서 양쪽 진영의 장점만을 취하려고 했던 서구 사회주의자들의 입장보다 더 분명하게 문제의 본질을 드러냈다.

러시아의 법 이론가들은 서유럽에서 오랫동안 확립되어 온 것들을 자신들이 이해한 방향으로 계속해서 밀고 나갔다. 그중 한 사람의 말을 빌자면, 법이라는 개념 자체가 대체로 사라졌고 "무게 중심이 보편 규범의 통과에서 점점 더 행정부의 활동을 규제하고 조정하고 보조하며 조정하는 통합하는 개인의 결정과 지시로 옮겨갔다."[522] 다시 말해, 법과 행정 규제를 구별하는 것이 불가능하기 때문에 "이러한 대조는 부르주아 이론과 실천의 허구에 불과하다"는[523] 주장도 동시에 나왔던 것이다. 이러한 전개과정을 가장 잘 설명한 사람은 비공산주의자였던 한 러시아 학자였다. "소비에트 체제를 다른 전제 정부와 구별시키는 점은…국가를 법치의 정반대 원칙 위에서 세우려는 시도였다는 사실이다…그리고 지배자를 모든 의무와 제한으로부터 면제해주는 이론을 발전시켰다는 사실이다."[524] 또 한 공산주의 이론가는 다음과 같이 표현했다. "부르주아 이론가가 결코 인정하지 않을, 우리의 입법과 사법의 근본 원칙은 특별히 허가되지 않은 것은 모두 금지된다는 것이다."[525]

마침내 공산당이 법 개념 자체를 공격하기에 이르렀다. 1927년 소련 연방대법원장은 공식 사법 핸드북에서 다음과 같이 설명했다. "공산주의는 사회주의법의 승리가 아니라 모든 법에 대한 사회주의의 승리를 뜻한다. 적대적 이해를 갖는 계급의 철폐와 함께 법은 완전히 사라질 것이기 때문이다."[526]

한동안 러시아 안팎에서 많은 주목을 받았지만 나중에 불명예를 안고 사라진 법 이론가인 파슈카니스(E. Pashukanis)는 이런 발전 단계가 출현하게 된 이유를 가장 명확하게 설명했다.[527] 그는 다음과 같이 썼다. "일반 경제 계획에 종속된 행정적 기술 지도에는 생산과 분배 계획을 세우는 방향을 기술적으로 결정하는 직접적 방법이 포함된다. 이런 경향이 점진적으로 승리하는 것은 그런 법의 점진적 소멸을 의미한다."[528] 요컨대 "사회주의 공동체에서는 자율적인 사법 관계 영역이 존재하지 않고 공동체의 이익을 위한 규정만이 존재하기 때문에, 모든 법은 행정으로 전환된다. 모든 고정된 규칙은 재량권과 효용성 고려로 전환된다."[529]

영국의 사회주의 법률가들

영국에서는 법치에서 멀어지는 전개가 일찍 시작되었지만 오랫동안 실천의 영역에 국한되어 있었고 이론적 관심은 거의 받지 못했다. 1915년 다이시가 "지난 30년 동안 영국에서 법치에 대한 과거의 존경이 현저히 줄었음"530)을 알아차렸지만, 원칙 침해가 점점 더 빈번해지는 점은 별다른 주목을 받지 못했다. 심지어 허워트(Hewart) 대법관이 당시 전개된 상황이 법치와 얼마나 거리가 먼가를 지적한 『새로운 전제주의(The New Despotism)』531)라는 책을 1929년 출판했을 때에도 그 책은 엄청난 성공을 거두었지만 영국인의 자유(liberty)가 그 전통에 의해 안전하게 보호되리라는 자만적인 믿음을 바꾸어 놓지는 못했다. 이 책은 단순한 반동적 소논문으로 취급되었고, 《이코노미스트(The Economist)》532)와 같은 진보적 잡지뿐만 아니라 사회주의 권위자들까지533) 동일한 종류의 위험에 대해 말하게 된 4반세기 이후에는 이해하기 힘든 독설들이534) 당시 그 책에 쏟아졌다. 『새로운 전제주의(The New Despotism)』는 실제로 공식적인 '각료 권한 위원회' 설립으로 이어졌다. 그러나 그곳의 보고서는535) 다이시의 강령을 온건하게나마 재주장하고는 있지만, 전반적으로 그 위험을 축소시켜 보이려 했다. 그 결과 법치에 대한 반대가 명확해졌고 이후 사회주의자뿐 아니라 많은 사람들이 받아들이게 되는 반법치주의 강령이 담긴 문헌들이 수없이 나오게 됐다.

　이 운동을 주도한 것은 이제 고인이 된 해럴드 라스키(Harold J. Laski) 교수 주변에 모인 사회주의 법률가 및 정치학자 집단536)이었다. 제닝스(Jennings, 지금의 아이버(Ivor) 경) 박사가 정치학자들의 근거지인 "리포트(Report)"와 "도큐먼트(Documents)"의 서평에서 먼저 포문을 열었다.[537] 그는 새로 유행하는 실증주의 강령을 그대로 수용하면서, "그 보고서에서 사용된 의미의 법치 개념, 즉 법 앞의 평등을 뜻하는, 일반 법원에서 행사되는 이 땅의 일반법은…문자 그대로…완전히 말도 안 되는 것이다."[538] 이러한 법치는 "모든 국가에 다 있거나 혹은 아예 존재하지도 않는 것"[539]이라고 주장했다. 그는 "법의 고정성과 확실성은… 지난 수 세기 동안 영국 전통의 일부였다"고 주장했지만, 이 전통이 "그러나 마지못해 무너지고 있다"[540]는 사실을 성급하게 인정했다. "위원회와 대부분의 목격자들이 공유한 신념은…판사와 행정가의 역할은 분명히 구분된다"[541]는 것뿐이었다. 이런 식으로 제닝스 박사는 경멸을 드러냈다.

그는 나중에 널리 사용된 교재에서 자신의 견해를 자세히 설명하며 "법치와 재량권이 모순된다"[542] 혹은 "'정규법'과 '행정 권한' 간에 대립이 존재한다"는[543] 점을 확실히 부정했다. 다이시적 의미의 원칙, 즉 공공기관은 광범위한 재량권을 가져서는 안 된다는 원칙은 "휘그파의 행동 규칙이었고 다른 사람들에게는 무시되는 것"[544]이었다. 제닝스 박사는 "1870년이나 심지어 1880년 당시의 헌법 법률가에게 영국 헌법은 본질적으로 개인주의적 법치에 기초하고 있으며 영국은 개인주의적 정치 이론과 법 이론을 가진 법치국가인 것처럼 보였다"고[545] 인정했다. 하지만 그에게 있어 이는 "판사에 의해 행사되지 않는 한 헌법은 '재량권'에 눈살을 찌푸리는 정도"라는 의미일 뿐이었다. "다이시가 영국인은 '법에 의해 그리고 법에 의해서만 지배받는다'고 말했을 때, 그에게 이는 '영국인은 판사에 의해 그리고 오직 판사에 의해서만 지배받는다'는 뜻이었다. 그것은 과장된 표현일 수도 있지만 훌륭한 개인주의였다."[546] 다른 전문가, 특히 특정 목적과 관계된 행정가가 아니라 법 전문가에게만 강제적 행동을 명령할 자격이 주어져야 한다는 것은 법 아래 자유(liberty)의 이념에 따른 필연적 결과였다는 사실을 그는 몰랐던 것이다.

이후 경험을 통해 아이버 경은 자신의 견해를 상당히 수정해야만 했음을 덧붙여야 한다. 그는 법치를 찬양하는 내용이 담긴 최근의 대중적 저서[547]로 시작과 끝을 장식하며 법치가 영국에서 아직도 지배적인 위치임에 대해 어느 정도 이상적인 그림을 제시하기까지 한다. 하지만 이러한 변화는 그의 공격이 광범위한 효과를 보인 후에야 나타났다. 예를 들어, 방금 언급된 책이 나오기 정확히 1년 전에 같은 시리즈로 나온 유명한 책, 『정치학 용어(Vocabulary of Politics)』[548]에서는 "법치가 다른 사람이 가지지 못하고 일부 사람들만 가지고 있는 그 무엇, 예를 들어 자동차나 전화 같은 것이라는 견해가 지배적이라는 사실은 참으로 이상하다. 그렇다면 법치가 없다는 것은 무엇을 의미하는가? 아예 법이 없다는 것인가?" 나는 이러한 물음이 전적으로 실증주의적 가르침의 영향 아래 성장한 젊은 세대 대부분의 입장을 정확하게 대변하는 것이 아닌가 하는 두려운 생각이 든다.

같은 그룹의 또 다른 멤버였던 롭슨(W. A. Robson) 교수가 행정법 논문에서 법치를 다룬 부분 역시 중요하고 또 상당한 영향력을 끼쳤다. 그는 논문에서 행정 행위에 대한 혼란스러운 통제 상태를 조정하려는 경탄스러운 열정과 행정재판소의 임무에 대한 해석을 결합시켰다. 만일 그 해석이 적용된다면 개인의 자유(liberty)를 보호하는 행정재판소의 역할이 완전히 무력화될 것이었다. 그의 목적은 "고다이시 교수가 영국 헌법 체계의 본질적 특징으로 간주했던 법치로부터의 탈피"를[549] 명시적으로 가속화하는 것이었다. 그의 주장은 '낡고 삐걱거리는 전차'인 "전설 속 권력 분립"에[550] 대한 공격으로 시작된다. 법과 정책을 모두 구별하는 것은 그에게는 '완전한 오류'였고[551] 판사가 정부의 목표가 아니라 사법 행정에 관심을 갖는다는 개념은 조롱의 대상이었다. 그는 심지어 행정재판소의 주요 장점 중 하나로 다음을 꼽았다. "법치와 판례에 방해받지 않는 정책을 시행할 수 있다… 행정법의 모든 특성 중에서 그 어떤 것도, 공익을 위해 적절히 사용된다면 특정 분야에서 사회 개선 정책을 보다 발전시키고 정책적 필요에 맞춰 논쟁에 대한 그들의 태도를 조정하는 데 목적에 맞춰 눈 앞의 사건들을 판결하는 재판소의 권한보다 더 유리한 것은 없었다."[552]

우리 시대의 '진보적' 이념들이 실제로는 얼마나 반동적인지를 이보다 더 명확히 보여주는 다른 주장은 찾아보기 어렵다. 그러므로 롭슨 교수와 같은 견해가 보수층에게 급속히 공감을 얻고 "법치(Rule of Law)"에 실린 보수당의 최근 소논문에서 그와 입장을 같이해 "법치 혹은 판례에 구속받지 않고 유연하다면, 정책을 집행하는 각료들에게 실질적인 도움을 줄 것"[553]이라는 이유로 행정재판소를 추천했던 것도 놀라운 일이 아니다. 보수주의자들이 사회주의적 강령을 수용했다는 것은 아마도 이 전개 과정의 가장 놀라운 특징일 것이다. 심지어 『현대 국가에서의 자유(Liberty in the Modern State)』에 실린 보수주의 심포지엄의 발언은 거기에서 더 나아갔다.554) "지금까지 우리는 법원이 정부나 공무원들이 가하는 억압의 위험으로부터 보호받는 영국인의 개념에서 출발해 여행해왔다. 발표자 중 어느 누구도 이제 우리가 19세기의 이상으로 돌아갈 수 있다고 주장하지 않았다."555)

이런 견해가 어디로 나아가는지는 사회주의 법률가 집단에서 잘 알려지지 않은 구성원 몇몇의 경솔한 말들에서 확인할 수 있다. 그 중 하나는 법치를 '재정의'하는 것으로 계획 국가와 법치라는 논문으로 시작한다.556) 거기엔 "최고입법가가 만들어낸 의회란 도대체 무엇인가?"라는557) 공개적 혹평이 나온다. 이는 저자로 하여금 "[사회주의 입안자들에 의해 처음 제기됐던] 계획과 법치의 양립 불가능성은 편견이나 무지에 의해서만 유지될 수 있는 신화라고 확신을 가지고 주장"558)하도록 한다. 그 그룹 내 또 다른 멤버는 히틀러가 헌법을 통해 권력을 획득했다면 법치가 나치 독일에서도 자리잡은 것인지 여부에 대한 질문에 대답이 된다고까지 생각한다. "그 답은 그렇다이다. 다수가 옳다. 다수가 투표로 그를 권좌에 앉혔다면 법치가 작동하는 것이다. 다수는 현명하지 못할 수도, 사악할 수도 있다. 그러나 법치는 작동한다. 민주주의에서 권리는 다수가 만드는 것이기 때문이다."559) 여기서 우리는 가장 단호한 용어로 표현된, 우리 시대의 가장 심각한 혼동을 만난다.

따라서 그러한 개념들의 영향 아래 영국에서 지난 20~30년 동안 시민의 사생활과 소유권에 대한 행정 기관의 매우 불완전하게 검증된 권한이 급속도로 확대되었음은 놀라운 일이 아니다.[560] 새로운 사회적, 경제적 입법은 그러한 기관에 점점 더 많은 재량권을 부여하고 있으며 항소심 재판소가 뒤범벅된 형태로 아주 가끔, 그리고 매우 결함이 많은 해결책을 제시했을 뿐이다. 극단적인 경우 법은 심지어 몰수까지 행사할 수 있는 '일반 원칙'을 결정할 권한을 행정 기관에 부여하는 정도까지 갔으며,[561] 그러자 행정 기관은 어떤 확실한 규칙에 자신이 얽매이는 것을 거부하기까지 했다.[562] 최근 들어서야, 특히 부유하면서도 의로운 누군가의 끈질긴 노력 덕분에[563] 고압적 관료행위의 악명 높은 사례가 대중들의 관심을 끌게 되면서, 소수의 지식인들이 오랫동안 느껴온 이러한 전개에 대한 불안이 집단들에 널리 확산되었고 따라서 이에 대한 반발의 징후들이 나타나기 시작했다. 이에 대해서는 나중에 다시 살펴보겠다.

미국에서의 전개양상

많은 면에서 이런 방향으로의 전개가 미국에서도 크게 빗나가지 않았다는 점은 다소 놀랍다. 사실 법 이론의 현대적 경향과 법 교육을 받지 않은 '전문 행정가' 개념 모두 영국에서보다 미국에서 훨씬 더 영향력이 컸다. 앞서 살펴본 영국 사회주의 법률가들은 영국보다 미국의 법철학자들에게서 더 많은 영감을 얻었다고 말할 수 있을 정도다. 이런 결과를 초래한 상황들은 미국에서조차도 별로 알려지지 않은 것이므로 좀 더 알아볼 필요가 있다.

사실 미국은 유럽의 개혁 운동으로부터 받은 자극이 일찍이 '공공 행정 운동'으로 구체화되었다는 점이 특징적이다. 그 운동은 영국의 페이비언 운동이나[564] 독일의 '강단 사회주의' 운동과 다소 유사한 역할을 했다. 정부의 슬로건으로 유효했던 그 운동은, 기본적으로 사회주의적 목표를 위해 재계의 지지를 끌어내기 위해 기술적으로 설계되었다. 일반적으로 '진보주의자들'의 공감과 지지를 받았던 이 운동의 참여자들은 법치, 헌법적 제약, 위헌법률심사제도, 그리고 '근본법' 개념 등과 같은 개인 자유의 전통적 안전장치들을 격렬하게 공격했다. 이 '행정 전문가'들은 법과 경제 모두에 동일하게 적대적이었다(그리고 대체로 무지했다)는 특징을 보였다.[565] 그들은 행정 '과학'을 만들어내려고 노력하면서 '과학적' 절차라는 다소 순진한 개념을 따랐으며, 극단적 합리주의자의 특징대로 전통과 원칙들을 모두 멸시했다. "자유를 위한 자유는 확실히 무의미한 개념이다. 무언가를 하고 즐기는 것이 자유임에 틀림없다. 만일 보다 많은 사람들이 자동차를 사고 휴가를 즐긴다면 보다 많은 자유가 있는 것이다"라는[566] 이념을 가장 대중화시킨 것이 바로 그들이었다.

그들의 노력 덕분에 유럽 대륙의 행정 권력 개념은 영국에서보다 미국에 더 일찍 도입됐다. 따라서 1921년 초 저명한 미국의 한 법학자는 "법원과 법으로부터 벗어나려는 경향과 행정 및 입법 재판소의 형태로까지 부활한 법 없는 법원으로의 복귀, 독단적 정부 권력에 대한 의존"이[567] 있었다고 증언했다. 몇 년 후 행정법에 관한 정평 있는 저서는 다음의 내용을 일반적으로 인정된 원칙으로 언급한다. "법에 의해 임명된 모든 공직자는 일정한 '관할권' 영역을 갖는다. 그 영역 범주 내에서 공직자는 자신의 재량에 따라 자유롭게 활동할 수 있으며 법원은 그의 행동을 최종적인 것으로 존중하고 그 정당성 여부를 문제 삼지 않을 것이다. 그러나 그가 그 경계를 넘게 되면 법원이 개입하게 된다. 이런 체계에서 공직자 행위에 대한 법리 검토는 법적 월권 검토 부문 정도가 되었다. 법원에서 유일하게 문제 삼는 것은 관할권으로, 법원은 해당 공직자가 그 관할 권한 내에서 행사하는 재량권을 통제할 수 없다."[568]

법원이 행정뿐만 아니라 입법 활동을 엄격히 통제하는 것에 대한 반발은 사실 1차 세계대전 이전에 시작되었다. 1924년 라 폴레트(La Follette) 상원의원은 대통령 선거 운동에서 실제 정치적 문제였던 이 반발을 처음으로 중요한 이슈로 다루었다. 당시 폴레트 의원은 법원의 권한 제한을 주요 공약으로 삼았다.[569] 상원이 확립한 법원의 입법통제 전통 때문에 다른 곳보다 미국의 진보주의자들이 행정 기관의 재량권 확대를 더욱 옹호하게 되었다. 1930년대 말 미국 진보주의자들이 너무 이쪽으로 기울자 "행정법과 행정 재량권에 관한 미국 자유주의자들과 미국 보수주의자들 사이의 논쟁을 처음 본" 유럽의 사회주의자들조차 "행정부 재량권 확대에 따른 잠재적 위험을 경고하고 우리(즉, 유럽 사회주의자들)는 미국 보수주의자들의 입장이 옳음을 단언할 수 있다"는 쪽으로 기울었다.[570] 그러나 진보주의자들의 태도가 미국의 체제를 눈에 띄지 않게 점차 사회주의로 나아가는 데 크게 기여한다는 사실을 발견하자 그들은 곧 누그러졌다.

물론 이러한 갈등은 루스벨트 시대에 가장 극에 달했지만, 이미 이전의 지적 흐름이 그 시대의 전개를 준비했던 것이다. 1920년대와 1930년대 초, 이후 전개에 큰 영향을 미친 반법치 문헌들이 대거 등장했다. 여기서는 대표적인 두 가지 사례만 언급하겠다. '인간이 아닌 법의 통치'라는 미국인의 전통에 대해 가장 적극적으로 전면에서 공격을 주도했던 사람은 찰스 헤인즈(Charles G. Haines) 교수였다. 헤인즈 교수는 전통적 이상을 환상으로[571] 표현했을 뿐만 아니라 "미국인은 공적 사안에 있어 인간에 대한 신뢰 이론을 기반으로 정부를 구축해야 한다"라고[572] 진지하게 강변했다. 이것이 미국 헌법의 기본 개념과 완전히 상충되는지를 알려면 토머스 제퍼슨의 말을 기억할 필요가 있다. "자유 정부는 신뢰가 아니라 질투 속에 세워진다. 우리가 권력을 위임해야 하는 사람들을 묶어두기 위한 헌법상의 제한을 규정한 것은 신뢰가 아니라 질투다… 따라서 우리의 헌법은 우리의 신뢰가 갈 수 있는 한계를 정한 것이다. 권력에 관한 문제에서 인간에 대한 신뢰를 믿지 말고 헌법의 쇠사슬로 그를 악행으로부터 끌어내려 묶어야 한다."[573]

당시의 지적 흐름을 보다 더 잘 보여주는 것은 고 제롬 프랭크(Jerome Frank) 판사의 저서 『법과 현대 정신(Law and the Modern Mind)』일 것이다. 이 책이 1930년 처음 나왔을 때 지금 독자들은 이해하기 힘들 정도로 큰 성공을 거두었다. 프랭크 판사는 이 책에서 "권위적인 가장에 대한 어린애 같은 바람"의[574] 산물이라고 조롱하며 법의 확실성이라는 이상 전체를 신랄하게 공격했다. 정신분석 이론에 기초한 이 저서는 집단행동에 대한 어떤 제한도 받아들이려 하지 않는 세대가 원했던 대로 전통적 이상에 대한 경멸을 정당화시켰다. 그런 이상 속에서 자란 젊은이들이 뉴딜이라는 온정주의적 정책의 선봉에 서게 됐다.

1930년대 말 이러한 전개에 대한 불안감이 커지자 10년 전의 영국 위원회와 유사한 임무를 맡게 될 미 법무장관의 행정절차 심의위원회가 발족되었다. 그러나 이곳 역시 다수파 보고서[575]에서 당시 상황을 영국의 위원회보다 더 불가피하고 무해한 것으로 보는 경향이 짙었다. 딘 로스코 파운드(Dean Roscoe Pound)의 말을 통해 당시 보고서의 전체 분위기를 읽을 수 있다. "전혀 의도한 게 아님에도 대다수는 전 세계적 추세인 행정 절대주의의 흐름을 따라가고 있다. 이는 법 소멸의 이념, 또는 법 없는 사회, 혹은 하나의 법만 있는, 즉 법은 없고 행정명령만 있는 그런 사회의 이념이다. 즉 이것은 권리 따위는 존재하지 않으며, 법은 국가의 권력 행사에 대한 유일한 위협이고, 규칙과 원칙은 미신이자 종교적 소망에 지나지 않는다는 학설이자, 권력 분립은 18세기의 구시대적 사상이라는, 또한 법의 우월성이라는 보통법 강령은 이제 낡았고 공법은 개인의 이익을 공직자의 이익에 종속시켜 후자로 하여금 공공의 이익에 대한 분쟁에서 한쪽편을 들게 하며 이에 따라 보다 큰 가치를 한쪽에 부여해 다른 한쪽을 무시할 수 있게 하는 '종속법'이 되어야 한다는 가르침인 것이다.

그리고 마지막으로 법은 공식적으로 행해지는 것이므로 공식적으로 행해지는 것은 무엇이든 법이 되고 법률가들의 비판 대상이 되지 않는다는 이론이다. 이상이 다수의 요구임에 틀림없어 보이는 내용들이다."[576]

법의 부활징후들

다행히도 많은 국가에서 지난 두 세대 동안의 전개양상에 반발하는 분명한 신호가 보인다. 그런 조짐은 아마도 전체주의 정권을 경험하면서 국가 권력의 제한을 완화한 것이 얼마나 위험한지 배운 국가에서 가장 두드러지는 듯하다. 얼마 전까지만 해도 개인 자유의 전통적인 안전장치를 보며 조롱을 일삼았던 사회주의자들 사이에서도 훨씬 더 정중한 태도가 보이기 시작했다. 드물지만 사회주의 법철학자의 대가였던 고 구스타프 라트브루흐(Gustav Radbruch) 학장처럼 견해가 달라졌음을 솔직하게 말한 사람도 있다. 라트브루흐 학장은 그의 마지막 저서에서 다음과 같이 말했다. "민주주의는 분명 존경할 만한 가치이지만 법치국가는 매일 먹는 빵, 마셔야 하는 물, 그리고 숨 쉬는 공기와 같다. 민주주의의 가장 큰 장점은 그것만이 법치국가를 유지하는 데 적합하다는 것이다."[577] 사실 민주주의가 필연적으로 또는 예외 없이 그렇게 역할하는건 아니라는 점은 독일에서의 전개에 대한 라트브루흐의 설명에서 너무나 분명하게 드러난다. 진실에 가까운 것은, 민주주의는 법치가 보존되지 않으면 오래 지속될 수 없다는 말일 것이다.

독일에서 일어난 전후 위헌법률심사제도 원칙의 발전과 자연법 이론에 대한 관심의 부활은 그러한 경향의 또 다른 징후다.[578] 다른 대륙 국가에서도 유사한 움직임이 진행되고 있었다. 프랑스에서는 리페르(G. Ripert)가 "법의 쇠퇴(Decline of Law)"라는 연구논문으로 큰 공헌을 했다. 그는 이 책에서 다음과 같이 정확하게 결론을 내렸다. "무엇보다 우리는 법학자들에게 책임을 물어야 한다. 지난 반세기 동안 정치 국가에게 전지전능한 권리를 부여한다는 사실을 인식하지 못한 채 개인 권리의 개념을 약화시킨 것은 바로 그들이었다. 그들 중 일부는 자신이 진보적이라는 것을 증명하기 원했지만 반면 다른 사람들은 19세기 자유주의적 개인주의가 말살시킨 전통적 강령을 재발견하고 있다고 믿었다. 학자들은 외골수에 빠져서 자신의 관심사가 아닌 학설에서 다른 이가 이끌어낸 실제적인 결론들을 보지 못하는 경우가 자주 있다."[579]

영국에서도 비슷한 경고의 목소리가[580] 여기저기서 들려왔다. 이런 우려가 커짐에 따라 법원을 행정 분쟁의 최종 판결 기관으로 복귀시키려는 새로운 경향이 최근의 입법과정에서 나타났다. 고무적인 징후는 또 있다. 일반 법원이 아닌 다른 곳을 향하는 항소심 절차 조사위원회의 최근 보고서의 내용이 그것이다.[581] 그 보고서에서 위원회는 기존 제도의 수많은 변칙이나 결함을 제거하기 위한 중요한 의견을 제시했을 뿐만 아니라 '행정적인 것의 반테제인 사법적인 것과 독단의 반테제인 법치준수 개념' 간의 근본적 차이를 훌륭하게 재확인했다. 이어지는 내용은 이렇다. "법치란 공개된 원칙이나 법률에 의해 판결이 이뤄져야 한다는 견해를 의미한다. 일반적으로 그러한 판결은 예측 가능할 것이며, 따라서 시민은 자신이 어디에 위치해 있는지 알게 될 것이다"[582] 그러나 "특별재판소나 조사위원회가 역할 할 수 없는 행정 분야가 상당히 많이"[583](위원회의 범주를 벗어나는 문제가) 영국에 남아 있다. 그리고 불만족스러운 여건은 여전해서 사실상 시민들이 독단적 행정 결정의 처분에 좌우되는 영역도 여전히 영국에 남아있다. 법치의 붕괴 과정을 중단시키려면 백여 년 가까이 전부터 제안되어 온 것처럼 모든 사건에 대해 상고할 수 있는 독립적 법원의 설립이 시급하다.[584]

마지막으로 국제적 규모의 노력의 일환으로 1955년 6월 국제법률가위원회(the International Commission of Jurists) 회의에서 채택한 '아테네 법안'도 있다. 이 회의에서는 법치의 중요성을 강력하게 재확인했다.[585]

그러나 옛 전통을 되살리려는 광범위한 열망이 그 안에 담긴 의미[586] 에 대한 분명한 인식을 수반했다거나, 또는 사람들이 원하는 목표로 나아가는 가장 직접적이고 확실한 길에서 전통이 장애물이 되었을 때조차 그 전통의 원칙을 지킬 준비를 하고 있다고 말하기는 어렵다. 얼마 전까지만 해도 너무나 당연해서 다시 말할 필요가 없었고 오늘날까지도 법조인보다 일반인에게 더 분명했던 이 원칙들이 깨끗하게 잊혔으니 그 원칙들의 역사와 특징 모두 상세히 고찰할 필요가 있다. 지금까지의 내용을 기반으로 한다면 다음 장에서 경제

사회 정책에 대한 다양한 현대적 열망이 자유사회의 틀 안에서 달성될 수 있는지 혹은 불가능한지에 대해 다양한 방식으로 좀더 상세히 살펴볼 수 있을 것이다.

chapter 3

복지국가에서의 자유
Freedom in the Welfare State

이 인간 종족 위에는 거대한 수호 권력이 있다. 그 권력은 사람들의 만족을 보장하고 그들의 운명을 지켜보는 임무를 오직 스스로에게 맡겼다. 그 권력은 절대적이고 세심하며 규칙적이고 신중하며 온화하다. 만약 그것의 목적이 인간을 인간답게 만들기 위한 것이라면, 그것은 부모의 권위와 같을 것이다. 그러나 그 반대로 그 권력은 인간을 영원히 어린아이 상태로 묶어두려고 한다. 사람들이 즐거워해야 한다면 그것은 아무것도 생각하지 않고 그저 사람들에게 즐거움을 제공하는 것에 만족할 것이다. 그러한 정부는 사람들의 행복을 위해 기꺼이 노력하겠지만 그 행복의 유일한 주체이자 중재자가 되고자 한다. 그것은 사람들에게 안전을 제공해주고, 필요한 것을 미리 알아서 공급해주며 기쁘게 살도록 이끌며 주된 관심사를 관리하고 사람들의 근면성을 지휘하며 재산 상속을 규제하고 유산을 분배해준다. 하지만 이 모든 염려와 삶의 고통을 빼면 도대체 인간에게 남는 것은 무엇일까?

토크빌(A. de Tocqueville)[587]

17

사회주의의 쇠퇴와 복지국가의 등장

경험이 우리에게 가르쳐준 것은, 자유를 지키기 위해서는 정부의 목적이 유익할 때 가장 경계해야 한다는 것이다. 날 때부터 자유로운 사람은 악의를 가진 통치자가 자신의 자유를 침해하는 것을 자연스럽게 경계하며 물리치려 한다. 자유에 있어 가장 큰 위험은 열정적이고 선의를 가졌지만 이해가 부족한 사람들에 의해 서서히 잠식되어가는 데 도사리고 있다.

브랜다이스(L. Brandeis)[588]

사회주의 세기의 종말

약 한 세기 동안 사회 개혁을 향한 노력은 주로 사회주의의 이상으로부터 영감을 받아왔다. 이 기간 동안 유력한 사회주의 정당이 전혀 없었던 미국과 같은 국가에서는 더욱 그랬다. 100여 년 동안 지적 지도자들의 상당수가 사회주의에 매료되어 사회가 불가피하게 나아가는 궁극적 목표로 널리 받아들여졌다. 이러한 전개는 영국이 사회주의 실험에 뛰어들었던 2차 세계대전 이후에 절정에 달했다. 이때 사회주의의 진전이 최고조에 달한 것으로 보인다. 미래의 역사가들은 아마도 1848년 혁명부터 약 1948년까지를 유럽 사회주의의 세기로 간주할 것이다.

이 기간 동안 사회주의는 정확한 의미와 확실한 프로그램을 가지고 있었다. 모든 사회주의 운동의 공통 목표는 '생산, 분배 및 교환 수단'의 국유화였다. 따라서 모든 경제 활동은 사회 정의의 이상을 위해 포괄적 계획에 따라 통제되었다. 다양한 사회주의 학파는 사회 재편을 이끄는 정치적 수단에서 주로 의견 차이를 보였다. 마르크스주의와 페이비언주의는 전자가 혁명적이고 후자가 점진적이라는 점에서 달랐다. 그러나 그들이 만들고자 했던 새로운 사회에 대한 개념은 기본적으로 동일했다. 그들 모두에게 사회주의는 생산 수단의 공동 소유와 '이윤이 아닌 사용을 위한 고용'을 의미했다.

얼마 전 사회 정의 실현을 위한 구체적 방법이라는 의미였던 사회주의가 붕괴되는 거대한 변화가 발생했다. 지적 호소력을 잃었을 뿐 아니라 대중들에게 확실히 버림받았기 때문에 모든 사회주의 정당들은 추종자들의 적극적 지지를 보장해줄 새로운 프로그램을 찾고 있는 중이다.[589] 그들은 자신들의 궁극적 목표인 사회주의 이상을 버리지 않았다. 그러나 이 목표를 달성하고자 사용했던 방법 또한 '사회주의'라는 명칭을 만들었던 그 방법들은 신용을 잃고 말았다. 사회주의라는 그 명칭은 남아있는 사회주의 정당들이 채택하게 될 새로운 프로그램이 무엇이든 그 프로그램의 이름으로 갈아탈 것이다. 그러나 과거의 분명한 의미를 지녔던 그 사회주의는 이제 서구 사회에서는 완전히 사라졌다.

이렇게 단정적으로 말하는 것이 다소 놀라울 수 있겠지만 각국의 사회주의적 원천과 사회주의 정당 내부의 논의에서 나온, 몽상에서 벗어난 문헌들을 살펴보면 이 사실을 확실히 알 수 있다.[590] 한 나라의 전개 양상만 지켜본 사람들에게 사회주의의 쇠퇴는 일시적 후퇴, 즉 정치적 패배에 대한 반응에 지나지 않았다. 그러나 국제적 성격과 서로 다른 국가에서 나타난 유사한 전개 양상을 보면 일시적 후퇴 그 이상이라는 것이 확실하다. 15년 전엔 교조적 사회주의가 자유(liberty)의 주요 위협이었지만, 오늘날에도 그것에 반대하는 주장을 펼치는 것은 가상의 적과 헛된 싸움을 벌이고 있는 것이다. 사회주의를 지향했던 대부분의 주장은 이제 사회주의 운동 내에서 프로그램의 변화를 주장하는 것으로 바뀌었다.

그 쇠퇴의 원인들

이러한 변화의 원인은 다양하다. 한때 가장 영향력이 컸던 사회주의 학파의 경우 우리 시대 '가장 위대한 사회 실험'의 전례가 결정적이었다. 마르크스주의는 러시아의 사례를 통해 서구 세계에서 그 생명력을 잃게 됐다. 그러나 전통적 사회주의 프로그램을 체계적으로 적용한 필연적 결과가 러시아 사태라는 사실을 이해한 사람은 오랫동안 소수에 불과했다. 오늘날 사회주의 진영에서조차 이런 질문이 등장한다. "만일 당신이 완벽한 사회주의를 바란다면 소련은 도대체 무엇이 문제였을까?"[591] 하지만 소련의 경험을 통해서도 신용을 잃은 것은 대체로 마르크스주의 꼬리표가 붙은 사회주의만이었다. 사회주의의 기본 방식에 대한 환멸이 널리 확산된 것은 보다 직접적인 경험 때문이다.

그런 환멸이 생겨나게 된 주된 원인으로 아마도 세 가지를 꼽을 수 있겠다. 첫째, 사회주의 조직의 생산성이 민간 기업보다 뛰어나지 않고 오히려 그보다 떨어진다는 인식의 증가다. 두 번째는 보다 위대한 사회 정의로 생각되었던 방향으로 나아가는 대신 이전보다 훨씬 더 빠져나올 수 없는 새로운 독재적 계급 질서를 의미함을 더욱 분명하게 인식했다는 점이다. 마지막으로 약속했던 더 큰 자유(freedom) 대신 새로운 전제주의의 출현을 의미한다는 깨달음이다.

가장 먼저 실망한 사람들은 노동조합으로, 그들은 민간 고용주 대신 국가를 상대하게 되면 자기들의 권한이 크게 축소된다는 사실을 깨달았다. 개인들 역시 모든 곳에서 국가 기관에 맞서게 되는 것이 경쟁 사회에서 자신의 지위 향상을 의미하는 것이 아님을 곧 깨닫게 되었다. 노동자계층(특히 육체노동자)의 생활수준이 보편적으로 향상됨에 따라 명확한 프롤레타리아 계급의 개념이 없어지고 동시에 노동자들의 계급의식이 타파되었던 시기에 이런 일들이 일어났다. 이는 조직화된 사회주의 운동의 성장을 줄곧 막아왔던 미국의 환경과 유사한 환경을 대부분의 유럽에도 만들어냈다.[592] 또한 전제주의 정권을 경험한 국가에서는 모든 집단 활동에 대해 깊은 불신을 갖고 모든 정부 기관을 의심하게 된 젊은 세대 사이에서 강력한 개인주의적 저항이 일어났다.[593]

사회주의 지식인들이 환멸을 느끼게 된 가장 중요한 원인은 아마도 사회주의가 개인의 자유(liberty)의 소멸을 의미할 것이라는 불안감이 그들 사이에서 커졌기 때문일 것이다. 그들은 상대편이 사회주의와 개인 자유가 상호 배타적이라는 주장을 했을 때 분노에 차서 부인했지만,[594] 그들 중 한 사람은 강력한 문학 형태로 그 사실을 진술하며 깊은 인상을 남겼다.[595] 더 최근에는 영국 노동당의 주도적 지식인 중 한 명이 이 상황을 아주 솔직하게 그려냈다. 크로스먼(R. H. S. Crossman)은 "사회주의와 신전제주의(Socialism and the New Despotism)"라는 제목의 소논문에서 "점점 더 많은 진지한 사람들이 한때 중앙 계획과 국가 소유의 확대에 따른 명백한 이점으로 보였던 것을 다시 생각하게 되었다"라고[596] 기록했다. 그는 이어 "노동당 정부의 '사회주의'가 거대한 관료적 자치체 설립을 의미한다는 사실을 발견했다"며[597] "거대한 중앙집권적 국가 관료주의는 민주주의에 잠재적 위협이 된다"라고[598] 설명했다. 그리고 "오늘날 사회주의자들의 주요 임무는 이 새로운 봉건제도에 의해 국가의 자유가 위협받고 있음을 설득하는 것이라"[599] 그런 상황이 만들어졌다는 것이다.

사회주의 시대가 남긴 지속적 효과들

이제 집단주의적 사회주의의 특징적 방법을 옹호하는 사람들은 서구에 거의 남아있지 않지만 그들의 궁극적 목표는 여전히 사람들의 주목을 끌고 있다. 사회주의자들은 자신의 목표를 어떻게 달성할지에 대해 이젠 더 이상 명확한 계획을 세우지 않지만, 사회 정의 개념에 부합하는 소득 분배가 이뤄지도록 여전히 경제를 조종하려 한다. 사회주의 시대의 가장 중요한 성과는 국가 권력의 전통적 제한을 철폐한 것이다. 사회주의가 새로운 원칙에 입각한 사회를 완벽하게 재편하는 것을 목표로 하는 한, 기존 체제의 원칙은 완전히 치워버려야 할 장애물로 간주될 뿐이었다. 하지만 이제는 더 이상 그 자체의 뚜렷한 원칙이 존재하지 않기 때문에 방법적 구상을 명확하게 그리지 못한 채 그저 새로운 야심만을 드러낼 뿐이다. 그 결과 우리는 현대인의 야심이 만들어낸 유례없고, 이 단어의 본래 의미대로 무원칙인 새로운 과제에 다가가게 된다.

중요한 점은, 사회주의는 결국 의도적으로 지향해야 할 목표로는 대체로 포기됐지만, 사회주의가 자리잡는 데 우리가 의도치 않게라도 기여하지 않을 것이라 장담하지 못한다는 사실이다. 자신의 목적달성에 가장 효과적인 방법에만 몰두하고 효율적인 시장메커니즘의 보존에 필요한 것은 신경쓰지 않는 개혁가들은 점점 더 경제에서의 의사 결정에 (명목상으론 사유재산이 보존될지는 몰라도) 점점 더 중앙 통제를 가하게 될 가능성이 높다. 지금은 누구도 원하지 않던 바로 그 중앙계획 체제가 들어설 때까지 말이다. 게다가 구식 사회주의자 중 상당수는 이미 우리는 재분배 국가의 방향으로 여태까지 표류해 왔으며 이제 불신의 대상이 된 생산 수단의 사회화를 강요하는 것보다는 그 표류 방향으로 밀어붙이는 것이 훨씬 더 쉽다는 사실을 알게 됐다. 그들은 명목상 민간 산업으로 남아 있던 것들에 대한 정부 통제가 늘어남에 따라 몰수라는, 보다 극단적인 정책의 진짜 목표였던 소득의 재분배를 더 쉽게 달성할 수 있다는 사실을 깨달은 것이다.

보다 확실하게 전체주의적 형태를 띤 '뜨거운' 사회주의를 그토록 솔직하게 포기했던 사회주의 지도자들에 대한 비판이 때로는 부당하다거나 맹목적인 보수적 편견이라고 간주되곤 한다. 왜냐하면 본질적으로 전자와 크게 다를 바 없는 '차가운' 사회주의로 전향한 일뿐이기 때문이다. 그러나 자유사회에서 성취될 수 있는 새로운 야심과 전체주의적 집단주의 실현에 요구되는 야심을 구별해내지 못하면 우리는 위험에 처하게 된다.

복지국가의 의미

사회주의와 달리 복지국가의[600] 개념은 정확한 의미를 가지고 있지 않다. 이 문구는 법과 질서의 유지 이외의 다른 문제들에 어떤 방식으로든 '관심을 둔' 국가를 묘사하는 데 종종 사용된다. 몇몇 이론가들은 정부의 활동을 법과 질서 유지에 국한시켜야 한다고 주장했지만 그 주장은 자유의 원칙으로는 정당화될 수 없다. 정부의 강제적 조치만 엄격히 제한되어야 하는 것이다. 앞서 15장에서 보았듯이 정부의 비강제적 활동을 위한 광범위한 영역이 반드시 존재하며 세금으로 그 재정을 조달할 필요가 분명히 있다.

사실 현대에 와서는 어떤 정부도 흔히 묘사되어 온 '개인주의적 최소한'에만 스스로를 국한시키거나[601] 그러한 정부 활동의 제한이 '정통파' 고전 경제학자들에 의해 옹호된 적은 없었다.[602] 모든 현대 정부는 빈민, 낙오자, 장애인 등을 위한 규정을 마련했고 의료와 지식 보급 문제에 관심을 기울여왔다. 이 순수한 서비스 활동의 규모가 부의 보편적 증가와 함께 확대되지 않을 이유가 없다. 집단행동에 의해서만 충족될 수 있기에 개인의 자유를 제한하지 않으면서 충족시켜야 하는 공동의 요구가 존재한다. 스스로 살아갈 수 없는 사람들에게 공동체가 늘 제공해 온, 시장 밖에서 충족시킬 수 있는 최저 생계수준은 우리가 부유해짐에 따라 점차 올라가리라는 것을 부정하기는 힘들다. 또는 정부가 해악을 일으키지 않으면서도 이러한 구제활동을 돕거나 이끄는 데 유용할 수 있다는 것도 말이다. 사회보험이나 교육 같은 분야에서 정부가 어떤 역할을 하거나 주도하는 것 혹은 어떤 실험개발을 잠깐 동안 지원하는 것을 하지 말아야 할 이유도 없다. 여기서 문제는 정부 활동의 목적이 아니라 그 방법인 것이다.

그런 복지국가에 대한 반대가 얼마나 불합리한지를 보여주기 위해 정부 활동의 온건하고 순수한 목적을 언급하는 논문들이 만들어지기도 한다. 그러나 일단 정부가 그런 문제에 전혀 관여해서는 안

된다는 강경한 입장, 즉 정당하지만 자유와는 무관한 입장을 포기하면, 자유 옹호론자들은 합법적이고 반대할 수 없는 것들이 훨씬 더 많이 포함되었다는 사실을 발견하게 된다. 예를 들어, 그들이 식품위생법에 반대하지 않는다는 것을 인정한다면 이것은 그들이 바람직한 목적을 위해 이뤄지는 어떤 정부 활동에 대해서도 반대하지 않는 것으로 간주된다. 방법보다는 목적의 관점에서 정부의 기능을 제한하려는 사람들은 바람직한 결과만을 위하는 것으로 보이는 국가 활동에도 반대하는 입장이거나 또는 특정한 목적에는 효과가 있을지라도 총체적인 효과로는 자유사회를 파괴하는 방법에 대한 자신들의 반대를 뒷받침할 보편 규칙이 없다는 사실을 인정해야 하는 처지임을 깨닫게 된다. 국가를 강제 기관으로만 여긴다면 국가는 법과 질서의 유지와 무관한 사안에 관여하지 말아야 한다는 입장이 논리적으로 보일 수 있겠지만, 우리가 알아야 할 것은 국가는 서비스 기관으로서 아무 해도 끼치지 않은 채 다른 방식으로는 달성할 수 없는 바람직한 목표를 성취하는 데 도움을 줄 수도 있는 존재라는 사실이다. 정부의 새로운 복지 활동에서 많은 부분이 자유(freedom)에 위협이 되는 이유는 단순한 서비스 활동일지라도 실제로는 정부의 강제력 행사와 특정 분야에서의 독점적 권리 주장이 담겨있기 때문이다.

자유옹호자들의 변화된 과제들

현 상황은 자유(liberty) 옹호론자들의 임무를 크게 변화시켰으며 또 훨씬 더 어렵게 만들었다. 노골적인 집단주의적 사회주의가 위협이 되는 한 사회주의자들의 관념이 잘못되었다고 주장하는 것이 가능했다. 사회주의는 사회주의자들이 원하는 것을 성취하지 못할 것이며 그들이 원하지 않았던 다른 결과를 만들어낼 것이다. 하지만 우리는 복지국가에 대해서는 그런 식으로 반대를 펼칠 수 없다. 이 용어가 특정한 체제를 지칭하는 것이 아니기 때문이다. 그 이름 아래 들어가 있는 것은 너무나 다양하고 심지어 모순적이기까지 한 요소들의 덩어리이기에, 그 중 어떤 것은 자유사회를 더 매력적인 것으로 만들 수도 있고 또 다른 어떤 것은 자유사회와 양립할 수 없거나 잠재적 위협이 될 수도 있다.

복지국가의 목표 중 몇 가지는 반드시 가장 확실하고 따라서 가장 대중적인 방법을 사용하지 않더라도 개인의 자유(liberty)를 침해하지 않은 채 실현될 수 있다. 또 어떤 목표는 사람들이 상상한 것보다 또는 받아들일 수 있는 것보다 훨씬 큰 비용을 치러야만 하거나 혹은 부가 증가함에 따라 천천히 점진적으로만 어느 정도 유사하게 달성될 수 있다. 마지막으로 특히 사회주의자의 마음에 특별히 소중한 목표들이 있는데, 그것은 개인의 자유(freedom)를 지키고자 하는 사회에서는 실현될 수 없는 것들이다.

공원, 박물관, 극장, 체육시설 등 공동의 노력으로 제공되어 지역사회 모든 구성원들에게 이익이 되는 다양한 공공문화시설들이 있다. 중앙정부보다는 지방정부가 이런 것들을 제공해야 하는 강력한 이유가 있기는 하지만 말이다. 그 다음으론 공통되는 위험으로부터 모두를 보호하는 안전보장이라는 중요한 이슈가 있다. 여기에서 정부는 이런 위험을 줄이거나 사람들을 그 위험에 대비하도록 도울 수 있다. 그러나 여기서 안전의 두 가지 개념을 정확하게 구분할 필요가 있다. 특권이 없고 모두에게 제공되는 제한된 안전과 자유사회에서 모두에게 제공될 수 없는 절대적 안전이다. 첫 번째는 심각한 물리적 결핍으로부터의 안전보장으로, 정부가 모두에게 최저 생계를 보장해주는 것이다. 두 번째는 삶의 수준을 보장해주는 것으로 한 사람이나 한 집단이 향유할 수 있는 수준을 다른 곳과 비교함으로써 결정된다. 그렇다면 양자 간의 차이는 모든 사람에게 동일한 최저 소득 보장과 한 사람이 받아 마땅하다고 생각되는 특정 소득 보장 간의 차이인 것이다.[603] 후자는 복지국가에 영감을 주는 세 번째 주요 야심, 즉 정부의 힘을 이용해 재화를 보다 공평하게 또는 보다 정당하게 분배하려는 열망과 밀접한 관계가 있다. 이것이 특정 사람이 특정한 것을 얻도록 보장하는 데 정부의 강제력이 동원된다는 것을 의미하는 한에는, 이는 서로 다른 사람들 간의 차별과 불평등한 대우를 필요로 하기 때문에 자유사회와는 함께 갈 수 없는 것이다. 이것은 '사회 정의'를 지향하고 '주로 소득 재분배자'가 되는 그런 종류의 복지국가이다.[604] 복지국가에겐 사회주의로 그리고 사회주의의 강제적이고 본질적으로 독단적인 방법으로 되돌아갈 운명뿐이다.

행정국가의 고유한 팽창주의

　복지국가의 몇몇 목표만 오직 자유(liberty)에 반하는 방법으로만 달성할 수 있는 것이지만, 모든 목표를 그런 방법으로 수행될 수는 있다. 오늘날 가장 큰 위협은 일단 정부의 목표가 타당하다고 받아들여지면 자유(freedom)의 원칙에 반하는 수단을 사용하는 것도 정당하다고 간주된다는 데 있다. 불행한 사실은 대다수의 분야에서 주어진 목표에 도달하는 가장 효과적이며 확실하고 빠른 방법은 모든 가용자원을 현재 가시적인 해결책을 실현하는 데 이용하는 것이라는 점이다. 특정한 악에 대한 분노로 가득 찬, 야심만만하고 참을성 없는 개혁가들에게는 가장 빠르고 직접적인 수단을 통해 그 악을 완전히 제거하는 것이 적절한 것일 듯하다. 지금 실업, 질병, 노후 대비 등으로 시름하는 모든 사람의 고민들을 한꺼번에 해결하는 것은 종합적이고 강제적인 계획만으로 충분할 것이다. 그러나 문제를 즉시 해결하고 싶은 조바심에 정부에게 배타적이고 독점적 권한을 부여한다면 근시안적인 생각이었음을 깨닫게 될 것이다. 만일 지금 보이는 해결책으로 가는 가장 빠른 길만 허용되고 다른 모든 대안적 실험들이 배제되고 만일 현재의 필요를 만족시키는 최상의 방법이 모든 미래 발전을 위한 유일한 출발점이라면, 아마 더 빨리 현재의 목표에는 도달할 수 있을 것이다. 그러나 그와 동시에 더 효과적인 해결책이 대안으로 등장하는 것을 막게 될 것이다. 기존의 지식과 힘을 최대한 활용하려고 했던 사람들이야말로 그들이 사용하는 그 방법으로 인해 지식이 미래에 성장하는 것을 가장 크게 해치는 사람들이다. 특히나 개혁가들이 성급하고 행정 편의를 중시했던, 사회 보험 분야에서 현대 복지 국가의 특징이 되어버린 통제되고 획일화된 발전은 미래 발전의 주요 장애물이 될 수 있다. 통제되고 획일화된 발전은 성급하고 행정상의 편의를 선호했던 개혁가들이 특히 사회 보험 분야에서 추구하던 것인데, 이는 현대 복지 국가의 특징이 되어버렸다. 이런 발전은 당연히 미래 발전에 있어 주요 장애가 된다.

정부가 단순히 개인이 각자 정한 기준을 달성하도록 촉진하는 정도가 아니라, 모든 사람이 그것을 달성하도록 보장하고자 하면, 그것은 그 문제에 대한 개인의 선택을 박탈했을 때에만 가능하다. 따라서 복지국가는 가족 국가가 되어, 가부장적 권력이 공동체의 소득 대부분을 통제하고 각 개인이 필요로 하거나 또는 그들이 마땅히 받아야 한다고 생각되는 형태와 양을 각자에게 배분하게 된다.

많은 분야에서 효율성과 경제의 고려에 기반한 설득 논리는 국가가 특정 서비스를 전담하는 것에 찬성하며 논의를 전개한다. 그러나 국가가 그렇게 하면 결과적으로 계산됐던 그 이득이 착각이었던 것으로 조만간 판명될 뿐만 아니라 그 서비스의 성격이 경쟁하는 주체들이 제공했을 때와는 완전히 달라진다. 만일 특정 서비스를 위한 제한된 자원을 그 서비스의 통제 아래 두는 대신 정부가 강제력을 행사해 몇몇 전문가가 사람들에게 필요하다고 생각하는 것을 제공하도록 보장한다면, 따라서 사람들이 건강, 고용, 주택, 노후 등과 같이 삶에서 가장 중요한 문제들에 대해 더 이상 선택권을 행사할 수 없고 그들의 필요에 대한 평가에 기초해 해당 기관이 내린 결정만을 수용해야 한다면, 특정 서비스가 국가의 독점적 영역이 되고 모든 직업(의료, 교육, 보험 등)이 오직 하나의 관료적 위계질서로서만 존재한다면, 이 모든 경우 사람들이 무엇을 얻어야 할지 결정하는 것은 더 이상 경쟁적 실험이 아니라 오직 권위 기관의 판단뿐일 것이다.[605]

성급한 개혁가들이 대개 그러한 서비스를 정부 독점 형태로 조직하려 하게 만드는 바로 그 똑같은 이유로 해당 기관이 개인에 대한 광범위한 재량권을 부여받아야 한다는 믿음이 생겨난다. 만일 목적이 규칙에 맞춰 어떤 서비스를 제공함으로써 모두에게 기회를 높이려는 것이었다면 상업적 방식만으로도 그 목적은 달성할 수 있을 것이다. 그러나 이 방식으로는 그 결과가 모든 개인들에게 정확히 우리가 원하는 대로 나올 것이라고는 결코 확신할 수 없다. 각 개인의 결과에 관여하려는 방식이라면, 사람들을 차별할 재량권을 가진 기관에서 개인 맞춤형, 가부장적으로 관여하는 것뿐이다.

시민들의 어떤 요구가 단일한 관료제 기구의 독점적 관심사가 되어도, 그 기구를 민주적으로 통제해서 시민 자유(liberty)를 제대로 보호할 수 있을 것이라는 생각은 순전히 착각이다. 개인의 자유 보존 측면에서는, 이런저런 일들이 돼있어야 한다고 말하는 입법부와 [606] 그 일들을 수행할 독점적 권한을 가진 행정부의 역할 분담만큼 위험한 조합이 없다. "영국뿐 아니라 미국의 경험에서도 분명히 알 수 있는 사실은 행정 기관이 눈앞의 목표를 달성하려는 열망에 휩싸여 자신들의 본래 기능에서 벗어나, 헌법적 제한과 보장된 개인의 권리는 그들 입장에서 정부의 가장 중요한 목적이라 여기는 것을 달성하려는 자신들의 열정적인 노력에 양보되어야 한다고 추정하는 것이다."[607]

오늘날 자유를 위협하는 최대 위험 요소는 현대 정부에서 가장 필요로 하고 가장 강력한 사람들, 즉 공공의 이익으로 여기는 것에만 관심을 갖는 유능한 행정 전문가라고 해도 과언이 아닐 것이다. 이론가들은 여전히 이런 활동의 민주적 통제에 대해 이야기하지만 이 문제를 직접 경험한 사람들은 모두 (최근 한 영국 작가가 했던 말인) "총리의 통제가… 내내 신화였다면 의회의 통제는 항상 그래왔듯이 가장 동화 같다"는 데 동의한다.[608] 이런 식의 국민 복지 행정은 자기본위적이고 통제할 수 없는 기구가 되며, 개인은 그 앞에서 무기력해지고 이 기구는 점차 베일에 싸인 주권을 부여받게 되는 것이 불가피하다. 이것을 지칭하는 말로 독일이 전통적으로 사용해온 고권행정이나 주권국가는 앵글로색슨 세계에서 익숙하지 않아 '헤게모니적'[609]이라는 낯선 용어에 의미를 부여해서 사용해야 했다.

국내 정책에 국한된 논의

이어지는 다음 장들의 목표는 자유사회를 위한 완벽한 경제정책 프로그램을 자세히 설명하는 것이 아니다. 자유사회에서 아직 확고히 자리 잡지 못한 새로운 열망들을 주로 다룰 것이다. 이에 대해 다양한 입장이 양극단을 오가고 있으며 또 선과 악을 구별하는 데 도움이 되는 원칙들이 절실하게 필요하다. 그동안 지나치게 야심찬 시도들로 인해 복지국가의 모든 활동이 불신을 받게 됐다. 우리가 다룰 문제들은 그 불신으로부터 보다 온건하고 정당한 목표들을 구해내고자 할 때 특히 중요한 것이다.

여기서 자세히 살펴볼 수는 없지만 자유사회 유지를 위해 극히 중요한 정부 활동은 많이 있다. 우선 국제 관계에서 발생하는 복잡한 문제들은 제쳐놓아야 한다. 이런 문제까지 진지하게 살펴보려면 책의 분량이 너무 많아질 뿐만 아니라 지금까지 제시할 수 있었던 것과는 다른 철학적 기반을 필요로 하기 때문이다. 우리가 주권국가라고 알고 있는, 역사에 의해 결정된 영역을 국제 질서의 근본 단위로 받아들이는 한, 아마도 이 문제들에 대한 만족스러운 해결책을 찾기는 힘들 것이다. 우리에게 선택권이 있어 정부의 다양한 권한을 어떤 집단에 맡겨야 할지를 결정해야 한다면, 이것은 간단히 답하기엔 너무 어려운 문제다. 국제적 수준의 법치를 위한 도덕적 기반은 아직까지 전혀 확립되지 않은 듯하며, 오늘날 정부의 새로운 권한 중 어느 하나라도 초국가적 기구에 위임한다면 아마 국가 내에서 발휘됐던 모든 이점들을 상실하게 될 것이다. 모든 정부의 권한을 효과적으로 제한하는 방법과 이러한 권한을 권력 집단들에게 분할하는 법을 익히지 못한다면 국제 관계 문제에 있어서는 임시방편적인 해결책들만 가능하다는 말밖에 나는 할 수 없다. 또한 국가 정책의 현대적 발전은 국제적 사안을 19세기보다 훨씬 더 어렵게 만들었다.[610] 개인 자유(freedom)가 지금보다 훨씬 더 확고히 보장될 때까지는 세계 국가의 창설이 문명의 미래에 전쟁보다 더 큰 위험이 될 것이라는 개인적 견해를 여기에 덧붙이고 싶다.[611]

국제관계 문제 못지않게 중요한 것 또 하나는 정부 기능에 있어서 중앙집권화 대 분권화의 문제다. 그것은 우리가 논의할 대부분의 문제들과 전통적으로 연관되어 있지만 여기서 체계적으로 다룰 수 없다. 이러한 권력을 최대한 집중적으로 지원하는 것은 정부 권한 증대를 선호하는 쪽의 특징인 반면 주로 개인 자유에 관심을 갖는 사람들은 일반적으로 분권을 지지해왔다. 민간 주도로는 해당 서비스를 제공할 수 없고 따라서 일종의 집단행동이 필요한 영역에서 지방 정부의 활동이 차선책이 되는 데에는 그럴 만한 이유가 있다. 지방정부의 활동은 민간 기업의 장점을 많이 갖고 있지만 정부의 강제 행위의 위험성은 적기 때문이다. 지방 정부 사이의 경쟁 다시 말해 이동의 자유가 존재하는 지역 내에서의 더 큰 단위들 간의 경쟁은 자유 성장의 이점을 보장할 대안적 방법들을 실험해볼 기회를 많이 만들어낸다. 사람들 대부분은 거주지 변경을 아예 고려하지 않을 수도 있지만 다른 지자체보다 합리적 비용으로 좋은 서비스를 제공한다면 움직일 사람들, 특히 젊은 층과 보다 진취적인 사람들이 충분히 있을 것이다.[612] 보통 권위주의적 계획가는 통일성, 정부 효율성, 행정상의 편의의 관점에서 중앙집권적 성향을 지지하며 이를 통해 보다 부유한 지역의 자원을 뜯어내기 원하는 빈곤한 다수의 강력한 지지를 받는다.

독점과 그 외의 부차적인 문제들

개괄적으로 살펴볼 수밖에 없는 경제 정책의 또 다른 중요한 문제들이 몇 가지 있다. 경제 안정과 심각한 불황 방지가 부분적으로는 정부의 활동에 달려 있음을 부정할 사람은 없을 것이다. 이 문제는 고용과 통화 정책이라는 주제로 따로 떼어 다루어야 한다. 그러나 이를 체계적으로 다루다 보면 고도로 기술적이고 논란이 많은 경제 이론적 이슈들로 이어질 것이고, 내가 이 분야를 전문적으로 연구한 결과 취하게 된 입장을 밝히는 것은 대체로 이 책의 주제와 무관한 것이다.

마찬가지로 세금으로 조성된 기금을 가지고 특정한 노력들에 보조금을 지급하는 문제는, 주택, 농업, 교육과 관련해 살펴보아야 할 것으로 이는 보다 일반적인 성격의 문제를 제기한다. 우리는 그저 정부 보조금을 지급해서는 안 된다는 입장만 고수하며 그 문제들을 묵살해버릴 수만은 없다. 국방처럼 정부 활동이 당연시되는 분야에서 정부 보조는 필요한 발전을 촉진시키는 최선이자 가장 덜 위험한 방법일 수 있어, 정부가 완전히 전담하는 쪽이 종종 더 선호된다. 아마도 보조금과 관련해 정할 수 있는 유일한 보편 원칙이라면, 보조금은 즉각적 수혜자(보조받은 서비스의 공급자든 소비자든 간에)의 이익을 위한 것이면 결코 정당화될 수 없고 오직 모든 시민이 향유할 수 있는 일반적 이익, 즉 진정한 의미의 공공복지를 위한 것일 때만 정당화된다는 내용일 것이다. 보조금이 정책 수단으로서 정당성을 갖는 것은 소득 재분배의 수단이기 때문이 아니라 비용을 지불할 수 있는 사람에게만 국한되지 않는 서비스가 제공되도록 시장을 활용하는 수단이기 때문이다.

이어지는 검토 과정에서 가장 눈에 띄는 공백은 아마도 기업 독점에 대한 체계적 논의가 누락된 점일 것이다. 그 주제는 일반적으로 생각하는 것만큼 중요하지 않은 것이어서 심사숙고 끝에 제외되었다.[613] 진보주의자들에게 반독점정책은 개혁의 열정이 향하던 주된 목표였다. 나 역시 과거에 기업 독점에 대한 공격이 병행되지 않으면 노조의 강제력 행사를 억제시킬 수 없다는 전술적 주장을 사용했다고 생각한다. 그러나 나는 노동 분야와 기업 분야에 각기 존재하는 독점을 같은 종류라고 말하는 것은 표리부동한 것이라는 확신이 생겼다. 그렇다고 내가 어떤 면에서는 기업 독점이 유익하고 바람직하다고 주장했던 몇몇의[614] 입장과 같다는 말은 아니다. 나는 15년 전과 마찬가지로[615] 독점기업을 경제 정책의 희생양으로 다루는 것이 당연하다고 여전히 생각한다. 그리고 나는 미국이 입법을 통해 독점에 불리한 여론을 조성하는 데 성공했음을 알고 있다. 보편 규칙(비차별 등)의 시행이 독점권을 제한할 수 있다면 그러한 조치는 모두에게 유익하다. 그러나 이 분야에서 효과적인 방법은 기업, 특허, 조세에 관한 법이 점진적으로 개선되는 형태를 취해야 하는데, 그에 따른 유용성은 간략히 언급하기 힘들다. 또한 나는 특정 독점권에 맞선 정부의 재량권 행사가 갖는 유익한 특성에 대해 점차 회의적인 입장으로 선회했다. 그리고 개별 기업의 규모 제한을 목표로 삼은 모든 정책의 독단적 특성에 심각한 경각심을 느낀다. 미국의 몇몇 기업들의 경우처럼 대기업이 반독점법에 저촉될 수 있기 때문에 가격인하로 경쟁하는 것을 꺼리게 되는 일이 벌어진다. 반독점 정책은 어리석은 짓이 되고 있다.

현행 정책은 독점 그 자체 또는 크기 자체가 문제가 되는 게 아니라 어떤 산업이나 무역에 세워진 진입 장벽과 여타의 독점적 관행들이 해가 된다는 사실을 인식하지 못한다. 독점은 확실히 바람직하지 않지만 희소성이 바람직하지 않은 것과 같은 의미에서만 그렇다. 두 경우 모두 우리는 피할 수 없다.[616] 어떤 재화가 희소하다는 사실처럼 어떤 역량이 중복될 수 없다는 것은 삶의 불쾌한 사실 중 하나다. 그렇다고 이 사실을 무시하거나 '사이비' 경쟁이 작동하는 조건을 만들어내는 시도는 말이 안 된다. 법은 나쁜 상황 그 자체를 제대로 막을 수 없고 그저 일정한 행동유형만 금지할 수 있을 뿐이다. 우리가 기대하는 것은, 경쟁 가능성이 나타날 때마다 그것을 막는 사람이 없도록 하는 것뿐이다. 사람이 만든 시장진입장벽에 기반한 독점은 제거할 수 있다. 또 보편 규칙 적용으로 가능한 것이라면 그 방법으로는 가격 차별을 금지할 수도 있다. 그러나 이 분야에서 정부의 지난 행적은 너무나 개탄스러워 정부에 재량권을 주면 진입장벽이 늘어나는 것 외에 다른 것을 기대할 수 없다. 독점 문제를 다룸에 있어 재량권이 곧 '좋은' 독점과 '나쁜' 독점을 구별하는 데 사용되고, 행정 당국은 곧 나쁜 것을 막는 것보다 좋은 것으로 추정되는 것을 보호하는 데 더 몰두하게 된다. 나는 보호할 만한 가치가 있는 '좋은' 독점이란 게 과연 존재하는지 의심스럽다. 과도기적이고 일시적인 성격의 불가피한 독점이 정부의 염려로 인해 항구적인 것으로 바뀌는 일들은 언제든 벌어질 것이다.

    기업 독점에 반대하는 정부의 활동으로부터 바랄 것은 별로 없지만, 정부가 의도적으로 독점을 장려해 늘리거나 심지어 노동 분야에서 오랫동안 그랬던 것처럼 보편 규칙에서 예외를 허용함으로써 정부의 주요 기능인 강제 행사 방지조차 수행하지 못하는 것은 상황이 다르다. 민주주의에서 특정 집단에 유리한 조치가 인기를 끌었던 시기가 지나면, 특권에 반대하는 주장이 최근에야 대중의 특혜를 누리게 된 다른 집단에 대한 반론이 되는 것은 유감스러운 일이다. 왜냐하면 그들은 특별한 도움이 필요하고 또 그럴 자격이 있는 것으로 여겨져서 그 특혜를 받았던 것이기 때문이다. 그러나 최근 들어 법치의 기본 원칙이 노조의 경우만큼 전면적으로 위배되고 또 심각한 결과를 가져온 때는 없었다는 사실에는 의문의 여지가 없다. 따라서 그것에 관한 정책을 가장 먼저 살펴보아야 한다.

18

노동조합과 고용

오랫동안 다른 독점에 적대적이었던 정부가 갑자기 노동 독점을 지원하고 촉진시켰다. 노동 독점은 민주주의가 묵과할 수 없는 것이고, 그것을 파괴하지 않고서는 민주주의의 통제력을 잃으며, 어쩌면 민주주의 그 자체를 파괴하지 않고서는 파괴할 수 없는 것일지도 모른다.

헨리 시몬스(Henry C. Simons)[617]

결사의 자유

노동조합에 관한 공공 정책은 불과 한 세기 만에 이쪽 극단에서 다른 극단으로 옮겨갔다. 노동조합이 전면 금지되지 않았음에도 노동조합이 실제로 할 수 있는 일 중 합법적인 것이 거의 없는 상황이었던 것이, 이제는 법의 보편 규칙이 적용되지 않는 유일한 특권 기관이 된 것이다. 노동조합은 강제와 폭력 금지라는 정부의 주요 기능이 확실히 실패한 유일한 중요 사례가 되었다.

이러한 상황전개는 다음과 같은 사실에 의해 더욱 조장되었다. 노동조합은 처음에는 자유(liberty)의 보편 원칙[618]에 호소했고 그 후 그들에 대한 모든 차별이 중단되고 예외적 특권을 획득한 후에도 오랫동안 자유주의자들의 지지를 받았다는 사실 말이다. 다른 영역 어디에서도 특정 조치의 합리성을 고려하려는 진보주의자들은 거의 없었고, 그들은 단지 이것이 '노조 친화적이냐 적대적이냐', 즉 흔한 표현으로 '노동 친화적인가 적대적인가'[619]만을 문제 삼았다. 그러나 노동조합 역사를 잠깐만 훑어봐도 합리적 입장은 그들의 진화를 특징지었던 양극단 사이 어딘가에 있어야 했음을 알 수 있다.

그러나 사람들 대부분은 실제로 발생한 일을 거의 깨닫지 못하고 있기 때문에 '결사의 자유'라는 용어가 사실상 그 의미를 상실했고, 실제 쟁점은 노조 가입 여부에 대한 개인의 자유가 된 지금까지도 여전히 그들이 결사의 자유를 위해 투쟁하고 있다는 믿음으로 노조의 염원을 계속 지지한다. 이러한 혼란은 부분적으로는 문제의 성격이 빠르게 변하고 있기 때문에 생겨난다. 많은 국가에서 노동조합이 내켜하지 않는 사람을 강제로 조합에 참여시키고 비노조원은 고용하지 못하도록 강제할 때 노동자들의 자발적 연대는 그제야 비로소 합법화되었었다. 대부분의 사람들은 '노동 쟁의'가 보통 보수와 고용 조건에 대한 의견 차를 의미한다고 믿지만, 흔히는 노조가 내켜하지 않는 노동자를 조합에 참여하도록 강요하려는 시도가 유일한 원인인 경우가 많다.

영국만큼 노조가 획득한 특권이 화려한 국가는 어디에도 없다. 1906년 영국의 분쟁조정법(the Trade Dispute Act)은 "노조나 그 노조원들이 저지른 가장 극악무도한 죄에 대해서조차 민사 책임을 지지 않아도 되는 자유를 노동조합에 부여했다. 즉, 다른 누구도 법인(기업이든 아니든)도 갖지 못할 특권과 보호권을 노동조합에 준 것이다."[620] 미국에서도 마찬가지로 우호적인 법이 제정되어 노조를 지원했다. 먼저 1914년의 클레이턴법(the Clayton Act)은 셔먼법(the Sherman Act)의 반독점금지 조항에서 노조를 예외로 했다. 1932년의 노리스-라과디아법(the Norris-LaGuardia Act)은 "불법행위에 대한 노동 단체의 완전한 면책 특권을 확립하기에 이르렀다."[621] 그리고 마지막으로 대법원은 "한 고용주에 속한 경제 세계에 참여하는 것을 거부할 권리에 대한 노조의 주장"을 승인하는 중대한 결정을 내렸다.[622] "명시적인 입법 허용이라기보다 행정기관과 법원 등의 암묵적 동의에 의해"[623] 거의 비슷한 상황이 1920년대에 유럽 국가 대부분에 점차 나타나게 되었다. 어디서든 노조의 합법화는 그들의 주요 목적의 합법화와 목적을 이루는 데 필수적인 것으로 보이는 것은 무엇이든 할 수 있는 권리, 즉 독점을 인정하는 것으로 해석되었다. 점점 더 많은 노조가 법 테두리 내에서 이기적인 목적을 추구하는 집단, 즉 다른 모든 이익세력과 마찬가지로 동등한 권리를 가진 경쟁적 이해관계에 의해 견제되어야 하는 집단이 아니라 공익을 위해 지원해야 할 목적(모든 노동의 철저하고 포괄적인 조직화)을 지닌 집단으로 간주되었다.[624]

최근 노조의 지나친 권력 남용이 여론에 충격을 주면서 무비판적인 친노조 정서가 줄어들고 있지만, 대중들은 현재의 법 질서가 근본적으로 잘못되었다는 것과 그리고 노조가 부당하게 휘두르는 권력이 우리 자유사회의 근간을 심각하게 위협하고 있음을 아직 확실히 깨닫지 못했다. 이는 노조가 합법적으로 누리고 있는 특권과 전혀 무관하지 않지만, 그럼에도 최근 미국에서 많은 관심을 끌고 있는 노조 권력의 범죄적 남용은 여기서 크게 다루지 않을 것이다. 오직 법이 명시적으로 허용했든 또는 최소한 법 집행 당국이 암묵적으로 용인했든 간에 오늘날 노조가 일반적으로 지닌 권한만 집중적으로 다루고자 한다. 노동조합에 반대하는 방향으로 논의를 끌어가거나 현재 남용으로 널리 인정된 관행에만 국한시키지도 않을 것이다. 대신 '신성한 권리'까지는 아닐지라도 현재 합법적으로 널리 받아들여진 그들의 권한 몇가지에 주목하고자 한다. 그 권한들에 대한 반대의 목소리는 노조가 그 권한을 행사하는 데 많은 제약이 있다는 사실 덕분에 줄어들기보다 오히려 커지고 있다. 현 상태가 지속되도록 놔둘 수 없을 이유는 현재의 법적 질서 아래에서는 노조가 자신들이 행한 것 이상으로 보다 큰 폐해를 낳을 수 있기 때문이고, 또 상황이 아직 그렇게까지 나빠지지 않은 것은 오로지 많은 노조 지도자들의 절제와 분별력 덕분이었기 때문이다.[625]

노동조합의 강제와 임금

법 아래 자유(freedom)의 모든 원칙을 어기며 노조가 행사할 수 있도록 허용된 강제가 주로 동료 노동자들을 대상으로 하는 것임은 아무리 강조해도 지나치지 않는다. 노조가 고용주에게 행사할 수 있는 실제 강제력이 무엇이든, 그것은 일차적으로 다른 노동자에게 강제력을 행사한 결과다. 노동자에게 지지를 강요할 권력을 노조가 상실한다면, 고용주에 대한 강제력 역시 그 힘을 대부분 잃게 될 것이다. 노동자 간 자발적 합의의 권리나 공동 파업의 권리는 문제가 되지 않는다. 그러나 후자, 즉 파업권은 정상적인 권리이긴 하지만 양도할 수 없는 권리로 간주되기 힘들다. 어떤 고용에서는 근로자가 이 권리를 포기하는 것이 고용 조건이 될 수도 있어야 할 타당한 이유가 있다. 즉 그러한 고용부문에서는 근로자 측의 장기적 의무를 수반하고 그러한 계약을 파기하려는 모든 집단적 시도는 불법이 되어야 한다.

한 기업이나 산업의 모든 잠재적 근로자를 제대로 통제하는 노조는 고용주에게 거의 무제한에 가까운 압박을 행사할 수 있고, 특히 많은 자본이 전문화된 장비에 투자된 경우 그러한 노조는 실질적으로 소유주를 착취하고 기업의 모든 수익을 장악할 수도 있다.[626] 그러나 결정적 포인트는 고용 여부와 상관없이 그런 활동을 통해 얻은 총이익이 균등하게 나눠지는 거의 불가능한 경우를 제외하고는 그 이익이 모든 근로자에게 이익으로 가지는 않는다는 것이다. 따라서 노조는 이익을 못 얻는 근로자들을 강제해 집단행동을 지지하도록 해야만 이것을 달성할 수 있다.

그래야 하는 이유는 노동자가 공급을 제한해야만, 즉 노동력의 일부를 억눌러야만 자유 시장에서 일반적인 수준 이상으로 실질 임금을 올릴 수 있기 때문이다. 따라서 더 높은 임금에 고용될 사람들의 이익은 결과적으로 저임금 일자리에 고용될 사람들이나 실업자들의 이익과 항상 대립하는 것이다.

노조는 통상적으로 먼저 고용주가 특정 임금에 동의하게 한 다음 아무도 그보다 더 낮은 임금에 고용되지 못하도록 한다는 사실은 아무런 변화도 만들지 않는다. 임금 담합은 더 낮은 임금에서만 고용될 수 있는 사람들을 쫓아내는 다른 수단만큼이나 그 용도에 매우 효과적일 뿐이다. 핵심은 다른 사람들을 쫓아낼 수 있는 힘이 노조에게 있다는 걸 알 때에만 고용주가 그 임금에 동의할 것이라는 점이다.[627] 일반적으로 (노조에 의해서든 혹은 행정 당국에 의해서든) 임금 담합이 이뤄지면 임금은 그렇지 않았을 때보다 높을 것이다. 또 일할 의사가 있는 모든 근로자가 고용될 수 있는 임금 수준보다 높을 것이다.

노조가 정반대의 신념에 따라 행동한다 하더라도, 자유 시장에서 형성된 수준 이상의 임금을 받고 일하기를 원하는 모든 사람들을 위해 장기적으로 실질 임금을 인상시킬 수 없다는 것은 의심의 여지가 없다. 또 명목 임금을 올릴 수는 있지만 결과적으로 그에 따른 대가를 또 치러야 할 것이다. 노조가 실질 임금을 어느 수준 이상으로 인상시키는 데 성공했다면 다른 사람의 희생을 발판 삼아 특정 집단에만 이득이 가는 것이다. 따라서 모두의 지지를 받을 때조차도 특정 집단만 혜택을 누릴 것이다. 이는 자발적인 노조일지라도 임금 정책이 모든 노동자의 이익을 대변하지 않기 때문에 오랫동안 모두의 지지를 받을 수 없다는 것을 의미한다. 따라서 외부인을 강제할 힘이 없는 노조는 모든 구직자들이 고용될 수 있는 수준, 즉 정말 자유로운 노동 시장에서 일반적으로 형성될 임금 수준 이상으로 임금을 높일 만큼 강력하지 못할 것이다.

모든 노동자의 실질 임금은 실업을 대가로 한 노조의 활동을 통해 인상될 수 있고, 특정 산업이나 직종의 노조는 다른 사람들을 보수가 더 적은 직종에 머무르게 만들어 자기 노조원의 임금을 인상시킬 수 있을 것이다. 이것이 초래하는 임금 구조의 왜곡이 얼마나 큰지는 정확히 말하기 어렵다. 그러나 어떤 노조들은 사람들이 자기 직종으로 유입되는 것을 막기 위해 폭력 행사를 마다 않고 또 다른 노조들은 노조 가입에 높은 프리미엄을 부가할 수도 있다(심지어 현 노조원의 자녀들에게 그 직종에서 일자리를 마련해둘 수도 있다)는 사실을 기억한다면, 상당한 왜곡이 일어나고 있음은 의심할 여지가 없다. 이런 정책은 상대적으로 부유하고 보수가 높은 직종에서만 성공적으로 채택될 수 있으며 따라서 부유한 사람들이 상대적으로 가난한 사람들을 착취하는 결과를 초래한다는 점에 유의해야 한다. 비록 어느 한 노조의 범위 내에서는 그들의 활동이 임금 격차를 줄이는 경향이 나타나더라도, 주요 산업과 직종의 상대적 임금까지 고려하면 오늘날 노조는 아무런 기능도 하지 못하며 전적으로 특권의 결과인 불평등의 주범이라는 것은 의심의 여지가 없다.[628] 이는 그들의 활동이 필연적으로 노동 생산성을 전반적으로 떨어뜨리고 그 결과 실질 임금의 일반 수준까지 하락시킨다는 것을 의미한다. 노조 활동이 고임금직의 노동자 수를 감소시키고 보수가 적은 일자리에 머무를 수밖에 없는 노동자의 수를 늘리는 데 성공한다면 결과적으로 평균 임금은 하락하게 될 것이다. 사실 노조의 힘이 매우 강력한 국가의 일반적 실질 임금 수준은 그렇지 않은 국가보다 낮다.[629] '공공 근로' 성격의 제한 조치가 광범위하게 활용됨으로써 노조 정책이 강화되고 있는 유럽의 대부분의 국가에서 이는 분명한 현실이다.

많은 사람들이 노조의 노력 덕분에 일반 임금 수준이 지금껏 대로 빠르게 상승할 것을 명백하고 부인할 수 없는 사실로 받아들인다면, 이론적 분석의 확실한 결과가 있더라도, 또한 반대되는 경험적 증거가 있더라도 노조는 그렇게 행동할 것이다. 실질 임금은 대개 노조가 강성했을 때보다 약화되었을 때 훨씬 빠르게 상승했다. 게다가 임금은 노조가 고도로 조직화되고 번영의 성과가 동등하게 분배되는 산업들보다 그렇지 않은 직종이나 산업에서 훨씬 빠르게 상승한다.[630] 사실과 정반대의 생각을 일반적으로 받아들이게 된 이유는 부분적으로 오늘날 대부분 노조의 단체 협상을 통해서 획득되는 임금 소득이 오직 그 방법을[631] 통해서만 획득될 수 있다고 간주되기 때문이며, 우리가 현재 볼 수 있듯이 노조 활동은 실제로 실질임금 증가를 웃도는 명목 임금의 지속적 상승을 가져오기 때문이다. 명목 임금의 증가는 인플레이션에 의해 매번 그 효과가 무력화되기 때문에 대규모 실업을 야기하지 않고도 가능한 것이다. 실제로 완전 고용이 유지되려면 그렇게 되어야만 한다.

임금에 대한 노동조합 권력의 한계

사실 노조가 임금 정책을 통해 얻어낸 것이 일반적으로 알려진 것보다 훨씬 적더라도 이 분야에서 그들의 활동은 경제적으로 매우 해롭고 정치적으로 대단히 위험하다. 노조는 시장 시스템을 무력화시키는 방향으로, 동시에 경제 활동의 방향을 통제하는 방식으로 자신들의 권력을 행사한다. 그러한 권력이 정부의 손에 들어가면 위험한 것이 되고 특정 집단에 의해 행사되면 견딜 수 없는 것이 된다. 그들은 다양한 노동자 집단의 상대 임금에 영향력을 행사하고 불가피하게 인플레이션을 수반하는 명목 임금 상승을 향해 지속적으로 압박을 가하는 방식으로 그렇게 한다.

이것이 상대 임금에 미치는 효과를 보면, 단일 노조가 지배하는 한 집단에서는 임금의 균등성과 경직성이 보다 커지는 것이고, 다른 집단 간에서는 비기능적 임금 격차가 더욱 커지는 것이다. 여기에는 노동의 이동 제한이 동반되는데, 이때 앞서의 효과는 원인이기도 결과이기도 하다. 어떤 집단은 이로 인해 혜택을 누리겠지만 전반적으로 생산성을 떨어뜨려 노동자 전반의 소득 역시 감소시킬 것이라는 점은 더 말할 필요가 없다. 또한 노조가 특정 집단의 임금 안정성을 보장하면 할수록 고용불안의 가능성이 커진다는 점 역시 구태여 여기서 강조할 필요가 없다. 중요한 것은 다양한 직종과 산업에서 노조 권한의 우연한 차이로 인해 경제적 명분도 없이 노동자들 사이에서 보수의 총체적 불평등뿐만 아니라 다양한 산업의 발전에서 비경제적 불균형이 초래될 것이라는 점이다. 건설업과 같이 사회적으로 중요한 산업들은 그 특성상 강제적 독점행위를 행사할 수 있는 특별한 기회를 노조에게 제공하기 때문에 발전이 크게 지연될 것이며 긴급한 필요도 충족시키지 못할 것이다.[632] 자본 투자가 가장 많은 곳의 노조가 가장 강성이기 때문에 그들은 투자의 방해자가 되는 경향이 있다. 현재로선 세금 버금가는 투자 방해자일 것이다. 마지막으로 관련 산업에 대한 독점적 통제의 주요 기반 중 하나는 기업과 공모해서 벌이는 노조의 독점이다.

오늘날 노동조합주의의 전개가 가져온 가장 큰 위험은 다양한 노동력의 공급에서 독점을 확보함으로써 노조가 모든 자원 배분의 효과적인 조절 수단인 경쟁을 막을 것이라는 점이다. 조절 수단인 경쟁이 무력화된다면 다른 수단이 대신 그 자리에 채택되어야 할 것이다. 시장의 유일한 대안은 결국 행정 당국의 감독이다. 그러한 감독은 분명히 특정 부문의 이익을 추구하는 특정 노조의 손에 맡겨질 수 없으며 또 모든 노동의 통합조직에 의해서도 적절히 수행될 수 없다. 이는 국가의 가장 강력한 힘 정도를 넘어서 국가를 완전히 통제하는 권력이 될 것이기 때문이다. 현재의 노동조합주의는 사회주의 체계를 구축하려는 경향을 보이고 있지만, 어떤 노조도 사회주의를 원하지 않으며 그것을 피하는 게 사실상 그들에게 최선의 이익이다.

노동조합의 강제 방법

노조는 자신들과 관계된 유형의 노동 공급을 완전히 통제하지 않고서는 주 목적을 달성할 수 없다. 그리고 그러한 통제에 따르는 것이 모든 노동자에게 이익이 되는 것은 아니기 때문에 그들 중 일부는 자신의 이익에 반하는 행동을 하도록 유도되어야 한다. 노조가 모든 노동자들에게 혜택을 준다는 잘못된 믿음을 부추기면서 심리적, 도덕적 압박을 가해 이것이 어느 정도 이루어질 수도 있다. 모든 노동자가 자신이 속한 계급의 이익을 위해 노조 활동을 지지해야 한다는 일반적 공감대를 형성하는 데 성공하면, 이제부터 강제는 반항하는 노동자로 하여금 자신의 의무를 다하도록 만드는 정당한 수단으로 받아들여진다. 여기서 노조는 가장 효과적인 도구, 즉 노동 계급의 생활수준이 그만큼 빨리 높아진 것은 노조의 노력 덕분이고, 노조의 지속적 노력을 통해서만 임금이 최대한 빠르게 계속 상승할 수 있다는 신화에 의존해 왔다. 이 신화를 빈틈없이 개발하는 데에 노조는 대개 그들의 반대세력으로부터 적극적 도움을 받아오고 있다. 사실을 보다 진실되게 통찰했을 때에만 이러한 상황에서 벗어날 수 있다. 그리고 상황변화가 달성될 수 있을지 여부는 경제학자들이 대중들의 생각을 계몽하는 일을 얼마나 제대로 해내느냐에 달려 있다.

그러나 노조가 행사하는 이런 종류의 도덕적 압박이 아무리 강해도 실제로 위해를 가할 수 있는 권한을 부여받을 정도로 강한 건 아니다. 이런 측면에서 노조 지도부는 노조의 목적을 달성하려면 보다 강력한 형태의 강제가 필요하다고 주장하는 노동조합주의 학자들의 의견에 명백히 동의한다. 동료의식이 반드시 발휘되도록 할 목적으로 노조가 개발한 것이 강제의 기술이다. 노조는 스스로에게 실질적 권력을 줄 수 있는 이것을 '조직 활동'(혹은 미국에서는 묘하게 완곡한 표현인 '조합권 보장')이라고 부른다. 진짜 자발적인 노조는 모든 노동자의 공통 이해에 맞춰 그 권한이 제한되기 때문에 그들은 주로 반대자들을 자신들의 뜻에 복종시키는 데 대부분의 노력을 기울이게 됐다.

오도된 여론과 정부의 적극적 지원이 없었다면 그들은 결코 성공하지 못했을 것이다. 불행히도 그들은 100% 노조 가입이 정당할 뿐만 아니라 공공 정책에도 중요하다고 대중을 설득하는 데 상당한 성공을 거두었다. 그러나 노동자가 노조를 결성할 권리가 있다는 말이 노조가 개별 노동자의 뜻과 무관하게 존재할 권리가 있다는 뜻은 아니다. 노동자가 노조를 결성할 필요성을 느끼지 않는다면 이는 대중의 재앙이기는커녕 참으로 바람직한 상황이 될 것이다. 그러나 모든 노동자의 참여를 유도하는 것이 노조의 자연스러운 목표라는 사실은 노조가 이 목적 달성을 위해 필요한 일은 무엇이든 할 수 있는 권리가 있다는 의미로 해석되어 왔다. 마찬가지로 노조가 임금 인상을 보장하기 위해 노력하는 것이 정당하다는 사실은 그들의 노력이 성공을 거두기 위해 필요한 것은 무엇이든 할 수 있도록 허용되어야 한다는 뜻으로 해석되어 왔다. 특히 파업은 노조의 정당한 무기로 받아들여졌기 때문에 파업을 성공시키기 위해 필요한 것은 무엇이든 할 수 있도록 허용되어야 한다고 믿게 되었다. 일반적으로 노조의 합법화는 그들의 목적을 위해 필수적인 것으로 간주되는 방법은 무엇이든 역시 합법적인 것으로 취급돼야 한다는 의미가 돼 버렸다.

그러므로 현재 노조가 지닌 강제력은 다른 목적을 위한 것일 때는 용인되지 못하고 개인의 사적 영역 보호에 반하는 방법에 주로 의존하게 됐다. 우선 노조는 (통상적인 인식보다 훨씬 더) 위협의 수단으로 피켓 라인을 사용한다. 이른바 '평화적' 집단 피케팅마저 심각하게 강제적이며 또 그것을 묵인하는 것은 그 목표가 정당하다는 전제때문에 특권을 허용하는 것임이 다음의 사실로 드러난다. 즉, 노동자가 아닌 사람들이 다른 사람들에게 자신들이 통제할 노조를 결성하도록 강요할 수 있고 또 그래왔으며, 순전히 정치적 목적이나 인기 없는 사람에 대한 증오를 표출하는 데 노조가 이용될 수 있다는 사실로 말이다. 그 목적이 인정되었다는 이유로 부여받은 정당성이 아무리 훌륭하더라도, 그 정당성이 자유사회에서는 어떤 민간 기관도 하면 안 되는 개인에 대한 일종의 조직적 압력을 뜻한다는 사실마저 바뀌는 게 아니다.

피케팅 허용 다음으로 노조가 개별 노동자를 강제할 수 있는 주된 수단은 클로즈드숍(어떤 직종·경영에서 근로자를 고용할 때, 노동조합 가입을 고용조건으로 내세우는 제도 - 옮긴이), 유니온숍(새로 채용된 근로자가 일정 기간 내에 노동조합에 가입하도록 하는 조항. 노동조합에 가입하지 않거나 탈퇴 또는 제명된 경우 근로자를 해고하게 됨 - 옮긴이) 및 이와 비슷한 방식에 대한 입법, 사법적 허용이다. 이것들은 업종을 제한하는 계약을 담고 통상적 법치에서 그들만 예외로 면제시켜 그 계약을 노조 '조직 활동'의 정당한 목적으로 삼았다. 모든 근로자가 다른 이득을 얻기 원하고 또 그럴 수 있는 경우에도, 이 입법은 공장이나 산업 노동자 다수를 대표하는 자가 체결한 계약이 그로 인해 이득을 보는 노동자뿐 아니라 모든 근로자에게 적용될 것을 요구한다.[633] 또한 임금 협상의 도구가 아니라 다른 근로자들을 노조 정책에 강제로 끌어들이기 위한 수단으로 사용되는 모든 동조 파업과 보이콧도 허용될 수 없는 강제적 수단으로 간주돼야 한다.

게다가 노조가 실행하는 강제전술 대부분은, 공식적 법인 설립 절차를 밟지 않아도 되거나 기업에 적용되는 일반 규칙의 예외 조직으로 명시되는 등 단체 행동의 통상적인 책임을 노조가 법적으로 면제받았기 때문에 가능한 것이다. 오늘날 노조 정책의 다양한 측면, 즉 구체적으로 예를 들면 산업 전체나 국가차원의 협상 등을 별도로 살펴볼 필요는 없다. 노조 정책의 실현 여부는 위에 언급한 것들의 실천에 달려있다. 노조의 기본적 강제력을 없앤다면 그런 정책들은 거의 확실히 사라질 것이다.[634]

노동조합의 정당한 기능

강제력을 사용해 임금을 인상시키는 것이 오늘날 노조의 주된 목표임은 부인하기 어렵다. 그러나 심지어 이것이 그들의 유일한 목표인 경우라도 노조에 대한 법적 금지는 정당화될 수 없다. 자유사회에서 차별법 없이는 막을 수 없는 것이라면, 그것이 바람직하지 못한 것이라도 용인되어야 한다. 그러나 임금 통제만이 현재 노조의 유일한 기능이 아니다. 노조는 반대할 수 없을 정도로 확실히 유용한 서비스를 제공한다. 강제력 행사로 임금을 올리는 것이 노조의 유일한 목적이라면 강제력만 박탈해도 노조는 아마 사라질 것이다. 그러나 노조는 그 밖에 다른 유용한 역할을 수행한다. 노조 전면 금지 가능성을 고려하는 것조차도 우리의 원칙에 위배되지만, 노조의 강제력 행사가 왜 경제적 근거가 없으며, 진짜 자발적이고 비강제적인 조직으로서 노조가 왜 중요한 서비스를 제공할 수 있는지 명시적으로 보여주는 것이 바람직하다. 사실 노조는 강제력 행사가 제대로 막혀 지금의 반사회적 목적에서 탈피했을 때에만 그들의 잠재적 유용성을 충분히 개발할 수 있을 것이다.[635]

강제력이 없는 노조는 임금 결정 과정에서 중요하고 유용한 역할을 할 것이다. 한편으로는 임금 인상, 다른 한편으로는 고용주의 같은 비용 지출로 다른 혜택방법을 선택할 수도 있게 된다. 물론 후자는 모든 또는 대부분의 근로자가 별도 수당을 선호해 기꺼이 수용하는 경우여야만 할 것이다. 또한 임금 수준에서 개인의 상대적 지위는 그의 절대적 지위만큼이나 중요한 경우가 많다는 사실도 있다. 어떤 위계조직 내에서든 다양한 직업의 보수와 승진 규칙의 차이가 다수에게 공정하게 느껴지는 것이 중요하다.[636] 사회적 합의를 확보하는 가장 효과적인 방법은 아마도 각기 이해관계를 대표하는 다양한 이해관계가 나오는 단체 협상에서 모두가 동의하는 일반적 틀을 갖는 것일 것이다. 고용주 입장에서도 대규모 조직에서 만족스러운 임금 구조에 도달하기 위해 고려해야 할 다양한 이해들을 조정할 어떤 다른 방법을 고안해내기는 어려울 것이다. 개별 사례의 특수성을 배제하지 않으면서도 여기에서 이득을 얻기 원하는 사람 모두가 이용할 수 있는 합의된 표준 요건 모음이 대규모 조직에 필요하다.

개별 보수 이외에 더 넓은 범위에서 근무 조건과 관련된 모든 일반적 문제, 즉 모든 피고용인과 실제로 관련된 문제들과 노동자와 고용주 상호 이익 사이에서 가능한 한 많은 욕구를 고려하는 방식으로 조절되어야 하는 문제들의 경우에도 마찬가지다. 대규모 조직은 상당부분 규칙에 의거해 운영돼야 하며, 그 규칙은 노동자들의 참여에 의해 만들어졌을 때 가장 제대로 작동될 수 있다.[637] 왜냐하면 고용주와 피고용인 사이의 계약은 그들 간의 관계뿐만 아니라 다양한 피고용인 집단 간의 관계도 규정짓기 때문에, 다자간 합의의 성격을 부여하고 어떤 면에서는 고충 처리 과정에서처럼 고용인 사이에서 어느 정도 자율 통제가 가능하도록 해주는 것도 편의적인 방법이 된다.

마지막으로, 가장 오래되고 유익한 노조 활동인 '공제회'는 조합원들이 그들 직종 특유의 위험에 대응하는 것을 돕는다. 이는 모든 면에서 매우 바람직한 형태의 자력구제로 간주되어야 할 기능이지만 그 기능이 복지국가로 점차 이전되고 있는 추세다. 그러나 여기서 의문이 제기되는 부분은 위의 주장 중 어떤 것이라도 공장이나 기업의 규모보다 더 큰 노조를 정당화할 수 있는가이다.

전혀 다른 문제로 경영활동에 대한 노조의 참여 요구 주장이 있다. 여기서는 간략하게만 언급하고 넘어가려 한다. 이 주장은 '산업 민주주의' 혹은 보다 최근에는 '공동 결정'이라는 이름으로 특히 독일과 그보다는 덜하지만 영국에서 상당히 인기를 끌었다. 그것은 19세기 사회주의의 한 분파인 생디칼리즘 이념의 기이한 재현을 보여주는 것으로, 이는 사회주의 강령 중 이념적 기반이 가장 얕고 비현실적인 형태다. 이러한 이념은 겉보기엔 매력적이지만 면밀히 살펴보면 내재된 모순이 드러난다. 공장이나 산업이 소비자들의 이익을 위해 이바지함과 동시에 계속해서 특정 기관 노동자들의 이익만을 위해 가동될 수는 없다. 게다가 기업 경영에 제대로 참여하는 것은 하나의 전업직종이며, 이 일에 종사하는 사람은 곧 피고용인의 시야와 관심사를 더 이상 갖지 않게 된다. 따라서 생디칼리즘의 계획이 거부되는 것은 단지 고용주의 관점일 때만의 일이 아니다. 미국 노조 지도자들이 경영상의 어떤 책임도 지지 않으려고 하는 데는 다 이유가 있다. 이 문제를 더 자세히 살피기 위해서는 그에 따른 결과들을 다룬, 현재 이용 가능한 자세한 연구들을 모두 참조해야만 한다.[638]

강제에 대한 제약

일반 여론이 노조의 강제 행위를 합법적이라고 간주하는 한 그로부터 개인을 보호하는 것은 불가능할 것이다. 그럼에도 이 주제에 대한 대부분의 연구자들은 법과 사법권의 상대적으로 미미하고(처음에는 그렇게 보일 것이다) 소소한 변화들이 현 상황에 광범위하고 결정적인 변화를 일으키기에 충분할 것이라는 데 동의한다.[639] 노조에게 명시적으로 부여된 특권을 철회하거나 법원의 묵인하에 그들이 남용했던 특권을 철회하기만 해도 노조가 현재 행사하고 있는 보다 심각한 강제력을 박탈하고 그들의 합법적이지만 이기적인 이익을 사회적으로 유용하게 전환시키기에 충분해 보인다.

핵심 요건은 진정한 결사의 자유(freedom)가 보장되어야 하며 강제는 조직을 위해 행사하든, 반대하기 위해 행사하든, 고용주가 행사하든, 피고용인이 행사하든 모두 동등하게 불법으로 취급되어야 한다는 것이다. 목적이 수단을 정당화하지 못하고 노조의 목적이 법의 보편 규칙으로부터 그들을 면제시키는 것을 정당화시킬 수 없다는 원칙이 엄격히 적용돼야 한다. 오늘날 이것은 우선 다수에 의한 피케팅이 금지되어야 한다는 것을 의미한다. 그것은 폭력이 정기적으로 발생하는 주된 원인일뿐더러 가장 평화스러운 형태조차도 강제의 수단이 되기 때문이다. 다음으로 노조가 비조합원을 고용에서 배제시키는 것이 허용되어서는 안 된다. 이는 클로즈드숍과 유니온숍 계약('조합원 자격 유지 제도'와 '조합원 우선 고용' 조항 등)을 거래를 제약하는 것으로 취급하여 법의 보호를 철회해야 한다는 뜻이다. 이것은 개별 근로자가 노조에 가입하는 것을 금지하기 때문에 일반적으로 법에서 금지하고 있는 '황견 계약(근로자가 노동조합에 가입하지 않을 것, 또는 노동조합에서 탈퇴할 것을 고용조건으로 하는 근로계약 – 옮긴이)'과 전혀 다르지 않다.

그러한 모든 계약의 무효화는 동조 파업과 보이콧의 주요 목적을 제거함으로써 이러한 류의 압박을 대체로 무력화시킬 수 있다. 또한 대부분의 공장이나 산업체에 속한 노동자 다수의 대표자와 계약을 체결해 모든 피고용인에게 구속력을 갖도록 하는 법 조항을 모두 폐지하고, 자발적으로 권한을 위임하지 않은 사람까지도 구속하는 계약을 체결할 권리를 모든 조직집단에게서 박탈해야 한다.[640] 마지막으로, 계약의 의무나 보편법과 충돌하는 조직적 집단행동에 대해서는, 그 행동이 어떤 형태였든 관계없이 엄격하게 그 결정을 내린 사람들이 책임지도록 해야 한다.

특정 유형의 계약을 무효로 만드는 입법은 어떤 것이든 계약의 자유 원칙에 반하는 것이라는 주장은 타당하지 않다. 제15장에서 보았듯이 계약의 자유 원칙은 모든 계약이 법적 구속력과 강제력을 갖는다는 뜻이 결코 아니다. 그것은 단지 모든 계약이 동일한 보편 규칙에 따라 판단되어야 하며 특정 계약을 허용하거나 불허하는 재량권이 어떤 행정 당국에도 주어질 수 없다는 것을 뜻할 뿐이다. 계약들 중에서 거래를 제약하는 계약은 법이 효력을 부정해야 한다. 클로즈드숍과 유니언숍 계약은 확실히 이 범주에 속한다. 입법부, 사법부, 행정부의 묵인이 노조를 위한 특권을 창출하지 않았다면 관습법 국가에서조차 그에 관한 특별법 제정의 필요성이 대두되진 않았을 것이다. 그러한 필요가 있다는 것은 유감스러운 일이며 자유(liberty) 신봉자는 이런 종류의 입법에 우려를 제기할 것이다. 그러나 일단 특권이 한 국가법의 일부가 되면 그것은 특별법 제정에 의해서만 삭제될 수 있다. 특별한 '일할 권리법'이 필요 없어야 하지만 입법부와 대법원의 판결을 통해 미국에서 나타난 상황을 보면 특별 입법

만이 자유(freedom)의 원칙을 회복시킬 수 있는 유일한 방법이 되었음을 부인하기 어렵다.[641]

각 나라마다 노동 부문에 자유 결사의 원칙을 복원시키는 데 필요한 특별 조치들은 각국의 전개 상황에 따라 다를 것이다. 그중 미국의 상황에 특히 주목해야 한다. 노조의 강제행동을 합법화하고 행정 당국에 무책임한 재량권을 부여하는 데 있어 그 어느 나라보다[642] 미국의 입법부와 대법원 판결이 도를 넘었기 때문이다. 보다 자세한 사항에 대해서는 페트로(Petro) 교수의 『자유사회의 노동 정책(The Labor Policy of the Free Society)』[643]을 참조할 것을 권한다. 여기에는 개혁이 필요한 부분에 대해 자세히 서술되어 있다.

노조의 유해한 권한을 제한하는 데 필요한 변화라면, 다른 모든 사람에게 적용되는 법의 보편 원칙을 노조도 동일하게 따르도록 하는 것 말고는 달리 없지만, 현재의 노조들은 가진 권력을 모두 동원해 이에 저항할 것임에 틀림없다. 그들은 현재 자신들이 원하는 것을 성취하기 위해서는 자유사회가 유지되려면 제한되어야 할 바로 그 강제력이 필요하다는 사실을 알고 있다. 아직 상황은 절망적이지 않다. 현재 진행되고 있는 전개는 현 상태가 지속되지 못하리라는 사실을 머지않아 노조에게 입증해줄 것이다. 노조는 자신들에게 열려진 선택 중에서 모든 강제를 금지하는 보편 원칙에 순응하는 쪽이 현재 정책을 지속하는 쪽보다 장기적으로 더 낫다는 사실을 알게 될 것이다. 왜냐하면 후자는 두 가지 불행한 결과 중 하나를 초래할 것이기 때문이다.

화폐정책의 역할

　노동조합이 장기적으로는 모든 근로자가 벌 수 있는 실질 임금의 수준을 본질적으로 변화시키지 못하고 사실은 인상시키기보다 하락시킬 가능성이 크지만, 명목 임금의 수준은 그렇지 않다. 노조활동이 임금에 끼치는 영향은 지배적인 통화 정책 원칙이 무엇이냐에 따라 달라질 것이다. 현재 널리 받아들여지는 강령과 그에 따라 통화 당국이 하게 될 정책으로는, 현재 노조 정책이 지속적이고 점진적인 인플레이션을 야기시킨다는 사실에 의심할 여지가 없다. 지배적인 '완전 고용'의 강령이 실업에 대한 노조의 책임을 명시적으로 덜어주고 통화 및 재정 당국에게 완전 고용을 유지시킬 의무를 부과하기 때문이다. 그러나 그 당국들 입장에서 노조 정책이 실업을 유발하는 것을 막을 수 있는 유일한 방법이란 노조가 과도한 실질 임금 인상을 일으킨 것에 대해 인플레이션으로 대처하는 것뿐이다.

　우리가 끌려 들어간 상황을 이해하기 위해서는 '케인즈식' 완전 고용 정책의 지적 원천을 간단히 살펴볼 필요가 있다. 케인즈 경의 이론은 실질 임금이 너무 높아진 까닭에 실업이 증가하고 있다고 바르게 통찰한 데에서 출발했다. 다음 단계에서 그 이론은 명목 임금을 바로 낮추는 것은, 너무나 고통스럽고 기간이 오래 걸리기 때문에 시도될 수 없는 투쟁에 의해서만 가능하다는 명제로 이어졌다. 따라서 그는 실질 임금은 화폐 가치를 낮추는 과정으로 낮춰야만 한다고 결론지었다. 이것이 바로 현재 널리 받아들여지고 있는 '완전

고용' 정책에 대한 기본적 추론이다.[644] 만일 노동계가 완전 고용이 불가능할 정도로 높은 수준의 명목 임금을 고집한다면, 현재 명목 임금의 실질 가치가 일자리를 찾는 노동자의 생산성보다 더 높지 않은 수준이 될 때까지 물가를 상승시키도록 통화 공급이 늘어날 것이다. 실제로 이는 각각의 노조가 화폐 가치를 따라잡기 위해 명목 임금 인상을 계속 주장하게 만들 것이며 따라서 노조의 모든 노력은 결국 점진적 인플레이션을 가져오게 될 것이다.

개별 노조가 특정 집단의 명목 임금 인하만 막는다 해도 이런 결과가 초래된다. 노조 활동으로 임금 인하가 불가능해지면서 임금은 일반적으로 경제학자들의 표현대로 '하방 경직성'을 보이게 된다. 여건이 끊임없이 달라짐에 따라 여러 집단 간 상대적 임금이 변화하게 되면서 상대적 실질 임금이 하락했어야 했던 집단을 제외하고 모든 명목 임금이 인상되게 된다. 게다가 명목 임금의 보편적 인상과 그에 따른 생활비 상승은 일반적으로 상대임금 변화로 상대적 실질 임금이 하락했어야 할 집단에서조차 명목 임금을 끌어올리려는 시도로 이어질 것이다. 그리고 상대 임금이 조정되기 전에 몇 차례에 걸쳐 연속적인 임금 상승 요구가 있을 것이다. 상대 임금 조정의 요구가 항상 일어나기 때문에 이 과정만으로도 2차 세계대전 이후 만연하는 임금-물가의 악순환적 상승을 초래한다. 이 모든 것이 완전 고용 정책이 일반적으로 받아들여진 이후 발생한 것이다.[645]

이 과정은 때때로 임금 인상이 직접적으로 인플레이션을 일으키는 것처럼 묘사된다. 그러나 그렇지 않다. 화폐와 신용 공급이 확대되지 않는다면 임금 인상은 바로 실업으로 이어질 뿐이다. 그러나 어떤 임금 수준에서도 완전 고용을 보장할 수 있을 만큼 충분한 통화를 공급하는 것이 통화 당국의 의무라는 강령의 영향 아래에서는, 각 임금 인상 단계마다 추가적 인플레이션이 이어져야 하는 것은 정치적으로 불가피하다.[646] 다시 말해 국민들이 심각하게 문제의식을 가질 정도로 물가가 충분히 상승하고 또 장기화될 때까지 그런 상황은 필연적으로 계속될 것이다. 그리고 나서야 통화 제어 시도의 노력이 이뤄질 것이다. 그러나 그때는 경제가 인플레이션 추가 상승 기대와 맞물릴 것이고 기존 고용의 상당 부분이 계속되는 통화 공급 확대에 의존할 것이기 때문에 이를 멈추려는 시도는 바로 대규모 실업을 야기할 것이다. 이는 더 많은 인플레이션을 향한 새롭고 저항할 수 없는 압력을 초래할 것이다. 그리고 더 큰 인플레이션 처방으로, 그렇지 않았다면 임금 압박으로 야기됐을 실업 사태 출현을 막는 것이 상당 기간 동안 가능할지도 모른다. 대체로 대중들에게는 점진적 인플레이션이 노조 임금 정책에 따른 결과를 치유하려는 시도라기보다는 오히려 그에 따른 직접적 결과로 비쳐질 것이다.

임금과 인플레이션 간의 경주가 당분간 계속되겠지만 사람들이 어떻게든 이를 중단시켜야 한다고 깨닫는 날이 분명 올 것이다. 광범위하고 장기화된 실업을 양산함으로써 노조의 강제력을 깨뜨리려는 통화 정책은 선택할 수 없다. 정치적으로도 사회적으로도 치명적이기 때문이다. 우리가 제때 노조의 권한을 원천적으로 억제하는 데 성공하지 못한다면, 노조는 조만간 노조 지도자들은 아니더라도 노동자들에게는 법의 보편 규칙에 노조가 굴복하는 것보다 훨씬 더 불쾌한 조치들의 요구에 직면하게 될 것이다. 그 강력한 요구는 곧 정부에 의한 임금 고정이거나 노조의 전면적 폐지일 것이다.

장기전망

다른 분야와 마찬가지로 노동 부문에서도 조절 메커니즘 역할을 하는 시장을 제거하는 것은 시장이 행정 명령 체제로 대체되는 것이 필연적이다. 시장의 질서 기능에 조금이나마 접근하기 위해서 그러한 행정 명령은 경제 전체를 조정해야 하고 따라서 최종적으로 단일 중앙정부로부터 그 명령이 나와야 한다. 그리고 당국이 처음에는 노동력의 분배와 보수에만 관심을 갖는다 해도 그 정책은 모든 경제적, 정치적 결과에 따라 필연적으로 사회 전체를 중앙에서 계획하고 관리하는 체제로 전환시킬 것이다.

한동안 인플레이션 경향이 지속된 국가들에서 '전반적인 임금 정책' 요구가 점차 빈번해지는 것을 볼 수 있다. 이런 경향이 가장 두드러진 국가들, 특히 영국을 보면 좌파의 지적 지도자들이 임금은 일반적으로 '통합 정책'에 의해 결정되어야 한다는 강령을 받아들인 것으로 보인다. 이는 궁극적으로 정부가 결정자 역할을 해야 한다는 것을 의미한다.[647] 따라서 시장이 자신의 기능을 돌이킬 수 없을 정도로 상실한다면, 행정 당국이 임금을 결정하는 것 이외에는 산업, 지역, 직종 전반에 걸쳐 노동력을 효율적으로 분배할 다른 방법은 없을 것이다. 강제력을 가진 공식적인 조정 및 중재기구의 설립을 통해 또한 임금 위원회의 창설을 통해, 행정 당국의 본질적으로 자의적인 결정에 의해 임금이 정해지는 방향으로 우리는 한 걸음 한 걸음 나아가고 있다.

이 모든 것은 시장의 힘보다는 '정의'라는 개념에 의해 임금이 결정되기를 바라는 현 노동조합의 정책이 낳은 필연적 결과일 뿐이다. 그러나 작동 가능한 어떤 체제라도 한 집단이 자신들이 반드시 확보해야 한다고 믿는 것을 폭력적인 방식으로 위협해 강요하도록 허용할 수 없다. 그리고 소수의 특권층뿐 아니라 노동 내 중요 영역 대부분이 강제 행동을 위해 제대로 조직되었을 때에는, 각자 독립적으로 행동할 수 있게 허용되는 것이 정의에 반하는 결과뿐만 아니라 경제적 혼란까지도 초래할 것이다. 시장에 의한 비인격적인 결정에 더 이상 의존할 수 없을 때, 작동되는 경제 체제를 유지할 수 있는 유일한 방법은 정부에 의해 권위적으로 임금을 결정하는 것뿐이다. 적용할 정의의 객관적 표준이 없기 때문에 그 결정은 독단적일 수밖에 없다.[648] 다른 가격이나 서비스에서도 모두 마찬가지지만, 일자리를 찾는 모든 사람에게 열린 기회와 양립할 수 있는 임금률은 평가 가능한 장점이나 독자적인 정의의 기준을 따르는 것이 아니라 아무도 통제할 없는 조건에 의존할 수밖에 없다.

정부가 일단 결정한 전체 임금 구조에 따라 고용과 생산을 통제할 수밖에 없다면, 노조의 현재 권한은 평등한 법의 규칙에 따르는 경우보다 더욱 축소될 것이다. 그러한 체제하에서 노조는 자발적으로 정부 정책의 도구가 되어 정부 기구에 통합되든지 아니면 완전히 폐지되든지 중에 하나를 선택할 수밖에 없다. 그중 전자를 선택할 가능성이 더 큰데, 기존의 노조 관료 체제가 그 지위와 개인적 권력 일부를 유지할 수 있기 때문이다. 그러나 노동자들 입장에서 이는 기업국가의 통제에 완전히 종속되는 것을 의미할 것이다. 대부분의 국가가 처한 이 상황은 그런 결과를 기다리거나 또는 그동안 걸어온 길을 되돌아가는 것 외에는 다른 선택의 여지가 없다. 노조의 현재 위치는 지속될 수 없다. 노조가 파괴하려고 최선을 다한 시장 경제에서만 노조가 기능할 수 있기 때문이다.

우리의 선택

노동조합의 문제는 우리의 원칙에 대한 좋은 시험대이자 그 원칙이 침해되었을 때 나타날 수 있는 결과를 보여주는 교훈적 사례다. 사적 강제를 금지해야 하는 임무에 실패했을 때 정부는 이제 그 실패에 따른 결과를 바로잡기 위해 모든 곳에서 적절한 기능을 넘어서게 되고, 따라서 노조처럼 독단적이어야만 해낼 수 있는 임무를 담당하게 된다. 노조에게 부여된 권력이 절대 건드릴 수 없는 것으로 간주되는 한 노조에 의한 폐해를 바로잡기 위해서는 국가에 보다 큰 전권을 부여하는 방법 외에는 없다. 우리는 이미 실제로 노동 부문에서 법치의 현저한 쇠퇴를 경험하고 있다.[649] 이 상황을 해결하기 위해 정말로 필요한 것은 법치의 원칙을 지키고 입법부와 행정 당국이 이를 일관되게 적용하는 것으로 회귀하는 것이다.

그러나 이 경로는 "시계를 거꾸로 돌릴 수 없다"는 어리석은 주장 때문에 여전히 막혀 있다. 이 상투적인 말을 습관적으로 사용하는 사람들이, 실수로부터 배울 수 없다는 운명론적 신념, 즉 비참하게도 지성을 사용할 수 없다는 사실에 대한 인정을 뜻하는 말임을 알고 있는지 과연 궁금하다. 현 상황이 어떻게 전개될지를 다수가 완전히 이해한다면 그들 앞에 의도적으로 선택할 수 있는 다른 만족스러운 해결책이 있다고 믿는 장기적 안목의 소유자가 있긴 한 건지 나는 의심스럽다. 선견지명이 있는 노조 지도자들 또한 그 사실을 인식하기 시작했다는 조짐들이 보이고 있다. 즉, 자유(freedom)의 점진적 소멸의 길로 들어서지 않으려면 그 추세를 뒤집고 법치를 회복시키기로 결심해야 하며 또 노조 운동에서 가치 있는 것을 지키기 위해 오랫동안 그들을 이끌어온 환상들을 포기해야 한다는 사실을 말이다.[650]

자유를 위협하는 위험을 피하는 방법으로 이미 폐기됐던 원칙들을 다시 따르도록 하는 것보다 더 좋은 것은 없을 것이다. 필요한 것은 경제정책의 변화다. 현 상황에서는 계속되는 비상사태에서 정부의 단기적 필요에 의해 요구되는 것처럼 보이는 전술적 결정이 우리를 독단적 통제의 덤불로 이끌 뿐이기 때문이다. 모순적인 목표를 추구하는 그러한 임시방편들이 누적되면 그 결과는 전략적으로 치명적인 것임이 틀림없이 입증될 것이다. 경제 정책의 문제가 다 그렇듯이, 노동조합의 문제는 특정 문제에 대한 임시변통적 결정으로는 만족스럽게 해결될 수 없고 모든 분야에서 한결같이 지켜지는 원칙을 일관성 있게 적용해야만 해결될 수 있다. 자유사회를 보전할 수 있는 유일한 원칙이 있다. 그것은 바로 모두에게 동등하게 적용할 수 있는 일반적이고 추상적인 규칙을 집행하는 것 외에는 모든 강제를 엄격하게 금지하는 것이다.

19

사회보장

추락하는 사람들을 붙들기 위한 안정망의 강령은 우리 중 상당히 버틸 힘이 있는 사람들을 위한 공정한 몫의 강령에 의해 의미가 지워져 버렸다.

〈이코노미스트(The Economist)〉[651]

공공구제와 강제보험

서구 세계에서는 통제 불가능한 상황으로 인해 극도의 빈곤이나 기아로 위협받는 사람들을 위한 구제가 오랫동안 지역사회의 의무로 받아들여져 왔다. 초창기 이러한 유사시를 대비하던 지역의 제도들은 대도시가 성장하고 사람들이 대규모로 이동해 오랜 이웃 관계가 해체되면서 부적합하게 되었다. 그리고 이러한 서비스는 국가적으로 조직되어야 했고 서비스 공급을 위해 특수 기관이 설립되어야 했다. 현재 모든 국가에서 다양한 형태로 제공되는 공적 부조나 구제는 과거의 빈민법을 현대 상황에 맞춰 적용한 것에 불과하다. 산업 사회에서 그런 제도는 빈곤층의 필사적 행위로부터 보호를 요구하는 사람들을 위한 것이라는 이유만으로도 그 필요성이 문제되지 않는다.

이러한 구제는 아마도 유사시를 스스로 대비할 수 없는 사람들(흔히 '구빈층'이라 불리는 사람들)에게만 내내 국한되지는 않을 것이며 또 비교적 부유한 사회에서 현재 마련되는 구제 자금은 생존과 건강을 유지하기 위해 절대적으로 필요한 양 이상이 될 것이 확실하다. 또한 이런 지원을 받을 가능성 때문에 어떤 사람들은 스스로 비상사태에 대비할 수 있음에도 대비에 소홀하게 될 수 있음도 예상해야 한다. 따라서 스스로 대비할 수 있는 상황에서 지원을 요청하려는 사람들은 스스로 대비하도록 하는 것이 합당하다. 노년, 실업, 질병 등의 극단적 위기상에 대비하는 것이 공공의 의무라고 일단 받아들여지면, 개인이 스스로 대비할 수 있고 또 그렇게 해야 하는 것과 무관하게, 특히 그 도움이 개인들의 노력을 감소시킬 정도로 보장이 된다면, 그들이 삶의 일반적 위험으로부터도 보장해달라 강요하는 것은 당연한 결과로 보인다. 문제의 핵심은, 사람들이 자신에게 이익이 되는 일을 하도록 강제하는 데 있는 것이 아니라 대비하는 일을 소홀히 함으로써 대중의 부담이 된다는 데 있다. 이는 자동차 운전자에게 자신의 이익이 아니라 다른 사람의 행동으로 인해 피해를 입을 수 있는 다른 사람들의 이익을 위해, 즉 제3자의 위험에 대비한 보험을 들도록 요구하는 것과 마찬가지다.

마지막으로 국가가 이전에는 소수만 했던 대비를 모두에게 하도록 요구한다면, 적절한 제도의 발전을 지원하는 것 역시 국가가 담당하는 것이 타당해 보인다. 국가가 행동할 때, 그렇지 않았다면 더 느리게 진행되었을 발전이 가속화되기 때문에 새로운 유형의 제도를 실험하고 발전시키는 비용은 공공 이익과 관련된 다른 분야의 연구비나 지식 보급 비용처럼 공공의 책임으로 간주될 수 있다. 이러한 목적을 위한 공공 재정 지원은 본질상 일정 기간만 제공되어야 한다. 이 보조금은 필요한 발전을 공적 결정을 통해 가속화되도록 지원하는 것으로 과도기를 위한 것이기에 기존 제도가 새로운 수요를 충족시킬 만큼 성장하고 발전되면 보조금 지급은 종결돼야 한다.

이 정도까지는 가장 일관된 자유(liberty) 수호자들까지도 모든 '사회보장' 기구의 정당성을 받아들일 수 있을 것이다. 많은 사람이 그렇게까지 하는 건 현명하지 못하다고 생각한다 해도, 이것이 우리가 말한 원칙에 어긋난다고 말할 수는 없다. 지금까지 서술한 프로그램에는 어느 정도 강제가 포함되어 있지만, 다른 사람의 이익을 위해 개인에게 행해지는 보다 큰 강제를 사전에 방지하기 위한 강제일 뿐이다. 그리고 이 주장은 개인들이 유사시를 스스로 대비하도록 강제코자 하는 바람뿐만 아니라 동료들이 겪는 극심한 고통의 결과로부터 모두가 스스로를 보호하게 하려는 열망에 상당 부분 기인한다.

최근의 전개양상

여기서 '사회보장'의 제안자들이 한 걸음 더 나갈 때만 결정적 쟁점이 대두된다. 1880년대 독일은 '사회보험' 시작단계부터 개인이 만일의 위험에 스스로 대비하지 않는다면 국가가 제공해야 하는, 그런 준비를 개인이 하도록 요구했을 뿐 아니라 정부가 운영하는 단일 조직을 통해서만 보호받도록 강요했다. 새로운 유형의 조직에 대한 영감이 근로자들이 자발적으로 만든 제도에서, 특히 영국의 제도에서 온 것이었고 그런 제도가 독일에서는 주로 의료보험 분야를 중심으로 생겨나고 유지되었음에도, 노후, 산업재해, 장애, 독립적 생활 불능, 실업 등에 대한 대비처럼 새로운 발전이 필요한 모든 곳에서 이 조직은 그러한 서비스의 유일한 공급자이자 보호 대상자 전체가 속해야 하는 단일 조직의 형태를 갖추게 되었다.

따라서 '사회보험'은 처음부터 강제 보험이었을 뿐 아니라 국가가 통제하는 단일 조직에 의무가입이기도 했다. 이 결정이 타당한지에 대해 한때 상당한 논쟁도 있었지만 지금은 돌이킬 수 없는 것으로 받아들여진다. 그 근거는 통합 조직의 효율성과 행정 편의성이 보다 클 것이라는 추정이었다. 자주 제기된 주장은, 도움이 필요한 모든 사람에게 한번에 충분한 공급을 보장할 수 있는 유일한 방법이라는 것이었다.

이러한 주장은 어느 정도 타당한 면도 있지만 결정적인 것은 아니다. 당국이 선정한 최고의 전문가들이 설계한 통합 조직이 그 순간에는 가장 효율적인 조직이라는 것은 아마도 사실일 것이다. 그러나 그 조직이 모든 미래 발전의 유일한 출발점이 되고 처음에 역할 배분이 된 유일한 그 상태가 앞으로 필요한 변화의 유일한 판단기준이라면 이 조직은 오래 존속되지 못할 것이다. 어떤 일을 행하는 최선의 또는 가장 저렴한 방법이 가용자원을 지속적으로 재평가하는 것보다 사전 계획을 한 것으로 더 보장될 수 있을 것이라 믿는 건 오산이다. 보호받는 모든 독점은 시간이 흐르면서 비효율적이 된다는 원칙은 다른 곳과 마찬가지로 여기서도 적용된다.

가능하다고 확실히 알려진 모든 것을 가능한 한 빨리 달성할 수 있기를 우리가 원한다면 그 목적에 쓰일 모든 자원을 의도적으로 조직화하는 것이 최선이긴 하다. 하지만 사회 보장 분야에서 적절한 제도의 점진적 진화가 필요하다는 것은 중앙집권화된 조직이 동시에 돌보던 개인들의 문제 상황 중 일부가 일정 기간 관심을 받지 못할 수도 있다는 것을 의미한다. 막을 수 있는 모든 악을 즉시 철폐해야만 만족을 느끼는, 성격이 급한 개혁가들에게는 전권을 지닌 단일 기구의 창설이 가장 적합한 방법처럼 보일 것이다. 그러나 장기적으로 이것 때문에 우리가 지불해야 할 대가는, 일부 분야의 성과를 감안하더라도 지나치게 클 수 있다. 만일 당장 커버할 수 있는 범위가 크다는 이유로 우리가 단일의 포괄적 조직을 택한다면, 궁극적으로 복지에 더 큰 기여를 했을지도 모르는 다른 조직들의 진화를 막는 것일지도 모른다.[652]

처음에 단일한 강제 조직을 지지하면서 강조했던 것이 주로 효율성이었다면 분명히 그 옹호론자들은 처음부터 또 다른 고려사항들도 염두에 두고 있었다. 사실상 강제력을 가진 정부 조직은 성취할 수 있지만 영리를 추구하는 다른 기관들이 도달할 수 없는, 서로 연관성이 있지만 상이한 두 가지 목표가 있다. 민간 기관은 계약에 기초한 구체적인 서비스만 제공할 수 있는데, 즉 수익자의 의도적 행동을 독립적으로 일으키고 객관적 기준에 의해 확인될 수 있는 상황만 대비할 수 있으며, 예측 가능한 상황만 대비할 수 있다. 그러나 진정한 보험 체계를 얼마나 확장하든, 수혜자는 계약에 명시된 것 이상의 만족을 얻을 수 없다. 즉, 자신의 상황에 따라 필요하다고 여겨진 모든 걸 다 얻을 수 있는 게 아니다. 다른 한편, 독점적 정부 서비스는 계약 내용과 관계없이 필요에 따른 배분의 원칙으로 행동할 수 있다. 오직 재량권을 가진 기관만이 개인에게, 똑같은 '사회 표준'을 달성하기 위해 '당연히' 해야만 하는 것을 주고 '당연히' 해야만 하는 일을 하도록 만들 수 있는 자리에 있게 될 것이다. 두 번째 요점은 그 기관이 바람직해 보이는 방향으로 개인이나 집단 사이에서 소득을 재분배하는 자리에 있게 된다는 것이다. 모든 보험에는 위험에 대한 공동 부담이 포함되어 있지만 민간 경쟁 보험은 사전에 지정된 집단으로부터 다른 집단으로 소득을 고의적으로 이전하는 일은 절대 일어나지 않는다.[653]

오늘날 사회'보험'이라고 불리는 것의 주된 목적은 역시나 소득의 재분배다. 이 제도 초기부터도 이 명칭은 잘못된 것이었다. 1935년 미국이 이 제도를 도입했을 때 '천재적인 홍보 수단'[654]으로 '보험'이라는 용어를 대중의 입맛에 맞게 변형해 사용했다. 처음부터 그것은 보험과 관계가 거의 없었고 그 이후 보험과의 유사성은 아예 사라졌다. 원래 보험과 비슷한 것으로 시작했던 대부분의 국가에서도 마찬가지였다.

소득 재분배는 사회 보장 제도의 초기 목적이 결코 아니었지만 이제는 어디에서나 실제적이고 공인된 목적이 돼버렸다.[655] 독점적 강제보험 체계는 전혀 다른 기구, 즉 강제적 소득 재분배 기구로 전환되는 것에 전혀 저항하지 않았다. 다수의 기부자가 불행한 소수에게 무엇을 줄지 결정하는 것이 아니라 다수의 수혜자가 보다 부유한 소수에게서 무엇을 가져갈지 결정하는 그러한 제도의 윤리에 대해서는 다음 장에서 다루겠다. 여기서는 본래 빈곤을 경감시키기 위한 기구가 점차 평등주의적 재분배의 도구로 바뀌는 과정에만 집중하고자 한다. 소득을 사회화하고, 또 그럴 자격이 있다고 생각되는 사람들에게 현금이나 그와 유사한 것으로 혜택을 배분하는 일종의 가족 국가를 만드는 수단으로, 복지 국가는 많은 이들에게 낡은 사회주의를 대신하는 것이 되었다. 이제는 더 이상 신뢰받지 못하는 직접적 생산 조정 방식에 대한 대안으로 보이는 복지국가의 기법은 사회주의의 구닥다리 목적을 추구하는 새로운 방법에 불과하다. 즉, 소득을 적절한 비율과 형태로 나눠줌으로써 '정의로운 분배'를 불러일으키고자 하는 것이다. 복지국가가 낡은 사회주의보다 훨씬 더 널리 받아들여지게 된 이유는 처음에는 특별히 곤궁에 빠진 사람들을 돕기 위한 효율적인 방법에 불과한 것으로 꾸준히 제시되었기 때문이다. 그러나 복지 조직에 대해 일견 타당해 보이는 제안을 수용한 것은 곧 전혀 다른 것에 대한 서약으로 해석되었다. 그러한 변환은 대부분의 사람들에게는 사소한 기술적 문제에 관련된 것으로 보이는 결정들을 통해 이루어졌다. 그리고 본질적 차이점은 주도면밀하고 능수능란한 선전행위에 의해 고의적으로 은폐되었다. 공동체가 빈곤 방지와 최소한의 복지 제공이라는 의무를 받아들인 상태와, 모든 사람의 '공정한' 지위를 결정하고 그가 받을 만하다고 생각되는 것을 각자에게 배정해줄 권한이 있는 것으로 여기는 상태를 구분짓는 경계선을 명확히 알아차리는 것이 필수적이다. 정부가 특정 서비스를 제공할 독점력를 갖게 되면 자유(freedom)는 심각하게 위협받는다. 목적 달성을 위해 개인에게 재량적 강제를 행사할 수밖에 없기 때문이다.[656]

민주주의와 전문가

사회보장제도가 지나치게 복잡하고 또 그로 인해 이해하기 어렵다는 점은 민주주의에 심각한 문제를 야기한다. 거대한 사회보장기구의 발전이 우리 경제를 변환시키는 주된 요소였음에도 우리는 이를 전혀 이해하지 못하고 있는게 사실이다. 개별 수혜자가 자신이 그 비용을 지불했기 때문에 그 서비스에 대한 도덕적 청구권을 갖고 있다는 끈질긴 신념[657]뿐 아니라 주요 사회보장 법안은 입법부가 전체를 수용하거나 아니면 거부해야 하는 것 외에 다른 선택이 없고, 어떠한 수정도 가할 수 없는 방식으로 입법부에 제시된다는 재밌는 사실이 이를 방증하고 있다.[658] 또 그 결과 개인의 소득이 어떻게 소비될 것인지를 결정하는 것은 집단적 능력에 있다는 역설적 현상이 나타나게 되었다. 여기서 대부분의 사람들이 스스로 현명하게 선택할 수 없다고 추정하는 것은 소득의 많은 부분을 집단이 관리할 좋은 구실이 되었다.[659]

사회보장의 복잡함이 일반 대중에게만 수수께끼로 여겨지는 것이 아니다. 평범한 경제학자나 사회학자 또는 법률가 역시 오늘날 복잡하고 계속 달라지는 제도의 세부 사항에 대해 거의 모른다. 결과적으로 다른 분야와 마찬가지로 이 분야에서도 전문가가 지배적 지위를 차지하게 되었다.

노동, 농업, 주택, 교육 등의 분야에서 발견할 수 있는 새로운 종류의 전문가는 특정 제도 장치의 전문가다. 이 분야에서 만들어낸 조직은 너무나 복잡하게 발전해서 이에 정통하려면 한 개인이 평생을 바쳐야 가능한 일이 되었다. 한 분야의 전문가는 그 제도의 가치를 판단하는 데 필요한 모든 것을 아는 사람이 아님에도, 그 조직을 완전히 이해하는 유일한 사람이기 때문에 꼭 필요한 사람이 된다. 그가 그 제도에 관심을 갖고 찬성하게 되는 이유는 전문가 자격과 아무런 관계가 없다. 하지만 거의 예외 없이 이 새로운 유형의 전문가는 한 가지 뚜렷한 특징을 보인다. 즉, 주저함 없이 자신이 전문가인 그 제도를 옹호한다는 것이다. 이것은 단순히 그 제도의 목적을 인정한 사람만이 흥미를 가지고 세부사항에 정통하게 되는 데 인내심을 발휘할 수 있기 때문이 아니라 다른 사람들에게는 그러한 노력을 기울일 가치가 없기 때문이다. 기존 제도의 원칙을 받아들일 준비가 되어있지 않은 사람의 견해는 심각하게 받아들여지지 않을 가능성이 높으며 현재 결정하려고 논의 중인 정책에서 어떤 비중도 갖지 못할 것이다.[660]

이런 전개의 결과로 점점 더 많은 정책 분야에서 공인받는 '전문가들' 대부분이 정책의 근저에 깔린 원칙에 찬성하는 사람들이라는 사실은 상당히 중요하다. 실제로 이것이 그토록 많은 현재의 전개들을 스스로 가속화시키는 요인 중 하나다. 현재 정책을 보다 더 진전시킬 것을 권고하며 "모든 전문가들이 이에 찬성한다"라고 주장하는 정치인은 확실히 정직한 것이긴 하다. 왜냐하면 이러한 전개에 찬성한 사람들만이 이 분야의 전문가가 되었기 때문이다. 그리고 반대하며 지지를 보내지 않는 경제학자나 법률가는 전문가로 간주되지 않기 때문이다. 일단 그 기구가 정착되면 그것에 종사하기로 선택한 사람들이 필요하다고 여기는 것에 따라 향후 전개 방향이 결정될 것이다.[661]

성장 대 계획

새로운 제도가 계획에 의해서가 아니라 점진적 진화 과정에 의해 어떻게 생겨나는지를 다른 어디보다 명확하게 보여주는 영역에서 오늘날 국가가 정부 기관에 의한 배타적인 단선적 발전의 우월성을 주장하는 것은 역설적인 일이다. 보험을 들어 위험에 대비한다는 현대적 개념은 누군가 그 필요성을 인지하고 합리적인 해결책을 고안해낸 결과가 아니다. 우리는 보험의 운용에 매우 익숙하기 때문에 어떤 지성적인 사람이 잠깐 고민해보고 그 원리를 빠르게 발견해냈다고 상상하기 쉽다. 사실 보험이 진화한 방식이야말로 행정 당국이 관장하는 단일 채널로 그 진화를 국한시키려고 했던 사람들의 추정을 가장 잘 설명해준다. "이후에 만들어진 사회보험처럼 해상보험을 만드는 것을 목표로 한 사람은 아무도 없다"라는 말과, 우리의 현재 기술은 점진적인 성장 덕분인데, 그 성장을 만든 연속적인 단계는 "익명 또는 역사적 개인의 무수한 공헌에 의한 것이다. 이는 결국 그렇게 완벽한 작품을 창조해 냈고 이 모든 전체와 비교하면 한 명의 창조적 지성에서 비롯된 모든 똑똑한 개념들은 매우 원시적인 것처럼 보인다"라는 말은 제대로 핵심을 지적한 것이다.[662]

우리는 모든 지혜의 목적을 달성했다고 정말 확신해도 되는 걸까? 지금 가시화된 목표에 보다 빨리 도달하기 위해서 과거에 비계획적인 발전으로부터 얻을 수 있었고 과거의 제도를 점진적으로 적응시키면서 얻을 수 있었던 도움이 이제는 필요 없다고 우리는 확신해도 되는 걸까? 중요한 것은, 새로운 방법의 급속한 자생적 성장과 현재 필요에 대한 새로운 해결책을 국가가 완전한 통제를 못하는 곳에도 가져올 수 있는 다양한 실험들을 국가가 독점하려고 위협하는 두 주요 영역(노후와 의료)에서도 목격하고 있다는 사실이다. 그 해결책은 사전에 계획해서는 거의 생각할 수도 없는 것들이다.[663] 그렇다면 국가 독점하에서 결국 우리가 더 잘 살게 될까? 어떤 주어진 시간에 이용 가능한 최선의 지식을 미래의 모든 노력을 위한 강제적인 표준으로 만드는 것은 새로운 지식이 출현하는 것을 막는 가장 확실한 방법일 것이다.

사회보장기구의 확산주의

지금까지 우리는 빈곤에 대비하도록 사람들을 강제하는 정책과 더불어 절대 빈곤층에게는 공공 재정을 통해 보조해줌으로써 이들이 다른 사람들에게 짐이 되지 않도록 했던 이러한 관행이 결국 거의 모든 곳에서 또 다른 제3의 체제를 만들어내는 과정을 살펴보았다. 이런 체제하에서 질병이나 고령 같은 상황에 놓인 사람들은 빈곤 여부나 스스로 대비할 수 있는지 여부와 상관없이 지원을 받게 된다.[664] 이런 체제에서 모든 사람은 스스로 무엇을 할 수 있는지, 어떤 기여를 했는지 또는 앞으로 더 어떤 기여를 할 수 있는지 여부와 무관하게 그들이 누려야 마땅하다고 생각되는 복지 기준에 따라 지원을 받는다.

이러한 제3의 체제로의 전환은 일반적으로 우선 강제보험을 통해 모인 공적 자금에서 우선 충당한 다음 사람들이 약간의 대가만 지불하면 권리를 주는 방식으로 점차 진행되었다. 물론 이런 강제적 소득 이전을 법적 권리로 만드는 것은 그들이 특별한 도움이 필요한 상태에 있는 경우에만 정당화되며, 그들이 여전히 구호의 대상이라는 사실은 달라지지 않는다. 그러나 이러한 사실은 대개 모든 사람 또는 거의 모든 사람에게 이 권리를 부여하고 또 보다 부유한 사람들의 주머니에서 그들이 받는 것의 몇 배를 가져오는 방식을 통해 은폐된다. 대다수가 스스로 벌지 않은 것을 개인적 빈곤 수준만 고려해 주어지는 것을 받는 것에 대해 혐오감을 느끼고 또 '자산 조사'를 불쾌하게 여긴다는 주장을 핑계 삼아 전체 제도를 은폐했다. 즉, 개인이 자신이 대가를 지불한 것이 무엇이고 대가를 지불하지 않은 것이 무엇인지 더 이상 알 수 없게 만든 것이다.[665] 이는 사실을 은폐시켜 여론이 새로운 소득 분배 방식을 받아들이도록 하려는 노력의 일환으로서, 새로운 기구의 관리자들은 이를 처음부터 재분배를 명시적 목적으로 하는 장치로 발전시키기 위한 과도기적 중간조치로 생각했던 것 같다.[666] 처음부터 수령자들이 그 대가를 완전히 지불했기 때문에 도덕적이고 법적인 권리를 지니게 된 혜택과, 도움이 필요한 사람의 빈곤 정도를 증명함으로써 얻게 되는 혜택을 분명히 구별할 때에만 이런 식으로 전개되는 것을 막을 수 있다.

이러한 맥락에서 우리는 사회 보장을 위한 단일한 국가 기구의 또 다른 문제점에 주목해야 한다. 즉, 이러한 강제적 제도 확장을 널리 선전하기 위해 강제적 수단으로 조달된 자금을 이용한다는 것이다. 다수가 반대하지 않을 수준보다 더 많은 세금을 내도록 설득하는 목적의 선전 조직을 유지하기 위해 다수에게 세금을 부과하는 것은 확실히 근본적으로 부당하다. 적어도 미국에서는 공공 기관이 민간 기업에서도 충분히 합법적인 '홍보' 기법을 채택하는 것이 보편적으로 인정되지만 민주주의에서 그런 기관들이 자신들의 활동 영역을 확장시키기 위해 공공 재정을 사용하는 것이 적절한지 여부는 여전히 의문이다. 그리고 한 나라뿐 아니라 국제적으로도 사회보장 분야만큼 이런 일이 보편적 현상이 되는 분야는 없다. 이것은 특정 부문 발전에 관심이 있는 전문가 집단이 여론을 유리하게 조작할 목적으로 공공 재정을 활용하는 것을 허용한 것이나 다를 바 없다. 그 결과 유권자나 입법부 모두 거의 모든 정보를 자신들이 감독해야 할 대상에게 의존해야 한다. 이 요인이 이러한 전개를 얼마나 더 가속화시켰을지 가늠이 안될 정도다. 세금으로 유지되는 단일 조직이 수행하는, 그렇게 보조금으로 이루어지는 선전은 경쟁 광고의 비교 상대가 결코 될 수 없다. 그것은 정보 공급 수단을 독점하는 전체주의 국가의 권력과 동급 수준의 정신 지배력을 그 조직에 부여한 것이나 마찬가지다.[667]

현재의 사회보장 제도는 형식적으로는 민주적인 결정에 따라 만들어졌지만 수혜자 대부분이 실제로 자신들이 처한 상황을 충분히 깨달았다면 과연 그것을 승인했을지 의문이다. 사람들이 자신들의 소득 일부를 국가가 선택한 목적을 위해 전용하도록 허용함으로써 지게 된 부담은 상대적으로 가난한 나라, 즉 물질적 생산성의 증가가 가장 시급한 나라에서 특히 심하다. 이탈리아에서 경영활동을 위한 고용주의 총지출 중 44%가 국가로 이전되었기 때문에, 보다 구체적으로 말하자면 고용주는 시간당 49센트를 지불했지만 그는 27센트만 받고 나머지 22센트는 국가가 그를 위해 사용했기 때문에 반숙련 노동자가 더 잘살게 되었다는 말을 과연 누가 믿을까?[668] 만일 이런 배경을 이해한 노동자에게 이 상황과 사회보장 없이 가처분 소득을 거의 2배로 늘리는 것 중 하나를 선택하게 한다면 과연 그가 전자를 선택할까? 또 그 수치가 평균적으로 총노동 비용의 3분의 1에 달하는 프랑스의 경우[669] 그 비율은 노동자가 그 대가로 제공되는 국가의 서비스를 위해 기꺼이 포기할 수 있는 수준인 것일까? 아니면 사회보장국이 전체 국민소득의 약 20%를 관리하는 독일의 경우[670] 사람들이 분명히 바라는 것보다 훨씬 많은 자원이 강제적으로 전용된 것이 아닐까? 그 돈을 사람들에게 주고 각자의 상황에 맞춰 보험상품을 자유롭게 선택할 수 있게 한다면 그 사람들 대부분이 더 잘 살아갈 것이라는 사실을 누가 부정할 수 있을까?[671]

노년에 대한 대비

이제 사회보장 분야의 주요 부문을 보다 구체적으로 살펴보도록 하자. 예를 들면 노후, 여러 가지 원인으로 인한 영구적 장애, 결손가정, 의료 및 병원 진료, 실업으로 인한 소득 손실 등을 보장해주는 부문이다. 출산수당 및 아동수당 등 여러 국가에서 전체의 일부나 또는 별도로 제공되는 다른 서비스들은 우리가 고려할 필요가 없는 현대 정책의 한 측면인 '인구 정책'의 일부로 간주된다는 점에서 확실히 문제점이 있다.

(무료 국민건강보험(NHS) 시행으로 비슷한 수준의 문제가 발생했던 영국을 제외하고) 대부분의 국가가 가장 많이 개입해서 가장 심각한 문제를 일으키

는 분야는 노인 복지와 부양가족 복지의 영역이다. 노인 문제는 특히 심각하다. 오늘날 서구 국가 대부분의 지역에서 노인들이 스스로의 생계 수단을 상실하게 된 것은 정부의 책임이다. 신뢰 유지에 실패하고 통화 안정을 유지할 책임을 방기함으로써 모든 나라의 정부는 1970~1980년대에 퇴직하는 세대들이 은퇴를 대비해 저축했던 것들의 상당 부분을 빼앗아갔다. 그러한 곤경을 피하기 위해 미리 노력했음에도 이전보다 많은 사람들이 부당하게 빈곤에 직면하는 상황이 초래됐다. 인플레이션은 절대로 피할 수 없는 자연 재앙이 아니라는 말은 아무리 되풀이해도 지나치지 않는다. 그 원인이 너무 다양해서 어느 한 곳만 책임을 물을 수 없다 하더라도, 그것은 언제나 통화정책을 담당한 자들의 유약함과 무지의 결과다. 당국은 인플레이션을 통해 피하려고 했던 것이 더 큰 재앙이라고 여겼을지 모른다. 어쨌든 인플레이션은 언제나 그들의 정책 선택 결과인 것이다.

그러나 우리가 정부가 져야 할 특별한 책임을 충분히 인식하면서 노인복지 문제에 접근한다 하더라도, 한 세대에 가해진 손실(최종적으로는 책임의 분담)이 특정 연령 이상에게 현 세금에서 연금을 지급해 일상적인 소득원이 되게 하는 영구적인 제도를 도입하는 정치적 결정을 정당화시킬 수 있는지는 의문이다. 모든 서구 세계가 이 체제로 나아가고 있다. 이 체제는 대부분이 아직 깨닫지 못한, 미래 정책을 지배할 문제들을 만들어낼 것이다. 한 가지 병을 고치기 위한 노력 때문에 다음 세대에게 감당할 수 없는 짐을 지게 할 것이다. 이렇게 후대의 손발을 묶어버리면 그들은 많은 노력을 기울인 후에야,

즉 우리가 저지른 것보다 훨씬 더 많이 신뢰를 저버린 후에야 벗어날 수 있을 것이다.

정부가 개인의 어려움이나 기여의 정도에 관계없이 모든 노인들에게 최소한을 넘어 '적정수준의' 보장을 하려면 바로 심각한 문제가 발생한다. 국가가 독점적으로 이러한 사회보장을 공급하게 되면 거의 예외 없이 두 가지 치명적인 단계를 밟는다. 첫째, 기여를 통해 권리를 획득한 사람뿐 아니라 그럴 시간이 없었던 사람까지도 보장을 한다. 둘째, 연금 지급시기가 도래하면 그 목적을 위해 축적했던 추가 자본의 수익금이나 수혜자의 노력에 따른 부가 소득에서 지급되는 것이 아니라 현재 만들어지는 결실에서 일부를 가져오는 식으로 지급한다. 정부가 명목상 예비금을 조성해 정부채권에 '투자'하든(즉, 스스로에게 대출해 그 돈을 그대로 갖다 쓰는 것이나 사실상 다를 바 없다) 또는 공개적으로 현행 조세를 가지고 현재의 의무를 수행하든 모두 마찬가지다.[672] 국가가 노령 연금을 제공함에 따라 반드시 나타나게 될 이 두 가지 결과는 대개 이런 종류의 조직을 계속 고집하는 주된 이유이기도 하다.

특정 연령 이상의 모든 사람들에 대해 현재 (수혜자가 상당 비중을 차지하는) 다수가 결정한 '적정' 소득의 권리를 인정함으로써 이 제도에서 보험의 특성을 완전히 폐기하는 것이 어떻게 전체 시스템이 정치적 도구, 즉 정치 선동가들의 표몰이를 위한 도구가 되는지 쉽게 알 수 있다. 특권 연령층에 들어선 사람들이 계속 일할 능력이 있더라도 현업에 종사 중인 사람들을 통해 '적정한' 생존 수준을 유지시켜 달라고 요구하는 범위를 제한할 수 있는 어떤 객관적 기준이 있다고 믿는 것은 헛된 일이다. 지금 현업에 종사 중인 사람들은 결국 자신들이 수적 우위를 차지하고 그에 따라 보다 강력한 투표권을 행사할 수 있는 미래의 언젠가, 그때 현업에 종사 중인 사람들로 하여금 자신들의 필요를 충족시키게 만들 수 있는 우월한 위치에 도달할 것이라는 생각으로 위안 삼게 된다.

이런 주도면밀한 선전 덕분에, 오랫동안 바라던 은퇴 시점에 마침내 도달했고 또 저축을 가지고 퇴직했음에도 불구하고 많은 사람들이 아직 그 시점에 도달하지 못한 사람들의 희생으로 연금 수령자가 되었으며, 또 동일한 소득을 보장받는다면 그들 중 많은 사람들이 즉시 퇴직할 것이라는 사실,[673] 그리고 인플레이션으로 무너지지 않은 부유한 사회에서는 은퇴한 많은 사람들이 아직 일하고 있는 사람들보다 훨씬 더 편안하게 지낸다는 사실 등이 완벽하게 은폐되었다. 이 문제에 대해 여론이 얼마나 의도적으로 오도되어 왔는지 그 심각성은 (미 대법원이 승인한) 다음 주장을 보면 잘 알 수 있다. 1935년 미국에서 "65세 이상의 노인 4명 중 3명이 부분적으로 또는 전적으로 생계를 다른 사람에 의존해 살아간다." 이 주장은 노부부가 소유한 모든 재산을 남편이 소유한 것으로 보고, 따라서 모든 아내들은 '부양가족'으로 명시적으로 가정한 통계에 기초하고 있다![674]

미국뿐 아니라 다른 나라에서도 일반적 현상이 돼버린 이러한 상황은 필연적으로 선거철마다 사회보장 혜택이 얼마나 또 증가하게 될지에 대한 공론이 나오게 만든다.[675] 이런 요구가 끝이 없다는 사실은 실제로 적정 수준의 연금이란 "같은 이웃들과 더불어 살면서 같은 취미를 즐기고 같은 부류의 친구들과 어울릴 수 있는 권리를 뜻한다"는[676] 내용의 영국 노동당의 최근 발표에서 가장 확실해졌다. 아마 은퇴자들이 돈을 쓸 시간이 더 많기 때문에 현업에 있는 사람들보다 더 많은 돈을 받아야 한다고 주장할 날도, 나이 분포에 따라 40세 이상의 다수는 40세 미만의 보다 젊은 사람들이 자신들을 위해 고생하도록 만드는 시도를 할 날도 머지않았다. 다만 그때가 오면 신체적으로 좀 더 강인한 사람들이 이에 저항해 노인에게서 현재 유지되고 있는 정치적 권리와 법적 권리를 강탈할 것이다.

방금 언급한 영국 노동당의 문건 역시 중요하다. 왜냐하면 거기에는 노인을 도우려는 바람 외에도 노년층이 자구력을 갖추지 못하고 정부 지원에만 전적으로 의존하게 만들려는 바람이 명백하게 드러나기 때문이다. 개인연금 제도나 다른 유사한 모든 제도에 대한 적개심이 그 안에 가득 차 있다. 그리고 더욱 주목해야 할 것은, 1960년과 1980년 사이에 물가가 두 배로 오를 것이라는 계획안의 수치에 담긴 냉혹한 가정이다.[677] 만일 사전에 계획된 인플레이션이 이 정도라면 20세기 말에 은퇴할 대부분의 사람들은 젊은 세대의 자선에 의존해 살아가게 될 것이다. 그리고 궁극적으로는 도덕이 아니라 젊은이들이 경찰과 군대를 이루고 있다는 사실이 그 문제의 답을 결정할 것이다. 스스로 자립할 수 없는 노인들을 위한 강제 수용소가 자신들의 소득이 젊은이들을 강제하는 데에만 달려있는 노인 세대의 운명이 될 것이다.

의료보험 vs 무상의료

질병 대비는 우리가 이미 고려했던 대부분의 문제들뿐만 아니라 그 자체만의 독특한 문제도 갖고 있다. 이는 '도움이 필요한 상태'의 문제란 연령과 같은 특정한 객관적 기준에 따라 그 기준을 가진 사람 모두에게 동일한 것처럼 다룰 수 없는 것이라는 사실에서 기인한다. 그 상태들 각각은 긴급성과 중요성이 비용의 균형을 이루며 해결돼야 한다는 문제를 제기하며, 또한 개인 스스로가 결정할지, 당사자가 아닌 다른 누군가가 결정할지를 정해야 한다는 문제를 제기하기도 한다.

의료보험의 성장이 바람직한 발전이라는 데에는 의심의 여지가 없다. 그리고 자기 부양능력을 갖춘 사람들도 참여하지 않으면 공공의 부담이 되기 때문에 강제화해야 하는 경우도 있을 것이다. 그러나 단일한 국가 보험제도에 대해서는 강력한 반대의 주장들이 있다. 그리고 전국민 무상 의료보험에 대해서도 압도적인 반대의 근거들이 있다. 단일 보장체제에 대해 지금까지 살펴본 바에 따르면 이러한 제도를 도입한 국가에서는 의료보험 제도의 부적절함이 명백하게 드러날 것이지만, 일단 그 체제를 채택한 이상 정치적 상황이 그것을 포기하지 못하게 할 것이다. 실제로 이 단일의료보험제도에 반대하는 가장 강력한 주장 중 하나는 그 제도를 도입한 것이 실수인지 아닌지를 증명하는 것과 무관하게 정치적으로 돌이킬 수 없어 계속될 수밖에 없는 제도라는 것이다.

무상 의료서비스의 경우 보통 두 가지 근본적 오해에 기초한다. 첫째, 의료 수요는 대개 객관적으로 확인할 수 있는 성격이며 경제적 여건에 상관없이 어떤 경우든 충족될 수 있고 또 충족되어야 한다는 신념이다. 둘째, 의료 서비스가 개선되면 통상적으로 경제력, 생활력을 회복시켜 스스로 그 비용을 감당할 수 있게 되니 경제적으로도 무상의료가 가능하다는 신념이다.[678] 두 주장 모두 건강과 생명 유지에 관한 대부분의 결정에 관련해 문제의 본질을 제대로 파악하지 못했다. 구체적인 경우마다 얼마나 많은 보살핌과 노력이 필요한지 판단할 수 있는 객관적 기준은 없다. 또한 의학이 발전함에 따라 객관적으로 가능한 모든 것을 하기 위해서는 그 목적 달성에 사용될 수 있는 양에 한계가 없다는 것이 점점 더 분명해지고 있다.[679] 게다가 개개인이 스스로의 가치기준을 세울 때 누구나 건강과 생명에 관한 것을 다른 필요보다 절대적으로 우선시한다는 것 또한 사실이 아니다. 확실성이 아니라 확률과 가능성에 근거해 처리해야만 하는 다른 모든 결정들과 마찬가지로 우리는 끊임없이 위험을 감수해 가면서 특정 예방조치가 가치가 있는지 경제적 고려에 기반해 결정을 내린다. 즉, 다른 필요에 비추어 해당 위험을 계속 저울질해가며 결정하는 것이다. 심지어 가장 부유한 사람일지라도 다른 고려사항들에도 시간과 에너지를 쏟아야 하기 때문에 일반적으로 자신의 건강을 유지하기 위해 의학적 지식이 허용하는 모든 것을 다 하려고 하지는 않을 것이다. 누군가는 항상 부가적 노력과 자원의 부가적 지출이 필요한지 여부를 결정해야 한다. 문제의 핵심은 해당 개인이 부가적 희생을 치르면 해당 문제에 대해 발언하고 신경쓸 수 있는 것인지, 혹은 다른 누군가가 해당되는 그 사람에 관한 결정을 내릴 것인지이다. 우리 모두는 건강이나 생명 같은 비물질적 가치와 물질적 이득을 저울질해야 한다는 사실을 싫어하고, 그런 선택이 불필요해지기를 바라지만, 우리 모두는 선택을 할 수밖에 없다는 것은 바꿀 수 없는 현실이다.

모든 사람에게 제공될 수 있고 또 제공되어야 하는 의료 서비스의 객관적 표준이 존재한다는 개념은 베버리지 계획과 영국 NHS(British National Health Service)의 기반이 되었던 것으로 전혀 현실적이지 않다.[680] 오늘날 의료 분야처럼 급속한 변화를 경험하는 영역에서 모두에게 공평하게 제공될 수 있는 것은 기껏해야 평균적으로 나쁜 수준의 서비스뿐이다.[681] 그러나 진보하는 모든 분야에서 객관적으로 모두에게 제공될 수 있는 것은 그 전에 이미 일부에게 제공되어 왔기 때문으로, 모두에게 제공되기에 아직 너무 비싼 평균 이상의 서비스는 일부에게 먼저 비싸게 제공하는 체계가 존재해야 추후 비용이 더 떨어질 수 있다.

무상 의료가 야기하는 문제들은 점점 더 해결이 어려워진다. 의학 발전이 노동력을 회복시키는 것뿐만 아니라 고통을 완화하고 생명을 연장시키는 방향으로의 노력도 증가시키기 때문이다. 물론 이는 경제적 차원이 아니라 인도주의적 차원에서만 정당화될 수 있다. 하지만 인류의 일부를 강타하고 무기력하게 만드는 심각한 질병과 싸우는 것은 상대적으로 한계가 있는 일인 반면에, 우리 모두를 궁극적인 파멸로 이끄는 만성적 과정들을 늦추는 일은 한계가 없다. 후자는 의료자원을 무한정 투입할 수만 있다면 계속할 수 있는 일이기에 따라서 경쟁적인 목표 간의 고통스러운 선택이 계속되는 문제를 초래한다. 국가의료 체제하에서 당국은 개인에게 이런 선택을 강요한다. 가혹하게 보일지 모르지만 자유체제하에서는 아마 모든 사람에게 이득이 될 것인데, 충분한 소득 능력을 가진 사람들의 일시적이고 위험하지 않은 질병이 노인과 치명적 질병을 앓고 있는 사람을 희생시키면서 빠르게 치료될 때가 많기 때문이다. 국가 의료 시스템이 운영되는 곳에서는 다른 사람의 필요에 다시는 기여를 할 수 없는 사람이 모든 병원 시설을 차지하기 때문에 즉시 회복되어 전면적 활동에 나설 수 있는 사람들이 오랫동안 기다려야 한다.[682]

의료 국유화로 인해 야기되는 심각한 문제들이 너무나 많아서 그 문제들을 일일이 다 언급할 수는 없다. 그러나 이 가운데 아직 대중에겐 거의 인식되지 못했지만 가장 중요하다 할 수 있는 중대한 문제가 있다. 환자에게 일차적 책임을 지는 자유 직종의 일원이었던 의사들이 국가의 봉급공무원으로 변환되어, 필연적으로 당국의 지시를 받아야 하고 또 당국의 관심 영역에 대해서는 비밀유지의 의무를 지킬 수 없게 된다. 이 새로운 전개의 가장 위험한 측면은 의학 지식이 증가함에 따라 이를 소유한 사람들에게 인간의 정신을 지배할 수 있는 권력이 점점 더 많이 부여되는 동시에 그들은 단일 명령에 따르는 통합 조직에 속해 정책을 전반적으로 통제하는 동일한 국가 이성에 의해 지시를 받게 된다는 점이다. 이런 체제는 무시무시한 미래의 전망을 연다. 개인에게 꼭 필요한 조력자이자 동시에 국가의 요원인 사람이 타인의 가장 은밀한 관심사를 들여다볼 수 있고 상급자에게 이 지식을 보고하고 당국이 결정한 목적을 위해 그것을 활용하게 되는 상황이 만들어지는 것이다. 국가 의료 시스템이 산업 통제의[683] 도구로 사용된 러시아를 통해 그런 시스템이 어떤 식으로 활용될 수 있는지를 미리 엿볼 수 있다.

실업

지난 전쟁 이전 시기에 가장 중요했던 사회보장 중 하나인 실업 구제는 최근 들어 상대적으로 그 중요성이 덜해졌다. 실업자를 부양하는 것보다 대규모 실업을 막는 것이 더 중요하다는 데에는 의문의 여지가 없지만, 우리가 실업 방지라는 문제를 영구적으로 해결할 수 있을지 그리고 실업자 부양이 다시는 중요한 이슈가 되지 않을지는 확신할 수 없다. 또한 실업자를 부양하는 것이 실업의 정도를 결정하는 가장 중요한 요인 중 하나가 아니라고도 확신할 수 없다.

공동체의 어느 누구도 음식과 거처가 없는 상태가 되지 않도록, 어려움이 확인된 모든 경우에 똑같은 최소한의 것을 제공하는 공공 구호 시스템의 유용성을 우리는 다시금 당연하게 받아들여야 한다. 실업자 문제에서 특수하게 제기되는 것은, 실업자가 되지 않았다면 받았을 수입에 기초해 어떻게, 누가 더 원조를 제공할지의 문제, 특히 모종의 정의의 원칙에 따라 강제적 소득 재분배를 정당화해야 할지의 문제다.

최저 생계 수준 이상을 모두에게 보장하라는 주장의 주된 근거는 노동자가 예측할 수도 통제할 수도 없는 상황으로 인해 노동 수요의 갑작스럽고 예측 불가능한 변화가 발생했다는 것이다. 불황으로 실업이 만연해 있을 때에는 이러한 주장이 의미가 있다. 하지만 실업의 원인은 매우 다양하다. 반복적이고 예측 가능한 실업은 계절적 업종에서 많이 발생한다. 노동 공급이 너무 제한적이어서 계절의 한시적 소득만으로도 1년 동안 생활하기에 충분하거나 직종간의 주기적 이동을 통해 노동의 흐름을 유지하는 것이 더 유리한 경우가 그렇다. 특정 업종에서 관련 산업의 쇠퇴나 노조 활동으로 임금이 지나치게 높아진 결과 실업이 발생하는 경우도 있다. 두 경우 모두 실업의 해결책은 임금의 유연성과 노동자의 이동성을 높이는 것이다. 그러나 실업자 모두에게 그들이 벌었던 임금의 일정 비율을 보장해주는 시스템으로는 이 두 가지 모두 활성화되지 못한다.

어떤 곳에서는 실업에 대비한 순수한 보험의 성격을 갖는 경우도 있다. 그 보험에서는 다양한 직종의 상이한 리스크가 보험료에 반영된다. 한 산업에서 특유의 불안정성 때문에 항상 실업자예비군이 확보돼야 한다면 해당 산업의 리스크를 보상할 수 있을 정도로 충분한 임금을 제공해 충분히 많은 수를 쉽게 확보할 수 있도록 하는 것이 바람직하다. 여러 이유로 그러한 보험 제도는 몇몇 직종(농업이나 가사노동)에서 즉시 실행되기 힘들었고, 그 때문에 국가 차원의 '보험' 제도를 채택하게 되었다.[684] 이 제도는 실제로 다른 근로자의 기부금이나 일반 과세로 징수된 기금을 사용해 그런 집단의 소득을 보조해 준다. 그러나 특정 직종에서만 발생하는 고유한 실업 리스크가 해당 직종에서 나오는 소득으로 충당되지 않고 외부에서 충당될 때, 그것은 그 업종의 노동 공급이 보조금을 통해 경제적으로 바람직한 수준 이상으로 확대된다는 뜻이 된다.

하지만 서구 각국에서 채택한 종합적인 실업보상 체계의 가장 중요한 점은 노조의 강제 활동이 노동시장 운영을 지배하고 있으며 임금 정책에서 노조를 지원할 목적으로 강력한 노조의 영향력하에 설계되었다는 점이다. 이 체계에서 개별노동자는 일자리를 찾을 수 없다고 간주되며, 취업하고자 하는 기업이나 산업의 근로자들이 파업을 하면 혜택을 부여한다. 따라서 이 체계는 노조의 임금 압박을 지지해주는 중요한 기반이 된다. 이러한 시스템은 노조의 정책으로 발생한 실업에 대해 그들의 책임을 면제해주고 또 노조 때문에 일자리를 찾지 못한 사람들의 생계유지뿐만 아니라 그들을 계속 만족시켜야 하는 부담을 국가에게 지움으로써 장기적으로 고용 문제를 보다 심각하게 만들 수 있다.[685]

자유사회에서 이런 문제의 합리적 해결책은, 국가가 생활을 유지할 수 없는 모든 사람에게 동일한 최저생계비만을 제공하고 적절한 통화 정책을 통해 순환적 실업을 최대한 줄이면서, 반면에 익숙해진 표준을 유지하는 데 필요한 추가적 지원은 경쟁적이고 자발적인 노력에 맡기는 것이다. 노조가 일단 모든 강제력을 상실하게 되었을 때 가장 유익한 기여를 할 수 있는 곳이 바로 이 분야다. 실제로 그들은 국가가 대규모로 그 업무를 경감시켜 주었을 때 그 필요를 잘 충족시켰다.[686] 그러나 이른바 실업 보험이라는 강제체계는 항상 다른 집단의 상대적 임금을 '바로잡고' 안정을 희생시켜 불안정한 업종을 보조하며 높은 고용 수준과 양립 불가능한 임금 요구를 지원하는 데 사용될 것이다. 따라서 장기적으로는 원래 치유하고자 했던 그 패악을 더 키우게 될 것이다.

사회보장의 위기

빈곤 구제를 위해 고안된 기구가 소득 재분배의 도구로 바뀐 결과, 사회보험제도는 도처에서 어려움에 봉착했을 뿐만 아니라 '사회보장 위기'라는 논란이 끊임없이 불거지게 됐다. 재분배는 사회정의 원칙에 근거하지만 사실 이는 전혀 존재하지 않는 것으로 임시방편적 결정에 의존하는 것이다. 물론, 스스로 부양할 수 없는 사람들 모두에게 동일한 최저생계비를 제공하는 것조차도 소득 재분배가 어느 정도 포함되어 있는 게 사실이다. 그러나 정상적으로 기능하는 시장에서 자신의 수입으로 생계를 유지할 수 없는 사람들 모두에게 최저생계비를 지급하는 것과, 보다 중요한 직종 모두에서 '정당한' 보수를 목적으로 한 재분배 사이의 차이, 즉 생계비를 버는 다수가 그렇게 하지 못하는 사람들에게 나눠주는 것에 동의한 재분배와 더 많이 갖고 있다는 이유로 소수에게서 다수가 뺏어가는 재분배 사이에는 상당히 큰 차이가 있다. 전자는 그 아래에서 사람들이 자신의 직업을 선택할 수 있는 비인격적 조정 방법을 유지하지만, 후자는 사람들이 무엇을 해야 하는지 당국으로부터 지시를 받아야 하는 시스템에 점점 더 가까워진다.

그런 서비스 공급을 위한 단일하고 정치적으로 통제되는 모든 제도는 모두 다수의 상대 소득을 결정하고 경제활동을 전반적으로 통제하는 도구로 빠르게 바뀔 운명을 갖고 있다.[687] 입안자는 소득 재분배의 도구로 생각한 적이 없었지만 정치가들에 의해 즉시 그렇게 되어버린 베버리지 계획은 많은 사람들에게 잘 알려진 예일 뿐이다. 자유사회에서는 모든 사람에게 최소한의 복지를 제공하는 것이 가능하지만 사전에 형성된 정의 개념에 따라 수입을 나누는 것과는 양립할 수 없다. 곤경에 처한 모든 사람에게 동일한 최저생계를 보장해주는 것이 전제로 하는 것은, 어려운 상태임이 증명된 경우에만 이 최저생계비가 지급되고, 개인적 기여에 따라 지불된 것이 아닌 어떤 것도 증명 없이는 제공될 수 없다는 점이다. 빈곤상태에 근거해야 하는 서비스를 위한 '가계수입 조사'에 반대하는 비합리적 주장은, 정말로 도움이 필요한 사람들이 열등감을 느끼지 않도록 하기 위해 빈곤상태와 상관없이 모든 사람을 지원해야 한다는 터무니없는 요구로 이어졌다. 이는 일반적으로 어려운 사람을 도우려는 시도가 이뤄짐과 동시에 그들로 하여금 자신들이 얻은 것은 스스로의 노력 또는 자격의 산물이라고 느끼도록 상황을 만들어냈다.[688]

이런 전개에 이르기까지에는 당국의 재량권에 대한 전통적인 자유주의의 혐오감이 일정 역할을 한 것이 사실이나 재량권 강제에 대한 반대가 실제로 스스로 생활이 가능한 사람에게 무조건적인 지원을 요구할 수 있게 하거나 자신의 빈곤상태에 대해 최종 판단자가 될 권리를 허용하는 것이 절대로 정당화될 수 없다는 점에 주목해야 한다. 자유사회에서는 어떠한 정의 원칙도 빈곤상태의 증명과 관계없이 '무제한으로' '비재량적' 지원을 제공할 권리를 부여할 수 없다. 그러한 주장이 '사회보험'이라는 명목으로 대중이 인정한 속임수(입안자에게 자부심의 원천이 될 속임수)[689]를 통해 도입되었다면 그것들은 확실히 법 아래 평등이라는 정의의 원칙과는 아무런 관계가 없다.

진보주의자들은 그 희망을 때때로 "모든 복지국가 기구는 지나가는 현상으로 간주되어야 한다"[690]라고 표현한다. 즉, 일반적 부의 증가로 인해 곧 불필요하게 될 일종의 과도기적 진화 단계라는 것이다. 그러나 그러한 독점적 제도의 순효과가 유익할 것이 분명한 진화의 단계란 것이 존재하는지, 더구나 그것이 일단 만들어지면 다시 없애는 것이 정치적으로 가능할지는 더더욱 의심스럽다. 가난한 나라에서 점점 커지는 기관의 부담은 부의 성장을 상당히 늦출 가능성이 높으며(과잉 인구 문제가 악화되는 경향은 말할 것도 없다) 그 기관들이 불필요하다고 생각될 때를 무한정 연기시키기도 한다. 반면 더 부유한 나라에서는 그 기관이 자신의 일부 기능을 대신할 대안적 제도의 진화를 막을 것이다.

질병과 실업수당 체계를 경쟁적 제도들이 제공하는, 수혜에 비용을 지불하는 진정한 보험 체계로 점진적으로 변환시키는 데 있어서 극복하지 못할 장애물은 없다. 각 세대가 이전 세대의 필요에 따른 비용을 부담함으로써 다음 세대에 유사한 지원을 요구할 권리를 획득하게 되는 노인 부양 체계를 포기할 방도를 찾는 것이 훨씬 더 어렵다. 그러한 시스템이 일단 도입되면 영구히 지속되어야 하거나 완전히 붕괴되어야 하는 것으로 보인다. 그러므로 그러한 시스템의 도입은 진화에 족쇄를 채우는 것이며 벗어나기 위해 인플레이션을 반복하는 과정에서 점점 더 커지는 부담을 사회에 지우는 것이다. 그러나 이러한 탈출이나 이미 발생한 의무를 고의적으로 불이행하는 것으로는[691] 절대로 건전한 사회의 기초를 닦을 수 없다. 우리가 이런 문제들을 분별력 있게 해결하기를 바란다면, 먼저 민주주의는 어리석음의 대가를 치러야 한다는 것과 현재의 문제를 해결하기 위해 미래를 담보로 무기명 수표를 남발할 수 없다는 것을 배워야 할 것이다.

지금까지는 사회악에 시달렸다면 이제는 그것을 치료하기 위한 시도에 시달리고 있다고 말하는 것이 적절하다.[692] 차이가 있다면, 이전 시대에는 부의 증가와 함께 사회악이 점진적으로 사라졌지만 우리가 도입한 개선책은 미래의 발전을 좌우할 지속적 성장을 위협하기 시작했다는 점이다. 이제는 베버리지 보고서의 복지국가가 맞서 싸우고자 했던 '5대 거인' 대신에 건전한 삶으로 가는 길에 더 거대한 적으로 증명된 새로운 거인을 키워가고 있다. 빈곤, 질병, 무지, 불결함, 게으름을 정복하는 데 다소 속도를 냈을지 모르지만, 앞으로 인플레이션, 과중한 조세, 강제적 노조, 교육에서 점차 커져가는 정부의 지배와 극단적 재량권을 지닌 사회 서비스 관료집단에서 주된 위험이 닥쳐올 때 우리는 이 싸움을 잘 이겨내지 못할 수도 있다. 이 위험은 개인이 스스로의 노력으로 피할 수도 없으며, 과도하게 확장된 정부기관의 힘은 이 위험을 완화하기는커녕 더욱 증폭시킬 것이다.

20

조세와 재분배

처음에는 미미하지만 세심한 주의를 기울이지 않으면 그 비율이 급격히 증가해 결국 아무도 예측할 수 없던 지경에 다다르게 되는 것이 사물의 본성이다.

귀차르디니(F. Guicciardini (ca. 1538))[693]

재분배의 중심 논쟁

여러 가지 면에서 이 장을 생략할 수 있다면 정말 좋겠다. 여기서 다룰 내용은 지금까지 널리 퍼진 신념을 공격하는 것이어서 많은 사람들의 마음을 상하게 할 수 있다. 또 지금까지 나를 따라왔고 내 입장을 합리적이라고 생각했던 사람들조차도 조세원칙에 대한 내 견해를 극단적이고 비현실적이라고 생각할 것 같다. 많은 사람들의 생각처럼 자유가 초래한 불평등이 적절한 과세 조치를 통해 시정될 수 있다면, 그 많은 사람들은 내가 호소해왔던 모든 자유를 기꺼이 회복시키려고 할 것이다. 누진세를 통한 재분배는 거의 보편적으로 정당한 것으로 받아들여져 왔다. 그러나 이 문제에 대한 논의를 피하는 것은 솔직하지 못한 행동이다. 게다가 그렇게 하는 것은, 민주주의의 활동이 무책임하게 된 근본 원인뿐 아니라 미래 사회의 전체 성격을 결정지을 핵심 문제까지도 모르는 체하는 것이 된다. 사람들이 이 문제에 대해 갖게 된 교조적 신조에서 벗어나게 하려면 상당한 노력을 기울여야 하지만, 다른 어느 곳보다 이 영역에서 정책이 독단으로 흘러왔다는 것을 분명히 밝히기 위해서라도 이 문제를 분명히 언급해야 한다.

실제로 오랫동안 누진세 원칙에 대해서는 아무런 의문이 제기되지 않았고 새로운 토론도 전혀 이뤄지지 않았다. 최근 들어서야 비로소 이 문제에 대해 훨씬 더 비판적인 접근이 생겨났다.[694] 이 문제 전체를 보다 철저히 검토해볼 필요성이 상당히 크다. 하지만 안타깝게도 이 장에서는 우리의 반대 의견을 간략하게 요약해 소개하는 정도에 그칠 것이다.

주장하고자 하는 바를 요약하면 다음과 같다. 우리가 관심을 가져야 할 문제는 오직 누진성이고, 장기적으로 자유의 제도와 양립할 수 없는 것은 전체적인 조세의 누진성이다. 이는 모든 세금을 함께 고려했을 때 고소득자에 대한 비례적인 중과세, 그 이상의 과세를 말한다. 개인세, 특히 소득세를 누진하는 데 타당한 이유가 하나 있다. 즉, 많은 간접세가 저소득자에게 비례적으로 더 과중한 부담을 지우는 경향이 있기에 이를 보상해주기 위해서라는 것이다. 이는 누진세를 옹호하는 논리 중 유일하게 타당한 주장이다. 그러나 이 논리는 특정 세금에만 적용되며 조세 체계 전체에 확대 적용될 수 없다. 최근에 누진소득세가 전체 조세를 과도하게 누진적으로 만드는 주요 도구로 사용돼 왔기 때문에, 여기서는 주로 누진소득세의 효과에 대해 검토하고자 한다. 현 제도 내에서 상이한 세금들의 상호 조정 문제는 여기서 다룰 내용이 아니다.

또한 누진 과세가 오늘날 소득 재분배의 주된 수단이긴 하지만 소득 재분배를 위한 유일한 방법은 아니라는 사실에서 비롯된 문제들도 별도로 다루지 않을 계획이다. 정률세 체계하에서 상당한 재분배가 가능하다는 것은 명백한 사실이다. 필연적인 사실은 조세수입의 상당 부분은 주로 특정 계층에게 혜택이 돌아가는 서비스를 제공하거나 직접 보조금을 지급하는 데 사용된다는 것이다. 그러나 저소득층이 받는 무상 서비스를 위해 납부되는 세금이 저소득층의 가처분소득을 어느 정도까지나 줄이는지 알고 나면 놀라게 된다. 또한 이 방법이 고소득층과의 격차를 어떻게 실질적으로 변화시킬 수 있을지 역시 알 수 없다. 비례세가 부유층에서 빈곤층으로 상당한 소득의 이전을 가져올 수는 있다. 그러나 누진세의 주요 효과인 소득 피라미드 상층부의 평준화를 가져오진 않는다. 비교적 부유한 사람들에게 이는 아마도 그들이 전체 소득에 비례해서 세금을 내지만 그들이 받는 서비스의 차이는 무시할 수 있다는 의미일 것이다. 그러나 누진세를 적용한다면 이 집단은 상대적 소득의 변화가 가장 두드러지게 나타난다. 기술진보, 자원배분, 인센티브, 사회 이동, 경쟁,

투자 등 이 모든 것에 대한 누진세는 주로 이 부유층에 미치는 효과를 통해 영향이 나타난다. 미래엔 어떨지 몰라도 현재 시점에서는 누진세가 소득 재분배의 주요 수단이고, 이것이 없다면 그러한 정책의 영향력은 매우 제한적일 것이다.

누진세의 증가

유사한 다른 조치들처럼 누진세도 잘못된 근거에 기초해 몰래 도입된 덕분에 지금의 중요성을 갖게 되었다. 프랑스 혁명 시기와 다시 1848년 혁명이 일어나기 전 사회주의 운동이 전개될 당시 사회주의자들은 소득 재분배 수단으로 누진세를 드러내놓고 옹호했지만 결정적으로 거부됐다. 자유주의자인 튀르고는 "누군가는 이 계획을 시행할 것이 아니라 기안자를 처형시켜야 한다"라고 분개했다.[695] 누진세를 지지하는 사람이 좀 더 많아졌던 1830년대에 맥컬록(J. R. McCulloch)은 자주 인용되는 구절에서 다음과 같이 반대를 표명했다. "모두에게 소득이나 재산에서 동일한 비율로 세금을 거둔다는 기본 원칙을 포기하는 순간, 당신은 키나 나침반 없이 망망대해에 있는 것이나 마찬가지며 부당함과 어리석음을 모조리 자행한 것이다."[696] 1848년 칼 마르크스와 프리드리히 엥겔스(Friedrich Engels)는 혁명 초기 단계 이후 "프롤레타리아가 정치적 패권을 이용해 부르주아로부터 모든 자본을 빼앗아 모든 생산 수단을 국가의 손에 집중시키는" 조치 중 하나로 '과중한 누진세'를 채택해야 한다고 솔직히 제안했다. 그리고 그들은 이 조치들을 "재산권과 부르주아 생산 조건에 대한 전제적 침투 수단, 즉 경제적으로 불충분하고 지속할 수 없어 보이지만 운동 과정에서 과거의 사회 질서에 한층 더 침투하며 생산 방식을 완전히 혁신하기 위한 불가피한 수단"으로 묘사했다.[697] 그러나 일반적인 태도는 티어스(A. Thiers)가 "비례성은 하나의 원칙이지만 누진성은 그저 혐오스러운 재량일 뿐"[698]이라고 한 말이나 존 스튜어트 밀이 누진성을 "가벼운 도둑질"[699]이라고 묘사한 말에 잘 요약되어 있다.

첫 번째 공격이 실패하자 새로운 형태로 누진세가 선동되기 시작했다. 사회개혁가들은 일반적으로 소득 분배를 변경하려는 열망을 모두 거부했지만, 다른 고려사항에 의해 결정된다고 가정되었던 전체 조세 부담에 대해선 '희생의 균등'을 보장하기 위해 '지불 능력'에 따라 배분되어야 하며, 이는 누진율에 따라 소득에 과세했을 때 가장 잘 성취될 수 있다고 주장하기 시작했다. 국가재정 교과서에 아직도 실려 있는 이 주장을 지지하면서 발전해온 수많은 주장들 중에서[700] 가장 과학적으로 보이는 주장 하나가 결국 승리를 거두었다. 누진세가 과학적 타당성을 갖고 있다고 믿는 사람들 때문에 이 부분을 간략히 살펴볼 필요가 있다. 그것의 기본 개념은 연속적 소비 행위의 한계효용 감소 개념과 같다. 추상적인 내용임에도 불구하고, 아니 바로 그 추상성이 누진세를 과학적으로 타당해 보이도록[701] 만드는 데 상당한 영향을 미쳤다. 그 이전에는 자의적 공준(증명할 필요없이 자명하게 받아들이는 가정을 일컫는다 - 옮긴이)에 기초했었다.[702]

현대에 들어 효용 분석 분야의 발전은 이 주장의 기초를 완전히 무너뜨렸다. 어떤 면에서는 상이한 사람들 간 효용 비교 가능성에 대한 신념이 전반적으로 사라졌고[703] 또 다른 면에서는 한계 효용 감소 개념이 전체 소득에 적용되는 것이 타당한지 여부, 즉 사람들이 자원을 이용함으로써 획득한 모든 이득을 소득으로 계산하는 것이 의미가 있는지에 의문을 제기하면서 타당성을 잃게 됐다. 효용은 순전히 상대적인 개념이라는, 현재 보편적으로 받아들여지는 관점에서 볼 때, 여가 등과 같은 다른 재화에 비추어 표현하는 경우에만 소득의 효용(그리고 효용 체감)을 말할 수 있다. 그러나 수고에 비한 소득의 효용이 감소한다는 주장을 따라가면 기이한 결론에 도달하게 될 것이다. 즉, 한 사람의 소득이 증가할수록 동일한 한계 수고를 이끌어내기 위해서는 추가 소득을 향한 인센티브 또한 증가되어야 한다는 결론과 만난다. 그렇다면 확실히 누진세가 아니라 역진세를 주장해야 한다. 그러나 이러한 추론 과정을 더 이상 따라갈 필요가 없다. 지금은 과세 이론에서 효용성 분석을 이용한 것이 유감스럽게도 (당대 가장 저명한 경제학자들 중 일부가 공유했던) 실수였으며, 그 분석이 야기한 혼란은 빨리 없앨수록 더 좋다는 것이 분명해졌다.

정당화의 변화

19세기 후반에 누진세를 주장했던 사람들은 일반적으로 그들의 목표가 단지 희생의 균등이었을 뿐 소득 재분배가 아니었음을 강조했다. 또 그들은 이러한 목표가 단지 '온건한' 수준의 누진성만을 정당화할 수 있으며 '과도한' 적용(그 비율을 50%까지 끌어 올렸던 15세기 피렌체처럼)은 비난받아 마땅하다고 주장했다. 비록 적절한 누진율에 대한 객관적 기준을 제시하려는 모든 시도가 실패로 끝났음에도, 일단 그 원칙이 받아들여지면 누진성이 동일한 타당성의 이유로 그 이상의 진전을 막을 분명한 한계를 긋지 못하게 된다는 반대 의견에 어떠한 반론도 제시하지 못했음에도, 그 논의는 전적으로 소득 분배에 대한 모든 효과를 무시할 수 있게 만드는 예상률에 대한 것으로 넘어가 버렸다. 그 비율이 정해진 한계 내에 머물지 않을 것이라는 추정은 민주 정부의 지혜에 대해 비난과 불신을 드러내는 것이자, 그 주장을 악의적으로 왜곡하는 것으로 간주되었다.

누진세 옹호론자들이 처음으로 그 저항을 극복하고 근대적 진화를 시작한 곳은 바로 당시 '사회 개혁'의 선두 주자였던 독일이었다. 1891년 프로이센은 0.67%에서 4.0%로 인상한 누진소득세를 도입했다. 당시 정점에 달했던 법치국가 운동의 덕망 있는 지도자였던 루돌프 폰 가이스트(Rudolf von Geist)가 의회에서 이것은 소유권 침해를 막는 유일한 장벽인 '가장 신성한 평등 원칙', 즉 법 앞에 평등이라는 근본 원칙을 포기하는 것이라고 항의했던 것은 헛된 일이었다.[704] 새로운 계획에 설정한 부담이 매우 경미하다는 이유로, 원칙의 문제를 제기하며 그것에 반대하는 어떠한 시도도 무력화되었다.

몇몇 다른 대륙 국가들이 바로 프로이센의 뒤를 따랐지만 그 운동이 위대한 앵글로 색슨 강대국에 도달하기까지는 거의 20년이 걸렸다. 영국과 미국이 각각 8%와 7%로 상승한 누진소득세를 채택했을 때가 1910년과 1913년이었다. 그러나 30년 만에 이 수치는 97.5%와 91.0%로 상승했다.

한 세대가 지나가는 반세기 동안 누진세 지지자들 거의 대부분이 주장했던 일들은 실현되지 않았다. 물론 절대적 수치의 변화는 단지 정도의 문제가 아닌 종류의 문제로 문제의 성격을 완전히 바꾸어 놓았다. 지불 능력에 근거하여 이러한 요율을 정당화하려는 모든 시도는 결과적으로 곧 포기되었고 지지자들은 오랫동안 피해왔지만 누진성에 대한 애초의 근거였던, 보다 정당한 소득분배를 이루는 수단으로서의 누진세로 되돌아갔다.[705] 전체 조세에 대한 누진율이 옹호될 수 있는 유일한 근거는 소득 분배 변화의 바람직성이고 이러한 방어 논리는 어떤 과학적 주장에서 비롯된 것은 아니지만 솔직히는 정치적 공준, 즉 다수에 의해 결정된 분배 패턴을 사회에 강요하려는 시도로 인식되어야 한다는 내용이 다시 한 번 보편적으로 받아들여지게 되었다.

누진세는 재정적 필요에 의해 요구된 것이 아니다

이런 전개를 놓고 흔히 하는 설명은 지난 40년 동안 공공 지출의 막대한 증가는 누진율의 가파른 상승 없이는 달성 불가하며 또는 적어도 그렇지 않았다면 가난한 사람들이 감당하기 힘든 부담을 져야 했기에 그들의 부담을 경감시켜 줄 필요성을 인정한다면 어느 정도의 누진세는 불가피하다는 것이다. 그러나 좀더 살펴보면 이 설명은 신화에 불과하다는 것이 밝혀진다. 고소득층, 특히 최고소득자에게 고율로 부과된 세금은 총세입에 비해 너무 적어 나머지 사람들이 부담하는 것과 거의 차이가 없을 뿐 아니라, 누진세를 도입한 후 오랫동안 그 덕분에 혜택을 누린 사람은 극빈층이 아니라 가장 많은 유권자를 보유한 대체로 경제적으로 여유로운 노동계급이거나 중산층의 하위 계층이었던 것이다. 다른 한편으로는, 누진세를 통해 부유층에게 그 부담을 많이 지울 수 있다는 환상 때문에 세금이 그토록 빨리 늘어나게 됐고 또 이 환상의 영향을 받아 대중들이 이전보다 훨씬 더 큰 부담을 받아들이게 된 것도 역시 사실이다. 그 정책 시행의 유일한 결과라곤, 가장 성공한 사람들이 벌어들일 수 있었던 소득을 엄청나게 제한시켜 이들보다 덜 부유한 사람들의 시기심만 만족시킨 것이었다.

총세입에 대한 누진세율(특히 최고소득층에 부과되는 높은 징벌적 과세율)의 기여도가 얼마나 낮은지는 미국과 영국의 몇 가지 수치를 통해 보여줄 수 있다. 1956년 미국의 경우, "전체 누진세 상층부는 개인 소득세에서 거두어들인 총수입의 약 17%(또는 총연방수입의 8.5%)만을 담당할 뿐이다." 그리고 이 중에서 "절반이 1만 6,000~1만 8,000달러 사이의 납세 가능한 소득계층으로 세율이 50%였고 나머지 절반만이 소득과 세율이 그보다 더 높았다."[706] 누진율이 훨씬 더 높고 비례세율 부담 역시 더 컸던 영국의 경우 다음과 같은 지적이 나왔다. "(근로소득과 불로소득에 대한) 모든 부가세는 전체 재정수입의 약

2.5%만을 차지한다. 그리고 만약 연간 2,000파운드(5,600달러) 이상 소득에 대해 1파운드마다 추가 과세한다면, 1.5%의 추가 수입이 생길 뿐이다… 사실상 소득세와 부가세에 대한 막대한 기여분은 연간 750~3,000파운드(2,100~8,400달러) 사이 소득계층에서 비롯된다. 즉, 공장장에서 관리자까지, 책임을 지고 있는 공무원에서 행정 및 기타 서비스의 책임자에 이르는 사람들을 말한다."[707]

일반적으로 말하자면 그리고 두 국가의 전체 조세제도의 누진성 측면에서 말하자면, 누진세의 기여분은 총세입의 2.5~8.5% 또는 국민총소득의 0.5~2.0%다. 이러한 수치들은 누진세가 조세수입 충당을 위한 유일한 방법이 아니라는 것을 말해준다. 적어도 가능성 있는 말은 (누구도 확실하게 이에 대해 말할 순 없지만) 누진세 제도하에서 조세수입은 그로 인한 실질 소득 감소분보다 더 적다는 것이다.

부자에게 부과되는 높은 세율이 총세입에 없어서는 안 될 기여를 한다는 믿음이 이렇게 허상으로 드러나듯이, 누진세가 주로 최빈층을 구제하는 역할을 해왔다는 주장은 누진세 도입 이후 상당기간 동안 민주주의에서 일어났던 일들을 통해 거짓으로 드러난다. 미국, 영국, 프랑스, 프로이센에 대한 각각의 연구들은 일반적으로 부담이 가장 많이 경감된 계층이 유권자를 가장 많이 보유한 중간 소득계층이었던 반면 소득이 더 많거나 또는 더 적은 사람들은 총조세에 있어 훨씬 무거운 비례적 부담을 졌다는 사실에 동의한다. 지난 전쟁 이후 상당히 보편적으로 나타난 이런 상황에 대한 가장 좋은 예는 영국의 통계다. 1936~1937년 영국에서 두 자녀 가정의 근로소득세

총부담은 연간 100파운드 소득자가 18%이고, 350파운드에서 최저인 11%까지 점차 떨어졌다가 다시 오르기 시작해 1,000파운드에서 19%에 달했다.[708] 이 수치들(그리고 다른 나라의 유사한 통계들)은 일단 비례 과세 원칙이 포기되면 이득을 얻는 사람들은 극빈층이 아니라 투표권을 가장 많이 갖고 있는 계층임을, 또한 누진세로 얻으려는 조세 수입은 최빈층이 내는 만큼을 중간소득층이 동등하게 내도 충분히 얻어짐을 명확히 보여준다.

물론 최근의 전쟁 이후 영국이나 다른 국가에서의 전개가 소득세의 누진성을 강화시켜 조세부담을 전체적으로 누진적으로 만들어 왔고 보조금과 서비스에 대한 재분배 지출을 통해 최저 소득계층의 소득을 22%가량 증가시켰다(이런 것들이 의미 있게 측정될 수 있는 한 그렇다. 보여줄 수 있는 것은 항상 비용일 뿐 제공된 서비스의 가치가 아니다)는 점은 사실이다.[709] 그러나 후자의 소득 증가 재원은 현재의 높은 누진율에 의한 것이 아니라 주로 중산층의 중간 및 상위 계층의 기여에 의해 조달된 것이다.

누진세와 민주주의

누진세가 적정 수준에 머무를 것이라는 믿음이 모두 거짓으로 판명되고 반대자들의 가장 비관적인 예측 이상으로까지[710] 누진성이 확장된 진짜 이유는 누진세를 지지하는 주장은 그 무엇이든 어느 수준의 누진세라도 다 정당화하는 데 이용될 수 있기 때문이다. 옹호론자들은 어느 지점을 넘어서면 경제체제 효율성에 대한 역효과가 너무 심각해서 더 이상 밀어붙이기 어렵다는 걸 알게 된다. 그러나 누진세가 정의롭다는 전제에서 출발한 주장은, 그 지지자들이 인정했던 것처럼, 특정 수준 이상의 모든 소득을 몰수하고 그 기준 이하의 소득에는 비과세하기까지 어떠한 브레이크도 걸리지 않게 된다. 비례세와 달리 누진세는 각기 다른 사람들이 감당해야 할 상대적 부담이 어느 정도여야 하는지 말해주는 어떤 원칙도 제공하지 않는다. 그것은 이러한 차별의 정도를 제한할 어떤 기준도 없이 그저 부유층에 대한 차별에 찬성해 비례성을 거부하는 것에 불과하다. "공식으로 입증할 수 있는 이상적인 누진율은 없기"[711]때문에 징벌적 요율로 가는 것을 막을 방법이라곤 원칙의 개정 말고는 없다. 그러니 '전보다 조금 더'가 항상 공정하고 타당한 것으로 표현되지 않을 이유가 전혀 없는 것이다.

이러한 정책이 일단 시작되면 당초 의도보다 더 가버리는 법이라고 주장하는 것은, 민주주의를 비방하는 것도, 무지해서 민주주의의 지혜를 불신하는 것도 아니다. 이것은 "자유로운 대의제도는 실패작"[712]이라고 말하는 것이나 "민주정에 대한 완전한 불신"[713]으로 이어진다고 말하는 것도 아니다. 오히려 민주주의가 공정해지기 위해서는 보편 원칙에 따라 행동하는 법을 배워야 한다고 말하는 것이다. 개인행동에 적용되는 것은 집단행동에도 마찬가지로 적용된다. 예외라면, 다수는 결정의 장기적 결과를 명시적으로 고려하기가 쉽지 않기 때문에 특히 더 원칙에 따라 행동해야 한다는 것이다. 누진세의 경우, 이른바 채택된 원칙에 따라 공개적으로 차별할 수 있는 문을 열어준 셈이며, 더 심각한 점은, 소수에 대한 다수의 차별이 가능해진 곳에서 정의를 가장한 원칙은 완전한 재량권 행사의 구실이 될 뿐이라는 것이다.

여기서 필요한 것은 하나의 규칙이다. 즉, 소수를 돕기 위해 과반수에게 세금을 부과할 가능성을 물론 열어두기는 하지만 아무리 옳다고 간주되는 부담일지라도 다수가 소수에게 그 부담을 부과하는 것은 용인하지 않는다는 규칙이 필요하다. 단지 다수라는 이유만으로 자신들에게 적용하지 않을 규칙을 소수에게 적용할 권리를 다수가 부여받는 것은 민주주의가 정당화되기 위한 전제 원칙이자 민주주의 그 자체보다 훨씬 더 근본적인 원칙을 위반한 것이다. 앞서(10장과 14장) 우리는 법이 고용해야 할 사람들의 계층 분류가 특권이나 차별을 초래하지 않으려면, 그 분류는 선별된 집단 내부와 그 밖에 있는 사람들 모두가 적절하다고 인정할 뚜렷한 구분에 의거해야 한다는 점을 살펴보았다.

비례과세의 가장 큰 장점은 절대적으로 더 많은 세금을 내는 사람들이나 절대적으로 더 적게 내는 사람들 모두가 동의할 규칙을 제공하며, 일단 받아들여지면 소수에게만 적용되는 별도의 규칙 문제를 전혀 발생시키지 않는다는 점이다. 누진과세는 개인들에게 더 높은 세율로 과세하지 않을지라도 그 비율을 결정하는 사람들의 부담을 다른 사람들에게 전가하기 위한 목적으로 과세 대상을 구분함으로써 차별을 행하게 된다. 과세의 누진율 설정이 모두에게 똑같이 적용되는 보편 규칙으로 간주될 수 있다는 것은 터무니없는 말이다. 누군가의 소득에는 20%의 세금을 부과하고 더 소득이 많은 사람에게는 75%의 세금을 부과하는 것이 평등한 것이라는 터무니없는 말과 같다. 누진세는 무엇이 공정한지, 무엇이 공정하다고 여길 수 없는지에 대한 어떠한 기준도 제공하지 못한다. 또한, 적용에 있어 어떠한 종결점도 제시하지 못한다. 그리고 누진세 옹호론자들이 유일한 안전장치로[714] 흔히 의존하는, 사람들의 '양식 있는 판단'도 사실 과거 정책이 만들어낸 현재 여론에 불과하다.

사실 누진율이 그렇게 빨리 상승한 것은 지난 40년 동안 진행되어 온 특별한 원인, 즉 인플레이션 때문이다. 실질 소득은 그대로지만 총명목 소득이 증가해 모든 사람들이 중과세 대상 쪽으로 끌어올려지고 있다는 사실이 이젠 잘 알려져 있다. 그 결과 다수에 속했던 사람들이 자신들은 전혀 영향을 받지 않을 것이라 믿고 찬성표를 던졌지만 이제 자신들이 차등 세율의 예기치 못한 희생자가 되고 있음을 점차 깨닫고 있다.

누진세에 따른 이러한 결과가 장점이라고 제시될 때가 많다. 인플레이션(또는 디플레이션)을 어느 정도 스스로 조정하는 경향이 있기 때문이다. 만일 재정 적자가 인플레이션의 원인이라면 조세 수입은 소득보다 비례적으로 증가할 것이고 따라서 그 격차가 줄어들 것이다. 또 재정 흑자가 디플레이션을 낳는다면 소득 감소는 곧 더 큰 폭의 조세 수입 하락으로 이어져 흑자가 사라질 것이다. 그러나 인플레이션을 옹호하는 편견이 만연해 있는 상황에서 이것이 정말로 유리한지 매우 의심스럽다. 이런 누진세 효과가 없더라도 과거에는 재정 소요가 반복적인 인플레이션의 주 원인이었다. 그리고 일단 인플레이션이 시작되면 멈추기 어렵고 어떤 면에서는 방해물로 작용한다는 점은 이미 알려진 사실이다. 입법부의 동의를 거쳐야 하는 증세 없이도 인플레이션을 통한다면 증세법안에 의한 비례적 세입증가 이상의 조세 수입 증가를 가져올 수 있는 조세 제도가 존재한다면 이 누진세 장치는 거부할 수 없는 유혹이 된다.

비례성 대 누진성

비례세는 누진세만큼이나 자의적인 원칙이며 수학적 간결함을 제외하면 딱히 추천할 만한 점이 없다는 주장도 때때로 제기된다. 그러나 앞서 이미 언급했던 것, 즉 서로 다른 금액을 지불하는 사람들이 동의할 수 있는 균등한 원칙을 제공해준다는 것 외에도 다른 강력한 논거들이 더 있다. 거의 모든 경제 활동이 정부의 기초서비스로부터 이익을 얻고 있기 때문에 이러한 서비스는 정도의 차는 있겠지만 우리가 소비하고 즐기는 모든 것의 불변 요소들을 구성한다. 따라서 사회에서 더 많은 자원을 지배할 수 있는 사람은 그것에 비례해 정부로부터 더 많은 것을 얻을 것이라는 고전적 주장 역시 다룰 필요가 있다.

보다 중요한 것은 비례세가 상이한 종류의 업무의 순보수 관계를 변화시키지 않는다는 사실이다. 이것은 "세금이 사람들의 지위를 변화시키는 것이라면 어떤 세금이라도 좋은 세금은 없다"라는 옛 격언과는 살짝 다른 것이다.[715] 이는 개인 소득 간의 관계가 아니라 수행된 특정 서비스의 순보수 간의 관계에 미치는 영향에 대한 것이다. 그리고 바로 이것이 경제적으로 적절한 요소이기도 하다. 또한 옛 격언의 말대로 단순히 서로 다른 소득의 비례적 크기를 그대로 유지시켜야 한다고 상정함으로써 그 문제를 풀어가려는 것이 아니다.

두 소득이 같은 금액만큼 줄었을 때 또는 같은 비율로 줄었을 때 둘 간의 관계가 그대로 유지돼야 하는지 여부에 대해서는 의견 차가 있을 수 있다. 그러나 세전에 동일했던 두 서비스에 대한 순보수가 세후에도 여전히 동일한 관계여야 하는지에 대해서는 의문의 여지가 없다. 이때 누진세는 비례세와 확연히 다른 결과를 가져온다. 특정 자원의 활용은 서비스에 대한 순보상에 따라 달라진다. 그리고 그 자원들을 효율적으로 사용하려 한다면 시장이 결정하는 대로 특정 서비스에 대한 상대적 보상에 과세하는 것이 중요하다. 누진세는 특정 기간, 보통 1년 정도의 특정 기간 동안 특정 서비스에 대한 순보수를 개인의 다른 소득에 의존하도록 함으로써 이 관계를 근본적으로 변화시켰다. 만일 한 외과의사가 수술 한 건당 번 세전 수입이 건축가가 집 한 채를 설계한 수입과 같고 또는 자동차 딜러가 차 10대를 판 소득이 사진사가 증명사진 40장을 찍어서 번 수입과 같고 또 그 수입에서 비례세가 공제된다면 그 관계는 여전히 유지될 것이다. 그러나 누진세가 적용되면 관계가 크게 달라질 것이다. 세전 소득이 동일했던 서비스가 세후에 전혀 다른 보수를 받게 될 뿐만 아니라 서비스에 대해 상대적으로 많은 보수를 받았던 사람이 좀 더 적은 보수를 받았던 사람보다 결과적으로 더 적게 받을 수 있다.

이는 경제 정의 원칙으로 유일하게 보편적으로 인식되는 '동일노동 동일임금' 원칙을 누진세가 결국 위반하게 됨을 의미한다. 두 명의 변호사가 각각 정확히 같은 종류의 사건을 맡았는데, 한 명은 받게 된 수임료를 그대로 유지하고 다른 사람은 한 해 동안 다른 소득에 의존해야 한다면, 그들은 사실상 유사한 수고로부터 매우 상이한 수익을 얻게 될 것이다. 매우 열심히 일했거나 또는 다른 연유로 자신에 대한 수요가 더 많았던 사람이, 게으르거나 운이 나빴던 사람보다 더 많은 수고를 했음에도 더 적은 보상을 받을 수도 있다. 따라서 소비자들이 누군가의 서비스를 더 가치 있게 여길수록 그 당사자는 더 노력할 가치를 잃어가게 된다.

통상적 의미에서 인센티브 효과가 자주 중요하게 강조되지만 그것이 누진세의 가장 유해한 결과는 결코 아니다. 여기에서도 반대 이유는 그 결과 사람들이 원래 할 수 있었던 만큼 열심히 일하지 않기 때문이 아니라 상이한 활동에 따른 순보수의 변화로 인해 사람들이 원래보다 덜 유용한 분야에 에너지를 쏟게 만들기 때문이다. 누진세가 적용된 어떤 서비스의 순보수가 소득이 발생한 시간 비율에 따라 달라진다는 사실은 부당함의 원인뿐만 아니라 자원이 잘못 사용되게 만드는 원인이 된다.

수고(또는 경비)와 보상이 어느 정도 시간적으로 일치하지 않는, 즉 장기적이고 불확실한 결과를 기대하며 수고가 투여되는, 간단히 말하자면 인간의 수고가 장기적이고 위험한 투자의 형태를 보이는 모든 경우에 누진세가 초래하는 친숙하지만 해결 불가능한 어려움에 대해 여기서 하나하나 자세히 다룰 필요는 없다. 소득을 평준화시키는 어떤 체제도 작가나 발명가, 예술가나 배우 등이 수십 년 동안 해온 노력의 대가를 단 몇 년 사이에 거두어들인 것을 제대로 평가할 수 없다.[716] 또한 터무니없는 누진세가 위험한 자본 투자를 진행하려는 의지에 미치는 영향 역시 더 자세히 설명할 필요가 없다. 성공해야 총손실의 엄청난 리스크를 보상할 수 있을 만큼 큰 수익을 가져올 수 있기 때문에 성공했을 때에만 가치가 있는 벤처투자를 이러한 과세 제도가 차별하고 있음도 명백하다. '투자 기회의 고갈' 의혹에 담겨있는 진실은, 사적 자본이 이윤을 바라보고 뛰어들 수 있는 광활한 모험의 영역을 효과적으로 없애버린 재정정책이 주원인이라는 것이다.[717]

인센티브나 투자에 대한 해로운 효과 부분은 빠르게 건너뛸 예정이다. 중요하지 않기 때문이 아니라 이미 전반적으로 잘 알려졌기 때문이다. 마찬가지로 중요하지만 상대적으로 덜 알려진 다른 효과들에 제한된 지면을 할애할 예정이다. 그중 강조할 만한 한 가지는 노동 분업을 자주 제한하거나 줄인다는 점이다. 사업체로 조직화되지 않고, 인간의 생산성을 높일 수 있는 많은 지출들이 비용으로 계산되지 않는 전문 직종에서 이러한 효과가 특히 두드러지게 나타난다. 예를 들어 더 생산적인 일에 전념하고 싶은 한 사람이 시간당 서비스 가치가 낮은 다른 사람에게 대가를 지불하기 위해 한 시간에

20배, 심지어 40배의 돈을 벌어야 한다면 '스스로 해결하는' 경향이라는 터무니없는 결과를 가져온다.[718]

또 누진세가 저축에 가져온 매우 심각한 영향에 대해서도 간단히 짚어보겠다. 25년 전에는 저축률이 너무 높아 줄일 필요가 있다는 주장이 어느 정도 타당했다면, 오늘날 책임감 있는 사람들이라면 어느 누구도 우리 스스로 정한 과업의 일부라도 달성하기 위해선 사람들이 공급할 수 있는 높은 저축률이 필요하다는 사실을 의심하지 않을 것이다. 사회주의자들은 이러한 저축 효과를 우려하는 사람들에게 더 이상 저축이 필요하지 않고 대신 지역사회, 즉 세금에서 조달된 기금에서 제공해야 한다고 답변한다. 그러나 이 답변은 장기적 목표가 낡은 사회주의인 경우, 즉 정부가 생산수단을 소유하는 것일 때에만 정당화될 수 있다.

유일하게 허용되는 보상으로서의 적정소득?

누진세가 이렇게 널리 수용되게 된 주된 이유 중 하나는 대다수의 사람들이 적정소득을 유일하게 정당하고 사회적으로 바람직한 형태의 보상으로 여기게 되었기 때문이다. 그들은 소득이란 제공된 서비스 가치와 관련 있는 것이 아니라 사회에서 적절한 상태로 간주되는 것을 부여하는 것이라 생각한다. 누진세를 지지할 때 자주 등장하는 주장은 이 점을 매우 명확하게 드러내고 있다. "1년에 1만 파운드 가치를 지닌 사람은 아무도 없다. 그리고 대부분의 사람이 주당 6파운드 이하를 버는 지금의 빈곤 상태에서 1년에 2,000파운드 이상을 버는 사람은 극히 예외적인 몇몇에 불과하다."[719] 어떤 개인의 1년 또는 1시간에 수행할 수 있는 어떤 행동도 사회에 있어 1만 파운드(2만 8,000달러) 이상의 지불가치가 없음을 알게 되면 그 문제에 있어 이 주장이 논거가 빈약하고 감정과 편견에만 호소하고 있음이 바로 분명해질 것이다. 물론 그 행동들은 때때로 몇 배 이상의 가치를 가질 수 있다. 어떤 행동을 취한 시기와 사회가 그로부터 취할 이익 사이에는 필연적 관계가 형성되지 않는다.

많은 이득을 불필요하고 사회적으로 바람직하지 않은 것으로 간주하는 전반적인 분위기는 고정 급여를 받고 자신의 시간을 파는 데 익숙하고 또 결과적으로 시간당 그렇게 많은 보수를 받는 것을 당연하게 여기는 사람들의 정신 상태에서 비롯된다.[720] 이러한 보수지급 방식이 점점 더 많은 분야에서 보편화되었지만, 이 방식은 사람들이 자신의 시간을 다른 사람의 지시에 따라 이용되도록 하는 곳, 또는 다른 사람의 의지를 충족시키거나 다른 이의 의지를 위해 행동하는 곳에서만 적합하다. 스스로의 리스크와 책임을 감수하며 자원을 관리하는 직업을 가진 사람이나 주요 목적이 자신의 소득을 기반으로 더 많은 자원을 통제하려는 사람은 이것과 아무런 상관이 없다. 특정 기술이나 특정 지식의 획득이 전문직을 보장해주는 것처럼 그들에게 자원의 통제는 자신의 소명을 실현하기 위한 조건이 된다. 이 사람들에게 이익과 손실은 자본의 재분배를 위한 메커니즘이지 현재 생계를 유지하는 수단이 아니다. 경상 순수익이 통상적으로 경상 소비를 목적으로 한다는 개념은 봉급생활자에게 당연한 것이지만 회사 설립을 목적으로 하는 사람들의 생각과는 거리가 있다. 심지어 소득에 대한 개념 자체도 그들에게는 소득세로 인해 강제된 하나의 추상 개념이다. 그들의 기대와 계획에서 보자면 소득은 향후 지출 능력을 현재 수준 이하로 떨어뜨리지 않으면서 소비할 수 있는 추정치에 지나지 않는다. 주로 '자영업'에 종사하는 개인들로 구성된 사회라면 지금 우리의 소득 개념을 당연하게 받아들일지 또는 특정 서비스를 통해 번 소득에 대해 일정 시간 동안 누적된 비율로 과세할 생각을 해보거나 될지 의문이다.

다수에게 적절한 소득으로 인정되는 것 외에 다른 보상이 없는 사회 그리고 단시간 내에 취득한 재산은 정당한 보수의 형태로 간주하지 않는 사회가 과연 장기적으로 민간기업 체제를 유지할 수 있을지 의문이다. 많은 수의 소규모 소유자들 사이에 잘 정착된 기업의 소유권을 널리 분산시키고 기업주와 봉급을 받는 피고용인 사이의 중간적 지위에 있는 경영자에 의해 기업이 제대로 운영된다 하더라도 여전히, 아마 앞으로도 계속 상당한 자원을 통제하고 있는 개인들에 의해서 새로운 기업이 설립될 것이다. 대체로 새로운 발전은 개별적인 기회를 잘 알고 있는 소수의 사람들에 의해 뒷받침될 것이다. 또한 모든 미래의 진화가 기득권을 가진 기존 금융과 산업 기업에 달려있는 것은 확실히 바람직한 일이 아니다.

앞서 다루었던 내용, 이른바 자본형성의 장소가 아니라 자본 형성의 다른 측면에 미치는 누진세의 효과는 이 문제와 밀접하게 연관되어 있다. 새로운 모험기업(신규 벤처 기업)이 성공하면 짧은 기간 동안 상당히 많은 이윤을 얻을 수 있고, 따라서 발전에 필요한 자본이 최고의 기회를 가진 사람들의 손에 모인다는 사실은 경쟁 체제의 장점 중 하나다. 성공적 혁신자가 많은 수익을 얻었다는 것은 새로운 모험기업에서 자본을 활용해 이윤을 창출하는 능력을 보여줬기 때문에 더 많은 수단을 부여받아 자신의 판단대로 행동할 수 있게 된다는 것을 의미한다. 이렇게 개별적으로 형성되는 신규 자본 중 상당 부분은 다른 사람들의 자본 손실로 상쇄되기 때문에 현실에서는 기업 간 자본의 지속적 재분배 과정으로 비춰진다. 이렇게 형성된 이윤에 대한 몰수에 가까운 과세율은 진보적 사회의 동력인 자본의 회전에 대한 중과세나 마찬가지다.

큰 수익을 올릴 기회가 일시적으로 나타난 곳에서 개별적 자본 형성이 좌절되면 그 결과 경쟁 제한이라는 가장 심각한 문제가 발생한다. 그런 체제는 일반적으로 개인 저축보다 기업에 더 우호적이고 특히 신생 기업에 맞서 기득권 기업의 입지를 강화시키는 경향을 보인다. 이는 준독점적 상황을 만드는 데 기여한다. 오늘날 신생 기업이 획득한 '초과' 이윤의 상당 부분을 세금이 흡수하기 때문에 이 상황을 잘 정리한 말에 따르면, 신생 기업은 "자본을 축적하거나 자기 사업을 확장할 수 없다. 절대로 대기업이 될 수 없으며 기득권과 경쟁 상대가 될 수 없을 것이다. 오래된 기업들은 경쟁을 두려워할 필요가 없다. 그들은 세금 징수원의 보호를 받는다. 그들은 처벌받지 않고 관성에 빠지며 대중의 바람을 저버리고 보수적이 된다.

그들 역시 소득세로 인해 새로운 자본 축적이 어려워진 것은 사실이다. 그러나 그들에게 더 중요한 것은 위험한 신생 기업의 자본 축적을 막는 것이다. 사실상 그들은 세금 제도 덕분에 특권을 누린다. 따라서 누진세는 경제적 진보를 방해하고 경직성을 조장한다."[721]

누진세는 원래 불평등을 줄이려는 의도에서 출발한 것이었지만 실제로는 기존의 불평등을 영속시킬 뿐 아니라 자유기업 사회의 불가피한 불평등에 대한 가장 중요한 보상을 없애버리는, 보다 역설적이고 사회적으로 심각한 결과를 초래했다. 부자들이 폐쇄적 집단이 아니고 성공한 사람이 짧은 시간 내에 많은 자원을 얻을 수 있다는 점은 자유 체제의 보상적 특징이었다.[722] 그러나 오늘날 영국과 같은 몇몇 국가에서는 계급 상승의 기회가 현대에 들어선 이후 그 어느 때보다 줄어들었다. 그 결과 상당한 소득과 그에 따른 모든 편의를 향유하지만 자신의 자산을 걸고 개인적 위험을 감수하면서 큰 재산을 관리해본 적이 없는 사람들의 손으로 점점 더 많은 세계 자본의 통제권이 넘어가고 있다. 과연 이것이 모두에게 이득이 될지 지켜보아야 할 일이다.

또, 한 사람이 새로운 자산을 획득하는 것이 불가능해질수록 현재 재산은 더욱더 정당하지 않은 특권으로 비춰질 것 역시 사실이다. 그렇다면 상속에 중과세를 부과하는 점진적 과정 또는 완전 몰수라는 보다 신속한 과정을 통해 개인의 손에서 이런 재산을 빼앗으려는 목표가 정책적으로 수립될 것이다. 재산과 생산 수단 통제의 사유화에 기반을 둔 체제는 성공한 사람이 그 재산을 소유하고 또 통제권을 갖는다는 것을 전제로 한다. 만일 이것이 불가능하다면, 새로운 세대의 가장 뛰어난 자본가가 될 수 있을 사람조차 기존 기득권 부유층의 적이 될 뿐이다.

도덕적 쟁점과 정치행동의 원리

소득세 과세율이 매우 높게 도달한 나라에서는 사실상 누군가 벌 수 있는 순소득에 대해 한계가 설정되어 보다 평등에 가까워진다.(영국에서는 지난 전쟁 기간 동안의 자본 소득을 수입으로 간주하지 않았기 때문에 약간 줄어들긴 했지만 세후 최고 소득은 약 5,000파운드(1만 4,000달러)였다.) 고소득층에 대한 누진세가 조세 수입에 기여한 바가 미미했음을 고려하면 어느 누구도 고소득을 달성할 수 없다는 관점에 의해서만 누진세가 정당화될 수 있음을 지금까지 살펴보았다. 그러나 고소득의 판단기준은 특정 공동체의 관점과 최종적으로 공동체의 평균 부에 달려 있다. 국가가 가난할수록 허용되는 최대 소득이 낮을 것이며, 모든 국민이 부유한 국가의 일반 수준 소득에 도달하기조차 어려울 것이다. 좋은 예로, 인도의 국가계획위원회(National Planning Commission of India)에서 최근 제안했다가 간신히 철회시킨 안건을 들 수 있다. 그 안건에서는 모든 사람의 소득 상한선을 연간 6,300달러(급여 소득의 상한선은 4,300달러)로 못 박았다.[723] 그 안건의 문제점은 한 국가 또는 국제적으로 다른 지역에 동일한 원칙을 적용시켜 보기만 해도 이해할 수 있다. 이에 대한 결과로, 특정 집단의 다수가 소득의 적정 한계선을 결정할 권리를 부여받았다는 신념의 도덕적 기초에 대한 비판이자 그런 식으로 대중의 복지를 지원할 수 있을 것이라고 믿는 사람들의 지혜에 대한 비판이 나오게 됐다. 빈국이 개인이 부유해지는 것을 막음으로써 일반적인 부의 성장을 감소시킬 것이라는 사실에 대해 과연 의심의 여지가 있을까? 그리고 빈국에 적용되는 것이 부국에도 적용되지 않을 이유가 있을까?

마지막으로, 누진세의 문제는 당연하게도 윤리의 문제다. 동시에 또한 만일 국민들이 지금의 원칙이 어떻게 작동되는지 충분히 이해했다면 지금처럼 계속 지지를 보낼지 여부가 민주주의에서의 진짜 문제다. 누진세 정책은 사람들이 제대로 핵심 설명을 들으면 대부분 찬성하지 않을 이념에 기반하고 있다. 그 이념의 핵심은 다수가 마음대로 소수에게 차별적 세제를 적용할 수 있다는 것이다. 결과적으로 동등한 서비스에 대해 보수가 다르게 매겨져야 한다는 것이다. 그리고 전체 계층을 위해서, 오로지 그 소득이 나머지와 같지 않다는 이유로, 인센티브가 정상적으로 적용되지 말아야 한다는 것이다. 이 모든 것은 정의에 기반했을 때 옹호할 수 없는 원칙들이다. 게다가 여러 측면에서 누진세가 야기하는 에너지와 수고의 낭비를 고려하면[724] 합리적인 사람들에게 누진세가 바람직하지 않다는 확신을 주는 것이 결코 불가능하지 않을 것이다. 이런 분야에서의 경험은 어떻게 습관이 재빠르게 정의감을 무디게 하고 사실상 질투 외에 다른 근거가 없는 것을 원칙으로 끌어올리는지를 잘 보여준다.

합리적인 조세제도를 갖추려면 과세 총액이 얼마가 되어야 하는지 결정하는 다수가 최고 세율로 그것을 부담해야 한다는 원칙이 국민들에게 받아들여져야 한다. 경제적으로 약자인 소수에게 비례적으로 낮은 세금의 형태로 부담을 경감해주려는 다수에 대해서는 타당한 반대가 나올 수 없다. 누진세 남용을 막는 장벽을 세우는 일은 이미 살펴본 대로 개인 소득세에 대한 어느 정도의 누진성이 간접세 효과를 보상하는 방법으로 정당화된다는 점 때문에 복잡해진다. 사람들에게 받아들여질 만하면서도 통제불능으로 커지려는 누진세의 숨겨진 유혹을 제대로 막을 수 있는 원칙이란 게 있긴 한 걸까? 개인적으로 나는 누진세에 상한선을 설정함으로써 그 목적을 달성할 수 있을 것이라 생각하지 않는다. 그러한 누진율은 누진성 원칙만큼이나 자의적이며 추가 조세 수입의 필요성이 제기되면 쉽게 변경될 수 있다.

총과세부담과 관련해 직접세의 최고 세율을 제한하는 원칙을 세워야 한다. 가장 합리적 규칙은 직접세의 최고 과세율을 정부가 세금으로 가져가는 국민총소득의 비율로 정하는 것이다. 만일 정부가 국민 소득의 25%를 가져간다면 25%는 모든 개인소득에 대한 직접세의 최고 세율이 되는 것이다. 국가적 위기 상황에서 이 비율을 올릴 필요가 있다면 허용 가능한 최고 세율 역시 동일한 수치만큼 상승된다. 그리고 전체 조세 부담이 줄어들면 세율 역시 그만큼 낮아진다. 여기에서도 조세제도에 어느 정도 누진세의 형태가 남아 있다. 최고 세율로 소득세를 납부하는 사람들도 간접세를 납부하게 되는데, 이로 인해 그들의 총부담률이 국가 평균 이상이 되기 때문이다. 이 원칙을 고수할 때 얻어지는 유익한 결과는 또 있다. 세금의 양을 추정할 국민 소득의 추정치가 나오기 전엔 예산안이 먼저 나올 수 없다는 것이다. 이 비율을 기반으로 소득에 대한 표준 과세 비율을 산출할 수 있고 저소득자는 간접적으로 과세되었던 것에 비례해 세율이 낮아질 것이다. 전체적으로 다소의 누진성은 있겠지만 최고 소득자의 한계 세율은 평균적으로 간접세 납부량 이상으로 초과되지는 않을 것이다.

21

통화 체계

사회의 존재 기반을 전복시키기 위해서라면 통화가치를 떨어뜨리는 것보다 더 절묘하고 확실한 방법은 없다. 그 과정에서 경제 법칙의 숨겨진 힘들은 모두 사회를 붕괴시키는 편에 서게 되고, 어느 누구도 진단해낼 수 없는 방식으로 그 일을 진행시킨다.

케인즈(J. M. Keynes)[725]

화폐와 정부

지난 50년의 경험을 통해 대부분의 사람들은 안정적 통화 체계의 중요성을 깨닫게 됐다. 이전 세기와 달리 이 시기에는 통화 불안이 심각했다. 화폐를 통제하는 데 매우 적극적인 역할을 수행했던 정부가 바로 통화 불안의 결과이자 원인이었다. 따라서 일부 사람들이 정부에게서 통화정책 통제권을 박탈하는 게 더 낫겠다는 생각을 하는 것도 당연했다. 다음과 같은 질문이 종종 제기된다. 왜 우리는 대부분의 다른 분야에서처럼 만족스러운 교환 수단을 확보하는 데 필요한 것은 무엇이든 공급해 주는 시장의 자생적 힘에 의존할 수 없는가?

오늘날 정치적으로 비현실적인 이야기다. 뿐만 아니라 설사 가능할지라도 더 이상 바람직하지 않을 것이라는 점을 처음부터 분명히 해야 한다. 만일 정부가 끼어들지 않았다면 의도적 통제가 불필요한 통화 제도가 발전했을 수 있다. 특히 신용 수단으로 화폐나 화폐에 가까운 대체물을 널리 사용하지 않았다면 우리는 아마 자기조절 메커니즘에 의존할 수 있었을 것이다.[726] 그러나 이제 그것을 선택할 가능성은 닫혀있다. 우리는 현대 기업조직이 널리 의존하고 있는 신용제도를 대신할 다른 대안을 알지 못한다. 그리고 이 제도가 존재하는 가운데 역사가 발전하면서 화폐와 신용시스템 간 상호작용을 의도적으로 통제해야만 하는 상황들이 나타났다. 게다가 화폐 제도만 변경한다고 크게 달라지지 않을 여타의 상황들 때문에 정부의 통제가 광범위하게 행사되는 것 역시 당분간 불가피해졌다.[727]

이러한 상황이 발생한 세 가지 근본적 이유는 보편성과 타당성 측면에서 각기 다르다. 첫 번째는 모든 시대의 모든 통화와 관련되며 왜 통화의 상대적 공급 변동이 다른 어떤 상황의 변화보다 더 가격과 생산에 불안한 영향을 주는지 그 이유를 설명한다. 두 번째는 모든 현대 경제생활이 의존하는 통화체계, 즉 통화 공급과 신용이 밀접하게 연관된 통화체계를 말한다. 세 번째는 현재의 정부 지출 규모 및 궁극적으로는 바꾸길 바라지만 통화정책과 관련된 모든 결정을 당분간은 받아들여야만 하는 상황을 언급한다.

여기서 첫 번째는 통화를 시장의 자기조절 메커니즘에서 벗어나 따로 느슨하게 활동하도록 만들었다. 그렇게 되면 조정 메커니즘에 혼돈을 주어 그 결과를 사전에 잘 예측해 대응하지 않으면 오도된 생산 흐름이 반복해서 만들어질 수 있다. 왜냐하면 일반 상품과 달리 통화는 사용해서 없어지는 것이 아니라 사람들끼리 주고받는 전달과정을 통해 기능하기 때문이다. 그 결과 통화 공급의 변화 효과가 새로운 균형을 직접적으로 달성하지 못한다. 통화의 변화는 묘하게도 '자기역전적'이다. 예를 들어 만일 통화량의 증가분이 먼저 특정 상품이나 서비스에 지출된다면 본질상 일시적으로 새로운 수요를 창출할 뿐만 아니라 초기 수요 증가 효과를 역전시킬 일련의 추가적 효과를 만들어낸다. 먼저 돈을 받은 사람은 그 돈을 다시 다른 것에 지출할 것이다. 못에 돌을 던졌을 때 파문이 이는 것처럼 수요 증가는 통화량 증가가 계속되면 유지되고 증가가 멈추면 역전되는 방식으로 각 지점에서 상대가격을 변화시키면서 전체 경제 시스템으로 확산될 것이다. 통화량의 어떤 부분이 파괴되었거나 심지어 사람들이 그들의 수입과 지출에 비해 일반적으로 보유했던 것보다 더 많은 혹은 더 적은 현금을 보유하게 되었을 때에도 정확하게 동일한 논리가 적용된다. 이런 종류의 변화는 모두 각각 그 기저에 자리한 실제 요인들의 변화에 상응하지 않으면서 연속적인 수요의 변화를 야기해 수요와 공급 사이의 균형을 흔드는 가격과 생산의 변화를 가져올 것이다.[728]

이러한 이유 때문에 통화 공급의 변화가 특히 교란적이라면, 우리가 알고 있듯이 통화 공급 역시 특히 해로운 방식으로 바뀌기 쉬운 것이다. 따라서 돈이 지출되는 비율이 과도하게 변동되지 않도록 하는 것이 중요하다. 이것이 의미하는 바는, 지출 대비 현금보유를 얼만큼 할지 사람들의 생각이 바뀔 때마다 (경제학 용어로 다시 말하자면, 유동성을 결정할 때마다), 통화량이 그에 상응해 바뀌어야 한다는 것이다. 우리가 '현금'을 어떻게 정의하든 이러한 형태로 자원을 보유하려는 사람들의 성향은 단기적이든 장기적이든 상당히 변동되기 쉽고 다양한 자생적 발전(예를 들면 신용카드나 여행자 수표 등)도 그 성향에 큰 영향을 미칠 수 있다. 통화공급을 자동조절한다 해도 통화 수요나 대체품 공급의 그러한 변화가 물가나 고용에 강력하고 해로운 영향을 끼치기 전까진 적정한 조정이 달성될 것 같지 않다.

더 나쁜 것은 현대 통화체계에서 통화의 공급이 수요의 변화에 적응하지 못할 뿐만 아니라, 오히려 반대 방향으로 변화하는 경향이 있다는 사실이다. 화폐 청구권이 화폐의 지위를 대신할 때마다(그리고 이를 막기도 어려워 보인다) 그러한 화폐 대체품의 공급은 '왜곡된 탄력성'을 보이는 경향이 있다.[729] 사람들이 더 많은 돈을 보유하고 싶게 만드는 바로 그 조건들 때문에 대출을 통해 화폐 청구권을 공급하는 사람들은 그 청구권 생산을 줄일 것이며 그 반대의 경우도 마찬가지다. 이 단순한 사실로 인해 그런 결과가 나타난다. 다른 모든 사람이 더 큰 유동성을 원할 때 은행 역시 같은 이유로 유동성을 키우길 원하고 따라서 신용 공급을 줄이게 된다는 익숙한 사실은 대부분의 신용 형태에 내재된 일반적 경향의 일례일 뿐이다.

화폐 공급의 이러한 자생적 변동은 누군가 일반적인 교환 수단의 공급을 의도적으로 정반대 방향으로 변화시킬 힘을 가지고 있을 때에만 막을 수 있다. 이것이 과거 중앙은행 즉, 단일 국가기관에 위탁해야 한다고 알려진 바로 그 기능이다. 심지어 미국처럼 장기간 그런 기관 설립에 반대했던 국가들조차 결국 깨달은 것은, 반복적 공황 발생을 피하려면 은행 신용을 광범위하게 이용하는 시스템은 반드시 항상 현금을 공급할 수 있고 또 현금 공급을 통제함으로써 신용의 총공급에 영향을 줄 수 있는 중앙 기관을 기반으로 해야 한다는 사실이었다.

하지만 이러한 기관들을 가능한 한 정부와 정부의 재정정책으로부터 독립시키는 것이 바람직한 강력하고도 타당한 이유가 있다. 이제 우리가 다루기로 한 세 번째 이야기 차례다. 가까운 장래에 받아들일 수밖에 없지만 정확히 되돌릴 수 없지는 않은, 역사의 전개에 대한 이야기다. 정부 지출이 전체 지출에서 상대적으로 적은 부분을 차지하고 정부 부채(특히 단기 부채)가 모든 신용 수단에서 적은 부분만 차지하고 있다면 재정정책으로부터 독립적인 통화정책 운용이 가능하다.[730] 하지만 오늘날 이러한 조건들은 더 이상 존재하지 않는다. 따라서 통화정책이 효과를 내려면 정부의 재정정책과 조율해야만 한다. 여기서 조율이란 명목상 독립적인 통화 당국이 자신의 정책을 사실상 정부의 정책에 맞춰가야 한다는 의미다. 좋든 싫든 정부의 정책이 결정적 요소가 되는 것이다.

어떤 사람들은 정부가 통화 조건을 보다 효과적으로 통제할 수 있게 되는 것을 환영할 것이다. 우리가 바람직한 통화정책을 추구할 수 있는 더 나은 위치로 정말 왔는지 여부는 나중에 다시 살펴볼 것이다. 지금 중요한 것은 지금 어디서나 그렇듯 정부 지출이 국민 소득의 상당 부분을 차지하는 한 정부가 필연적으로 통화정책을 지배할 것이라는 사실과 정부 지출을 대폭 삭감하는 것만이 이를 피할 수 있는 유일한 길임을 받아들여야 한다는 점이다.

인플레이션과 복지국가

정부가 통화정책을 통제함에 따라 인플레이션이 이 분야의 주요 위험으로 대두되었다. 언제 어디서나 정부가 통화 절하의 주범이었다. 때로는 금속 화폐의 가치가 장기간 하락할 때도 있었지만 과거에 발생한 주요 인플레이션은 정부가 경화를 감소시키거나 지폐를 과도하게 발행한 결과 나타난 현상이었다. 정부가 지폐 발행을 통해 경비를 조달함으로써 통화를 파괴시키는 조잡한 방법을 행사하지 못하도록 막는 것이 지금은 가능해졌다. 그러나 오늘날에도 여전히 대중이 미처 알아차리지 못하는 보다 미묘한 절차를 통해 똑같은 일이 이뤄지고 있다.

우리는 복지국가의 주요 특징 각각이 어떻게 인플레이션을 조장하는지 살펴보았다. 노조의 임금 압박이 현재의 완전 고용 정책과 맞물려 어떻게 작용하는지, 정부가 노령연금으로 떠안은 무거운 재정부담 때문에 돈의 가치를 떨어뜨려 그 부담을 경감하려는 시도를 거듭하는지 등을 알아보았다. 또한 필연적으로 연관된 것은 아니지만 정부가 국민소득에서 차지하는 비율이 약 25%를 초과할 때마다 고정의무 부담 경감을 위해 인플레이션에 의존한다는 점에도 주목해야 한다.[731] 그리고 누진세 체계 하에서 인플레이션이 소득 이상으로 세수를 증가시키는 경향이 있기 때문에 인플레이션을 이용하려는 유혹이 매우 커진다는 점 역시 확인했다.

복지국가의 제도가 인플레이션을 선호하는 경향이 있는 것이 사실이라면 복지정책 수요를 강화시킨 것도 인플레이션이었음은 또한 사실이었다. 지금까지 살펴봤던 정책들뿐 아니라 임대료 제한, 식품 보조금, 물가 및 지출에 대한 온갖 종류의 통제 등 아직 검토하지 않았거나 단순히 언급만 할 다른 조치들도 마찬가지다. 인플레이션 효과가 최근의 정부 통제 확대에 대한 주장을 뒷받침해줬음은 너무 잘 알려졌기 때문에 더 이상 설명할 필요가 없다. 그러나 전례 없던 인플레이션이 지난 40년 동안 전 세계의 발전을 얼마나 좌우해왔는지에 대해 잘 모르는 사람들이 많다. 당시 직장생활을 했던 세대가 자신들의 노후를 준비하기 위한 노력에 인플레이션이 어떤 영향을 미쳤는지, 이 사례를 살펴보도록 하자.

몇몇 통계조사 결과를 살펴보면 인플레이션이 지금 은퇴시기를 맞은 세대의 저축에 어떤 영향을 미쳤는지 이해하는 데 도움이 될 것이다.[732] 이 통계조사의 목적은, 1913년부터 1958년까지 45년 동안 매년 동일한 실질가치의 금액을 4% 고정이율로 투자했을 때 누적 저축액의 현재 가치가 얼마인지 알아보는 것이었다. 결과는 서구 국가에서 소액 저축자가 저축이든, 국채나 생명보험이든 실제 형태가 무엇이건 간에 자신이 가능했던 투자를 통해 획득한 수익과 대략 일치한다. 만일 돈의 가치가 일정하게 유지되었다면 그 기간이 끝날 무렵 저축자가 보유했을 금액을 100으로 표시할 수 있다. 1958년에 이 저축자들이 실제로 획득할 수 있었던 실질 가치는 얼마였을까?

그 가치가 70%에 도달했던 나라는 세계에서 스위스가 유일했다. 미국과 캐나다는 58%로 비교적 양호한 편이었다. 영연방과 '스털링 블록' 대부분의 국가들은 약 50%였고 독일은 1924년 이전의 모든 저축이 손실되었음에도 여전히 37%를 유지했다. 그래도 이들 국가의 투자자들은 1958년 초 지금까지 저축한 것의 11~12%만 돌려받았던 프랑스와 이탈리아에 비해 그나마 운이 좋은 편이었다.[733]

오늘날에는 모든 일이 늘 그렇다는 말이나 역사는 보통 인플레이션의 역사라고 할 수 있다는 말로 이렇게 장기적이고 세계적인 규모의 인플레이션 추세의 심각성을 일축해버리곤 했다. 그러나 일반적인 사실이 그렇다 할지라도 현대 경제 체제가 발달하고 부와 소득이 전례 없는 속도로 증가했던 시기에는 그 말이 확실히 사실이 아니다. 영국이 금본위제를 고수했던 1914년 이전 200년 동안 의미 있게 측정될 수 있는 물가 수준은 대체로 일정한 수준에서 변동하였다. 즉, 그 기간의 마지막에 물가는 출발 지점으로 되돌아왔고 (금본위제를 폐지했던 나폴레옹 전쟁 기간을 제외하고) 평균 수준의 3분의 1 이상은 거의 변동되지 않았다.[734] 마찬가지로 미국에서도 1749~1939년 동안 큰 폭의 물가 상승은 없었던 것으로 보인다.[735] 이와 달리 이들 국가 및 다른 국가에서의 지난 25년 동안 물가 상승률은 큰 변화를 보인다.

인플레이션과 디플레이션

지속적인 물가 상승을 의도적으로 지지하는 사람들도 있지만 기존에 인플레이션으로 편향된 근본 원인은 일반적으로 인플레이션의 반대인 디플레이션이 훨씬 더 우려스러우니 안전한 쪽을 유지하려면 인플레이션의 방향으로 실수가 계속되는 것이 차라리 낫다고 믿었기 때문이다. 그러나 우리는 어떻게 해야 물가를 완전히 안정시킬 수 있는지 그리고 어떤 방향으로 살짝 움직임을 조정해서 안정을 얻을 수 있는지 모르기 때문에, 어떤 희생을 치르더라도 디플레이션을 피하겠다는 결정은 누적 인플레이션으로 귀결될 수밖에 없다. 또한 인플레이션과 디플레이션은 경제 자원을 재분배하는 메커니즘의 일부로서 필연적으로 발생하는 국소적 또는 부분적 현상이기때문에 디플레이션이 발생해 경제 주요 분야에 영향을 미치는 것을 막으려는 시도는 전반적인 인플레이션으로 귀결될 수밖에 없다.

그러나 장기적인 관점에서 디플레이션이 인플레이션보다 정말로 더 해로운 것인지는 다소 의문스럽다. 사실 인플레이션이 훨씬 더 위험하고 보다 신중하게 대처해야 할 문제다. 두 가지 오류 중에서 훨씬 더 범하기 쉬운 것이 인플레이션이다. 그 이유는 적절한 인플레이션이 진행되면 일반적으로 견딜 만한 반면 디플레이션은 바로 고통을 주기 때문이다.[736] 즉각적이고 강력하게 느껴지는 부정적 효과에 대해서는 굳이 예방 조치를 취할 필요가 없다. 그러나 당장은 즐겁고 일시적 어려움을 완화시키지만 나중에는 훨씬 더 큰 해를 끼칠 조치에 대해서는 예방책이 필요하다. 실제로 인플레이션과 마약 복용은 단순히 피상적으로 유사한 수준을 넘어섰기에 이 둘은 자주 비교되곤 했다.

인플레이션과 디플레이션 모두 예상치 못한 가격 변동을 야기함으로써 괴상한 효과를 만들어내고 예상을 두 번 저버린다. 첫 번째는 물가가 예상보다 높거나 낮을 때이고 두 번째는 조만간 발생하게 되는 것으로, 이러한 물가 변화를 예측할 수 있게 되어 처음의 예상 실패 효과가 더 이상 나타나지 않게 되는 때이다. 인플레이션과 디플레이션의 차이점은 전자는 기분 좋은 놀라움이 먼저 오고 부정적 반응이 나중에 오지만, 후자는 먼저 경기를 침체시킨다는 것이다. 그렇지만 둘 다 자기 역행적인 효과를 낳는다. 일시적으로 어느 하나를 초래하는 힘은 자기 역전적이기 때문에 물가가 예상보다 빠르게 움직이는 기간이 길어질 수 있다. 그러나 같은 방향으로 가격 변동이 가속되지 않는 한 기대가 가격을 따라잡을 것이다. 그렇게 되면 그 효과의 성격은 즉시 바뀐다.

처음에 인플레이션은 더 많은 사람들이 수익을 창출하고 또 그 수익이 평소보다 더 많은 상황을 연출할 뿐이다. 거의 모든 일이 성공적이고 실패한 사례는 거의 없다. 수익이 계속해서 기대했던 것보다 크고 이례적으로 많은 벤처기업이 성공한다는 사실은 위험을 과

감히 감수하는 환경을 조성한다. 기대하지 않았던 전방위적인 가격 상승으로 인해, 그 광풍에서 함께 한몫 벌지 못하고 사업을 접었어야 할 사람들조차 보편적 호황 속에서 조만간 한몫 차지할 거라는 기대 속에서 사업을 유지하고 직원들을 붙잡아둘 것이다. 하지만 이런 상황은 사람들이 물가가 같은 비율로 계속 오를 것으로 예상하기 시작할 때까지만 지속될 것이다. 일단 사람들이 물가가 그렇게 수개월 동안 계속 높아졌다는 점을 고려하기 시작하면, 그들이 예상하는 미래 가격 정도까지의 높은 가격으로 생산요소를 구매한다. 하지만 물가가 예상했던 수준 이상으로 오르지 않는다면 수익은 정상으로 돌아올 것이고 수익을 내는 사람들의 비율 또한 떨어질 것이다. 그리고 예외적으로 수익이 컸던 그 기간에, 상황이 이렇지 않았다면 노력의 방향을 바꿨어야 했던 사람들이 계속 남아 있었기 때문에 손실을 입은 사람들의 비율이 평소보다 더 높을 것이다.

따라서 인플레이션의 자극적 효과는 예측되지 못했던 동안만 작용할 것이다. 상승률이 예측대로 지속될 때에만 동일한 수준의 번영이 유지될 것이다. 그 상황에서 물가가 예상보다 덜 올랐다면 그 효과는 예상치 못한 디플레이션의 영향과 같을 것이다. 일반적으로 예상했던 것만큼만 상승했다 하더라도 예외적인 자극을 더 이상 주지 못하며 일시적 자극이 지속되는 동안 연기되었던 전체적 조정이라는 부담만 드러날 뿐이다. 인플레이션이 초기 자극 효과를 유지하기 위해서는 항상 예상보다 빠른 속도로 물가가 계속 상승해야 한다.

예상되는 물가 변화에 완벽히 적응하는 것이 불가능하도록 만드는, 특히 장기 및 단기 예상을 동일하게 조정할 수 없도록 만드는 복잡한 상황을 여기서 모두 다룰 수는 없다. 또한 산업 변동에 대한 전면적 검토에서 매우 중요한 현재 생산 및 투자에 대한 상이한 효과 역시 논의할 수 없다. 인플레이션율이 점진적으로 가속화되지 않는 한 인플레이션의 자극적 영향이 중단될 것이라는 사실과 그것이 진행됨에 따라 완벽히 적응하는 것이 불가능해져 나쁜 결과가 점점 더 심각해질 것이라는 사실을 아는 것만으로도 충분히 목표를 달성한 것이다. 여기서 가장 중요한 것은 모든 비즈니스의 의사결정이 의존하는 회계 방법은 화폐 가치가 어느 정도 안정적인 경우에만 타당하다는 점이다. 물가가 빠른 속도로 상승하면 모든 사업 계획의 기초를 제공하는 자본 및 비용 회계 기법은 곧 모든 의미를 상실할 것이다. 실제 비용, 수익이나 소득은 어떠한 관습적 방법으로도, 보편적으로 수용 가능한 어떠한 방법으로도 확인되기 어려워질 것이다. 그리고 현행 과세 원칙하에서는 자본 유지를 위해 재투자되어야 하는 수익이 점점 더 많이 세금으로 뜯겨질 것이다.

따라서 인플레이션은 절대로 일시적 자극제 이상이 될 수 없다. 그 유익한 효과조차도 속는 사람이 계속 생기거나 일부의 예상을 빗겨가 저버릴 때에만 지속될 수 있다. 인플레이션의 자극은 그 오류 때문에 생기는 것이다. 특히 위험한 점은 소량의 인플레이션이 만든 해로운 여파를 다량의 인플레이션으로만 막을 수 있다는 사실이다. 일단 인플레이션이 한동안 지속되면 지나친 가속화를 막는 것조차도 자생적인 디플레이션을 피하기 어려운 상황을 초래할 것이다.

일단 확장된 활동들이 지속적 인플레이션을 통해서만 유지될 수 있다면 이것들이 동시에 중단되었을 때 그 활동 부문 소득의 감소가 다른 소득의 감소로 이어지는 공포스러운 악순환으로 이어지는 것은 당연하다. 우리가 알고 있는 바대로, 심각한 경기 침체를 막을 방법은 그 전에 규칙적으로 나타날 인플레이션을 방지하는 것이다. 그러나 일단 인플레이션이 나타나면 그것을 치유할 방도는 거의 없다. 경기 침체를 걱정해야 할 순간은 불행히도 대부분의 사람들이 경기 침체를 전혀 떠올리지도 않을 바로 그때인 것이다.

인플레이션의 작동방식을 보면 정책이 일반적 상황보다 특정 상황에 관심을 가질 때, 장기보다 단기적 문제에 관심을 가질 때 왜 인플레이션을 막기 힘든지 알 수 있다. 정부나 민간기업 모두 인플레이션을 사용하면 일시적 어려움에서 벗어나기 쉽다. 즉, 저항이 가장 적고 경제가 정부 정책의 걸림돌을 극복하기 가장 쉬운 방법이다.[737] 다른 모든 결정을 통화 공급이 적응해야만 하는 자료로 간주해서 다른 조치들에 따른 피해를 가능한 한 알아차리지 못하게 하려는 정책의 필연적 결과인 것이다. 또한 장기적으로 그러한 정책은 정부를 이전 정책의 포로가 되게 만들고 스스로도 해롭다고 알고 있는 조치를 취하도록 강요한다. 그의 견해가 잘못 해석된 것일 수도 있겠지만 어느 누구보다 인플레이션적 경향을 고취시킨 한 권위자가 "장기적으로 우리는 모두 죽는다"라는 반자유주의적 금언을 남긴 것 역시 우연은 아니다.[738] 우리 시대의 인플레이션 편향은 대개 단기적 관점이 확산된 결과로, 현재 조치의 보다 먼 미래의 결과는 인식하기 매우 어렵다는 점에서 비롯된다. 또한 현실적 인간들, 특히 정치인들이 시급한 문제와 당면 목표 성취에 대해 필연적으로 갖고 있는 선입견에서 비롯된다.

인플레이션은 심리적으로나 정치적으로나 디플레이션보다 훨씬 더 예방하기가 어렵지만 동시에 기술적으로는 훨씬 더 쉽게 예방될 수 있기 때문에 경제학자들은 인플레이션의 위험을 항상 강조해야 한다. 디플레이션은 그 징후가 나타나자마자 그것을 해결하려는 즉각적 시도가 뒤따른다. 예방할 필요도 없는 국지적이고 필연적인 과정일 때조차도 그렇다. 적절한 조치들을 취하지 않을 가능성보다 디플레이션에 대해 부적절한 공포를 느끼는 상황이 더 위험하다. 어느 지역적 또는 부문적 번영은 아무도 인플레이션으로 잘못 인식하지 않지만 반면 지역적이고 부문적 경기 침체가 나타났을 때 사람들은 전적으로 부적절한 통화적 대응조치를 요구한다.

이 모든 것을 살펴본 결론은 다음과 같다. 결국 장기적으로 바람직한 것을 목표로 삼게 하고 단기적 결정에서 당국의 손발을 묶는 어느 정도의 기계적 규칙을 마련한다면, 당국에 더 많은 권한과 재량권을 부여해 정치적 압박과 상황의 긴급함을 과대평가하는 경향에 굴복하도록 하는 원칙보다는 더 나은 통화정책을 도출해낼 것으로 보인다. 여기에서, 보다 체계적으로 접근해야 할 문제들이 제기된다.

인플레이션의 환상

고 헨리 시몬스(Henry Simons)는 그의 유명한 논문에서 "통화정책에서 규칙 대 당국"의 경우를 설득력 있게 주장해왔다.739) 엄격한 규칙을 옹호하며 제기되는 주장들이 너무나 막강해서 현재는 통화 당국을 적절한 규칙에 구속시키는 것이 현실적으로 어느 정도까지 가능한지가 문제인 상태다. 만일 통화정책의 목표에 대해 완전히 합의만 된다면 독립된 통화 당국이 최상의 기관일 것이다. 정치적 압박으로부터 완벽하게 보호되면서 부여된 목적을 성취하기 위해 어떤 수단을 채택할지 자유롭게 결정할 수 있기 때문이다. 독립적 중앙은행을 선호하는 고전적 주장들은 여전히 일리가 있다. 그러나 오늘날엔 통화정책에 대한 책임을 정부 재정에 관여하는 기관들과도 함께 지는 걸 피할 수 없다는 사실 때문에 많은 재량권 허용에 반대하면서 통화정책 결정이 가능한 한 예측될 수 있어야 한다는 주장에 힘이 더 실린다.

하지만 통화정책에서 재량권에 반대하는 주장이 정부의 강제력 행사 재량권에 반대하는 것과 완전히 같지 않다는 점을 분명히 해야 한다. 화폐 통제권이 독점된다 하더라도, 그 권한을 행사하는 것이 반드시 사적 개인에 대한 강제를 포함하는 것은 아니다.740) 통화정책 재량권에 반대하는 주장은 통화정책과 그에 따른 결과를 가능한 한 예측할 수 있어야 한다는 견해에 기반을 두고 있다. 따라서 그 주장의 효력은 재량적 조치가 채택되었을 때보다 더 예측 가능하고 시장을 덜 교란시키는 방식으로 화폐 공급을 효과적으로 변화시키는 자동적 메커니즘을 고안해낼 수 있는지에 달려 있다. 그 해답이 확실한 건 아니다. 우리가 원하는 대로 정확하게 통화공급이 스스로 맞춰질 수 있는 어떤 자동 메커니즘도 아직까지 존재하지 않는다. 그리고 어떤 메커니즘(또는 엄격한 규칙에 따라 결정되는 행동)이든 편을 들면서 할 수 있는 최선의 말은 실행 과정에서 의도적 통제가 더 낫다는 점에 의문이 든다는 것이다. 이 의문의 근거는, 통화 당국이 결정을 내려야 할 상황들이란 대체로 장기적 관점이 선호되기 힘들고, 또 특정 상황에서 당국이 해야 할 일이 무엇인지 우리는 확실히 알지 못하기 때문이다. 따라서 일정한 규칙에 따라 행동하지 않을 때 통화당국이 무엇을 할지에 관한 불확실성은 필연적으로 더 커질 수밖에 없기 때문이다.

1920년대와 1930년대의 정책에 의해 금본위제가 폐지된 이후 이 문제는 더욱 심각한 이슈가 되었다.[741] 일부 사람들이 금본위제 복귀를 현실적으로 유일한 해결책이라고 간주하는 것은 자연스러운 일이다. 금본위제의 결함이 지나치게 과장되었고 그것을 폐지한 것이 과연 이득이었는지 의심스럽다는 데 오늘날 아마도 훨씬 더 많은 사람들이 동의할 것이다. 그러나 그렇다고 해도 지금 금본위제 복원이 현실적인 제안이라고 할 수는 없다.

우선 우리가 잊지 말아야 할 것은, 어떤 나라도 독자적 행동으로 금본위제로 제대로 복귀할 수 없었다는 사실이다. 국제 표준이 되어야 금본위제가 작동할 수 있다. 그리고 예를 들어 오늘날 미국이 금으로 돌아간다면 그것은 미국의 정책이 금의 가치를 결정하게 되는 것이지 금이 달러의 가치를 결정하게 되는 것이 아니다.

둘째, 국제적 금본위제의 기능은 더 이상 존재하지 않는 과거의 태도와 신념에 기반한 것이라는 사실 또한 중요하다. 그것은 금본위제를 철회한 것은 재난이고 국가적 수치라는 일반 여론을 기반으로 작동한다. 어떤 나라도 이 제도를 지키기 위해 고통스러운 조치를 취할 준비를 하지 않는다는 사실이 알려진다면 금본위제는 문제 없을 때만 인정받는 표준으로서조차도 별 영향력을 발휘하지 못할 것이다. 금의 이러한 신비가 영구히 사라졌다고 생각하는 내가 틀린 것일지도 모르지만, 반박하는 증거가 더 많이 나오지 않는 한 나는 금본위제를 회복시키려는 시도가 일시적 성공 이상을 이끌어낼 수 있을 것이라 믿지 않는다.[742]

금본위제 주장은 일국본위제에 대한 반대로서 국제본위제를 지지하는 주장과 밀접한 관련이 있다. 여기서는 지면상의 한계로 이 문제를 더 이상 파헤쳐볼 수 없다. 단지 덧붙인다면, 고도로 자동화되고 동시에 국제적으로 만들어질 수 있는 표준을 원한다면, 내 보기에 현재까지는 아주 세밀하게 고안된 상품준비본위제가 금본위제의 결함을 극복하고 그 장점을 모두 따온 최선의 계획이라는 것이다.[743] 이 표준 제안이 좀더 주목을 받을 필요는 있겠지만 가까운 미래에 실질적 대안이 되기는 어려워 보인다. 그 계획이 설사 바로 채택된다 해도 원래 의도대로 실행될 가능성, 즉 관련된 개별 상품의 가격이 아니라 선택된 상품군의 전체 가격만을 안정시키기 위해 작동할 가능성은 희박하다.

통화정책에서의 규칙과 재량권

나는 당국이 옳은 일을 하도록 강제하는 제도는 어떤 것도 약화시키고 싶지는 않다. 통화정책이 공공재정의 고려사항들에 영향 받을 가능성이 커짐에 따라 그러한 메커니즘의 필요성에 대한 주장이 거세지고 있다. 그러나 그것을 통해 얻을 수 있는 성과를 과장한다면 그 주장은 강화되기보다 약화될 것이다. 이 분야에서 재량권을 제한할 수 있지만 절대로 제거할 수 없다는 것은 부정할 수 없는 사실이다. 따라서, 피할 수 없는 재량권의 범위 내에서 할 수 있는 일은 매우 중요할 뿐만 아니라 그 메커니즘이 작동하도록 허용될 것인지 여부를 실제로 결정하는 기준이 될 것이다.

모든 중앙은행이 직면한 기본적 딜레마 한 가지가 있는데, 그것은 불가피하게도 정책에 많은 재량권이 필요하다는 사실이다. 중앙은행은 모든 유통수단에 대해 오직 간접적이고 그에 따른 제한적인 통제만을 행사할 수 있다. 중앙은행의 힘은 주로 필요할 때 현금을 공급하지 않겠다는 위협을 기반으로 한다. 그러나 그와 동시에, 요구 받을 때에 특정 가격에 현금을 공급하는 것을 거절할 수 없는 의무도 있다. 중앙은행가들이 일상 업무에서 몰두하는 것은, 정책이 물가나 돈의 가치에 미치는 일반적 영향보다 바로 이 문제다. 중앙은행이 필연적으로 신용 영역의 발전을 끊임없이 사전에 막거나 반대하도록 만드는 것도 바로 이 업무다. 이 때문에 어떤 간단한 규칙도 충분한 지침이 될 수 없는 것이다.[744]

물가 및 고용에 영향을 주려는 조치들의 경우에도 마찬가지다. 그 조치들은 변경사항이 발생한 후에 수정하기보다 발생 전에 미리 이를 예방하는 데 더 중점을 둘 것이 틀림없다. 중앙은행이 항상 규칙이나 메커니즘이 작동할 때까지 기다린다면 결과적으로 변동 폭이 필요 이상으로 커질 것이다. 그리고 만일 중앙은행이 재량권 범주 내에서 메커니즘이나 규칙이 나중에 부과할 조치와 정반대인 조치를 취한다면 그 메커니즘이 더 이상 작동할 수 없는 상황이 연출될 것이다. 따라서 결과적으로 당국의 재량권이 상당히 제한된 곳에서조차 그 재량권 한계 내에서 무엇을 하느냐에 따라 그 결과가 달라질 수 있다.

이는 실제로 현재 상황에서 특정 행동보다는 목표를 규정함으로써 통화정책을 제한할 수밖에 없다는 의미다. 오늘날 맞닥뜨리는 구체적인 이슈는 고용을 일정 수준으로 안정되게 유지할 것인가 아니면 물가를 일정 수준으로 안정되게 유지할 것인가의 문제다. 통화 안정성이 우선 목표가 되고 이에 따라 나머지 경제 정책을 추진할 때 상황을 합리적으로 이해하고 주어진 수준에서 미미한 변동이 나타나는 것은 어쩔 수 없음을 인정한다면 이 두 가지 목표가 반드시 상충되는 것은 아니다. 그러나 충돌이 일어나는 것은, '완전 고용'이 주요 목표가 되고, 종종 그렇듯이 이것이 단기적으로 통화정책을 통해 최대 고용이 창출될 수 있다는 말로 해석되는 경우다. 그것이 바로 누진적 인플레이션이다.

높고 안정적인 고용 수준이라는 적절한 목표는 아마도 어느 정도 포괄적인 가격수준의 안정을 목표로 하면서 우리가 목표달성 방법을 알게 되면 비로소 달성 가능할 것이다. 실제로는, 가격 수준을 판단할 때 최종 제품만을 참조해서는 안 된다는 경우와(그렇게 된다면 급격한 기술 발전 시기에도 상당히 높은 인플레이션 경향이 여전히 나타날 수 있기 때문이다) 가능한 한 국내 가격보다는 국제 가격에 기초해야 하는 경우를 제외하면, 이 가격 수준이 어떻게 정해지는지는 크게 중요하지 않다. 이러한 정책이 두세 개 국가에서 동시에 시행될 경우엔 환율 안정과도 조화를 이뤄야 한다. 이러한 정책의 중요한 점은, 통화 당국이 과도한 물가 변동을 허용하지 않도록 또는 정책의 급격한 반전이 필요한 상황에 이르지 않도록 모두가 잘 아는 확실한 한계가 있을 것이라는 점이다.

통화정책의 목표

지속적인 인플레이션을 대놓고 지지하는 사람들이 있을 수야 있겠지만, 우리가 너무 쉽게 인플레이션에 직면하는 것이 다수가 그것을 원했기 때문이 아니란 건 확실하다. 적당한 물가인상으로 보이는 연 3% 인상 역시 23.5년이 지나면 물가가 2배가 되고 정상적 노동 활동 기간이 끝나면 거의 4배 가까이 오른다는 사실을 지적하면 이를 기꺼이 받아들일 사람은 없을 것이다. 인플레이션이 지속될 위험은 의도적으로 그것을 지지하는 사람이 강력해서라기보다는 반대하는 진영이 약하기 때문이다. 이를 방지하기 위해서 우리가 할 수 있는 일과 그 일을 하지 않았을 때의 결과를 대중들이 분명히 인식하도록 해야 한다. 대부분의 유능한 학자들은 인플레이션을 막기 힘든 까닭이 경제적 이유가 아닌 정치적 이유라는 데 동의한다. 그러나 통화 당국이 그것을 막을 권한이 있고 또 그 권한을 행사할 것이라고 믿는 사람은 아무도 없다. 통화정책이 만들어내는 단기 기적에 대한 최고의 낙관주의는 장기적으로 어떤 결과를 낳을지에 관한 완벽한 숙명론을 동반한다.

아무리 강조해도 지나치지 않을 두 가지 요점이 있다. 첫째, 인플레이션 추세를 막지 않는 한 국가 통제가 더욱더 강화되는 것을 막을 수 없다는 건 확실하다. 둘째, 지속적 물가 상승은 위험하다. 일단 물가 상승이라는 자극적 효과에 의존하기 시작하면 한편으로는 더 심한 인플레이션이나, 다른 한편으로는 경기침체나 불황으로 실수에 대한 대가를 치르는 것 말고는 다른 선택의 여지가 없게 되기 때문이다. 심지어 아주 적정 수준의 인플레이션조차 위험하다. 왜냐하면 매번 문제가 발생할 때마다 좀 더 높은 인플레이션만이 손쉬운 유일한 해결책이 되는 상황을 만들어 정책 책임자들의 손발을 그 쪽으로 묶어두기 때문이다.

지면 관계상 물가연동제처럼 개인이 인플레이션으로부터 자신을 보호하기 위한 노력들이 인플레이션을 가속시킬 뿐만 아니라 인플레이션이 불러온 경기 부양 효과를 유지하기 위해 인플레이션율을 높이는 다양한 경로들에 대해 여기서 다 다루기는 힘들다. 그래도 몇 가지만 간단히 언급하자면, 인플레이션으로 인해 보통의 재력을 지닌 사람들이 스스로 노후를 대비하는 것이 점점 더 불가능해진다. 또 저축 의지를 꺾고 대출을 조장한다. 그리고 중산층을 무너뜨려 자산이 아예 없는 사람들과 부유한 사람들 사이에 위험한 격차를 만들어낸다. 이것은 지속적 인플레이션을 경험한 사회의 특징이며 그러한 사회가 지닌 갈등의 원천이다. 아마도 훨씬 더 해로운 것은 사회에 널리 퍼지는 심리적 효과일 것이다. 인플레이션이 확산되면서 국민 대부분이 장기적 관점을 무시하고 이미 공공 정책에 만연해 있는 눈앞의 이익에만 몰두하게 될 것이다.

정부 통제 강화를 바라는 사람들이 일반적으로 인플레이션 정책을 지지해온 것은 우연이 아니다. 불행히도 그들만 지지한 건 아니었지만 말이다. 인플레이션을 유발하는 정부에 대한 개인의 의존도 증가와 그 결과 더 많은 정부 조치에 대한 요구는 사회주의자들이 선호하는 주장인 것이다. 자유를 지키고자 하는 사람들은 정부 조치 하나가 필연적으로 점점 더 많은 정부 통제를 초래하는 악순환 속에서 인플레이션이 가장 중요한 단 하나의 요인이라는 것을 인식해야 한다. 이 때문에, 정부 통제 강화를 막으려는 사람들은 통화정책에 자신들의 노력을 집중시켜야 한다. 수많은 지식인들이 다른 대부분의 영역에서 자유를 수호하려 하면서도 지원 정책 확대에 따른 눈앞의 이득에 이끌려 장기적으로 자유사회의 기반을 무너뜨리고 있다는 사실보다 더 실망스러운 것은 아마도 없을 것이다.

22

주택과 도시계획

만일 정부가 주택 보조금을 폐지하고 노동자 계급에게 이와 동일한 액수의 세금을 감면해준다면 노동자 계급에게 금전적으로 전혀 불이익이 없을 것이다. 그러나 노동자들은 그렇다면 그 돈을 주택이 아닌 다른 용도에 쓰는 것을 분명 더 선호할 것이고 과밀한 상태에서 부적절하게 제공된 집에서 살아갈 것이다. 누군가는 더 나은 주택의 이점을 알지 못하기 때문이고, 다른 누군가는 다른 것과 비교해서 주택의 가치를 매우 낮게 매기기 때문이다. 이것이 바로 주택 보조금의 문제다. 여기서 이렇게 개괄적으로 소개하는 것은 현실을 제대로 직시하지 않은 좌파 문헌들이 이 문제를 지나치게 자주 주장하기 때문이다.

루이스(W. A. Lewis)[745]

도시생활의 문제

다들 알다시피 문명은 도시 생활과 불가분의 관계다. 문명사회와 원시사회를 구분하는 모든 것은 우리가 '도시'라고 부르는 인구의 대규모 밀집과 밀접하게 연관되어 있다. 또 우리가 말하는 '세련됨', '정중함' 또는 '공손함'이란 단어도 도시에서의 생활방식을 지칭한다. 오늘날 농촌 주민의 생활과 원시인의 생활에서 나타나는 차이 대부분은 도시가 제공하는 것들 덕분이다. 선진 문명사회에서 시골의 여유로운 삶이 문화를 즐기는 이상적인 삶으로 비춰지는 것 역시 시골에서도 도시의 상품들을 향유할 수 있기 때문이다.

그러나 도시 생활의 장점, 특히 산업화로 인해 가능해진 엄청난 생산성 증가는 상당한 비용을 지불한 결과다. 이때 농촌에 남아 있는 소수의 인구가 나머지 사람들에게 먹을거리를 제공한다. 도시 생활은 시골 생활보다 더 생산적일 뿐만 아니라 비용도 더 많이 든다. 도시 생활에서 생산성을 크게 높일 수 있는 사람만이 이러한 삶에 따른 추가 비용을 웃도는 순이득을 얻을 수 있다. 그러나 도시는 생활에 수반되는 비용 및 편의시설 때문에 최저 소득 수준이 농촌보다 훨씬 높다. 농촌에서는 어느 정도 견딜 수 있는 가난이 도시에서는 거의 참을 수 없는 수준일 뿐만 아니라 외견상으로도 너저분함이 나타나 주변 사람들이 충격을 받기도 한다. 따라서 문명이 지닌 가치의 원천이자 물질적 안락함뿐 아니라 과학과 예술을 추구하는 수단을 제공해주는 도시는 동시에 문명의 가장 암울한 면에 대해서도 책임이 있다.

게다가 많은 수의 사람들이 밀집 생활하는 데 드는 비용은 매우 클 뿐 아니라 대부분 공동부담이기도 하다. 즉, 그 비용을 야기한 사람들이 반드시 내지는 자동적으로 부담을 지는 것이 아니라 모두가 부담해야 한다. 도시 생활의 밀접성은 단순한 재산권 분할의 기저에 깔린 전제를 다양한 방식으로 무력화시킨다. 따라서 소유주가 자기 재산을 가지고 무엇을 하든 오직 자기 자신만 영향을 받고 다른 사람에게는 영향을 주지 않는 건 제한된 일부 경우에나 가능하다. 경제학자들이 '근린 효과'라고 부르는 것, 즉 한 사람의 재산권 행사가 다른 사람에게 미치는 효과는 매우 중요한 의미를 지닌다. 도시에 있는 거의 모든 재산의 유용성은 부분적으로 바로 옆 이웃이 무엇을 하느냐에 그리고 공공서비스에 좌우된다. 공공서비스 없이는 개별 소유주는 땅을 제대로 활용할 수 없기 때문이다.

따라서 사유재산이나 자유계약에 대한 일반적 공식은 도시 생활에서 발생하는 복잡한 문제에 대해 즉각적 해답을 주지 못한다. 강제력을 가진 당국이 있지 않았어도, 규모가 보다 큰 단위에서 자신의 우월성을 바탕으로 대규모 개발지구의 특성을 결정할 보다 많은 권한을 보유한 사람들과 소규모 지역을 활용할 보다 적은 권리를 지닌 사람들 간의 통제권 분할과 같은 새로운 법제도의 발전을 이끌었을 수 있다. 지방자치단체들이 여러 면으로 배워서 실행 중인 기능이 바로 이러한 우월적 권한 소유자들의 기능이다.

최근까지 경제학자들은 유감스럽게도 도시 발전의 여러 다양한 측면을 조정하는 문제에 거의 관심을 기울이지 않았다.[746] 일부는 도시 주택의 해악에 있어 비판의 선봉에 섰을지라도(약 50년 전에 독일의 한 풍자 주간지는 경제학자를 노동자들의 주거지를 측정하면서 '너무 작다!'라고 말하고 다니는 사람으로 정의해야 한다고 제안했다), 도시 생활의 중요한 이슈에 관한 한 그들은 애덤 스미스를 오랫동안 추종해왔다. 애덤 스미스는 강의에서 청결과 안전의 문제를 다음과 같이 설명했다. "거리의 오물을 제거하는 적절한 방법 및 정의의 집행은 범죄 예방 규정이나 도시 안전 유지 방법에 관한 한 유용한 주제지만 이런 식의 담화에서 고려하기엔 너무나 하찮은 이슈다."[747]

매우 중요한 연구 주제를 소홀히 했다는 점을 고려하면 경제학자들은 지금 상황이 불만족스럽다고 불평해서는 안 될 것이다. 사실 이 분야에서 전개된 견해들은 주로 특정 해악의 폐지에 관심을 가진 사람들에 의해서만 주도되었기 때문에, 개별 노력들이 어떻게 상호 조화를 이룰 수 있을 것인가 하는 핵심 문제는 많이 외면되어 왔다. 이제 여기에서 개별 소유주들의 지식과 기술을 효과적으로 활용하는 것과 타인의 희생으로 이익을 얻어서는 안 된다는 한계 내에서 활동하는 것을 어떻게 양립시키느냐라는 매우 중요한 문제가 대두된다. 시장이 완벽하진 않지만 흔히 생각하는 것보다 더 성공적으로 도시의 진화를 이끌어냈다는 사실과 시장이 더 잘 작동하도록 하는 방법이 아니라 중앙명령체계로 도시를 개선시키려는 제안들 대부분은 설사 시장과 같은 효율성을 갖추더라도 그 체계가 초래할 결과가 무엇인지 전혀 깨닫지 못하고 있음을 간과해서는 안 된다.

실제로 정부가 도시 발전을 결정짓는 강제력을 겉으로 분명히 드러내지 않으면서 이러한 어려운 문제들을 전반적으로 다루어 온 마구잡이 방식을 살펴보면, 바로 이 정부보다 더 큰 해악이 없음에 깜짝 놀라게 된다. 특정 해악에 맞서기 위해 만들어진 정책 상당수가 실제로는 문제를 오히려 악화시켰다. 보다 최근에 등장한 몇몇 정책들은 당국이 개인의 사생활을 직접 통제할 가능성을 다른 어떤 정책 분야에서보다 더 크게 증폭시켰다.

지대제한

항상 긴급사태 대처 수단으로 도입되었고 결코 영구적 제도로 찬성되지 않았지만 사실상 규칙적으로 계속 취해져 온 조치, 즉 수많은 서유럽 국가에서 인플레이션 외의 다른 어떤 조치보다 더 자유와 번영을 제한해왔던 조치를 우선 살펴볼 필요가 있다. 바로 임차료 제한 혹은 주택 임대료 상한선 설정이다. 원래 1차 세계대전 당시 임대료 상승을 막기 위해 도입되었던 이 조치는 많은 국가에서 인플레이션이 지속되었던 40여 년 동안 계속 유지됐고 그 결과 임차료가 자유 시장에서 결정됐을 수준보다 낮아졌다. 이에 따라 주택 자산이 사실상 몰수되는 결과를 초래했다. 장기적으로 보았을 때 이 조치는 비슷한 종류의 다른 어떤 조치보다 개선하려던 해악을 오히려 악화시켰고 행정당국이 사람들의 이동에 고도의 재량권을 갖게 되는 상황을 만들었다. 또한 소유권 존중 및 개인의 책임감을 약화시키는 데 크게 기여했다. 그 효과를 오랫동안 경험해보지 못한 사람들은 이런 발언이 지나치다고 생각할 수 있다. 그러나 주거 조건의 점진적 붕괴와 파리, 빈 심지어 런던 시민들의 일반적 생활 방식에 끼친 영향을 본 사람이라면 누구나 이 조치 하나가 경제 전반의 성격, 심지어 국민 전반의 성격에까지 치명적 영향을 끼쳤다는 걸 인정할 것이다.

우선 임대료를 시세보다 낮게 고정시키면 주택 공급 부족이 지속된다. 수요는 계속해서 공급을 초과한다. 만일 상한선이 제대로 유지되면(즉, '프리미엄'의 출현을 막을 수 있다면) 당국이 주거지를 배정하는 구조가 정착될 것이 틀림없다. 이동성은 크게 줄어들고 머지않아 주거 지역과 유형 간 인구 분포가 수요나 욕구와 별개가 된다. 가장이 한창 돈을 버는 시기에 있는 가구가 아주 젊거나 은퇴한 부부보다 더 넓은 공간을 점유하는 정상적인 순환이 중단된다. 여기저기 이사 다니도록 명령 받지 않는 한, 사람들은 그저 가진 것을 고수하려 들고 임대 부동산은 필요 여부와 상관없이 대대로 물려받는 가족의 재산이 된다. 임대 주택을 상속받은 사람이 그렇지 않은 사람보다 더 잘사는 경우가 많다. 하지만 점점 더 많은 사람들이 살 곳을 전혀 구하지 못하거나, 혹시라도 주거지를 얻는다 해도 관료의 선처에 의해서만, 또는 감당하기 힘들 만큼 막대한 자본을 들여서만 또는 불법이나 정직하지 못한 방법으로만 주거지 획득이 가능해진다.[748]

이와 동시에 소유주는 세입자를 확보하기 위해 건물 유지에 법이 허용하는 범위 이상으로 투자할 이유가 전혀 없게 된다. 인플레이션 때문에 임대료의 실질 가치가 예전의 20분의 1도 안 되었던 파리 같은 도시에서는 주택들이 전례 없는 수준으로 붕괴하면서 앞으로 수십 년 동안 이를 대체하는 것 역시 불가능해졌다.

그러나 물질적 손실보다 더 중요한 것이 있다. 임대료 제한 때문에 서구 국가의 인구 상당수가 일상생활에서 당국의 자의적 결정을 따르게 되었고 그들 삶의 주된 결정에 대해 허가와 지시를 구하는 데 익숙해진 것이다. 그들은 다른 누군가가 무료로 자신의 거주지 비용을 지불해주는 것과 개인의 경제적 행복이 정치적 지지자들을 위해 주택 문제를 통제하는 집권당의 선처에 좌우되는 것을 당연한 일로 여기게 됐다.

각기 다른 개인의 시급한 필요에 따라 필요의 상대적 우선순위를 결정하고 필수 서비스를 배정하며 여전히 명목상으로나마 사유재산인 것을 처분하라는 데에 계속해서 당국이 관여하게 되면 재산권과 법 그리고 법원에 대한 존중이 심각하게 훼손됐다. 예를 들어 "병든 아내와 세 명의 어린 자녀가 있는 집주인이 자기 집에 들어가 살려고 하지만 그 요구가 거절됐을 때 그가 더 고생을 할지 아니면 그의 요구가 승인되었을 때 자녀는 하나지만 시어머니가 병상에 누워 있는 세입자가 더 고생을 할지"는,[749] 공인된 정의의 원칙에 호소할 문제가 아니라 정부의 자의적 개입에 의해 해결돼야 할 문제가 된다. 독일 행정항소법원(German Administrative Court of Appeal)의 최근 판결을 보면 개인 사생활의 가장 중요한 결정들에 대한 이러한 식의 통제가 당국에 엄청난 권력을 부여하는 것이라는 점을 확실하게 알 수 있다. 이 행정항소법원은 지방정부의 직업소개소가 다른 지역에 살고 있는 어떤 사람이 주택당국으로부터 이주 허가와 거처할 곳에 대한 확인을 받지 않은 경우에 그에게 일자리를 소개해 줄 수 없다며 거부한 행위는 불법으로 보아야 한다고 판결했다. 어떤 당국도 그의 요청을 거부할 권한이 없기 때문에 불법이라는 것이 아니라, 그 거부에 '행정상의 각기 분리된 이해관계들이 부적합하게 얽혀 있기 때문에' 불법이라고 본 것이다. 실제로 계획가들이 그토록 원하는 다양한 기관 간의 활동 조율은, 그렇지 않았으면 특정 결정에 대한 재량권에 그쳤을 것을 개인의 삶 전체를 지배하는 독재 권력으로 전환시킬 수 있다.

공공주택

임대료 제한은 얼마 전까지만 해도 정치적으로 포기할 수 없는 긴급조치로 간주되었지만,[750] 공공주택 또는 건축보조금 등으로 빈곤층의 주거비용을 절감시키기 위한 노력은 복지국가의 영구적 역할로 받아들여지게 됐다. 그 범위와 방법을 매우 신중하게 제한하지 않는 한 그러한 노력은 임대료 제한과 매우 유사한 결과를 초래하기 쉽다는 점을 이해한 사람은 거의 없었다.

우선 주목해야 할 점은 정부가 공공주택 공급을 통해 지원하려는 부류의 사람들은 정부가 그들이 살 신규 주택을 모두 공급했을 때에만 혜택을 누릴 수 있다는 사실이다. 정부가 주택의 일부만을 공급한다면 민간 건축 활동으로 제공되는 주택 물량에 추가되는 것이 아니라 이를 대체하게 될 뿐이다. 둘째, 정부가 제공하는 더 저렴한 주택은 정부가 지원하려고 했던 계층으로 엄격히 제한되어야 한다. 그리고 낮은 임대료로 그 수요를 충족시키려면 정부는 그렇지 않았을 경우 그 계층이 점유했을 물량보다 훨씬 더 많은 주택을 공급해야 할 것이다. 셋째, 공공주택을 극빈층에게만 제한하는 것은 일반적으로 정부가 극빈층이 전에 살던 집보다 더 저렴하거나 더 좋은 집을 제공하려는 시도를 하지 않았을 때에만 가능할 것이다. 그렇게 하지 않으면 지원을 받은 사람들은 경제적으로 그들 바로 위에 있는 계층의 사람들보다 더 나은 주택 조건에서 살아갈 것이다. 그리고 그 범주에 포함되고 싶어 하는 상위 계층의 압력을 막을 수 없을 것이며 이 과정이 반복되어 점점 더 많은 사람들이 점차 그 대상으로 들어오게 될 것이다.

그 결과, 주택 개혁가들이 거듭 강조했듯이 공적 활동에 의한 주택조건의 광범위한 변화는, 사실상 도시 전체 주택이 공공서비스로 간주되고 공공 재정으로 비용이 지불되는 경우에만 실현될 것이다. 하지만 이로 인해 사람들은 기꺼이 지출하려고 했던 비용보다 더 많은 돈을 주택에 지출할 수밖에 없을 뿐 아니라 개인의 자유(liberty)가 심각하게 위협받게 된다. 당국이 그 임대료의 수요 수준만큼 좋고 저렴한 주택을 많이 공급하지 못할 경우 당국이 해당 시설을 배정하는 영구적 체계가 필요하게 될 것이다. 즉, 사람들이 주택에 얼마를 지출해야 할지 가족이나 개인이 어떤 종류의 주거지에서 살아가야 할지를 당국이 결정하게 되는 것이다. 만약 이런 결정에 따라 아파트나 주택이 주어진다면 당국이 개인의 삶에 어떤 권력을 행사하게 될지 확연히 그려진다.

주택을 공공 서비스로 만들려는 노력은 건축비를 점진적으로 낮추는 힘에 반작용을 가해 주거 환경을 전반적으로 개선하는 데 이미 주요 장애가 되었다는 걸 깨달아야 한다. 모든 독점은 비경제적인 것으로 악명이 높고, 정부의 관료적 메커니즘은 더욱 그렇다. 그리고 경쟁적 메커니즘 중단과 중앙 지시에 따른 발전의 경직화 경향은, 바람직하고 기술적으로 가능한 목표 달성 즉, 모든 주택 수요를 충족시킬 수 있는 상당액의 누적적인 비용 감소를 가로막게 된다.

따라서 공공주택(그리고 보조금으로 지은 주택)은 기껏해야 가난한 사람들을 돕는 수단이 될 뿐이며, 그것에서 이득을 취하려는 사람들을 당국에 의존하게 만드는 결과가 나타날 수밖에 없다. 이때 만일 그런 사람들이 인구의 다수를 차지한다면 정치적으로 매우 심각해질 것이다. 불운에 빠진 소수에 대한 지원이 다 그렇듯이, 그러한 조치가 자유체제와 타협점이 없는 것은 아니다. 그러나 그 조치는 위험한 결과로 이어지지 않으려면 단호하게 맞서야 할 심각한 문제들을 야기한다.

빈민가의 경제학

도시생활이 제공하는 보다 큰 소득력과 여타의 이점들은 도시 규모가 증가함에 따라 비용 역시 일반적으로 상승해 상당 부분 상쇄된다. 도시에서 일하면서 생산성이 크게 향상된 사람들은 비록 제한된 주거 공간에 좀 더 많은 비용을 지불해야 하고 또 먼 거리 교통비를 매일 지출하더라도 순이득을 얻을 것이다. 또 여행이나 비싼 숙소에 돈을 지출할 필요가 없거나 다른 것에 더 많이 지출하는 대신 혼잡한 환경에서 사는 것을 꺼리지 않는 경우도 순이득을 얻을 순 있을 것이다. 도시 성장의 대부분의 단계에서 도시 중심부에 존재할 오래된 건물은 매우 혼잡한 삶을 대가로 치르는 생산성 낮은 사람들에게 도시가 제공하는 혜택을 누릴 기회를 제공해준다. 그 땅은 이미 다른 목적의 수요가 너무 많아서 새로운 주거지를 건설하는 것이 더 이상 수익성이 없고 부유한 사람들은 더 이상 원하지 않는 곳이다. 생산성이 낮은 사람들이 그곳에 살 준비가 되어 있는 한 이 오래된 주택들을 남겨두는 것이 그 땅을 가장 수익성 높게 이용할 방법일 것이다. 역설적으로 도시의 최대 빈민은 토지의 가치가 매우 높은 지역에 살고 집주인들은 도시에서 가장 퇴화되기 쉬운 지역에서 많은 소득을 올리게 된다. 이런 상황에서 이러한 종류의 부동산은 유지 보수를 위한 지출이 거의 발생하지 않은 노후한 건물이 매우 밀집되어 있을 때에만 계속 주택으로 활용될 수 있다. 만일 낡은 건축물을 이러한 방식으로 이용할 수 없다면 도시에 거주하는 대부분의 사람들은 생활비 이상의 추가 소득을 벌 기회는 얻지 못할 것이다.

대부분의 도시가 성장하는 동안 그러한 빈민가가 다소 약화된 형태로 나타남으로써 구분되어야 하지만 흔히 혼동되기 쉬운 두 가지 문제를 야기한다. 이러한 비위생적인 숙소는 일반적으로 지저분하고 종종 무법상태로 도시의 다른 지역에 해로운 영향을 미칠 수 있으며 시 행정부나 다른 주민들이 빈민가 거주자들은 내지 않을 비용을 부담하게 될 것은 의심의 여지가 없는 사실이다. 빈민가 거주자들의 입장에서 사실상 자신들의 결정으로 발생한 모든 비용을 지불하지 않아도 되기 때문에 시 중심에 거주하는 것이 유리하다고 생각하는 거라면, 그 비용 전체를 빈민가 부동산에 부과함으로써 상황을 변화시키자는 주장도 있다. 그 결과 빈민가는 사라지고 상업적 또는 산업적 목적의 건물들이 그 자리에 들어설 것이다. 이것은 분명 빈민가 거주자들에게 도움이 되지 않을 것이다. 그러한 조치를 주장하는 것은 그들의 이해에 기반한 것이 아니다. '근린 효과'로 제기된 문제들과 도시 계획에 속한 문제들에 대해서는 나중에 다시 살펴보기로 하자.

이것과는 상당히 다른 것이 바로 빈민가 거주자들의 이해나 필요로 추정되는 것을 바탕으로 빈민가를 정리하자는 주장이다. 여기에 진짜 딜레마가 있다. 도시의 추가 소득 기회를 얻어 얼마의 이익을 더 벌 수 있던 것은 바로 혼잡하고 낡은 건물에 살고 있기 때문이다. 만일 빈민가를 없애버리고 싶다면 두 가지 대안 중 하나를 선택해야 한다. 하나는 돈을 모을 기회를 주는 저렴하지만 지저분한 거주지를 없앰으로써 빈민들이 그곳의 기회로부터 이득을 취하지 못하도록 만드는 것이다. 그리고 거주 지역에 특정 최저 생계 기준 이상을 강요함으로써 그들을 효과적으로 도시 밖으로 몰아내는 것이다.[751] 다른 하나는 감당할 수 없는 가격의 좋은 시설을 제공하면서 보조금을 지급해서 그들이 도시에 머무르도록 하고 비슷한 수준의 많은 사람들이 도시로 이주하도록 하는 것이다. 이러한 방식으로는 경제적으로 정당화될 수 있는 지점을 넘어서 도시 성장을 자극하는 것이고 또 그들이 필요로 한다고 추정된 것을 제공하기 위해 지역사회에 의존하는 계층을 의도적으로 만들어내는 것이다. 어떤 도시로 누가 이주할 수 있고 누구는 이주할 수 없는지 결정할 수 있는 권한을 갖지 않고서는 이러한 서비스가 오랫동안 제공될 것이라고 기대하기 어렵다.

많은 분야에서 그랬던 것처럼 여기서 추구하려는 정책도 결과적으로 지원해야 할 인원의 증가를 고려하지 않고 어떤 정해진 수의 사람들만 부양하는 것을 목표로 한다. 사실 도시 빈민가 거주민 중 일부는 도시 생활만 해봐서 농촌 환경에서는 적절한 생계 활동을 할 수 없는, 빈민가에 거주한 지 오래된 사람들로 구성되어 있다. 그보다 심각한 문제는 더 가난하고 대부분 농촌인 지역에서 대규모 인구가 유입될 것이라는 점이다. 그들에게 도시의 낡고 무너져가는 건물의 값싼 숙박시설은 더 큰 번영으로 가는 사다리의 발판과도 같은 역할을 한다. 그들은 복잡하고 비위생적인 환경에서 살아야 함에도 도시로 이주하는 것이 더 이득이라고 생각한다. 동일한 비용에 훨씬 더 좋은 숙소를 제공하게 되면 어마어마하게 많은 사람을 끌어모으게 될 것이다. 이 문제의 해결책은 경제적 장벽을 설정하거나 인구의 유입을 직접적으로 통제하는 것이다. 자유를 신봉하는 사람들은 전자가 덜 나쁘다고 여길 것이다.

주택 문제는 따로 해결할 수 있는 독립적 문제가 아니다. 일반적 빈곤 문제의 일부로서 소득이 전반적으로 상승해야만 해결될 수 있다. 그러나 만약 우리가 사람들에게 보조금을 지급해서 자신의 생산성이 생활비보다 높은 곳에서 낮은 곳으로 그 사람들이 이주하게 한다면, 또는 사람들의 이주를 막아서 우리 눈에 열악해 보이는 조건에서 사는 댓가로 미래를 개선하고자 하는 사람들의 유입을 막는다면 이 문제의 해결은 지연될 것이다.

애초에 주어진 인구의 빈곤을 경감시키기 위해 고안되었지만 실제로는 경제적으로 타당한 수준을 넘어서 거대 도시의 성장에 보조금을 투입하는 효과를 낳는 여타의 시책들 모두를 여기서 다 살펴볼 수는 없다. 원가 이하로 서비스를 제공해 즉시 혼잡 해소와 교외 지역 성장을 촉진하려는 공공요금 관련 정책 대부분은 장기적으로 문제를 악화시킬 뿐이다. 영국의 현재 주택 정책에 대한 다음의 이야기는 다른 대부분의 나라에도 그대로 적용된다. "우리는 국가 전체에서 징수한 세금을 가지고 과도하게 성장했으며 지나치게 집중된 도시 구조를 유지하며 또 여전히 성장 중인 대도시들의 경우에는 근본적으로 비경제적 성장의 지속을 장려하는 것을 재정적으로 장려하는 관행에 빠져들었다."[752]

도시계획과 소유권

도시 생활의 밀접함 속에서의 가격 메커니즘은 부동산 소유주가 취한 행동이 타인에게 초래하는 혜택이나 피해를 불완전하게 반영한다는 사실에서 기인한 여러 다른 문제들이 있다. 일반적으로 동산이 널리 보급된 상황과 달리 토지의 활용은 인접한 토지의 유용성에 필연적으로 영향을 준다. 반면 동산 활용으로부터 발생한 이익 또는 불이익은 보통 그것을 통제하는 사람에게 한정된다. 토지 활용에서의 문제는 도시 생활에서 개인 소유주의 행동에도 적용되며 더 나아가 도시 생활에 필수적인 공공시설 및 도로용 토지와 같은 공동 소유의 토지에도 적용된다. 시장이 개별 노력들의 효과적 조율을 이끌어내려면 개인 소유주와 공동 재산을 관리하는 당국 모두 최소한 자신의 행동이 다른 재산에 미치는 중요한 효과를 고려할 수 있는 위치에 있어야 한다. 시 당국의 재산뿐 아니라 개인의 재산가치가 재산 활용의 효과를 모두 반영할 때에만 가격 메커니즘은 그 본래의 기능을 수행할 수 있다. 특별한 제도를 갖추지 않으면 이 조건은 상당히 제한적으로만 존재할 것이다. 모든 재산의 가치는 이웃이 자기의 재산을 사용하는 방식에 의해 영향을 받을 것이며 더 나아가 당국이 제공한 서비스와 시행된 규제에 의해 영향을 받을 것이다. 다양한 의사결정이 이러한 효과를 염두에 두지 않는다면 총이익이 총비용을 초과할 가능성은 거의 없다.[753)]

가격 메커니즘이 도시의 토지 활용에는 불완전한 지침이긴 하지만, 만일 민간에서 개발을 주도하고 또 많은 사람들 사이에 퍼져 있는 모든 지식과 통찰력을 활용해야 한다면 여전히 필수불가결한 지침이 된다. 소유주들이 의사결정에 따른 모든 가능한 결과를 고려하게 만들어 가격 메커니즘을 보다 효율적으로 작동시킬 수 있는 현실의 방법을 최대한 모색해야 한다는 강력한 주장이 있다. 개인 소유주의 결정이 공공의 이익과 조화를 이루도록 하는 규칙의 틀은 다른 종류의 소유권에서보다 더 상세하고 해당 지역 상황에 보다 적합하도록 조정되어야 할 것이다. 이러한 '도시 계획'은 대개 시장에 영향을 줌으로써 또 한 지역이나 이웃한 지역을 개발할 때 따라야 하는 일반 조건을 확립함으로써 시행되지만, 이러한 조건하에서 개인 소유주에게 결정을 맡기는 도시 계획은 시장 메커니즘을 보다 효율적으로 만들기 위한 노력의 일환이다.

그리고 '도시 계획'이라는 이름으로 시행되는 전혀 다른 또 하나의 통제 방식이 있다. 앞의 것과 달리 이것은 가격 메커니즘을 배제하고 대신 중앙 명령으로 대체하려는 욕구에서 출발한다. 특히 개별 활동을 조정하는 가격의 역할을 전혀 이해하지 못하는 건축가와 엔지니어들이 추진하는 도시 계획 대부분이 이런 종류에 속한다.[754] 심지어 미래 개발을 모든 토지 하나하나를 어떻게 사용할지 사전에 계획한 내용과 묶어 놓지 않은 곳에서조차 시장 메커니즘의 기능을 점차 방해하게 만들어 그 길로 가게 만드는 경향을 보인다.

따라서 문제는 도시 계획을 추진해야 하냐 말아야 하냐가 아니라 사용될 방법이 시장을 보완하고 지원하는 것이냐 아니면 시장을 중단시키고 중앙 명령으로 대체하는 것이냐 이다. 여기서 정책이 제기하는 실제적 문제는 매우 복잡해서 완벽한 해결책을 기대할 수 없다. 어떤 조치건 바람직한 개발에 어떻게 기여하는지에 따라 그 유익성이 드러날 것이지만, 그 세부 사항은 대부분 예측할 수 없다.

현실의 주요 어려움은, 도시 계획을 위한 대부분의 조치가 일부 개별 부동산의 가치를 높이고 다른 부동산의 가치를 감소시킨다는 사실에서 기인한다. 이 조치들이 이득이 되려면 이익의 총합이 손실의 총합보다 많아야 한다. 손실을 효과적으로 상쇄시키려면, 한 조치에 따른 이익과 손실 모두 계획 당국에 귀속되어야 한다. 그리고 이 계획 당국은 개인 소유주에게 자산 가치 증가분을 청구할 책임(비록 일부 소유주의 의사에 반하는 조치가 취해졌다 하더라도)과 손실을 입은 사람에게 보상을 해주는 책임을 져야 한다. 당국에게 재량권이나 무한 권력을 주지 않더라도 그저 공정한 시장가치로 몰수할 수 있는 권리를 주는 것만으로도 이것이 가능하다. 이는 당국이 그 조치로 인한 가치 증가분을 차지하고 또 자신들의 부동산 가치가 떨어지기 때문에 그 조치에 반대하는 사람들의 권리를 매수하기에 충분하다. 실제로 당국은 정상적으로 구매할 필요도 없을 것이다. 강제 구매력에 힘입어 소유주와 합의된 가격이나 보상 문제를 협상할 수 있을 것이기 때문이다. 시장 가치에 따른 몰수가 유일한 강제력이라면 모든 합법적인 이익은 보호될 것이다. 물론 그러한 상황에서 '시장 가치'는 그 수치가 분명하게 표시될 수 있는 것이 아니며 무엇이 공정한 시장 가치인가에 대한 의견은 매우 다양할 수 있기 때문에 다소 불완전한 수단이 될 것이다. 그러나 중요한 것은 이러한 분쟁은 최종적으로 독립 법원에 의해 판정될 수 있고 계획 당국의 재량에 맡겨질 필요가 없다는 점이다.

위험은 대개 많은 기획자들이 계획의 모든 비용을 계산할 필요가 없기를 바라는 데서 나온다. 그들이 자주 주장하는 것은, 시장 가치에 따라 보상해 준다면 어떤 개선책을 실행할 때의 비용은 감당할 수 없는 정도가 된다는 것이다. 이런 경우라면 이는 제안된 계획대로 시행해서는 안 된다는 뜻이다. 도시 계획 입안자들이 공정한 시장 가치 이하로 몰수하는 것을 정당화하기 위해 사용하는 주장만큼 의심스러운 것도 없다. 그들의 주장은 항상 계획의 사회적 비용을 줄일 수 있다는 잘못된 생각에 기반을 두고 있다. 그런 식으로 계획을 세우다 보면 어떤 비용은 계산에 포함되지 않게 된다. 즉, 계획 입안자들은 일부 비용을 개인에게 떠넘긴 다음 그들을 무시함으로써 계획이 이득임을 입증하는 것이다.

도시 계획 논쟁에서 사실 가장 타당한 것은 어떤 목적을 위해서는 계획 단위를 개별 소유 부동산의 일반적 규모보다는 크게 해야 한다는 주장이다. 계획의 일부 목적은 특정 결정을 우월권 보유자, 즉 구역 전체 또는 지역을 대표하고 또 개별 하위 소유주들의 이익과 부담금을 평가할 수 있는 권한을 지닌 일부 기업에게 맡기는 방식으로 소유권의 내용을 분할함으로써 달성될 수 있다. 개발자가 개인 땅의 사용에 대해 영구적 통제권을 일부 갖는 부동산 개발은 정치 당국의 통제권 행사에 적어도 하나의 대안이 될 수 있다. 대규모 계획 단위도 여전히 여러 단위 중 하나일 뿐이어서 다른 소규모 단위들과 경쟁해야 하기 때문에 권력 행사가 제한된다는 장점이 있다.

물론 지방자치단체나 다른 정치적 하위부처들 간의 경쟁조차도 어느 정도는 유사한 제약 효과를 가질 것이다. 그러나 도시계획 입안자들은 지역적 또는 국가적 규모의 도시 계획을 요구하기 마련이다. 오직 대규모 단위에서만 이용할 수 있는 요소가 몇 가지 있는 것도 사실이다. 그러나 통합계획의 영역이 커질수록 필연적으로 지역 상황에 대한 구체적 지식들이 제대로 활용되지 못하게 되는 것은 자명한 사실이다. 전국 범위의 계획은 경쟁의 단위가 커진다기보다는 경쟁이 완전히 없어지는 것을 의미한다. 이것은 확실히 바람직한 해결책이 아니다. 문제의 복잡성에서 기인하는 현실의 어려움을 완벽하게 해결해줄 정답은 아마 없을 것이다. 그러나 주로 개인 소유주에게 장려책과 정보를 제공함으로써 작동되고 또 개별 토지를 자유롭게 이용하도록 허용하는 것만이 만족스러운 결과를 낳을 수 있을 유일한 방법일 것이다. 왜냐하면 시장의 작동만큼 개발 가능성과 전망에 대한 분산된 지식을 충분히 활용할 수 있는 다른 방법은 없기 때문이다.

'단일세' 계획을 채택함으로써 이러한 모든 어려움이 해결될 수 있다고 주장하는 몇몇 조직화된 집단이 여전히 존재한다. 단일세란 모든 토지의 소유권을 지역사회에 이전시키고 시장에서 결정되는 가격으로 민간 개발업자에게 임대해주는 것을 말한다. 이러한 토지 사회화 계획은 논리적으로 모든 사회주의 계획 중에서 가장 매력적이고 그럴듯하다. 그 근거가 되는 사실적 가정이 옳다면, 즉 한편으로 '땅의 영구적이고 파괴되지 않는 힘'의 가치와 다른 한편으로 두 가지 다른 종류의 개선(공동체의 노력과 개인 소유주의 노력에서 기인한 것)에 따른 가치를 분명히 구분하는 것이 가능하다면, 이러한 계획을 채택하자는 주장이 매우 타당할 것이다. 그러나 우리가 언급한 거의 모든 어려움은 그러한 구별이 확실하게 이루어질 수 없다는 사실에서 나온다. 어떤 토지에 민간 개발이 가능토록 하기 위해서 고정 임대료를 부여해야 하는 임대차계약(또 자유롭게 양도할 수 있어야 함)은 사유

재산과 별 차이가 없을 정도로 오랜 기간 지속돼야만 할 것이며 그러면 개인 부동산의 모든 문제가 다시 나타나게 될 것이다. 우리는 단일세 제도가 가정하는 것처럼 모든 것들이 간단하기를 바랄 수도 있지만 그 계획에서는 지금 우려하는 문제들의 어떤 해결책도 찾을 수 없을 것이다.

토지사용의 통제

도시계획가들은 행정독재를 통해 전체 경제를 장악하려는 경향이 있다. 이는 1947년 영국 도시농촌계획법(British Town and Country Planning Act of 1947)의 과감한 조항에서 잘 드러난다.[755] 그 조항들은 몇 년 후에 철회됐지만 숭배자들이 여기저기 여전히 남아있고 미국에서는 따라야 할 모범 사례로 제시되기까지 했다.[756] 여기에는 도시 부동산의 소유주가 자신의 토지 용도 변경으로 얻은 이득 전체를 완전히 몰수하는 것과 다를 바 없는 조항이 담겨 있었다. 그리고 여기에서의 이득은 용도 변경이 전면 금지될 경우, 즉 변화가 제로인 경우의 토지가치 이상으로 상승하는 것을 그 이득으로 정의했다.[757] 모든 개발권 몰수에 따른 보상은 그 목적을 위해 적립된 전체 금액 내의 일부로 한정했다.

이 계획의 기본 개념은 특정 토지가 영구적으로 현재의 용도로만 사용된다는 가정에 기초한 가격으로만 사람들이 땅을 자유롭게 사고 팔 수 있어야 한다는 것이다. 용도 변경에 따른 이득은 변경을 허용한 대가로 계획 당국에 전액 환수되어야 한다. 반면 현재의 용도에서 토지 가치가 하락해서 발생한 손실은 오직 소유주에게만 영향을 미친다. 토지 일부가 현재 용도에서 어떠한 수익도 내지 못해 용도가 바뀌는 경우에는 그 징세의 명칭처럼 '개발부담금'이 새로운 용도에서의 토지의 총가치가 될 것이다.

이러한 법률 조항을 집행하기 위해 세워진 기관은 농업 이외엔 토지 용도의 모든 변화를 완전히 통제할 수 있는 권한을 부여 받았기 때문에 새로운 산업이나 상업적 용도를 위한 영국 내 모든 토지에 대해 용도를 결정하고 모든 개발을 제대로 통제할 수 있는 독점권을 갖게 되었다. 이는 그 성격상 규칙으로는 제한될 수 없는 권한이며 그 권한을 가진 중앙토지위원회는 스스로 부과한 규칙을 계속 고수하는 것에 얽매이지 않을 것임을 처음부터 분명히 했다. 위원회는 활동 초기에 발행한 업무노트에서 이것은 전례 없는 경우라고 솔직하게 밝혔다. 그들은 '정상 규칙이 적용되지 않을 특별한 사유가 있을' 때마다 '때때로 정책을 변경하며' '개별 사례에 맞지 않는 경우 일반 업무 규칙은 변경될 수' 있는 것이라고 생각하며 공표된 업무 규칙을 따르지 않을 권한을 보유했다고 명시적으로 밝혔다.[758]

이 법안의 이러한 특징들은 실행 불가능하다고 판명됐고 7년 후, 모든 토지에 대한 '개발 가치의 국유화'에 대한 보상이 지급되기 전에 폐지된 것은 사실 당연한 수순이었다. 현재로서는 모든 토지가 개발 시 계획 당국의 허가를 받아야 한다는 상황만 남아 있다. 이 허가는 공표된 전반적 계획에 반하지 않는 한에는 받을 수 있을 것으로 추정된다. 따라서 개인 소유주는 자신의 땅을 더 잘 활용하는 데 다시 관심을 갖게 되었다. 만약 이 모든 실험이 사실 널리 받아들여진 개념의 논리적 결과가 아니라면 그것은 아주 재미있는 에피소드이자 잘못 고안된 어리석은 입법의 한 예로 간주될 것이다. 토지에 대한 시장 메커니즘의 작동을 중단시키고 중앙 명령으로 대체하려는 모든 노력은 모든 개발에 대한 완전한 통제권을 당국에게 부여하는 체계로 반드시 이어진다. 실패한 영국의 실험은 큰 관심을 끌지 못했다. 왜냐하면 그 법이 시행되는 동안 법 시행에 필요한 메커니즘이 완전하게 작동하지 않았기 때문이다. 법과 그 법을 집행하는 데 필요한 기구가 너무 복잡해서 그 법의 올가미에 갇힌 소수의 불행한 사람들을 제외하고 아무도 그것이 무엇인지 이해할 수조차 없었다.

건축규제

건축 법규의 문제는 여러 면에서 일반 도시 계획 문제와 유사하다. 이 문제가 원칙에 대한 중요한 질문거리를 제기하는 것은 아니지만 간략하게 살펴볼 필요가 있다. 도시에서 허용되는 몇 가지 건축 규제가 의심할 여지없이 바람직하다는 데는 다음 두 가지 이유가 있다. 첫째는 이제는 익숙해진 고려사항으로 화재나 건강의 위험요인이 될 건물을 신축함으로써 다른 사람에게 피해를 줄 수 있기 때문이다. 현대적 조건에서는 이웃을 포함해 건물 거주자가 아니더라도 거주자의 고객들과 건물 출입이 안전하다는 확신(또는 적어도 몇 가지 확인 수단)이 필요한 사람 등 건물 이용자 모두를 고려해야 한다. 두 번째는 건축의 경우 일정한 표준의 강제가 건축업자의 사기나 속임수를 예방할 수 있는 유일한 효과적 수단이라는 점이다. 건축법에 명시된 표준은 건축 계약을 해석하는 수단으로 이용되고 계약에 별도로 명시하지 않는 한 일반적으로 적당한 자재와 기법이 사용되는 것을 보장한다.

그러한 규정의 바람직성에는 거의 논쟁의 여지가 없지만 일부 분야에서 정부 규제는 비슷하게 남용될 가능성을 제공하거나 실제로 개발에 유해하거나 전체적으로 비합리적 제한을 가하는 데 지나치게 자주 사용되어 때때로 지역 생산자들의 준독점적 지위를 강화시키기도 한다. 그러한 규제가 최소 기준 요건을 넘어서는 곳, 특히 주어진 시공간에서의 표준방법만이 유일하게 허용되는 것으로 만드는 경향을 보이는 곳에서는 바람직한 경제 발전을 저해하는 심각한 장애물이 될 수 있다. 새로운 기법을 시도해보는 것을 막고 기업과 노동의 지역독점을 지원함으로써 때로는 부분적으로 높은 건축비의 원인이 되고 또 좀더 넓게는 주택 부족과 과밀의 원인이 된다. 특히 건물의 어떤 조건이나 검증절차뿐 아니라 사용해야 할 구체적 기법까지 규정하는 경우에는 더욱 그렇다. 전자의 '성능 규정'은 '규격 규정'보다 자생적 발전에 대한 제약이 적기 때문에 더 선호되어야 함을 특별히 강조해야 한다. 처음에는 후자가 우리의 원칙에 더 맞는 것처럼 보일 수 있다. 왜냐하면 그들은 당국에 재량권을 적게 주기 때문이다. 그러나 '성능 규정'이 부여하는 재량권은 반대할 만한 것이 아니다. 어떤 기법이 규칙에 규정된 성능 기준을 충족하는지 여부는 기관에 속하지 않은 독립된 전문가에 의해 확인 가능하며 어떤 분쟁이 발생하더라도 법원에서 판결할 수 있다.

건축 규제를 정하는 주체가 지방정부가 되어야 할지 아니면 중앙정부가 되어야 할지 역시 중요하면서도 어려운 문제다. 지역 규제가 지역 독점권의 영향 아래 악용되기 쉽고 다른 측면에서도 장애물이 되기 쉬운 것은 사실이다. 지방정부가 지역에 맞게 수정해서 채택할 수 있는, 용의주도하게 구상된 전국 표준이나 패턴을 옹호하는 강력한 주장들이 있을 수 있다. 그러나 일반적으로 지역마다 법규가 다르게 제정된다면 지방정부 간의 경쟁으로 인해 방해물이나 불합리한 제약들이 국가 전체나 대규모 지역의 법에 의해 일률적으로 결정되었을 때보다 더 빠르게 제거될 것이다.

산업입지의 통제

도시 계획에서 제기된 문제들은 국가적 규모의 산업 입지와 관련해 향후 매우 중요성을 띠게 된다. 계획가들이 점점 더 이 주제에 관심을 갖기 시작했다. 또 요즘 바로 이 영역에서 자유 경쟁의 결과가 비합리적이고 해롭다는 주장을 가장 자주 맞닥뜨리고 있다.

산업의 실제 입지가 얼마나 비합리적이며, 중앙 계획에 의해 개선될 가능성은 얼마나 될까? 물론 개발을 정확하게 예측할 수만 있다면 공장입지에 대한 결정이 많이 달라졌을 것이다. 따라서 과거에 발생했던 일들이 지금은 현명하지 못하게 보이는 것도 사실이다. 그렇다고 당시에 이용 가능한 지식을 가지고 다른 결정을 생각해낼 수 있었다거나 또는 국가 당국의 통제하에 개발이 진행됐다면 더 만족스러운 결과가 도출되었을 리는 없다. 가격 메커니즘이 불완전하게 작동하고 우리가 바라는 만큼의 많은 것을 고려하지 못하는 여기 이곳에서 우리가 다시 그 문제를 다룬다 해도, 중앙의 기안자가 시장만큼 성공적으로 개발을 이끌 수 있을지는 의문이 든다. 개인이 직접 알아낼 수는 없지만 단순히 가격에 반영되어 있는 사실들을 개인들이 고려하게 함으로써 시장이 얼마나 많은 성과를 거두었는지 놀라울 따름이다. 이 문제에 대한 가장 비판적 연구자로 널리 알려진 뢰쉬(A. Lösch)는 "이 책의 가장 중요한 결과는 아마도 자유의 힘이 순조롭게 작동한 놀라운 결과를 보여준 것"이라고 결론을 내렸다. 그는 이어 시장은 "건전하든 불건전하든 모든 인간의 욕구, 보이지 않는 견해를 존중한다"면서 "자유시장 메커니즘은 비록 몇 가지 예외는 있더라도 일반적으로 의심받는 것보다 훨씬 더 공공선에 적합하게 작동한다"라고 말했다.[759]

23

농업과 천연자원

나는 모든 행정의 과도한 활동, 특히 당국의 모든 간섭 중에서 가장 중요한, 국민 생존에 대한 간섭에 반대한다.

에드먼드 버크(Edmund Burke)[760]

농업과 산업진보

부와 문명의 성장에는 도시와 산업의 인구 증가가 반드시 수반된다. 이는 현대 서구 세계에서 농업 인구를 비율로도 절대수치로도 감소시키는 결과를 가져왔다. 기술 진보는 식량 생산에 있어 인간 노동력의 생산성을 상당히 증가시켜 전보다 적은 수의 사람이 전보다 더 많은 수의 인구를 먹일 수 있게 되었다. 인구가 증가함에 따라 식량 수요 역시 비례적으로 증가했지만, 인구 증가가 둔화되고 다음 단계의 진보는 주로 1인당 소득 증가라는 형태로 진행됨에 따라 증대된 소득분에서 식량소비 증가에 지출되는 부분은 점점 더 줄고 있다. 좋아하는 종류의 음식을 공급하면서 사람들이 계속 음식에 더 많은 지출을 하도록 유도할 수는 있겠지만, 어느 시점에 도달하면 1인당 곡물 소비는 증가를 멈추고 결국 감소하게 된다. 비탄력적 수요와 결합된 생산성 증가는 곧 농업 종사자들이 평균 소득을 유지하려면(일반적 소득증가를 따라잡기는커녕) 농업 종사자의 수가 감소해야 한다는 것을 의미한다.

만일 농업과 다른 업종 간의 인력 재배치가 일어난다면 장기적으로는 농업에 남은 사람들 역시 다른 사람들과 마찬가지로 경제적 진보로부터 그만한 혜택을 얻지 못할 이유가 없다. 하지만 농업인구가 상대적으로 너무 많은 한, 진행되는 변화는 그들에게 불리하게 작용할 것이 분명하다. 농업 소득이 도시 직종 소득에 비해 적어야 사람들이 자발적으로 농업에서 이탈하게 된다. 농장주나 소농이 다른 직종으로 전환하는 것을 꺼릴수록 변화의 시기 동안 소득의 차이는 더 클 것이다. 특히 여러 세대에 걸쳐 변화가 진행되는 경우엔, 이동이 빨리 일어날 때에만 그 격차가 작을 수 있다.

그러나 정책은 모든 곳에서 이 조정과정을 지연시킨다. 그 결과 문제는 그 정도가 점차 커져나간다. 정책의 의도적 행위로 인해 농업 종사자 비중이 너무 커졌다. 따라서 농업과 산업 인구 사이의 생산성 균등화를 위해서는 한정된 기간 내에는 불가능해 보이는 수의 인적 이동이 이뤄져야 한다.[761]

이 정책이 추진된 이유는 여러 가지다. 산업화가 빠르게 진행된 유럽 국가에서 그 정책의 시작은 산업과 농업 사이의 '적절한 균형'에 대한 모호한 관념에서 비롯됐다. 여기서 '균형'은 둘 사이의 전통적 비율의 유지를 의미하는 것에 불과하다. 산업화가 진행된 결과 식량을 수입에 의존하던 국가는 전시 자급자족에 대한 전략적 고려에 힘입어 이 주장을 지지했다. 또한 인구 이동의 필요성은 일시적인 것이며 또한 이 문제는 그 과정을 보다 오랜 기간 동안 진행되도록 함으로써 완화시킬 수 있다고 생각했다. 그러나 거의 모든 곳에서 정부가 개입하도록 만든 것은 농업에 종사하는 사람들에게 '적절한 소득'을 보장해줘야 한다는 당시의 지배적인 생각이었다.

이러한 정책이 일반 국민의 지지를 받은 이유는 농업이 생산성이 좀 떨어진 영역이라기보다 농업인구 전체가 합리적인 소득을 벌 수 없다는 인상을 주기 때문이었다. 이러한 신념은 반드시 필요 했던 재조정이 효과를 발휘하기 전에 농산품 가격이 계속 유지되어야 하는 수준보다 더 빠르게 하락하는 경향이 있다는 사실에 기초하고 있다. 그러나 이러한 가격 압박만이 농업 인구를 감소시킬 뿐만 아니라 새로운 농업 기술 채택으로 이어져 비용을 낮추고 적정 단위만이 살아남게 할 것이다.

평균 비용을 절감하고, 공급을 줄임으로써 상품 가격 하락을 중단시킬 뿐 아니라 일부에선 가격상승까지 가져올 수 있는 조처인, 한계 상황의 토지와 농장 제거는 꼭 필요한 재조정의 일부일 뿐이다. 각기 다른 제품들의 상대가격의 변동에 따른 농업 내부 구조의 변화 또한 농업을 다시 발전시키기 위해 역시나 중요하다. 그러나 어려움에 처한 농업을 지원하려는 정책들은 대개 농업의 수익성을 높일 수 있는 재조정을 막는다.

여기서 이에 관한 한 가지 중요한 사례를 들고자 한다. 앞서 얘기했듯이 소득의 전반적 상승이 일단 일정 수준을 넘어서면 사람들은 자신들이 선호하는 종류가 제공되지 않는 한 음식에 대한 지출을 늘리지 않는다. 서양에서 이는 주로 고기나 유제품 같은 고단백 식품이 곡류나 다른 탄수화물 식품을 대체한다는 것을 의미한다. 만약 농업에서 낮은 비용으로 이런 제품을 더 많이 생산할 수 있다면 이러한 과정이 촉진될 것이다. 곡물가격이 떨어져서 가축사료로 사용해도 될 정도가 되고 따라서 소비자들이 원하는 식료품 생산에 도움이 된다면 이러한 과정이 초래될 것이다. 이런 식의 발전은 곡물 총소비량이 그렇지 않았을 때만큼 줄어드는 것을 방지하고 동시에 육류 등의 비용을 낮출 것이다. 그러나 이는 곡물 공급량을 사람이 다 소비하지 못하면서도 다른 용도로 유용하게 사용할 수 없는 수준으로 곡물 가격을 유지시키는 정책 때문에 대개는 불가능해진다.

여기서 소개된 이러한 사례는 추진된 정책들이 농업으로 하여금 변화된 상황에 적응하지 못하도록 막았던 다양한 방식들의 한 가지 예에 불과하다. 소수의 생산자(그럼에도 그렇지 않았을 때 성공할 수 있었던 수보다는 여전히 많다)는 상황에 적절히 적응해 전반적 번영의 성장을 공유하기 위해 생산성을 높일 수 있다. 물론 농업에서는 그 공정의 특성과 생산자의 특성상 변화 적응이 특히 더딘 경향을 보인다는 점이 고충거리의 한 부분인 것도 사실이다. 하지만 해결책이 오히려 적응을 방해하는 것이면 안 된다. 그런데 정부가 채택한 대부분의 중요한 통제 수단, 특히 모든 가격 통제 수단들이 하는 일이 바로 그것이다.

가격통제 및 평형가격

장기적으로 가격 통제는 바람직한 목적에 부합하지 않으며 제한된 기간일지라도 생산을 직접적으로 통제했을 때에만 효과를 발휘할 수 있다는 사실은 재삼 언급할 필요가 없다. 가격통제가 생산자에게 이득이 되려면 누가 생산할지, 얼마나 생산할지, 무엇을 생산할지 여부를 당국의 결정에 따라 이런저런 방식으로 보완해야 한다. 정책 의도가 현재 땅을 경작하는 사람들이 그곳에 머무르면서 만족할 만한 소득을 얻도록 하는 데 있기 때문에 그리고 소비자들은 농민이 그 수준을 유지할 수 있을 만큼 충분한 지출을 하지 않기 때문에 당국은 강제적 소득 이전에 의존해야만 한다. 이것이 어디까지 집행될 수 있는지는 영국의 사례를 보면 잘 알 수 있다. 영국에서는 농업에 대한 총재정지원이 '농업 전체 순소득의 3분의 2 정도'에 달할 것으로 예상된다.[762]

이러한 전개과정에서 특히 두 가지를 주목해야 한다. 첫째는, 대부분의 국가에서 농업을 시장 메커니즘에서 벗어나 늘어나는 정부 지시에 종속시키는 과정이 공업에서보다 앞서 시작되었다는 것이다. 그것은 흔히 보수주의자들의 지지 또는 발의에 의해 시행되었다. 보수주의자들은 자신들이 승인한 목적을 위해서라면 사회주의적 조치에도 전혀 거부감을 드러내지 않았다. 둘째, 농업 인구가 전체에서 적은 비중을 차지하는 국가일수록 이런 경향이 더욱 강하게 나타났다. 그러나 농민 특유의 정치적 입지 때문에 유사한 어떤 집단도 아직까지 획득하지 못한 특권, 어떤 종류의 체제에서도 구성원 모두에게 부여하지 못한 특권이 그들에게 주어진 것이다. 민주주의 정부가 원칙을 저버리고 특정 집단의 지위를 보장하기 위한 활동을 벌인다면, 합리적으로 행동하고 지적 설계를 추진할 수 있는 민주주의 정부의 능력에 많은 의구심을 낳게 된다. 이제 농업에서는 가장 신중한 전문가가 추구해야 할 합리적 정책이 무엇인지 더 이상 묻지 않고 정치적으로 실현 가능한 것처럼 보이는 과정 중에서 피해를 최소화시키는 방안이 무엇인지 묻는 상황에 이르렀다.

그러나 이 책에서는 기존의 여론이 현재 정책 결정에 입김을 불어 불어넣는 정치적 필연성에 대해서는 다루지 않을 생각이다. 그보다는 대부분의 서구 국가에서 농업 정책이 문제를 해결하기는커녕 오히려 키웠으며 전반적으로 적용되면 모든 경제활동을 전체주의적으로 통제하게 되는 개념의 지배를 받아왔음에 주목하고자 한다. 오직 한 집단의 이익을 위해서만 사회주의 원칙을 적용할 수 없다. 만일 그렇게 적용한다면 전제된 정의의 원칙에 따라 당국이 자신들의 소득을 결정하라고 다른 집단이 요구하는 것을 막을 수 없을 것이다.

그러한 정책들을 시행한 결과를 가장 잘 보여주는 사례로는 미국이 '평형가격' 개념을 적용하려고 20년 동안 노력한 끝에 나타났던 상황을 들 수 있다.[763] 농산품 생산자물가를 공산품 가격에 고정연동시키려고 시도한 결과 농업 생산자가 최소의 비용으로 생산하고 수익성 있는 농산품을 생산하도록 농업 생산의 꼭 필요한 제한을 일으키는 힘을 억제시키게 되었다. 이 방향으로 힘이 작동하면 전환의 기간 동안 농업의 소득 증가는 다른 인구의 소득증가를 따라가지 못할 것이 분명하다. 그러나 기술과 부의 발전을 막지 않고는 꼭 필요한 적응을 회피하게 할 수가 없다. 그리고 소득을 도시에서 농업인구로 강제 이전시킴으로써 결과를 완화시키려는 시도는 적응을 지연시킴으로써 적응이 점점 더 늦어지면서 문제의 심각성만 더할 뿐이다.

미국에서 이러한 정책을 펼친 결과, 즉 잉여 재고의 점증적 누적이 미국뿐만 아니라 세계 농업의 안정성에 새로운 위협이 되었고 또 근본적으로 자의적이고 비효율적이며 비합리적인 토지 배정이 이뤄진 것 등은 더 이상의 말이 필요 없을 정도로 잘 알려져 있다. 정책이 스스로 초래한 상황에서 어떻게 벗어날 수 있을지가 관건이며 또 정부가 가격, 양, 생산 방법에 개입하지 않는다면 미국 농업이 더 건강한 상태가 될 것이라는 점은 누구도 부정할 수 없을 것이다.

정부의 감독

현대 농업 정책의 불합리성과 부조리함은 아마도 미국에서 가장 흔히 보이겠지만, 체계적으로 추진된 이러한 정책들이 농부(동시에 이들의 '확고한 독립심'은 공공 재정으로 그들을 유지시켜야 한다는 주장의 근거로 종종 진술되고 있다)에게 제약을 가하고 그 어떤 생산자들보다 엄격한 관리 감독 대상이 되게 하는지 자세히 알고 싶다면 다른 국가로 눈을 돌려야 한다.

이러한 상황이 가장 진전된 곳은 아마 영국일 것이다. 영국은 대부분의 농업 활동에 대해 일정 수준의 관리와 통제를 한다. 철의 장막 그 안쪽만큼은 아니겠지만 말이다. 일단 농사가 공적비용으로 이뤄지면 일정 기준이 적용될 수밖에 없고, 심지어 당국에 의해 불량 영농으로 낙인이 찍히면 그에 대한 처벌로 해당 농부는 소유권을 박탈당하게 될 수밖에 없다. 그러나 만일 경작 방법이 이웃 위원회의 통제하에 들어가게 되고 다수 또는 일부 상위 기관이 좋은 영농으로 간주하는 것을 보편적으로 시행해야 할 표준으로 삼는다면, 영농이 변화하는 상황에 더 효과적으로 적응할 것을 기대하는 것은 기이한 착각이다. 그러한 제약은 우리가 알고 있는 종류의 또 많은 사람(이들 대부분이 도시에 살 것으로 예상된다)이 감정적 이유 때문에 보존하기를 원하는 종류의 영농을 보존하는 데에만 최선의 방법일 뿐이다. 그 결과 농업 인구는 점점 더 의존적이 될 것이고 말이다.

사실 영국의 대중이 농업의 운명에 대해 많은 관심을 보여주는 것은 경제적 고려라기보다는 좀 더 심미적인 관점에서 기인한 것인 듯 하다. 오스트리아나 스위스 같은 나라의 국민들이 더 심각하게 산간 소농의 보존을 우려하는 것 역시 마찬가지 논리다. 이런 경우들은 모두 현재의 영농 기술이 사라짐으로써 시골의 낯익은 풍경이 바뀔 것이고 또 농부나 소농이 특별히 보호받지 않는다면 모두 사라질 것이라는 두려움 때문에 과중한 부담을 받아들인 것이다. 바로 이러한 불안감 때문에 사람들은 농업인구 감소에 경각심을 불러일으키고 완전히 황폐해진 농촌 마을이나 계곡의 이미지를 마음속에 떠올리게 되는 것이다.

사실, 현실에서 농업의 최대 적은 바로 이 '보존'이다. 어떤 개발이 진행될 때 모든 자영농이나 소작농이 똑같이 위협받는 것이 결코 아니다. 다른 직종과 마찬가지로 동일한 조건에서 일하는 농부들 사이에서도 번영과 빈곤 사이의 큰 격차가 존재한다.[764] 다른 모든 분야와 마찬가지로 농업에서도 상황 변화에 계속 적응하려면 성공한 개인의 사례가 반드시 나와야 한다. 왜냐하면 변화에 적절히 잘 대응한 사례로 다른 사람들에게 본보기가 되기 때문이다. 이것은 어떤 유형인가는 사라지게 된다는 걸 의미한다. 이것은 특히 농부나 소농이 농업에서 성공하려면 점진적으로 사업가가 되어야 한다는 것을 의미한다. 이것이 꼭 필요한 과정임에도 많은 사람들은 이를 개탄하며 막으려고 한다. 그렇다면 농업 인구를 위한 대안은 국립공원의 부속물이 되거나 예스러운 민속촌을 사람들을 위한 관광지로 보존하며 또 의도적으로 그들이 자립할 수 있는 정신적, 기술적 조정을 막는 것뿐이다.

강한 전통과 습관을 바꿀 필요 없이 그들을 보호함으로써 농업 인구의 특정 구성원을 보존하려고 시도함에 따라 그 농민들은 정부라는 후견인 그늘 아래 영원히 살게 되고 나머지 인구에 얹혀사는 연금수령자로 만들어 정치적 결정에 그들의 생계가 좌우되게 만든다. 몇몇 외딴 농가가 사라지고 몇몇 장소에서는 목초지나 삼림이 다른 조건이었다면 경작지였을 땅을 대체한다 하더라도, 이쪽이 확실히 해악이 덜할 것이다. 실제로 과거의 표본으로 그들을 보존하는 대신 특정한 삶의 유형을 완전히 사라지게 허용했다면 우리는 인간의 존엄성을 훨씬 존중한 것이다.

정부와 지식확산

농업에서 가격통제나 생산통제 또는 종합 계획은 어떤 종류라도 주장할 수 없으며, 이런 종류의 조치 대부분이 경제적으로 현명하지 못하고 개인 자유(liberty)에 위협이 된다는 주장은 농업정책에 진짜 중요한 문제가 없다거나 정부가 이 분야에서 할 수 있는 중요한 역할이 없다는 뜻이 아니다. 다른 영역과 마찬가지로 여기에서도 정부의 직무는, 한편으로 시장이 좀더 제대로 기능하게 만들고 개인이 자신의 행동에 따른 결과를 충분히 고려하게 만드는 법 제도의 점진적 개선이고, 다른 한편으로는 진정한 서비스 활동 즉, 정부가 국민의 대리인 자격으로 적어도 일정한 발전 단계에서는 다른 방식으로는 얻을 수 없는, (주로 정보 형태의) 편의를 제공하는 것이다. 물론 여기에서도 정부는 독점권을 가로채서는 안 되며 오히려 언젠가 이러한 기능을 담당하게 될 자발적 노력의 성장을 촉진해야 한다.

도시와 마찬가지로 농업에서도 근린효과뿐 아니라 토지의 사용이 지역사회 내 다른 사람들에게 상당히 광범위한 영향력을 줌으로써 생겨난 모든 문제들은 첫 번째 카테고리에 속한다.[765] 이러한 문제들 중 일부는 천연자원의 보존 같은 일반적 문제들로, 이후 다시 살펴보도록 하자. 반면에 농업의 고유한 문제들도 있는데 이와 관련하여 법적 틀, 특히 소유권 및 사용권에 관한 법률이 개선될 수 있다. 가격 메커니즘 작동 중 나타나는 심각한 결함 중 많은 부분은 개인의 통제 하에 있는 적절한 기업 단위의 진화에 의해서만, 때때로는 일정한 목적을 위해 협력하는 적절한 집단에 의해서만 해결될 수 있다. 적절한 형태의 조직이 얼마나 진화할지는 필수적인 안전장치 속에서 강제 몰수 가능성을 포함해 토지법의 특성이 어떠하냐에 따라 크게 달라질 것이다. 중세시대부터 유럽에서 상속된 분산된 소유의 통합이나 영국에서 공유지의 엔클로저가 개인의 노력으로 토지 개선을 가능하게 한 필수적 법적 조치였음에는 의심의 여지가 없다. '토지 개혁'을 실제로 경험한 것이 확신의 근거까진 전혀 못 주었더라도, 토지법의 일정한 상황 변화가, 비경제적임에도 당시 현행법 덕분에 명맥을 유지해온 대농장이 해체되는 데 일조했음을 알 수 있다. 법적 틀 내에서도 점진적 개선의 여지는 있지만 기존 제도 내에 허용된 실험의 자유(freedom)가 클수록 변화가 올바른 방향으로 이뤄질 가능성도 커진다.

또한 정보 전달 형태로 서비스를 제공하는 정부 활동이 확대될 여지도 많다. 역동적인 사회에서 농업이 겪는 현실의 어려움 중 하나는 농업 인구가 그 특성상 다른 사람들보다 지식의 진보나 변화를 경험할 가능성이 적다는 것이다. 전통적 경작방식을 고수하는 소농의 경우 흔히 그렇듯이, 대부분의 개인들이 유용한 지식이 있고 또 그 지식이 돈을 지불할 만한 가치가 있다는 것조차 알지 못하는 곳에서는 지역사회가 그러한 지식 보급 비용을 부담하는 것이 유리한 투자가 될 수 있다. 동료 시민들이 현명하게 선택할 수 있는 위치에 있어야 우리 모두에게 이득이 된다. 그리고 몇몇 사람들이 기술적 발전이 제공하는 가능성을 아직 인지하지 못한 경우, 적은 비용 지출만으로도 충분히 그 개인이 새로운 기회를 이용하고 더 나아가 그들 스스로 자발성을 발휘할 수 있도록 유도할 수 있다. 거듭 강조할 점은, 정부는 개인이 무엇을 알아야 하고 또 알아서는 안 되는지 결정권을 가진 지식의 유일한 전달자가 되어서는 안 된다. 정부의 지나친 활동은 보다 효율적인 형태의 자발적 노력이 성장하는 것을 막는 해를 끼칠 수 있다. 어쨌든 정부가 이러한 서비스를 제공하는 것에 대해 원칙적으로 반대할 수는 없다. 그리고 이러한 서비스 중에서 어느 것이 가치가 있고 어느 정도까지 제공되어야 하는지에 대한 질문은 편의상의 문제일 뿐, 좀 더 근본적 문제를 제기하는 것은 아니다.

저개발국가에서의 농업

여기서 '미개발국가'만의 독특한 문제를 깊이 있게 다룰 수는 없지만,[766] 농업이라는 주제를 마치기 전 간략하게라도 반드시 다뤄야 할 것이 있다. 그것은, 구산업국가들이 농업 인구 감소를 막기 위해 가장 불합리한 복잡성 속으로 스스로 말려든 반면, 신흥국은 인위적 수단을 동원해 산업 인구의 증가에 박차를 가하고 있다는 역설적 사실이다.[767] 신흥국이 하는 이러한 노력 대부분은 까마귀 날자 배 떨어진다는 식의 궤변에 가까운 순진한 오류에 기초하고 있는 것처럼 보인다. 역사적으로 부의 증가는 급속한 산업화와 함께 이뤄졌기 때문에 산업화가 보다 빠른 부의 성장을 가져올 것으로 추정되었다. 이것은 매개효과를 원인으로 혼동한 것이 분명하다. 도구에 더 많은 자본 투자, 특히 그중에서도 지식과 기술에 대한 투자가 이뤄지면 1인당 생산성이 증가하기 때문에 산업생산물의 형태로 점점 더 많은 추가 산출이 기대되는 게 맞다. 게다가 식량 생산이 크게 증가하려면 도구의 공급 역시 증가해야 하는 것도 맞다.

그럼에도 불구하고 대규모 산업화가 평균 소득을 증가시키는 가장 빠른 방법이 되려면 산업 인구를 먹일 수 있는 농업 잉여가 있어야 한다는 사실엔 변함이 없다.[768] 자본을 무제한 사용할 수 있고 또 충분한 자본을 이용할 수 있어 농업인구의 지식과 태도를 빠르게 변화시킬 수 있다면 그러한 나라들은 가장 선진적인 자본주의 국가 모델 위에 계획적인 경제 재건을 시도하는 것이 합리적일 것이다. 그러나 실현 불가능한 이야기다. 인도나 중국 같은 나라에서 생활수준을 급격히 향상시키려면 자본의 극히 일부만을 정교한 산업장비 생산에 투입해야 하고, 노동의 가치가 매우 높은 국가의 특성인 고도로 자동화된 '자본집약적' 공장과 같은 부문에는 전혀 투자해서는 안 된다. 그리고 이러한 국가들은 이러한 자본을 식량생산을 직접적으로 늘릴 수 있는 사람들에게 가능한 한 조금씩이라도 광범위하게 퍼뜨리는 것을 목표로 삼아야 한다.

자본이 극히 적은 국가가 선진 기술 지식을 적용해서 나타날 수 있는 본질적으로 예측 불가능한 발전은, 앞으로 신흥경제에서 나타나게 될 자본과 노동 간 비율과는 전혀 다른 사회로부터 차용한 패턴을 모방할 때보다는 자유로운 발전의 기회가 주어질 때에 훨씬 가속화될 것이다. 이런 국가에서는 정부가 주도적으로 본보기를 보여주고 지식과 교육 확산에 돈을 쏟아 부어야 한다는 주장이 강력하기는 하지만, 내가 보기에는 모든 경제 활동의 전반적 계획과 명령에 반대하는 주장이 선진국보다 그런 국가에서 더 설득력 있는 것 같다. 오직 자유롭게 성장할 수 있는 국가들만이 그들 스스로의 생명력을 가진 문명을 발전시키고 인류의 필요에 분명히 기여할 수 있을 것이다.

천연자원의 보존

서구에서 생각이 있는 사람들 대부분은 지금 농업정책은 정부가 복잡하게 뒤엉킨 통제 체계에서 벗어나 시장의 기능을 회복하는 것이 문제임을 잘 알고 있다. 그러나 천연자원 개발과 관련된 분야는 상황이 독특하기 때문에 정부가 광범위한 통제를 하는 것이 필요하다는 의견이 여전히 지배적이다. 특히 미국에서 이런 주장이 강력하다. 미국에서는 '자연보호 운동'이 광범위하게 경제 계획을 선동한 원천이었고 급진적인 경제개혁가들의 고유한 이데올로기에 많은 기여를 했다.[769] 민간 기업이 천연자원을 낭비한다는 주장만큼 대중에게 '경쟁의 낭비성'과 중요 경제 활동에 대한 중앙 명령의 바람직성을 설득하는 데 광범위하고 효과적으로 동원된 주장도 없을 것이다.

선진 기술을 가지고 온 이민자들이 빠르게 정착한 이 신흥국에서 자원 보존의 문제가 과거 유럽보다 더 첨예한 갈등이 된 데엔 몇 가지 이유가 있다. 유럽은 진화가 점진적으로 진행되었고 오래전부터 자체적으로 나름의 균형이 자리잡고 있었지만(물론 개발 초기 단계의 상황은 의심할 바 없이 최악이었기 때문에 부분적으로는 삼림 파괴와 그 결과 알프스 남쪽 기슭이 상당 부분 침식된 상태이기는 했다), 미국에서는 거대한 처녀지가 급속히 잠식되면서 규모 면에서 다른 수준의 문제를 일으켰다. 지금 생각해보면 한 세기 동안 대륙 전체에서 경작과 관련해 처음으로 발생한 변화들이 안타깝게도 자연 균형을 파괴시켰다는 것에 놀랄 필요는 없다.[770] 이미 벌어진 일에 비난을 했던 사람들 대부분이 사건 발생 이후에야 깨닫게 된 것이다. 그리고 그 당시 유용한 지식을 활용한다 해도, 심지어 가장 똑똑한 대부분의 정부 정책마저도 오늘날 가장 개탄할 만한 결과들을 막을 수는 없었을 것이다.

실제 낭비가 있었음은 부정할 수 없다. 그러나 가장 중요한 사례인 산림 고갈은 그것이 사유재산이 아니라 공유지로 보존되었고 또 보존에 대한 아무런 인센티브를 주지 않은 채 개발업자에게 사적 개발권을 주었기 때문이라는 사실을 강조해야 한다. 많은 천연자원이 일반적으로는 적절한 소유권 제도가 효율적 이용을 보장하지 못할 것이며 그것과 관련된 법의 특별 규정이 바람직하다는 것은 사실이다. 다양한 천연자원이 제각기 다른 문제들을 제기한다. 이제 그 문제들을 차례로 다뤄보도록 하자.

광물과 같은 천연자원을 개발한다는 것은 그 광물이 점차 고갈된다는 것을 의미한다. 반면 다른 것들은 무한히 수익을 계속적으로 창출할 수 있다.[771] 환경 보호론자들이 흔히 제기하는 불만은 전자는 너무 빨리 고갈되고 후자는 최대 수익이 영구적으로 유지되지 않는다는 것이다. 이러한 주장은 부분적으로는 민간 개발업자가 정부만큼 충분히 장기적인 안목을 갖지 못하거나 미래 발전에 대한 충분한 지식을 가지고 있지 않다는 믿음에 근거하며 또 부분적으로는 우리가 앞으로 살펴보겠지만, 대부분의 환경 보호론자들의 주장을 상당 부분 무력화시키는 단순한 오류에 근거하고 있다.

또 여기에서도 근린효과 문제가 발생한다. 만약 소유권 단위가 적어도 어떤 한 소유주의 행동에 따른 중요 결과들이 그의 재산 가치에 반영될 만큼 충분히 큰 게 아니라면, 이 효과는 어떤 경우엔 낭비적인 개발로 이어질 수 있다. 특히 사냥감, 물고기, 물, 석유나 천연가스(가까운 미래에는 아마 빗물도) 등 다양한 종류의 '한정자원'과 관련해 이런 문제가 발생한다. 우리는 그것들을 고갈시킴으로써만 이용할 수 있으며 자신이 가져가지 않으면 다른 사람이 가져가기 때문에 어떤 개발자도 보전에 전혀 관심을 두지 않을 것이다. 이로써 (심해어업, 그리고 대부분의 야생 자원처럼) 사유재산이 존재할 수 없는 상황이 펼쳐진다. 따라서 우리는 다른 대안적 제도를 찾아내야 한다. 또는 통합된 통제범위가 유전처럼 동일한 자원이 개발되는 모든 영역까지 이어진다면 사유재산을 합리적으로 이용할 수 있게 될 것이다. 이러한 기술적 이유로 인해 개별 소유주가 특정 자원을 독점적으로 통제할 수 없는 곳에서는 다른 규제 형태에 의존할 수밖에 없다.

물론 어떤 의미에서 대부분의 대체 불가능한 자원의 소비는 신념에 찬 행위에서 비롯된다. 우리는 자원이 고갈될 때쯤에는 동일한 필요를 충족시키거나 적어도 더 이상 가지지 못한 것을 보상해줄 새로운 무언가가 발견되어 전반적으로 전과 마찬가지로 잘살 수 있을 것이라 일반적으로 확신한다. 가용 자원에 대한 지식이 무한대로 증가할 것이라는 단순한 가능성에 기초해서 자원을 계속 소모하고 있다. 그리고 어떤 면에서는 가용 자원을 이처럼 빠른 속도로 소모하고 있기 때문에 이러한 지식이 증가하고 있다. 실제로 가용자원을 다 사용하려고 한다면 우리는 자원이 계속 증가할 것이라는 추정 하에 행동해야 한다. 비록 우리의 기대 중 일부는 좌절될 것이 분명하더라도 말이다. 만일 60~80년 전에 석탄 공급의 고갈 위험에 대한 환경 보호론자들의 경고에 주의를 기울였다면 산업발전은 크게 지연되었을 것이다. 그리고 내연 엔진의 사용이 당시의 석유 공급량에만 국한되었다면 운송 혁명은 일어나지 않았을 것이다(자동차와 비행기 시대 초기 몇 십 년 동안 알려진 석유자원은 지금의 사용 비율로 계산하면 10년 안에 고갈되었을 것이다). 이러한 모든 문제에 있어 물리적 사실에 대한 전문가의 의견을 듣는 것이 중요하긴 하지만 그들이 자신들의 의견을 정책에 강제할 권력을 가지고 있다면 대부분의 경우 매우 해로운 결과를 초래할 것이다.

집단적 및 개별적 전망

천연자원을 보존하기 위한 중앙 명령의 필요성을 설파하는 주장은, 주로 공동체가 개인보다 더 미래에 관심을 갖고 또 예지력이 있다는 생각이자, 또 자원의 보존은 일반적인 미래 대비와는 다른 문제들을 제기한다는 생각이다.

개인보다 공동체가 미래를 준비하는 것에 더 관심을 갖고 있다는 주장은 천연자원 보존 문제의 범주를 넘어서는 것이다. 이러한 주장은 안보나 국방 같은 특정 미래의 필요가 오직 전체 공동체에 의해서만 제공될 수 있다는 것에 그치지 않는다. 더 나아가 공동체가 자원에서 개인의 개별적 결정에 따른 결과보다 더 많은 부분을 미래를 대비하기 위해 할애해야 한다는 것을 의미한다. 또는 흔히 말하듯이 미래의 필요는 개인이 하는 것보다 공동체에 의해 더 고평가되어야 한다(또는 더 낮은 이자율로 할인되어야 한다)는 것이다. 그것이 타당하다면 이러한 주장은 사실 대부분의 경제 활동을 중앙집권적으로 계획하는 것을 정당화시킬 것이다. 그러나 이 주장을 뒷받침하는 것은 이것을 주장하는 사람들의 자의적 판단 외엔 아무것도 없다.

자유사회에서 미래에 대한 개인 책임을 경감시켜 주는 것은 과거 세대들이 그들이 했던 것보다 더 많은 것을 우리에게 제공해야 한다는 주장과 마찬가지로 정당화될 수 없다. 이 주장은 정부가 더 낮은

이자율로 자금을 차용할 수 있기 때문에 미래의 필요를 챙길 수 있는 더 나은 위치에 있다는 그릇된 주장으로 인해 더 이상 유효하지 않다. 투자 실패에 따른 리스크를 정부가 아닌 납세자가 부담한다는 사실을 기반으로 정부가 우위를 점한다는 것은 잘못되었다. 사실 특정 투자의 가치에 대해 판단이 이뤄져야 하는 한 리스크는 결코 적지 않다. 그러나 정부가 투자 결과 기대했던 수익이 발생하지 않았을 때 세금으로 이를 메우고 자신들이 사용한 자본 항목에는 실제로 지불한 이자만 포함시키기 때문에 그 주장은 사실은 정부 투자에 찬성하기보다는 반대하는 내용인 것이다.

 정부가 지식적인 면에서 우위를 점하고 있다는 주장은 더 복잡한 문제를 제기한다. 대부분의 개별 천연자원 소유주보다 정부가 미래 발전 가능성에 더 많이 알고 있을 수 있다는 사실을 부정하는 것이 아니다. 최근 과학이 이룬 많은 업적들이 이 점을 입증한다. 그러나 특정 자원에 관해 결정을 내릴 때에는 특정 환경에 대한 훨씬 더 광범위한 지식을 염두에 두어야 한다. 그것은 개인만이 소유할 수 있고 단일한 행정 당국에 결코 집중될 수 없는 것이다. 따라서 만일 정부가 소수의 몇몇 사람들만 아는 몇 가지 사실을 알 수 있다면, 정부가 다른 일부 사람들에게만 알려진 훨씬 더 많은 관련 사실에 대해 무지할 수 있음도 마찬가지로 가능하다. 개인이 보유한 모든 특수 지식을 중앙에 집중시키는 대신 정부가 이용할 수 있는 범용지식을 아래로 분산시켜야만 개별 문제들에 관한 모든 지식을 모을 수 있다. 어떤 결정에 영향을 미칠 수 있는 모든 사실에 대해 지적 우위를 가진 당국의 예는 아마도 없을 것이다. 그리고 개별 자원들의 소유주들에게 그들이 고려해야 할 보다 일반적인 고려사항을 알려주는 것은 가능하지만, 반대로 당국이 개인들에게 알려진 모든 상이한 사실들을 학습하는 것은 불가능하다.

이는 광물과 같은 비축자원의 매장량이 고갈되는 비율과 관련된 문제에서 가장 확실하게 드러난다. 현명한 결정은 문제가 된 물질의 미래 가격 변화에 대한 합리적 추론을 전제로 한다. 그리고 이는 결국 소규모 개별 소유주가 현명하게 판단할 수 없는 미래 기술과 경제 발전에 대한 예측을 기반으로 한다. 그러나 이것은 시장이 개인 소유주로 하여금 이러한 사항을 명시적으로 염두에 두고 행동하도록 유도할 수 없다거나, 또는 특정 자원의 현재 유용성을 결정짓는 많은 상황들을 혼자만 알고 있는 사람들에게만 결정을 내리게 한다는 뜻이 아니다. 비록 그들이 미래 발전 가능성에 대해 거의 알지 못할지라도 그들이 결정을 내릴 때 그러한 가능성을 추정하는 데 관심을 갖고 또 그 추정을 바탕으로 결정된 가격에 자원을 공급할 준비가 되어 있는 다른 사람들의 지식에 영향을 받을 것이다. 만일 소유주가 자원을 보존하기를 원하는 사람들에게 팔 때 자원을 본인이 직접 활용하는 것보다 더 높은 수익을 올릴 수 있다면 그는 그렇게 할 것이다. 미래의 가치에 영향을 미칠 수 있는 모든 요인에 대한 의견이 반영된 잠재적 판매가격은 일반적으로 존재할 것이다. 그리고 사람들은 중앙 정부가 결정을 내릴 때보다 더 많은 관련 지식을 모두 고려해 판매 가능한 자산으로서의 가치와 현재 그것을 이용했을 때 얻게 될 이익을 비교하여 결정을 내리게 될 것이다.

희귀한 천연 자원의 경우 독점에 의한 활용은 그 활용 기간을 더 길게 지속시킬 수 있을 것이라는 주장이 자주 제기된다. 그리고 이는 그러한 독점이 자유사회에서 형성되어 지속될 수 있는 유일한 경우일 것이다.[772] 나는 사회적인 관점에서 그러한 독점을 시행해 천연 자원을 좀 더 오랫동안 보존하는 것이 바람직하다고 생각하지 않기 때문에 독점을 옹호하는 주장으로서 이런 말을 하는 사람들을 전적으로 지지하지 않는다. 그러나 더 많이 보존하기 원하는 사람들에게는 이러한 예처럼 자생적으로 발전할 것 같은 독점이 해답이 된다. 왜냐하면 그들은 시장이 미래의 필요를 과소평가하는 습관이 있다고 믿기 때문이다.

개별자원들과 일반적 진보

그러나 보존을 주장하는 입장 대부분은 그저 말도 안 되는 편견에 의존하고 있다. 보호론자들은 어떤 주어진 자원이 일정 시기에 제공할 수 있는 서비스의 흐름에 관해 특별히 바람직한 것이 있다고 생각하며 이 산출률을 계속 유지하는 것을 당연하게 여긴다. 비축자원은 이것이 불가능하다는 걸 알지만, 만일 유동 자원의 수익률이 물리적으로 유지 가능한 수준 이하로 감소하면 그들은 그것을 재난으로 간주한다. 일반적으로 토양의 비옥도, 사냥감, 물고기 개체 수 등에 관해서도 이러한 입장이 취해진다.

핵심 사항을 보다 강력하게 제시하기 위해 이러한 편견의 가장 극명한 예로 대부분의 사람들이 환경 보호주의자들의 주장 속 오류를 무비판적으로 받아들이는 내용을 살펴보자. 자연적으로 비옥한 토양은 어떤 상황에서도 보존되어야 하며 '토양 채굴'로 낙인이 찍힌 것은 어떤 상황에서든지 피해야 한다는 믿음이 존재한다. 이것이 일반 명제로서 부적절하며 토지의 비옥도는 땅의 초기 조건과 아무런 상관이 없음은 명백한 사실이다. 사실 어떤 상황에서는 '토양 채굴'이 비축자원 고갈만큼이나 공동체의 장기적 이익과 깊은 관련이 있을 수 있다.

토지는 유기물이 퇴적되어 어느 정도의 비옥도가 달성되면 경작이 가능해지는데, 일단 토지를 경작하기 시작하면 이 비옥도는 때로 수익을 초과하는 비용을 투입해야만 유지될 수 있다. 어떤 환경에서는 생산성이 증가해 매년 투입된 비용을 보상할 수 있을 정도로 토지의 비옥도를 높이는 것이 바람직한 것처럼, 또 다른 환경에서는 투자 수익을 계속 달성할 수 있을 정도로만 비옥도를 낮추는 것이 바람직할 수 있다. 어떤 경우에 이것은 영구적인 경작을 목표로 하는 것이 비경제적이며, 자연히 축적된 비옥도가 소진된 후에 토지를 포기해야 하는 것을 의미할 수도 있다. 주어진 지리적 조건이나 기후 조건에서는 토지를 계속해서 경작하는 것이 이득이 되지 않는 경우가 그렇다.

그렇게 자연의 선물을 한번에 다 소진하는 것은 비축자원의 채굴과 마찬가지로 낭비도 비난받을 일도 아니다. 물론 우리가 이미 알고 있거나 알 수 있는 토지 특성의 지속적 변화에 따른 다른 효과도 있을 수 있어 그 점을 고려해야 한다. 예를 들어 토지를 일시적으로 경작한 결과 토지는 이전에 가지고 있거나 다른 용도로 사용될 수 있었던 특성이나 가능성이 사라질 수 있다. 그러나 이것은 별개의 문제로 우리의 관심사가 아니다. 우리의 유일한 관심사는 가능한 한 모든 곳에서 모든 천연 자원의 서비스 흐름을 달성 가능한 최고의 수준으로 유지시켜야 한다는 믿음을 검토하는 것이다. 이는 경우에 따라 우연히 타당성을 갖게 될 수 있지만, 주어진 토지나 일부 다른 자원의 특성과 관련된 사항들을 고려하면 결코 타당하지 않다.

그러한 자원들은 대부분의 사회 자본과 마찬가지로 소진되는 특성을 가진다. 만일 소득을 유지하거나 늘리고 싶다면 소모되고 있는 각각의 자원을 미래 소득을 위해 적어도 동일한 기여를 할 수 있는 새로운 자원으로 대체할 수 있어야 한다. 그렇다고 해서 현물로 보존하거나 같은 종류의 다른 것으로 대체하거나 천연자원의 총량 그대로 유지해야 한다는 뜻은 아니다. 개인의 관점뿐 아니라 사회적 관점에서도 모든 천연자원은 사용 가능한 전체 부존량의 한 항목일 뿐이다. 여기서 중요한 문제는 그 자원을 특정 형태로 보존하는 것이 아니라 총소득에 가장 바람직한 기여를 할 수 있는 형태로 유지하는 것이다. 특정 천연 자원이 존재한다는 것은 그저 그것이 있는 한 소득 증대에 일시적으로 기여해 미래에 마찬가지로 우리를 지원해줄 새로운 자원을 만드는 데 도움을 준다는 것을 의미할 뿐이다. 이것은 보통 우리가 어떤 한 자원을 비슷한 종류의 다른 자원으로 대체한다는 것을 의미하지 않는다. 만일 어떤 종류의 자원이 고갈된다면 그 자원에 의존해 생산되던 제품들 역시 앞으로 희소해질 수 있음을 명심해야 한다. 천연자원의 희소성이 늘어남에 따라 예상대로 제품 가격의 상승은 실제로 이러한 자원을 보호하는 데 사용될 투자 금액을 결정하는 요소 중 하나가 될 것이다.[773]

요점을 간략하게 정리해 본다면 모든 자원 보존은 투자의 구성요소로 모든 다른 투자와 정확히 동일한 기준에 따라 결정되어야 한다.[774] 천연자원 보호에 있어 그것을 인공 장비나 인력 이상으로 바람직한 투자 대상으로 만드는 것 말고 더 좋은 방법은 없다. 사회가 특정 자원의 고갈을 예상하고 거기에 투자할 수 있는 자금만큼 총소득이 만들어지는 쪽으로 투자가 진행되는 것. 바로 이것이 어떤 종류의 자원이든 그 보존을 위한 가장 경제적인 방법이다. 특정 천연자원 보존을 위한 투자를 가용자본이 다른 곳에서 가져올 수 있는 수익보다 더 낮은 수준까지 확대하면 미래 소득이 그렇지 않았을 경우보다 감소하게 된다. "'미래를 위해 더 많은 준비를 하라'고 우리를 강요하는 환경주의자들은 사실 후대를 위해 더 적은 준비를 하라고 촉구하고 있다"는[775] 말은 전적으로 옳다.

쾌적한 설비와 자연적 생활의 보존

따라서 천연자원 보존을 위해 정부가 민간 활동을 통제하는 것에 찬성하여 제기된 대부분의 주장은 타당하지 못할 뿐만 아니라 더 많은 정보와 지식을 제공하는 것도 아니다. 반면 편의시설 제공이나 여가 기회 또는 자연의 아름다움이나 역사적 현장 보존 또는 과학적 관심 장소를 보존하는 것 등이 목적인 경우는 상황이 다르다. 이러한 편의시설이 일반 대중에게 제공할 수 있는 종류의 서비스는, 전에는 개인 수혜자에게 비용을 청구할 수 없어 제공하지 못했던 혜택을 누릴 수 있게 한다. 또 이에 필요한 토지 규모 역시 집단적 노력이 필요한 이유다.

자연공원, 자원보호구역 등은 지방 자치단체가 소규모로 제공하는 유사한 편의시설과 정확히 같은 경우다. 이러한 것의 공급은 가능한 한 정부의 강제력을 통하기보다는 영국의 내셔널 트러스트와 같은 자발적 조직에 의해 이루어져야 한다. 그러나 지역사회가 그 비용을 충분히 인식하고 승인하며 또 모든 다른 수요보다 우선시되는 고유한 목표가 아니라 다른 수요들과 경쟁해야 하는 하나의 목표임을 인지하는 한, 정부가 해당 토지 소유주이든 또는 실제로 세금이나 심지어 강제 구매를 통해 조달된 자금으로 그 토지를 구매하든, 정부가 그러한 편의시설을 제공하는 것에는 어떠한 반대도 있을 수 없다. 만일 납세자가 책임져야 할 청구서의 전체 내용을 알고 최종 결정을 내린다면 일반적으로 이러한 문제에 대해 더 이상 언급할 것이 없다.

24

교육과 연구

> 일반 국가 교육(국가의무교육)은 사람들을 서로 정확히 같은 모양으로 찍어내기 위한 수단에 불과하다. 그리고 그들을 주조하는 틀은 군주든 성직자든 귀족이든 아니면 기존 세대의 다수든 상관없이 정부의 지배적 권력을 기쁘게 하는 것이다. 그것이 효율적이고 성공적일수록 정신에 독재를 새기고 자연스럽게 육체에 대한 독재로 이어진다.
>
> 밀(J. S. Mill)[776]

어린이의 권리

지식은 같은 값으로 살 수 있는 것 중 최고로 좋은 것이라 할 수 있다. 그러나 지식을 아직 소유하지 못한 사람은 그것의 유용성을 인지하지 못할 때가 많다. 더 중요한 점은 현대 사회 업무에 필요한 지식 원천에 대한 접근이 특정 기술능력(무엇보다 독서능력)을 전제로 한다는 것이다. 사람들은 자신에게 무엇이 유용할지 잘 판단할 수 있기 전에 이 기술능력을 갖추어야 한다. 우리가 자유를 논거할 때, 경쟁이 지식 확산의 가장 강력한 도구이며 또 경쟁을 통하면 지식을 소유하지 못한 사람들에게 지식의 가치를 입증할 수 있다는 주장에 크게 의존한다. 그럼에도 의도적인 노력을 통해 지식의 활용도를 크게 제고시킬 수 있음은 의심의 여지가 없다. 사람들의 노력이 다른 동료들에게 가장 유용하게 쓰이도록 전달이 잘 되지 않는 상황이 자주 나타나는 주된 이유 중 하나가 바로 무지다. 그리고 지식을 추구할 의지나 지식을 획득하기 위해 희생을 감수할 동기가 전혀 없는 사람들에게 지식을 전달하는 것이 전체 공동체의 이익에 부합하는 다양한 이유들이 있다. 이러한 이유들은 특히 아이들의 경우에 설득력 있지만 일부 주장은 어른들의 경우에도 똑같이 적용될 수 있다. 물론 아이들에 관해 중요한 사실은 그들이 자유에 관한 주장이 그대로 적용될 수 있는 책임 있는 개인이 아니라는 점이다. 아이들의 신체적·정신적 행복이 부모나 보호자의 보살핌에 맡겨지는 것이 일반적으로는 가장 좋지만 그렇다고 부모가 자기 마음대로 아이들을 다룰 수 있는 무제한의 자유(liberty)를 가질 수 있다는 의미는 아니다. 지역사회의 다른 구성원들 역시 아이들의 복지에 지분이 있다. 부모나 보호자에게 그 자신의 보호 아래 있는 아이들에게 일정 수준의 최소한의 교육을 제공하도록 요구하는 것은 분명히 매우 타당한 것이다.[777)]

현대 사회에서 최소 수준의 의무교육을 주장하는 것은 두 가지 부분으로 나뉜다. 먼저 특정 기본 지식과 신념을 공유한다면 우리 모두가 더 적은 위험에 노출되고 동료로부터 더 많은 이득을 얻으리라는 일반적 주장을 들 수 있다. 그리고 더 중요한 것으로, 민주적 제도로 운영되는 국가에서는 부분적으로 문맹인 국민으로는 최소 단위의 지역 규모가 아닌 이상 민주주의가 제대로 작동하지 않을 것이라는 점이 있다.[778]

국민교육(보편교육)은 지식을 전달하는 유일한, 심지어 주된 방법이 아니라는 사실을 인식하는 것이 중요하다. 어떤 공통된 가치 기준이 필요하다. 이 필요를 지나치게 강조하다 보면 자유를 제한하는 결과를 초래할 수 있지만, 이러한 기준 없이는 평화로운 공존이 불가능하다. 오랫동안 거주한 토착민 위주의 공동체에서는 심각한 문제가 아닐 수 있지만, 대규모 이주민이 발생했던 시기의 미국처럼 심각한 문제일 수 있는 경우도 있다. 미국이 공립학교 제도를 통해 '미국화' 정책을 의도적으로 펼치지 않았다면 효과적으로 '인종의 용광로'가 되지 못했을 것이며 아마도 매우 어려운 문제에 직면했을 것이 분명하다.

그러나 모든 교육이 확실한 가치에 의해 이뤄져야 한다는 것은 한편으로 공교육의 모든 체계에서 진정한 위험의 원천이 되기도 한다. 이런 점에서 대부분의 진보주의자들은 단순한 지식의 소통이 성취할 수 있는 것을 순진하게도 과신했다는 점을 인정해야 한다. 합리주의적 자유주의에 기초해서 그들은 지식의 확산이 모든 문제의 해결책인 것처럼 그리고 '무지 타파'로 새 시대를 열기 위해 이미 교육받은 사람들이 소유한 약간의 추가적 지식을 대중들에게 전달하는 것이 필수적인 것처럼 국민교육을 주장했다. 만일 어떤 시점에서 누군가 소유하고 있는 최고의 지식이 모두에게 제공된다면 결과적으로 훨씬 더 나은 사회가 될 것이라고 믿을 만한 근거는 없다. 지식과 무지는 매우 상대적인 개념이다. 어떤 한 시점에서 더 교육받은 사람과 덜 교육받은 사람들 사이에 존재한 지식의 격차가 그 사회의 성격에 그렇게 결정적 영향을 미칠 수 있다는 증거는 어디에도 없다.

교육과 국가

만일 의무교육에 대한 일반적 주장을 받아들인다면 다음과 같은 주요 문제들이 남는다. 이 교육을 어떻게 제공할 것인가? 모두에게 어느 수준까지 제공되어야 할까? 좀 더 혜택을 받을 사람들을 어떻게 선별하며 누가 비용을 부담할 것인가? 교육비가 심각하게 부담이 될 가정들을 위해 그 비용을 공적 부담으로 하는 것은 의무교육 시행에 따른 당연한 결과일 것이다. 그러나 공적비용으로 얼마나 많은 교육비를 지출할지 그리고 어떤 방식으로 제공할지에 대해서는 여전히 의문의 여지가 있다. 역사적으로 의무교육은 보통 공립학교가 생기고 기회가 늘어난 후에야 나타난 것이다. 교육을 최초로 의무화했던 18세기 초 프로이센의 실험은 사실상 정부가 학교를 설립한 지역에 국한되었다. 이 방식으로 교육을 보편화시키는 과정이 상당히 촉진되었다는 데에는 의심의 여지가 없다. 그 제도나 이점에 대해 생소한 사람들에게 국민교육을 시행하는 것은 사실상 어려운 일이었다. 그러나 이것이 의무교육이나 정부가 재정 지원을 하는 국민교육이 오늘날 정부에 의해 운영되는 교육기관을 필요로 한다는 의미는 아니다.

의무교육에 대부분의 교육기관에 대한 정부의 지원을 결합한 최초의 효율적인 시스템들 가운데 하나가 개인 자유(liberty) 옹호주의자로 잘 알려진 빌헬름 폰 훔볼트(Wilhelm von Humboldt)에 의해 고안되었다는 사실이 흥미롭다. 그는 성취의 다양성을 방해하는데다 자유국가에서는 교육기관이 부족하지 않기 때문에 공교육이 불필요하다고 주장한 지 15년 만에 이런 시스템을 고안해냈다. 훔볼트는 "내게 교육은 정치 기관으로써 적절히 제한되어야 하는 한계 지점을 완전히 벗어나 있는 것처럼 보인다"라고 말했다.[779] 나폴레옹 전쟁 동안 프로이센이 겪은 어려움과 국방의 필요성을 인지한 그는 초기 입장을 포기하게 되었다. 강력하게 조직화된 국가를 만들겠다는 열망으로 남은 인생의 상당 부분을 전 세계의 모델이 된 국가 교육 시스템 구축에 바치게 되면서 그의 초기 저서에 영감을 주었던 '다양성 속에서 개성의 발전'에 대한 열망은 부차적인 것이 되었다. 프로이센이 달성한 보편적 교육 수준의 향상이 급속한 경제 성장의 원인이 되었으며, 이후 독일의 성장에서도 마찬가지였음은 부인할 수 없는 사실이었다. 그러나 이 성공의 대가가 지나치게 비싼 것은 아니었는지 자문해봐야 한다. 다음 세대에서 프로이센이 수행했던 역할을 보면 그렇게 칭송받는 프로이센의 스승이 세계에게, 심지어 프로이센에게조차 진정한 축복이었는지 의심스럽다.

고도로 중앙집권화되고 정부 주도적인 교육시스템이 인간 정신에 대한 거대 권력을 당국의 손에 쥐어주는 것을 선뜻 받아들이기 전에 좀 더 고민을 해야 한다. 의무교육을 정당화하는 주장 역시 어느 정도까지는 정부가 교육할 내용의 일부를 규정해야 한다고 요구한다. 앞서 봤듯이, 정부 당국이 모든 시민에게 공통되는 문화적 배경을 제공하자는 주장이 제기되는 상황이 있을 수는 있다. 그러나 미국에서 흑백분리와 같은 문제가 발생한 것은 정부가 교육을 제공한 결과임을 기억해야 한다. 정부가 문화 전수의 주요 수단을 통제하는 곳에서는 종교 또는 소수민족의 문제 같은 난제가 발생할 수밖에 없다. 다민족 국가에서는 학교 시스템을 누가 통제할 것이냐의 문제가 민족 간 갈등의 쟁점이 되는 경향이 있다. 구 오스트리아-헝가리 같은 국가에서 이런 일이 일어난 것을 본 사람의 입장에서는 교육을 누가 통제할지를 놓고 죽도록 싸우기보다 아이들이 정규 교육을 받지 않게 하는 것이 더 낫다는 주장이 보다 설득력 있다.[780]

동일 인종으로 구성된 국가에서조차 정부가 일반 대중이 접근할 수 있는 대부분의 학교를 직접 관리하는 경우 교육 내용에 대한 통제권을 정부에게 맡기는 것에 반대하는 주장이 강력하게 제기된다. 교육이 특정 목표 달성을 위한 최선의 방법을 제공해주는 과학이라 할지라도, 우리는 최신 방법이 보편적으로 적용되거나 다른 방법들을 배제한 채 적용되는 것을 바라지 않는다. 목표를 단일화시키는 것은 더더욱 바라지 않는다. 그러나 객관적 기준에 의해 결정될 수 있는가라는 측면으로 보면, 어떤 교육 문제도 과학적인 문제라 할 수 없다. 대부분은 노골적인 가치의 문제이거나 적어도 가치와 관련된 다음의 문제, 즉 가치에 대해 누군가의 판단을 다른 사람의 판단보다 신뢰할 수 있는 유일한 근거는 전자가 다른 측면에서 좀 더 나은 분별력을 보인다는 것이다. 사실 정부 교육 제도와 함께 모든 기초교육이 그러한 문제에 대해 과학적 해답을 갖고 있다고 진심으로 믿는 일부 집단의 이론에 지배될 가능성은(미국에서 지난 30년 동안 대대적으로 일어났던 것처럼) 전체 교육제도를 중앙 통제로 종속시켰을 때의 위험성을 경고하기에 충분하다.

정부관리 및 정부재정

사실 인간의 정신을 지배할 수 있는 교육의 능력을 높이 평가할수록 이 권력을 단일 정부 당국 손아귀에 쥐어주는 것이 얼마나 위험한 일인지 더욱 확신하게 된다. 비록 19세기 일부 합리적 자유주의자들처럼 선을 행할 능력을 높이 평가하지 않는다 하더라도, 이러한 능력을 인식하는 것만으로도 그들과 거의 반대되는 결론에 도달하게 된다. 그리고 오늘날 다양한 교육 기회가 존재해야 하는 이유 중 하나가, 서로 다른 교육 기법이 무엇을 성취할 수 있는지 우리가 실제로 아는 것이 거의 없기 때문이라면, 특정 유형의 결과를 도출해내는 방법에 대해 더 많이 알게 될수록 다양성을 주장하는 그 목소리는 더욱 거세질 것이다.

어떤 다른 분야보다 교육 분야에서 자유(freedom)를 가장 위협하는 것은 심리 기술의 발전이다. 심리 기술은 인간의 정신을 의도적으로 형성하는 것보다 훨씬 더 큰 권력을 우리에게 주기 때문이다. 만약 우리가 심리 기술 발전의 본질적 조건들을 통제할 수만 있다면, 인간으로 만들 수 있는 것의 지식이 비록 엄청난 유혹이 될지라도, 그 지식을 이용해 자유롭게 발전하는 인류를 개선시킬 수 있다는 것을 반드시 의미하는게 되지는 않을 것이다. 우리가 일반적으로 필요하다고 생각되는 인간 유형을 만들어낼 수 있다고 해서 반드시 이득을 얻으리라는 보장도 없다. 조만간 이 분야에서 중대한 문제는 우리가 소유하고 있는 권력 행사를 막는 것이 될 것이며, 통제하는 것이 통제하지 않았을 때보다 훨씬 더 나은 결과를 낳는다고 생각하는 사람들에게 이 권력은 강한 유혹이 될 것이다. 사실 이 문제의 해결책은 정부가 교육의 주요 제공자가 되는 것을 중단하고 새로 발견된 모든 권력 행사로부터 개인을 보호하는 공정한 보호자가 되는 것이라는 걸 우리는 곧 알게 될 것이다.

정부가 학교를 운영하는 것에 반대하는 주장이 그 어느 때보다 거세졌을 뿐만 아니라 과거에 정부의 역할을 옹호하기 위해 동원되었던 대부분의 근거들도 사라졌다. 그 당시에는 사실이었다 할지라도 오늘날에는 확고하게 확립된 보편적 교육의 전통과 제도로 인해, 그리고 현대 교통의 발전으로 거리상의 문제가 대부분 해결됨으로 인해 교육에 있어 재정지원뿐만 아니라 정부가 직접 교육을 제공할 필요성은 이제 더 이상 존재하지 않는 것이 사실이다.

밀턴 프리드먼 교수가 말했듯이,[781] 이제는 공립학교를 유지하지 않고서도 부모들에게 자신들이 선택한 학교의 교육비에 해당하는 바우처를 제공함으로써 국민교육의 비용을 공공 재정에서 지출하는 것이 완전히 가능해졌다. 사립학교를 운영하기에는 학생 수가 너무 적은(따라서 평균 교육비가 너무 비싼) 몇몇 외진 지역사회에서는 정부가 직접 지원하는 것이 여전히 바람직할 수 있다. 그러나 인구 대다수에 대해서는 바우처가 지급되는 모든 학교에 대해 정부는 기본적인 재정만 제공하고 최소한의 기준만 보장하며 교육조직과 경영은 전적으로 사적인 노력에 맡기는 것이 확실히 가능하다. 이 계획의 또 다른 큰 장점은 부모가 더 이상 정부가 제공하는 교육이라면 무엇이든 수용해야 하느냐 아니면 다르지만 비싼 교육의 비용 전체를 자신이 온전히 부담해야 하느냐의 양자택일에 내몰리지 않는다는 것이다. 그리고 일반적인 선택을 벗어나서 다른 학교를 선택하려면 추가 비용만 납부하면 된다는 것이다.

교육과 평등

보다 어려운 문제는 '얼마나 많은 교육이 공적비용으로 제공되어야 하며 그리고 모두에게 보장되는 최소 수준 이상의 그러한 교육이 누구에게 제공되어야 하는가'이다. 어느 수준 이상의 교육을 받고 공공의 필요에 기여한 바가 그 교육비용을 상쇄할 만큼인 사람들의 수가 아무리 늘어도 전체 인구에서 차지하는 비중은 여전히 적을 것이라는 점은 의심의 여지가 없다. 또한 아이들 중에서 누가 고등교육의 효과를 가장 크게 가져오게 될지 미리 확인할 방법이 없다는 점 역시 부인하기 힘들다. 게다가 우리가 무엇을 하든 고등교육을 받은 사람들이 나중에 그들의 동료들보다 더 큰 물질적 이득을 누리게 된다는 것 역시 분명하다. 이는 다른 누군가가 그들의 교육에 더 투자하는 것이 가치 있다고 느꼈기 때문이지 그들 스스로가 타고난 능력이 더 뛰어나거나 더 많이 노력했기 때문이 아니다.

모든 아이들에게 어느 정도까지 교육을 제공할지 또는 모든 아이들이 얼마나 오래 학교에 다녀야 하는지에 대해 여기서 논의하진 않을 것이다. 그에 대한 답은 부분적으로 지역사회의 일반적 부, 경제적 특성, 심지어 청소년기 연령에 영향을 주는 기후조건 등과 같은 개별적인 환경에 달려 있다. 부유한 사회에서 학교 교육은 더 이상 경제적 효율을 높이는 수단이 아니라, 아이들이 일을 하기 전까지 이후에 여가를 더 잘 선용할 수 있게 하는 것들을 어떻게 심어줄 것인가의 문제가 되었다.

정말 중요한 문제는 일반적인 최소 수준을 넘어서 장기 교육을 받을 대상을 선발하는 방법이다. 장기 교육의 비용은 물적 자원 및 인적 자원 면에서 부유한 나라에서조차 부담이 매우 크기 때문에 인구의 상당수에게 고등 교육을 제공하려는 바람은 모든 사람에게 제공되는 교육 기회를 늘리려는 바람과 충돌을 빚는다. 또한 제한된 교육비 지출로 최대의 경제적 이익을 얻기 원하는 사회는 고등교육을 소수의 엘리트에 집중해야 할 것이다.[782] 이것은 오늘날 다수의 교육기간을 연장하는 것보다 가장 높은 수준의 교육을 받는 인구 비율을 늘린다는 뜻이다. 그러나 정부 교육의 경우 민주주의에서 이것은 실행 가능해 보이지 않으며 당국이 그러한 교육의 수혜자를 결정하는 것 역시 바람직해 보이지 않는다.

다른 모든 분야와 마찬가지로 고등교육에게 보조금을 지급하라는 주장 역시 수혜자에 대한 이득이 아니라 지역사회 전체가 누릴 수 있는 결과적 이익을 근거로 할 수밖에 없다. 따라서 모든 종류의 직업 교육을 지원하자는 주장은 나오지 않는다. 직업 교육을 통해 숙련도가 높아지면 소득력이 높아질 것이고, 이것은 이러한 교육에 투자하는 것이 바람직한지 여부를 꽤 정확하게 측정할 수 있는 기준이 될 것이다. 이러한 교육이 필요한 직업에서 증가한 소득의 대부분은 사실 그 교육에 투자된 자본의 수익일 뿐이다. 최선의 해결책은, 비록 실제로 시행한다면 상당한 현실적 어려움에 직면할 수 있겠지만, 그러한 투자로 최대 수익이 가능해 보이는 사람이 자금을 빌리고 나중에 늘어난 수익에서 상환하도록 하는 것이다.[783]

고등교육의 비용이 반영되지 않아 그 교육을 받은 사람들의 서비스(의학, 법학, 공학 등) 비용이 그만큼 오르지 않고 교육의 목적이 공동체 전반적으로 지식의 확산과 증가에 있는 곳에서는 상황이 다소 다를 수 있다. 그런 곳에서는 과학자들이나 학자들에게서 받은 혜택이 이들이 특정 서비스를 판매한 값으로 측정될 수 없다. 왜냐하면 그들이 기여한 많은 부분을 모두가 무료로 이용할 수 있기 때문이다. 따라서 그러한 연구를 하길 원하고 그런 성향을 보이는 사람들 중

적어도 일부는 지원해야 한다는 강한 주장이 제기된다.

그러나 고등 교육을 받을 수 있는 지적 능력을 가진 모든 사람이 그러한 지원을 받을 권리가 있다고 가정하는 것은 다른 문제다. 특별히 지적 능력을 가진 사람들 모두가 교육받을 수 있도록 하는 것이 모두에게 이득이 될지 결코 확실하지 않다. 또 그들 모두가 고등 교육을 통해 실질적 이익을 얻는다거나, 더 나아가 그러한 교육은 확실한 능력을 가진 사람들에게로 제한되어 더 높은 지위로 올라갈 표준적이며 독점적인 길이 된다거나 하는 것이 모두에게 이익이 될지도 결코 확실하지 않다. 최근에 지적된 것처럼 더 많은 지식인들이 부유한 집단에 유입되는 것이고 가난한 사람은 덜 지적인 것이라는 주장이 일반적 추정 정도가 아니라 보편적 사실이 돼 버린다면, 계급 간에 훨씬 선명한 구분이 존재하게 될 것이고 운이 없는 사람은 심한 경시를 받을 것이다. 그리고 일부 유럽 국가에서 큰 비중을 차지하는 문제이자 또 우리가 명심해야 할 또 다른 문제가 있다. 그것은 우리가 수익성 있게 활용할 수 있는 인원보다 더 많은 지식인이 존재한다는 것이다. 학문적 출구를 찾지 못한 지적 프롤레타리아의 존재보다 정치적 안정에 더 위험한 것은 없다.

모든 고등교육에서 우리가 직면한 보편적 문제들은 다음과 같다. 누가 가장 큰 이득을 만들어 낼지 확신할 수 없는 상황에서 어떤 젊은이를 선발하여 다른 사람들보다 더 높은 소득을 올릴 수 있는 교육을 시킬지의 문제다. 그리고 투자를 정당화시키기 위해 그들은 선별되어야 하고, 그 결과 전체적으로 더 높은 소득을 올릴 자격을 갖추게 될 것이다. 마지막으로 원칙적으로 다른 누군가가 교육에 대한 비용을 지불해야 하기 때문에 교육에서 이득을 얻는 사람들은 '불로' 혜택을 누리게 될 것이란 사실을 받아들여야만 한다는 점이다.

고등교육의 문제

최근 들어 이런 문제의 어려움이 더욱 커지고 있다. 평등주의적 목적을 위해 정부 교육을 활용하는 사례가 늘어남에 따라 합리적 해결 역시 거의 불가능해지고 있다. 고등 교육의 혜택을 누릴 가능성이 있는 사람들에게 가능한 한 교육의 기회를 보장해주자는 주장이 나왔지만, 정부의 교육통제는 대체로 모든 사람의 미래 전망을 평등하도록 만드는 데 사용돼 왔다. 이 둘은 완전히 다른 것이다. 평등주의자들은 흔히 그들의 목표가 모든 사람에게 제공될 수 없는 일부 사람들의 혜택을 박탈할 기계적인 평등이라는 비난에 저항하지만, 교육에는 그러한 경향이 분명 있다. 이러한 평등주의적 입장은 대체로 리처드 토니(R. H. Tawney)의 『평등(Equality)』에서만큼 명시적으로 주장된 적이 없다. 이 영향력 있는 책에서 저자는 "지적인 사람에 대한 교육 지출보다 우둔한 사람에 대한 교육 지출이 적은 것은 불공정하다"고 주장한다.[784] 그러나 기회를 평등하게 하려는 것과 기회를 역량에 맞추려는 것, 이 두 가지 상반된 욕구는(알다시피 이것은 도덕적 의미에서의 능력과 아무런 상관이 없다) 도처에서 혼선을 빚고 있다.

공적비용으로 이뤄지는 교육에 관한 한 모두를 평등하게 대우해야 한다는 주장이 설득력을 갖는 것은 사실이다. 하지만 더 부유한 사람들에게 특별한 혜택이 주어지는 것에 반대하는 주장과 결합되면 사실상 모든 아이들은 자신이 얻을 수 있는 것만 받을 수 있고 어느 누구도 모두에게 제공될 수 없는 것을 받아서는 안 된다는 의미가 된다. 이 논리를 계속 밀고 나가면, 어떤 아이의 교육비도 모든 아이들 각각의 교육비 이상으로 지출되어서는 안 된다는 뜻이 된다. 이것이 공교육의 필연적 결과라면 사실상 모든 사람에게 제공될 수 있는 초등교육 이상의 교육에 관심을 갖는 정부에 강력히 반대하고 또 모든 고등교육을 민간에 맡기는 것에 찬성하는 근거가 된다.

어쨌든 어떤 혜택은 일부 사람들에게만 국한되어야 한다는 사실이 단일 정부 당국이 그 혜택이 누구에게 돌아가야 할지 결정하는 독점적 권한을 가져야 한다는 것을 의미하는 건 아니다. 당국의 손에 들어간 그러한 권한이 장기적으로 교육을 발전시키거나 그렇지 않았을 경우보다 더 만족스럽거나 정의롭게 느껴지는 사회적 조건을 만들 수 있을 것 같지 않다. 첫 번째 요점에서 어떤 당국도 어떤 종류의 교육이 얼마나 가치 있고 또 교육에 얼마나 많이 더 투자되어야 하는지 혹은 다른 어떤 종류의 교육에 투자되어야 하는지를 판단하는 독점권을 가질 수 없다는 점은 명백하다. 서로 다른 목적의 상대적 중요도나 상이한 방법에 따른 상대적 만족도를 결정할 수 있는 단일한 표준은 존재하지 않으며 존재할 수도 없다. 교육 분야만큼 대안적 방법을 꾸준히 활용할 수 있는 것이 중요한 분야는 아마 없을 것이다. 교육의 과제는 젊은이들을 계속 변화하는 세상에 대비하도록 준비시키는 것이기 때문이다.

정의에 관한 한, 공공이익을 위해 고등 교육을 '받을 만한 가치'가 가장 큰 사람들과 노력과 희생을 통해 얻은 주관적 능력이 가장 큰 사람들이 반드시 일치하지는 않는다는 점을 분명히 해야 한다. 자연적 역량과 타고난 적성은 자연의 우연만큼이나 '불공정한 혜택'이며 고등 교육의 혜택을 그 교육을 통해 가장 큰 혜택을 입을 것이 확실시되는 사람에게만 국한시킨다면 경제적 지위와 주관적 능력의 불일치를 줄이기보다는 더 확대시킬 것이다.

우연 효과를 제거하려는 욕구는 '사회적 정의' 요구의 근원에 자리한 것으로, 다른 분야와 마찬가지로 교육 분야에서도 의도적 통제가 가능하지 않은 모든 기회를 제거해야만 그 욕구가 충족될 수 있다. 그러나 문명의 성장은, 맞닥뜨리는 우연을 개인들이 얼마나 잘 활용하는지, 또한 새로운 상황에서 한 종류의 지식을 통해 한 개인이 다른 사람들에게 가져다 준 예상 못한 혜택을 개인들이 얼마나 잘 활용하는지에 달려 있는 것이다.

정의 실현을 위해 모두가 동일한 기회를 갖고 출발해야 한다고 강력히 주장하는 사람들의 동기는 칭찬할 만한 것이지만 그들의 정의는 말 그대로 실현 불가능한 이상이다. 게다가 성공했다거나 성공에 거의 근접했다는 모든 주장은 뒤처진 사람들의 처지를 악화시킬 수만 있을 뿐이다. 기존 제도에서 누군가의 길을 방해하는 특별한 장애물을 모두 제거해야 한다는 주장도 있지만 모든 사람이 동일 선상에서 출발하는 것은 불가능하며 바람직하지도 않다. 이는 모든 사람에게 제공될 수 없는 기회라면 무엇이든 없애버릴 때에만 가능하기 때문이다. 모든 사람에게 가능하면 많은 기회가 주어지기를 바라지만, 사람들이 가장 불우한 사람들보다 더 많은 기회를 갖지 못하게 하려면 대부분의 기회를 확실히 줄여야 한다. 어느 나라에서든 동시대를 사는 모든 사람이 같은 선상에서 출발해야 한다고 말하는 것은 다른 장소 또는 다른 시대에 살고 있는 모든 사람에게 이런 종류의 평등을 보장해줘야 한다고 말하는 것만큼이나 발전하는 문명과 함께 할 수 없다.

학문적 또는 과학적 연구에서 특출한 재능을 보이는 일부 사람들에게는 가족의 재력과 무관하게 그 재능을 살릴 수 있는 기회가 주어지는 것이 공동체에게 이득이 된다. 그러나 그러한 기회를 누릴 권리가 모든 사람에게 주어지는 것은 아니다. 하지만 이러한 사실이, 특출한 재능이 확인된 사람들만 그 기회를 가져야 한다든지 또는 동일한 객관적 검증을 통과할 수 있는 모든 사람에게 보장되지 않는 한 아무도 기회를 가질 수 없어야 한다는 뜻은 될 수 없다.

특별한 기여를 할 수 있는 자질 모두가 시험이나 검증을 통해 확인될 수 있는 것이 아니며, 그러한 자질을 가진 사람들 중 일부라도 기회를 갖는 것은 동일한 요구사항을 충족시키는 사람들 모두에게 기회가 주어지는 것보다 더 중요하다. 지적 욕구나 특이한 관심이 눈에 띄는 재능이나 검증 가능한 능력보다 더 중요할 수 있다. 그리고 일반 지식의 배경과, 가정환경에 의해 만들어진 지식에 대한 관심이나 존중 등은 성취에 있어 때때로 선천적 역량보다 더 큰 기여를 한다. 좋은 가정환경의 이점을 누리는 사람들이 있다는 것은 사회적 자산이다. 평등주의 정책이 이것을 파괴할 수는 있지만 이 자산은 노력 없이 얻은 불평등 덕분에 생겨난 것이다. 지적 열망은 취향이고 가족을 통해 물려받는 것이기 때문에 교육에 상당히 관심을 갖는 부모들이 물질적인 희생을 치르며 자기 자식들에게 교육을 보장하려 노력하는 것을 허용해야 한다는 강력한 주장도 있다. 다른 기준으로 봤을 때 이 아이들이 그러한 열정을 갖지 못한 다른 사람들보다 그 교육을 받을 자격이 없어 보일지라도 말이다.[785]

지위의 새로운 질서?

능력이 검증된 사람들에게만 교육을 제공해야 한다는 주장은 전체 인구를 객관적 검증 과정을 통해 등급을 매기고 어떤 사람이 고등교육의 혜택을 누릴 자격이 있느냐는 식으로 상황을 몰고 가게 된다. 공인된 천재가 상층에 있고 공인된 바보가 하층에 있는 위계질서에서 사람들을 공식적으로 순위를 매긴다는 뜻이다. 위계질서는 '능력'을 나타내는 것으로 받아들여지며 가치를 발견할 수 있는 기회에 대한 접근도를 결정짓는다는 사실로 인해 그 위계는 훨씬 더 악화된다. '사회 정의'를 위한다는 명목하에 정부 교육 시스템에 배타적으로 의존하는 곳에서는 고등교육이란 무엇인가에 대한 단일한 견해와 그 교육을 받을 만한 능력이 무엇인지에 대한 견해가 전체에 적용될 것이다. 또 누군가 고등교육을 받았다는 사실은 그가 '그럴 만한 가치가 있다'는 것을 나타내는 것으로 받아들여질 것이다.

다른 분야와 마찬가지로 교육에서도 대중은 누군가를 지원하는 데 관심을 가지고 있다는 공공연한 사실이, 일부가 합의한 관점에 따라 공공재정을 지원받을 자격이 있다고 여겨진 사람만이 고등 교육을 받을 수 있도록 허용되어야 한다든지 또는 누구도 다른 근거로는 특정 개인을 지원해서는 안 된다는 의미가 되지 않는다. 기회를 받은 어떤 집단의 최우수자가 기회를 얻지 못한 다른 집단의 구성원보다 자질이 부족한 것처럼 보일지라도, 기회가 주어진 인구 내 여러 집단 중 어떤 구성원들에게는 아마도 타당한 부분이 있을 것이다. 이러한 이유로 다양한 지역, 종교, 직업 또는 인종 집단이 젊은 구성원(어린이들)의 일부를 지원할 수 있어야 한다. 그 결과 고등 교육을 받는 사람들이 교육에 대한 존중 정도에 비례해서 각각의 집단을 대표할 수 있도록 말이다.

교육의 기회가 추정되는 역량에 따라 광범위하게 주어지는 사회가 우연한 출생의 조건이 중요한 역할을 하는 사회보다 실패를 좀 더 용납할 수 있을지는 의문이 든다. 전쟁이 끝난 후 영국에서는 추정되는 역량에 기초해 교육 체계를 확립해가는 방향으로 오랫동안 교육 개혁을 추진해왔고, 그 결과는 이미 근심거리를 만들고 있다. 사회 이동성에 관한 최근 연구를 보면 이제 "공립명문학교에서 새로운 엘리트를 공급할 것이다. 이 엘리트들은 '측정된 지적 능력'에 따라 선발되었기 때문에 확실히 덜 공격적이다. 선발 과정은 사회적 지위가 이미 높은 직업의 명성을 더 강화시키고 또 사람들을 선과 악처럼 분명하게 두 부류로 나누는 경향이 있을 것이다. 공립명문학교 출신이 아니란 것이 교육 제도에서 사회적 불평등이 존재했던 과거보다 더 심각한 결격사유가 될 것이다. 그리고 자신이 명문학교에 다니지 못하게 만든 선발 과정이 어느 정도 타당하다는 인식 때문에 분노의 감정이 옅어지기 보다는 더 격렬할 것이다. 이러한 점에서 명백한 정의는 불의보다 더 견디기 어려울 수 있다."[786] 또 다른 영국 작가는 좀 더 일반적으로 다음과 같이 말했다. "사회 패턴을 유연하게 만들려 했으나 더 경직되게 만든 것은 복지 국가의 예상치 못한 결과다."[787]

모든 수단을 동원해 모두를 위해 기회를 늘리도록 노력하자. 그러나 모두를 위해 기회를 늘린다는 것은, 기회가 주는 혜택을 모두가 잘 누리도록 하는 것이며, 처음에는 불평등을 증가시킬 수도 있다는 점을 충분히 염두에 두고 그렇게 해야 한다. '기회의 평등'에 대한 요구가 그런 '불공정한 이득'을 없애는 시도로 이어진다면 피해만 일으킬 뿐이다. 모든 인간의 차이는 타고난 재능의 차이든, 기회의 차이든 간에 불공정한 이득을 낳게 된다. 모든 개인의 중요 기여는 우연히 맞닥뜨린 것을 최대한 잘 활용하는 것이기에 성공은 상당 부분 운의 문제인 것이 틀림없다.

대학과 연구

최고 수준에서 교육에 의한 지식의 확산은 연구에 의한 지식의 진보와 불가분의 관계가 된다. 지식의 경계에 있는 문제들은 연구가 주업인 사람들에 의해서만 제기될 수 있다. 19세기 동안 대학들, 특히 유럽 대륙의 대학들은 한창 시기에 사실 연구의 부산물인 교육을 제공하는 기관으로 발전했다. 학생들은 대학에서 창의적 과학자나 학자의 도제로 일하면서 지식을 습득했다. 이후 지식의 경계에 도달하기 전 완전히 습득해야 할 지식의 양이 증가하고 또 그 수준에 도달하려는 의도 없이 대학 교육을 받는 사람들 수가 늘었기 때문에 대학의 성격이 크게 달라졌다. '대학 공부'라고 불리는 것의 상당 부분이 오늘날에는 그 성격과 본질이 학교 교육의 연속선상에 놓이게 되었다. 오직 '대학 졸업자' 혹은 '대학원생'만이(사실상 이들 중 최고 수준에 있는 사람만이) 지난 세기 대륙의 대학들을 특징지었던 것과 같은 일에 전념하고 있을 뿐이다.

그러나 좀 더 발전된 형태의 작업이 그다지 필요 없다고 생각할 근거는 없다. 한 국가의 지적 생활의 수준은 주로 이런 작업에 의존한다. 젊은 과학자들이 인턴으로 일하는 실험 과학 연구 기관이 이러한 요구를 어느 정도 충족시키고 있지만 몇몇 학문 분야에서는 교육의 민주적 확대가 살아있는 지식을 추구하는 독창적 연구 발전에 있어 마이너스가 될 수 있다.

최고의 자질을 가진 사람들이 부적절하게 배출되는 것 그 이상으로 현재 서구세계에서[788] 배출되고 있는 대학교육을 받은 전문가들의 수가 부적절함에 대해 걱정할 필요는 아마 없을 것이다. 그리고 적어도 미국에서, 그리고 점점 더 많은 다른 곳에서 주로 학교의 부적절한 준비와 전문 자격증 수여에만 관심을 갖는 기관의 공리주의적 편향에 그 부적절한 배출의 책임이 있지만, 또 지식의 진보보다 많은 사람에게 더 나은 물질적 기회를 제공하려는 민주주의적 선호 역시 간과해서는 안 된다. 지식의 진보는 항상 상대적으로 소수의 작업이 될 것이며 사실 이 분야가 공적 지원이 가장 필요하다.

지식의 경계에서 연구와 교육에 전념하는 유서 깊은 대학과 같은 기관들이 새로운 지식의 주된 원천으로 남아 있을 수 있는 이유는 오직 그러한 기관만이 연구주제 선택의 자유를 제공할 수 있으며, 새로운 생각의 착상과 추구를 위한 최상의 조건이 될 다양한 학파 대표자들과의 상호접촉 기회를 제공할 수 있기 때문이다. 그러나 이미 알려진 방향으로의 진보는 어느 정도 알려진 목표를 향한 의도적 조직화를 통해 가속화될 수 있지만, 일반적 발전에서 결정적이고 예측할 수 없는 진전이 발생하는 것은 특수한 목적을 추구할 때가 아니라 개별적인 지식과 재능 그리고 특별한 환경과 접촉의 우연한 결합이 개인에게 주어지고 그가 그 기회를 활용할 수 있을 때이다. 전문 연구기관이 '응용' 업무를 수행하는 덴 가장 효율적일 수 있지만, 그러한 기관의 연구는 항상 정책의 지시를 따르게 되며 전문 장비, 발족된 특별 팀, 기관이 헌신하고 있는 구체적 목적에 따라 그 연구 목적이 결정된다. 그러나 지식의 변두리에 대한 '근본적' 연구의 경우 고정된 주제나 분야가 없는 경우가 많으며 결정적 발전은 관습적인 학문 분과 구분이 무의미해진 곳에서 자주 나타난다.

학문적 자유

따라서 가장 효과적으로 지식의 발전을 지원하는 문제는 '학문의 자유'라는 문제와 밀접하게 연관되어 있다. 이 용어가 지칭하는 개념은 유럽 대륙 국가에서 개발되었다. 그곳에서 대학은 일반적으로 국가 기관이었다. 따라서 그들은 이 기관들의 업무에 대한 정치적 간섭을 전적으로 반대했다.[789] 그러나 실제 쟁점은 훨씬 더 광범위한 것이다. 연구와 무관한 정부 당국이 지시하는 것에 반대하는 것과 마찬가지로 가장 명성 있는 과학자나 학자로 구성된 원로원에서 모든 연구 계획을 단일화시키고 지시하는 것에 강력히 반대하는 주장도 있었다. 주제의 선택이나 연구에 대한 방해가 이와 무관한 것에 의해 일어났을 때 개별 과학자들이 분노하는 게 당연하겠지만, 모두가 당시 최고의 과학적 관심사라는 단일 개념의 통합된 통제하에 있지 않고 다양한 연구기관이 있어 각각 다른 외부 압박에 노출되었다면 확실히 이런 위험은 덜했을 것이다.

물론 학문적 자유는 모든 과학자가 자신에게 가장 바람직한 것을 해야만 한다는 의미가 아니다. 또 과학 전체에 자치가 이뤄진다는 의미도 아니다. 그보다는 가능한 한 많은 독립적인 작업 센터들이 있어야 한다는 뜻이다. 그곳에서 지식을 발전시킬 수 있는 능력과 업무에 대한 헌신을 증명한 사람들이 자신들의 에너지를 발산할 주제를 스스로 선택할 수 있고 또 도달한 결론들을(이러한 결론들이 그들의 고용주나 일반 대중의 입맛에 맞든 안 맞든지) 펼칠 수 있을 것이다.[790]

이는 실제로 동료들에게 이미 자신을 증명한 사람들과 또 이러한 이유로 자신의 일과 하급자의 일을 결정할 상급자의 지위를 부여받은 사람들의 종신 재직권을 보장해줘야 한다는 의미가 된다. 이것은 판사의 지위를 보장하는 것이 바람직한 것과 비슷한 이유로 주어지는 특권이다. 그리고 이것은 개인의 이해를 위해 부여되는 것이 아니라 그러한 위치에 있는 사람들이 외부 견해의 압박에서 보호된다면 공익을 위해 최선을 다해 봉사할 것이라고 믿기 때문이다. 물론 이는 무제한적 특권이 아니다. 일단 이 특권이 주어지면 초기 지정 당시 구체적으로 규정된 이유를 제외한 다른 이유로는 철회될 수 없음을 의미한다.

비록 새로운 조건들은 미국에서 '종신 재직권'이라고 부르는 것을 이미 가진 사람들에게 적용할 수 없음에도, 우리가 새로운 경험을 쌓으면서 새로 임명을 할 때 이러한 조건들이 변경되지 않을 이유가 없다. 최근의 경험에 비추어 예를 들어보자. 특권을 받은 위치에 있는 사람이 특권을 낳은 바로 그 원칙에 반하는 어떤 운동에 의식적으로 참여하거나 지지한다면 그 특권이 박탈된다는 것을 임용 조건에 명시해야 함을 시사한다. 불관용에 대한 옹호마저 관용하면 안 된다. 이러한 이유로 나는 공산주의자에게 '종신 재직권'을 주어서는 안 된다고 생각한다. 일단 그가 명시적 제한 없이 '종신 재직권'을 부여받았다면 다른 임용과 마찬가지로 존중되어야 하지만 말이다.

그러나 이 모든 것은 '종신 재직권'이라는 특권에만 적용된다. 종신 재직권과 관련된 이러한 고려사항 외에 그가 좋아하는 것을 하거나 가르칠 수 있는 자유를 권리의 문제로 주장하는 것은 정당성이 없다. 또한 특정 의견을 가진 사람을 보편적으로 배제시키는 강경한 규칙 역시 정당성이 없다. 높은 수준을 지향하는 기관이라면 가장 어린 구성원에게조차 연구 방향 및 관점에 대해 넓은 선택권을 줄 때만 최고 인재를 유치할 수 있다는 사실을 금방 알게 되겠지만, 그렇다고 해서 어느 누구도 자신이 어떤 관심사와 견해를 가졌는지와 무관하게 기관에 고용될 권리를 가진 것은 아니다.

연구조직 및 재정

정치적 또는 경제적 이해관계에 따른 미숙한 간섭으로부터 학습 기관을 보호해야 할 필요성은 오늘날 잘 인식되고 있어 평판이 좋은 기관 내에서 용케 간섭이 가해질 위험은 그다지 크지 않다. 그러나 여전히 주의할 필요가 있다. 특히 사회과학에서 그렇다. 이 분야에서는 매우 이상적이고 널리 승인된 목표라는 미명 하에 압박이 자주 가해진다. 비대중적인 견해에 대한 압박은 대중적 견해에 반대하는 것보다 훨씬 위험하다. 토머스 제퍼슨조차 버지니아 대학에서 정부 영역과 관련해 가르쳐야 할 원칙과 교재는 정부 당국이 결정해야 한다고 주장한 걸 보면 확실히 경각심을 가져야 한다. '전에 연방주의 학파 쪽이었던 사람'이 다음 교수로 올 수도 있기 때문이라는 게 그 주장의 이유였다![791]

그러나 오늘날 위험은 분명한 외부 간섭에 있는 것이 아니라 연구의 재정적 필요가 증가함에 따라 자금줄을 쥐고 있는 사람들의 통제권이 증가하는 데 있다. 그것은 과학의 발전에 실질적 위협이 된다. 왜냐하면 모든 과학적 노력의 통합적이고 중앙집권적 지향이라는 이상을 지원해 일부 과학자들이 이 이상을 공유하게 되기 때문이다. 과학 계획이라는 미명하에, 강력한 마르크스주의 영향 아래 1930년대 시작되었던 첫 번째 거대한 공격을 성공적으로 물리쳤고[792] 여기서 야기된 논쟁은 이 영역에서 자유의 중요성에 대한 인식을 크게 높였다. 그렇지만 과학적 노력을 '조직화'하고 특정 목표로 끌고 가려는 시도는 앞으로 새로운 형태로 다시 출현할 것이다.

러시아가 특정 분야에서 성취해낸 놀라운 성공들에(이것은 과학적 노력을 의도적으로 조직화하는 것에 새로운 관심을 불러일으켰다) 경탄하지 말았어야 했으며, 자유의 중요성에 대한 우리의 견해를 바꿀 이유가 돼서도 안 된다. 달성할 수 있는 것으로 이미 알려진 어떤 하나의 목표 또는 제한된 수의 계획들이 모든 자원의 중앙 할당에서 우선순위에 놓인다면 그것이 보다 빨리 달성될 수 있음은 논쟁의 여지가 없다. 이것이 전체주의 조직이 단기 전쟁에서 보다 효과적일 수 있는 이유이자 그러한 정부가 전쟁하기에 가장 유리한 시기를 선택할 위치에 있을 때 다른 정부에 그토록 위험한 까닭이다. 그러나 현재 가장 중요한 목표라고 생각되는 것에 모든 노력을 집중한다고 해서 전반적으로 지식의 발전이 더 빨라진다거나 또는 보다 의도성을 가지고 조직화된 노력을 기울인 국가가 장기적으로 더 부강해지는 것은 아니다.[793]

지시받은 연구가 우월하다는 믿음에 기여한 또 다른 요인은 현대 산업의 진보가 거대한 산업연구소의 조직화된 팀워크에 힘입은 것이라는 다소 과장된 개념이다. 사실 최근 몇 가지 세부사항에서 보여주었던 것처럼,[794] 최근의 중요한 기술적 진보는 일반적으로 생각하는 것보다 훨씬 많은 부분이 개인의 노력에서 나온 것이다. 그들은 아마추어적 관심을 추구했거나 우연히 그 문제들을 발견한 사람들이었다. 그리고 응용영역에서 사실로 나타나는 것은 기초연구에서 더욱 그렇다. 기초연구 분야에서 중요한 진보는 그 성격상 예측하기 훨씬 어렵다. 이 분야에서 현재의 팀워크와 협력을 강조하는 것은 정말로 위험할 수 있다. 그리고 유럽 과학자들이 근본적인 연구의 가장 독창적인 영역에서 미국 과학자보다 더 유리한 것처럼 보이는 이유는 유럽은 개인주의가 강하기 때문이다(유럽 과학자는 부분적으로 엄청난 물질적 지원에 익숙하지 않아 그에 대한 의존도도 더 낮기 때문이다).

과학적 연구가 사회적 효용이라는 일종의 통합개념에 의해 결정되지 않고 또 능력이 증명된 각 개인이 스스로 큰 기여를 할 수 있을 좋은 기회라고 여기는 과업에 각자 전념하는 곳에서 가장 빠른 지식의 진보를 보인다는 사실처럼 우리의 주요 테제가 잘 적용된 곳도 없을 것이다. 모든 실험 분야에서 점점 더 그러하듯이 자신의 시간을 어떻게 사용할지 스스로 결정할 수 있도록 해주는 것만으로 능력 있는 연구자들 모두에게 그러한 기회가 다 주어지는 것은 아니다. 대부분의 작업이 대규모 물질적 수단을 필요로 하는 곳에서는 단일 계획에 따라 단일한 정부 당국의 손에 자금 집행 통제권이 주어지는 대신에, 독립적인 자금원이 다양하게 존재해 비정통적인 사상가 역시 자신에게 공감해주는 사람을 찾을 수 있는 기회가 주어진다면 진보의 전망이 가장 밝을 것이다.

연구 지원에 투입될 독립된 자금을 관리하는 최선의 방법에 대해서는 배워야 할 것이 여전히 많고 (다수의 의견에 어쩔 수 없이 의존하게 되며 과학적 유행의 변화를 강조하는 경향에 따르는) 대규모 재단의 영향력이 생각만큼 유익한지 확실하지 않지만, 제한적인 영역에 관심을 갖는 사적 기부금이 미국의 상황에서 가장 고무적인 특징 중 하나임은 부인할 수 없는 사실이다. 현재의 조세법이 그러한 자금 흐름을 일시적으로 증가시킬 수 있지만, 또 바로 그 법이 새로운 부의 축적을 더 어렵게 만들고 미래에 이러한 원천들이 고갈될 가능성이 있다는 것도 잊지 말아야 한다. 다른 곳에서와 마찬가지로 마음과 정신 영역에서의 자유(freedom)를 지키는 것은 장기적으로는 물질적 수단에 대한 통제가 분산되는지 여부와 자신이 중요하게 생각하는 목적을 위해 많은 자금을 투입할 수 있는 개인들이 지속적으로 존재할 수 있는지 여부에 달려있을 것이다.

최고의 다양성 속에서 인간 개인의 발전

우리가 가장 모르는 곳, 즉 지식의 경계, 다시 말해 아무도 한발 앞에 무엇이 있는지 예측할 수 없는 곳만큼 자유가 중요한 곳은 없다. 그곳에서조차 자유는 위협받고 있지만, 그곳은 대부분의 사람들이 그 위협을 인지할 때 자유 수호를 위해 결집할 수 있는 영역이다. 이 책에서 주로 다른 영역의 자유에 대해 관심을 가졌다면 그 이유는 지적 자유는 훨씬 더 넓은 기반이 필요하며 그것이 없으면 존재할 수 없다는 사실을 우리가 너무나 자주 잊어버리기 때문이다. 그러나 자유의 궁극적 목적은 인간이 조상을 능가하고 각 세대가 지식의 성장과 도덕적·미학적 신념의 점진적 진보에 대한 각자의 공헌을 더하기 위해 노력하도록 능력을 확장시키는 것이다. 여기에서는 어떠한 상급자도 무엇이 옳고 좋은 것인지에 대한 관점을 누군가에게 강요할 수 없으며 오직 더 나은 경험에 의해서만 무엇이 지배적이어야 하는지를 결정할 수 있다.

인간이 현재의 자신을 넘어서는 곳, 새로움이 출현하고 평가가 미래에 놓여있는 곳에서 자유(liberty)는 궁극적으로 자신의 가치를 드러낸다. 따라서 교육과 연구의 문제는 우리를 자유(freedom)와 규제의 결과가 훨씬 더 멀리 있고 덜 가시적인 곳으로부터 이 책의 중심주제인 궁극적 가치에 가장 직접적으로 영향을 미치는 곳으로 되돌려 보낸다. 100년 전 존 스튜어트 밀이 『자유론(On Liberty)』의 서두에 인용했던 폰 훔볼트의 말보다 결론으로 더 적절한 것은 없는 것 같다. "이 책에서 펼쳐지는 모든 주장들이 직접적으로 수렴되는 위대하고 핵심적인 원칙은, 인간의 발전이 가장 풍부한 다양성 속에서 절대적이고 본질적인 중요성을 갖는다는 점이다."[795]

POSTSCRIPT 후기

나는 왜 보수주의자가 아닌가

Why I am Not a Conservative

언제나 자유의 진정한 친구는 드물었고 자유의 승리는 소수 덕분이었다. 소수의 사람들은 자신들과 다른 목적을 가진 조력자들과의 연합을 통해 승리해왔다. 그리고 항상 위험하기 마련인 이러한 연합은 반대자들에게 반대의 타당한 근거를 내줌으로써 때때로 비참한 결과로 이어지곤 했다.

액튼 경(Lord Acton)[796]

나는 왜 보수주의자가 아닌가

보수주의는 대안적 목표를 제공하지 못한다

진보적인 것으로 생각되는 대부분의 운동이 개인의 자유(liberty)를 더욱더 침해하는 것을 지지할 때,[797] 자유(freedom)를 소중히 여기는 사람들은 이에 반대하는 일에 온 에너지를 쏟는 것 같다. 이 지점에서 그들은 자신들이 습관적으로 변화에 저항하는 사람들과 많은 시간 같은 편에 서있음을 깨닫는다. 오늘날 정치 문제에 있어 그들은 대체로 보수 정당을 지지하는 것 외에는 다른 선택의 여지가 없다. 내가 취해온 입장이 '보수적'이라고 지칭되는 경우가 잦지만 전통적으로 그 이름에 부여되었던 내용과 내 입장은 상당히 다르다. 자유의 수호자와 진정한 보수주의자가 서로 다른 각자의 이념들을 동일하게 위협하는 전개 상황에 함께 맞서게 만든 혼동의 상황 속에 위험이 있다. 따라서 우리가 취하는 입장을 오랫동안 보수주의로 알려진 것과 명확하게(아마도 보다 적절하게) 구분하는 것이 중요하다.

보수주의는 엄밀하게 말해서 급격한 변화에 반대하는 타당하고, 아마도 필연적이며, 확실히 광범위하게 퍼진 태도를 말한다. 이러한 태도는 프랑스혁명 이후 한 세기 반 동안 유럽 정치에서 중요한 역할을 해왔다. 사회주의가 부상하기 전까지 보수주의와 대립하는 것은 자유주의였다. 미국 역사에는 이러한 갈등에 상응하는 부분이 없다. 유럽에서 '자유주의(liberalism)'라고 부르던 것을 공동의 전통으로 해서 미국 정치 체제가 구축되었기 때문이다. 따라서 미국 전통의 수호자는 유럽적 의미에서는 자유주의자였다.[798] 이러한 기존의 혼동은 최근 들어 미국의 전통에는 이질적인, 다소 특이한 성격의 유럽식 보수주의를 미국에 이식하려는 시도로 인해 더욱 악화되었다. 게다가 이런 일이 있기 얼마 전부터 미국의 급진주의자들과 사회주의자들이 스스로를 '자유주의자'라고 자칭하기 시작했다. 그럼에도 나는 내가 고수하는 입장, 그리고 사회주의만큼이나 보수주의와도 거리가 멀다고 믿는 이 입장을 자유주의라고 표현하기를 당분간 고수할 것이다. 그러나 그와 동시에 내 안의 의심은 점점 커지고 있다는 점과 후일 자유의 정당에 적합한 이름이 무엇일지 생각해야만 한다는 점을 말해두고자 한다. 왜냐하면 미국에서 '자유주의'라는 용어는 오늘날 계속되는 오해의 원인이어서이기도 하지만, 유럽을 지배하는 합리적 자유주의는 오랫동안 사회주의의 페이스메이커 역할을 해왔기 때문이기도 하다.

이제 내가 보기에 그 이름 뜻 그대로의 보수주의에 대한 결정적 반대 이유라고 생각되는 것들에 대해 이야기해보겠다. 그것은 바로 보수주의는 그 본질상 우리가 움직이고 있는 방향을 바꿀 대안을 제시하지 못한다는 것이다. 보수주의는 현재의 경향에 저항함으로써 바람직하지 않은 전개를 늦추는 데 성공할 수 있겠지만, 다른 방향을 제시할 수 없기 때문에 그러한 전개가 계속되는 것은 막을 수 없다. 이러한 이유로 보수주의는 항상 자신들이 선택하지 않은 길로 끌려가는 운명에 처하게 됐다. 보수주의와 진보주의 간의 줄다리기는 전개의 방향이 아니라 속도에만 영향을 줄 뿐이었다. 물론 '진보라는 차에 브레이크'가 필요하긴 하지만,[799] 나는 개인적으로 단순히 브레이크를 작동시키는 것에만 만족할 수 없다. 무엇보다 자유주의자들이 물어야 할 것은 얼마나 빠르게, 얼마나 멀리 움직여야 하는지가 아니라 어디로 가야 하느냐의 문제다. 사실 자유주의자는 오늘날 보수주의자보다는 급진적 집산주의자와 더 큰 차이를 보인다. 보수주의자가 일반적으로 당대의 편견들에 대해 부드럽고 온건한 입장을 지니고 있기에, 오늘날 자유주의자들은 대부분의 보수주의자들이 사회주의자들과 공유하는 몇 가지 기본 개념들에 대해 보다 적극적으로 반대해야 한다.

정당 간의 삼각형 관계

세 정당의 상대적 입장에 대한 일반적인 이미지는 그들의 실제 관계를 분명히 하기보다 오히려 더 모호하게 만든다. 그들은 대개 노선상 다른 입장을 취하는 것으로 나타난다. 즉, 사회주의자는 좌파, 보수주의자는 우파, 자유주의자는 중도파인 것이다. 이는 오해의 소지가 매우 크다. 도표를 그린다면 삼각형에서 보수주의자가 한

꼭짓점을 차지하고 사회주의자가 다음, 자유주의자가 마지막 꼭짓점에 놓여 있는 것으로 보는 것이 더 적절하다. 하지만 사회주의자들이 오랫동안 세력을 키워왔기 때문에 보수주의자들은 자유주의의 방향보다는 사회주의를 따르는 경향을 보였다. 그리고 급진적 선전선동에 힘입어 좋은 평가를 받게 된 사회주의자들의 이념을 적당한 시간 간격을 두고 받아들이게 되었다. 사회주의자들과 타협해서 그들의 아이디어를 주기적으로 도용한 것은 바로 보수주의자들이었다. 자신만의 목표가 없이 중도 노선을 지지하는[800] 보수주의자들은 양극단 사이 어딘가에 진실이 있다는 신념에 이끌려왔다. 그 결과 그들은 어느 한쪽에서 보다 극단적인 운동이 나타날 때마다 입장을 변경했다.

따라서 보수적이라고 적절히 기술될 수 있는 입장은 당시 경향이 무엇인지에 따라 달라진다. 지난 수십 년 동안의 발전이 일반적으로 사회주의 방향으로 진행되었기 때문에 보수와 자유 모두 주로 그 운동을 저지시키는 데 초점을 맞추고 있는 것처럼 보일 수 있다. 그러나 자유주의의 요점은 머물러 있는 것이 아니라 다른 곳으로 움직이고자 하는 것이다. 한때 자유주의가 널리 수용되고 그 목적의 일부가 거의 달성된 적도 있었기 때문에 오늘날의 이미지가 수구적으로 보이는 경우도 종종 있겠지만, 자유주의는 결코 과거 지향적 교리가 아니었다. 자유주의적 이념이 완전히 실현되고 자유주의가 더 이상의 제도 개선을 추구하지 않았던 적은 결코 없었다. 자유주의는 진화와 변화에 반대하지 않는다. 그리고 정부의 통제로 인해 자발적 변화가 억제된 곳에서는 많은 정책 변화를 요구한다. 현재의 정부 활동 대부분을 보면 오늘날 세계에서 자유주의자들이 현상유지를 바랄 이유는 거의 찾아볼 수 없다. 사실 자유주의자들의 입장에서 세계 대부분의 지역에 가장 시급한 것은 자유로운 성장을 저해하는 장애물을 철저히 제거하는 것일 터이다.

미국이 오랜 기간 동안 확립된 제도들을 보호함으로써 개인의 자유(liberty)를 수호하는 것이 여전히 가능했다는 사실로 인해 자유주의와 보수주의의 이러한 차이가 모호해져서는 안 된다. 자유주의자들에게 있어 미국의 제도는 오랫동안 존속해왔거나 미국적인 것이기 때문이 아니라 자유주의가 소중히 여기는 이상과 일치하기 때문에 가치 있는 것이다.

보수주의와 자유주의의 기본적 차이

자유주의적 태도와 보수주의적 태도가 첨예하게 대립하는 핵심 쟁점을 다루기에 앞서 자유주의자들이 일부 보수주의 사상가들의 저작에서 배울 것이 많다는 점을 우선 강조하고 싶다. 성장해온 제도의 가치에 대한 그들의 애정 어리고 경건한 연구들 덕분에 우리는 (적어도 경제학 외의 분야에서) 심오한 통찰력을 가지고 자유사회를 이해할 수 있었다. 비록 콜리지(Coleridge), 보날드(Bonald), 드 메스트르(De Maistre), 유스투스 뫼저(Justus Möser), 도노소 코르테스(Donoso Cortès) 등이 정치적으로 반동적이긴 했지만 그들은 언어, 법, 도덕, 관습 등과 같이 자생적으로 성장한 제도의 의미에 대한 이해를 보여줬다. 이는 현대 과학의 접근과 형태를 앞서 있었으며, 자유주의자들은 여기서 상당한 이득을 얻었다. 그러나 자유로운 성장에 대한 보수주의자들의 찬양은 일반적으로 과거에만 국한된다. 인간 노력의 새로운 도구가 나타나게 하는, 위의 제도들과 같은 유형의 고안되지 않은 변화를 받아들일 용기는 없는 것이 그들의 전형적 모습이다.

이 점에서 보수주의자와 자유주의자들의 기질이 근본적으로 다른 첫 번째 지점에 다다르게 된다. 보수주의적 작가들이 자주 인정해왔듯이 보수주의적 태도의 근본적 특징 중 하나는 변화에 대한 두려움, 새로운 것에 대한 소심한 불신이다.[801] 반면 자유주의적 입장은 용기와 자신감, 그리고 변화가 어디로 이어질지 예측할 수 없더라도 변화가 그대로 진행되도록 준비하는 것을 기반으로 한다. 만약 보수주의자들이 단지 제도나 공공 정책이 지나치게 빨리 변화하는 것을 싫어하는 것이라면 반대할 것이 별로 없을 것이다. 오히려 신중함과 느린 과정에 대한 주장이 실제로 설득력 있을 것이다. 그러나 보수주의자들은 변화를 막거나 그 속도를 소심한 사람들이 허용할 수 있는 수준으로 제한하기 위해 정부의 권력을 이용하는 경향이 있다. 미래에 대한 기대 측면에서 필요한 적응이 어떻게 이루어질지 아는 바가 없더라도 자유주의자가 아무런 걱정 없이 변화를 수용하는 이유는 자발적 조정 능력에 대한 신뢰 때문인데, 보수주의자들은 그것에 대한 신뢰가 없다. 사실상 아무도 어떤 경우에 어떻게 조정을 해나가야 할지 예측할 수 없다 하더라도, 특히 경제 분야에서 시장의 자율적 힘에 의해 새로운 상황에 적응할 수 있게 된다고 가정하는 것은 자유주의적 태도의 한 부분이다. 사람들은 일부러 통제하지 않고 수요와 공급, 수출과 수입 등에 필요한 균형을 만들어가는 법을 생각해낼 수 없기 때문에 시장에 맡기는 것을 대체로 꺼리게 된다. 보수주의자는 더 지혜로운 사람이 변화를 감시하고 감독하고 있다고 확신할 때에만, 뛰어난 당국이 '질서 있는' 변화가 이뤄지도록 책임지고 있음을 알았을 때에만 안정감과 만족감을 느낀다.

통제되지 않은 사회적 힘에 맡기기를 두려워하는 것은 보수주의의 다른 두 가지 특징, 즉 정부 당국에 대한 선호와 경제적 힘에 대한 이해 부족에 밀접하게 관련되어 있다. 추상적 이론과 보편적 원칙 모두를 불신하기 때문에[802] 자유 정책이 의지하는 자생력을 이해하지도, 정책의 원칙을 수립할 기반을 가지지도 못한다. 보수주의자들에게 질서는 당국의 지속적인 관심의 결과로 나타나는 것이다. 이 목적을 위해 당국은 엄격한 규칙에 얽매이기보다는 개별 상황에서 요구되는 일을 할 수 있어야 한다. 원칙을 준수한다는 것은 사회적 노력들이 상호 조정될 수 있는 보편적 힘에 대한 이해를 전제로 한다. 그러나 보수주의에 심각하게 결여된 것은 사회, 특히 경제적 메커니즘에 대한 이론이다. 따라서 보수주의는 사회질서가 어떻게 유지되는지에 대한 일반개념을 만드는 데 실패했다. 그들의 현대 지지자들은 이론적 기반을 구축하려고 애쓰면서 스스로를 자유주의자로 여기는 권위자들에게만 전적으로 기대고 있다. 맥컬리, 토크빌, 액튼 경 그리고 렉키는 확실히 스스로를 자유주의자로 여겼으며, 실제로도 그렇다. 끝까지 구 휘그당에 남아 있었던 에드먼드 버크조차 자신이 토리당원으로 간주된다는 것을 알면 아마 치를 떨었을 것이다.

다시 본론으로 돌아가 보자. 이미 확립된 당국에 안주하는 특징을 보이는 보수주의자들은 당국의 권한을 일정 범위 내에 가두는 문제보다 그 권위가 약화되지 않는 것에 주로 관심을 갖는다. 이것은 자유(liberty)의 수호와 조화를 이루기 어렵다. 일반적으로 보수주의자는 자신들이 올바른 목적이라고 여기는 것을 위해 사용되는 한 강제나 자유재량권에 반대하지 않는다고 말할 수 있다. 그는 정부가 점잖은 사람들의 손에 맡겨져 있다면 엄격한 규칙에 의해 지나치게 제한되어서는 안 된다고 믿고 있다. 보수주의자는 본질적으로 기회주의자며 원칙이 결여되어 있기 때문에 현명하고 선한 의지를 가진 사람들이 우리 모두가 틀림없이 원하는 대로 단순한 본보기가 아니라 그들에게 주어진 권위를 가지고 통치해주기를 바라 마지않고 있다.[803] 사회주의자와 마찬가지로 보수주의자는 정부 권력이 어떻게 제한되어야 하는 문제보다는 누가 그 권력을 행사할지에 더 관심을 갖는다. 또 보수주의자는 자신이 믿는 가치를 다른 사람에게 강요할 자격이 스스로에게 있다고 생각한다.

보수주의자가 원칙이 부족하다는 내 말은 도덕적 확신이 결여됐다는 의미가 아니다. 전형적인 보수주의자는 사실 매우 강한 도덕적 확신을 가진 사람이다. 내가 말한 원칙은 정치적 원칙, 즉 사람들의 도덕적 가치관은 다를지라도 하나의 정치적 질서를 위해 함께 일할 수 있으며 양쪽 모두 자신들의 신념에 따를 수 있게 하는 원칙이 없다는 것이다. 최소한의 권력으로 평화로운 사회를 건설하는 것이 가능하도록 만드는 서로 다른 가치관의 공존, 그것을 가능케 하는 것이 바로 그러한 원칙을 인식하는 것이다. 그러한 원칙을 받아들이는 것은 우리가 싫어하는 것들을 관용하는 것에 동의한다는 말이다. 사회주의자들의 가치보다 보수주의자들의 가치가 내게는 훨씬 더 호소력 있다. 그러나 자유주의자가 개인적으로 어떤 목적에 부여한 중요성이 타인이 그것을 위해 일하도록 강제할 충분한 이유는 되지 못한다. 보수주의자인 내 친구들 중 일부는 내가 이 책 3부에서 기술한 현대적 견해에 대해 '양보'라고 받아들이며 충격을 받을 것이 분명하다. 나도 그들만큼이나 관련된 몇몇 조치들을 싫어하고 또 반대표를 던질 수도 있지만, 우리 모두가 바라는 종류의 사회에서는 그러한 조치가 허용되지 않는다는 관점, 이 다른 관점을 그들에게 설득할 수 있는 보편적 원칙이 무엇일지 나는 알지 못한다. 다른 사람들과 더불어 성공적으로 생활하고 일하려면 자신의 구체적 목표에 충실함 그 이상의 것이 요구된다. 누군가에겐 기본적으로 받아들여지는 이슈에 대해서도 다른 누군가는 다른 목적을 추구하는 것이 허용되는 질서에 대한 지적 헌신이 요구된다.

따라서 자유주의자에게는 어떠한 도덕적, 종교적 이상도 강제의 대상이 될 수 없다. 반면 보수주의자와 사회주의자들은 모두 그러한 한계를 인식하지 못한다. 나는 때때로 자유주의를 사회주의만큼이나 보수주의로부터도 구별시키는 가장 두드러진 특성은 다른 사람의 보호 영역을 직접적으로 간섭하지 않는 행위규칙에 대한 도덕적 신념이 강제를 정당화하지 않는 것이라 느낀다. 이것은 또 회개한 사회주의자가 자유주의보다 보수주의 진영에서 새로운 정신적 고향을 찾기 쉬운 까닭을 잘 설명해준다.

마지막으로, 보수주의적 입장은 어느 사회에서든 전수된 기준과 가치, 그리고 지위가 보호되어야 하는 눈에 띄게 우월한 사람들이 있으며, 그들은 공적인 일에 다른 사람보다 더 많은 영향력을 행사해야 한다는 신념에 기반한다. 물론 자유주의자도 일부 우월한 사람들이 있다는 것을 부인하지 않는다. 자유주의자는 평등주의자가 아니다. 그러나 그들은 이러한 우월한 사람이 누구인지 결정할 권한이 누군가에게 있다는 점은 부정한다. 보수주의자는 확립된 특정 위계질서를 보호하고 또 자신들이 가치를 부여한 사람들의 지위를 보호해줄 권위를 원하는 반면, 자유주의자는 기존의 가치를 아무리 존중한다고 해도 경제적 변화의 힘에 맞서 그러한 사람들을 보호하기 위해 특권이나 독점 또는 국가의 어떤 다른 강제력이 정당화될 수는 없다고 생각한다. 자유주의자는 문화적·지적 엘리트들이 문명의 진화 과정에서 담당한 중요한 역할을 잘 알고 있지만 이러한 엘리트들이 모든 사람에게 동일하게 적용되는 규칙에 따라 자신들의 지위를 유지하는 능력을 통해 스스로를 증명해야 한다고 믿는다.

이것과 밀접한 관계가 있는 것이 민주주의에 대한 보수주의자의 일반적 태도다. 나는 앞서 다수결의 원칙을 목적이 아니라 하나의 수단으로 또는 우리가 선택할 수 있는 정부 형태 중 최소악으로 간주해야 한다고 분명히 했다. 그러나 나는 보수주의자들이 우리 시대의 해악을 민주주의의 탓으로 돌릴 때 그들이 자기기만에 빠져 있다고 생각한다. 주요 악은 무제한적인 정부이며, 어느 누구도 무한정 권력을 행사할 자격이 없다.804) 현대 민주주의가 가지고 있는 권력은 소수 엘리트의 손에 있을 때 훨씬 더 견딜 수 없는 것이 될 것이다.

물론 정부 권력을 더 이상 제한할 필요가 없다고 여겼던 것은 권력이 다수의 손에 들어왔을 때뿐이었다. 이런 의미에서 민주주의와 무제한의 정부는 서로 연결되어 있다. 그러나 반대의 대상은 민주주의가 아니라 무제한적 정부다. 그리고 사람들이 다른 형태의 정부뿐만 아니라 다수결 원칙의 범위(다수의 지배 범위)를 제한하는 방법을 왜 배워서는 안 되는지 나는 그 이유를 알지 못한다. 어쨌든 평화적 변화와 정치 교육의 방법으로서 민주주의의 장점은 다른 어떤 체계보다도 뛰어나기 때문에 나는 반민주적 보수주의에 동조할 수 없다. 나에게 핵심적인 문제는 누가 통치하느냐가 아니라 정부가 무엇을 할 권한을 갖느냐 이다.

지나친 정부 통제에 대한 보수주의의 반대가 원칙의 문제가 아니라 정부의 특정 목적과 관련이 있다는 점은 경제 영역에서 여실히 드러난다. 보수주의자들은 대개 산업 분야에서 집산주의적이고 지시주의적 조치에 반대한다. 여기서 자유주의자는 동맹자를 발견한다. 그러나 동시에 보수주의자들은 대체로 보호주의자들이고 농업에서 사회주의적 조치를 자주 지지해왔다. 사실 오늘날 산업과 상업에 존재하는 제한들이 주로 사회주의적 관점의 결과물이긴 하지만 농업에서 그러한 제한들은 보통 그보다 훨씬 앞서 보수주의자들에 의해 도입되었다. 그리고 많은 보수주의 지도자들은 자유 기업의 신뢰를 무너뜨리는 활동을 하며 사회주의와 경쟁해왔다.[805]

보수주의의 약점

순수한 지적 영역에서 보수주의와 자유주의의 차이점은 앞서 이미 언급했다. 그럼에도 이 영역에서 두드러진 보수주의적 태도는 보수주의의 심각한 약점일 뿐만 아니라 보수주의와 동맹하는 모든 조직에 해를 끼치는 경향이 있기 때문에 여기서 다시 한 번 다뤄보고자 한다. 보수주의자들은 변화를 일으키는 것은 무엇보다도 새로운 이념이라는 것을 본능적으로 알고 있다. 그러나 그러한 관점에서 정확하게 보수주의는 그에 맞설 그들만의 원칙이 없기 때문에 새로운 이념에 두려움을 느낀다. 그리고 이론에 대한 불신과 이미 경험으로 증명된 사실을 제외한 다른 모든 것에 대한 상상력 부족으로 인해 이념 투쟁에 필요한 무기들을 스스로 박탈해 버린다. 이념의 장기적 역량을 근본적으로 신뢰하는 자유주의와 달리 보수주의는 주어진 시점에 전수된 이념들 덩어리에 매여 옴짝달싹 못하고 만다. 그리고 보수주의는 논증의 힘을 진심으로 믿지 않기 때문에 마지막 피난처는 대개 자칭 우월한 자질에 바탕을 둔 탁월한 지혜에 대한 주장뿐이다.

이러한 차이는 지식의 진보에 대한 두 전통의 상이한 태도에서 가장 극명하게 드러난다. 자유주의자는 모든 변화를 진보로 간주하지는 않지만 그들은 지식의 진보를 인간 노력의 주된 목표 중 하나로 여기고 또 여기에서 우리가 해결되기 바라는 문제들과 어려움들에 대해 점차 해결책이 나오기를 기대한다. 자유주의자들은 단지 새롭다는 이유만으로 새로운 것을 선호하는 것이 아니라 새로운 어떤 것을 만들어내는 것이 인간 성취의 본질임을 알고 있다. 그리고 그는 즉각적 효과를 좋아하든 그렇지 않든 새로운 지식을 받아들이고 적응할 준비가 되어 있다.

개인적으로 나는 보수주의의 태도 중에서 가장 반대할 만한 특징이, 잘 입증된 새로운 지식을 거부하는 그들의 성향이라고 생각한다. 왜냐하면 그들은 새로운 지식으로 인해 나타나게 될 몇몇 결과들을 싫어하기 때문인데, 솔직히 말하자면 그들의 성향은 반계몽주의이다. 나는 다른 사람들과 마찬가지로 과학자들도 유행이 존재하기에 최근 이론에서 도출한 결론을 받아들이는 데 신중해야 할 이유가 많다는 점을 부인하지 않는다. 그러나 우리가 거부할 때에는 그 근거가 자체적으로 합리적이어야 하며 새로운 이론이 우리가 소중히 여겼던 신념을 전복시켰다는 후회와 구분되어야 한다. 예를 들어, 진화론이나 생명 현상에 대한 '기계적' 설명이라고 부르는 것에 (처음에는 이 이론들에게서 도출된 것처럼 보이는 어떤 도덕적 결과들 때문에) 반대하는 사람들을 보면 참기가 힘들다. 그리고 어떤 질문을 하는 것 자체를 부적절하거나 불경스러운 것으로 여기는 사람들에 대해서는 더욱 그렇다. 사실을 직시하지 않음으로써 보수주의자는 자신의 입지를 더욱 약화시킬 뿐이다. 합리주의적 추정이 새로운 과학적 통찰에서 이끌어내는 결론은 전혀 사실로부터 나오지 않는다. 그러나 우리는 새로운 발견 결과를 정교히 하는 작업에 적극적으로 참여해야만 그것이 우리의 세계상에 적합한지 아닌지, 그렇다면 어떻게 해야 하는지를 배울 수 있다. 우리의 도덕적 신념이 실제로 옳지 않은 사실에 기반한 것이라고 입증되었다면, 그 사실을 인정하지 않음으로써 그 신념을 지키는 것은 결코 도덕적이라고 할 수 없다.

새롭고 낯선 것에 대한 보수주의의 불신은 국제주의에 대한 적대감과 강력한 민족주의에 대한 지향으로 연결된다. 이념 투쟁에서 보수주의가 약점을 보이는 또 하나의 원인이 바로 여기에 있다. 우리의 문명을 변화시키는 이념에는 경계가 없다는 사실은 변함이 없다. 스스로 새로운 이념에 익숙해지기를 거부한다면 그것은 필요할 때 효과적으로 대응할 수 있는 힘을 빼앗기는 것일 뿐이다. 이념의 성장은 국제적인 과정이며 논의에 충분히 참여한 사람만이 상당한 영향력을 행사할 수 있다. 어떤 이념이 반미국적, 반영국적, 반독일적이라고 논쟁해서는 안 된다. 또 잘못되고 결점투성이인 이상도 우리 동료 중 한 명이 생각해낸 것이라고 해서 더 좋은 것으로 되어서는 안 된다.

보수주의와 민족주의 간의 밀접한 연관성에 대해 다룰 내용은 상당히 많다. 그러나 이 점을 길게 서술하지 않을 작정이다. 왜냐하면 나는 개인적 입장 탓에 어떤 형태의 민족주의와도 공감할 수 없기 때문이다. 다만 보수주의에서 집산주의에 이르는 다리를 놓는 것이 바로 이러한 민족주의적 경향이라는 점만 덧붙이고자 한다. '우리의' 산업이나 자원의 관점에서 생각하는 것은 국익을 위해서만 사용되어야 한다는 요구에서 크게 벗어난 것이 아니다. 이 점에서 프랑스 혁명에서 비롯된 대륙의 자유주의는 보수주의와 다를 바가 전혀 없다. 이런 식의 민족주의는 애국심과 매우 다르며 민족주의에 대한 혐오가 민족 전통에 대한 깊은 애착과 완전히 양립될 수 있다고는 말할 수 없다. 그러나 내가 우리 사회 전통의 일부를 더 좋아하고 존중한다는 사실이 낯설고 다른 것에 적의를 가질 이유가 될 수는 없다.

보수주의자들의 반국제주의가 흔히 제국주의와 연계되는 것이 처음에는 역설적으로 보인다. 그러나 어떤 사람이 낯선 것을 싫어하고 자신의 방식이 우월하다고 생각할수록 다른 사람들을 '문명화'시키는 것을 자신의 사명으로 여기는 경향은 강해진다.[806] 자유주의자들이 선호하는 자발적이고 방해받지 않는 상호교류에 의해서가 아니라 효율적인 정부의 은총을 그들에게 가져다줌으로써 그렇게 하는 것이다. 보수주의자들이 자유주의자에 대항해 사회주의자들과 손을 맞잡는 것을 여기서도 다시 확인할 수 있다. 웹 부부와 그들의 페이비언 사회주의자들이 공공연한 제국주의자들이었던 영국, 또는 국가 사회주의와 식민지 팽창주의가 연대하고 '강단 사회주의자들'의 지지를 받았던 독일뿐 아니라, 첫 번째 루스벨트 때의 미국에서도 그러한 현상이 나타났다. "주전론자들(주전론은 공격적인 외교정책을 만들어 내는 극단적이고 맹목적이며 배타적인 애국주의 혹은 민족주의를 말한다. - 옮긴이)과 사회개혁자들이 연대해 정당을 결성했다. 그들은 정부를 장악하고 카이사르식 가부장주의 프로그램을 위해 정부를 이용하겠다고 위협했다. 그 위험은 다른 정당들이 좀더 온건한 수준과 형태의 프로그램을 채택했더라면 피할 수 있었던 것으로 보인다."[807]

합리주의, 반합리주의, 비합리주의

그러나 자유주의자가 사회주의자와 보수주의자 사이의 중도노선을 취한다고 말하는 것이 옳은 한 가지 이유가 있다. 자유주의자는 모든 사회제도를 자기 개인의 이성에 따라 재건하기를 원하는 사회주의자의 조잡한 합리주의로부터 멀리 떨어져 있고, 또 그만큼 보수주의자가 그토록 자주 의지하는 신비주의로부터도 멀리 떨어져 있다. 내가 자유주의자의 입장에서 기술했던 것은, 자유주의자는 우리가 모든 해답을 알지 못한다는 사실을 잘 알고 있으며 자신이 갖고 있는 답이 확실히 옳은 답인지 심지어 우리가 모든 해답을 찾을 수 있는지조차 확신하지 못할 정도로 이성에 대한 불신을 보수주의자와 공유하고 있다는 것이다. 그는 또한 어떤 비합리적인 제도나 습관을 통해 그들의 가치를 입증하는 것을 경멸하지 않는다. 자유주의자는 자신의 이성이 실망을 안겨준 그 곳에서 지식의 초자연적 원천의 권위를 주장하지 않으면서도, 기꺼이 이러한 무지와 대면하고 우리가 아는 것이 얼마나 적은지 인정한다는 점에서 보수주의자와 다르다. 어떤 면에서는 자유주의자가 근본적으로 회의주의자임을 인정해야 한다.[808] 그러나 다른 사람으로 하여금 그들 나름대로의 방식으로 행복을 찾게 하고 자유주의의 본질적 특징인 관용을 일관되게 고수하려면 어느 정도의 조심스러움은 필요한 것 같다.

이것이 자유주의자의 입장에서 종교적 신념의 부재를 의미할 이유는 없다. 프랑스 혁명의 합리주의와 달리 진정한 자유주의는 종교와 아무런 갈등도 빚지 않았다. 나는 그저 19세기 대륙 자유주의를 크게 부추겼던 호전적이고 본질적으로 비자유주의적인 반종교주의를 개탄할 뿐이다. 영국의 선조인 구 휘그당은 이것이 자유주의에서 본질적인 것이 아님을 분명하게 드러냈다. 어느 쪽이냐 하면 오히려 특정 종교적 신념과 지나치게 밀접한 관계였다. 여기서 자유주의를 보수주의와 구별 짓는 것은, 아무리 자신의 정신적 신념이 심오할지라도 자유주의자는 자신이 다른 사람을 강제할 자격이 있다고 여기지 않을 것이며 그에게 있어 영적 영역과 세속적 영역은 혼동되어서는 안 될 다른 공간이라는 점이다.

자유주의 정당의 명칭

내가 지금까지 한 말들로 내가 왜 나 스스로를 보수주의자로 보지 않는지 충분히 설명되었을 것이다. 하지만 많은 사람들은 여기서 밝힌 입장과 자신들이 '자유주의'라고 부르던 것을 동일하게 느끼지 않을 것이다. 따라서 이제 나는 이 이름이 오늘날 자유의 정당에 적합한지의 문제를 다루어야 한다. 내가 앞서 이야기한 것처럼, 비록 내 평생 스스로를 자유주의자라고 말해왔지만 최근 들어 그렇게 말하는 것에 점점 더 의구심이 들고 있다. 미국에서 이 용어가 계속 오해를 불러 일으켰을 뿐만 아니라 내 입장과 대륙의 합리주의적 자유주의 또는 영국의 공리주의적 자유주의 사이에 커다란 격차가 존재함을 점차 확연히 깨닫게 되었기 때문이다.

만일 자유주의가 1827년에 1688년의 혁명을 "오늘날의 언어로 자유주의 또는 헌정주의라고 부르는 원칙들의 승리"[809]라고 말했던 영국의 역사가들이 의미했던 것을 여전히 의미한다면, 또는 액튼 경과 함께 버크, 맥컬리, 글래드스톤(Gladstone) 이 세 사람을 가장 위대한 자유주의자라고 부를 수 있다면, 또는 해롤드 라스키(Harold Laski)와 더불어 토크빌과 액튼 경을 "19세기의 핵심적 자유주의자"[810]로 간주한다면, 나는 정말로 내 자신을 그 이름으로 부르는 것에 너무나 큰 자부심을 가질 것이다. 하지만 내가 그들의 자유주의를 진정한 자유주의라고 부르고 싶은 것처럼 대륙 자유주의자들 대부분은 이 사람들이 강하게 반대했던 이념들을 지지했고 또 그들은 자유로운 성장을 위한 기회를 제공하기보다 사전에 만들어진 합리적 패턴을 세계에 강요하려는 욕망에 좀 더 이끌렸음을 인정해야 한다. 마찬가지로 적어도 로이드 조지(Lloyd George) 시대 이래로 영국에서 자유주의라고 자칭해온 것도 대체로 그랬다.

따라서 내가 '자유주의'라고 부른 것이 오늘날 그 이름으로 행해지는 모든 정치운동과는 아무런 관계가 없다는 사실을 인식할 필요가 있다. 또 오늘날 그 이름에 담긴 역사적 연관성이 어떤 운동의 성공으로 이어질지 의문이다. 이런 상황에서 누군가 그 용어가 남용되는 것을 막기 위해 노력을 기울여야 할지 여부는 의견이 분분할 수 있는 문제다. 나는 자세한 설명 없이 그 용어를 사용하다 보니 지나치게 많은 혼란을 초래하고 또 그 이름 자체가 힘의 원천이라기보다 무게중심을 잡아주는 밸러스트가 되어버렸다는 느낌을 점점 더 많이 받는다.

내가 지금까지 사용해온 의미로 '자유주의자'라는 용어 사용이 거의 불가능해진 미국에서는 '자유지선주의자'라는 용어가 대신 사용되고 있다. 그것이 해결책일 수도 있지만 내 입장에서는 그다지 매력적이지 않다. 내 취향에는 너무나 일부러 만든 느낌과 대용품 냄새가 지나치게 많이 난다. 내가 원하는 것은 자유로운 성장과 자발적 진화를 지지하는 정당, 삶의 정당을 표현할 수 있는 단어다. 그러나 아무리 머리를 굴려 봐도 그 의미에 딱 맞는 용어를 찾아내지 못하고 있다.

구 휘그에 대한 새로운 호소

그런데 내가 지금까지 재확인하고자 한 이상이 처음 서구 세계에 확산되기 시작했을 때 그것을 대표하던 정당이 일반적으로 널리 알려진 이름을 가졌음을 기억해야 한다. 후에 유럽 전역에서 자유주의 운동으로 알려진 것에 영감을 주었고[811] 미국 식민지 사람들이 함께 건너가서 독립투쟁이나 헌법 제정을[812] 이끌었던 개념을 제공했던 것은 바로 영국 휘그당의 이상이었다. 사실상 이 전통의 성격이 프랑스 혁명으로 인해 추가된 면(전체주의적 민주주의와 사회주의적 성향)으로 달라지기 전까지 '휘그'는 보편적으로 알려진 자유주의 정당의 이름이었다.

그 이름은 자신이 태어난 나라에서 사라졌다. 그 이유는 한편으로는 한동안 그것이 기초한 원칙이 더 이상 특정 정당만의 고유한 것이 되지 않았기 때문이며, 또 한편으로 그 이름을 가진 사람들이 더 이상 그 원칙에 충실하지 않았기 때문이다. 마침내 휘그당은 19세기 영국과 미국의 급진주의자들 사이에서 그 이름에 대한 불신이 퍼져가기 시작했다. 자유(liberty) 운동이 프랑스 혁명의 미숙하고 호전적인 합리주의를 받아들인 후에야 자유주의가 휘그주의를 대체하게 되었기 때문에, 또 우리의 과제는 전통을 그 안에 침투된 과도한 합리주의, 민족주의, 사회주의의 영향에서 벗어나게 하는 것이기 때문에, 휘그주의야말로 역사적으로 내가 믿는 이념에 적합한 이름인 것이다. 이념의 진화에 대해 배우면 배울수록 내가 얼마나 구 휘그에 속하는지 새삼 깨닫게 된다. 여기서 '구'라는 말을 강조하고 싶다.

물론 스스로를 구 휘그라고 고백한다고 해서 17세기 말로 되돌아가고 싶다는 것은 아니다. 이 책의 목적 중 하나는 처음 언급되었던 강령들이 비록 더 이상 한 특정 정당의 주요 목표가 아니라고 할지라도 70~80년 전까지 계속 성장하고 발전했음을 보여주는 것이었다. 그 이후로 더 만족스럽고 효과적인 형태로 그것을 재확인할 수 있게 해준 것을 많이 배웠다. 그러나 현재 알고 있는 지식의 관점에서 재확인되어야 하겠지만 기본 원칙은 여전히 구 휘그의 것이다. 사실 일부 역사가들은 그 이름이 생겨났던 그 당의 나중 역사를 보고 휘그 원칙의 뚜렷한 실체가 어디에 있는지 의심한다. 그러나 나는 액튼 경의 생각에 동의한다. 비록 "그 교리의 창시자 중 일부가 악명 높은 사람일지라도, 휘그주의에서 시작된 시민법 이상의 상위법 개념은 영국인들의 최고의 성과이자 그들이 국가에 남긴 최고의 유산이다."[813] 그리고 우리가 이에 덧붙이자면 세계에 남긴 최고의 유산이다. 이 교리는 앵글로 색슨 국가들의 공통된 전통의 근간을 이룬다. 대륙의 자유주의도 이 교리로부터 가치 있는 것을 취했다. 미국 정부 체계 역시 이 교리를 기초로 확립되었다. 미국에서 이것이 순수한 형태로 표현된 것은 제퍼슨의 급진주의나 해밀턴 또는 심지어 존 애덤스의 보수주의가 아니라 '헌법의 아버지'인 제임스 매디슨(James Madison)의 이념에서였다.[814]

나는 옛 이름을 복원하는 것이 현실 정치학인지 여부는 잘 모르겠다. 앵글로 색슨 세계나 다른 세계 모두에게 특정한 의미를 연상시키지 않는 용어라는 점은 아마도 단점이라기보다는 장점일 것이다. 사상사에 정통한 사람들에게 그것은 아마도 전통이 의미하는 것을 상당히 잘 표현해주는 유일한 이름일 것이다. 진정한 보수주의자나 보수주의자로 전향한 많은 사회주의자들에게 있어 휘그주의가 혐오의 대상이라는 점은, 그들의 입장에서 보면 탁월한 직관을 보여주는 것이다. 그것은 모든 독단적 권력에 계속 반대해온 유일한 이념 체계의 이름이었다.

원칙과 현실적 가능성

이름이 정말로 그렇게 중요한 문제인지에 대해 당연히 의문을 가질 수 있다. 전체적으로 자유 제도를 가지고 있고 따라서 현재 상태 유지가 자유(freedom) 수호가 되는 미국과 같은 나라에서 만일 자유 옹호론자들이 자신들을 보수주의자라고 부른다면, 여기에서조차 기질적으로 보수주의자와의 연대가 당혹스럽긴 하겠지만 그렇다 해도 큰 차이가 나지는 않을 것이다. 사람들이 동일한 제도를 승인할 때조차 그것을 승인한 이유가 그 제도가 있기 때문에서인지 아니면 그 자체로 바람직하기 때문인지를 질문해야 한다. 집산주의의 물결에 대한 공동의 저항이, 완전한 자유에 대한 신념은 과거에 대한 그리움이나 지금의 모습에 대한 낭만적인 찬양에 기초한 것이 아니라 본질적으로 전향적인 태도에 기초한다는 사실을 모호하게 만들어서는 안 된다.

그러나 유럽의 많은 지역처럼 보수주의가 집산주의의 신조를 대거 받아들인 곳에서는 이를 분명히 구분할 필요가 있다. 그 신조는 오랫동안 정책을 지배해 오면서 많은 제도 속에 자연스럽게 스며들었고 그것을 만들어낸 '보수주의' 정당들에게 자부심의 원천이 되었다.[815] 여기서 자유의 신봉자는 보수주의자와 충돌하지 않을 수 없었으며 또 대중의 편견, 고착된 지위, 확고하게 확립된 특권 등에 맞서 본질적으로 급진적 입장을 취할 수밖에 없었다. 오랫동안 자리잡은 정책의 원칙은 어리석음과 남용 그 자체였다.

'결정된 것들을 흔들지 말라'는 말이 때때로 정치가들에겐 현명한 격률이겠지만 정치 철학자는 만족시킬 수 없다. 정치철학자는 정책이 조심스럽게 진행되기를, 또한 대중 여론의 지지를 받기 전에는 추진되지 않기를 바란다. 그러나 현재의 여론의 승인을 받았다는 것만으로는 제도를 받아들일 수 없다. 19세기 초와 마찬가지로 인간의 어리석음이 빚어낸 장애물과 방해물을 벗어나 자유롭게 자생적 성장이 가능토록 하는 것의 필요성이 다시 한 번 대두된 세상에서, 그의 소망은 분명 '진보적인' 성향을 가진 사람들을 설득해 지지를 끌어낼 수 있는가에 달려 있다. 이 성향의 사람들은 비록 지금은 잘못된 방향의 변화를 추구하고 있지만 적어도 기존의 것을 비판적으로 검토하고 필요하다면 바꿀 용의가 있는 사람들이다.

나는 일련의 지각 있고 도덕적인 원칙을 수호하는 사람들의 집단을 생각하면서 '당'이라는 말을 사용한 것에 대해 독자들이 오해하지 않았기를 바란다. 어느 한 국가의 정당정치는 이 책의 관심사가 아니다. 정치 철학자들은 내가 전통의 부서진 조각들을 한데 모아 재구성하려고 했던 원칙들이 어떻게 대중의 마음을 끄는 프로그램으로 전환될 것인가 하는 문제를 "정치가로 불리는 음흉하고 교활하고 천박한 동물(이들의 위원회는 그때그때의 상황 변화에 의해 좌우된다)에게 맡겨야 한다."[816] 정치철학자의 과제는 사람들이 행동하도록 조직하는 것이 아니라 오직 대중의 여론에 영향을 주는 것이다. 그는 지금 정치적으로 가능한 것에 관심을 두는 대신 '언제나 동일한 보편 원칙'을 일관되게 주장한다면 효과적으로 그 일을 수행할 수 있을 것이다.[817] 이런 의미에서 보수주의 정치철학 같은 것이 있을 수 있는지 의문이다. 보수주의는 쓸모 있는 현실적 격률일 순 있겠지만, 장기적 발전에 영향을 줄 수 있는 어떠한 지도적 원칙도 우리에게 주지 못한다.

주석

머리말

1) *The Peloponnesian War* ii. 37~39, trans. R. Crawley ("Modern Library" ed., p. 104).
2) 한때 중요한 진리를 표현했기 때문에 통용되던 속담들은 이 진리가 모든 사람에게 알려져도 계속 사용되며, 빈번하고 기계적으로 사용됨으로써 분명한 의미를 전달하지 못하게 되어도 여전히 사용된다. 이것들은 더 이상 아무런 사고도 자극하지 못하게 됨에 따라 마침내 폐기된다. 이들은 한 세기 동안의 잠복기를 거친 후에 재발견되고, 원래의 의미와 유사한 무언가를 전달하기 위한 새로운 힘을 얻으면 사용될 수 있다. 그리고 이것이 성공하면 다시 한번 동일한 주기가 반복된다.
3) 비록 제한적이고 학술교재용이라는 한계는 있지만 자유사회의 원리를 재확인하고자 했던 마지막 포괄적인 시도는 H. Sidgwick의 《*The Elements of Politics (London, 1891)*》이다. 많은 면에서 훌륭한 저술이지만 영국의 자유주의 전통으로 여겨지는 것들을 전혀 드러내지 못했고 사회주의로 이어지는 합리주의적 공리주의에 심하게 오염되었다.
4) 자유주의 전통이 다른 유럽 국가들보다 더 오래 지속되었던 영국에서, 당시의 자유주의자들(liberals) 사이에서 널리 읽힌 한 저서의 저자는 "개인의 해방이 아니라 사회의 재구성이 이제 자유주의자들의 가장 시급한 과제"라고 말할 정도가 되었다 *(F. C. Montague, The Limits of Individual Liberty* [London, 1885], p. 16).
5) Frederick Watkins, *The Political Tradition of the West* (Cambridge: Harvard University Press, 1948), p. 10.
6) 나는 또한 S. T. Coleridge가 Edmund Burke에게 보낸 다음과 같은, 우리 시대에 특히 중요한 조언도 비판하고 싶지 않다. "정치 체제를 강도나 암살자 이외에는 아무도 매력을 느끼지 못하는 것으로, 그리고 아무런 자연적 기원도 없이 바보나 광인의 머리에서 나오는 것으로 표현하는 것은 옳지 못하고, 그 체제의 커다란 위험은 특정 현혹에 있다는 것이 경험을 통해 입증될 때 그것은 고귀하고 상상력이 풍부한 정신에, 그리

고 젊은이 특유의 박애에 중독된 상태에서 자기 자신의 최고의 미덕과 최고의 권력을 평균적 인간성의 자질과 속성으로 오해하는 모든 사람에게 영향을 미치는 것으로 보인다." (*The Political Thought of Samuel Taylor Coleridge*, ed. R. J. White [London, 1938], p. 235).

7) W. H. Auden in his Introduction to Henry James, *The American Scene* (New York, 1946), p. xviii를 참조하라. "자유는 가치가 아니라 가치의 근거다." 또 C. Bay, *The Structure of Freedom* (Stanford, Calif.: Stanford University Press, 1958), p. 19를 참조하라. "자유는 다른 가치의 온전한 성장을 위해 필요한 토양이다."(나중 책은 늦게 출판된 관계로 주석에서만 가끔 언급될 뿐이다.)

8) A. N. Whitehead, Adventure of Ideas (New York: Mentor Books, 1955), p. 73을 참조하라. "불행하게도 자유(freedom)라는 관념은 자유에 헌신했던 문학들에 의해 그 핵심이 사라졌다.…자유 개념은 동시대인들을 일깨우는 진지한 사람들의 이미지로 축소되었다. 자유라고 하면 우리는 사상의 자유, 언론출판의 자유, 종교의 자유로 국한시키는 경향이 있다.…이는 완전한 오류이다.…자유의 문학적 표현은 주로 겉치레만을 다룬다.…사실, 행동의 자유가 최우선이다."

9) C. L. Becker, *New Liberties for Old* (New Haven: Yale University Press, 1941), p. 4.

10) 우리의 변함없는 동료이자 다음 이어지는 페이지에서 현명한 안내자가 될 David Hume은 1742년(Essays, II, 371) 초 "선입견과 오류를 개선한다는 명목으로 완벽을 추구하는 엄숙한 철학적 노력은 인간 피조물을 지배할 수 있는 가장 사랑스러운 감정, 그리고 가장 유용한 편견과 본능 전체를 공격한다"고 하면서 "행복이나 완벽함에 대한 정제된 추구로 인해 물려받은 행동 격률로부터 지나치게 벗어나지 않아야 한다"(p. 373)라고 경고한다.

11) W. Wordsworth, *The Excursion* (London, 1814), Part II.

1부 자유의 가치

12) H. B. Phillips, "On the Nature of Progress," *American Scientist*, XXXIII (1945), 255.

1. 자유와 자유들

13) *The Writings of Abraham Lincoln*, ed. A. B. Lapsley (New York, 1906), VII,

121. 1장 첫머리에 등장한 이 인용문은 he Writings of Abraham Lincoln, ed. A. B. Lapsley (New York, 1906), VII, 121에서 인용함. Montesquieu가 Spirit of the Laws, XI, p. 2(I, 149)에 쓴 다음과 같은 비슷한 진술을 참조하라. "자유라는 단어보다 더 다양한 의미를 인정하며 인간 정신에 더 다양한 인상을 주는 단어는 없다. 어떤 사람은 자신들이 전제적 권력을 부여했던 사람을 폐위시키기 위한 수단으로 받아들이고, 또 어떤 사람은 자신들이 복종해야 할 우월자를 선택하는 힘으로 받아들이며, 또 어떤 사람은 무기를 소지하고 폭력을 행사할 수 있는 권리로 받아들이며, 마지막으로 어떤 사람은 자국민 혹은 자국법에 의해 통치받을 특권으로 받아들인다."

14) "프리덤(freedom)"과 "리버티(liberty)"라는 단어 사이에는 의미상 인정되는 어떤 구분이 있는 것 같지는 않다. 그리고 우리는 두 단어를 서로 대체해서 사용할 것이다. 나는 개인적으로는 전자를 더 선호하지만, 후자인 "liberty"가 남용의 여지는 더 적은 것 같다. 리버티라는 단어는 Franklin D. Roosevelt가 리버티에 대한 자신의 개념 속에 "욕구로부터의 자유"를 포함시키는 식의 "고상한 말장난"(Joan Robinson, *Private Enterprise or Public Control* [London, 1943])에는 절대 사용될 수 없는 단어다.

15) "자유(freedom)"라는 용어에 대한 아주 예리한 의미론적 분석이 갖는 제한된 가치는 M. Cranston, Freedom: A New Analysis (New York, 1953)에서 잘 보여주고 있다. 이 책은 철학자들이 자유 개념에 대해 기묘한 정의를 함으로써 어떻게 스스로 곤경에 빠지는지를 보고 싶어 하는 독자들에게 도움이 될 것이다. 자유라는 단어의 다양한 의미에 대한 보다 야심찬 문헌조사로는 Mortimer Adler, *The Idea of Freedom: A Dialectical Examination of the Conceptions of Freedom* (New York, 1958)을 보라. 나는 이 책의 초고를 볼 수 있는 기회를 가졌다. 이 주제에 대한 보다 포괄적인 저술은 오슬로대학 출판부에서 출간 예정인 H. Ofstad의 책을 보라.

16) J. Bentham, The Limits of Jurisprudence Defined, ed. C. W. Everett(New York: Columbia University Press, 1945), p. 59를 참조하라. "그렇게 되면 어디서 강제가 나오는지 그 강제의 갯수에 따라 이 강제의 부재라고 하는 자유의 종류도 여러 개 나올 수 있다." 또한 M. Schlick, *Problems of Ethics* (New York, 1939), p. 149; F. H. Knight, "The Meaning of Freedom," in *The Philosophy of American Democracy*, ed. C. M. Perry (Chicago: University of Chicago Press, 1943), p. 75를 보라. "사회에서 자유(freedom)의 일차적 의미는…언제나 소극적 개념이다… 그리고, 강제는 실제로 정의되어야만 하는 용어다." 참조. 같은 저자의 좀 더 깊숙한 논의에 대해서는 "The Meaning of Freedom," Ethics, Vol. LII (1940), 그리고 "Conflict of Values: Freedom and Justice," in *Goals of Economic Life*, ed. A. Dudley Ward (New

York, 1953)을 보라. 또 F. Neumann, *The Democratic and the Authoritarian State* (Glencoe, Ill., 1957), p. 202를 참조하라. "자유가 강제의 부재와 같다는 공식은 여전히 타당하다… 근본적으로 문명 세계의 모든 합리적인 법 체계가 이 공식으로부터 이어져 나온다… 강제의 부재는 자유(freedom) 개념에서 우리가 결코 포기할 수 없는 요소다." 또 C. Bay, *The Structure of Freedom* (Stanford, Calif.: Stanford University Press, 1958), p. 94를 보면, "모든 자유의 목표 중에서 강제로부터 모든 사람의 자유가 극대화되는 목표가 가장 우선시되어야 한다."

17) 현재 "시민적 자유(liberty)"라는 표현은 주로 언론의 자유, 집회의 자유 및 출판의 자유와 같이 민주주의가 작동하는 데 특히 중요한 개인적 자유의 행사와 관련하여 사용되는 것 같다. 그리고 미국에서는 특히나 권리장전에 의해 보장되는 기회들과 관련되는 것 같다. 심지어 "정치적 자유(political liberty)"라는 용어는 특히 "내적 자유"와 대비하여 때때로 이 용어가 본래 쓰여야 할 집단적 자유가 아닌 개인적 자유를 기술하는 데 이용되기도 한다. 비록 이 용법이 몽테스키외의 지지를 받은 것이기는 하지만, 오늘날에는 혼동만을 야기할 뿐이다.

18) E. Barker, *Reflections on Government* (Oxford: Oxford University Press, 1942), p. 1을 참조하라. "본래 자유(liberty)는 노예와 대조적인 자유인이나 자유 생산자의 자질 또는 신분을 의미했다." 어원적으로 "자유(free)"의 게르만 어원은 보호받는 공동체 구성원의 지위를 기술했던 것으로 보인다(G. Neckel, "Adel und Gefolgschaft," *Beiträge zur Geschichte der deutschen Sprache und Literatur,* XLI [1916], 특히 p.403의 "자유란 본래 보호받고 권리를 가진 사람을 의미했었다."를 참조하라). 또 O. Schrader, *Sprachvergleichung und Urgeschichte,* II/2, Die Urzeit [3d ed.; Jena, 1906~1907], p. 294, 그리고 A. Waas, *Die alte deutsche Freiheit* [Munich and Berlin, 1939], pp. 10~15)을 보라. 마찬가지로 라틴어 liber와 그리스어의 eleutheros도 부족의 구성원을 지칭하는 단어에서 유래한 것으로 보인다. 나중에 법과 자유의 관계를 검토할 때 그 중요성이 드러날 것이다.

19) T. H. Green, *Lectures on the Principles of Political Obligation* (new impr.; London, 1911), p. 3을 참조하라. "'자유(freedom)'에 주어진 의미에 대해 한 사람의 타인에 대한 사회적, 정치적 관계 이외의 것을 표현하는 용어의 모든 용법에는 은유가 포함된다는 것 역시 받아들여야만 한다. 심지어 그것을 본래의 의미로 사용한다 하더라도 그 의미는 결코 확정되어 있지 않다. 자유란 언제나 실제로 타인의 강제로부터의 해방을 의미하지만, "자유인"이 향유하게 되는 이 해방의 정도와 조건은 상이한 사회상태에 따라 매우 다양하다. "자유"라는 용어가 사람과 사람 사이에 성립된 관계가 아닌 다

른 것에 적용되는 순간 그 의미는 더욱 요동한다." 또 L. von Mises, Socialism (new ed.; New Haven: Yale University Press, 1951), p. 191을 보면 "자유(freedom)는 사회적 개념이다. 이것을 사회 밖의 조건에 적용하는 것은 무의미하다." 그리고 같은 책 p. 194에서 "그렇다면, 이것은 인간의 외적인 삶에서의 자유, 다시 말해 인간이 자신의 동료들의 자의적인 권력으로부터 독립적이라는 것이다."라고 했다.

20) F. H. Knight, "Discussion: The Meaning of Freedom," Ethics, LII (1941~1942), p. 93을 참조하라. "만약 크루소가 구덩이에 빠졌거나 울창한 밀림에 갇혔다면 그가 자신을 자유롭게 하거나 자유(liberty)를 되찾아야겠다고 말하는 것이 확실히 올바른 용법일 것이다. 이는 동물에게도 동일하게 적용될 수 있다." 이것이 현재까지 정착된 용법일 수는 있겠지만, 그럼에도 이것은 결코 Knight 교수가 변호하려고 하는 강제의 부재로서의 자유가 아닌 다른 자유의 개념에 대해 말하고 있는 것이다.

21) "자유로운" 및 이에 상응하는 명사들이 여러 가지 용법으로 전이되는 언어학적 원인은 영어(그리고 확실히 모든 게르만어 및 로망스어)에서 어떤 것의 부재를 나타내기 위해 일반적으로 사용될 수 있는 형용사가 결여되어 있기 때문이다. '~이 결여된' 또는 '~이 부족한' 등은 일반적으로 바람직한 어떤 것 또는 통상적으로 존재하는 어떤 것의 부재를 표현하는 데에만 사용된다. 바람직하지 않은 어떤 것 또는 어떤 하나의 대상과 어울리지 않는 어떤 것의 부재를 묘사하는 데에는 ('자유로운'을 제외하면) 적절한 형용사가 없다. 우리가 일반적으로 어떤 것이 해충, 불순물 혹은 악으로부터 자유롭다고 말할 때, 이 자유(freedom)는 바람직하지 않은 어떤 것의 부재를 의미한다. 마찬가지로, 어떤 것이 외부 요소에 의해 영향을 받거나 그것에 의해 결정되지 않고 스스로 행동하고 있다면 우리는 그 상태를 통상 그것과 연관성이 없는 것의 영향으로부터 자유롭다고 말한다. 과학에서조차도 우리는 알려져 있거나 혹은 가정하고 있는 결정인자들에 의해 영향을 받지 않을 가능성에 대해 말할 때 "자유도"라는 말을 사용한다(Cranston, op. cit., p. 5 참조).

22) H. J. Laski은 *Liberty in the Modern State* [new ed.; London, 1948], p. 6에서 이 모든 것을 부자유스러운 것으로 설명했다. "참정에 대한… 권리는 자유(liberty)의 핵심이다. 그리고 그것을 박탈당한 시민은 부자유스럽다." H. Kelsen은 "*Foundations of Democracy*," Ethics, LXVI, No. 1, Pt. 2 [1955], 94)에서 자유(freedom)를 비슷하게 정의 내리면서 의기양양하게 다음과 같은 결론에 이른다. "자유와 재산 간의 본질적인 연계를 보여주려는 시도는…" 비록 그러한 연계를 주장하는 사람들이 모두 정치적 자유가 아니라 개인의 자유를 얘기하고 있지만 "실패해왔다."

23) E. Mims, Jr., *The Majority of the People* (New York, 1941), p. 170.

24) Montesquieu, *Spirit of the Laws,* XI, 2 (I, 150)를 참조하라. "민주주의에서 사람들은 자신이 원하는 대로 행동하는 것처럼 보이기에 민주주의가 가장 자유로운 것으로 여겨졌고 사람들의 권력은 그들의 자유(liberty)와 혼동되어 왔다." 또 J. L. De Lolme, *The Constitution of England* (new ed.; London, 1800), p. 240에서 "참정권으로 법제정에 동의하는 것은 그것이 무엇이든 권력의 몫을 향유하는 것이다. 법률이 모든 사람에게 평등하고 반드시 집행되는 국가에 사는 것은… 자유로운 것이다." 162번 주석과 165번 주석의 인용문을 참조하라.

25) William James는 Ignatius Loyola (*Varieties of Religious Experience* [New York and London, 1902], p. 314)의 편지 중 하나를 인용하면서 예수회 수사의 올바른 정신 상태에 대해 다음과 같이 묘사했다. "수도원장의 손 안에서 나는 그가 편지를 쓰라면 쓰고 받으라면 받고, 또 어떤 사람에게 말을 전하라면 전하고 말을 전하지 말라면 전하지 않는 등 그가 하고 싶은 일이 무엇이든 거기에 맞춰 만들어지는 부드러운 밀랍과 같은 존재임이 틀림없다. 그리고 나는 내가 받은 명령을 전력을 다해 열정적이고 정확하게 수행해야 한다. 나는 내 자신을 지성도 의지도 없는 하나의 송장으로 여겨야만 한다. 아무 저항 없이 누군가를 기쁘게 할 수 있는 곳이라면 어디든 놓이게 되는 한 덩어리의 물질처럼, 필요에 따라 사용하고 자기 편한 곳에 놓아두는 노인의 손에 들린 지팡이처럼 말이다. 따라서 나는 수도회가 가장 유용하다고 판단하는 방식에 따라 수도회를 섬기려면 수도회 휘하에 있어야 한다."

26) 필연적 자유와 강제적 자유를 날카롭게 구분했던 중세의 스콜라학자들은 이러한 '내적 자유'의 개념과 강제의 부재라는 의미에서의 자유(liberty)의 차이를 분명하게 이해했었다.

27) Barbara Wootton, *Freedom under Planning* (London, 1945), p. 10. 자유를 권력의 의미로 가장 먼저 사용한 것은 내가 알기로는 Voltaire, *Le Philosophe ignorant*, XIII, quoted by B. de Jouvenel, *De la souveraineté* (Paris, 1955), p. 315에서다. "진정한 자유는 힘이다. 내가 하고 싶은 것을 할 수 있을 때 그것이 나의 자유다." 그 이후 계속해서 이것은 우리가 나중에(제4장) 살펴볼 자유의 '합리주의적' 혹은 프랑스적 전통이라 분류되는 것과 밀접하게 연관되어 있는 것으로 보인다.

28) P. Drucker, *The End of Economic Man* (London, 1939), p. 74를 참조하라. "자유(freedom)가 적을수록 '새로운 자유'에 대한 이야기가 많아진다. 그러나 이 새로운 자유란 유럽이 자유를 통해 이해했던 바로 그 모순을 덮어버리는 단어에 불과하다…하지만 유럽에서 설파되는 이 새로운 자유란 개인에 대한 다수의 권리다." Woodrow Wilson이 이 '새로운 자유'가 동일하게 미국에서도 설파되고 있음을 *The New Freedom* (New York, 1913), 특히 p.26에서 보여줬다. 보다 최근에는 A. G. Gruchy가 논문

"The Economics of the National Resources Committee," A.E.R., XXIX (1939), 70에서 "국가자원위원회의 경제학자들에게 경제적 자유는 개인 활동에 대한 구속 부재의 문제가 아니라 개인의 안전 보장이라는 목표를 위해 개인과 집단에 부과되는 집단적 구속과 지시의 문제다"라고 긍정적으로 말했다.

29) E. S. Corwin, *Liberty against Government* (Baton Rouge: Louisiana State University Press, 1948), p. 7의 다음과 같은 정의처럼 구속의 부재라는 의미가 강조된 정의는 수용할 만하다. "자유(liberty)는 우리 자신의 선택과 행동의 자유에 대해 타인에 의한 구속이 없는 것을 의미한다."

30) *The Shorter Oxford English Dictionary* (Oxford, 1933)에서 '강제하다'의 첫 번째 정의는 "힘 또는 힘에 기반한 권위에 의한 제약 혹은 구속"이다.

31) B. Russell, "Freedom and Government," *in Freedom, Its Meaning*, ed. R. N. Anshen (New York, 1940), p. 251.

32) T. Hobbes, *Leviathan*, ed. M. Oakeshott (Oxford, 1946), p. 84.

33) J. R. Commons, *The Legal Foundations of Capitalism* (New York, 1924), esp. chaps. ii–iv.

34) J. Dewey, "Liberty and Social Control," *Social Frontier*, November, 1935, p. 41. 또는 그의 논문 "Force and Coercion," *Ethics*, XXVI (1916), 362를 참조하라. "본질적으로 (힘의 행사)가 정당한지 아닌지는… 목표 달성에 있어 수단의 효율성에 관한 문제다." p. 364를 보면, "가치의 기준은 목표를 위한 수단으로서 힘의 사용에 대한 상대적 효율성과 경제성에 있다." 자유(liberty) 개념에 대한 존 듀이의 협잡성이 너무 끔찍한 나머지 What Is Liberty? (New York, 1939), p. 91에서 D. Fosdick이 내린 판단조차도 그리 부당한 것처럼 보이지 않을 정도다. "그러나 자유와 평등 두 가지 모두 동일한 행위의 조건을 지칭하도록 아주 교묘하게 개념 정의를 할 때에만 [평등과 같은 나름의 원칙으로 자유를 확인할] 완벽한 무대가 마련된다. 존 듀이가 다음과 같이 말한 것은 이런 교묘한 속임수의 극단적 사례이다. '만약 자유(freedom)가 합리적 수준의 평등과 결합되고 안전이 문화적, 도덕적 안전 및 물질적 안전을 의미하는 것으로 받아들여진다면, 나는 안전보장이 자유 이외의 다른 것과 양립할 수 있다고 생각하지 않는다.' 두 개념이 거의 동일한 행위의 조건을 의미하도록 재정의해 놓고 그는 이 두 개념이 양립 가능하다고 주장하는 것이다. 이런 속임수에는 끝이 없다."

35) J. Dewey, *Experience and Education* (New York, 1938), p. 74를 참조하라. 또 "기술은 자유를 향한 발전"이라고 설명한 W. Sombart, *Der moderne Kapitalismus*, II (Leipzig, 1902), 43를 참조하라. 이러한 생각은 E. Zschimmer, *Philosophie der*

Technik (Jena, 1914), pp. 86~91에서 확장 발전되었다.

36) R. B. Perry in *Freedom: Its Meaning*, ed. R. Anshen (New York, 1940), p. 269를 참조하라. "한 사람의 실제적 자유(liberty)는 그의 자원에 비례하기 때문에 '복지'와 자유의 구분이 완전히 무너진다." 이로 인해 "더 많은 사람이 자동차를 구매해 휴가를 간다면 더 많은 자유가 있다'라고 주장하게 되었다."(이에 대한 참고 자료는 566번 주석을 참조하라).

37) D. Gabor and A. Gabor, "An Essay on the Mathematical Theory of Freedom," *Journal of the Royal Statistical Society*, Ser. A, CXVII (1954), 32.에서 이에 대한 재미있는 예화가 나온다. 저자들은 자유란 "바람직하지 않은 구속의 부재를 의미하며, 따라서 이 개념은 바람직한 모든 것과는 거의 동일 선상에 있다"고 하고서는, 이처럼 명백히 쓸모없는 개념을 버리는 대신 그것을 채택할 뿐만 아니라 이런 의미에서의 자유를 "측정"하는 데까지 나아간다.

38) Lord Acton, *Lectures on Modern History* (London, 1906), p. 10을 참조하라. "영원과 시간 사이에 비례성이 없는 것처럼 자유(liberty)와 능력 사이에도 비례성이 존재하지 않는다." 또 B. Malinowski, *Freedom and Civilization* (London, 1944), p. 47을 보라. "만일 우리가 부주의하게 자유와 능력을 동일시한다면, 우리가 자유를 모든 구속의 부재와 동일시할 때 무정부 상태에 빠지는 것과 마찬가지로 분명히 폭정을 조장하게 될 것이다." F. H. Knight, "Freedom as Fact and Criterion," in his *Freedom and Reform* (New York, 1947), pp. 4 이하와 J. Cropsey, *Polity and Economy* (The Hague, 1957), p. xi, 그리고 M. Bronfenbrenner, "Two Concepts of Economic Freedom," *Ethics*, Vol. LXV (1955)를 참조하라.

39) 헤겔이 앞서 '적극적' 자유(liberty)와 '소극적' 자유를 구분했고 이후 T. H. Green이 이를 대중화시켰다. 특히, "Liberal Legislation and Freedom of Contract," The Works of T. H. Green, ed. R. L. Nettleship (London, 1888), Vol. III를 참조하라. '내적 자유'와 연결시킨 이 생각은 그 이후로도 많이 이용되었다. Sir Isaiah Berlin, *Two Concepts of Liberty* (Oxford, 1958)를 참조하라. 그리고 Clinton Rossiter, "Toward an American Conservatism," *Yale Review*, XLIV (1955), 361에서 보수주의자들이 사회주의자의 주장을 이어받은 것을 확인할 수 있다. Clinton Rossiter는 "보수주의는 우리에게 적극적이고 포용적인 자유의 정의를 내어놓아야 할 것이다…새로운 보수주의 사전에서 자유는 기회, 창의성, 생산성, 안전보장과 같은 단어들의 도움으로 정의될 것이다."라고 주장했다.

40) W. L. Westermann, "Between Slavery and Freedom," *American Historical*

Review, L (1945), 213~227.

41) 이것은 아마 엄격한 법은 아닐지라도 적어도 실제의 사례였다. (J. W. Jones, *The Law and Legal Theory of the Greeks* [Oxford: Oxford University Press, 1956], p. 282 참조).

42) F. H. Knight, *Freedom and Reform* (New York, 1947), p. 193을 참조하라. "정부의 주요 기능은 강제를 금지하고 동료들과의 자유로운 유대관계라는 관점에서 자기 삶을 영위할 수 있는 권리를 보장하는 것이다." 또한 16번 주석에서 인용된 논문에서 그 주제에 대한 주장을 살펴보라.

43) R. von Ihering, *Law as a Means to an End*, trans. I. Husik (Boston, 1913), p. 242와 Max Weber, *Essays in Sociology* (New York, 1946), p. 78을 참조하라. "국가는 물리적 힘의 합법적 사용의 독점권을 (성공적으로) 획득한 인간 공동체다." B. Malinowski, *Freedom and Civilization* (London, 1944), p. 265에서도 "국가는 힘을 독점한 유일한 역사적 기구다"라고 했다. 또 J. M. Clark, *Social Control of Business* (2d ed.; New York, 1939), p. 115를 보라. "물리력에 의한 강제는 국가만이 독점하고 있다." E. A. Hoebel, *The Law of Primitive Man* (Cambridge: Harvard University Press, 1954), chap. ii를 참조하라.

2. 자유문명의 창조력

44) A. N. Whitehead, *Introduction to Mathematics* (London, 1911), p. 61. 이 장의 초판은 *Essays on Individuality*, ed. F. Morley (Pittsburgh: University of Pennsylvania Press, 1958)에 실려 있다.

45) A. Ferguson, *An Essay on the History of Civil Society* (Edinburgh, 1767), p. 279를 참조하라. "비버, 개미 그리고 꿀벌의 책략은 자연의 지혜로 묘사된다. 품위 있는 나라의 책략은 자신들로부터 비롯된 것이고 야만인의 정신에서 나온 책략보다 우월한 능력을 가리키는 것으로 여겨진다. 그러나 모든 동물과 마찬가지로 인간이 이룩한 것은 자연에 의해 제안된 것이며, 본능의 결과이며, 인간이 처한 다양한 상황에 따른 것이다. 인간이 이룩한 것은 그것의 일반적 효과에 대한 의식 없이 이루어진 연속적인 개선의 결과였다. 그리고 이것들은 인간 본성이 갖추고 있는 능력을 최대한으로 발휘하더라도 결코 기획할 수 없을 만큼, 인간 본성 전체를 다 동원하더라도 전체를 이해할 수 없을 만큼 인간사를 복잡한 상태로 만든다."

46) M. Polanyi, *The Logic of Liberty* (London, 1951), p. 199를 참조하라. "1천 년 후(심지어 50년 후만이라도)의 사람들이 현재의 우리의 생각을 비추어 볼 개념들이 어떤 것

일지 우리는 상상할 수 없다. 만약 서기 3000년의 도서관이 우리 수중에 들어온다면, 우리는 그 내용을 이해할 수 없을 것이다. 본성상 우리의 이해력의 범위를 벗어난 미래를 어떻게 의식적으로 판정할 수 있을까? 그러한 가정은 겸손하지 못한 사고방식의 편협성만 드러낼 뿐이다."

47) Leslie A. White, "Man's Control over Civilization: An Anthropocentric Illusion," *Scientific Monthly*, LXVI (1948), 238.

48) G. Ryle, "Knowing How and Knowing That," *Proceedings of the Aristotelian Society*, 1945/46을 참조하라. 또 M. Polanyi, *Personal Knowledge: Towards a Post-critical Philosophy* (London and Chicago, 1958)와 비교하라.

49) 종종 인용되는 F. P. Ramsey, The Foundations of Mathematics (Cambridge: Cambridge University Press, 1925), p. 287을 참조하라. "과학을 제외하고 알아야 할 것은 아무것도 없다."

50) 이들 상이한 지식의 종류에 대해서는 나의 논문 "Ueber den 'Sinn' sozialer Institutionen," *Schweizer Monatshefte*, October, 1955를 참조하라. 그리고 이 장의 논쟁을 보다 구체적으로 경제학 문제에 적용한 것으로는 나의 책 *Individualism and Economic Order* (London and Chicago, 1948)에 재수록된 "Economics and Knowledge"와 "The Use of Knowledge in Society"를 보라.

51) G. de Santillana, *The Crime of Galileo* (Chicago: University of Chicago Press, 1955), p. 34를 참조하라. Herbert Spencer 역시 어딘가에서 "과학에서 아는 것이 많아질수록 무지와의 접촉이 점점 더 넓어진다"라고 말한다.

52) H. G. Barnett, Innovation: *The Basis of Cultural Change* (New York, 1953), 특히 p. 19를 참조하라. "모든 개인은 계속해서 혁신가이다." 그리고 p. 65에서도 "개인주의와 혁신의 잠재력 사이에는 양의 상관관계가 있다. 개인이 자신의 경험 세계를 탐험하고 감각적 인상에 대한 개인적 해석에 따라 요소들을 조직할 수 있는 자유가 커질수록 새로운 아이디어가 출현할 가능성이 커진다"라고 했다.

53) W. A. Lewis, *The Theory of Economic Growth* (London, 1955), p. 148을 참조하라. "이러한 혁신가들은 항상 소수다. 기술의 새로운 아이디어든, 새로운 조직 형태이거나 신제품 아니면 다른 참신한 것이든 간에 새로운 아이디어는 한두 사람 혹은 극소수의 사람들에 의해 먼저 실행에 옮겨지며, 때로는 나머지 대중이 급속도로 받아들일 수도 있다. 하지만 대개는 회의와 불신을 보일 가능성이 커서, 처음에는 진척속도가 매우 느릴 것이다. 새로운 아이디어가 성공적인 것으로 보여지면 그 다음에는 수용인원이 점점 더 늘어날 것이다. 따라서 변화는 엘리트의 과업이라거나 변화의 크기는 공동

체 리더십의 자질에 달려 있다는 말이 있는 것이다. 이 말이 대부분의 사람은 혁신가가 아니며, 타인이 이루어놓은 것을 모방할 뿐이라는 뜻이라면 그것은 사실이다. 하지만 모든 새로운 아이디어는 특정 계급이나 집단이 획득한다는 뜻이라면 그것은 오류이다." 또 p. 172를 보라. "새로운 아이디어에 대한 집단적 판단은 종종 틀리기 때문에 진보는 집단적 반대에도 불구하고 자신의 판단을 고수할 자유를 가진 개인들에 의존하게 된다는 말은 논란의 여지가 있다…정부 위원회에 결정의 독점권을 주는 것은 양쪽 세계의 단점만을 갖는 것이다."

54) 적어도 이 부분을 분명히 인식하고 있는 몇 안 되는 저자들 가운데 한 명은 바로 F. W. Maitland다. 그는 *Collected Papers* [Cambridge: Cambridge University Press, 1911], I, 107에서 다음과 같이 주장했다. "가장 강력한 주장은 우리 거장들의 무지, 필연적 무지에 바탕을 둔 것이다." 그러나 B. E. Kline과 N. H. Martin, "Freedom, Authority and Decentralization," *Harvard Business Review*, XXXVI (1958), 특히 p. 70을 보라. "명령위계나 우리 사회 모든 집단의 특징은 지식이 아니라 무지다. 어떤 한 사람이 자신과 관련된 것 중 일부만을 알고 있다고 생각해보자. 그가 알거나 믿고 있는 것의 대부분은 진리라기보다는 거짓일 것이다… 지휘체계의 한 사람이든 모든 조직이든 제한된 시점에서는 알고 있는 것보다 알려지지 않은 것이 더 많다. 효율성을 높이기 위해 우리 자신을 권위 체계로 조직화시킨다면 실제로 무지의 제도화가 될 수 있다. 소수가 알고 있는 것을 더 잘 이용할 수는 있겠지만, 대다수의 사람들은 우리 지식 너머의 밝혀지지 않은 영역을 탐색하는 것을 방해받을 것이 확실하다."

'무지'라는 용어는 한 가지 중요한 측면에서 우리의 목표에 비해 협소하다. 특정 맥락에서 무엇이 옳은지 아무도 알지 못한다면 우리가 옳은 것에 대해 의미 있게 말할 수 있는지 의문이 들기에, 무엇이 옳은지에 대한 무지를 언급하면서 '불확실성'을 말하는 것이 더 나을 때도 있다. 이 경우 만약 알려지고 널리 수용된다면 아주 가치 있는 해결책이 있겠지만 사실 기존의 도덕이 어떤 문제에 아무런 해결책을 제시해주지 못하는 것일 수 있다. 나는 Pierre F. Goodrich에게 많은 빚을 지고 있다. 비록 내가 무지를 강조하는 '불완전함'을 일반화시키는 데 설득되지는 않았지만 그의 주장은 이 중요한 요점을 명확히 하는 데 도움을 주었다.

55) J. A. Wheeler, "A Septet of Sibyls: Aids in the Search for Truth," *American Scientist*, XLIV (1956), 360을 참조하라. "우리의 모든 문제는 가능한 한 빨리 실수를 범하는 것이다."

56) Louis Pasteur가 한 말을 참조하라. "연구 과정에서 우연은 그의 정신이 우연을 잘 맞이할 준비가 되어 있는 사람만을 돕는다." R. Taton, *Reason and Chance in Sci-*

entific Discovery (London, 1957), p. 91에서 인용함.

57) A. P. Lerner, "The Backward-leaning Approach to Controls," *J.P.E.*, LXV (1957), 441을 참조하라. "자유무역의 원칙은 일반적으로 활용하게 되면 일반적으로 유익함을 주는 일반적 규범과 마찬가지로 타당하다. 다른 모든 일반적 규범처럼 만일 누군가가 모든 부수적인 환경과 모든 결과에 따른 전체 효과를 알고 있다면 그 규범을 적용하지 않는 것이 더 좋을 특수한 경우들이 있다. 하지만 이것이 그 규범을 나쁜 규범으로 만들거나 혹은 통상적인 경우처럼 사람들이 어떤 경우를 바람직한 예외로 만들 모든 결과들에 대해 알지 못하는 사례에 적용해서는 안 된다는 근거를 제공하는 것은 아니다."

58) H. Rashdall, "The Philosophical Theory of Property," in *Property: Its Duties and Rights* (New York and London, 1915), p. 62를 참조하라. "Lowes Dickinson (*Justice and Liberty: a Political Dialogue*, e.g. pp. 129, 131)이 웅변적이고 익살스럽게 그랬던 것처럼, 무산계급 노동자들이 사회주의에서는 박탈당했을 자유를 보통의 자본주의 체제에서는 누리고 있지 않느냐는 가정의 부당함을 주장하는 것으로는 자유(liberty)를 위한 탄원으로 충분치 않다. 왜냐하면 자신의 시간을 자신이 원하는 대로 사용하는 것이 비록 대다수에게는 가능하지도 않고 또 바람직하지 않을지라도 몇몇 소수에게는 그런 자유가 매우 중요할 수 있기 때문이다. 문화가 사회 조건에서 상당한 차별을 요구하는 것도 의심할 여지없이 중요한 하나의 원리이다." 또 p. 69의 54번 주석에서 인용한 Kline과 Martin의 논문을 보라. "만약 자유를 이용하려는 소수를 위한 자유가 있다면 자유는 틀림없이 많은 사람들에게 제공될 것이다. 역사로부터 분명한 교훈이 있다면 바로 이것이다."

59) 이 맥락에서는 통상적인 '제도'라는 용어가 아니라 '형성'이라는 용어를 사용하는 것이 더 적절한 이유에 대해서는 나의 연구 *The Counter-Revolution of Science* (Glencoe, Ill., 1952), p. 83.을 참조하라.

60) 내 논문 "Degrees of Explanation," *British Journal for the Philosophy of Science*, Vol. VI (1955)을 참조하라.

61) A. Director, "The Parity of the Economic Market Place," in *Conference on Freedom and the Law* ("University of Chicago Law School Conference Series," No. 13 [Chicago, 1953])을 참조하라.

62) 나의 책 *The Road to Serfdom* (London and Chicago, 1944), chap. vii.을 참조하라.

63) K. R. Popper, *The Open Society and Its Enemies* (American ed.; Princeton: Princeton University Press, 1950), 특히 p. 195에서 "우리가 인간으로 남기를 바란다면

열린 사회로 향하는 길, 오직 한 길만이 존재한다. 우리는 안전보장과 자유(freedom)라는 두 가지를 위해 계획을 세워야 할 모든 근거를 동원해 불확실하고 불안한 미지의 세계로 들어가야 한다."

3. 진보의 상식

64) *Mémoires du Cardinal de Retz* (Paris, 1820), II, 497의 이 인용문은 Bellièvre 의장이 크롬웰로부터 들은 것을 적은 것이다. "on ne montait jamais si haut que quand on ne sait où l'on va.(우리가 갈 곳이 어디인지 알 수 없을 만큼 우리는 아직까지 그리 높게 오르지 못했다.)" 이 문구는 18세기 사상가들에게 깊은 인상을 주었으며, David Hume (*Essays*, I, 124), A. Ferguson (*An Essay on the History of Civil Society* [Edinburgh, 1767], p. 187), 그리고 (D. Forbes 에 따르면, "*Scientific Whiggism*," *Cambridge Journal*, VII [1954], 654) Turgot에 의해 인용되었다. 이는 다시 Dicey, *Law and Opinion*, p. 231.에도 등장한다. 약간 변형된 버전으로 Goethe의 유고집인 *Maximen und Reflexionen: Literatur und Leben* (Schriften zur Literatur: Grossherzog Wilhelm Ernst Ausgabe [Leipzig, 1913], II, 626)에도 등장한다. "마치 사람들은 어디로 가야 할지 알지 못하는 것처럼 더 이상 나아가지 않는다." 같은 맥락에서 G. Vico (*Opere*, ed. G. Ferrari [2d ed.; Milan, 1854], V, 183)의 표현은 다음과 같다. "이해하지 못하면서 전능한 척한다. Homo non intelligendo fit omnia." Vico에 대해 따로 언급할 기회가 없기에 여기서 그와 그의 제자인 F. Galian에 대해 잠깐 언급하자면, 그들은 다음 장에서 자세히 기술하게 될 영국 전통의 반합리주의와 대등한 업적을 이룬 대륙의 유일한 사람들이었다. 이 장의 초판이자 좀 더 길었던 판본의 독일어 번역은 *Ordo*, Vol. IX (1957)에 실려 있다.

65) J. B. Bury, *The Idea of Progress* (London, 1920), p. 2.

66) J. S. Mill, "Representative Government," in *On Liberty*, ed. R. B. McCallum (Oxford, 1946), p. 121을 참조하라.

67) A. Ferguson, *History of Civil Society* (Edinburgh, 1767), p. 12를 참조하라. "만약 왕궁이 자연스러운 것이 아니라면 오두막도 자연스럽지 않은 것이다. 가장 정교한 정치적, 도덕적 견해가 최초의 감정과 이성의 작용보다 더 인공적이라고 할 수는 없다." W. Roscher는 엄격한 도덕주의자들이 주장한 '해로운 세련됨'의 예로서 포크, 장갑 그리고 광택 유리를 제시했다 *Ansichten der Polkswirthschaft* (2d). Leipzig, 1861). 플라톤은 Phaedo 에서 글쓰기의 발명이 기억력을 약화시켜 퇴화를 가져올 것

을 우려했던 논객들 중 한 명이다.
68) 만약 용어의 의미를 바꾸는 것이 가능하다면, '진보'라는 단어는 선택한 목표를 향한 신중한 진전으로 한정하고 '문명의 진화'에 대해서만 말하는 것이 바람직할 것이다.
69) J. B. Bury, *The Idea of Progress* (London, 1920), pp. 236~237을 참조하라. "진보의 이론은 근본적으로 반대되는 두 가지 정치적 이론에 대응하여 서로 반목적인 기질을 보여주는 두 가지 유형으로 분류할 수 있다. 하나는 구성주의적 이상주의자 및 사회주의자의 유형이다. 이들은 곳에 위치한 '황금 도시'를 상상하며 그 도시의 거리와 망루에 모두 이름을 붙인다. 인간의 발전은 폐쇄된 체제로 기한이 알려졌고 또 만기에 도달할 수 있다. 또 다른 유형은 인간의 점진적 발달에 대한 조사를 통해, 지금까지 인간을 이끌어 온 것과 동일한 힘의 상호작용에 의해, 그리고 인간이 획득한 더 나은 자유의 발전을 통해 인간이 점차 조화와 행복을 증진시킬 수 있는 상태로 천천히 나갈 수 있을 것이라고 믿는 유형이다. 이들에게 발전의 한계는 없다. 기한도 알려지지 않았으며 먼 미래에 속해 있다. 개인의 자유가 동력이 되며 이에 상응하는 정치 이론은 자유주의(liberalism)이다."
70) K. R. Popper, *The Poverty of Historicism* (London, 1957)과 나의 *The Counter-Revolution of Science* (Glencoe, Ill., 1952)를 참조하라.
71) I. Langmuir, "Freedom, the Opportunity To Profit from the Unexpected," [General Electric] *Research Laboratory Bulletin*, Fall, 1956에 잘 언급되어 있다. "연구 작업에서 발견을 계획할 수는 없지만 발견으로 이어질 수 있는 작업을 계획할 수는 있다."
72) M. Polanyi, *The Logic of Liberty* (London, 1951)를 참조하라. 이 문제에 대한 뛰어난 초기 논의는 S. Bailey, *Essays on the Formation and Publication of Opinions* (London, 1821)의 서문을 참조하라. "유용한 것에 정통하기 위해 필요 없는 많은 것들을 배워야 하는 것은 인문과학의 필요조건으로 보여진다. 그리고 우리가 획득한 것의 가치를 알고 경험하기에 앞서 인류가 지식의 모든 혜택을 확보할 수 있는 유일한 방법은 모든 가능한 방향으로 질문을 제기하는 것이다. 과학의 진보에서 매 단계마다 조급해하며 눈에 보이는 유용성을 계속 논하는 것보다 더 큰 장애물은 없다. 일반적인 결과가 유익할 것이라 확신하고 모든 개별 노력의 즉각적인 가치를 지나치게 구하는 것도 현명하지 않다. 게다가 모든 과학에는 달성해야 할 특정한 완전성이 있다. 이를 위해 우리는 다른 아무런 가치가 없는 많은 세부사항들을 획득해야만 한다. 사소하고 겉으로 보기엔 쓸모없어 보이는 것들이 종종 중요한 발견에 있어 필수적인 준비물이 된다는 사실을 잊어서는 안 된다."

73) A. Smith, W.o.N., I, 83. 이에 대비해서 J. S. Mill은 1848년 (*Principles*, IV, vi, 2, p. 749) 다음과 같이 주장했다. "생산 증대가 여전히 중요한 목적이 되는 곳은 후진국일 뿐이다. 대부분의 선진국에서 필요한 것은 더 나은 분배다." 그는 재분배를 통해 최빈곤층을 구제하려는 시도가, 그 목적을 달성하지 못한 채 그가 문명화된 삶이라 간주했던 모든 것들을 파괴시킬 것임을 깨닫지 못한 것처럼 보인다.

74) G. Tarde, *Social Laws: An Outline of Sociology*, trans. H. C. Warren (New York, 1907), p. 194.

75) *Times Literary Supplement*에 실린 두 개의 중요한 논문 "The Dynamic Society," February 24, 1956과 "The Secular Trinity," December 28, 1956을 참조하라.

76) H. C. Wallich, "Conservative Economic Policy," *Yale Review*, XLVI (1956) p.67을 참조하라. "금전적인 관점에서 보면, 불평등한 위치에 있는 사람들조차 몇 년이 지난 뒤에는 빠른 성장을 통해 얻을 수 있는 이익이, 어떤 재분배를 통해 얻게 되는 이익보다 큼을 알 수 있다. 실질산출이 1년 동안 1%만큼만 성장한다고 하더라도, 최소소득층이 재분배를 통해 얻게 되는 것 이상의 이득을 얻을 수 있게 해준다…경제학자들에게 경제적 불평등은 성장의 개념 덕분에 정당성을 갖게 된다. 그것의 최종 결과는 처음엔 패배자로 여겨진 사람들에게까지 이득을 준다."

77) 이것이 세계의 가장 오지 지역에 미치는 영향은 John Clark, *Hunza: Lost Kingdom of the Himalayas* (New York, 1956), p. 266을 참조하라. "서구와의 접촉은 직접적이든 간접적이든 가장 오지에 있는 유목민이나 깊은 밀림 속의 마을에까지 이르렀다. 10억 명 이상의 사람들이, 그들에 비해, 자신들에 비해 우리가 좀 더 행복한 삶을 살고, 좀 더 흥미로운 일을 하며 좀 더 물질적 편안함을 누리고 있다는 사실을 알게 되었다. 그들의 문화는 그들 스스로에게 그러한 것을 제공하지 못했으며, 그들은 그러한 문화를 갖도록 운명지어졌다. 대부분의 아시아인들이 그들의 관습은 변화시키지 않은 채, 우리가 지닌 장점을 갖기를 원한다."

4. 자유, 이성, 전통

78) 이 인용문은 Tocqueville, *Democracy*, Vol. I, chap. xiv, pp. 246 f.와 Vol. II, chap. ii, p.96에서 발췌했다. "시간이 흐른 후에야 자유가 주는 혜택이 나타나게 되며, 혜택이 나타나게 된 원인에 대해 착각하기 쉽다." 같은 장이지만 먼저 출판됐고 내용이 보다 긴 버전은 *Ethics*, Vol. LXVIII (1958)을 참조하라.

79) Tocqueville는 어디에선가 다음과 같이 말했다. "18세기와 혁명기에 두 가지 조류가

시작되었다. 첫 번째는 인간을 자유 제도에 이르게 하고, 두 번째는 인간을 절대 권력에 복종시킨다." Sir Thomas E. May, *Democracy in Europe* (London, 1877), II, 334의 내용을 참조하라. "근대에 전자(프랑스)의 역사는 자유의 역사가 아니라 민주주의의 역사였다. 반면 후자(영국)의 역사는 민주주의의 역사가 아니라 자유의 역사였다." 또한 G. de Ruggiero, *The History of European Liberalism*, trans. R. G. Collingwood (Oxford: Oxford University Press, 1927), 특히 p.12, p.71, p.81를 참조하라. 프랑스에서 진정한 자유주의의 전통이 부재한 것에 대해서는 E. Faguet, *Le Libéralisme* (Paris, 1902), 특히 p.307을 참조하라.

80) '합리주의' 및 '합리적인' 등은 B. Groethuysen가 "Rationalism," E.S.S., XIII, p.113에서 다음과 같이 정의한 것으로 계속 사용할 것이다. "개인적 사회적 삶을 이성의 원리에 의해 규제하고, 비이성적인 모든 것들은 가능하면 제거하거나 퇴색시키려는 경향." 또한 M. Oakeshott, "Rationalism in Politics," *Cambridge Journal*, Vol. I (1947)을 참조하라.

81) E. Halévy, *The Growth of Philosophic Radicalism* (London, 1928), p.17을 참조하라.

82) J. L. Talmon, *The Origins of Totalitarian Democracy* (London, 1952).를 참조하라. 비록 Talmon은 '사회'민주주의를 '전체주의적' 민주주의로 규정하지는 않았지만, 나는 H. Kelsen ("The Foundations of Democracy," *Ethics*, LXVI, Part 2 [1955], 95 n.)의 다음 의견에 동의할 수밖에 없다. "탈몬이 '자유'민주주의와 '전체주의적' 민주주의 사이의 긴장으로 묘사한 적대감은 사실 자유주의와 사회주의 간의 적대감이지 두 민주주의 사이의 적대감은 아니다."

83) 1849년 South Carolina 신문에 게재된 Francis Lieber, "Anglican and Gallican Liberty"과 *Miscellaneous Writings* (Philadelphia, 1881), p.282, p.385 재게재된 글을 참고하라. "프랑스적 자유는 모든 것을 조직으로부터 기대하는 반면 영국적 자유는 발전에 기대하고 있다는 사실은, 왜 프랑스에서 제도의 개선과 확장이 일어나지 않는지를 설명해준다. 개선이 시도될 때는 이전의 것을 완전히 부정한 다음 가장 기초 원리에 대한 재논의부터 시작한다."

84) 자유의 정책에 대한 지적인 기초를 제공하는 성장의 철학에 대한 충분한 설명은 아직 기술되지 않았으며, 이 책에서 제시되지 않을 것이다. 스코틀랜드-영국 학파에 대한 완전한 이해와 이들이 프랑스 합리주의 전통과 갖는 차이를 알기 위해서는 D. Forbes, "Scientific Whiggism: Adam Smith and John Millar," *Cambridge Journal*, Vol. VII (1954)과 저자의 강연인 *Individualism, True and False* (Dublin, 1945)과, 그리고 재판된 *Individualism and Economic Order* (London and Chicago, 1948)을 참

조하라. (후자에서는 이 책에서 다루지 않은, 프랑스 합리주의 전통에서 B. Mandeville이 한 역할에 대해 특별히 설명되어 있다) 그 밖의 참고 자료로 *Ethics*, Vol. LVXIII (1958)에 수록된 이 본문의 초판을 보라.

85) 특히 아래 98번 주석에 언급된 Sir Mathew Hale의 저서를 참고하라.

86) Montesquieu와 Constant, Tocqueville은 그들 조국의 사람들로부터 친영주의자라는 소리를 자주 들었다. Constant은 한때 스코틀랜드에서 교육을 받은 적이 있고, Tocqueville은 스스로 다음과 같이 말했기 때문이다. "나의 생각과 감정은 상당 부분 영국인들과 공유되고 있기에, 나에게 있어 영국은 제2의 조국이다."(A. de Tocqueville, *Journeys to England and Ireland*, ed. J. P. Mayer [New Haven: Yale University Press, 1958], p. 13) 합리주의적 '프랑스' 전통보다는 진화적 '영국' 전통에 속하는 저명한 프랑스 사상가의 목록에는 청년 Turgot와 E. B. de Condillac이 포함되어야 한다.

87) Jefferson이 프랑스에서 머문 이후 영국적 전통에서 프랑스적 전통으로 바뀐 것에 대해서는, O. Vossler의 중요한 저서인 *Die amerikanischen Revolutionsideale in ihrem Verhältnis zu den europäischen* (Munich, 1929)를 참조하라.

88) Talmon, *op. cit.*, p. 2.

89) 상동, p. 71. 와 L. Mumford, *Faith for Living* (New York, 1940), pp. 64~66을 참조하라. 여기에서는 '이상적 자유주의'와 '실용적 자유주의'를 대조해서 기술하고 있다. 그리고 W. M. McGovern and D. S. Collier, *Radicals and Conservatives* (Chicago, 1958)를 참조하라. 여기에서는 '보수적 자유주의자'와 '급진적 자유주의자'를 구분하고 있다.

90) A. Ferguson, *An Essay on the History of Civil Society* (Edinburgh, 1767), p. 187.

91) [Francis Jeffrey], "Craig's Life of Milar," *Edinburgh Review*, IX (1807), 84. 나중에 F. W. Maitland도 어디선가 "우리가 경험주의적 방식으로 비틀거리며 지혜로 더듬더듬 나아가는 것"이라고 비슷한 표현을 사용했다.

92) Forbes, op. cit., p. 645. 문화인류학의 모태가 된 스코틀랜드 도덕 철학자들의 중요성에 대해서 E. E. Evans-Pritchard, *Social Anthropology* (London, 1951), pp. 23~25에 명쾌하게 기술되어 있다.

93) L. von Mises는 *Socialism* (new ed.; New Haven: Yale University Press, 1951), p. 43에서 사회적 계약에 대해 다음과 같이 기술하였다. "사회 제도가 신으로부터 기원했거나 또는 적어도 인간이 신으로부터 받은 영감에 의한 자각으로부터 기원했다는 오래된 믿음을 버린 이후 합리주의는 다른 설명 방법을 찾지 못하였다. 그것이 현재 상황으로

이끌었기 때문에 사람들은 사회적 삶의 발전을 절대적으로 목적적이고 합리적인 것으로 받아들인다. 그것이 합리적이고 목적적이라는 사실을 자각한 상태에서 신중하게 선택하는 과정이 없었다면 지금의 발전이 어떻게 가능했겠는가?"

94) Talmon이 인용함, *op. cit.*, p.73.
95) M. Tullius Cicero, *De re publica* ii. p.1, p.2, p.21, p.37을 참조하라. *Corpus iuris civilis*(로마법 대전)에서 인용한 후기 로마의 법률학자 Neratius는 법률가에게 다음과 같이 촉구했다. "Rationes eorum quae constituuntur inquiri non oportet, alioquin multer quae certa sunt subvertuntur" ("우리는 우리 제도들의 근거에 대해 의문을 제기하는 것을 피해야 한다. 그렇지 않으면 확실한 많은 것들이 전복될 것이다.") 이런 측면에서 그리스인들이 좀 더 합리적이었지만, 법의 성장과 같은 개념이 전혀 부재한 것은 아니었다. 예를 들어 the Attic orator Antiphon, *On the Choreutes* par 2. (Minor Attic Orators, ed. K. J. Maidment ["Loeb Classical Library" (Cambridge: Harvard University Press, 1941), I, 247)를 참조하라. 그는 여기서 법에 대해 "이 나라 초창기의 것과 구분되며…시간과 경험이 인간에게 무엇이 불완전한지를 보여주는 것처럼, 좋은 법의 확실한 징표가 되는" 것이라 언급하였다.
96) R. Descartes, *A Discourse on Method* ("Everyman" ed.), Part II, p.11.
97) Talmon, *op. cit.*, p.142를 참조하라. 스파르타 이념이 그리스 철학 특히 Plato와 Aristotle에 끼친 영향에 대해서는 F. Ollier, *Le Mirage spartiate* (Paris, 1933)와 K. R. Popper, *The Open Society and Its Enemies* (London, 1945)를 참조하라.
98) "Sir Mathew Hale's Criticism on Hobbes Dialogue on the Common Law,"는 W. S. Holdsworth, A History of English Law, V (London, 1924), 504~505의 부록으로 재출판됐다(현대의 철자법으로 수정됨). Holdsworth는 이러한 주장들과 Edmund Burke의 주장이 갖는 유사성에 대해 바른 지적을 했다. 이것은 물론 (Hobbes가 비판했던) Edward Coke 경의 생각, 특히 유명한 '인위적 이성'에 대한 개념을 정교화하기 위한 시도였다. 그는 (*Seventh Report*, ed. I. H. Thomas and I. F. Fraser [London, 1826], IX, 6)에서 이 개념을 다음과 같이 설명하였다. "오늘날 세계는 오랜 과거의 그림자일 뿐이다. 법률은 여러 세대 동안 가장 뛰어난 사람들의 지혜와 오랜 경험(빛과 진리의 재판)을 바탕으로 다듬어지고 다듬어졌다. 세상 모든 사람의 지혜를 갖고 있는 사람일지라도 (짧은 한 시기를 살기에) 한 세대 안에 모두에게 혹은 세상 끝까지 영향을 미칠 수 없다." 다음의 법률속담 "Per varios usus experientia legem fecit(다양한 경험을 통해 법이 만들어진다)."을 참조하라.
99) 내가 알고 있는 한 사회적 성장 과정의 특성에 대한 최고의 논의는 C. Menger, *Un-*

tersuchungen, Book III and Appendix VIII, 특히 pp.163–65, p.203–4n, p.208에 나와 있다. 또한 A. Macbeath, *Experiments in Living* (London, 1952), p.120에서 기술된 다음의 논의를 참조하라. "어떤 제도도 유용한 기능을 수행하지 못한다면 지속될 수 없다는 원칙은 Frazer [Psyche's Task, p.4]가 세우고 Malinowski와 다른 인류학자들의 지지를 받았다." 그리고 주석에 첨가된 다음의 언급을 참조하라. "어느 시점에서 제도가 갖는 기능은 그것이 최초에 수립되었을 때의 목적과는 다를 수 있다." 그리고 다음의 글을 통해 Lord Acton이 어떻게 고대와 기독교의 자유에 대해 묘사했는지 참조하라(*Hist. of Freedom*, p. 58). "내가 하고자 했던 것은…자유국가 형성의 진정한 법칙은 누구에 의해 어떤 맥락에서 알 수 있는가라는 질문이며, 발전, 진화, 연속성이라는 이름하에 다른 과학에 새롭고 심오한 방법을 제공해 줄 수 있는 것과 아주 유사한 것으로서 그 발견, 즉 Sir James Mackintosh가 헌정은 만들어지는 것이 아니라 성장하는 것이라고 말하면서 제시했던 그 이론, 즉 법률을 만드는 것은 정부의 의지가 아니라 관습과 피치자의 국민적 자질이라는 이론이 어떻게 안정과 변동 간의 고전적 문제를 해결하고 사상의 진보에서 전통의 권위를 결정짓는가를 연결하는 것이었다."

100) 여기서 내가 언급하고자 하는 것은 잘 알려진 다윈의 Malthus(그리고 그를 통한 R. Cantillon)의 인구 이론에 대한 영향이 아니라, 19세기 당시 사회 문제에 대해 지배적 역할을 했던 진화 철학에 대한 일반적인 분위기에 대해서이다. 그 영향력은 (예를 들어 H. F. Osborn, *From the Greeks to Darwin* [New York, 1894], p. 87) 종종 알려져 있었지만 체계적으로 연구된 적은 없다. 나는 그러한 연구가 다윈이 사용했던 대부분의 개념적 도구들이 그가 사용할 수 있도록 이미 마련되어 있었다는 사실을 보여줄 거라 믿는다. 다윈이 스코틀랜드 진화철학을 접할 수 있게 한 사람 중 한 명은 아마도 스코틀랜드의 지질학자였던 James Hutton이었을 것이다.

101) A. O. Lovejoy, "Monboddo and Rousseau" (1933)와 재출판된 *Essays in the History of Ideas* (Baltimore: Johns Hopkins University Press, 1948)를 참조하라.

102) 최초로 언어학 분야에서 이것을 발견한 사람은 법률가이자 저명한 휘그당원이었던 Sir William Jones다. Third Anniversary Discourse" delivered February 2, 1786, in *Asiatick Researches*, I, 422, 재출간된 Works (London, 1807), III, 34에 실린 그의 축하 연설을 참고하라. "산스크리트어는 고대의 언어였음에도 훌륭한 구조를 갖추고 있다. 그리스어보다 완전하고 라틴어보다 풍부하며 두 언어보다 섬세하고 정제되어 있다. 그러나 우연 이상으로 동사의 어원과 문법의 형태에서 그리스어와 라틴어에 밀접한 연관성을 보이고 있다. 이 연관성은 매우 강력해서 세 언어를 연구하는 언어학자들은 이 언어들이 아마도 현재는 존재하는 않는 어떤 공통의 원천으로부터 유

래된 것이라고 믿고 있다." 언어에 관한 추측과 정치 제도에 관한 추측 사이의 관련성은 약간 나중에 쓰여진 Dugald Stewart의 휘그당 교리에 잘 나타나 있다. *Lectures on Political Economy* (delivered 1809~1810), printed in The *Collected Works of Dugald Stewart* (Edinburgh, 1856), IX, 422~24. 그리고 이 장의 초판 주석에 길게 인용되어 있다. *Ethics*, Vol. LXVIII (1958). 이것은 휘그당의 마지막 그룹인 *Edinburgh Review* circle에 대한 Stewart의 영향력을 잘 보여주기 때문에 특히 중요하다. 독일의 가장 위대한 자유주의 철학자인 Wilhelm von Humboldt도 역시 독일의 가장 위대한 언어 이론가들이었다는 것은 우연의 일치일까?

103) 특히 Adam Smith는 경제 시스템이 유익하게 작동하는 것이 문자 그대로의 '자연적 자유'에 의존하는 것이 아니라 법률하에서의 자유에 의존한다는 점이 W.o.N. Book IV, chap. v, II, 42~43에 분명히 표현되어 있다. "영국의 법이 모든 사람에게 부여하여 누구나 자신의 노동의 과실을 누릴 수 있도록 해주는 안전보장은, 다른 수십여 개의 터무니없는 상업규제에도 불구하고 모든 나라를 풍요롭게 만들기에 충분하다. 이러한 안전보장은 풍요가 정착되는 그 시점에 혁명에 의해 완성됐다. 자유와 안전이 보장받을때, 개개인은 자신의 상태를 더 좋은 환경으로 만들기 위해 자연스럽게 많은 노력을 기울이게 된다. 이로 인해 어떤 도움 없이도 그것 자체만으로도 사회에 부와 번영을 가져다 줄 수 있다. 뿐만 아니라 어리석은 인간법률조차 이런 작동을 방해하는 수많은 장애물을 극복하게 해 준다. C. A. Cooke, "Adam Smith and Jurisprudence," *Law Quarterly Review*, LI (1935), 328을 참조하라. "「국부론」에 나타난 정치경제 이론은 수미일관된 법률과 입법이론으로 볼 수 있다…보이지 않는 손에 관한 유명한 구절은 Adam Smith의 법률관의 핵심이다." 그리고 또한 J. Cropsey, *Polity and Economy* (The Hague, 1957)의 흥미 있는 논의를 참고하라. 여기에는 Smith의 "사람들이 의도하지 않았지만 종국에는 추구하도록 하는" "보이지 않는 손"에 대한 일반적인 주장이 이미 Montesquieu, *Spirit of the Laws*, I, 25에 나왔다는 사실은 흥미롭다. 여기서 그는 "그러므로 모든 개인은 자기 자신의 이익만을 생각하는 동안 공익을 증진시킨다"고 말했다.

104) J. Bentham, *Theory of Legislation* (5th ed.; London, 1887), p.48.

105) D. H. MacGregor, *Economic Thought and Policy* (Oxford: Oxford University Press, 1949), pp.54~89, 그리고 Lionel Robbins, *The Theory of Economic Policy* (London, 1952), pp.42~46을 참조하라.

106) E. Burke, Thoughts and Details on Scarcity, in Works, VII, 398.

107) 다음의 두 내용을 대조하여 참조하라. D. Hume, *Essays*, Book I, vi, p.117. "정치

적 저술가들은 특정한 통치 형태를 고안하고 헌법에 대한 몇몇 감시 및 통제 장치들을 만드는 데 있어서 모든 사람들을 악한으로 가정해야 하며, 이들은 모든 행동에서 사적 이해 이외에는 어떤 목적도 가지지 않음을 가정해야 한다는 것을 하나의 불문율로 확립시켰다." (이러한 서술은 Machiavelli, Discorsi, I, p.3에서 "입법가는 자신의 목적을 위해서 모든 사람이 악하다고 가정해야 한다"는 주장과 관련되어 있다) 이와 대조적인 입장으로 R. Price, *Two Tracts on Civil Liberty* (London, 1778), p.11을 참조하라. "모든 사람의 의지는, 제약으로부터 완전히 자유로울 경우, 그를 항상 정직과 미덕으로 이끌 것이다." 또한 나의 *Individualism and Economic Order* (London and Chicago, 1948), pp.11~12를 참조하라.

108) J. S. Mill, *Essays on Some Unsettled Questions of Political Economy* (London, 1844), Essay V.를 참조하라.

109) Ernest Renan은 1858년에 처음 출간됐고 나중에 *Essais de morale et de critique*(현재는 Œuvres complètes, ed. H. Psichari, II [Paris, 1947], 45 f.)에 수록된 자유주의 학파의 원칙과 경향에 대한 중요 논문에서 다음과 같이 고찰하였다. "오직 이성의 원리에만 기초하고 있다고 주장하는 자유주의는 일반적으로 전통이 필요 없다고 믿는다. 바로 거기에 오류가 있다. 자유주의학파의 오류는 사변을 통해 자유를 쉽게 만들 수 있다고 믿었다는 데, 그리고 하나의 제도는 그것이 역사적 뿌리를 지니고 있을 때만 견고하다는 점을 간과한 데 있다. 그것은 자기의 온갖 노력들이 만들어내는 오직 훌륭한 행정조직일 뿐이며, 결코 자유가 아니라는 것을 보지 못했던 것이다. 자유란 국가의 권리보다 앞서고 그보다 우월한 권리에서 나오는 것이지, 즉흥적인 선언이나 연역적으로 잘 구성된 철학적 사유에서 나오는 것이 아니기 때문이다." 또한 R. B. McCallum의 J. S. Mill, *On Liberty* (Oxford, 1946), p.15 서문도 참조하라. "Mill은 관습의 거대한 힘을 받아들이고 일정한 제약하에서 그것을 사용하려고 했지만, 관습에 기초하나 이성에 의해 옹호되지 못하는 모든 규칙들을 비판하려고 했다. 그는 다음과 같이 언급했다. '사람들은 철학자의 특성을 갈망하는 일부 사람들이 고취시킨 믿음에 따라, 이 본성을 갖는 주제들에 대한 자신들의 감정이 이성보다 더 낫다고 믿는 데 익숙해져 있으며, 이성은 불필요하다고 여긴다.' 공리적 합리주의자인 Mill은 이 입장을 결코 받아들일 수 없다. 그것은 Bentham이 합리주의적 접근 이외의 모든 체계의 기초로 간주했던, '공감-반공감 원리'다. 정치사상가로서 Mill의 주된 입장은 이러한 모든 비합리적 가정들은 사유하는 인간의 반성적이고 균형잡힌 판단에 의해 평가 및 고찰되어야 한다는 것이었다."

110) Joseph Butler, Works, ed. W. E. Gladstone (Oxford, 1896), II, p. 329.

111) 심지어 이것을 대부분의 사람들보다 더 잘 이해하고 있던 H. Butterfield 교수조차

도 '잉글랜드라는 이름이 한편으로는 자유, 다른 한편으로는 전통과 밀접하게 연관되어 있다'는 것을 '역사의 패러독스 중 하나'로 생각하였다. (*Liberty in the Modern World* [Toronto, 1952], p.21)

112) T. Jefferson, *Works*, ed. P. L. Ford, XII (New York, 1905), p.111.

113) 특히 E. Burke, *A Letter to a Member of the National Assembly, in Works*, VI, p.64를 참조하라. "사람들이 자신의 욕망을 도덕의 사슬로 묶으려는 성향이 클수록, 탐욕보다 정의에 대한 사랑이 클수록, 허영과 가식보다 건전함과 절제가 클수록, 악한 자의 아첨보다 현자와 선인들의 충고에 귀를 기울이려는 성향이 클수록, 그들은 시민의 자유를 누릴 자격을 갖는다." 또한 James Madison은 1788년 6월 20일 버지니아 헌법 비준대회 동안에 벌어진 논쟁에서 다음과 같이 진술했다. (*The Debates in the Several State Conventions, on the Adoption of the Federal Constitution, etc.*, ed. J. Elliot [Philadelphia, 1863], III, p.537) "어느 형태의 정부든 사람들의 미덕 없이 자유와 행복을 보장할 것이라고 가정하는 것은 어리석은 생각이다." 또한 Tocqueville, *Democracy*, I, p.12의 "자유는 도덕 없이 확립될 수 없으며, 믿음 없이는 도덕이 확립될 수 없다." 또한 II, p.235의 "도덕 없이 자유로운 공동체가 존재한 적은 결코 없었다."를 참조하라.

114) Hume, *Treatise*, Book III, Part I, sec. 1 (II, 235), 그 단락의 제목은 "도덕적 분별력은 이성에서 나오지 않는다"이다. "따라서 도덕 규칙들은 우리 이성의 결과가 아니다." 이와 동일한 생각은 "이성은 수단이지 재판관이 아니다"라는 학구적 격언에 이미 함축되어 있다. 나는 Hume의 도덕에 대한 진화론적 견해를, 실제 이상으로 과하게 해석하게 될까 봐 두려워서 인용하기 꺼려했던 발언을 인용할 수 있게 되어 기쁘게 생각한다. 이것은 나와는 다른 관점으로 Hume의 저서를 바라보는 작가가 쓴 글이다. *The Structure of Freedom* (Stanford, Calif.: Stanford University Press, 1958), p.33에서 C. Bay는 다음과 같이 썼다. "도덕과 정의의 기준은 Hume이 '인공물'이라고 호칭한 것이다. 그것들은 신이 결정한 것도, 인간 본성의 일부인 것도, 순수 이성에 의해 만들어진 것도 아니다. 그것은 인류가 실제 경험한 것의 산물이다. 느린 시간의 검증에서 유일하게 고려해야 할 사항은 각각의 도덕 규칙이 인간의 복지를 증진시킬 수 있느냐 하는 것이다. Hume은 윤리학 영역에서 Darwin의 선구자로 불릴 수 있다. 사실상 그는 인간의 관습에 대한 적자생존 교리를 주장했다. 강한 치아를 지닌 사람이 적자가 아니라 최대의 사회적 효용이 적자가 되어 생존한다는 것이다."

115) Hume과 Burke의 견해의 유사성에 대한 흥미로운 논의는 H. B. Acton, "Prejudice," *Revue internationale de philosophie*, Vol. XXI (1952)를 참조하라. 또한 같은 저

자의 연설문인 "Tradition and Some Other Forms of Order," *Proc. Arist. Soc.*, 1952–53 특히 앞부분에 기술된 "자유주의자들(liberals)과 집단주의자들은 전통 안에 공격해야 할 어떤 '미신'이 있을 경우 함께 협력해 싸운다"를 참조하라. 또한 Lionel Robbins, *The Theory of Economic Policy* (London, 1952), p.196n도 참조하라.

116) 아마 이것조차도 너무 강한 표현일 것이다. 하나의 가설은 당연히 거짓으로 결론날 수 있지만, 만약 그것으로부터 참으로 증명되는 몇 가지 새로운 결론들을 얻을 수 있다면 가설이 전혀 없는 경우보다 낫다. 중요한 질문에 대한 그러한 잠정적 답변은, 그것이 비록 부분적으로 오류가 있을지라도 실제 목적을 위해서는 가장 중요한 것일 수 있다. 과학자들은 그것들이 진보를 방해하는 경향이 있기 때문에 싫어하겠지만 말이다.

117) Edward Sapir, Selected *Writings in Language, Culture, and Personality*, ed. D. G. Mandelbaum (Berkeley: University of California Press, 1949), p.558을 참조하라. "변화된 환경에 대해 좀 더 유용하게 적응하기 위해서는 사회적 행위의 형태를 인지하는 것이 종종 필요하다. 하지만 나는 일상적인 삶에서 이러한 분석은 불필요한 일이며, 개개인이 자신의 주변에 대한 문화적 패턴을 의식적으로 분석하는 것이 개인에게는 불행한 일이라고 믿는다. 그러한 패턴을 이해하는 것은 그 일이 주업인 학자들에게 맡겨야 한다. 건강한 신체를 가졌다면 내장 기관의 움직임을 인지하지 못하는 것이 당연하듯이, 사회적 행위의 형태를 자각하지 못하는 것도 건강한 사회에 필요한 일이다." p.26도 참조하라.

118) Descartes, *op. cit.*, Part IV, p.26.

119) E. Burke, *A Vindication of Natural Society*, Preface, in Works, I, p.7.

120) Talmon, *op. cit.*, p.273에서 인용된 P. H. T. Baron d'Holbach, *Système social* (London, 1773), I, p.55. 이와 유사한 순진한 진술은 현대 심리학자들의 저서에서 어렵지 않게 찾을 수 있다. B. F. Skinner는 *Walden Two* (New York, 1948), p.85에서 그의 유토피아 영웅이 다음과 같이 말하게 했다. "왜 실험이 아닌가? 질문은 매우 단순하다. 집단과 관련해 개인에게 최선의 행위는 무엇인가? 또 개인이 그 방식으로 행동하도록 어떻게 유도되는가? 왜 이러한 문제들을 과학적 마인드로 탐구하지 않는가? 우리는 Walden Two에서 그것을 정확하게 할 수 있다. 우리는 이미 행위 규범을 만들어냈으며, 물론 그것은 실험을 통해 조정될 수 있다. 그 규범은 모든 사람이 잘 따르기만 한다면 만사가 잘 돌아가도록 할 것이다. 우리가 할 일은 모두 그렇게 되는 것을 지켜보는 것이다."

121) 나의 논문인 "Was ist und was heisst 'sozial'?" in Masse und Demokratie, ed. A. Hunold (Zurich, 1957)와 그 개념을 옹호하려고 시도했던 H. Jahrreiss, *Freiheit*

und Sozialstaat ("Kölner Universitätsreden," No. 17 [Krefeld, 1957]을 참조하라. 지금은 같은 저자의 *Mensch und Staat* (Cologne and Berlin, 1957)에 재수록되어 있다.

122) Tocqueville는 그 사실에 대해 "일반화된 개념은 인간지성이 지닌 힘의 증거가 아니라 오히려 그 불충분함의 증거다"(*Democracy*, II, 13)라고 강조했다.

123) 일관성이 사회적 행위에서 미덕이 될 수 있는가 하는 문제가 오늘날 흔히 제기된다. 심지어 일관성에 대한 열망은 합리주의적 편견으로, 개별적 가치에 대한 각 사례를 통한 판단은 순전한 실험이나 경험과정으로 표현되기도 한다. 진실은 그와 정반대다. 일관성에 대한 열망은 우리의 이성이 개별적 사례들이 갖는 모든 함의를 명확히 이해할 수 없다는 자각에서 나온 것이며, 반면에 이른바 실용적 절차라는 것은 우리가 고려해야 할 구체적 사실들이 무엇인지 우리에게 말해주는 원리들에 의존하지 않고도 우리가 그것들이 갖는 모든 함의를 적절히 평가할 수 있다는 주장에 기초하고 있다.

124) B. Constant, "De l'arbitraire," in *Euvres politiques de Benjamin Constant*, ed. C. Louandre (Paris, 1874), p.91~92.

125) 위에서 논의한 전통은 Burke에 의해 프랑스의 반동주의자들과 독일의 낭만주의자들에게 전승된 후에, 이것은 다시 반합리주의 입장에서 비합리주의 믿음으로 바뀌었다. 거의 대다수가 오직 이 형태로만 살아남았다는 사실을 인정해야 한다. 그러나 F. W. Maitland가 정확하게 강조한 대로(Collected Papers, I [Cambridge: Cambridge University Press, 1911], p.67), 이것의 오용은 Burke에게 일정 책임이 있지만, 전통에서 가치 있는 것들을 불신하도록 만들어서는 안 되며, 'Burke가 마지막까지 얼마나 철저한 휘그당원이었는지'를 잊어서도 안 된다.

126) S. S. Wolin, "Hume and Conservatism," *American Political Science Review*, XLVIII (1954), p.1001과 E. C. Mossner, *Life of David Hume* (London, 1954), p.125를 참조하라. "이성의 시대에 Hume은 스스로를 체계적 반합리주의자로 구분했다."

127) K. R. Popper, *The Open Society and Its Enemies* (London, 1945), 여러 곳.

5. 책임과 자유

128) F. D. Wormuth, *The Origins of Modern Constitutionalism* (New York, 1949), p. 212.

129) G. B. Shaw가 이 오랜 진리를 간결하게 표현했다. "자유는 책임을 의미한다. 이것이 대부분의 사람들이 그것을 두려워하는 이유다."(*Man and Superman: Maxims for Revolutionaries* [London, 1903], p. 229) 물론 F. Dostoevski의 소설에서도 이 주제가 충분

히 다루어졌다(특히, 『카라마조프 형제』에 나오는 종교재판소장의 에피소드에서). 현대 정신분석가들과 실존주의 철학자들이 그의 심리학적 통찰에 추가할 수 있었던 것은 그리 많지 않았다. 하지만 E. Fromm, *Escape from Freedom* (New York, 1941) (English ed. entitled The Fear of Freedom)과 M. Grene, *Dreadful Freedom* (Chicago: University of Chicago Press, 1948), 그리고 O. Veit, *Die Flucht vor der Freiheit* (Frankfort on the Main, 1947)를 살펴보라. 자유사회에서 지배적인 개인 책임과 그와 관련된 법에 대한 존경의 반대는 범법자에 대한 동정이다. 이는 자유롭지 못한 사회에서 규칙적으로 나타나는 것으로 보이고 특히 19세기 러시아 문학에서 특징적으로 나타난다.

130) 일반적인 결정론이라는 철학적 문제를 대한 깊이 고찰하기 위해서는 K. R. Popper, *The Logic of Scientific Discovery—Postscript: After Twenty Years* (London, 1959)와 나의 에세이 "Degrees of Explanation," *British Journal for the Philosophy of Science*, Vol. VI (1955)를 참조하라.

131) C. H. Waddington, The Scientific Attitude ("Pelican Books" [London, 1941]), p. 110.

132) John Locke가 이미 고찰한 내용이다.(*An Essay concerning Human Understanding*, Book II, chap. xxi, sec. 14, 여기에서 그는 "인간의 의지가 자유로운가라는 물음은 비지성적인 질문이기 때문에 비이성적이다. 내가 실수한 것이 아니라면 내가 한 말에서 질문 자체가 부적절하다는 사실이 나오기 때문이다"라고 말했다.) 그리고 T. Hobbes, Leviathan, ed. M. Oakeshott (Oxford, 1946), p. 137을 보라. 최근에는 관련 연구로 H. Gomperz, *Das Problem der Willensfreiheit* (Jena, 1907); M. Schlick, *Problems of Ethics* (New York, 1939); C. D. Broad, *Determinism, Indeterminism, and Libertarianism* (Cambridge, England, 1934); R. M. Hare, *The Language of Morals* (Oxford, 1952); H. L. A. Hart, "The Ascription of Responsibility and Rights," *Proc. Arist. Soc.*, 1940~1941, *Logic and Language*에서 재출판되었다. ed. A. Flew (1st ser.; Oxford, 1951); P. H. Nowell-Smith, "Free Will and Moral Responsibility," *Mind*, Vol. LVII (1948), and the same author's Ethics ("Pelican Books" [London, 1954]); J. D. Mabbott, "Free-will and Punishment," in *Contemporary British Philosophy*, ed. H. D. Lewis (London, 1956); C. A. Campbell, "Is Free Will a Pseudo-Problem?" Mind, Vol. LX (1951); D. M. MacKay, "On Comparing the Brain with Machines" (British Association Symposium on Cybernetics), Advancement of Science, X (1954), esp. 406; *Determinism and Freedom in the Age of Modern Science*, ed. S. Hook (New York: New York Press, 1958); and H. Kelsen,

"Causality and Imputation," *Ethics*, Vol. LXI (1950~1951) 등이 있다.

133) David Hume, *An Enquiry concerning Human Understanding*, in Essays, II, 79. "그렇다면 자유(liberty)는 오직 의지적 결정에 따라 행동하거나 행동하지 않을 힘을 의미할 뿐이다." 또 내 책 *The Sensory Order* (London and Chicago: University of Chicago Press, 1952), secs. 8.93~8.94를 참조하라.

134) 이 논쟁은 여전히 외견상 역설적으로 보이지만 David Hume, 심지어 Aristotle까지 거슬러 올라간다. Hume은 다음과 같이 분명하게 언급했다. (Treatise, II, 192) "일반적인 견해는 그와 반대이긴 하지만, 어떤 사람이 그의 행동으로부터 어떤 장점과 단점을 얻는 것은 오직 필연적 원리에 따른 것이다." Aristotle에 관해서는 Y. Simon, *Traité du libre arbitre* (Liège, 1951)와 Simon이 인용한 K. F. Heman, Des Aristoteles Lehre von der Freiheit des menschlichen Willens (Leipzig, 1887)를 참고하라. 최근 주장으로는 R. E. Hobart, "Free Will as Involving Determination and Inconceivable without It," *Mind*, Vol. XLIII (1934); 그리고 P. Foot, "Free Will as Involving Determinism," *Philosophical Review*, Vol. LXVI (1957) 등이 있다.

135) 가장 극단적인 결정론적 입장은 '의지'라는 용어가 어떤 의미(이 단어는 사실상 일부 초과학적인 심리학에서 금지되었다)를 갖거나 자발적인 행동 같은 것이 존재한다는 것을 부정하는 경향이 있다. 그러나 그런 입장을 고수하는 사람들조차도 합리적인 사고에 영향을 받을 수 있는 행동 유형과 그렇지 못한 유형들을 구분하지 않을 수 없다. 이것이 바로 문제의 핵심이다. 실제로 어떤 사람이 계획을 수립하고 수행할 수 있는 능력이 자신에게 있음을 믿느냐 안 믿느냐는 자신의 의지가 자유롭냐 아니냐를 일반적으로 의미하는 것으로, 이것이 그가 하려는 일에서 큰 차이를 초래한다는 것 –그들 입장의 모순을 알리는 *귀류법*에 영향을 주는 것– 을 그들은 인정해야 한다.

136) 비록 우리가 만들어낸 조건에 의해 어떤 사람이 우리가 원하는 것을 하도록 유도되고 있음에도 우리는 여전히 그의 결정을 '자유롭다'고 말한다. 왜냐하면 이러한 조건들은 그의 행동만 독특하게 결정짓는 것이 아니라 그와 같은 입장에 있는 사람이 우리가 원하는 일을 하도록 만들 가능성이 더 높기 때문이다. 우리는 그의 행동에 '영향'을 주려고 하지만 그가 무슨 행동을 할지 결정하지는 않는다. 다른 많은 경우와 마찬가지로 이런 맥락에서 그의 행동이 '자유롭다'고 말할 때 이는 무엇이 그것을 결정했는지 모른다는 것을 의미할 뿐, 어떤 것에 의해 결정되지 않는다는 것을 의미하지 않는다.

137) T. N. Carver, *Essays in Social Justice* (Cambridge: Harvard University Press, 1922)를 참조하라. 또 나의 *Individualism and Economic Order* (London and Chicago, 1948)에 있는 첫 번째 논문을 참조하라.

138) John Milton, Areopagitica ("Everyman" ed. [London, 1927]), p.18. 자유에 의존하는 도덕적 가치 개념은 이미 몇몇 스콜라 학자들과, 또한 특히 독일의 '고전' 문헌들에 의해 다시 강조되었다. (특히 F. Schiller, *On the Aesthetic Education of Man* [New Haven: Yale University Press, 1954], p.74를 참조하라. "인간은 자신의 자유가 도덕에 준비되도록 해야 한다.")
139) C. A. R. Crosland, *The Future of Socialism* (London, 1956), p.208.
140) 또한 J. Huizinga, *Incertitudes* (Paris, 1939), p.216을 참조하라. "각각의 집단 내에서 개인의 판단 부분이 집단적 질서라는 말에 의해 그 책임 부분과 함께 흡수되었다. 모든 문제에 대해 모두가 책임이 있다는 정서는 현실세계에서 집단행동의 절대적 무책임성이라는 위험을 증가시켰다."
141) D. Riesman, The Lonely Crowd (New Haven: Yale University Press, 1950)를 참조하라.

6. 평등, 가치, 공로

142) 이 인용문은 다음 책에서 발췌했다. *The Holmes-Laski Letters: The Correspondence of Mr. Justice Holmes and Harold J. Laski, 1916-1935* (Cambridge: Harvard University Press, 1953), II, 942. 이 장의 초판에 대한 번역본은 Ordo, Vol. X (1958)을 참조하라.
143) 특히 R. H. Tawney, *Equality* (London, 1931), p.47을 참조하라.
144) Roger J. Williams, *Free and Unequal: The Biological Basis of Individual Liberty* (Austin: University of Texas Press, 1953), pp.23 p.70; 또한 J. B. S. Haldane, The Inequality of Man (London, 1932)과 P. B. Medawar, *The Uniqueness of the Individual* (London, 1957)을 참조하라.
145) Williams, *op. cit*., p.152.
146) 이 유행하는 견해에 대해 H. M. Kallen의 논문인 "Behaviorism," E.S.S., II, p.498 설명을 참조하라. : "갓 태어난 유아는 유전적 특징과 상관없이 포드 가문의 사람들과 동등하다."
147) Plato *Laws* vi. p.757A를 참조하라: "불평등한 사람들에게 평등은 불평등이 된다."
148) F. H. Knight, *Freedom and Reform* (New York, 1947), p.151을 참조하라. "재능을 물려받은 사람이 다른 어떤 형태로든 재산을 물려받은 사람에 비해 더 많은 또는 더 적은 수입을 얻을 자격이 있는지를 판별할 뚜렷한 근거는 없다." 또한 W. Roepke, *Mass und Mitte* (Erlenbach and Zurich, 1950), pp.65~75의 논의도 참조하라.

149) 이것은 J. P. Plamenatz가 "Equality of Opportunity," in *Aspects of Human Equality*, ed. L. Bryson and others (New York, 1956), p.100에서 요약한 R. H. Tawney의 견해이다.
150) C. A. R. Crosland, *The Future of Socialism* (London, 1956), p.205.
151) J. S. Mill, *On Liberty*, ed. R. B. McCallum (Oxford, 1946), p.70.
152) W. B. Gallie, "Liberal Morality and Socialist Morality," *in Philosophy, Politics, and Society*, ed. P. Laslett (Oxford, 1956), pp.123~125를 참조하라. 저자는 '자유주의적 도덕'의 핵심은 자유사회에서는 보상이 능력에 상응하는 것이라고 표현했다. 이것은 종종 자신들의 주장을 약화시켰던 몇몇 19세기 자유주의자들의 견해였다. 대표적인 예로 W. G. Sumner의 (*What Social Classes Owe to Each Other*, reprinted in Freeman, VI [Los Angeles, n.d.], p.141) 다음과 같은 주장을 들 수 있다. "사회가 제공했거나 제한했던 기회가 모두에게 동등하게 주어진다면, 불평등한 결과를 초래할 것인데, 이는 개인의 능력 차이에 의한 것이다." 이것은 우리가 어떤 도덕적 함의 없이 오직 '능력'이라는 용어를 우리가 평소 사용하는 '가치'라는 의미로 사용될 때만 타당하다. 만약 그것을 선하고 옳은 것을 하기 위한 특정한 노력이나 또는 어떤 이상적인 기준을 만족시키기 위한 어떤 주관적 노력과 비례하는 개념으로 사용할 경우엔 옳지 않다. 그러나 이제 우리가 보게 될, 아리스토텔레스적인 용어를 이용해, 자유주의는 상호적 정의를 목표로 하고 사회주의는 분배적 정의를 목표로 한다는 Gallie의 주장은 옳다. 그러나 그도 다른 대부분의 사회주의자들처럼 분배적 정의가 개인의 활동에 대한 선택의 자유와 상충된다는 사실을 깨닫지 못했다. 그것은 자유사회의 정의가 아닌 위계조직의 정의이다.
153) 비록 나는 능력과 가치의 차이를 구별하는 것이 마치 Aristotle와 Thomas Aquinas가 상호적 정의와 분배적 정의를 구별하려 할 때 고려한 것과 동일하다고 믿지만, 그렇다고 해서 전통적인 개념이 시간에 따라 갖게 되는 어려움과 혼란에 대한 논의를 결부시키고 싶지는 않다. 여기서 언급한 '능력에 따른 보상'이 아리스토텔레스의 분배적 정의와 대응되는 것은 분명해 보인다. 어려운 개념은 '상호적 정의'이며, 이 용어는 항상 약간의 혼동을 야기한다. M. Solomon, Der Begriff der Gerechtigkeit bei Aristoteles (Leiden, 1937)를 참조하라. 또한 방대한 문헌 조사를 위해서는 G. del Vecchio, Die Gerechtigkeit (2d ed.; Basel, 1950)를 참조하라.
154) 용어상의 어려움은 우리가 능력이라는 단어를 객관적 의미로 사용할 뿐 아니라, 만들어낸 사람이 획득한 능력과 무관하게, 어떤 생각이나, 책, 그림 등의 가치를 지칭하기 때문에 발생한다. 이 단어는 시장의 가치와 구분되는 어떤 성과의 '진정한' 가치를 묘

사하기 위해 사용되기도 한다. 그러나 이러한 의미에서 가장 위대한 가치 또는 공적을 갖는 인간의 성과조차도 그것이 그 사람이 도덕적 자격을 갖는다는 필연적 증거가 될 수는 없다. 우리의 용법은 철학적 전통의 범위 내에 있는 것이다. 예를 들어 D. Hume, *Treatise*, II, p.252를 참조하라. "외적 성과에서는 자격이 보이지 않는다. 도덕적 소양을 발견하기 위해서는 그 안을 들여다봐야 한다…우리의 칭찬과 인정의 궁극적인 대상은 그것들을 만들어낸 동기이다."

155) 중요한 에세이인 A. A. Alchian, "Uncertainty, Evolution, and Economic Theory," *J.P.E.*, LVIII (1950) 특히 pp.213~214, Sec. II의 "성공은 동기가 아닌 결과로 판단한다"를 참고하라. 자유사회에 대한 우리의 이해를 증진시키는 데 가장 큰 업적을 세운 미국 경제학자 F. H. Knight가 위험, 불확실성, 그리고 이윤에 대해 연구한 것으로 자신의 직업적 이력을 시작한 것은 우연이 아닌 것으로 보인다. 또한 B. de Jouvenel, *Power* (London, 1948), p.298을 참조하라.

156) 종종 일의 보수는 사람들이 그 직업을 꺼리는 정도와 비례하는 것이 정의롭다고 여겨, 거리의 청소부나 하수도 노동자가 의사나 사무직 노동자보다 더 많은 보수를 받아야 한다는 주장이 있다. 사실 이것은 공로에 따른 보상 원리에 기초한 것으로 보인다. 시장에서 그와 같은 결과가 발생하는 경우는 모든 사람이 모든 직종에서 동일한 숙련도를 갖고 있으며, 선호하는 직업에서 남들만큼 벌 수 있는 사람이 꺼리는 직업의 일을 해서 더 많은 보수를 받는 경우에만 나타날 수 있는 일이다. 그러나 실제 세계에서는 매력적인 직업에서 경쟁력이 없는 사람은 다른 곳에서 벌 수 있는 것보다 더 많은 돈을 벌 기회를 남들이 꺼리는 직업에서 얻는다. 자신의 동료들에게 득이 될 만한 것이 별로 없는 사람들은 좀 더 많은 희생을 해야만 다른 사람들과 비슷한 수입을 얻을 수 있다. 이는 자신의 유용성 분야를 개인이 선택할 수 있도록 한 어느 제도에서나 불가피한 일이다.

157) Crosland, *op. cit*., p.235를 참조하라. "모든 실패자들이 자기들이 동등한 기회를 가졌었다는 사실을 확신했다 하더라도 그들의 불만은 누그러지지 않을 것이다. 사실 오히려 불만이 커질 수 있다. 기회의 불평등이 있었음이 알려지고, 그 선택이 부나 연줄에 따라 명백히 달라진다면 사람들은 다음과 같은 말로 자신들의 실패를 자위할 것이다. 그들은 공정한 기회를 갖지 못했고, 시스템은 불공정했으며, 저울이 지나치게 반대쪽으로 기울어져 있었다고. 그러나 만약 선택의 기회가 오직 능력에 의해서만 이루어진다면 그러한 자위의 근거는 사라진다. 그리고 실패는 어떤 변명거리나 위안거리도 없이 온갖 종류의 열등감을 초래하게 된다. 이러한 인간 본성의 자연스러운 기질은 실제로 타인의 성공에 대한 질투와 분노를 증가시킨다." 143번 주석을 보라. 아직

Michael Young의 *The Rise of the Meritocracy* (London, 1958)을 읽지 않았지만, 서평들로부터 판단해볼 때, 이 책은 이러한 문제들을 아주 명확히 드러낸 것으로 보인다.

158) 흥미로운 논의인 R. G. Collingwood, "Economics as a Philosophical Science," *Ethics*, Vol. XXXVI (1926)를 참조하라. 그는 다음과 같이 결론 맺고 있다(p.174). "공정가격, 공정임금, 공정이자율이란 용어상 모순이다. 한 개인이 자신의 재화와 노동에 대한 대가로 얼마를 받아야 하는가 하는 물음은 전혀 의미 없는 질문이다. 유일하게 의미 있는 질문은 자신의 재화와 노동에 대한 대가로 얼마를 받을 수 있는가와 그것을 팔 것인가 말 것인가 여부이다."

159) 물론 소득, 이득, 수익의 '근로'와 '불로' 개념에 대해 매우 엄밀한 법률적 의미를 부여해 구분하는 것은 가능한 일이지만, 그것을 정당화하기 위해 그에 대응되는 도덕적 구분을 하는 것은 쉽지 않은 일이다. 주관적 능력을 평가하려는 시도가 매우 어려운 일인 것과 비슷하게 실제로 도덕적 구분을 적용하려는 모든 진지한 시도들 또한 불가피한 어려움이 있다. 이러한 난제들이 일반적으로 철학자들에 의해 얼마나 이해되지 못했는가는 (앞의 주석에서 인용했던 드문 예들을 제외하고) L. S. Stebbing, *Thinking to Some Purpose* ("Pelican Books" [London, 1939]), p.184의 논의에 잘 표현되어 있다. 여기서 그녀는 명료하지만 예리하지는 못한 구분의 예로서, '적정' 이윤과 '초과' 이윤을 들었다. "비록 예리한 구분은 아니지만, '초과이윤'과 '적정이윤' 사이의 구분은 명료하다."

7. 다수결 원칙

160) D. Hume, *Essays*, I, 125. 이 생각은 명백히 그 이전 세기의 커다란 논쟁으로부터 나온 것이다. William Haller는 "The World Is Ruled and Governed by Opinion"라는 표제로 1641년에 만들어진, Wenceslas Hollar의 조각의 전면도를 *the Tracts on Liberty in the Puritan Revolution*, 1638~1647 (New York: Columbia University Press, 1934), Vol. I의 권두 삽화로 재수록했다.

161) 민주주의에 대한 것이 아니라, '전체'국가 개념의 기원 및 자유주의의 반대 개념으로서 전체주의에 대한 초기 논의는 H. O. Ziegler, *Autoritärer oder totaler Staat* (Tübingen, 1932). esp. pp.6~14와 F. Neumann, The Democratic and the Authoritarian State (Glencoe, Ill., 1957)를 참조하라. 이 장에서 우리가 '교조적 민주주의자'라고 지칭하는 사람들의 관점은 E. Mims, Jr., *The Majority of the People* (New York, 1941)와 H. S. Commager, *Majority Rule and Minority Rights* (New York, 1943)에

서 명확히 확인할 수 있다.

162) 특히 J. Ortega y Gasset, Invertebrate Spain (New York, 1937), p.125를 참조하라. "자유주의와 민주주의는 서로 무관하게 시작됐으며, 성향과 관련해 상호 적대적인 의미를 갖는 것으로 마무리되었다. 민주주의와 자유주의는 두 개의 완전히 다른 질문에 대한 두 개의 답변이다."

"민주주의는 다음 질문에 대한 답변이다. '공권력은 누가 행사해야 하는가?' 그에 대한 답변은 다음과 같다. 공권력의 행사는 실체로서의 시민들에게 속한다. 그러나 이 물음은 공권력의 범위가 어디까지인가에 대해서는 다루지 않는다. 그것은 단지 그 권력이 누구에게 속하는지에만 관심을 갖는다. 민주주의는 모든 사회적 행위에 대해 우리가 주권자이므로 우리 모두가 통치할 것을 주장한다."

"다른 한편으로 자유주의는 다음 질문에 대한 답변이다. '누가 공권력을 행사하는 것과는 상관없이, 공권력의 한계는 어디까지인가?' 이에 대한 답변은 다음과 같다. '공권력이 독재자에 의해 행사되든 대중에 의해 행사되든 그것은 절대적일 수 없다. 개인들은 국가의 어떤 개입보다도 더 위에 서 있는 권리를 갖고 있다.'"

또한 동일한 저자의 *The Revolt of the Masses* (London, 1932), p.83를 참조하라. 교조적 민주주의의 입장에서 강조되는 Max Lerner의 "Minority Rule and the Constitutional Tradition," in *The Constitution Reconsidered*, ed. Conyers Read (New York: Columbia University Press, 1938), p.199를 참조하라. "내가 여기서 민주주의라고 말할 때, 그것을 자유주의와 엄밀하게 구분하고자 한다. 요즘 일반인들에게 이 두 가지를 구별하는 것은 매우 혼란스러운 일이다." 또한 H. Kelsen, "Foundations of Democracy," *Ethics*, LXVI (1955), p.3도 참조하라. "민주주의와 자유주의의 원칙이 동일하지 않으며, 두 이념 사이에 어느 정도 반목이 존재한다는 것을 인식하는 것이 중요하다."

이 둘의 관계에 대한 가장 훌륭한 역사적 고찰 중 하나는 F. Schnabel, *Deutsche Geschichte im neunzehnten Jahrhundert*, II (Freiburg, 1933), p.98에서 발견할 수 있다. "자유주의와 민주주의는 상호 배재적인 대립물이 아니라 두 가지 서로 다른 대상을 다루고 있다. 자유주의는 국가 기능의 범위에 대한 것이고, 민주주의는 국가 주권의 소유자에 대한 것이다." 또한 다음의 자료들을 참조하라. A. L. Lowell, "Democracy and Liberty," in Essays on Government (Boston, 1889); C. Schmitt, *Die geistesgeschichtlichen Grundlagen des heutigen Parlamentarismus* (Munich, 1923); G. Radbruch, *Rechtsphilosophie* (4th ed.; Stuttgart, 1950), pp.137 이하, 특히 p.160; B. Croce, "Liberalism as a Concept of Life," *Politics and Morals*

(New York, 1945); L. von Wiese, "Liberalismus und Demokratismus in ihren Zusammenhängen und Gegensätzen," *Zeitschrift für Politik*, Vol. IX (1916). 몇몇 문헌들에 대한 유용한 개관으로는 J. Thür, *Demokratie und Liberalismus in ihrem gegenseitigen Verhältnis* (dissertation, Zurich, 1944) 가 있다.

163) F. A. Hermens, Democracy or Anarchy? (Notre Dame, Ind., 1941)를 참조하라.

164) 유럽 민주주의에서 가장 오래되고 가장 성공적인 국가인 스위스에서 여성들이 여전히 투표권을 갖고 있지 못하고 있으며 그것 역시 여성들 대다수의 동의하에 이뤄졌다는 사실을 기억하는 것이 좋겠다. 또한 산업화 이전의 사회에서, 입법부를 구성할 수 있는 투표권이 오직 토지 소유주에게만 주어진 경우에도 입법부가 정부로부터 충분히 독립적인 통제권을 행사했던 예를 찾을 수 있다.

165) F. W. Maitland, *Collected Papers* (Cambridge: Cambridge University Press, 1911), I, p.84를 참조하라. "민주주의로 가는 길을 자유로 가는 길로 간주했던 사람들은 일시적인 수단을 궁극적인 목적으로 착각한 것이다." 또한 J. Schumpeter, *Capitalism, Socialism, and Democracy* (New York, 1942), p.242도 참조하라. "민주주의는 정치적인 방법, 즉 말하자면 정치적(입법적 및 행정적) 결정에 도달하기 위한 제도의 한 유형일 뿐이며, 따라서 주어진 역사적 환경 속에서 그것이 어떤 결정을 내리는지와 무관하게 그것 자체가 목적이 될 수는 없다."

166) E. A. Hoebel, *The Law of Primitive Man* (Cambridge: Harvard University Press, 1954), p.100과 F. Fleiner, *Tradition, Dogma, Entwicklung als aufbauende Kräfte der schweizerischen Demokratie* (Zurich, 1933), (저자의 *Ausgewählte Schriften und Reden* (Zurich, 1941)에 재수록); 또한 Menger, *Untersuchungen*, p.277을 참조하라.

167) 특히 1885년 4월 28일 'Eighty' 클럽에서 했던 Joseph Chamberlain의 연설(the *Times* [London], April 29, 1885 보도)을 참조하라. "정부가 국왕의 권위와 특정 계급의 입장만을 대변하는 경우, 나는 자신의 자유를 소중하게 생각하는 사람들이 해야 될 첫 번째 의무는 그들의 권위를 제약하고 그들의 지출을 제한하는 것이라고 이해할 수 있다. 그러나 모든 것이 변했다. 이제 정부는 사람들의 바람과 요구에 대한 조직적인 표현이며, 이러한 상황에서 우리는 그것을 의심의 눈으로 바라보지 않는다. 의심은 과거 시대의 사라진 유물이다. 이제 우리의 임무는 그것의 기능을 확장하고 그 기능이 유용하게 확장될 수 있는 방법을 찾는 것이다." 그러나 이미 이 견해에 대해 반대된 입장을 갖고 있는 1848년 J. S. Mill의 *Principles*, Book V, chap. xi, sec. 3, p.944와 *On Liberty*, ed. R. B. McCallum (Oxford, 1946), p.3을 참조하라.

168) H. Finer, *Road to Reaction* (Boston, 1945), p.60.

169) J. F. Stephen, *Liberty, Equality, Fraternity* (London, 1873), p.27을 참조하라. "우리는 머리 터지게 싸우기보다는 머릿수를 셈으로써 힘을 겨루는 데 동의한다. 가장 현명한 쪽이 이기는 것이 아니라, 싸우는 동안 가장 많은 지지자를 확보함으로써 보다 우월한 힘(현명함 또한 분명히 하나의 요소이다)을 보여주는 쪽이 이기는 것이다. 소수자는 자신들이 틀렸다고 확신하기 때문에 포기하는 것이 아니라 자신들이 소수라는 것을 확신하기 때문에 포기하는 것이다." 또한 L. von Mises, *Human Action* (New Haven: Yale University Press, 1949), p.150을 참조하라. "국가의 평화를 위해서 자유주의는 민주주의적 통치를 지향한다. 따라서 민주주의는 혁명적 제도가 아니라, 그와 반대로 혁명과 내전을 막는 수단이 된다. 그것은 다수의 의지에 따라 통치를 평화적으로 조정할 수 있는 수단을 제공한다." 이와 유사하게 K. R. Popper, "Prediction and Prophecy and Their Significance for Social Theory," *Proceedings of the 10th International Congress of Philosophy*, I (Amsterdam, 1948), 특히 p.90의 "나는 개인적으로 폭력 없이 제거될 수 있는 통치 형태를 '민주주의'라고 부르고, 그 반대를 '독재'라고 부른다."를 참조하라.

170) Sir John Culpepper, *An Exact Collection of All the Remonstrances, etc.* (London, 1643), p.266.

171) 정치적 쟁점들이 "신사든 광대든 교육받지 못한 대중들의 판단과 의지에 직간접적으로 호소하여 결정되는 것이 아니라, 상대적인 소수이지만 그 쟁점에 대해 특별히 교육받은 능동적 여론에 의해 결정되는" 정부의 개념에 대해 합리적 자유주의자들이 얼마나 매료되었는가에 대해서는 J. S. Mill의 '민주주의와 정부'에 대한 초기 에세이(*London Review*, 1835, reprinted *in Early Essays* [London, 1897], p.384)에서 잘 나타난다. 그는 계속해서 "고대와 현대의 모든 정부들 중에서 이러한 탁월함이 가장 두드러진 정부는 프러시아 정부이다. 이 왕국에는 최고의 고등교육을 받았으며 가장 강력하고 뛰어나게 조직된 귀족정이 있다." 또한 *On Liberty*, ed. R. B. McCallum (Oxford, 1946), p.9의 구절을 참조하라. 덜 문명화된 국민들에게 자유와 민주주의가 적용될 수 있는지에 대해, 몇몇 오래된 휘그인들의 입장은 후대의 급진파들에 비해 훨씬 더 자유주의적이었다. 예를 들어 T. B. Macaulay는 어디에선가 다음과 같이 말했다. "우리 시대의 많은 정치가들은 사람들이 자신들의 자유를 누릴 자격을 지닐 때까지는 자유롭지 않아야 한다는 것을 자명한 명제로 삼는 경향이 있다. 이 명제는 어느 바보가 자기가 수영을 배우기 전까지는 물에 들어가지 않겠다고 다짐했다는 옛날이야기의 내용과 같은 것이다. 만일 사람들이 자신이 현명해지고 선해질 때까지 노예 상태에서 자유를 기다려야

한다면, 그들은 영원히 기다려야 할 것이다."
172) 이것은 Tocqueville 저서의 특징이라고 할 수 있는, 거의 모든 지점에서 민주주의에 대해 집요하게 결함을 지적하는 동시에 민주주의 원리를 적극적으로 수용하는 혼란스러운 대립을 설명해주는 것으로 보인다.
173) 175번 주석에서 인용한 Dicey의 구절을 참조하라.
174) J. S. Mill, "Bentham," *London and Westminster Review*, 1838와 *Dissertations and Discussions*, I (3d ed.; London, 1875), p.330에 재수록. 이 구절에 이어 다음의 내용이 나온다. "우리가 말하고 있는 두 저자들(즉 Bentham과 Coleridge)의 책을 읽는 사람은 많지 않았다. 그들의 작품을 경멸했던 많은 사람들을 제외하면, 그들의 독자는 소수였다. 그러나 그들은 교사들의 교사였다. 영국에서 이 둘 중 한 명으로부터(그들이 나중에 어떤 입장을 취하든 간에) 사고하는 법을 배우지 않고 정신세계에서 중요한 것을 발견한 사람은 드물다. 또한 이들의 영향은 이렇게 중간 채널을 통해 중간 창구를 통해서야 사회 전체로 퍼져나갔지만, 지식층에게 전달된 중요한 출판물 중에서 이 사람들이 없었더라도 현재의 모습과 별 차이가 없을 출판물은 거의 없다." 또한 Keynes 경이 자주 인용하는 구절이 있다. 그 자신이 우리 세대에서 이 영향을 가장 크게 받은 대표적인 사례인데, 그는 *The General Theory of Employment, Interest, and Money* (London, 1936), p.383에서 다음과 같이 주장했다. "경제학자들과 정치철학자들의 사상은, 그들이 옳든 그르든 일반적으로 생각하는 것보다 훨씬 더 강력하다. 실제로 세상은 소수에 의해 지배된다. 스스로 자신이 어떤 지적 영향으로부터도 완전히 자유롭다고 믿는 실용적인 사람도 언제나 어느 죽은 경제학자의 노예다. 권위를 소유하고 허공의 소리에 귀를 기울이는 미치광이들은 몇 해 전의 몇몇 삼류학자들로부터 자신들의 광기를 뽑아낸다. 사상의 점진적인 침해에 비하자면 기득권의 힘은 지나치게 과장된 것이라고 나는 확신한다. 그 영향은 사실상 곧바로 나타나지 않고 일정한 기간이 지난 후에 나타난다. 경제 및 정치철학의 분야에서는 25세나 30세 이후에는 새로운 이론의 영향을 받는 사람들이 많지 않기 때문이다. 즉, 공무원과 정치가 심지어 선동가도 현재의 사건에 적용하는 사상이 전적으로 최신의 것인 경우는 거의 없다. 빠르든 늦든, 좋든 나쁘든 위험한 것은 기득권이 아니라 사상이다."
175) 장기적으로 이념이 정책에 영향을 끼치는 방식에 대한 고전적 고찰로는 여전히 Dicey, *Law and Opinion*, pp.28 이하 특히 p.33을 참조하라. "법을 바꾸는 여론은 실제로 법이 바뀌는 시점의 여론이기도 하지만 다른 한편으로 영국에서는 그것보다 2, 30년 전의 지배적인 여론인 경우가 잦았다. 그것은 사실상 오늘의 여론이 아니라 어제의 여론이었다."

입법부의 여론은 당일의 여론임에 틀림없다. 법이 바뀔 때에 그 변화는 필연적으로 그것이 일종의 개선이라고 믿고 행동한 입법가에 의해 효력을 발휘하기 때문이다. 그러나 이 입법부의 여론 또한 어제의 여론이다. 법을 바꾸는 문제에 대해 마침내 입법부의 지지를 획득하게 된 믿음은 일반적으로 법률상의 변화가 일어나기 훨씬 전에 그들에게 영향력을 끼쳤던 사상가들이나 작가들에 의해 만들어지기 때문이다. 따라서 하나의 혁신은 그러한 주장을 지지했던 스승이 무덤 속에 들어간 이후에야 나타날 수 있으며, 혹은 심지어 -이것은 주목할 만한 가치가 있는데- 사변적 세계에서는 입법과 행위의 세계에서 완전한 영향력을 발휘하고 있는 이념에 대해 반대하는 움직임이 시작될 때 혁신이 나타날 수 있다."

176) H. Schoeck, "What Is Meant by 'Politically Impossible'?" *Pall Mall Quarterly*, Vol. I (1958)을 참조하라. 또한 C. Philbrook, " 'Realism' in Policy Espousal," *A.E.R.*, Vol. XLIII (1953)을 보라.

177) 다음과 같은 A. Marshall의 고찰 (*Memorials of Alfred Marshall*, ed. A. C. Pigou [London, 1925], p.89)을 참조하라. "사회과학도는 대중의 찬성을 두려워해야 한다. 모든 사람들이 그에 대해 좋게 얘기할 때 악이 싹튼다. 만약 신문사가 지지했을 때 신문 판매 부수를 늘릴 수 있는 어떤 여론이 있다고 한다면, 자신으로 인해 일반적인 세상 특히 자신의 조국이 더 좋아지길 원하는 학자는 그러한 여론들의 한계와 결점 및 오류들에 집중해야 하고, 가능하다면 체계적인 의견을 내야 한다. 또한 임시방편적 논쟁을 통해 그것들을 무조건적으로 옹호해서는 안 된다. 학자가 진정한 애국자가 되면서 동시에 자기 시대에 명성을 얻는 것은 거의 불가능한 일이다."

178) 이 주제에 대한 보다 풍부한 논의는 나의 저서인 *The Road to Serfdom* (London and Chicago, 1944)의 v장 내용과 Walter Lippmann, *An Inquiry into the Principles of the Good Society* (Boston, 1937), 특히 p.267을 참조하라. "(사람들은) 그들이 민주주의가 어떻게 스스로를 통치할 수 있는지를 이해할 때만 통치할 수 있다. 그것은 사람들, 협회, 공동체 및 공무원 자신, 그리고 각각 다른 사람들에 대해 갖는 권리, 의무, 특혜, 면책에 대한 법률을 판결하고 실행하며 수정하는 대리인들을 선출해야만 통치가 가능하다."

"이것이 자유국가의 통치 형태이다. 19세기 민주주의 철학자들은 대의제 정부의 필연적인 귀결이 특정한 통치양식이라는 것을 보지 못했기 때문에, 그들은 법과 자유 간의 갈등, 사회적 통제와 개인적 자유 간의 갈등에 난감해했다. 이러한 갈등은 법적 질서에 의해 상호적 권리가 강제되고 조정되며 사회적 통제가 이루어지는 곳에서는 발생하지 않는다. 따라서 자유로운 사회에서 정부는 사람들의 일을 관리하지 않는다. 정부는 정부의 일을 수행하는 사람들의 정의를 관리한다."

8. 고용과 독립

179) Robert Burns의 인용문은 Samuel Smiles, *Self Help* (London, 1859)에서 가져온 것으로 그 책 9장의 첫 부분인 p.215에서 유사하게 사용되고 있다.
180) C. W. Mills, *White Collar* (New York, 1951), p.63을 참조하라. "19세기 초에는, 비록 정확한 수치는 없지만, 취업인구의 대략 5분의 4가 자영업자였다. 1870년까지는 오직 3분의 1만이, 1940년경에는 5분의 1만이 이 오래된 중산층에 속해 있었다." 또한 같은 책 p.65를 보면, 이러한 발전이 농업 인구 비율의 감소에 끼친 전체적인 영향에 대해 나와 있다. 하지만 그로 인해 농업 인구의 정치적 중요성까지 변하진 않았다.
181) 나이나 능력의 전문성 때문에 개인적인 지위의 변화를 진지하게 고려할 수 없는 사람들조차도 신규 채용이 원활히 이뤄지도록 근로 조건을 만들어야 하는 고용주의 필요 덕분에 보호받았다는 점을 기억하는 것이 중요하다.
182) 이 문제에 대한 흥미로운 논의로 E. Bieri, "Kritische Gedanken zum Wohlfahrtsstaat," *Schweizer Monatshefte*, XXXV (1956), 특히 p.575를 참조하라. "비자영업자의 수는 크게 증가하였으며 전체 일자리에 대한 상대적 비율도 크게 증가했다. 자영업자들은 여러 가지 이유로 인해 스스로와 미래에 대한 책임감이 더 강하다. 그들은 장기적 계획을 세워야 하고, 기술과 주도권을 갖고 안 좋은 시기를 대비해야 한다. 반면에 정기적 임금을 받는 고용된 사람들은, 삶에 대해 다른 태도를 갖고 있다. 그들이 장기적 계획을 세우는 경우는 거의 없으며 약간의 변화도 두려워한다. 그들이 원하고 지향하는 것은 안정과 안전이다."
183) C. I. Barnard, *The Functions of the Executive* (Cambridge: Harvard University Press, 1938)를 참조하라.
184) 관료적 조직과 실천, 그리고 이득-손실 계산의 불가능성의 관계에 대해서는 특히 L. von Mises, *Human Action* (New Haven: Yale University Press, 1949), pp.300~307을 보라.
185) 이 모든 것에 대해 J. Schumpeter, *Capitalism, Socialism, and Democracy* (New York and London, 1942)를 참조하라. 그리고 거대 조직의 특성에 대한 심도 깊은 논의는 제17장 8절을 참조하라.
186) 나는 전에 들었던 Keynes 경의 설득력 있는 주장, 즉 품위 있는 사회에서 투자자가 필수불가결한 역할을 한다는 상세한 설명을 언급하고 싶다. 젊은 시절에는 '금리 생활자

들의 안락사' 주장을 환영했던 사람으로부터 이 얘기가 나왔다는 사실은 나를 약간 놀라게 했다. Keynes가 그가 원하는 지위를 얻기 위해서 독자적인 재산을 모으는 것이 얼마나 필수적인지를 스스로 느꼈다는 사실을, 그리고 그가 그 재산을 모으는 데 얼마나 성공했는지를 미리 알았었더라면 아마도 덜 놀랐을 것이다. 그의 전기 작가의 말에 따르면, Keynes는 36세 나이에 "봉급생활자의 고된 생활로 되돌아가지 않겠다고 결심했다. 그는 재정적으로 독립해야 했다. 그는 그러한 독립을 정당화할 만한 것이 자기 자신 안에 있다고 느꼈다. 그는 국가에 할 말이 많았다. 그리고 그는 풍족함을 원했다." 그래서 그는 투기에 깊이 빠져들었으며, 사실상 아무것도 없는 상태에서 시작하여 12년 후에는 50만 파운드를 벌었다 (R. F. Harrod, *The Life of John Maynard Keynes* [London, 1951], p.297). 따라서 이 주제와 관련된 그의 생각을 알고자 한 나의 시도에 대해, 그가 자산을 가진 교육받은 사람이 문명의 발전에 기여한 역할에 대한 열광적인 찬사로 호응한 것은 나에게 놀라운 일은 아니다. 나는 단지 이 이야기가 풍부한 삽화와 함께 책으로 빛을 보기를 바랄 뿐이다.

187) 나는 나 자신이 속한 지식인 계층, 즉 고용된 교수, 언론인, 또는 공무원 등이 행사하는 적절한 영향력에 대해 결코 반대하지 않는다. 그러나 나는 고용된 집단인 그들이 몇몇 본질적 측면에서 자유사회의 요구와는 상반되는 자신들의 직업적 편견을 가지고 있기에, 그것은 다른 위치에 있는, 조직화된 계급의 구성원이 아닌 사람들의 관점에서, 반박되거나 적어도 조율되어야 한다는 것을 알게 되었다. 그들은 자신들이 표현하는 견해의 대중성과는 무관한 삶을 살며, 부자 및 권력자들과 동등하게 맞설 수 있는 사람들이어야 한다. 때로는 역사적으로 이러한 역할이 지주 귀족들에 의해 수행되기도 했다(또는 18세기 후반 버지니아의 시골 귀족들). 그러한 계급을 만들기 위해 세습적 특권이 필요한 것은 아니다. 많은 공화국 상업 도시들의 귀족 가문들은 이러한 면에서 작위를 받은 모든 귀족들보다 더 큰 신뢰를 받았다. 그러나 자신이 선택한 어떤 가치를 위해 인생을 바쳐야 할 때 윗사람이나 고객들에게 자신들의 활동을 정당화시키지 않아도 되는, 공인된 성과에 대한 보상에 의존할 필요가 없는 소수의 사람들이 없었다면, 매우 유익했던 진화의 통로 상당수는 막히게 될 것이다. 만약 "지상에서 가장 위대한 축복, 자립" (Edward Gibbon이 그의 자서전["World's Classics" ed.], p.176에서 이것을 부른 대로) 이 오직 소수만이 가질 수 있다는 점에서 '특권'이라고 한다면, 그것을 누리는 것은 바람직한 일이다. 우리는 이렇게 드문 이점이 인간의 의지에 의해 할당되지 않고 소수의 운 좋은 사람들에게 우연히 떨어지길 바랄 뿐이다.

188) Darwin 자신은 이에 대해 매우 잘 알고 있었다. *The Descent of Man* ("Modern Library" ed.), p.522를 보라. "일상에서 빵을 얻기 위해 노동을 해야 할 필요가 없는, 잘

교육 받은 사람들의 존재는 과대평가라고 얘기할 수 없을 정도로 중요하다. 모든 고도의 지적 작업은 그들에 의해 수행되었으며, 그 이외의 다른 고상한 이점은 물론이거니와 모든 종류의 물질적 진보가 그러한 작업에 주로 의존하기 때문이다."

189) 오늘날의 미국에서 급진적인 견해를 퍼뜨리는 데 있어 부유한 사람들이 수행하는 중요한 역할에 대해서는 M. Friedman, "Capitalism and Freedom," in Essays on *Individuality*, ed. F. Morley (Pittsburgh: University of Pennsylvania Press, 1958), p.178을 보라. 또한 L. von Mises, *The Anti-capitalistic Mentality* (New York, 1956)과 나의 논문인 "The Intellectuals and Socialism," *University of Chicago Law Review*, Vol. XVI (1949)를 참조하라.

190) 미국에서 성인 1인당 담배와 주류 연간 평균 지출액은 120달러이다!

191) 덴마크의 저명한 건축가가 진행한 영국의 국내 건축과 생활습관 진화에 대한 한 연구에는 다음의 주장이 실려 있다. "영국 문화에서 게으름은 모든 선의 뿌리였다."(S. E. Rasmussen, *London, the Unique City* [London and New York, 1937], p.294)

192) B. de Jouvenel, *The Ethics of Redistribution* (Cambridge: Cambridge University Press, 1951), 특히 p.80을 참조하라.

2부 자유와 법

193) R. Hooker, *The Laws of Ecclesiastical Polity* (1593) ("Everyman" ed.), I, p.192. 이 구절은 역사 발전에 대한 합리주의적 해석을 담고 있음에도 불구하고 교훈적이다.

9. 강제와 국가

194) Henry Bracton의 이 인용문은 M. Polanyi, *The Logic of Liberty* (London, 1951), p.158에서 가져왔다. 이 장의 주요 아이디어는 F. W. Maitland가 쓴 "Historical Sketch of Liberty and Equality as Ideals" (1875), in *Collected Papers* (Cambridge: Cambridge University Press, 1911), I, p.80에 잘 드러나 있다. "예측할 수 없는 방식의 권력 행사는 가장 큰 제약을 초래한다. 제약은 예측이 가장 안 될 때 가장 많이 느껴지고 따라서 가장 커지기 때문이다. 어느 순간, 어느 행동에서라도 제약이 있을 수 있다는 걸 알지만 이 제약을 예측할 수 없을 때 우리는 가장 자유롭지 못하다고 느낀다 … 모두에게 잘 알려진 일반법은 그것이 아무리 나쁘다 하더라도 잘 몰랐던 규칙에 기반한 결정보다는 자유를 덜 침해한다."

195) F. H. Knight, "Conflict of Values: Freedom and Justice," in *Goals of Economic Life*, ed. A. Dudley Ward (New York, 1953), p.208을 참조하라. "강제는 다른 사람의 조건이나 선택할 수 있는 대안에 의한 '임의적인' 조작이다. 우리는 보통 이것을 '부당한' 간섭이라고 말한다." 또한 R. M. MacIver, Society: *A Textbook of Sociology* (New York, 1937), p.342를 참조하라.

196) 법률적 격언인 '원한다 하더라도 강제로' *Corpus juris civilis*, Digesta, L. IV, ii.를 참조하라. 그 의미에 대한 논의는 U. von Lübtow, Der Ediktstitel "두려움 때문에 수행하게 된다" (Greifswald, 1932), pp.61~71을 참조하라.

197) F. Wieser, Das Gesetz der Macht (Vienna, 1926); B. Russell, *Power: A New Social Analysis* (London, 1930); G. Ferrero, *The Principles of Power* (London, 1942); B. de Jouvenel, *Power: The Natural History of Its Growth* (London, 1948); G. Ritter, *Vom sittlichen Problem der Macht* (Bern, 1948); 또한 같은 저자의 *Machtstaat und Utopie* (Munich, 1940); Lord Radcliffe, *The Problem of Power* (London, 1952); and Lord MacDermott, *Protection from Power under English Law* (London, 1957)를 참조하라.

198) 권력을 최고의 악이라고 불평하는 것은 정치적 사상만큼이나 오래된 일이다. Herodotus의 역사에 등장하는 Otanes는 민주주의에 대한 유명한 연설에서 다음과 같이 말했다. "가장 선한 사람조차도 (무책임한 권력을 갖는) 지위에 오르게 되면 가장 악한 사람이 될 수 있다."(Histories iii. p.80). John Milton는 "권력을 오래 가지다 보면 진실한 사람도 부패할 수 있다"는 가능성에 대해 거론했다. (*The Ready and Easy Way*, etc., in Milton's Prose, ed. M. W. Wallace ["World's Classics" (London, 1925)], p.459). Montesquieu는 "권력을 잡은 사람은 누구나 그것을 남용하고 자신의 권위를 최대한 유지하려 한다는 사실을 우리는 경험했다"라고 주장했다. (*Spirit of the Laws*, I, 150). I. Kant는 "권력의 소유는 항상 이성의 자유로운 판단을 흐리게 한다." (*Zum ewigen Frieden* [1795], second addition, last paragraph). Edmund Burke는 "역사의 기록에서 수많은 폭군들은 처음엔 공정하게 통치를 시작한다. 그러나 이 부자연한 권력은 그들의 심장과 신념 모두를 반드시 타락시킨다." (Thoughts on the Causes of Our Present Discontents, in *Works*, II, 307). John Adams는 다음과 같이 말했다. "무제한적이고 견제되지 않는 권력은 항상 남용된다."(*Works*, ed. C. F. Adams [Boston, 1851], VI, p.73). 또한 "절대 권력은 폭군, 군주, 귀족, 민주주의자, 자코뱅들 모두를 술도 없이 취하게 만든다."(ibid., p.477)라고 했다. James Madison은 "인간의 손에 있는 모든 힘은 남용될 수 있다.", "권력은 어디에 있든, 크든 작든 남용될 수 있다."(*The Complete*

Madison, ed. S. K. Padover [New York, 1953], p.46)라고 했다. Jakob Burckhardt는 권력 자체가 악함을 끊임없이 되풀이해서 보여준다고 했다. (*Force and Freedom* [New York, 1953], 예를 들면 p.102) 물론 Acton 경의 경구도 있다. "권력은 부패하는 경향이 있으며, 절대 권력은 절대 부패한다."(*Hist. Essays*, p.504).

199) L. Trotsky, *The Revolution Betrayed* (New York, 1937), p.76.
200) 내가 글을 쓸 때 나의 주목을 끌었던, 이에 대한 가장 특징적인 예는 B. F. Willcox *in Industrial and Labor Relations Review*, XI (1957~1958), p.273의 리뷰에 나와 있다. 노조의 '평화로운 경제적 강제'를 정당화하기 위해 저자는 다음과 같이 주장했다. "자유로운 선택에 기반한 평화로운 경쟁은 강제의 악취가 난다. 자유롭게 상품이나 서비스를 판매하는 사람이 그가 원하는 가격을 책정하여, 그것을 원하는 구매자가 사거나 사지 않거나 다른 곳으로 가는 것을 강제한다. 자유롭게 상품이나 서비스를 판매하는 사람이 X에서 구매한 사람은 자기에게 살 수 없다는 조건을 내세울 경우, 그것을 원하는 구매자가 사지 못하거나 다른 곳으로 가든가 또는 X에서 구매하지 말 것을 강제한다. 그래서 마지막의 경우는 X에게도 강제한다." '강제'라는 용어를 남용하는 것은 주로 J. R. Commons로부터 유래했다. (그의 책 *Institutional Economics* [New York, 1934], 특히 p.336을 참조하라. 또한 R. L. Hale의 "Coercion and Distribution in a Supposedly Noncoercive State," *Political Science Quarterly*, Vol. XXXVIII [1923]도 참조하라.
201) 195번 주석에서 인용한 F. H. Knight 글을 참조하라.
202) Henry Maine 경(204번 주석을 보라)이 사용한 '개별 재산'이라는 표현이 좀 더 친숙한 용어인 '사유 재산'보다 여러 면에서 더 적합하다. 우리는 때때로 후자 대신 전자를 사용할 것이다.
203) Acton, Hist. of Freedom, p.297.
204) Sir Henry Maine, Village Communities (New York, 1880), p.230.
205) B. Malinowski, Freedom and Civilization (London, 1944), pp.132~133.
206) 나는 이것이 바람직한 존재 형태라고 주장하려는 것은 아니다. 그러나 오늘날 저널리스트나 작가와 같이 여론에 큰 영향을 끼치는 사람들 상당수가 오랫동안 적은 자산을 갖고 살았으며, 이것이 의심할 바 없이 그들의 견해에 영향을 미쳤다는 사실은 꽤 중요하다. 제법 많은 사람들이 그들이 필요한 것을 살 수 있는 정도의 소득을 얻는 한, 물질적 재산은 도움이 아니라 장애라고 여긴다.
207) I. Kant, *Critique of Practical Reason,* ed. L. W. Beck (Chicago: University of Chicago Press, 1949), p.87을 참조하라. "사람을 대할 때 그것이 너의 인격이든 다른 사람의 인격이든 결코 수단이 아닌 목적으로 대하라." 이는 다른 사람의 목적을 위해 태

어난 사람은 없다는 의미이며, 또한 강제하지 말아야 한다는 말이기도 하다. 그러나 이 경구가 다른 사람과 협력할 때 나의 목적뿐 아니라 다른 사람의 목적을 위해서 행동해야 한다는 의미라면, 다른 사람들의 목표가 우리와 맞지 않을 경우 그들의 자유와 갈등이 발생한다. 이러한 해석의 예로 John M. Clark, *The Ethical Basis of Economic Freedom* (Kazanijan Foundation Lecture [Westport, Conn., 1955]), p.26을 참조하라. 그리고 다음 주석에서 인용된 저서에서 논의된 독일 문헌을 참조하라.

208) L. von Mises, *Socialism* (new ed.; New Haven: Yale University Press, 1951), p.193과 pp.430~441을 참조하라.

209) 고대 그리스에서는 개인의 자유가 결여되어 있었다는 주장이 종종 제기되는데, 기원전 5세기 경 아테네에서 사유주택의 존엄성이 완전히 인정되었기에 30명의 폭군이 통치하는 경우에도 '집에 머물면 생명을 지킬 수 있었다'는 내용을 언급할 필요가 있다. (Demosthenes xxiv. p.52를 참조한 J. W. Jones, *The Law and Legal Theory of the Greeks* [Oxford, 1956], p.91을 보라.)

210) J. S. Mill, *On Liberty*, ed. R. B. McCallum (Oxford, 1946), iv장.

211) *ibid.*, p.84를 참조하라. "많은 경우 개인은 정당한 목적을 추구하는 과정에서 필연적으로, 그리고 합법적으로 다른 사람에게 고통과 손실을 끼칠 수 있고, 남들이 합리적으로 얻을 수 있는 재화를 가로챌 수도 있다." 그리고 1789년 프랑스 인권선언의 "자유란 타인에게 해를 끼치지 않는 모든 것을 할 수 있는 것"이라는 잘못된 공식화에서, 1793년 Art. VI of the Declaration에서 "자유란 타인의 권리를 해치지 않는 어떠한 것도 할 수 있는, 인간에게 속한 권한"으로 올바르게 공식화된 중요한 변화를 참조하라.

212) 이에 대해 우리 사회에서 가장 눈에 띄는 예는 동성애 문제다. 또한 Bertrand Russell의 고찰은 ("John Stuart Mill," Proceedings of the British Academy, XLI [1955], p.55) 다음과 같다. "그러한 행위를 용납하는 것이 사회를 소돔과 고모라의 운명으로 이끌 것이라는 믿음이 과거와 마찬가지로 여전히 존재한다면, 그 사회는 개입할 수 있는 모든 권리를 가진다." 그러나 그러한 사실적 믿음이 지배적이지 않은 곳에서 성인들 사이의 이 사적 행위는, 대다수에게 혐오스럽게 느껴진다고 해도, 국가의 강제를 최소화하는 것을 목표로 하는 국가에서 강제할 수 있는 적절한 주제는 아니다.

213) C. A. R. Crosland, *The Future of Socialism* (London, 1956), p.206.

214) 인용된 문장은 Ignazio Silone에서 유래한 것이다. 또한 Jakob Burckhardt, op. cit., p.105를 참조하라. "국가가 도덕적 목적을 직접 달성하고자 하는 것은 퇴보이며 철학적 및 관료적 오만이다." 또한 H. Stearns, *Liberalism in America* (New York, 1919), p.69를 참조하라. "선을 위한 강제는 악을 위한 강제만큼 혐오스러운 일이다. 만일 미

국의 자유주의자들이 금주법 개정안과 관련해서 자신들은 나라 안에 술이 있든 없든 별 관심이 없어서 이 강제의 원리와 싸우지 않겠다고 한다면, 그들이 관심이 있는 사안에 대해 강제와 싸우고자 할 때 그들은 불신을 받을 것이다." 이 문제에 대한 전형적인 사회주의자의 태도는 Robert L. Hall의 *The Economic System in a Socialist State* (London, 1937), p.202에 잘 나타나 있다. 여기에서 (자본을 증대시켜야 하는 국가의 의무와 관련하여) "'도덕적 책임'이나 '의무'라는 말을 사용해야 한다는 사실은, 정확한 계산의 문제는 존재하지 않으며, 우리는 공동체 전체가 취할 수 있을 뿐 아니라 취해야 하는 결정, 즉 정치적 결정을 다루고 있다는 것을 보여준다"라고 주장했다. 도덕적 원리를 시행하기 위해 정치권력의 사용을 옹호하는 보수주의자의 견해로는 W. Berns, *Freedom, Virtue, and the First Amendment* (Baton Rouge: Louisiana State University Press, 1957)를 보라.

215) Mill, *op. cit.*, iii장.

10. 법, 명령, 질서

216) 이 인용구는 J. Ortega y Gasset, *Mirabeau o el político* (1927), in Obras completas (Madrid, 1947), III, p.603에서 가져온 것이다. "질서는 외부로부터 사회에 부과된 압박이 아니라 내부에서 확립된 균형이다." 또한 J. C. Carter의 "The Ideal and the Actual in the Law," *Report of the Thirteenth Annual Meeting of the American Bar Association* (1890), p.235를 참조하라. "법은 개별 군주나 지도자에 의해 또는 사회의 대표들로 구성된 주권 기구에 의해 그 사회에 부과된 명령체계가 아니다. 그것은 습관과 관습으로부터 움터나와 사회의 한 구성요소로 줄곧 존재하고 있는 것이다. 그러므로 그것은 사회의 무의식적 창조물이며 다른 말로 하면 성장이다." 법이 그것을 만들고 시행하기 위해 조직화된 노력을 하는 주체인 국가보다 우선한다는 점을 강조한 것은 최소 D. Hume까지 거슬러 올라간다. (그의 Treatise, Book III, Part II를 보라)

217) F. C. von Savigny, *System des heutigen römischen Rechts* (Berlin, 1840), I, pp.331~332. 번역해 인용한 구절은 그 맥락 속에서 인용할 만한 가치가 있는 두 개의 문장을 압축한 것이다. "인간은 외부 세계에 둘러싸여 있다. 이러한 환경에서 그에게 가장 중요한 것은 본성과 지향이 자신과 부합하는 사람들과 접촉을 유지하는 것이다. 이러한 접촉에서 자유로운 존재가 서로의 발전을 저해하지 않고 상호 발전을 도모하면서 공존하기 위해서는, 각각 개인의 존재와 효율성을 위한 자유 공간 확보를 위해 보

이지 않는 경계가 있음을 자각해야 한다. 이 자유 공간을 결정하는 경계와 규칙이 법이다. 따라서 법과 도덕 사이의 유사성과 차이점이 동시에 주어진다. 법은 도덕에 기여하지만, 그것은 명령을 이행함으로써가 아니라, 모든 개인이 타고난 능력의 자유로운 발전을 보장하기 때문이다. 그러나 법의 존재는 독립적이기 때문에, 어떤 경우에는 부도덕한 권리가 행사될 수 있다고 주장하는 것은 모순된 게 아니다."

218) Charles Beudant, Le Droit individuel et l'état (Paris, 1891), p.5: "가장 일반적인 의미에서 법은 자유의 과학이다."

219) C. Menger, Untersuchungen, Appendix VIII를 참조하라.

220) '추상'은 언어적인 진술에서만 나타나는 것은 아니다. 그것은 대부분의 경우 매우 다른 종류의 사건들에 대해 비슷하게 대응할 때도 나타나며, 그러한 사건들에 의해 유발되는 감정들, 우리의 행동을 이끄는 감정들(그것이 정의감이든, 도덕적이든, 미학적 용인이나 거부이든 간에)에서도 나타난다. 또한 여기에는 우리가 공식화할 수는 없지만, 우리 정신을 지배하는 좀 더 일반적인 원리들이 존재할 것이다. 그러나 우리의 생각을 이끄는 정신 구조의 법칙은 너무 일반적이어서 그 구조 안에서 공식화할 수 없다. 심지어 의사결정을 이끄는 추상적인 규칙을 얘기할 때도, 우리는 말로 표현된 규칙을 의미하는 것이 아니라 단지 그것이 그렇게 공식화될 수 있다는 걸 의미한다. 이 모든 문제에 대해서는 나의 저서인 The Sensory Order (London and Chicago, 1952)를 참조하라.

221) E. Sapir, *Selected Writings*, ed. D. G. Mandelbaum (Berkeley: University of California Press, 1949), p.548을 참조하라. "예를 들어 호주 원주민이 어떤 친족을 부르는 용어가 이러저러한지, 그가 특정한 개인과 이러저러한 관계를 맺는지 아닌지를 말하는 것은 어렵지 않다. 그는 그 규칙을 모두 잘 알고 있는 것처럼 행동하지만, 그의 구체적 행동의 사례로부터 보편규범을 찾기는 매우 어려운 일이다. *어떤 의미에서 그 규범은 그에게 잘 알려져 있다.* 그러나 그 지식이 언어 상징에 의해 의식적으로 조작될 수는 없다. 오히려 그것은 경험한 것이든 아직 안 한 것이든 미묘한 관계에 대한 아주 섬세한 뉘앙스의 느낌이다."

222) 법을 명령의 한 종류로 취급하는 것은(Thomas Hobbes와 John Austin으로부터 유래됨) 애초에 이 두 단어가 가진 논리적 유사성이 '사실의 진술'과는 구분된다는 것을 강조하기 위한 것이었다. 그러나 자주 그러듯이 이 두 단어의 본질적 차이를 모호하게 만들면 안 된다. K. Olivecrona, *Law as Fact* (Copenhagen and London, 1939), p.43을 참조하라. 여기서 법은 명령의 특징적 언어 형식을 취하고 있지만, '어느 누구의' 명령도 아닌 '독립된 명령문'으로 묘사된다. 또한 R. Wollheim, "The Nature of Law," *Political Studies*, Vol. II (1954)를 참조하라.

223) 이 예를 J. Ortega y Gasset, *Del imperio romano* (1940), in *Obras completas*, VI (Madrid, 1947), p.76에서 차용했는데, 그는 아마도 어떤 인류학자에게서 가져왔을 것이다.

224) 만일 이 용어들의 다른 의미와 혼동할 염려가 없다면, '형식적'이란 말이 논리적 논증에서 사용되는 것과 '형식적'이란 말과 같은 의미로 '추상적인' 법보다 '형식적인' 법이라고 표현하고 싶었다.(K. R. Popper, Logik der Forschung [Vienna, 1935], p.85와 pp.29-32를 참조하라.) 불행히도 '형식적'이라는 말은 입법부가 제정한 모든 법안에 적용되며, 반면에 그러한 법안이 추상적인 규칙의 형태를 취할 경우에만 형식적인 의미의 법은 또한 실체적, 또는 물질적 의미의 법이 되는 것이다. 예를 들어 Max Weber는 그의 Law in Economy and Society, ed. M. Rheinstein (Cambridge: Harvard University Press, 1954), pp.226~229에서 '형식적 정의'를 얘기할 때, 형식적 의미뿐 아니라 실질적인 의미에서도 법에 의해 결정되는 정의를 의미했다. 독일 및 프랑스 헌법에서의 이러한 구분에 대해서는 457번 주석을 참조하라.

225) G. C. Lewis, An Essay on the Government of Dependencies (London, 1841), p.16 n을 참조하라. "어떤 사람이 그가 전에 준수 의사를 밝힌 규칙이나 좌우명에 따라 자신의 행위를 자발적으로 규제할 때, 그는 스스로 개인의 행동에서 자의, 자유의지, 재량권, 임의성을 제거한 것으로 간주된다. 따라서 정부가 기존에 존재하던 법이나 스스로 제정한 규칙을 따르지 않고 개별 사안에 개입한다면, 그 행위는 자의적이라고 할 수 있다." 또한 ibid., p.24를 보라. "모든 정부는 그것이 군주제든 귀족제든 민주제든 간에 보편적 규칙을 따르지 않고 자의적으로 행동할 수 있다. 부적절하고 자의적인 주권행사를 거부하고 그 국민들에게 법적인 보장을 제공하려는 정부 형태는 존재하지도 않고 존재할 수도 없다. 이러한 보장은 오직 여론의 영향과 다른 한편으로 도덕적 제약으로만 나타나는데, 그 도덕적 제약은 최고 정부의 선함에서 주요한 차이를 만들어내는 것이다."

226) Sir Henry Maine, *Ancient Law* (London, 1861), p.151과 R. H. Graveson, "The Movement from Status to Contract," *Modern Law Review*, Vol. IV (1940~1941)를 참조하라.

227) 위의 225번 주석과 거기에서 언급하고 있는 뒷부분의 논의를 참조하라.

228) Chief Justice John Marshall in *Osborn* v. *Bank of United States*, 22 U.S. (9 Wheaton) p.736, p.866(1824).

229) O. W. Holmes, Jr., *Lochner v. New York*, 198 U.S. p.45, p.76(1905).

230) F. Neumann, "The Concept of Political Freedom," *Columbia Law Review*,

LIII (1953), p.910, *The Democratic and the Authoritarian State* (Glencoe, Ill., 1957), pp.160~200에 재수록.

231) Smith, W.o.N., I., p.421을 참조하라. "자기자본을 이용할 수 있는 국내 산업으로는 어떤 것이 있는지, 또한 어떤 생산품이 가장 가치를 갖는지는 정치가나 입법가들보다도 각 개인들이 자신의 국지적 상황 속에서 더 잘 판단할 수 있다."

232) Lionel Robbins, *The Theory of Economic Policy* (London, 1952), p.193을 참조하라. 고전적 자유주의자들은 "말 그대로의 분업을 주장한다. 국가는 개인이 서로 충돌하지 않기 위해 하지 말아야 할 일을 규정해야 하고, 국민은 금지되지 않은 일은 뭐든지 할 수 있도록 해야 한다. 전자는 공식적인 규칙을 제정하는 임무를 부여받았고, 후자는 특정한 행위의 내용에 대한 책임을 부여받았다."

233) D. Hume, Treatise, Part II, sec. 6 (Works, II, 293)을 참조하라. 또한 John Walter Jones, *Historical Introduction to the Theory of Law* (Oxford, 1940), p.114를 참조하라. "Duguit는 프랑스 법전에서 가족법을 제외하고 모두 살펴본 결과 여기에는 오직 3가지의 기본적인 규칙이 있다는 사실을 발견했다. 그것은 계약의 자유, 재산의 불가침성, 어떤 사람의 잘못으로 인해 다른 사람이 손해를 보았을 때의 보상의무이다. 그 나머지는 모두 국가 공무원 등에게 주어지는 부차적 명령으로 해석된다."

234) Hume, *Treatise*, Book III, Part II, sec. 2~6을 참조하라. 이 책에서 고려된 문제들에 대한 가장 만족스러운 논의가 여기에 포함되어 있다. 특히 II, p.269를 참조하라. "단 하나의 정의로운 행위는 공공 이익에 반할 때가 많다. 뒤따르는 후속 조치가 없이 오직 이것만 행해졌다면 그 자체로 사회에 매우 해로울 수 있다… 따로 떼어놓고 보면, 각각의 정의로운 행위 모두가 공공의 이익보다 개인의 이익에 더 도움이 되는 것도 아니다… 그러나 정의의 개별 행위들이 공공의 이익이나 개인의 이익에 반한다고 하더라도, 전체 계획이나 제도가 사회의 유지와 개개인의 복지에 도움이 되거나 절대적으로 필요하다는 것이다. 악으로부터 선을 분리시키는 것은 불가능하다. 소유권은 안정적이어야 하고, 일반규칙에 의해 고정되어야 한다. 이 경우 대중들이 고통을 받더라도, 이러한 일시적인 병폐는 규칙의 지속적인 준수와 그것이 사회에서 확립한 평화와 질서에 의해 광범위하게 보상된다." 또한 *Enquiry, in Essays*, II, 273을 참조하라. "(정의와 성실이라는 사회적 미덕)에서 나오는 이득은 개인들의 개별 행위의 결과가 아니다. 오히려 전체 또는 사회 대부분이 동의한 제도 및 시스템에서 나온다… 많은 경우 개인의 행위에 의한 결과는 전체 시스템의 행위 결과와 정면으로 대립된다. 전자는 매우 유해하지만, 후자는 매우 유익하다. 부모로부터 물려받은 부는, 나쁜 사람의 수중에서는 위험한 도구이다. 어떤 경우 상속권은 해로울 수도 있다. 그것의 유익은 일반적인 규칙

을 준수할 때에만 발생한다. 그리고 특별한 인물과 상황에서 나오는 모든 해악과 불편함은 그것에 대한 충분한 보상이 이루어지면 그것으로 충분하다." 또한 ibid., p.274도 참조하라. "모든 민법뿐 아니라 소유권을 규제하는 모든 자연법은 일반적이어서 그 사례의 본질적인 상황을 고려하며 그 사례의 특수성, 상황 및 연루된 사람들의 관계, 또한 특정한 사례에서 이 규칙의 결정에 의해 야기되는 특정한 결과를 고려하지 않는다. 그것은 아무리 선한 사람이더라도 그의 재산이 실수로 그에게 간 것이라면 가차없이 그것을 빼앗아, 이미 많은 부를 축적한 이기적인 구두쇠에게 전달할 수 있다. 좋은 명분은 필요 없다. 공공의 효용은 소유권이 일반적이고 고정된 규칙에 의해 규정될 것을 요구한다. 이 규칙이 공공의 효용이라는 동일한 목적을 위해 채택된다고 해도 모든 특수한 난관을 예방하거나 모든 개별 사례로부터 유익한 결과를 가져오게 할 수는 없다. 만일 전체 계획, 또는 제도가 시민 사회의 유지에 필요하다면, 그리고 선의 균형이 악의 것보다 우세하다면 그것으로 충분하다." 나는 이 대목에서 수년 전에 이 주제에 관한 Hume의 논의가 지닌 중요성에 주목하도록 해준 Arnold Plant 경에게 감사의 말을 전한다.

235) J. S. Mill, *On Liberty*, ed. R. B. McCallum (Oxford, 1946), p.68을 참조하라.

236) J. Rawls, "Two Concepts of Rules," *Philosophical Review*, Vol. LXIV (1955); J. J. C. Smart, "Extreme and Restricted Utilitarianism," *Philosophical Quarterly*, Vol. VI (1956); H. J. McCloskey, "An Examination of Restricted Utilitarianism," *Philosophical Review*, Vol. LXVI (1957); J. O. Urmson, "The Interpretation of the Moral Philosophy of J. S. Mill," *Philosophical Quarterly*, Vol. III (1953); J. D. Mabbott, "Interpretations of Mill's Utilitarianism," *Philosophical Quarterly*, Vol. VI (1956); S. E. Toulmin, *An Examination of the Place of Reason in Ethics* (Cambridge: Cambridge University Press, 1950), 특히 p.168을 참조하라.

237) John Selden은 자신의 저서 *Table Talk* ([Oxford, 1892], p.131)에서 다음과 같이 서술하고 있다. "이 세상에 이 문장만큼 남용되는 것도 없을 것이다." C. H. McIlwain, *Constitutionalism: Ancient and Modern* (rev. ed.; Ithaca, N.Y.: Cornell University Press, 1947), p.149를 참조하라. 또 일반적인 쟁점에 대해서는 F. Meinecke, *Die Idee der Staatsräson* (Munich, 1924)을 참조하라. 지금은 Machiavellism (London, 1957)으로 번역되었다. 또한 L. von Mises, *Socialism* (New Haven: Yale University Press, 1951), p.400을 참조하라.

238) F. D. Wormuth, *The Origins of Modern Constitutionalism* (New York, 1949), p.51에서 인용된 James I의 견해는 "질서는 명령과 복종의 관계에 달려 있다. 모든

조직은 군림과 복종에서 나온다"는 것이다.

239) 인용은 했지만 이름을 잊어버린 해당 저자에게 용서를 구한다. 나는 E. E. Evans-Pritchard, *Social Anthropology* (London, 1951), p.19에 근거해서 이 구절을 적었다. 동일한 아이디어가 거기에도 표현되어 있지만 인용된 문장 안에는 없다.

240) H. Jahrreiss, *Mensch und Staat* (Cologne, 1957), p.22를 참조하라. "사회적 질서란 사회적 예측 가능성이다."

241) M. Polanyi, *The Logic of Liberty* (London, 1951), p.159.

242) Max Weber, *Theory of Social and Economic Organization* (London, 1947), p.386. 그는 '법적 질서의 기능에서 계산 가능성과 신뢰성'에 대한 요구를 '자본주의' 또는 '부르주아 단계' 사회의 특성으로 취급하는 경향이 있다. 이 용어들이 분업에 기초한 모든 자유로운 사회를 지칭하는 경우에만 위의 주장이 타당하다.

243) E. Brunner, *Justice and the Social Order* (New York, 1945), p.22를 참조하라. "법이란 예측에 의한 질서이다. 인간에게 질서는 법이 제공하는 서비스이다. 법은 또한 부담이면서 위험이기도 하다. 그것은 자의성으로부터 보호를 제공하고, 신뢰감과 안정감을 주며, 미래의 불길한 어두움을 제거한다."

11. 법치의 기원

244) John Locke, *Second Treatise*, sec. 57, p. 29. 이 장과 13~16장에서 언급된 이야기와 내용은 이집트 중앙은행(Cairo, 1955)에서 제공 및 출판된 나의 저서 *The Political Ideal of the Rule of Law*에 있는 내용이다.

245) 이 이념의 성장에 대해 알면 알수록 네덜란드 공화국이 행했던 사례의 중요성에 대해 더 깊은 확신을 갖게 되었다. 그러나 17세기 후반과 18세기 초반에는 그 영향이 매우 분명하게 나타났지만, 그 이전의 효과에 대해서는 더 연구가 필요하다. 한편 George Clark 경의 The Birth of the Netherlands, *Bulletin of the British Academy*, XXXIII (1946), P. Geyl, "Liberty of Dutch History" *Delta*, Vol. I (1958)을 참조하라. 나의 무지로 인해 이탈리아 르네상스, 특히 플로렌스의 중요한 논의들과 유사한 사상의 발전을 지나칠 수밖에 없었다. (간단한 설명은 20장의 서문을 참조하라.) 또한 위대한 비유럽 문명인 중국이 서구 문명과 놀라운 정도로 유사한 법률적 개념들을 그리스와 거의 동시에 발전시킨 것으로 보인다는 흥미로운 사실들에 대해 자신 있게 얘기하기 어렵다. Fung Yu-Lan, *A History of Chinese Philosophy* (Peiping, 1937), p.312에 따르면 "당시의 거대한 정치적 흐름은 봉건적 지배에서 절대 권력을 가진 권력자

에 의한 통치로의 이동이었다. 관습적 도덕과 개인이 지배하는 정부에서 법이 지배하는 정부로의 이동이다." 저자는 그 증거로 Kuang Chung (ca. 기원전 715~645)의 글이지만 기원전 3세기경에 편찬된 Kuantzû를 인용한다(p.321). "한 국가가 법에 의한 통치가 이루어질 경우, 모든 일이 규칙적인 절차를 통해 이루어질 것이다… 만일 법이 단일하지 않으면 이는 그 국가의 주인에게 불행한 일이다… 군주든 신하든, 상급자든 하급자든, 귀족이든 천민이든 모두 그 법을 따른다면, 이를 위대한 좋은 정부라 할 수 있다." 그리고 그는 다음과 같이 덧붙였다. "이는 아직까지 중국에 존재한 적이 없는 하나의 이상이다."

246) Montesquieu, *The Spirit of the Laws* (I, p.151)를 참조하라. "정치적 자유를 헌법의 직접적인 목표로 하는 국가는 이 세상에 단 하나 존재한다." 또한 R. Henne, *Der englische Freiheitsbegriff* (diss. Zurich; Aarau, 1927)를 보라. 영국적 자유의 발견에 대한 대륙인들의 연구와, 영국 모델이 대륙에 끼친 영향에 대한 연구는 아직 깊이 있게 이루어지지 않고 있다. 중요한 초기 연구로는 Guy Miege, *L'État présent de la Grande-Bretagne* (Amsterdam, 1708) 와 독일어 중보판인 *Geistlicher und weltlicher Stand von Grossbritannien und Ireland* (Leipzig, 1718); P. de Rapin-Thoyras, *Dissertation sur les Whigs et les Torys, or an Historical Dissertation upon Whig and Tory*, trans. M. Ozell (London, 1717) 그리고 A. Hennings, *Philosophische und statistische Geschichte des Ursprungs und des Fortgangs der Freyheit in England* (Copenhagen, 1783)를 참조하라.

247) 특히 F. Pollock and F. W. Maitland, *History of English Law* (Cambridge: Cambridge University Press, 1911); R. Keller, *Freiheitsgarantien für Person und Eigentum im Mittelalter* (Heidelberg, 1933); H. Planitz, "Zur Ideengeschichte der Grundrechte," in *Die Grundrechte und Grundpflichten der Reichsverfassung*, ed. H. C. Nipperdey (Berlin, 1930), Vol. III; 그리고 O. von Gierke, *Johannes Althusius und die Entwicklung der naturrechtlichen Staatstheorien* (2d ed.; Breslau, 1902)를 참조하라.

248) C. H. McIlwain, "The English Common Law Barrier against Absolutism," *American Historical Review*, XLIX (1934), p.27을 보라. Magna Carta에서 가장 유명하고 이후 가장 큰 영향을 끼친 구절조차도 단지 당시의 일반적인 사상을 표현한 것이라는 점은 1037년 5월 28일 Conrad II 황제의 포고령에 잘 나타난다. (W. Stubbs, *Germany in the Early Middle Ages, 476~1250*, ed. A. Hassall [London, 1908], p.147) 여기에는 다음과 같이 쓰여 있다. "어느 누구도 제국의 법과 귀족의 판결에 의

하지 않고 봉토를 빼앗길 수 없다."

여기서 우리는 중세에서 전해진 철학적 전통을 자세히 살펴보지는 않을 것이다. 그러나 어떤 면에서 Lord Acton이 Thomas Aquinas를 최초의 휘그(주의자)라고 표현한 것은 전혀 모순되지 않는다. (*Hist. of Freedom*, p. 37을 보라. 그리고 J. N. Figgis, *Studies of Political Thought from Gerson to Grotius* [Cambridge: Cambridge University Press, 1907], p.7을 참조하라.) Thomas Aquinas에 관해서는 T. Gilby, *Principality and Polity* (London, 1958)를, 그리고 그가 초기 영국 정치 이론, 특히 Richard Hooker에게 끼친 영향에 관해서는 S. S. Wolin의 "Richard Hooker and English Conservatism," *Western Political Quarterly*, Vol. VI (1953)을 참조하라. 좀 더 완전한 이해를 위해서는 당대의 흐름을 주도했던 13세기 Cusa의 Nicolas와 14세기 Bartolus를 주목해야 한다. F. A. von Scharpff, *Der Cardinal und Bischof Nicolaus von Cusa* (Tübingen, 1871) 특히 p.22를 참조하라. 그리고 J. N. Figgis, "Bartolus and the Development of European Political Ideas," *Transactions of the Royal Historical Society*, N.S., Vol. XIX (London, 1905)와 C. N. S. Woolf, Bartolus of Sassoferato (Cambridge, 1913)를 참조하라. 또한 당대의 일반적인 정치 이론과 관련하여 R. W. and A. J. Carlyle, *A History of Mediaeval Political Theory* (Edinburgh and London, 1903 and later)를 참조하라.

249) O. Vossler, "Studien zur Erklärung der Menschenrechte," *Historische Zeitschrift*, CXLII (1930), p.512와 F. Kern, *Kingship and Law in the Middle Ages*, trans. S. B. Chrimes (Oxford, 1939) 를 참조하라. 그리고 E. Jenks, *Law and Politics in the Middle Ages* (London, 1898), pp.24-25와 C. H. McIlwain, *The High Court of Parliament and Its Supremacy* (New Haven: Yale University Press, 1910)와 J. N. Figgis, *The Divine Right of Kings* (2d ed.; Cambridge, 1914)와 C. V. Langlois, *Le Règne de Philippe III, le Hardi* (Paris, 1887), p.285를 참조하라. 또한 중세 말의 상황과 관련하여 T. F. T. Plucknett, *Statutes and Their Interpretation in the First Half of the Fourteenth Century* (Cambridge, 1922)와 *Legislation of Edward I* (Oxford, 1949)를 참조하라. 이 모든 주제에 대해 J. W. Gough, *Fundamental Law in English Constitutional History* (Oxford, 1955)를 참조하라.

250) B. Rehfeldt, *Die Wurzeln des Rechtes* (Berlin, 1951), p.67을 참조하라. "입법 현상의 출현은… 인류의 역사에서 예술, 법 및 법률의 발명을 의미한다. 그때까지 사람들은 법이란 그 전부터 존재했던 무엇으로서 단지 사용할 수 있을 뿐이라고 믿었다. 그러한 관점에서 보면 입법의 발명은 아마도 지금까지 만들어진 것 중에서 가장 영향력이

클 것이다. 이것은 부싯돌이나 화약의 발명보다 더 큰 영향을 미쳤다고 할 수 있다. 무엇보다도 인간의 운명이 그것의 손에 놓이게 되었기 때문이다."

이와 유사하게 1958년 12월 시카고 대학 동양연구소가 주최한 'The Expansion of Society' 심포지엄에서 발표된 미출간 원고에서 Max Rheinstein은 다음과 같이 고찰하고 있다. "타당한 행위 규범이 입법과정을 통해 확립될 수 있다는 개념은 그리스 로마사의 후기에 나타난 독특한 것이었다. 이 개념은 서구 유럽에서 로마법이 재발견되고 절대왕정이 등장할 때까지 휴면상태에 놓여 있었다. 모든 법은 주권자의 명령이라는 주장은 정당하게 선출된 국민의 대표자들로부터 모든 법이 나온다는 프랑스 혁명의 민주주의 이데올로기에서 나왔다. 그러나 이것은 현실을 올바르게 묘사한 것이 아니며, 특히 앵글로 색슨의 관습법을 가진 나라들에게는 전혀 맞지 않다."

법은 발견되는 것이지 만들어지는 것이 아니라는 전통적인 견해가 18세기 후반의 영국인들에게 얼마나 큰 영향을 끼쳤는지에 대해서는 Edmund Burke의 *Tracts Relative to the Laws against Popery in Ireland, in Works*, IX, p.350에 잘 나타나 있다. "사람들 누구나 그들이 원하는 법을 만들 수 있다는 주장이나 사안의 특성과 관계 없이 법을 통해 시행기관이 권위를 부여받을 수 있다는 주장만큼 모든 질서와 아름다움, 평화와 행복, 인간사회를 파멸로 이끄는 것이 없다. 정책, 국가의 이유, 체제보전에 대한 논의는 그러한 관행을 옹호할 수 없다… 정확히 말하자면 인간의 모든 법은 단지 선언적일 뿐이다. 그것들은 형식과 적용을 바꿀 뿐 본래적인 정의의 실체에는 아무런 영향력이 없다." 또 다른 예시로 E. S. Corwin, The *"Higher Law" Background of American Constitutional Law* ("Great Seal Books" [Ithaca, N.Y.: Cornell University Press, 1955]), p.6, n.11을 참조하라.

251) Dicey, *Constitution*, p.370을 참조하라. "그 문제를 전적으로 법률적 관점에서 바라보는 법률가는, 한편으로는 Bacon이나 Wentworth 다른 한편으로는 Coke나 Eliot와 같은 정치가들 사이에서 일어나는 논쟁의 핵심은 대륙식의 강력한 행정부가 영국에서도 영구히 확립되어야 하는지 여부였다고 주장할 것이다."

252) Henry Bracton은 Magna Carta를 De legibus, fol. 186b에서 이렇게 서술했다. Magna Carta에 대한 17세기의 잘못된 해석이 초래한 결과에 대해서는 W.S. McKechnie, Magna Carta (2d ed.; Glasgow, 1914), p.133을 참조하라. "만약 Coke의 모호하고 부정확한 말들이 [Magna Carta]의 많은 장들의 의미를 흐리게 하고 영국 법의 발전에 잘못된 개념을 확산시켰다 하더라도, 그러한 오류들이 헌법 발전의 명분을 세워줬던 그 공헌 또한 무시할 수 없다." 이 견해는 그 이후에도 여러 번에 걸쳐 표현되었다. (특히 H. Butterfield, *The Englishman and His History* [Cambridge: Cambridge

University Press, 1944], p.7을 참조하라.

253) Thomas Hobbes는 "그것[그 시대의 반항 정신]의 가장 흔한 원인 중 하나는 고대 그리스 로마의 정책과 역사에 대한 책을 읽는 것"이며, 그렇기 때문에 "서양에서 그리스어와 라틴어를 배움에 따라, 모든 것이 어렵지 않아졌다"고 (Leviathan, ed. M. Oakeshott [Oxford, 1946], p.214, p.141)에 기술했다. Milton의 "자유를 향한 인간의 열망"의 뿌리는 "Livy와 로마 작가들에 대해 매우 정통했고, 로마공화국의 위대함을 깨달았다"는 데 있다는 Aubrey의 기술은 (*Aubrey's Brief Lives*, ed. O. L. Dick [Ann Arbor: University of Michigan Press, 1957], p.203)를 참조하라. Milton, Harrington, Sidney의 사상의 고전적 원천에 대해서는 Z. S. Fink, *The Classical Republicans* ("Northwestern University Studies in Humanities," No.9 [Evanston, Ill., 1945])를 참조하라.

254) Thucydides Peloponnesian War, Crawley trans., ii. p.37. 가장 설득력 있는 증거는 아마도 아테네의 자유민주주의의 적들이 Aristotle가 했던 것처럼(Politics vi. 2. 1317b) "그러한 민주주의에서는 모든 사람들이 자신이 원하는 대로 산다"라고 불평했을 때 잘 드러난다. 그리스인들이 개인적인 자유(freedom)와 정치적 자유(freedom)를 혼동한 최초의 사람들이었을 수도 있다. 그렇지만 이것은 그들이 전자의 것(개인의 자유)을 몰랐다거나 그것을 존중하지 않았다는 의미가 아니다. 어쨌든 스토아 철학자들은 본래의 의미를 보존하여 후대에 전해주었다. 실제로 Zeno는 자유를 "독립적인 행위의 힘이며, 노예제는 그것의 결핍이다."라고 정의했다. (Diogenes Laertius Lives of Eminent Philosophers iii. p.121 ["Loeb Classical Library" (London, 1925), II, p.227)]. Philo of Alexandria, *Quod omnis probus liber sit* 452. 45 ("Loeb Classical Library," [London, 1941] IX, 36)는 심지어 법률 아래에서의 현대적인 자유 개념을 제시한다. "생명체가 법을 취하는 만큼 자유를 누린다." E. A. Havelock, *The Liberal Temper in Greek Politics* (New Haven: Yale University Press, 1957)를 참조하라. 고대 아테네의 경제 제도가 노예제를 기반으로 하고 있었기 때문에 그곳에 자유가 없었다고 주장하는 것은 더 이상 옳지 않다. 최근의 연구에서 그런 사실은 그다지 중요하지 않다는 것이 입증되었기 때문이다. W. L. Westermann, "Athenaeus and the Slaves of Athens," *Athenian Studies Presented to William Scott Ferguson* (London, 1940) 을 보라. 그리고 A. H. M. Jones의 "The Economic Basis of Athenian Democracy," *Past and Present*, Vol. I (1952), reprinted in his *Athenian Democracy* (Oxford, 1957)를 참조하라.

255) Thucydides *op. cit*. vii. p.69. 그리스의 자유에 대한 잘못된 표현은 Thomas Hobbes로 거슬러 올라가며 B. Constant, *De la liberté des anciens comparée*

à celle des modernes, reprinted in his *Cours de politique constitutionnelle*, Vol. II (Paris, 1861)와 N. D. Fustel de Coulanges, *La Cité antique* (Paris, 1864)에 의해 널리 퍼지게 되었다. 이에 대한 모든 논의는 G. Jellinek, *Allgemeine Staatslehre* (2d ed.; Berlin, 1905), pp.288ff를 참조하라. 왜 1933년까지도 H. J. Laski ("Liberty," E.S.S., IX, 442)가 페리클레스 시대를 명시적으로 언급하면서 "그렇게 유기적인 사회에서 개인의 자유라는 개념은 사실상 알려져 있지 않다"라고 말하는지 이해하기 힘들다.

256) J. Huizinga, *Wenn die Waffen schweigen* (Basel, 1945), p.95를 참조하라. "사실 고대 그리스의 토대 위에 세워진 문명들이 민주주의 대신 다른 단어를 물려받지 못한 것은 유감스러운 일이다. 이 단어는 아테네에서의 역사발전에 대한 특별한 존경심을 고취시키고 여기에 중요한 선한 통치 형태라는 순수한 표현을 부여했다. 이 단어는 'Isonomia', 즉 법의 평등이다. 게다가 이 단어는 사라지지 않는 울림이란 뜻이 있다… 자유의 이상은 'Demokratia'보다는 'Isonomia'라는 단어를 가지고 더욱 분명하고 직접적으로 표현할 수 있다. 또한 'Isonomia'라는 명칭에 포함된 논리는 'Demokratia'의 경우처럼 실현 불가능한 것도 아니다. 이 단어는 법치국가의 핵심원리를 간결하고 분명하게 표현하고 있다."

257) John Florio, *World of Wordes* (London, 1598)의 이탈리아 사전에서 가져옴

258) Titus Livius, *Romane Historie, trans. Philemon Holland* (London, 1600), p.114, p.134, p.1016.

259) *The Oxford English Dictionary*, s.v. "Isonomy,"는 1659년과 1684년의 용례를 보여준다. 각각은 당시에 이 용어가 매우 일반적이었음을 보여준다.

260) "isonomia"라는 말은 기원전 500년경 Alemaeon이 가장 먼저 사용한 것으로 보인다. (H. Diels, *Die Fragmente der Vorsokratiker* [4th ed.; Berlin, 1922], Vol. I, p.136, Alkmaion, Frag. 4) isonomy를 육체적 건강의 조건으로 은유적으로 사용한 것으로 봐서는 이 용어가 당시에 분명한 의미를 가진 것으로 보인다.

261) E. Diehl, Anthologia lyrica Graeca (3d ed.; Leipzig, 1949), Frag. 24. 그리고 다음을 참조하라. E. Wolf, "Mass und Gerechtigkeit bei Solon," *Gegenwartsprobleme des internationalen Rechtes und der Rechtsphilosophie: Festschrift für Rudolf Laun* (Hamburg, 1953); K. Freeman, *The Work and Life of Solon* (London, 1926); W. J. Wood-house, *Solon, the Liberator* (Oxford, 1938); K. Hönn, Solon, Staatsmann und Weiser (Vienna, 1948).

262) Ernest Barker, *Greek Political Theory* (Oxford, 1925), p.44. 그리고 Lord Acton,

Hist. of Freedom, p.7와 P. Vinogradoff, *Collected Papers* (Oxford, 1928), II, p.41도 참조하라.

263) G. Busolt, *Griechische Staatskunde* (Munich, 1920), I, p.417; J. A. O. Larsen, "Cleisthenes and the Development of the Theory of Democracy at Athens," *Essays in Political Theory Presented to George H. Sabine* (Ithaca, N.Y.: Cornell University Press, 1948); V. Ehrenberg, *"Isonomia,"* in *Pauly's Real-Encyclopaedie der classischen Altertumswissenschaft,* Suppl. VII (1940), 또한 그의 논문인 "Origins of Democracy," *Historia*, I (1950), 특히 p.535, 그리고 "Das Harmodioslied," *Festschrift Albin Lesky* ("Wiener Studien," Vol. LXIX), 특히 pp.67~69; G. Vlastos, "Isonomia," *American Journal of Philology*, Vol. LXXIV (1953); 그리고 J. W. Jones, *The Law and Legal Theory of the Greeks* (Oxford: Oxford University Press, 1956), vi장을 참조하라.

원문에서 언급한 그리스 단어 skolion은 Diehl, *op. cit.*, Vol. II, skolia 10(9)과 13(12) 두 판의 본문에서 발견된다. isonomia를 칭송하는 이 노래가 18세기 말 영국의 휘그들에게 감명을 주었다는 중요한 증거는 William Jones 경(우리가 앞에서 휘그의 정치적 견해와 언어학의 진화론적 전통을 연결시킨 사람이라고 언급했던)의 'Ode in Imitation of Callistratus'이다.(그의 저서인 Works [London, 1807], X, p.391을 보라) 이 글은 skolion의 그리스 원문 앞에 있으며 20여 줄에 걸쳐 Harmodios와 Aristogiton을 찬양하고 있다.

"당시에 아테네에는 평화,
평등한 법과 자유 모두가 있었다네.
예술의 보호자, 그리스를 향한 열망!
사람들은 용감하고 굳세고 자유로웠다네!
Wentworth, 미덕의 원인이여.
너의 행위 또한 축복받으리.
Lenox, 평등한 법의 친구여.
너 역시 충분한 보상을 받으리!
저 높이 우뚝 솟은 자유의 사원
저 휘황찬란한 Fitz Maurice를 보라.
이 모든 미덕을 찬양하는
지혜의 목소리와 용기의 손!
누구도 그들의 눈을 감길 순 없으리.

그들은 은총의 땅에서 번성하며
Harmodius와 함께 머물며
Aristogiton과 함께 쉬리라."

또한 *ibid.*, p.389 the "Ode in Imitation of Alcaeus,"를 참조하라. 여기서 Jones는 "Empress Sovereign Law"에 대해 말하고 있다.

"그녀의 신성한 얼굴을 보면 악마 Discretion은 물방울처럼 사라지리라."

264) Herodotus *Histories* iii. p.80; iii. p.142, v. p.37을 참조하라.
265) Busolt, *op. cit.*, p.417와 Ehrenberg, in Pauly, *op. cit.*, p.299를 참조하라.
266) Thucydides op. cit. iii. p.62. pp.3~4. 그리고 정통적 의미에서 이 용어의 사용과 그가 지적한 특수한 의미에서 그 용어의 사용을 비교해보라. *ibid.*. iii. p.82. p.8; 또한 Isokrates *Areopagiticus* vii. p.20와 *Panathenaicus* xii. p.178을 참조하라.
267) Plato *Republic* viii. 557bc, 559d, 561e.
268) Hyperides *In Defence of Euxenippus xxi*. p.5 (*Minor Attic Orators*, ed. J. O. Burtt ["Loeb Classical Library," II, p.468]: "hópōs én dēmokratía kyrioì hoì nómoi ésontai." "법이 곧 왕이다"라는 구절은 훨씬 이전에 나타난다.
269) Aristotle *Politics* 1287a. 여기서 사용된 번역본은 흔히 사용되는 B. Jowett의 판본이 아니라 W. Ellis의 "Everyman" 판본이다.
270) *ibid.*. 1292a
271) 이 개념들이 아테네인들에게 얼마나 뿌리 깊게 남아 있었는지는 Demosthenes가 자신의 연설(*Against Aristocrates* xxiii. p.86 또한 xxiv. p.59)에서 '가장 좋은 법'으로 언급한 내용에서 잘 나타난다. 그것을 도입한 아테네인들은 모든 시민들이 시민권을 동등하게 갖고 있기 때문에 모든 시민들이 법도 동등하게 가져야 한다는 견해를 가지고 있었다. 따라서 그는 "모든 아테네인들에게 적용되지 않고 특정한 개인에게 영향을 미치는 법은 옳지 않은 법"이라고 주장했다. 이것이 아테네의 법이 되었다. 이 일이 언제 있었는지 정확하지는 않지만, Demosthenes는 이것을 기원전 352년으로 언급하고 있다. 그러나 당시 민주주의가 어느 정도나 법 앞의 평등이라는 오래된 개념을 대체하는 개념이 되었는지 살펴보는 것은 흥미로운 일이다. Demosthenes는 더 이상 "isonomia"라는 용어를 사용하지 않았지만 그가 언급하고 있는 법은 그 오래된 이념과 다르지 않다. 이 법에 대해서는 J. H. Lipsius, *Attisches Recht und Rechtsverfahren* (Leipzig, 1905), I, p.388와 E. Weiss, *Griechisches Privatrecht* (Leipzig, 1923), I, p.96, n.186a, 그리고 A. H. M. Jones, "The Athenian Democracy and Its Critics," *Cambridge Historical Journal*, Vol. IX (1953), 그의 재출간된 *Athenian*

Democracy, p.52를 참조하라. "(아테네에서) 단순히 의회의 포고령만으로 법을 바꾸는 것이 합법적인 적은 없었다. 그러한 법령을 제안한 자는 '불법적인 절차로 인해 피소'되기 십상이었다. 법원이 이것을 받아들이면, 그 제안자는 중형을 받게 되었다."

272) Aristotle *Rhetoric* 1354ab, trans. W. Rhys Roberts in *The Works of Aristotle*, ed. W. D. Ross, Vol. XI (Oxford, 1924). 본문에서 Politics 1317b를 인용하지 않았지만, Aristotle는 자유의 조건을 다음과 같이 설명하였다. "일부 특별한 경우, 즉 공적 업무에 영향을 주지 않는 경우 외엔 행정관의 재량권을 허용해서는 안 된다." 왜냐하면 자유는 그가 자신의 견해를 표명하지 않고 다른 사람의 견해를 인용하는 상황에서 나오기 때문이다. 사법적인 재량권에 대한 그의 견해를 보여주는 중요한 진술은 *Nicomachean Ethics* v. 1137b에 나와 있으며 여기서 그는 재판관은 "입법가가 했을 것으로 예상되는 방식으로 판결해야 되며, 그 일이 생길지 예상했더라면 법으로 정했을 방식에 따라 판결함으로써" 법의 공백을 메워야 한다고 주장했다. 이는 그 유명한 스위스 민법전의 조항을 연상시킨다.

273) T. Hobbes, *Leviathan*, ed. M. Oakeshott (Oxford, 1946), p.448.

274) 처음에는 J. Harrington, *Oceana* (1656)에 나온다. 이 구절은 얼마 후 1659년 The Leveller에 등장하며 Gough, op. cit., p.137에 인용되었다.

275) *The Civil Law*, ed. S. P. Scott (Cincinnati, 1932), p.73을 보라. 전체에 대해서는 T. Mommsen의 저서와 함께 C. Wirszubski, *Libertas as a Political Idea at Rome* (Cambridge: Cambridge University Press, 1950)와 U. von Lübtow, *Blüte und Verfall der römischen Freiheit* (Berlin, 1953)를 참조하라. 나는 이 책이 완성된 후 그 글을 알게 되었다.

276) W. W. Buckland and A. D. McNair, *Roman Law and Common Law* (Cambridge: Cambridge University Press, 1936)을 참조하라.

277) Titus Livius, *Ab urbe condita* ii. 1.1: "인간에 대한 정부의 법적 권한" (똑같지는 않지만) 이 라틴어 구절은 Algernon Sidney (*Works* [London, 1772], p.10)와 John Adams (*Works* [Boston, 1851], IV, p.403)에서 인용하였다. 위의 258번 주석에서 인용된 1600년 Livy의 글에 대한 Holland의 번역에는 이 단어들이 다음과 같이 바뀌어 있다.(p.44) "*법의 권위*와 *지배*는 인간의 그것보다 힘 있고 강력하다." 이태리체로 쓰여진 단어는 내가 아는 한 'rule'이 '통치'나 '지배'의 의미로 사용된 최초의 예이다.

278) W. Rüegg, *Cicero und der Humanismus* (Zurich, 1946)을 참조하고, Marcus Tullius Cicero, *On the Commonwealth* (Columbus, Ohio, 1929)에 대한 G. H. Sabine와 S. B. Smith의 서문을 참조하라. Cicero가 David Hume에게 미친 영향에 대

해서는 특히 후자의 "My Own Life," Essays, I, p.2를 참조하라.

279) M. Tullius Cicero De legibus ii. 7. p.18. 이 '상위의 법'은 로마인들에 의해 인정받았는데, 로마인들은 법령에 신성불가침 또는 *jus*(법, 권리)의 폐지를 위함이 아니라는 조항을 넣었다. (Corwin, *op. cit.*, pp.12~18 및 거기에 인용된 문헌들을 보라.)

280) M. Tullius Cicero, *Pro Cluentio* 53: "omnes legum servi summus ut liberi esse possumus." Montesquieu, *Spirit of the Laws* (II, p.76)를 참조하라. "자유의 본질은 법이 의무로 지정한 것을 제외하고는 어떤 것을 하도록 강요받지 않는다는 데 있다. 사람들은 시민법에 의해 지배를 받는 자만이 그 국가에서 살 수 있으며, 시민법에 의해 지배되기 때문에 자유롭다." Voltaire, *Pensées sur le gouvernement* (OEuvres complètes, ed. Garnier, XXIII, p.526)에 따르면 "자유란 오직 법에만 의존한다." J. J. Rousseau, *Lettres écrites de la Montagne*, Letter VIII (in *The Political Writings of Jean Jacques Rousseau*, ed. C. E. Vaughan [Cambridge, 1915], II, p.235)에는 "법이 없으면 자유가 없으며, 누군가 법 위에 있으면 자유는 없다. 심지어 자연 상태에서도 만인에게 적용되는 자연법이 있기 때문에 사람들이 자유로울 수 있는 것이다."

281) M. Tullius Cicero, De legibus iii. p.122: "Magistratum legem esse loquentem." 또한 Edward Coke 경의 Calvin's Case(iv장의 n.18에 인용됨)에 나온 "재판관은 법으로 말한다(Judex est lex loquens)"와 18세기의 법률적 경구인 "Rex nihil alius est quam lex agens"를 참조하라. 또한 Montesquieu, *Spirit of the Laws*, XI, p.6 (I, p.159)의 "재판관은 법의 말을 전하는 입에 불과한 단순히 수동적인 존재이며 법의 힘이나 엄격함을 완화시킬 수 없다."도 참조하라. 이 구절은 미국의 대법원장이었던 John Marshall (*Osborn v. Bank of United States*, 22 U.S. [9, Wheaton] p.738, p.866)도 했던 말이다. 그는 재판관이란 "법의 대변자일 뿐"이며 "아무것도 의도할 수 없다"라고 말했다.

282) M. Rostovtzeff, *Gesellschaft und Wirtschaft im römischen Kaiserreich* (Leipzig, 1931), I, p.49, p.140을 참조하라.

283) F. Oertel, "The Economic Life of the Empire," in Cambridge Ancient History, XII (Cambridge, 1939) 특히 270ff. 및 R. Pöhlmann, *Geschichte der sozialen Frage und des Sozialismus in der antiken Welt* (3d ed.; Munich, 1925)에 대해 위 저자가 쓴 부록을 참조하라. 또한 von Lübtow, op. cit., pp.87~109와 M. Rostovtzeff, "The Decay of the Ancient World and Its Economic Explanation," *Economic History Review*, Vol. II (1930)와 Tenney Frank, *Economic Survey of Ancient Rome* (Baltimore: Johns Hopkins Press, 1940)와 Epilogue; H. J. Haskell,

The New Deal in Old Rome (New York, 1939)와 L. Einaudi, "Greatness and Decline of Planned Economy in the Hellenistic World," *Kyklos*, Vol. II (1948)를 참조하라.

284) F. Pringsheim "Jus aequum und jus strictum," Zeitschrift der Savigny-Stiftung für Rechtsgeschichte, Romanistische Abteilung, XLII (1921), p.668 또한 같은 저자의 *Höhe und Ende der Jurisprudenz* (Freiburg, 1933)도 참조하라.

285) A. Esmein, "La Maxime Princeps legibus solutus est dans l'ancien droit public français," *Essays in Legal History*, ed. P. Vinogradoff (Oxford, 1913)를 보라.

286) J. U. Nef, *Industry and Government in France and England; 1540~1640* (Philadelphia, 1940), p.114를 참조하라. 나중에 어떻게 해서 "출판의 자유가 영국에 들어왔으며, 또 부수적으로 상업적 독점을 폐지시켰는지"에 대해서는 M. Cranston, in *John Locke* (London, 1957), p.387을 참조하라.

287) *Darcy v. Allein*, 1603년에 판결. 이 원리는 4년 전에 Davenant v. *Hurdis* 사건에서 처음 언급되었는데, 여기에는 "이러한 성격의 규정, 즉 거래나 교통수단을 한 회사, 또는 한 개인에게만 부여하고 다른 사람들을 모두 배제하는 것은 법에 위배된다"라고 씌어 있다. W. L. Letwin, "The English Common Law concerning Monopolies," *University of Chicago Law Review*, Vol. XXI (1953–1954)와 두 논문인 D. O. Wagner, "Coke and the Rise of Economic Liberalism," *Economic History Review*, Vol. VI (1935~1936)와 "The Common Law and Free Enterprise: An Early Case of Monopoly," *ibid*., Vol. VII (1936~1937)를 참조하라.

288) Great Britain, Public Record Office, *Calendar of State Papers, Domestic Series*, July 7, 1610.

289) Edward Coke, *The Second Part of the Institutes of the Laws of England* (1642), (London, 1809), p.47.

290) *Ibid*., p.51. 또한 4장 p.41을 대조해 보라.

291) Sir William Clarke, *The Clarke Papers*, ed. C. H. Firth (London: Camden Society, 1891~1901); G. P. Gooch, *English Democratic Ideas in the Seventeenth Century* (Cambridge: Cambridge University Press, 1893); T. C. Pease, *The Leveller Movement* (Washington, D.C., 1916); *Tracts on Liberty in the Puritan Revolution, 1638~1647*, ed. W. Haller (New York: Columbia University Press, 1934); A.

S. P. Woodhouse (ed.), *Puritanism and Liberty* (London, 1938); *The Leveller Tracts*, ed. W. Haller and G. Davies (New York, 1944); D. M. Wolfe, *Leveller Manifestoes* (New York and London, 1944); W. Haller, *Liberty and Reformation in the Puritan Revolution* (New York: Columbia University Press, 1955); P. Zagorin, *A History of Political Thought in the English Revolution* (London, 1954)을 참조하라.

292) F. W. Maitland, *The Constitutional History of England* (Cambridge: Cambridge University Press, 1909), p.263.

293) C. H. McIlwain, "The Tenure of English Judges," *Constitutionalism and the Changing World* (Cambridge: Cambridge University Press, 1939), p.300을 참조하라.

294) Gough, *op. cit.*, p.56 ff와 p.159를 참조하라.

295) 이것은 Army Debates에 기록된 부분에서 중요한 논제 중 하나이다.(Woodhouse, *op. cit.*, p.336, p.345, p.352, p.355, p.472).

296) 이 되풀이되는 말은 Edward Coke, *op. cit.*, p.292에서 비롯된 것이다. "새로운 헌법은 과거가 아닌 미래를 만드는 것이다."

297) Woodhouse, *op. cit.*, pp.154 이하와 p.353 이하를 참조하라.

298) [Samuel Rutherford], Lex, Rex: *The Law and the Prince*, etc. (London, 1644). 발췌문은 Woodhouse, *op. cit.*, pp.199~212에서 가져왔다. 제목은 고대 그리스의 nómos basileùs에서 가져왔다. 법 대(對) 자의성이라는 이슈는 청교도들만 사용한 것은 아니다. 이것은 왕당파들의 논의에서도 흔히 나타나며, 찰스 1세는 *Speech Made upon the Scaffold* (London, 1649)에서 "그들의 Liberty와 Freedom은 자신들의 생명과 재산을 보장해주는 법을 정부가 갖는 데 달려있다. 그것은 정부에 참여하는 데 달려있는 것이 아니다"라고 주장했다.

299) S. R. Gardiner, *The Constitutional Documents of the Puritan Revolution*, 1625~1660 (3d ed.; Oxford, 1906)을 참조하라. 현재 가장 훌륭한 개론서로는 F. D. Wormuth, *The Origins of Modern Constitutionalism* (New York, 1949)이 있다. 또한 W. Rothschild, *Der Gedanke der geschriebenen Verfassung in der englischen Revolution* (Tübingen, 1903), M. A. Judson, *The Crisis of the Constitution* (New Brunswick, N.J.: Rutgers University Press, 1949) 및 위의 294번 주석에서 인용한 J. W. Gough의 저서를 참조하라. 또한 Oliver Cromwell, *Letters and Speeches*, ed. T. Carlyle (2d ed.; London, 1846), III, p.67을 참조하라. "모든 정부에는 근본적인 그 무엇, 대헌장과 같은, 확고하고 불변적인 그 무엇이 존재한다."

300) 권력 분립의 사상은 1645년 John Lilburne(Pease, op. cit., p.114를 참조하라)의 팸플릿에서 처음 나타난 것으로 보이며, 그 이후에는 매우 자주 나타났다. 예를 들면, John Milton의 *Eikonoklastes* (1649) (*Prose Works*, ed. Bohn [London, 1884], I, p.363)에서 "모든 현명한 국가에서는 입법 권력과 그 권력의 사법적 실행이 명확하게 구분되며, 여럿으로 나눠져 있다. 그러나 전자가 우위에 있고, 후자는 아래에 있다." 또한 John Sadler의 *Rights of the Kingdom* (1649), (Wormuth, *op. cit.*, p.61에서 인용)도 참조하라. "입법, 사법 및 행정 권력이 자연법에 의해 별개의 주체에 속해 있어야 한다는 많은 논의가 있다." 이 사고가 완전히 정식화된 것은 G. Lawson, *An Examination of the Political Part of Mr. Hobbes, His Leviathan* (London, 1657) (A. H. Maclean, "George Lawson and John Locke," *Cambridge Historical Journal*, vol. IX [1947]를 참조하라)에서이다. 추가적인 참고문헌은 Wormuth, op. cit.,의 pp.59~72에서 찾을 수 있으며, 이후의 발전에 대해서는 pp.191~206을 참조하라.

301) Wormuth, *op. cit.*, p.71.

302) *ibid.*, p.72

303) 좀 더 중요하게 설명해야 할 두 명의 저자는 Algernon Sidney와 Gilbert Burnet이다. Sidney의 Discourses concerning Government (1698 초판)에 실린 우리에게 적절한 주요 요점은 다음과 같다. "자유는 오로지 타인의 의지로부터의 독립에서 온다." 이것은 다음과 같은 경구들: "사람들의 정부 법보다 더 강하게" (chap.i, sec.V, *Works of Algernon Sydney* [London, 1772], p.10), "공공선을 지향하는 법은 사람을 구별하지 않는다."(ibid., p.150), 법은 "국가가 자의적이 아니라 규칙에 의해 통치되어야 하기 때문에 만들어진 것이다."(ibid., p.338), 법은 "영속성을 지향해야 한다"(ibid., p.492)등과 관련된다. Gilbert Burnet의 수많은 저작들과 관련해서는 특히 그가 익명으로 출간한 *Enquiry into the Measures of Submission to the Supreme Authority etc*. (1688)(Harleian Miscellany (London, 1808)에 재수록, I, p.442에서 인용)를 참조하라. "자유는 특별한 동의에 의해 포기되거나 제한되지 않는 한 자명한 것이다… 시민사회를 운영함에 있어 그 행위를 규제하는 법을 제정할 권력과 그 법을 실행할 권력을 명확하게 구분해야 한다. 입법권을 부여받은 사람들은 최고의 권위를 가진 것으로 간주되어야 한다. 그러나 행정 권력만을 가진 사람들은 그렇지 않다. 그 권력은 입법권과 분리된다면, 단순히 위임에 불과하기 때문이다." 또한 p.447을 참조하라. "권력의 수단과 그에 따른 복종의 방법은 국가나 사람들 사이의 명시적인 법 또는 그들의 서약으로부터 나와야 한다. 혹은 태곳적으로부터의 규범에서 나와야 한다. 오랫동안 간직한 것은 시간이 흐르면 악한 것을 선한 것으로 만든다. 사람의 기억을 벗어나고 다른 사람

이 시비를 걸지 않는 규범은 모든 사람의 동의에 의해 정의와 선이라는 명칭을 갖기 때문이다. 그래서 전반적으로 모든 시민적 권위의 정도는 명시적인 법이나 옛날부터 내려온 규범, 또는 국민들이 자신의 군주에게 행한 서약에서 나와야 한다. 이것은 권력과 자유 간의 싸움에서 권력은 항상 증명되어야 하지만, 자유는 자명하다는 원리를 확립하기 위한 것이다. 전자는 실정법에 기초한 것이지만, 후자는 자연법에 기초한 것이다." P. 446을 참조하라. "우리의 모든 법의 주요 목적과 우리 헌법의 몇 가지 규칙들은 우리의 자유를 보장하고 보유하기 위한 것이다." 영국적인 자유를 발견한 당시의 대륙 사람인 Miege(246번 주석을 참조하라)가 자신의 저서에서 언급했던 것이 바로 이 논문이었다. Miege는 "전 세계의 어떤 국민도 영국인들만큼 근본적이고 세습적인 자유를 누리지 못했"으며 "따라서 그들의 국가는 모든 유럽 국가 중에서 가장 행복하고 우월한 것이다"라고 주장했다 (*op. cit.*, pp.512~513).

304) 오늘날 Treatise는 1688년 혁명 이전에 쓰인 것으로 생각되지만, 그래도 이렇게 얘기할 수 있다.

305) J. W. Gough, *John Locke's Political Philosophy* (Oxford, 1950)를 참조하라. Locke가 여기에서 논의된 문제들을 다루면서 어느 정도나 당시 법률가들이 오랫동안 표명했던 생각들을 요약하고 있는지는 좀 더 연구해볼 만한 가치가 있다. 이 맥락에서 특히 중요한 것은 Matthew Hale 경으로, 이 사람은 1673년에 쓴 Hobbes에 대한 답변 초고에서 (Aubrey가 Locke에게 쓴 편지는 Cranston, op. cit., p.152에 인용되었다) 다음과 같이 논의한다. "특정한 사람들이 특정한 상황에서 이성을 적용할 때 나타나는 커다란 불확실성을 피하기 위해서, 또한 사람들이 어떤 규칙과 수단을 가지고 살아야 하는지 이해하기 위해서, 특정한 사람들의 알려지지 않고 자의적이며 불확실한 이성에 종속되지 않기 위해서, 모든 시대에서 이 세상의 현자들이 어느 시대에나 공동의 정의를 시행하는 어떤 확실한 법과 규칙 및 방법에 동의했던 지고의 이성이 있다. 이것들은 가능한 한 상세하고 확실해야 한다." ("Sir Mathew Hale's Criticisms on Hobbes's Dialogue of the Common Laws" printed as appendix to W. S. Holdsworth, *A History of English Law* [London, 1924], V, p.503).

306) J. Locke, The Second *Treatise of Civil Government*, ed. J. W. Gough (Oxford, 1946), sec.22, p.13.

307) *ibid.*, sec.127, p.63.

308) *ibid.*, sec.131, p.64.

309) *ibid.*, sec.137, p.69.

310) *ibid.*, sec.136, p.68.

311) *ibid.*, sec.151, p.75.
312) J. N. Figgis, *The Divine Rights of Kings*, p.242, W. S. Holdsworth, *Some Lessons from Our Legal History* (New York 1928), p.134, C. E. Vaughan, *Studies in the History of Political Philosophy before and after Rousseau* (Manchester: Manchester University Press, 1939), I, p.134를 참조하라.
313) Locke, *Second Treatise*, xiii 장. 300번 주석과 비교하라.
314) *ibid.*, sec.159, p.80.
315) *ibid.*, sec.22, p.107.
316) G. M. Trevelyan, *English Social History* (London, 1942), p.245와 p.350 이하 특히 p.351을 참조하라. "초기 하노버 시대의 특수한 과제는 법치의 확립이었다. 그 법은 문제가 있었지만, 적어도 자유의 법이었다. 이러한 굳건한 토대 위에서 이후의 모든 개혁이 이루어졌다."
317) 이 사건의 중요성에 대해서는 특별히 W. S. Holdsworth, *A History of English Law*, X (London, 1938), 특히 p.647을 참조하라. "법원이 독립한 결과, 법치 혹은 법 우위의 강령이 현대적 형태로 확립되었다. 그것은 영국 헌법의 모든 특징들 중에서 가장 독특하고 가장 확실한 유익이 되었다."
318) 그 영향은 T. B. Macaulay, *History of England*, chap. XXII ("Everyman" ed., IV, pp.272~292)에 등장하는 에피소드에 대한 극적인 설명을 통해 19세기에 다시 부활하였다.
319) Daniel Defoe, T*he History of the Kentish Petition* (London, 1701)와 같은 해에 나온 소위 *Legion's Memorial*을 참조하라. 이 책은 다음의 주장으로 끝맺는다. "영국인은 더 이상 의회나 왕의 노예가 아니다."(The Works of Daniel Defoe [London, 1843], III, 5). 이에 대해서는 C. H. McIlwain, *Constitutionalism: Ancient and Modern* (Ithaca, N.Y.: Cornell University Press, 1947), p.150을 참조하라.
320) 예를 들어, Alfred Denning 경의 *Freedom under the Law* (London, 1949)를 참조하라. 여기서 그는 "법이 없으면 죄도 없고 처벌도 없다"라는 대륙의 강령에 대해 말하고 있다. "그러나 이 나라에서는 관습법이 이런 방식으로 제한된 것이 아니다. 그것은 법전 안에 포함된 것이 아니며, 새로운 상황을 다루기 위해 필요한 원칙들을 공표하고 발전시키는 재판관들의 가슴속에 있는 것도 아니다." 또한 S. Glaser, "Nullum crimen sine lege," *Journal of Comparative Legislation and International Law*, 3d ser., Vol. XXIV (1942)를 참조하라. 앞에 인용된 라틴어 경구는 18세기 말에 나타난 것이지만(429번 주석을 참조하라), 18세기 영국에서도 유사한 표현이 나돌고 있었다.

"법이 없으면 위법도 없다."

321) *The Works of Samuel Johnson* (London, 1787), XIII, p.22. 1740년 11월 하원의 곡물법 논쟁에 Campbell의 연설이 실려 있다. E. L. McAdam, *Dr. Johnson and the English Law* (Syracuse, N.Y.: Syracuse University Press, 1951), p.17을 참조하라.

322) 그래서 Camden 경의 의견이 종종 인용된다. 그가 본질적으로 동일한 견해를 피력한 유일한 진술은 *Entick v. Carrington* (1765) (T. B. Howell's State Trials, XIX, 1073)에서 찾을 수 있다. "국가의 필요성에 관한 논의, 혹은 국가의 범법과 다른 것들 간에 주어진 구분과 관련해서 관습법은 그러한 종류의 추론을 이해하지 않으며, 우리의 판례집도 그러한 구분에 주목하지 않는다."

323) 토리의 강령에 이것을 포함하기로 한 결정은 아마도 Henry Saint-John Bolingbroke, A Dissertation upon Parties (1734)였을 것이다. 이것은 '헌법에 의한 통치'와 '의지에 의한 통치'를 구분하고 있다. (Letter X [5th ed.; London, 1739], p.111).

324) W. S. Holdsworth, *A History of English Law*, X, p.713을 참조하라. "만일 18세기의 법률가, 정치가, 혹은 정치철학자가 그가 보기에 영국헌법의 가장 두드러진 특징이 무엇이냐는 질문을 받는다면, 그는 아마도 다양한 정부조직의 권력분립이라고 대답했을 것이다." 그러나 Montesquieu가 대륙에서 이 개념을 대중화시켰던 당시에도 영국의 실제 상황에서는 단지 제한적으로 적용되었을 뿐이다.

325) 본문의 뒷부분에 인용된 구절과 함께 D. Hume, *Essays*, I, "Of the Origin of Government," p.117, "Of Civil Liberty," p.161, 특히 "Of the Rise and Progress of the Arts and Sciences," p.178을 참조하라. 마지막 부분에서 그는 다음과 같이 서술하고 있다. "모든 일반법은 그것이 특수한 사례에 적용될 때 불편함을 동반하기 마련이다. 또한 이러한 불편은 모든 행정관들이 완전한 재량권을 가질 때 생기는 불편함보다는 덜하다는 걸 인식하고, 또한 전체적으로 일반법이 가장 적은 불편을 수반한다는 걸 파악하기 위해서는 대단한 통찰력과 경험이 필요하다. 이것은 매우 어려운 문제이므로 사람들이 끊임없는 시도와 관찰을 통해서만 개선시킬 수 있는 지방자치법이 혁신에 도달하기 전에 천재성과 상상력이 발전을 가져다주는 시와 웅변의 숭고한 예술영역에서 먼저 몇 가지 진보를 이룩했던 것이다." 또한 *Enquiry concerning the Principles of Morals, Essays II*, pp.179~196, p.256, pp.272~278을 참조하라. Hume은 종종 토리로 대표되기 때문에 다음과 같은 그의 진술에 주목할 필요가 있다. "만물에 대한 나의 견해는 휘그의 원리에 좀 더 적합한 것이다. 나를 토리의 일원으로 간주하는 것은 편견이다."(E. C. Mossner, *Life of David Hume* [London, 1954], p.311. 또한 ibid., p.179를 참조하라. 여기서 Hume은 교조적이지는 않지만 일종의 '혁명적 휘그'라고 묘사

된다.

326) F. Meinecke, *Die Entstehung des Historismus* (Berlin, 1936), I, p.234.
327) D. Hume, *History of England*, V (London, 1762), p.280.
328) Adam Smith가 권력 분립을 수용하고 사실상 정당화한 방식에 대해서는 *W.o.N., Book* V, chap. i, Part II (II. pp.213~214)를 참조하라. 이 문제들에 대한 이전의 부수적인 문헌(ibid., p. 201)에서 Smith는 다음과 같이 간략하게 설명하고 있다. 영국에서 "국민의 안전을 위해서 군주가 재량권을 부여받아야 할 필요가 없다. 실사 그것이 '가장 무례하고 허무맹랑하며 방종한 항의를 억누르기 위한 것'이라 할지라도 말이다." 그는 "잘 훈련된 군대에 의해 보호받기" 때문이다. 이 주장은 영국 헌법에 대한 최고의 외국 학자 중 한 명인 J. S. de Lolme가 *Constitution of England* (1784) (new ed., London, 1800), pp.436~441에서 이 독특한 상황에 대한 중요한 논의를 펼 기회를 주었다. 그는 이것을 "영국 정부의 가장 특징적인 상황이며, 그러한 제도로 인해 진정한 자유가 주어질 수 있다는 적절한 증거"라고 묘사했다. 또한 영국에서 "모든 개인의 행위는 법이 그렇지 않다고 할 때까지는 적법하다"라고 썼다. 그는 계속해서 "그러한 법의 원리 또는 강령의 기초에 의해 정부 권력의 행사는 법에 표현된 경우로만 제한된다"라고 했다. 또한 Magna Carta까지 거슬러 올라가면, 그것은 성실재판소의 폐지에 의해 효력을 갖게 된 것이며, 그 결과 "우리가 언급하고 있는 통치권 및 그 행사에 대한 특별한 제한은 사물의 본래적 상태와 헌법의 힘이 견딜 수 있는 것 이상이 될 수 없다."(이 구절이 본문에서 인용한 Hume의 서술에 얼마나 영향을 주었는지 주목하라.)

그 시대 이후로 많은 비슷한 서술을 인용할 수 있지만 두 개의 특징적인 서술로 충분하다. 하나는 John Wilkes's *The North Briton*, Vol. LXIV (September 3, 1768; quoted by C. K. Allen, *Law and Orders* [London, 1945] p.5)의 내용이다. "자유로운 정부에서 이 세 권력은 분리되어 있었고, 최소한 그래야 한다. 이 세 가지 모두, 혹은 그중 두 가지라도 한 사람의 수중에 놓이게 되면 그때부터 국민의 자유는 파괴되기 때문이다. 예를 들어 한 행정장관이 입법권과 사법권을 함께 가지고 있으면, 같은 군주 또는 상원이 폭압적인 방법으로 집행할 폭력적 법을 제정할까 봐 두려워할 수 있기에 자유 같은 것은 있을 수 없게 된다. 분명한 것은 사법권이 입법권 또는 행정권과 통합되어도 마찬가지라는 점이다. 전자의 경우에는 국민의 생명과 자유가 필연적으로 가장 커다란 위험에 노출된다. 동일한 사람이 재판관이자 입법가이기 때문이다. 후자의 경우에도 국민의 상황은 별로 다르지 않다. 바로 그 사람이 더욱더 잔인하게 집행하기 위해 잔혹한 판결을 내릴 테니까."

두 번째는 *Letters of Junius* (1772), *Letter 47*(May 25, 1771, ed. C. W. Everett

(London, 1927), p.208)에 나타난다. "영국 정부는 법의 정부이다. 우리가 국민의 생명, 자유, 혹은 재산에 대한 재량권을 남용하지 않는다는 전제하에 특정한 개인이나 집단에게 권력을 위임하는 것은, 우리 스스로를 배반하는 것이고, 우리의 법 정신과 위배되며 영국의 법체계 전체를 흔드는 것이다."

329) Sir William Blackstone, *Commentaries on the Laws of England* (London, 1765), I, p.269. "사법권의 독립적이고 분리된 존재는 국왕에 의해 임명되었지만 맘대로 없앨 수 없는 국민의 자유의 보루이다. 그것의 공동의 정의에 대한 실행(사법권력)이 입법권력 및 행정권력 양자로부터 어느 정도 분리되지 않으면 존속할 수 없다. 그것이 입법 권력과 결탁하면 국민의 생명, 자유 및 재산은 자의적인 재판관의 수중에 들어가게 되며, 그들의 판결은 근본적으로 법의 기본 원칙이 아니라 그들의 견해에 의해 결정될 것이다. 입법부는 그 원칙에서 벗어날 수 있지만 재판관은 그렇지 않다."

330) *ibid.*, p.44.

331) 특히 Edmund Burke, *Speech on the Motion Made in the House of Commons, the 7th of February, 1771, Relative to the Middlesex Elections*, in *Works* 여러 곳을 참조하라.

332) E. Barker, *Traditions of Civility* (Cambridge: Cambridge University Press, 1948), p.216. 또한 Paley에 대한 A. V. Dicey의 존경심과 관련된 흥미로운 *ibid.*, p.245, p.248을 참조하라.

333) W. Paley, *The Principles of Moral and Political Philosophy* (1785) (London, 1824), p.348 이후를 참조하라.

334) Macaulay가 과거 헌법 투쟁의 성과를 모든 교양 있는 영국인들의 생생한 자산으로 만드는 데 성공했다는 사실은 오늘날 별로 기억되지 않는다. 그러나 the *Times Literary Supplement*, January 16, 1953, p.40을 참조하라. "그는 우리의 역사를 위해 Livy가 로마의 역사를 위해 했던 일을 했다. 그리고 더 잘했다." 또한 Acton 경의 *Hist. Essays*, p.482를 참조하라. Macaulay는 "자유주의적 신념의 전파를 위해 이 세상의 어느 문필가보다도 더 많은 일을 했다. 그는 당시(1856)에 살았던 가장 위대하고 대표적인 영국인이다."

335) 어떤 면에서는 벤담주의자들조차도 자신들이 파괴하고자 했던 낡은 전통 위에 설 수밖에 없었고 그것을 개선시켜야만 했다. 이것은 진정한 일반 '법'과 '그때그때의 또는 특수한 명령'을 엄밀하게 구분하고자 했던 John Austin의 노력에도 해당된다(*Lectures on Jurisprudence* [5th ed.; London, 1885], I, p.92)

336) Richard Price, *Two Tracts on Civil Liberty* etc. (London, 1778), p.7.

337) Richard Price, *Observations on the Importance of the American Revolution... to Which Is Added a Letter from M. Turgot* (dated March 22, 1778) (London, 1785), p.111.

338) W. S. Holdsworth, *A History of English Law*, X, p.23.

12. 미국의 공헌: 헌정주의

339) Lord Acton, *Hist. of Freedom*, p. 55.
340) E. Mims, Jr., *The Majority of the People* (New York, 1941), p.71.
341) E. Burke, "Speech on Conciliation with America" (1775), in Works III, p.49. 영국의 이념이 미국 혁명에 주도적인 영향을 끼쳤다는 사실은 당시 미국 역사가들보다도 유럽의 학자들에게 더 놀라운 일이었다. 다음 자료를 참조하라. O. Vossler, *Die amerikanischen Revolutionsideale in ihrem Verhältnis zu den europäischen* (Beiheft 17 to the Historische Zeitschrift) (Munich, 1929)와 C. H. McIlwain, *The American Revolution* (New York, 1923), 특히 pp.156~160과 pp.183~191도 참조하라.
342) 1769년 매사추세츠 주의회가 Bernard 총독에게 보낸 회신을 참조하라. (A. C. McLaughlin, *A Constitutional History of the United States* [New York, 1935], p.67, from *Massachusetts State Papers*, pp.172~173) "영국 헌법에서 유래한 권리들을 수호하는 데 있어서, 비록 당신은 그것들이 불필요하다 생각할지라도, 우리는 이것을 최후의 보루로서 존중합니다. 진정 오랜 영국의 자유를 확보하는 것보다 더 좋은 보물은 없습니다. 이 자유는 모든 다른 즐거움에 향기를 더할 것입니다."
343) [Arthur Lee], *The Political Detection... Letters signed Junius Americanus* (London, 1770), p.73을 참조하라. "원칙의 측면에서 이 논쟁은 본질적으로 지난 세기에 이 나라 사람들과 찰스 1세 사이에 있었던 논쟁과 동일하다…. 국왕과 하원의 이름은 달랐지만 무제한적인 권력이 한 사람이 아니라 여러 사람의 수중에 있다는 것을 제외하고는 사실상 동일했다." E. Burke, *An Appeal from the New to the Old Whigs* (1791), in Works, VI, p.123에서 그는 혁명 당시 미국이 처한 "영국과의 관계는 1688년 영국이 처한 킹 제임스 2세와의 관계와 같다"고 말했다. 전반적인 이슈에 대해서는 G. H. Guttridge, *English Whiggism and the American Revolution* (Berkeley: University of California Press, 1942)을 참조하라.
344) Lord Acton, *Lectures on Modern History* (London, 1906), p.218.

345) Rossiter, *Seedtime of the Republic* (New York, 1953), p.360을 보라. 여기서 그는 1766년 5월 19일 자 *Newport Mercury* 에서 "A Son of Liberty in Bristol County, Mass."의 축사를 인용했다. "우리 모두 건배합시다. 마그나 카르타, 영국의 헌법이여, 피츠버그, 그리고 자유여 영원하라!"

346) Acton, *Hist. of Freedom*, p.578.

347) 이 이념들의 영향을 탁월하게 요약한 책으로는 R. A. Humphreys, "The Rule of Law and the American Revolution," Law Quarterly Review, Vol. LIII (1937) 이 있다. 또 다음 책들도 참조하라. J. Walter Jones, "Acquired and Guaranteed Rights," in *Cambridge Legal Essays* (Cambridge: Cambridge University Press, 1926), Mullett, *Fundamental Law and the American Revolution*, 1760–1776 (Columbia University thesis; New York, 1933), A. M. Baldwin, *The New England Clergy and the American Revolution* (Durham, N.C.: Duke University Press, 1928). 다음 *Hist. of Freedom*, p.56에 있는 Lord Acton의 진술도 참조하라. 미국인들은 "그 이상을 했다. 그들은 모든 민간 기구들을 대중의 의지에 종속시켰기 때문에, 영국의 입법부라면 견디지 못할 제한으로 대중의 의지를 에워쌌다."

348) James Otis와 Samuel Adams가 끊임없이 사용하는 '고정된 헌법'이라는 표현은 E. de Vattel, *Law of Nations* (London, 1797), Book I, chap. 3, sec. p.34에서 유래한 것이다. 본문에서 논의된 개념들에 대한 가장 잘 알려진 설명으로는 Massachusetts Circular Letter of February 11, 1768 (W. MacDonald, *Documentary Source Book of American History* [New York, 1929], pp.146~150에 인용됨)가 있다. 여기서 가장 중요한 구절은 다음과 같다. "하원은 폐하의 고등법원이 제국 전체에서 최고의 입법 권력임을 겸손히 대변해 왔다. 모든 자유국가에서 헌법은 고정되어 있으며, 최고 입법부는 헌법에서 그 권력과 권위를 보장받으므로 헌법의 기초를 파괴하지 않는 한 그것의 한계를 넘어설 수 없다. 헌법은 주권과 충성을 모두 보장하고 제한하므로, 충성의 의무를 지니고 있다고 스스로 인정한 미국 국민들은 영국 헌법의 근본적인 권리를 완전하게 누릴 동등한 권리가 있다. 이것은 근본법인 영국헌법에 명기되어 있는 필수적이고 변하지 않는 권리이며 그 영토 안에 거주하는 국민은 항상 지켜야 하고 거역할 수 없는 권리이다. 어떤 사람이 정직하게 얻은 것은 절대적으로 그의 소유이며, 자기 마음대로 줄 수는 있지만 그의 동의 없이 빼앗을 수는 없다. 따라서 미국 국민들은 자유인과 국민의 특성에 의해 적용되는 대헌장의 권리와 상관없이 이러한 자연적이고 헌법적인 권리를 주장할 수 있다."

349) 가장 일반적으로 사용되는 구절은 '제한된 헌법'인데, 헌법이 행정부의 권력을 제한한

다는 이념을 이러한 형태로 간결하게 표현한 것이다. 특히 *the Federalist* No. LXX-VIII, ed. M. Beloff (Oxford 1948), p.397을 보라. 여기서 Alexander Hamilton은 다음과 같이 정의했다. "나는 제한된 헌법이란 입법 권력에 대한 몇 가지 특수한 예외를 포함한 개념이라고 이해한다. 예를 들어 입법부는 사권 박탈법이나 소급법 같은 법안을 통과시킬 수 없다. 이러한 유형의 제한은 사실상 사법부를 통해서만 유지될 수 있다. 사법부의 임무는 명확한 헌법의 취지에 어긋나는 모든 법안을 무효화하는 것이다. 그렇지 않으면 모든 특수한 권리나 특권은 사라질 것이다."

350) J. Walter Jones, *op. cit.*, p.229 이하를 참조하라. "모국과의 분쟁 당시에 식민지인들은 영국 법 이념의 일반적인 흐름에서 약간 낯선 두 가지의 사상을 잘 알고 있었다. 인권의 독트린과 명문화된 헌법을 통해 입법 권력을 제한할(그들이 당시에 의회와 싸우고 있었기 때문에) 가능성 또는 필요성." 이하의 논의에서 나는 주로 2명의 미국인 저자인 C. H. McIlwain과 E. S. Corwin에 의존했다. 여기서는 상세한 참고문헌 대신 그들의 주요 저서를 열거하겠다.

C. H. McIlwain, *The High Court of Parliament and Its Supremacy* (New Haven: Yale University Press, 1910), *The American Revolution* (New York, 1923) "The English Common Law Barrier against Absolutism," *American Historical Review*, Vol. XLIX (1943~1944), *Constitutionalism and the Changing World* (Cambridge: Cambridge University Press, 1939), *Constitutionalism, Ancient and Modern* (rev. ed.; Ithaca, N.Y.: Cornell University Press, 1947).

E. S. Corwin, *The Doctrine of Judicial Review* (Princeton: Princeton University Press, 1914), *The Constitution and What It Means Today* (Princeton: Princeton University Press [1920]; 11th ed., 1954), "The Progress of Constitutional Theory between the Declaration of Independence and the Meeting of the Philadelphia Convention," *American Historical Review*, Vol. XXX (1924~1925), "Judicial Review in Action," *University of Pennsylvania Law Review*, Vol. LXXIV (1925~1926), "The 'Higher Law' Background of American Constitutional Law," *Harvard Law Review*, Vol. XLII (1929) (reprinted in the "Great Seal Books" [Ithaca, N.Y.: Cornell University Press, 1955]), Liberty against Government (Baton Rouge: Louisiana State University Press, 1948), 그리고 그가 편집한 *The Constitution of the United States of America: Analysis and Interpretation* (Washington: Government Printing Office, 1953). 이미 언급했거나 앞으로 인용할 논문들 중 몇 편은 다음에 함께 수록되어 있다. *Selected Essays on Constitutional Law*, ed. by a Committee of the Association of American Law Schools, Vol. I (Chicago, 1938).

351) Humphreys, op. cit., p.90을 참조하라: "자유의 정의는 곧 자의적 지배로부터의 자유였다."
352) 헌법 제정과정에서 모든 대의 기구가 가진 권한의 파생적 성격에 대해서는 McLaughlin, *op. cit.*, p.109를 참조하라.
353) 위의 책 4장 8절과 7장 6절을 보라. 그리고 전체 주제에 대해서는 D. Hume, *Treatise*, (II, pp.300~304)를 참조하라.
354) John Lilburne's *Legal Fundamental Liberties of 1649* (이 중 일부는 *Puritanism and Liberty*, ed. A. S. P. Woodhouse [Chicago: University of Chicago Press, 1951], p.344에 재수록)를 참조하라. 이 글에서 그는 우리가 헌법적 규약이라고 부르는 것을 제시하면서 다음과 같이 명시적으로 규정하고 있다. "그 사람들은 어떠한 입법 권력도 행사하지 말아야 하며, 단지 정의로운 정부의 기초를 세우고 각국의 호의적인 사람들에게 그것들을 제안해서 동의를 얻어야 한다. 법 위에 어떠한 협정이 있어야 하는지, 또한 협정 안에 포함되어 있는 의회의 입법 대의원들의 영역, 한계 및 범위가 어때야 하는지는 상호 조인한 공식적인 협약에 기반(해야) 한다." 이 맥락에서 중요한 것은 1776년 10월 21일 매사추세츠 집회의 콩코드 결의안이다(S. E. Morison, Sources and Documents Illustrating the American Revolution[Oxford: Oxford University Press, 1923], p. 177에 재수록). 이것은 입법부는 헌법을 만드는 기구가 아니라고 선언한다. 왜냐하면, "첫째, 우리는 헌법정신의 취지가 정부의 침해에 맞서 국민의 재산과 권리 및 특권의 향유를 보장하는 원리체계를 확립하고자 하는 것이라고 생각하기 때문이다. 둘째, 결론적으로 헌법을 만드는 기구만이 그것을 바꿀 권한을 갖기 때문이다. 셋째, 최고 입법기구에 의해 바뀔 수 있는 헌법이란 어떠한 또는 모든 권리와 특권에 대한 정부의 침해로부터 국민을 보호하지 못하기 때문이다." 물론 미국헌법의 아버지들이 고대 그리스에 존재했던 유형의 직접민주주의를 만장일치로 거부하게 만든 것은 그 실현이 기술적으로 불가능해서라기보다는 최고 기구가 특수한 것들에 관심을 갖지 못하도록 하려는 바람 때문이었다.
355) D. Hume, *Treatise*, II, p.300와 ibid., p.303을 참조하라.
356) 11장 특히 248번 주석과 250번 주석을 참조하라.
357) 정당성의 개념에 대해서는 G. Ferrero, *The Principles of Power* (London, 1942)를 참조하라.
358) 이것은 Jean Bodin이 도입한 초기의 군주권 개념이 아니다. C. H. McIlwain, *Constitutionalism and the Changing World*, chap. ii를 참조하라.

359) 이것은 D. Hume과 F. Wieser까지 내려오는 계보에 속하는 이론가들이 강조했던 것이다. Das Gesetz der Macht (Vienna, 1926)는 Wieser의 사상을 완벽히 정리했다.
360) Roscoe Pound, *The Development of Constitutional Guarantees of Liberty* (New Haven: Yale University Press, 1957)를 참조하라. 권리장전의 기원에 대한 중요한 독일문헌이 하나 있으며 이하의 저서들도 여기 언급되어야 한다. G. Jellinek, *Die Erklärung der Menschen- und Bürgerrechte* (3d ed.; Munich, 1919), ed. W. Jellinek (1895년 이 책의 첫 출간 이후의 논의들도 포함하고 있다). J. Hashagen, "Zur Entstehungsgeschichte der nordamerikanischen Erklärungen der Menschenrechte," *Zeitschrift für die gesamte Staatswissenschaft*, Vol. LXXVIII (1924), G. A. Salander, *Vom Werden der Menschenrechte* (Leipzig, 1926), O. Vossler, "Studien zur Erklärung der Menschenrechte," *Historische Zeitschrift*, Vol. CXLII (1930).
361) W. C. Webster, "A Comparative Study of the State Constitutions of the American Revolution," *Annals of the American Academy of Political and Social Science*, IX (1897), p.415.
362) *Ibid*., p.418.
363) *Constitution of Massachusetts* (1780), Part I, Art. XXX. 이 조항은 John Adams가 직접 작성했던 초안에는 아직 나타나지 않지만, 전적으로 그의 정신을 따른 것이다.
364) 그 관계에 대한 논의를 위해서는 위의 360번 주석에 인용된 저서들을 참조하라.
365) Webster, op. cit., p.386을 참조하라. "이 문서들은 모두 다음과 같이 선언했다. 어느 누구도 법이나 자기 동료들의 판단에 의하지 않고는 자유를 빼앗길 수 없다. 기소된 사람은 누구든지 자신에 대한 기소장의 사본을 얻을 수 있으며, 변호를 받고 증거를 요구할 권리가 있다. 어느 누구도 자신에게 불리한 증거를 제시하도록 강요받지 않아야 한다. 그것들은 모두 배심원의 재판의 권리를 보호했다. 또한 출판의 자유와 자유로운 선거를 보장했다. 평화 시에는 일괄 영장과 상비군을 금지했다. 귀족의 칭호, 세습작위, 배타적 특권의 보장을 금지했다. 버지니아와 메릴랜드를 제외하고, 모든 곳에서 집회 및 청원권, 대의기구의 감독권을 보장했다. 펜실베이니아와 버몬트를 제외한 모든 곳에서 지나친 사례요구, 과도한 범칙금 부과, 가혹한 처벌, 입법부 이외의 기구에 의한 법률폐기, 공표 없는 과세를 금지했다."
366) Constitution of North Carolina, Art. XXIII. 또한 Constitution of Maryland, "Declaration of Rights," Art. p.41도 참조하라. "그러한 독점은 바람직하지 못하며 자유로운 정부의 정신과 상업의 원리에 반하는 것이므로 용인해서는 안 된다."

367) 특히 the Massachusetts Constitution, Part I, "Declaration of Rights," Art. XXX를 보라. "이 나라의 정부에서는 입법부가 행정권과 사법권 혹은 그 어느 하나도 행사할 수 없다. 행정부는 입법권과 사법권 혹은 그 어느 하나도 행사할 수 없다…. 결국 그것은 인간이 아니라 법에 의한 정부이다."

368) Constitution of Massachusetts, Art. XXIV.

369) 이 구절은 1776년 5월 George Mason이 작성한 버지니아 인권 선언 초안에 처음 나타났다.(K. M. Rowland, The Life of George Mason [New York, 1892], p.435 이하를 보라). 그리고 여기서 채택된 선언문의 15절도 보라. 또한 the Constitution of New Hampshire, Art. XXXVIII, the Constitution of Vermont, Art. XVIII도 참조하라 (1787년에 실행 중이던 주헌법들을 모아놓은 것이 없는 것으로 보여서 나는 *The Constitutions of All the United States* [Lexington, Ky., 1817]를 사용했다. 그런데 여기에는 인쇄된 원문의 날짜가 모두 수록되어 있지 않았다. 그래서 여기와 뒤의 몇몇 주에 언급된 참고문헌들 몇 편은 연방헌법이 아니라 이후의 수정안에 근거하고 있다). 이 조항의 기원에 대해서는 G. Stourzh, *The Pursuit of Greatness* (forthcoming book)를 참조하라.

370) Webster, *op. cit*., p.398.

371) J. Madison, at the end of *the Federalist*, No. XLVIII 참조. "몇몇 부서들에 대한 헌법상 제한을 단순히 양피지 위에 규정했다고 해서 모든 정부권력이 같은 사람의 수중에 독재적으로 집중되는 것을 완전히 막을 수는 없다."

372) M. Oakeshott, "Rationalism in Politics," *Cambridge Journal*, I [1947], p.151에 따르면 John Jay는 1777년 다음과 같이 말했다. "미국인들은 자신들이 살아야 할 정부 형태를 고안하고 선택하도록 하나님께서 은총을 내리신 최초의 민족이다. 그 외의 모든 국가체제는 폭력과 우연적인 상황에서 나온 것이다. 따라서 완전함과는 거리가 멀다." 그러나 Philadelphia Convention(M. Farrand [ed.], *The Records of the Federal Convention of 1787* [rev. ed.; New Haven: Yale University Press 1937], August 13, II, p.278)에 기술되어 있는 John Dickinson의 단호한 연설과 비교해 보라. "경험은 우리의 유일한 안내자이다. 이성은 우리를 잘못된 길로 이끌 수도 있다. 영국헌법의 고유하고 존경할 만한 메커니즘을 발견한 것은 이성이 아니다. 이성의 지배를 받는 사람들의 눈에는 이상하고 불합리한 것으로 보이는 배심원 판결제도를 발견한 것은…. 이성이 아니다. 아마도 우연히 이러한 발견을 했을 것이고, 경험이 그것을 허락해 준 것이다. 그래서 경험이 우리의 안내자다."

373) James Madison은 필라델피아 제헌회의에서 연방정부의 주요 목적을 다음과 같이 진술했다. "사적 권리의 보장과 정의의 안정적 배분을 좀 더 효율적으로 제공해야 한

다. 이 필요성에 대한 침해는 이번 제헌 회의가 초래할 다른 어떤 결과들보다 큰 해악이다." (*Records of the Federal Constitution*, I, p.133). Madison이 인용한 (*the Federalist*, No. XLVIII, p.254)의 Thomas Jefferson의 *Notes on the State of Virginia*에 나오는 유명한 구절도 참조하라. "모든 통치권력, 즉 사법부, 입법부, 행정부의 권력은 입법기구로 귀결된다. 이 기구가 집중하는 주체는 전체적인 정부를 엄격하게 제한하는 것이다. 한 사람이 아니라 다수의 수중에서 행사된다고 해서 이 권력들이 완화되는 것은 아니다. 분명히 173명의 전체 군주는 한 명의 전제 군주만큼이나 억압적이다. 이것에 의문을 갖는 사람은 베네치아 공화국의 사례를 보라. 그들이 우리에 의해 선택됐다고 해서 우리에게 유익을 주는 것은 아니다. 일종의 '선출된 독재'는 우리가 추구했던 정부가 아니다. 우리가 추구하는 정부는 자유원리에 기반해 수립되어야 할 뿐 아니라, 정부 권력이 여러 개의 기관으로 분리되어서 서로 균형을 이루어야 하며, 어느 곳도 다른 기관에 의한 실질적인 확인과 제한 없이는 법적인 한계를 넘어서지 않아야 한다… . [입법부 외의 영역들]은 따라서 사법적 심사를 받아야 하는 결정권을 가지고 있으며 그 전체 임기 동안 행정부에 대한 감독이 관례적이고 익숙해지고 있다." 따라서 R. A. Humphreys의 결론은(op. cit., p.98) 교조적 민주주의자들의 우상인 Jefferson에게도 해당된다. "연방헌법의 제정자들이 확립하고자 했던 것이 바로 그러한 공화정이었다. 그들은 민주주의를 위해 미국을 안전하게 만드는 데 관심이 있었던 것이 아니라 미국을 위해 민주주의를 안전하게 하는 데 관심이 있었던 것이다. Coke 대법원장에서 미연방 최고법원까지는 머나먼 길이었지만, 확실한 길은 아니었다. 17세기에 청교도인들이 시민적 및 종교적 측면에서 높이 평가하였고 철학자들이 우주의 지배 원리라고 보았던, 그리고 식민주의자들이 의회의 절대주의에 반대해 적용했던, 왕이나 의회 위에 세워진 법치주의 원리는 이제 연방화를 위한 핵심적 원리가 되었다."

374) E. S. Corwin, *American Historical Review*, XXX (1925), p.536. 이 구절은 다음과 같이 이어진다. "그러나 Madison의 주요 사상을 받아들였음에도, 사법적 심사기구를 통해 적용한다는 생각은 여전히 제헌의회에 남아 있었다. 제헌의회에서 점차 사법심사 강령을 이해하게 된 것도 이러한 결정에 도움이 되었다."

375) Lord Acton, *Hist. of Freedom*, p.98.

376) 나의 논문("The Economic Conditions of Inter-State Federalism," *New Commonwealth Quarterly*, Vol. V (1939), *Individualism and Economic Order* (London and Chicago, 1948)에 재수록)을 참조하라.

377) *Federalist*, No. LXXXIV, ed. Beloff, p.439 이하.

378) 여기서 인용된 Hamilton의 글보다 더 분명하게 언급한 글로 펜실베이니아 제헌회

의의 헌법에 관한 토론에서 이루어진 James Wilson의 진술이 있다(*The Debates in the Several State Conventions, on the Adoption of the Federal Constitution*, ed. J. Elliot [Philadelphia and Washington, 1863], II, p.436). 그는 권리장전을 '매우 경솔한' 것으로 묘사한다. "모든 사회에는 구체적으로 열거할 수 있는 많은 권한과 권리가 존재한다. 헌법의 부록으로 딸린 권리장전은 권한들을 열거하고 있다. 만일 우리가 열거하려 한다면, 열거하지 않은 모든 것은 주어진 것으로 간주된다는 것이 그렇게 묘사한 이유다." 그러나 James Madison은 애초부터 궁극적으로 다수가 지지하는 관점을 가지고 있었던 것으로 보인다. 1788년 10월 17일 Jefferson에게 보낸 중요한 편지(*The Complete Madison*, ed. S. K. Padover [New York, 1953], p.253에서 인용)에, 너무 길어서 이곳에 모두 적을 수는 없지만, 그는 이렇게 썼다. "나의 견해는 항상 권리장전에 호의적이었습니다. 만일 그것이 열거되지 않은 권리를 내포하지 않도록 제정된다면… 사적 권리에 대한 침해는 유권자들의 생각에 반하는 정부의 행위에서가 아니라 주로 정부를 대다수 유권자들의 도구로 만들어버리는 행위에서 나올 것으로 우려됩니다. 이것은 매우 중요한 사실임에도 불구하고 아직 충분한 주목을 받지 못하고 있습니다… 그러면 도대체 권리장전은 국민정부에서 무슨 소용이 있겠습니까?… 첫째, 그토록 엄숙하게 선포된 정치적 진리는 점차 자유정부의 근본적인 격률의 성격을 습득하게 되고, 그것들이 국민 정서와 결합됨에 따라 이해와 열정의 자극들을 방해합니다…"

379) John Marshall in *Fletcher v. Peck*, 10 U.S. (6, Cranch), 48 (1810).

380) Joseph Story, Commentaries on the Constitution (Boston, 1833), III, 718~720.

381) L. W. Dunbar, "James Madison and the Ninth Amendment," *Virginia Law Review*, Vol. XLII (1956)을 참조하라. 미국 헌법에 대한 최고 권위자조차 잘 알려진 논문(E. S. Corwin, "The 'Higher Law' Background etc." [1955 reprint], p.5)에서 수정헌법 제9조를 잘못 인용했으며, 25년이 지난 후 교정되었다는 사실은 중요하다. 이는 어느 누구도 원문의 11개 단어로 이루어진 구절이 6개 단어로 된 구절로 바뀌었다는 사실을 알아차리지 못했기 때문이다!

382) 이러한 경외심은 W. E. Gladstone과 같은 19세기 자유주의자들에게 널리 통용되던 것으로, 그는 미국 헌법에 대해 "제한된 시간에 인간의 머리와 노력으로 만들어낸 가장 아름다운 작품"이라고 묘사한 바 있다.

383) C. H. McIlwain, *Constitutionalism and the Changing World*, p.278. 그리고 E. S. Corwin, "The Basic Doctrine of American Constitutional Law" (1914)(*Selected Essays on Constitutional Law*, I, p.105에 재수록)를 참조하라: "다르게 말하면 사법심사제의 역사는 헌법적 제한의 역사다." 또한 G. Dietze, "America and Europe

—Decline and Emergence of Judicial Review," *Virginia Law Review*, Vol. XLIV (1958)를 보라.

384) 이러한 입장을 지지하는 논의들은 최근에 다음의 책에서 자세히 정리되어 있다. W. W. Crosskey, *Politics and the Constitution in the History of the United States* (Chicago: University of Chicago Press, 1953).

385) 주로 Alexander Hamilton in the Federalist, No. LXXVIII, p.399를 보라. "특정 법령이 헌법에 위배될 때마다 사법재판소가 이전 것을 폐기하고 새로운 것을 따라야 하는 것은 의무다." 또한 James Madison, *Debates and Proceedings in the Congress*, I (Washington, 1834), p.439에서 그는 법원은 다음과 같아야 한다고 주장했다. "법원은 고유한 방식으로 자신을 그러한 권리의 수호자로 간주해야 한다. 또한 그들은 입법부나 행정부의 모든 권력에 맞서는 침해할 수 없는 보루가 되어야 하며, 당연히 인권선언에 의해 헌법에서 명시적으로 규정한 권리들을 침해하는 모든 것에 저항해야 한다." 또한 1825년 6월 30일 자의 George Thompson에게 보낸 나중 편지(*The Complete Madison*, ed. S. K. Padover, p.344에서 인용)에서 다음과 같이 적었다. "입법부를 헌법의 통제에서 벗어나게 하는 어떤 강령도 올바르지 않다. 전자(입법부)의 행위가 개인들에게는 법이듯, 후자(헌법)는 전자에 대한 법이다. 그것을 제정한 사람들은 언제나 쉽게 바꿀 수 있지만, 그 이외의 어떤 기구도 바꿀 수 없다. 그것을 실행하도록 사람들로부터 위임받은 사람도 마찬가지로 바꿀 수 없다. 이것은 매우 중요한 원칙이며, 우리 국민의 정부의 자랑거리이기 때문에, 그것에 대한 부정은 오래 지속되거나 널리 퍼질 수 없다." 또한 1801년 사법제도 법안의 철회를 둘러싼 의회의 토론에서 있었던 Mason 상원의원 및 Gouverneur Morris의 발언(McLaughlin, *op. cit.*, p.291)도 있다. 1792년 James Wilson이 펜실베이니아대학 학생들에게 했던 강연(Works, ed. J. D. Andrews [Chicago, 1896], I, pp.416~17)에서 그는 사법 심사에 대해 "헌법에 의해 입법부와 사법부 사이의 권력을 분할할 필연적 결과"라고 말했다.

386) Crosskey(*op. cit.*, II, p.943)가 지은 가장 최근의 비판적 개론서조차 그 상황을 다음과 같이 적고 있다. "사법심사의 기본 개념이 식민지 시대의 미국에서도 어느 정도 수용되었다는 몇몇 증거들이 발견되고 있다."

387) *Marbury v. Madison*, 5 U.S. (1 Cranch), p.137(1803). 여기서는 그 유명한 판결문의 몇 구절만 인용한다. "미국 정부는 강조하자면 인간의 정부가 아닌 법의 정부였다. 만일 법이 갖고 있는 법적 권리의 침해에 대한 치유책을 제공하지 못한다면, 그토록 고귀한 명칭을 부여할 만한 가치가 없을 것이다. 헌법에 위배되는 법이 이 나라의 법이 될 수 있느냐는 문제는 미국에게 매우 관심 있는 문제이지만, 다행스럽게도 그 관심의

정도만큼 복잡하지는 않다. 그 문제를 결정하기 위해서는 오랫동안 확립되어온 몇 가지 원칙들을 인정하는 것으로 충분하다… 입법부의 권력은 규정되어 있으며 제한적이다. 또한 명문화된 헌법이 있는 한 그러한 제한은 오인되거나 망각될 수 없다. 어떤 목적을 위해 권력이 제한되는가? 또 어떤 목적을 위해 그러한 제한의 명문화가 그 제한을 받을 사람들에 의해 통과되는가? 그러한 제한이 그 제한을 받을 사람들을 한정하지 않고, 금지법과 허용법이 동일한 의무를 갖는다면, 제한적인 정부와 무제한적인 정부의 구분도 사라질 것이다… 법이 무엇인지에 대해 말하는 것은 사법부의 영역이자 의무이다. 구체적인 사례에 규칙을 적용하는 사람들은 반드시 그 규칙을 설명하고 해석해야 한다. 만일 두 가지 법이 서로 상충된다면, 법원은 각각의 기능에 대해 결정해야 한다."

388) R. H. Jackson, *The Struggle for Judicial Supremacy* (New York, 1941), pp.36~37을 참조하라. 여기서 그는 다음과 같이 주장했다. "이것은 단순히 사법적 절제의 결과가 아니라 보수주의자들을 분노하게 만들 의회 법안이 거의 없다는 사실의 결과일 수도 있다. 자유방임주의는 법원에서와 마찬가지로 어느 정도까지는 입법부의 철학이었다. 이 사실은 Marbury v. Madison 사건과 Dred Scott 사건의 잠재적 가능성을 은폐했다."

389) 법 사상(legal thought)이 당시 미국정치학에 미친 커다란 영향에 대해서는 Tocqueville, *Democracy*, I, chap. xvi, PP.272~280이 잘 설명해준다. 이러한 분위기의 변화를 잘 보여준 예로 Daniel Webster와 같은 사람의 명성이 쇠퇴한 것을 들 수 있다. 헌법 이론에 대한 그의 인상적인 서술은 예전에는 고전으로 여겨졌었지만 이제는 거의 잊혀졌다. 특히 Dartmouth 사건과 Luther v. Borden, *in Writings and Speeches of Daniel Webster* (National ed., Vols. X and XI [Boston, 1903]) 그중에서도 X, p.219에 있는 그의 진술을 보라. "이 땅에서 법은 가장 명확히 일반법을 의도하고 있다. 그것은 판결을 내리기 전에 들어주는 법이다. 심문절차를 밟으며 재판이 끝나야 판결을 내린다. 그것은 사회를 지배하는 일반 규칙의 보호 아래에서 모든 국민이 자신의 생명, 자유, 재산 및 면책권을 가져야 한다는 것을 의미한다. 따라서 특정한 법령형태로 통과된 모든 것은 이곳의 법으로 간주될 수 없다." 또한 *ibid*., X, p.232를 보라. 여기서도 사람들이 "현명하게도 권력행사에 대한 제한과 남용의 방지를 위해서 그것의 결핍에서 나오는 부차적인 불편의 위험을 감수하기로 선택했다"고 강조한다. 또한 *ibid*., XI, p.224를 보라. "나는 국민들이 주정부 및 연방정부를 제한하는 것이 미국체제의 한 가지 원리라고 말했다. 그들이 그렇게 한 것처럼 동일하게 참되고 확실한 원리는, 나의 판단에 따르면, 사람들이 스스로를 제한하는 것이다. 그들은 자신들의 권력에 제한을

두었다. 그들은 다수의 갑작스러운 충동에 맞서기 위해 확립한 제도를 보존하기로 결정했다. 우리의 모든 제도들은 이러한 예들로 가득 차있다. 정부 형태를 확립하는 데 있어서, 단순한 다수의 성급한 변화에 대항하여 그들이 확립한 것을 지키는 것이 그들의 위대한 보수적 원칙이었다."

390) *Ex parte Bollman,* 8 U.S. (4 Cranch) 75, p.46 (1807).
391) 위의 384번 주석에서 인용한 E. S. Corwin, "The Basic Doctrine, etc.," p.111을 보라.
392) *ibid.*, p.112.
393) 다음 주들의 헌법 Arkansas, V, p.25와 Georgia, I, iv, p.1와 Kansas, II, p.17, Michigan, VI, p.30와 Ohio, II, p.25를 보라. 또한 이러한 특징에 대한 논의로는 H. von Mangoldt, Rechtsstaatsgedanke und *Regierungsformen in den Vereinigten Staaten von Amerika* (Essen, 1938), pp.315~318을 참조하라.
394) Calder v. Bull, 3 U.S. (3 Dall) 386, 388 (1798); cf. Corwin, "The Basic Doctrine, etc.," pp.102~111.
395) T. M. Cooley, *A Treatise on the Constitutional Limitations*, etc. (1st ed.; Boston, 1868), p.173.
396) R. H. Jackson, *The Supreme Court in the American System of Government* (Cambridge: Harvard University Press, 1955), p.74를 참조하라.
397) The "Slaughter House Case," 83 U.S. (16 Wallace) 36 (1873). E. S. Corwin, *Liberty against Government*, p.122도 참조하라.
398) E. S. Corwin의 표준 주석판인 미연방 헌법은 총 1,237쪽 중에서 215쪽이 '상업조항'에 관한 것이다!
399) E. Freund, *Standards of American Legislation* (Chicago: University of Chicago Press, 1917), p.208의 논평을 참조하라. "제시된 유일한 기준은 합리성이다. 법학적 관점에서 볼 때 이보다 불충분한 것은 생각하기 어렵다."
400) W. Bagehot, "The Metaphysical Basis of Toleration" (1875), in Works, VI, p.232.
401) Dorothy Thompson, *Essentials of Democracy*, I (같은 제목으로 출간된 "Town Hall Pamphlets" [New York, 1938] 세 가지 버전 중 첫 번째), p.21에서 인용.
402) *Reorganization of the Federal Judiciary: Adverse Report from the [Senate] Committee on the Judiciary Submitted to Accompany S*. 1392 (75th Cong., 1st sess., Senate Rept. No. 711, June 7, 1937), p.8, p.15, p.19, p.20. "법원도 판사

도 완벽하지 않다. 의회도 상원도 하원도 완벽하지 않다. 행정부는 완벽하지 않다. 그 아래에 있는 행정부처들은 대부분 모든 국민의 정의와 자유라는 위대한 목표를 달성하기 위해 고안된 체계의 위신과 이념으로 먹고사는 사람들로 가득 차 있다. 만일 우리가 체제를 움직이는 사람들의 불완전한 기준에 맞춰간다면, 그 체제를 파괴하게 될 것이다. 인내와 자기 절제를 통해, 우리가 이 사회체제를 고안했을 때의 높은 수준을 유지해 나갈 때, 우리는 이 체제와 우리 스스로를 강화시킬 수 있고, 모두를 위한 정의와 자유를 더 확실히 만들어낼 것이다."

"입법과정의 불편함과 지연은 우리 체계를 지키기 위한 값비싼 대가가 결코 아니다. 입헌민주주의는 속도보다는 확실성을 가지고 앞으로 나간다. 지금 우리와 우리의 후대에게 훨씬 중요한 것은 지금 당장의 특정한 법 제정보다 우리 문명의 진보적 행진의 안전과 영속성이다. 미국의 헌법은 국민들이 스스로의 복지에 필요하다고 여기는 개혁과 변화를 요구하는 대중의 의지를 표현할 충분한 기회를 제공한다. 헌법은 국민을 통치하는 권력에게 제시된 인민헌장이다."

403) 나는 필라델피아의 택시기사가 했던 말이 아직도 기억난다. 그 택시 안에서 우리는 라디오 방송을 통해 루스벨트 대통령의 갑작스러운 서거소식을 들었다. 나는 그가 루스벨트 대통령을 진심으로 추도하며 맨 마지막에 했던 말이 국민 대다수의 심정을 대변한 것이라고 믿는다. "하지만 그는 대법원에 간섭하지 말았어야 했어요. 절대 그렇게 하면 안 되는데!" 정말 충격적인 발언이었다.

404) C. H. McIlwain, *Constitutionalism and the Changing World* (New York, 1939), p.286, 또한 F. L. Neumann, *The Democratic and the Authoritarian State* (Glencoe, Ill., 1957), p.31을 참조하라.

405) M. Lerner, "Minority Rule and the Constitutional Tradition," in T*he Constitution Reconsidered*, ed. Conyers Read (New York: Columbia University Press, 1938), p.199 이하를 참조하라.

13. 자유주의와 행정: 법치국가

406) G. H. von Berg, *Handbuch des teutschen Policeyrechtes* (Hannover, 1799~1804), II, p.3

독일어 원문은 다음과 같다. "Wo bleibt eine bestimmte Grenze der höchsten Gewalt, wenn eine unbestimmte, ihrem eigenen Urtheile überlassene allgemeine Glückseligkeit ihr Ziel sein soll? Sollen die Fürsten Väter des Volks seyn, so gross auch die Gefahr ist, dass sie seine Despoten seyn werden?" 한 세기 반이 지난 후에도 문제가 거의 변하지 않았다는 것은 A. von Martin(*Ordnung und Freiheit* (Frankfort, 1956), p.177)의 고찰을 비교해보면 알 수 있다. "왜냐하면 (혁명적-민주주의적 이데올로기에서도) 마치 권력이 도덕이라는 미명하에 모든 정치적 자의성에 자유로운 통로를 제공해주는 공공복리라는(그때그때의 '일반적 흐름'에 굴복하는) 고무줄 같은 개념과 결부되어 있는 것처럼, 권력에 대한 광범위한 승인은 부여될 수 없기 때문이다."

이 내용과 이어지는 다음 세 장에서는 11장 앞쪽의 주석을 참조하라.

407) J. J. Rousseau, *Lettre à Mirabeau*, in (OEuvres (Paris, 1826), p.1620. 또한 280번 주석에서 인용한 그의 *Lettres é crites de la montagne*, No. VIII 구절도 참조하라. 그리고 Hans Nef, "Jean Jaques Rousseau und die Idee des Rechtsstaates," *Schweizer Beiträge zur allgemeinen Geschichte*, Vol. V (1947)에서의 논의도 참조하라.

408) J. J. Rousseau, *Du contrat social*, Book II, chap.vi.

409) J. Michelet, *Histoire de la Révolution française* (Paris, 1847), I, xxiii. 또한 시작 단계에서는 F. Mignet, *Histoire de la Révolution française* (Paris, 1824)를 참조하라.

410) A. V. Dicey, *Constitution* (1st ed.; London, 1884), p.177.

411) 1789년 8월 26일 인권선언문 16항을 참조하라. "권리도 보장되지 않고, 권력분립도 확립되지 않는 모든 사회는 헌법도 없는 것이다."

412) 특히 A.-N. de Condorcet의 저술과 헌법초안은 일반적 규범이라는 의미에서의 진정한 법과 단순한 명령 간의 구분과 같이, 문제의 핵심에 대한 근본적인 구별을 다루고 있다. 특히 "Projet girondin" in *Archives parlementaires*, 1st ser., Vol. LVIII, Title VII, sec. ii, arts. i-vii (p.617)와 *Euvres de Condorcet,* ed. A. C. O'Connor & M. F. Arago (2d ed.; Paris, pp.1847~1849), XII, pp.356~358, p.367. 또한 J. Barthélemy, *Le Rôle du pouvoir exécutif dans les républiques modernes* (Paris, 1906), p.489에서 참고문헌 없이 인용된 구절을 참조하라. 또 A. Stern, "Condorcet und der girondistische Verfassungsentwurf von 1793," *Historische Zeitschrift,* Vol. CXLI (1930)을 참조하라.

413) J. Ray, "La Révolution française et la pensée juridique: l'idée du règne de la loi," *Revue philosophique*, Vol. CXXVIII (1939)와 J. Belin, *La Logique d'une idée-force – l'idée d'utilité sociale et la Révolution française* (Paris, 1939)를 참조하라.

414) Ray, *op. cit*., p.372. Jean-Joseph Mounier가 프랑스 혁명 중 '자유'라는 단어의 남용에 반대해서 1792년 제네바에서 출판한 책에 영국의 자유 개념에 대한 가장 명확한 서술이 등장하는 것은 상당히 흥미로운 일이다. 이 책은 '프랑스인이 자유로워지는 것을 방해했던 원인에 대한 연구'라는 의미심장한 제목이 붙어있으며 1장은 '자유의 특징은 무엇인가?'라는 제목으로 시작한다. "공익을 위해 제정된 이전의 법률에 의한 것이 아니라면 그 지위나 권력이 무엇이든 어떤 사람의 자의적 권위에 따라 자신의 행위나 재화 및 사업이 제한되거나 방해 받지 않을 때, 시민들은 자유롭다."
"사람들이 자유를 누리기 위해서는 주권의 가장 필수적인 행위인 법률이 특별한 이해가 아니라 보편적인 관점에서 제정되어야 한다. 이 법은 결코 소급되어서는 안 되며, 특정인에게 맡겨져서도 안 된다." Mounier는 자신이 옹호하고 있는 것이 영국적인 자유개념이라는 것을 잘 알고 있었으며 이어진 다음 페이지에서 다음과 같이 말하고 있다. "영국인들이 시민적 혹은 개인적 자유를 특징짓고자 할 때 안전과 재산을 말한다. 이 정의는 사실 매우 정확한 것이다. 자유가 가져다주는 이점은 모두 이 두 단어로 표현된다." Mounier와 그리고 일반적으로 프랑스 혁명의 과정에서 영국의 사례가 초기에 미친 영향과 점진적 퇴조에 대해서는 G. Bonno, *La Constitution britannique devant l'opinion française* (Paris, 1932), 특히 chap. vi.를 참조하라.

415) J. Portalis가 1796년 500인 위원회에서 세 번째 프랑스민법 초안을 제출할 때 했던 연설로 P. A. Fenet, *Recueil complet des travaux préparatoires du code civil* (Paris, 1827), pp.464~467에서 인용했다.

416) 프랑스가 왜 미국적인 의미의 진정한 헌법을 성취하는 데 실패했는지, 그리고 이것이 어떻게 점차 법치의 쇠퇴로 이어졌는지에 대해서는 다음을 참조하라. L. Rougier, *La France à la recherche d'une constitution* (Paris, 1952).

417) A. de Tocqueville, *L'ancien régime* (1856), 그리고 M. W. Patterson (Oxford, 1952)이 같은 제목으로 출간한 영역본, 특히 2장과 4장을 참조하라. 특별히 그의 *Recollections* (London, 1896), p.238을 참조하라. "따라서 사람들이 혁명으로부터 안전한 것은 아무것도 없다고 주장할 때, 나는 그들이 틀렸다고, 중앙집권화가 그중 하나라고 얘기한다. 프랑스에는 우리가 세울 수 없는 것이 단 한 가지 있다. 바로 자유 정부이다. 그리고 우리가 파괴할 수 없는 단 한 가지가 있다. 그것은 중앙집권화다. 그것이 어떻게 사라질 수 있겠는가? 정부의 적들은 그것을 사랑하고, 지배하는 자들은 그것을 소중히 여긴다. 사실 시간이 갈수록 후자는 그것이 자신들에게 갑작스럽고 치유할 수 없는 재난을 가져다줄 것임을 깨닫게 된다. 그러나 이것이 그들로 하여금 그것을 경멸하게 만들지는 않는다. 그것이 그들에게 가져다주는 개입의 즐거움, 그리고 모든

것을 자신의 수중에 넣는 즐거움은 그 위험을 보상해준다."

418) Louis Philippe 왕 자신은 National Guard에서 행한 연설에서 다음과 같이 말한 것으로 기록되었다(H. de Lamennais가 1831년 5월 23일 L'Avenir에 처음 출간된 논문에서 인용함. *Troisièmes mélanges* [Paris, 1835], p.266에 재인용됨). "자유는 법치 안에서만 존재한다. 모든 사람은 법이 요구한 것 이외의 다른 어떤 것도 강요될 수 없고, 법이 금지하지 않는 것은 무엇이든지 할 수 있다는 것이 곧 자유이다. 다른 것을 요구하는 것은 곧 자유의 파괴를 원하는 것이다."

이 시기의 프랑스 발전에 대해 좀 더 자세히 고찰하기 위해서는 Benjamin Constant, Guizot, 및 'doctrinaires' 그룹과 같이, 당시의 주도적인 정치사상가 및 정치가들에게 상당한 지면을 할애해야 한다. 그들은 '보증주의', 즉 국가의 침해에 맞서 개인의 권리를 보호하기 위해 고안된 감시체계 이론을 개발했다. 그들에 대해서는 G. de Ruggiero, *The History of European Liberalism* (Oxford: Oxford University Press, 1927)과 L. Diez del Corral, *El Liberalismo doctrinario* (Madrid, 1945)을 참조하라. 당시의 프랑스 행정법과 법학의 이론적 발전에 대해서는 특히 다음의 책을 비교해 참조하라. (Achille) Duc de Broglie, "De la jurisdiction administratif" (1829), in *Écrits et discours*, Vol. I (Paris, 1863)과 L. M. de La Haye de Cormenin, *Questions de droit administratif* (Paris, 1822).

419) B. Schwartz, *French Administrative Law and the Common Law World* (New York: New York University Press, 1954), C. J. Hamson, *Executive Discretion and Judicial Control* (London, 1954), M. A. Sieghart, *Government by Decree* (London, 1950)를 참조하라.

420) 독일의 이론적 발전이 갖는 중요성에 대해서는 F. Alexéef, "L'État – le droit – et le pouvoir discrétionnaire des autorités publiques," *Revue internationale de la théorie du droit*, III (1928~1929), p.216과 C. H. McIlwain, *Constitutionalism and the Changing World* (Cambridge: Cambridge University Press, 1939), p.270을 참조하라. 그리고 Leon Duguit, *Manuel de droit constitutionnel* (3d ed.; Paris, 1918)은 앵글로색슨 세계에서 가장 널리 알려진 헌법에 관한 대륙의 논문 중 하나가 프랑스 못지않게 독일의 이전 학자들로부터 어떻게 논쟁을 이끌어냈는지를 보여주는 좋은 예이다.

421) A. L. Lowell, *Governments and Parties in Continental Europe* (New York, 1896), II, p.86의 뛰어난 관측을 참조하라. "프로이센에서 관료제는 질서가 잘 잡혀 있어서 개인의 권리를 더욱 잘 보호하며 법을 더욱 확고하게 유지했다. 그러나 이것은

1848년 이후 프랑스 사상이 퍼지면서 붕괴되고 만다. 그때 국가의 적대적 이해세력들이 의회 제도를 이용하여 행정권을 남용하고 진정한 정당독재를 들여왔던 것이다."

422) 18세기에 프러시아에 퍼졌던 법적 권한이라는 개념은 독일 어린이들에게 잘 알려진 일화의 한 토막으로 설명할 수 있다. 프레드릭 2세는 Sans-Souci에 있는 자기 궁전 근처에 있던 낡은 방앗간이 경관을 해쳤기 때문에 심기가 불편했다. 그 방앗간을 사려고 주인에게 온갖 수단을 써봤지만 모두 허사였다. 그래서 마침내 그 주인을 쫓아버리겠다고 협박했다. 그러자 그 주인은 다음과 같이 말했다. "프러시아에는 아직 법원이 있소!" ("Es gibt noch eine Kammergericht in Berlin!"라는 말은 자주 인용되는 구절이다). 이 사실, 아니 이 전설의 근거가 빈약한 점에 대해서는 R. Koser, *Geschichte Friedrich des Grossen*, III [4th ed.; Stuttgart, 1913], p.413 이하)을 참조하라. 이 이야기는 아마 당시에 대륙의 다른 나라에서는 없었던 왕권의 제한을 보여준다. 또한 요즘 선두에 서 있는 민주주의 국가들에 대해서도 자신 있게 적용할 수 없는 문제다. 그들의 도시계획 입안자들에게 넌지시 말하면 금방 그런 눈엣가시를 제거할 테니까. 물론 특정인의 기분을 맞추기 위해서가 아니라 어디까지나 공익을 위한 것이겠지만 말이다!

423) Kant의 법철학에 대해서는 특히 그의 *Die Metaphysik der Sitten*, Vol. I: Der Rechtslehre, Part II, "Das Staatsrecht," secs. pp.45~49를 참조하라. 그리고 논문 두 편 "Über den Gemeinspruch: Das mag in der Theorie richtig sein, taught aber nicht für die Praxis,"와 "Zum ewigen Frieden."을 참조하라. 또 W. Haensel, *Kants Lehre vom Widerstandsrecht* ("Kant- Studien," No. 60 [Berlin, 1926])과 F. Darmstädter, *Die Grenzen der Wirksamkeit des Rechtsstaates* (Heidelberg, 1930)도 참조하라.

424) I. Kant, *Fundamental Principles of Morals*, trans. A. D. Lindsay, p.421. 오직 법에만 의존하는 자유의 개념이 '도덕률 이외의 어느 것으로부터도 독립적인 것'이 되었을 때 Kant는 법치의 개념이 도덕의 영역으로 옮겨지는 데 동의한 것이다. (*Kritik der praktischen Vernunft*, Akademieausgabe, p.93)

425) Karl Menger, *Moral, Wille und Weltgestaltung* (Vienna, 1934), pp.14~16을 참조하라.

426) 보다 자세한 설명은 J.G. Fichte의 초기 저서인 *Grundlage des Naturrechts nach Principien der Wissenschaftslehre* (1796), in *Werke* (Berlin, 1845), Vol. III과 함께, 독일에서 어느 누구보다 자유주의 사상을 퍼뜨리는 데 중요한 역할을 한 시인 Friedrich Schiller의 저서들을 참조해야 한다. 다른 독일 고전에 대해서는 G. Falter, *Staatsideale unserer Klassiker* (Leipzig, 1911)와 W. Metzger, *Gesellschaft,*

Recht und Staat in der Ethik des deutschen Idealismus (Heidelberg, 1917)를 참조하라.

427) W. von Humboldt, Ideen *zu einem Versuch die Gränzen der Wirksamkeit des Staats zu bestimmen* (Breslau, 1851). 이 책의 일부만 1792년에 완성된 직후에 출간되었고, 완본은 사후에 편집되어 출간되었다. 곧 이어서 영역본이 출간되었으며, 그 결과 John Stuart Mill뿐 아니라 프랑스의 Édouard Laboulaye에게도 큰 영향을 끼쳤다. Édouard Laboulaye의 *L'État et ses limites* (Paris, 1863)를 참조하라.

428) 그 전인 1734년에는 스웨덴 법전이 있었고, 그 이전에는 덴마크의 법전이 있었다.

429) 이 원리를 이러한 형태로 처음 언급한 것은 P. J. A. Feuerbach, *Lehrbuch des gemeinen in Deutschland gültigen peinlichen Rechts* (Giessen, 1801)인 것으로 보인다. 그러나 321번 주석을 참조하라.

430) "8. 법은 엄격하고 반드시 필요한 형벌만 제정되어야 한다. 또한 어느 누구도 범죄 이전에 확립되고 공포되었으며, 시행되는 법에 의해서만 처벌되어야 한다."

431) E. Löning, *Gerichte und Verwaltungsbehörden in Brandenburg-Preussen* (Halle, 1914). 특히 이 저서에 대한 포괄적 서평인 O. Hintze, "Preussens Entwicklung zum Rechtsstaat," reprinted *Geist und Epochen der preussischen Geschichte* (Leipzig, 1943)를 참조하라.

432) 여기서 독일어 개념의 초기 역사, 특히 이 개념이 Jean Bodin의 '통치권' 개념에서 얼마나 영향을 받았는지에 대해 자세히 고찰할 수는 없다. 좀 더 구체적인 독일 자료에 대해서는 O. Gierke, *Johannes Althusius* (Breslau, 1880)를 참조하라. 법치국가 Rechtsstaat라는 단어는 다음의 책에서 처음 등장하였으나 이후의 의미까지 내포하지는 않은 것으로 보인다. K. T. Welcker, *Die letzten Gründe von Recht, Staat, und Strafe* (Giessen, 1813). 이 책에서는 정부를 세 가지 유형으로 구분하고 있다. 독재, 신정, 그리고 법치국가이다. 이 개념의 역사에 대해서는 R. Asanger, *Beiträge zur Lehre vom Rechtsstaat im 19. Jahrhundert* (diss., University of Münster, 1938)를 참조하라. 독일 자유주의 운동에서 그 이념의 역할을 잘 설명한 F. Schnabel, *Deutsche Geschichte im neunzehnten Jahrhundert*, II (Freiburg, 1933), 특히 pp.99~109를 참조하라. 또한 Thomas Ellwein, *Das Erbe der Monarchie in der deutschen Staatskrise: Zur Geschichte des Verfassungsstaates in Deutschland* (Munich, 1954)를 참조하라.

법치국가 이념의 발전으로 이어진 이론적 운동이 하노버에서 시작된 것은 아마도 우연이 아닐 것이다. 하노버는 그 왕을 통해 독일의 다른 곳보다 더 많이 영국과 접촉했기 때문이다. 18세기 말 동안 이곳에서 영국의 휘그 전통에 기반한 유명한 정치이론가 집단이 나타났다. 그들 중에는 E. Brandes, A. W. Rehberg, 그리고 나중에 F. C. Dahlmann 등이 있으며 이들은 독일에 영국의 헌법 사상을 전파하는 데 가장 중요한 역할을 하였다. 이들에 관해서는 H. Christern, *Deutscher Ständestaat und englischer Parlamentarismus am Ende des 18. Jahrhunderts* (Munich, 1939)를 참조하라. 그러나 이들 그룹 중 우리에게 가장 중요한 인물은 이 장 앞쪽에서 인용했던 G. H. von Berg를 꼽을 수 있다. (특히, the *Handbuch*, I, pp.158~160, II, pp.1~4, pp.12~17). 그의 저서의 영향에 대해서는 G. Marchet, *Studien über die Entwickelung der Verwaltungslehre in Deutschland* (Munich, 1885), pp.421~434를 참조하라.

나중에 법치국가의 이론을 전파시키기 위해 많이 노력한 학자는 미국 헌법에 정통한 Robert von Mohl이다. 그의 저서인 *Das Bundesstaatsrecht der Vereinigten Staaten von Nordamerika* (Stuttgart, 1824)는 미국에서 그의 명성을 높이는 데 일조하였다. 그리고 Story 판사의 책 *Commentaries in the American Jurist*, Vol. XIV (1835)에 대한 서평을 부탁받기도 했다. 그가 법치국가 이론을 정립했던 주요 저서들은 다음과 같다. *Staatsrecht des Königreiches Württemberg* (Tübingen, 1829~1831), *Die Polizei-Wissenschaft nach den Grundsätzen des Rechtsstaates* (Tübingen, 1832), *Geschichte und Literatur der Staatswissenschaften* (Erlangen, 1855~1858). 당시 보수주의 이론가 중 한 명인 F. J. Stahl이 가장 잘 알려진 법치국가의 개념을 체계화시켰다. 그는 *Die Philosophie des Rechts*, Vol. II: Rechts- und Staatslehre, Part II (1837) (5th ed.; Tübingen and Leipzig, 1878)에서 다음과 같이 정의했다(p.352). "국가는 법치국가여야 한다. 이것이 핵심이며, 또한 최근의 경향이기도 하다. 국가는 그 활동의 방향 및 한계와 국민의 자유 영역을 정확하게 설정하고 보장해야 하며, 법의 영역을 넘어선 어떤 도덕적 사상을 간접적이든 직접적이든 강요해서는 안 된다. 이것이 법치국가 개념이며, 국가는 스스로 법의 실행에만 국한해야 하며 어떠한 행정적인 목표도 추구해서는 안 되고, 또한 오직 개인의 권리보호만 해서도 안 된다. 법치국가 개념은 국가의 내용이나 목적에 대해 말하는 것이 아니라 단지 그것을 달성하는 수단과 방법만 규정하는 것일 뿐이다."(마지막 문장은 예를 들자면 W. von Humboldt로 대표되는 극단적 입장을 겨냥한 것이다.)

433) P. A. Pfizer, "Liberal, Liberalismus," *Staatslexicon oder Enzyklopaedie der sämmtlichen Staatswissenschaften*, ed. C. von Rotteck and C. T. Welcker (new ed.; Altona, 1847), VIII, p.534: "Noch mächtiger und unbesiegbarer muss aber der Liberalismus dann erscheinen, wenn man sich überzeugt, dass er

nichts Anderes ist als der auf einer gewissen Stufe menschlicher Entwickelung nothwendige Übergang des Naturstaats in den Rechtsstaat."
_(그러나 자유주의는 자연국가에서 법치국가로 이행하는 것이 인류의 발전의 특정한 단계에서 필연적으로 나타나는 것이라는 확신이 있을 때, 더욱 강력하고 무적인 것으로 보인다.)

434) L. Minnigerode, *Beitrag zu der Frage: Was ist Justiz- und was ist Administrativ-Sache?* (Darmstadt, 1835).

435) 특히 주목할 점은 프랑스의 영향이 지배적이었던 남부 독일과, 옛 게르만 전통 및 자연법 이론가들의 영향력이 크고 영국 사례의 영향이 더 강했던 북부 독일 사이에는 상당한 견해 차이가 존재했다는 사실이다. 특히 위의 433번 주석에서 인용했던 정치 백과사전에서 가장 영향력 있는 자유주의 운동 핸드북을 작성했던 남부 독일의 법률가 집단은 누구보다도 B. Constant와 F. P. G. Guizot 같은 프랑스인들로부터 영향을 많이 받았다. Staatslexikon의 중요성에 관해서는 H. Zehner, *Das Staatslexikon von Rotteck und Welcker* ("List Studien," No. 3 [Jena, 1924])를 참조하라. 특히 남부 독일에 미친 프랑스의 영향에 대해서는 A. Fickert, *Montesquieus und Rousseaus Einfluss auf den vormärzlichen Liberalismus Badens* ("Leipziger historische Abhandlungen," Vol. XXXVII [Leipzig, 1914])를 참조하라. 또한 Theodor Wilhelm, *Die englische Verfassung und der vormärzliche deutsche Liberalismus* (Stuttgart, 1928)를 참조하라. 이러한 전통의 차이는 나중에 드러났는데, 프러시아에서는 적어도 원칙상 법률심사제가 행정기관의 재량권에 대한 문제로 확장되는 동안, 남부 독일에서는 이 문제들이 명시적으로 법률심사에서 배제되었다.

436) G. Anschütz, "Verwaltungsrecht," *Systematische Rechtswissenschaft* (*Die Kultur der Gegenwart*, Vol. II, No. vii [Leipzig, 1906]), p.352.

437) E. Lasker, "Polizeigewalt und Rechtsschutz in Preussen," *Deutsche Jahrbücher für Politik und Literatur*, Vol. I (1861)를 참조하라. 그의 *Zur Verfassungsgeschichte Preussens* (Leipzig, 1874)에 재출간. 이 에세이는 또한 영국의 사례가 북부독일의 발전에 얼마나 큰 영향을 끼쳤는지 보여주는 데 의의가 있다.

438) 이러한 견해를 피력한 대표적 저서인 O. Bähr, *Der Rechtsstaat: Eine publicistische Skizze* (Cassel, 1864)를 참조하라.

439) Rudolf (von) Gneist, Der Rechtsstaat (Berlin, 1872), 그리고 같은 저서의 제2판 확대 개정본을 참조하라. *Der Rechtsstaat und die Verwaltungsgerichte in Deutschland* (Berlin, 1879). 당시 Gneist의 저서가 지닌 의미는 그 시기에 발표된 익명의 한 소논문 제목에서 짐작할 수 있다. *Herr Professor Gneist oder der Retter*

der Gesellschaft durch den Rechtsstaat (Berlin, 1873).

440) 예를 들면 G. Radbruch, *Einführung in die Rechtswissenschaft* (2d ed.; Leipzig, 1913), p.108와 F. Fleiner, *Institutionen des deutschen Verwaltungsrechts* (8th ed.; Tübingen, 1928)와 E. Forsthoff, *Lehrbuch des Verwaltungsrechts*, I (Munich, 1950), p.394를 참조하라.

441) F. L. Neumann의 "The Concept of Political Freedom," *Columbia Law Review*, LIII [1953], p.910(같은 저자의 *The Democratic and the Authoritarian State* [Glencoe, Ill., 1957], p.169에 재수록되었으며, 또한 2권의 p.22(추후 확인 필요)에 상충되는 기술도 참조하라.)에서처럼 "영국의 법치와 독일의 법치국가 강령에는 공통점이 없다"는 주장은 독일의 초기 발전단계에 대해서는 확실히 옳지 않다. 이것은 그 세기말 '형식적'인 법치국가개념이 지배적이었던 것은 사실이지만, 그 세기 전반부의 자유주의 운동에 영감을 준 이상으로서는, 또한 프로이센에서 행정재판소의 개혁을 이끌었던 이론적 개념으로서는 그렇지 않았다. 특히 R. Gneist는 의식적으로 영국의 입장을 자신의 모델로 만들었다.(또한 그는 영국 '행정법'에 관한 주요 논문의 저자였으며, 만일 그가 알았더라면 A. V. Dicey가 대륙에서 그 용어 사용에 대해 완전히 오류를 범한 것을 막았을 것이다.) 'rule of law'의 독일어 번역인 Herrschaft des Gesetzes는 법치국가의 자리에 사실 자주 사용된다.

442) Lowell, *op. cit.*, I, p.44.
443) Dicey, *Constitution*, 1884년에 있었던 강연에서 한 발언이다.
444) Dicey는 나중에 적어도 부분적으로는 자신의 오류를 인지했다. 그의 논문인 "Droit Administratif in Modern French Law," Law Quarterly Review, Vol. XVII (1901)을 참조하라.
445) Sieghart, *Op. cit.*, p.221.
446) C. K. Allen, *Law and Orders* (London, 1945), p.28.

14. 개인의 자유에 대한 보호책

447) John Selden의 연설로 "Proceedings in Parliament Relating to the Liberty of the Subject, 1627~1628," in T. B. Howell, A Complete Collection of State Trials (London, 1816), III, p.170에서 인용함.
448) 법치주의에 대한 최근 논의는 매우 다양하다. 여기서 좀 더 중요한 것들 중 몇 가지만 나열해보겠다. C. K. Allen, *Law and Orders* (London, 1945), Ernest Barker, "The

'Rule of Law,' "*Political Quarterly*, Vol. I (1914), 그의 *Church, State, and Study* (London, 1930)에 재수록, H. H. L. Bellot, "The Rule of Law," *Quarterly Review*, Vol. CCXLVI (1926), R. G. Collingwood, *The New Leviathan* (Oxford: Oxford University Press, 1942)의 39장, John Dickinson, *Administrative Justice and the Supremacy of Law in the United States* (Cambridge: Harvard University Press, 1927), C. J. Friedrich, *Constitutional Government and Democracy* (Boston, 1941), Frank J. Goodnow, *Politics and Administration* (New York, 1900), A. N. Holcombe, *The Foundations of the Modern Commonwealth* (New York, 1923)의 11장, Harry W. Jones, "The Rule of Law and the Welfare State," *Columbia Law Review*, Vol. LVIII (1958), Walter Lippmann, *An Inquiry into the Principles of the Good Society* (Boston, 1937), H. H. Lurton, "A Government of Law or a Government of Men," *North American Review*, Vol. CXCIII (1911), C. H. McIlwain, "Government by Law," *Foreign Affairs*, Vol. XIV (1936), 그의 *Constitutionalism and the Changing World* (Cambridge: Cambridge University Press, 1939)에 재수록, F. L. Neumann, *The Democratic and the Authoritarian State* (Glencoe, Ill., 1957), J. R. Pennock, *Administration and the Rule of Law* (New York, 1941), Roscoe Pound, "Rule of Law," *E.S.S.*, Vol. XIII (1934) 와 "The Rule of Law and the Modern Social Welfare State," *Vanderbilt Law Review*, Vol. VII (1953), F. G. Wilson, *The Elements of Modern Politics* (New York, 1936), 또한 *Rule of Law: A Study by the Inns of Court Conservative and Unionist Society* (London: Conservative Political Centre, 1955)를 참조하라.

M. Leroy, *La Loi: Essai sur la théorie de l'autorité dans la démocratie* (Paris, 1908), A. Picot, "L'État fondé sur le droit et le droit pénal," *Actes de la Société Suisse de Juristes* (Basel, 1944), M. Waline, *L'Individualisme et le droit* (Paris, 1949).

히틀러 체제하에서 Carl Schmitt가 저지른 행위에도 불구하고, 그의 저서가 이 주제에 대한 독일의 책 중 가장 학문적이고 통찰력 있는 저서라는 사실은 변하지 않는다. 특히 그의 *Verfassungslehre* (Munich, 1929)와 *Der Hüter der Verfassung* (Tübingen, 1931)를 참조하라. 나치 이전 시기의 사상을 다룬 다음의 중요한 저서들도 참조하라. H. Heller, *Rechtsstaat oder Diktatur?* (Tübingen, 1930), *Staatslehre* (Leiden, 1934), F. Darmstädter, *Die Grenzen der Wirksamkeit des Rechtsstaates* (Heidelberg, 1930)와 *Rechtsstaat oder Machtstaat?* (Berlin, 1932). 그리고 John

H. Hallowell, *The Decline of Liberalism as an Ideology* (Berkeley: University of California Press, 1943)도 참조하라. 전후 독일의 문헌에 대해서는 특히 F. Böhm, "Freiheitsordnung und soziale Frage," in *Grundsatzfragen der Wirtschaftsordnung* ("Wirtschaftswissenschaftliche Abhandlungen," Vol. II [Berlin, 1954]), C. F. Menger, *Der Begriff des sozialen Rechtsstaates im Bonner Grundgesetz* (Tübingen, 1953), R. Lange, *Der Rechtsstaat als Zentralbegriff der neuesten Strafrechtsentwicklung* (Tübingen, 1952), Recht, Staat, Wirtschaft, ed. H. Wandersleb (4 vols.; Stuttgart and Cologne, 1949~1953), R. Marcic, *Vom Gesetzesstaat zum Richterstaat* (Vienna, 1957)를 참조하라.

이 분야에서는 F. Fleiner와 그의 제자이자 계승자인 Z. Giacometti의 영향을 많이 받은, 민주주의와 법치국가 사이의 관계를 다룬 광범위한 스위스 문헌들이 특히 중요하다. Fleiner, *Schweizerisches Bundesstaatsrecht* (Tübingen, 1923; new ed. by Z. Giacometti [1949])를 시작으로, 그의 *Institutionen des deutschen Verwaltungsrechts* (8th ed.; Tübingen, 1928), Z. Giacometti, *Die Verfassungsgerichtsbarkeit des schweizerischen Bundesgerichtes* (Zurich, 1933), 그리고 그에게 헌정된 도서인 Demokratie und Rechtsstaat (Zurich, 1953), 특히 W. Kägi; R. Bäumlin, *Die rechtsstaatliche Demokratie* (Zurich, 1954)를 참조하라. 그리고 R. H. Grossmann, *Die staats- und rechtsideologischen Grundlagen der Vervassungsgerichtsbarkeit in den U.S.A. und der Schweiz* (Zurich, 1948), W. Kägi, *Die Verfassung als rechtliche Grundordnung des Staates* (Zurich, 1945), 여러 저자에 의해 쓰인 *Die Freiheit des Bürgers im schweizerischen Recht* (Zurich, 1948)도 참조하라.

또한 C. H. F. Polak, *Ordening en Rechtsstaat* (Zwolle, 1951), L. Legaz y Lacambra, "El Estado de derecho," *Revista de administración pública,* Vol. VI (1951), F. Battaglia, "Stato etico e stato di diritto," *Rivista internazionale di filosofia di diritto*, Vol. XII (1937), International Commission of Jurists, *Report of the International Congress of Jurists, Athens 1955* (The Hague, 1956)도 참조하라.

449) 진정한 자유주의 체제의 기본 원리에 대한 최근 가장 분명한 기술은 Neumann, *op. cit*., p.31에 나타나 있다. "개인에게 보장된 권리에 대한 침해는 개별 법률이 아니라 일반법에 근거해서만 허용된다는 것이 자유주의의 가장 중요하고 핵심적인 요구이다." 그리고 *ibid*., p.166을 참조하라. "따라서, 자유주의의 법 전통은 다음의 간단한

문장으로 표현된다. '개인의 권리는 국가가 무한한 미래의 사건들을 규제할 일반법에 기초하여 그 필요성이 증명될 수 있을 때에만 간섭될 수 있다.' 이것은 소급 입법을 배제하는 것이며 입법 기능과 사법 기능의 분리를 요구하는 것이다." 또한 앞장 418번 주석의 인용문을 참조하라. 지난 세기 후반에 나타난 두 가지 특징적인 진술을 비교해 보면, 법률 실증주의의 출현과 함께 이 원칙을 무력화시킨 강조점의 미세한 변화가 분명하게 보일 것이다. A. Esmein, *Éléments de droit constitutionnel français et comparé* (1896) (7th ed. rev. by H. Nézard [Paris, 1921], I, p.22)에서는, '재판에서 가장 효과적으로 판결을 **유도**할 수 있는, 사전에 인지된 고정된 규칙'의 존재로 인해 권력이 제한되는 것을 자유의 핵심으로 보고 있다(볼드체는 첨가). 그러나 G. Jellinek, *System der subjektiven öffentlichen Rechte* (Freiburg, 1892)는 다음과 같이 말했다. "모든 자유는 단지 위법적인 강제로부터의 자유이다." 첫 번째 진술에서 이러한 강제는 법이 허용할 때만 가능한 반면, 두 번째 진술에서는 법이 금지하지 않는 한 모든 강제가 가능하다!

450) H. Stoll, "Rechtsstaatsidee und Privatrechtslehre," *Iherings Jahrbücher für die Dogmatik des bürgerlichen Rechts*, LXXVI (1926), 특히 pp.193~204를 참조하라.

451) Francis Bacon의 진술을 참조하라. "최고 절대 권력은 스스로의 본질로 인해 자신을 끝낼 수도, 수정을 위해 되돌이킬 수도 없다."(C. H. McIlwain, *The High Court of Parliament* [New Haven: Yale University Press, 1910]에서 인용).

452) G. Jellinek, *Die rechtliche Natur der Staatenverträge* (Vienna, 1880), p.3과 Hans Kelsen, *Hauptprobleme der Staatsrechtslehre* (Tübingen, 1911), p.50 이하를 참조하라. 또한 B. Winkler, *Principiorum juris libri* V (Leipzig, 1650)의 다음 진술을 참조하라. "법 안에서 원칙 그 자체를 거스르는 것은 적법하지 않다."

453) F. Fleiner, *Tradition, Dogma, Entwicklung als aufbauende Kräfte der schweizerischen Demokratie* (Zurich, 1933)와 *Ausgewählte Schriften und Reden* (Zurich, 1941)에 재수록, L. Duguit, *Traité de droit constitutionnel* (2d ed.; Paris, 1921), p.408을 참조하라.

454) 이 점에 대해 오해가 있는 것으로 보인다. Lionel Robbins는 "잘 알려진 법의 집행에만 역할을 한정시키고, 주도성이나 재량권을 배제시킨 정부의 개념은 전체 그림의 왜곡"이며 이는 우리의 입장을 지나치게 단순화해서 조롱거리로 만드는 것이라 우려했다 ('Freedom and Order,' in *Economics and Public Policy* [Brookings Lectures, 1954 (Washington, D C., 1955)], p.153).

455) S. Glaser, "Nullum crimen sine lege," *Journal of Comparative Legislation and International Law*, 3d Ser., Vol. XXIV (1942), H. B. Gerland, "Nulla poena sine lege," in *Die Grundrechte und Grundpflichten der Reichsverfassung*, Vol. I (Berlin, 1929), J. Hall, "Nulla poena sine lege," *Yale Law Journal,* Vol. XLVII (1937–38), *De la Morandière, De la règle nulla poena sine lege* (Paris, 1910), A. Schottländer, *Die geschichtliche Entwicklung des Satzes: Nulla poena sine lege* ("Strafrechtliche Abhandlungen," Vol. CXXXII [Breslau, 1911]), O. Giacchi, "Precedenti canonistici del principio 'Nullum crimen sine proevia lege penali,' "in *Studi in onore di F. Scaduto,* Vol. I (Milan, 1936)를 참조하라. 법치의 기본 조건에 대한 원칙의 입장은 Dicey, *Constitution*, p.187을 참조하라.

456) 특히 Carl Schmitt, *Unabhängigkeit der Richter, Gleichheit vor dem Gesetz und Gewährleistung des Privateigentums nach der Weimarer Verfassung* (Berlin, 1926)과 *Verfassungslehre*를 참조하라.

457) 이러한 구분에 대해서는 P. Laband, *Staatsrecht des deutschen Reiches* (5th ed.; Tübingen, 1911~1914), II, pp.54~56, E. Seligmann, *Der Begriff des Gesetzes im materiellen und formellen Sinn* (Berlin, 1886), A. Haenel, *Studien zum deutschen Staatsrechte, Vol. II: Gesetz im formellen und materiellen Sinne* (Leipzig, 1888), Duguit, op. cit., 그리고 R. Carré de Malberg, La *Loi: Expression de la volonté générale* (Paris, 1931)를 참조하라.

이러한 맥락에서 미국헌법상의 일련의 판례들이 중요하다. 그중 두 가지만 인용해보겠다. 가장 잘 알려진 것은 아마도 Hurtado v. California, 110 U.S., p.535에 나오는 Mathew 판사의 판결문일 것이다. "형식상 입법화된 모든 법안이 법은 아니다. 법은 권력의 행위로서 행사되는 단순한 의지 그 이상의 것이다. 법은 특정한 개인이나 특정한 경우에 대한 특별한 규칙이 아니며, Webster의 친숙한 정의에 따르면 '일반법, 즉 판결 전에 경청하고 심문에 따라 진행되며, 재판이 끝난 후에야 판결을 내리는 법'이어야 한다. 따라서 '모든 시민은 사회를 지배하는 일반 규칙의 보호 아래 자신의 생명, 자유, 재산 및 면책 특권을 보장받아야 한다.' 그러므로 사권박탈법, 형벌 및 처벌안, 몰수법안, 판결번복안, 한 사람의 소유권을 다른 사람에게 이전시키는 법안, 입법판결 및 포고령, 그리고 입법의 형태로 유사하게 행해지는 특수하고, 불공평하며, 자의적인 권력의 행사 등이 배제돼야 한다. 개인들의 인명과 재산을 침해하는 칙령을 강제하는 자의적 힘은 법이 아니다. 그것이 국왕 개인이 내린 것이든 다수 군중에 의한 것이든 상관없이 말이다. 정치제도의 대의제적 성격에도 불구하고 우리 헌법이 주정부와 연방

정부 모두의 정부 활동에 가하는 제약은 공공 및 사적 권리의 보존에 필수적이다. 이런 사법적 절차에 의한 제한의 강제는, 공무원들이 정부의 이름으로 활동하고 정부의 권력을 행사하는 데 있어서 합법적 범위 이상의 힘을 휘두를 때, 그리고 다수가 권력을 휘두를 때 이것으로부터 개인과 소수의 권리를 보호하기 위한 자치 공동체의 장치이다."

또한 좀 더 최근에 나온 State v. Boloff, *Oregon Reports* 138 (1932), p.611을 참조하라. "입법행위는 모두를 위한 규칙을 만든다. 그것은 어떤 개인에 대한 명령이나 지령이 아니다. 그것은 임시적이지 않고 영구적이다. 법은 특정인에게만 해당되거나 갑작스러운 명령이 아니며 그 적용에 있어서 보편적이다."

458) W. Bagehot, *The English Constitution* (1867), *in Works*, V, pp.255~256을 보라. "사실 엄청난 분량의 입법은 법률학의 용어로 보면 전혀 입법이 아니다. 하나의 법은 많은 사례에 적용할 수 있는 하나의 일반 명령이다. 법령집과 녹초가 된 의회 위원회 주변에 꽉 들어찬 '특별법안들'은 오직 한 가지 사례에만 적용되는 것들이다. 그들은 어떤 철도를 부설해야 할지에 따라 규칙을 제정하지 않는다. 그들은 이런저런 곳을 잇는 이런저런 철도를 만들도록 규정하고, 기타의 다른 업무는 전혀 신경쓰지 않는다." 오늘날 이러한 경향은 더 심해져서, 저명한 영국의 판사는 다음과 같은 의문을 제기하기에 이르렀다. "법령에 법 그 자체보다 더 적절한 다른 이름을 찾아야 하는 시대가 오지 않았는가? 준법이나 또는 하위법처럼."(Lord Radcliffe, *Law and the Democratic State* [Holdsworth Lecture (Birmingham: University of Birmingham, 1955)], p.4). 또한 H. Jahrreiss, Mensch und Staat (Cologne, 1957), p.15를 참조하라. "우리는 장차 그러한 규범들만 '법'이라는 고귀한 이름으로 부를 것인지, 그러한 규범들의 배후에서만 처벌 위협을 확립할 것인지 다시 한번 더 생각해봐야 한다. 그것들, 단지 그것들만 '법'이다! 그 이외의 모든 규정(순수한 법의 기술적인 세부사항들과 명백히 임시적인 성격의 규정)들은 명시적으로 다른 명칭으로 구분되어야 한다. 예를 들면 발표된 '명령'이라든지, 입법부가 가결했다 하더라도 형법적 성격을 갖지 않는 승인이라든지 말이다."

459) 만약 하원이 지출에 대한 배타적 통제권을 성공적으로 주장하여 실질적인 행정통제권을 갖게 되었으며, 상원은 개인에게 과세할 수 있는 원칙을 포함한 일반법을 제정하는 독점적 권한을 갖게 되었을 때, 어떤 발전이 이루어질까 생각해보는 것도 흥미로운 일이다. 두 입법기관의 권한 분리는 시도된 적은 없지만 고려해볼 만한 충분한 가치가 있다.

460) H. W. Wade, "The Concept of Legal Certainty," *Modern Law Review*, Vol. IV (1941), H. Jahrreiss, *Berechenbarkeit und Recht* (Leipzig, 1927), C. A. Emge, *Sicherheit und Gerechtigkeit* ("Abhandlungen der Preussischen Akademie der Wis-

senschaften, Phil.-hist. Klasse," No. 9 [1940]), P. Roubier, *Théorie générale du droit* (Paris, 1946), 특히 p.269 이하를 참조하라.

461) G. Phillips, "The Rule of Law," *Journal of Comparative Legislation,* Vol. XVI (1934), 그리고 이 책에서 인용된 문헌을 참조하라. 추가적으로 Montesquieu, *Spirit of the Laws*, VI, p.2와 Max Weber, *Law in Economy and Society*, ed. M. Rheinstein (Cambridge: Harvard University Press, 1954)의 광범위한 논의를 참조하라. Neumann, op. cit., p.40도 참조하라.

462) 법의 불확실성을 강조하는 사람이 사법적 판결의 예측을 법학의 유일한 목적으로 주장하고 있는 것은 기이한 일이다. 이 권위자들의 주장대로 법이 불확실한 것이라면, 그들이 보여주려는 법학은 존재하지 않을 것이다.

463) Roscoe Pound, "Why Law Day?" *Harvard Law School Bulletin*, X, No. 3 (December, 1958), p.4를 참조하라. '법에서 핵심적이고 지속적인 부분은 추론의 출발점인 원칙에 있으며 규칙에 있는 것이 아니다. 원칙은 상대적으로 일정하게 남아있거나 일정한 선을 따라 발전한다. 규칙은 상대적으로 수명이 짧다. 규칙은 발전하지 않으며 철회되거나 다른 규칙에 의해 대체된다.'

464) E. H. Levi, *An Introduction to Legal Reasoning* (Chicago: University of Chicago Press, 1949)를 참조하라.

465) R. Brunet, Le Principe *d'égalité en droit français* (Paris, 1910), M. Rümelin, *Die Gleichheit vor dem Gesetz* (Tübingen, 1928), O. Mainzer, *Gleichheit vor dem Gesetz, Gerechtigkeit und Recht* (Berlin, 1929), E. Kaufmann and H. Nawiasky, *Die Gleicheit vor dem Gesetz im Sinne des Art. 109 der Reichsverfassung* ("Veröffentlichungen der Vereinigung deutscher Staatsrechtslehre," No.33 [Berlin, 1927]), G. Leibholz, *Die Gleichheit vor dem Gesetz* (Berlin, 1925), Hans Nef, *Gleichheit und Gerechtigkeit* (Zurich, 1941), H. P. Ipsen, "Gleichheit," in *Die Grundrechte*, ed. F. L. Neumann, H. C. Nipperdey, U. Scheuner, Vol. II (Berlin, 1954), E. L. Llorens, *La Igualdad ante la Ley* (Murcia, 1934)를 참조하라.

466) 1902년 독일의 관세(1936년까지 실행)는 일반 용어로 표현된 조항으로 인해 차별 금지 규칙을 어떻게 회피할 수 있는지 보여주는 좋은 사례이다(G. Haberler, *The Theory of International Trade* [London, 1936], p.339에서 제시됨). 이 관세는 최혜국대우 의무조항을 피하기 위해 "적어도 해발 300미터에서 사육되고 적어도 800미터 이상의 높이에서 여름마다 한 달 동안을 보낸 갈색 또는 얼룩소에 대한 특별관세율 조항을 규정하고 있다."

467) 스위스 연방헌법 4조를 참조하라. "입법자에 의해 확립한 차이점은 객관적인 근거가

있어야 한다. 즉 문제의 본질에서 합리적이고 결정적인 고려를 기초로 하여, 문제가 되는 상황의 내부 목적과 내부질서를 충족시키기 위해서만 그러한 구별을 할 수 있어야 한다."

468) L. Duguit, *Manuel de droit constitutionnel* (3d ed.; Paris, 1918), p.96.
469) 여기에서는 대륙법에서 '사법'과 구분되는 '공법'의 특징이 앵글로색슨의 법에서의 자유와 양립할 수 있는지에 대해 의문을 제기하기 어렵다. 비록 그러한 구분이 어떤 목적에서는 유용할 수 있지만, 이러한 구분은 개인과 국가 사이의 관계를 규제하는 법이 개인과 개인 사이를 규제하는 법과 다른 성격을 갖도록 한다. 하지만 법치의 본질은 이러한 성격이 양쪽 모두에서 서로 같아야 한다는 것이다.
470) W. S. Holdsworth's review of the 9th edition of A. V. Dicey, *Constitution, in the Law Quarterly Review,* Vol. LV (1939)를 보라. 여기에는 법치주의의 전통적인 개념에 대한 영국의 가장 최근의 권위 있는 진술 중 하나를 담고 있다. 길게 인용할 가치가 있지만 여기서는 한 단락만 인용하고자 한다. "법치주의는 과거에도 그랬듯이 오늘날에도 가치 있는 원칙이다. 이것은 법원이 공무원의 권한과 정부에 위임된 사람들의 공공기관의 권한이 초과하거나 남용되지 않도록 해야 하며, 시민의 권리는 성문법 및 불문법에 따라 결정되도록 해야 한다는 것을 의미하기 때문이다. 법원이 사법권을 빼앗기면, 공무원 또는 공공기관이 완전한 행정적 재량권을 갖게 되며 법치주의는 무너진다. 하지만 이들 공무원이나 공공기관에 사법적 또는 준(準) 사법적 재량권이 주어지는 것으로는, 법 적용 방식이 법원의 방식은 아니겠지만, 법치주의는 무너지지 않을 것이다." 또한 A. T. Vanderbilt, *The Doctrine of the Separation of Powers and Its Present-Day Significance* (Omaha: University of Nebraska Press, 1953)를 참조하라.
471) C. T. Carr, *Delegated Legislation* (Cambridge: Cambridge University Press, 1921), Allen, *op. cit.*; 그리고 *Die Uebertragung rechtssetzender Gewalt im Rechtsstaat* (Frankfort, 1952)에 실린 다양한 저자들의 연구를 참조하라.
472) A. V. Dicey, "The Development of Administrative Law in England," *Law Quarterly Review,* XXXI (1915), p.150.
473) L. von Mises, *Bureaucracy* (New Haven: Yale University Press, 1944)를 참조하라.
474) E. Freund, *Administrative Powers over Persons and Property* (Chicago: University of Chicago Press, 1928), p.71 이하, R. F. Fuchs, "Concepts and Policies in Anglo-American Administrative Law Theory," *Yale Law Journal*, Vol. XLVII (1938), R. M. Cooper, "Administrative Justice and the Role of Discretion,"

Yale Law Journal, Vol. XLVII (1938), M. R. Cohen, "Rule versus Discretion," *Journal of Philosophy*, Vol. XII (1914), 그리고 *Law and the Social Order* (New York, 1933)에 재수록, F. Morstein Marx, "Comparative Administrative Law: A Note on Review of Discretion," *University of Pennsylvania Law Review*, Vol. LXXXVII (1938~1939), G. E. Treves, "Administrative Discretion and Judicial Control," Modern Law Review, Vol. X (1947), R. von Laun, *Das freie Ermessen und seine Grenzen* (Leipzig and Vienna, 1910), P. Oertmann, *Die staatsbürgerliche Freiheit und das freie Ermessen* ("Gehe Stiftung," Vol. IV) [Leipzig, 1912]), F. Tezner, *Das freie Ermessen der Verwaltungsbehörden* (Vienna, 1924), C.-F. Menger, *System des verwaltungsrechtlichen Rechtsschutzes* (Tübingen, 1954), 그리고 420번 주석에서 인용한 P. Alexéef의 논문을 참조하라.

475) E. Bodenheimer, *Jurisprudence* (New York and London, 1940), p.95의 법과 행정의 관계에 대한 교훈적 토론을 참조하라. "법은 주로 권리에 관한 것이고 행정은 주로 결과에 관한 것이다. 법은 자유와 안전에 도움이 되는 반면, 행정은 효율성과 신속한 결정을 촉진한다."

476) D. Lloyd, *Public Policy* (London, 1953)와 H. H. Todsen, *Der Gesichtspunkt der Public Policy im englischen Recht* (Hamburg, 1937)를 참조하라.

477) Z. Giacommetti, *Die Freiheitsrechtskataloge als Kodifikation der Freiheit* (Zurich, 1955)와 M. Hauriou, *Précis de droit constitutionnel* (2d ed.; Paris, 1929), p.625, 그리고 F. Battaglia, *Le Carte dei diritti* (2d ed.; Florence, 1946)를 참조하라.

478) 우리에게 닥쳐올 수도 있는 공포에 관해 결코 지나치게 음울하다고는 할 수 없는 설명으로는 Aldous Huxley, Brave New World (London, 1932)와 *Brave New World Revisited* (London, 1958)를 참조하라. 그리고 경고를 하기 위해 의도한 것이 아니라 '과학적인' 이상을 설명하기 위한 것이기에 더욱 놀라운 것으로 B. F. Skinner, *Walden Two* (New York, 1948)를 참조하라.

479) A. T. Vanderbilt, "The Role of Procedure in the Protection of Freedom," *Conference on Freedom and the Law* ("University of Chicago Law School Conference Series," Vol. XIII [1953])를 참조하라. 또한 흔히 인용되는 Frankfurter 판사의 진술을 참조하라. "자유의 역사는 대체로 절차적 안전장치 준수의 역사였다." (*McNabb v. United States*, 318 U.S. p.332, p.347 [1943]).

480) 458번 주석에서 인용한 Lord Radcliffe, *Law and the Democratic State*를 참조하라. 미국의 상황에 대해서는 R. G. McCloskey의 중요한 논문인 "American Political

Thought and the Study of Politics," *American Political Science Review*, Vol. LI (1957), 특히 p.126을 참조하라. 미국 법원의 판결에 대해 "자유의 실질적인 억제에 관한 폭넓은 관용과 결합된 절차적·간소화에 대한 광범위한 관심… 절차적 권리에 대한 미국인의 관심은 실질적 자유에 대한 관심보다 더 깊고 꾸준하다. 실제로 이것이 계속되는 한, 진정한 자유의 의미에서 방해 받지 않고 생각하고 말하고 행동하는 자유가 미국의 정치적 가치의 위계 속에서 그리 좋은 자리를 차지할 수 없다는 것을 보여 준다." 그러나 Allan Keith-Lucas, *Decisions about People in Need: A Study of Administrative Responsiveness in Public Assistance* (Chapel Hill: University of North Carolina Press, 1957), p.156에 잘 표현되어 있듯이 그러한 위험에 대한 자각이 점차 증가하는 것으로 보인다. "정의를 실현하기 위해 오로지 절차에만 의존하는 것은 현대 자유주의의 오류이다. 이를 통해 히틀러 정권 같은 전체주의 정권이 합법성을 획득할 수 있었다."

15. 경제정책과 법치

481) *Federalist*, No. LVII, ed. M. Beloff (Oxford, 1948), p.294.(한글판 p.436)
482) L. von Mises, *Kritik des Interventionismus* (Jena, 1929), p.6을 참조하라. "개입은 사회적 권력에서 나오는 독립적 명령으로 생산수단 소유자와 기업가로 하여금 생산수단을 애초의 생각과 다르게 사용하도록 강제하는 것이다." 또한 같은 책의 뒷부분에서 다루어지는 생산 정책 개입과 가격 정책 개입 간의 구분도 참조하라. J. S. Mill, *On Liberty*, ed. R. B. McCallum (Oxford, 1946), p.85에서 "소위 자유무역의 강령은… 이 논문에서 주장된 개인의 자유에 대한 원칙과 마찬가지로 견고하지만, 그 토대는 다르다. 무역 또는 무역을 위한 생산에 대한 규제는 사실상 제약이다. 그리고 모든 제약은 제약으로서 일종의 악이다. 그러나 문제가 되는 제약은 사회가 억제할 수 있는 오직 일부에만 영향을 미치며, 그들이 애초에 원했던 결과를 가져올 수 없기 때문에 잘못된 것이다. 개인의 자유 원칙은 자유무역 강령과 관련이 없으며, 이 강령의 한계로 인해 발생하는 대부분의 문제도 마찬가지이다. 예를 들면 불량품에 의한 사기를 방지하기 위해 허용될 수 있는 공공의 통제 범위는 어느 정도까지인가? 위험한 직업에 종사하는 노동자를 보호하기 위한 예방 조치는 고용주들에게 어느 정도까지 강제되어야 하는가?"
483) 자신들의 편의를 위한 정책수단 검토는 경제학자들의 주요 과제 중 하나이기 때문에 그들이 좀 더 일반적인 기준들을 보지 못했다는 것은 놀라운 일이 아니다. John Stu-

art Mill은 '사실상, 정부 간섭의 적정성에 대한 관례적 평가에 있어 공인된 원칙은 없다'고 인정하면서(*On Liberty*, ed. R. B. McCallum [Oxford, 1946], p.8), 모든 것이 편의상의 문제라는 인상을 이미 주었다. 그리고 그와 동시대인이며, 일반적으로 훨씬 더 정통적이라고 간주되는 N. W. Senior는 거의 동시에 다음과 같이 명시적으로 말했다. "정부의 유일한 합리적 기반이자 통치권과 그에 대한 복종 의무에 대한 유일한 기반은 편의성, 즉 공동체의 일반적 이익이다." (L. Robbins, The Theory of Economic Policy [London, 1952], p.45에서 인용). 그러나 이 두 사람 모두 의심할 바 없이 개인의 보호 영역에 대한 간섭은 단지 일반적인 법률 규칙에 의해서만 이루어질 수 있으며, 단순한 편의를 위해서는 허용될 수 없다는 것을 당연시했다.

484) 이러한 구분은 J. S. Mill, Principles, Book V, chap. xi, sec.1에서 '권위주의적' 정부 간섭과 '비권위주의적' 정부 간섭을 구분한 것과 동일하다. 이것은 매우 중요한 구분이며, 모든 정부 활동이 필연적으로 점점 더 '권위주의적'인 성격을 향한다는 사실은 현대사회를 바람직하지 않은 방향으로 발전시키는 주요 원인 중 하나이다. 나는 여기서 Mill의 용어를 사용하지 않았는데, 그가 '비권위주의적' 정부활동을 '간섭'이라고 부르는 것이 적절하지 않기 때문이다. 간섭이라는 용어는 '권위주의적'으로 행사되는 사적 영역의 침해에 한정시키는 것이 더 적절하다.

485) 이것을 신중하게 다루고 있는 Mill의 내용을 다시 참조하라.

486) A. Smith, *W.o.N.*, Book V, chap. i, Part II (II, p.214). 또한 공공사업을 담당하는 문제에 대해 중앙정부보다는 지방정부의 역할을 옹호하는 논의에 대해서는 ibid., p.222를 참조하라.

487) 마지막으로 실제로는 별로 중요하진 않지만 이론적으로는 흥미로울 수 있는 상황이 존재한다. 어떤 서비스들이 경쟁적인 사적인 노력에 의해 공급되지만, 그에 수반되는 모든 비용과 이득이 시장의 계산에 들어가지 않는 경우이다. 이러한 이유로 인해 이러한 활동에 참여하는 모든 사람에게 특별 요금을 부과하거나 특별 보조금을 제공하는 것이 바람직해 보일 수 있다. 이러한 사례들의 경우 정부가 특정한 개입을 통해서가 아니라 일반적인 규칙에 따라 행동함으로써 민간 생산의 방향을 지원할 수 있다.

이러한 경우들이 실제로 큰 중요성을 갖지 않는 것은 그러한 상황이 자주 일어나지 않아서가 아니라, '한계 사회 순생산과 사적 사회 순생산의 차이' 크기를 정확하게 측정할 수 있는 경우가 거의 없기 때문이다. 이는 이 문제에 대해 어느 누구보다 관심을 기울였던 다음의 저자에 의해 현재 정설이 되었다. A. C. Pigou, "Some Aspects of the Welfare State," Diogenes, No. 7 (Summer, 1954), p.6을 참조하라. "그러나 우리는 어떤 영역에서, 또 어느 정도나 국가가 [사적 비용과 공적 비용의 차이]를 고려하여 개인들의 선택의 자유에 유용하게 개입할 수 있는지 좀처럼 알 수 없다는 것을 인정해야 한다."

488) 482번 주석에서 인용한 S L. von Mises, *Kritik des Interventionismus* 를 다시 참조하라.

489) E. Freund, *Administrative Powers over Persons and Property* (Chicago: University of Chicago Press, 1928), p.98.

490) 인허가의 주제에 관해서는 W. Gellhorn, *Individual Freedom and Governmental Restraints* (Baton Rouge: Louisiana State University Press, 1956), 특히 3장을 참조하라. 내가 이번 장의 마지막을 완성하기 전에 이 저서를 알았더라면, 이 문제를 그렇게 가볍게 다루지 않았을 것이다. 내가 알기로 이 관행이 최근 미국에서 어느 정도나 행해졌는지 알고 있는 외국인이나 미국인은 거의 없다. 실제로 이제 이 문제는 미국경제 발전의 미래에 대한 실질적 위협 중 하나가 될 것이다.

491) 특히 J. R. Commons, *The Legal Foundations of Capitalism* (New York, 1924), W. H. Hamilton, The Power To Govern; The Constitution—Then and Now (New York, 1937), J. M. Clark, *Social Control of Business* (Chicago, 1926)를 참조하라. 그리고 이 학파에 관해서 A. L. Harris, *Economics and Social Reform* (New York, 1958)를 참조하라.

492) 특히 Herbert Spencer, *Justice*, being Part IV of *the Principles of Ethics* (London, 1891) 및 T. H. Green "Liberal Legislation and Freedom of Contracts," in *Works*, Vol. III (London, 1880)를 참고하라.

493) Roscoe Pound, "Liberty of Contract," *Yale Law Journal*, Vol. XVIII (1908–9)를 참조하라.

16. 법의 쇠퇴

494) Lord Acton, Hist. of Freedom, p. 78. 이 장의 제목은 G. Ripert, *Le Déclin du droit* (Paris, 1949)에서 차용한 것이다.

495) A. Menger, *Das bürgerliche Recht und die besitzlosen Volksklassen* (1896) (3d ed.; Tübingen, 1904), p.31. 이 개념의 완성은 저자의 이후 저서인 *Neue Staatslehre* (Jena, 1902)에서 이루어진다. 같은 시간 독일의 위대한 범죄학자인 F. von Liszt는 (*Strafrechtliche Aufsätze* [Leipzig, 1897], II, p.60)에서 이미 다음과 같이 논평하였다. "이렇게 성공한 사회주의는 '자유'라는 단어가 여전히 진부한 여운을 남기고 있

던 선행이론들보다 훨씬 더 공공이익을 강조했으며, 그 기초를 흔들었다." 동일한 사상이 영국에 들어온 것에 대해서는 D. G. Ritchie, *Natural Rights* (1894) (3d ed.; London, 1916), p.258을 보라. "넓은 의미에서 평등의 주장은 균등한 기회에 대한 요구를 의미한다. 만일 부모가 자식에게 소유권을 물려주거나 개인이 부를 축적하는 것을 법이 허용한다면, 기회의 평등은 분명히 사회적 평등에 역행할 것이다. 따라서 흔히 지적되듯이, 1789년의 거의 완벽한 원칙의 승리, 즉 자유경쟁에 대한 법률적 제한의 철폐는 빈부격차를 심화시킨다. 정치적 권리의 평등은 커다란 사회적 불평등과 함께 '사회적 문제'를 드러냈으며, 이 문제는 더 이상 예전처럼 법 앞의 평등과 정치 권리의 평등을 위한 투쟁의 이면에 감춰져 있지 않다."

496) Anatole France, *Le Lys rouge* (Paris, 1894), p.117.

497) 이 전통은 R. von Ihering의 후기 저작으로 거슬러간다. 현대의 발전에 대한 논문은 *The Jurisprudence of Interests* ("Twentieth Century Legal Philosophy Series," Vol. II [Cambridge: Harvard University Press, 1948])를 참조하라.

498) F. Fleiner, *Ausgewählte Schriften und Reden* (Zurich, 1941), p.438을 참조하라. "이러한 (전체주의 국가로의) 격변은 독일 법학계 내의 몇몇 학파(예를 들어 자유 법학파)에 의해 준비되었다. 그들은 자신들이 법을 어겨서 그 권리에 기여했다고 믿었다."

499) 이 역사주의의 특징은 Menger, *Untersuchungen*과 K. R. Popper, *The Poverty of Historicism* (London, 1957)을 참조하라.

500) 나의 저서인 *The Counter-Revolution of Science* (Glencoe, Ill., 1952), Part I, 6장을 참조하라.

501) 역사주의와 법실증주의 간의 관계에 대해서는 H. Heller, "Bemerkungen zur staats- und rechtstheoretischen Problematik der Gegenwart," *Archiv für öffentliches Rechts*, XVI (1929), p.336을 참조하라.

502) 내가 아는 다른 '자연법' 전통에 관한 최고의 개론서는 A. P. d'Entrèves, *Natural Law* ("Hutchinson's University Library" [London, 1916])이다. 현대 법실증주의는 주로 T. Hobbes와 R. Descartes로부터 유래하였으며 그들의 합리주의적 사회해석에 맞서서 진화적, 경험주의적, 또는 '휘그' 이론이 발전되었다. 그리고 실증주의는 Hegel과 Marx의 영향으로 현재 우위를 점하게 되었다. Marx의 입장에 대해서는 그의 저서인 *Kritik der Hegelschen Rechts-philosophie*, in Karl Marx, Friedrich Engels; *Historische-kritische Gesamtausgabe*, ed. D. Rjazanov (Berlin, 1929), Vol. I, Part I 서문에서 개인의 관리에 관한 논의를 보라.

503) H. Heller, *Rechtsstaat oder Diktatur* (Tübingen, 1930), H. Hallowell, *The De-*

cline of Liberalism as an Ideology (Berkeley: University of California Press, 1943) 그리고 The Moral Foundations of Democracy (Chicago: University of Chicago Press, 1954), chap. iv 특히 p.73을 참조하라.

504) R. Thoma, "Rechtsstaatsidee und Verwaltungstrechtswissenschaft," *Jahrbuch des öffentliches Rechts*, IV (1910), p.208.

505) E. Bernatzik, *Rechtsstaat und Kulturstaat* (Hannover, 1912), p.56. 같은 저자의 "Polizei und Kulturpflege" in *Systematische Rechtswissenschaft* (*Kultur der Gegenwart*, Part II, Sec. VIII [Leipzig, 1906])도 참조하라.

506) 법실증주의의 승리는 K. Bergbohm (*Jurisprudenz und Rechtsphilosophie* [Leipzig, 1892])의 엄청난 노력에 의해 이루어졌으나, 그것이 널리 받아들여지고 일관된 철학적 기초가 세워진 것은 H. Kelsen에 의해서였다. 우리는 주로 H. Kelsen, *Allgemeine Staatslehre* (Berlin, 1925)를 인용하지만, 독자들은 그의 저서인 *General Theory of Law and State* (Cambridge: Harvard University Press, 1945)에서 그의 핵심적 사상 대부분을 확인할 수 있을 것이다. 여기에는 또한 *Die philosophischen Grundlagen der Naturrechtslehre und des Rechtspositivismus* (1928)의 중요한 강의 번역본도 들어 있다.

507) H. Kelsen, *Vom Wesen und Wert der Demokratie* (Tübingen, 1920), p.10. '근본적으로 구할 수 없는 개인의 자유'에 대한 구절이 1929년 2판에서는 '근본적으로 불가능한 개인의 자유'로 바뀌었다.

508) *Ibid*., p.10: "자유주의로부터 민주주의의 이탈"

509) H. Kelsen, *Allgemeine Staatslehre*, p.91. 또한 그의 *Hauptprobleme der Staatsrechtslehre* (Vienna, 1923), p.249도 참조하라. 여기서 그는 일관되게 "국가의 잘못이란 어떤 상황에서든 용어상 모순이다"라고 주장했다.

510) *Allgemeine Staatslehre*, p.335. 관련 구절을 번역하면 다음과 같다. "전제주의하에서는 법질서가 존재하지 않는다는 주장, 즉 전제군주의 자의적 의지만이 지배한다는 주장은 전혀 무의미하다… 전제주의 국가에서도 인간의 행동은 질서를 갖는다. 이 질서도 법적 질서다. 그것에 법적 질서라는 이름을 붙이길 거부하는 것은 순진한 생각일 뿐이며 자연법적 사고에서 나온 추정일 뿐이다… 자의적 의지라고 해석되는 것은 단지 독재군주가 모든 결정을 스스로 내리고, 하부 기관의 활동을 조건의 고려 없이 결정하며, 일반적이든 특별한 경우든 한번 발표된 규범을 언제든지 철회하거나 변경할 수 있는 법률적 가능성일 따름이다. 이러한 조건이 불리하다고 느껴져도 법의 조건이다. 그것은 좋은 측면도 있다. 현대 법치국가에서 드물지 않은 독재에 대한 요구는 이

것을 분명히 보여준다." 이 구절이 저자의 견해를 표현한 것이라는 사실은 다음의 에세이에서 저자가 명시적으로 인정하고 있다. "Foundations of Democracy," *Ethics*, LXVI, No. 1, Part II (October, 1955), p.100, n.12. 또한 같은 논의에 대한 이전 판본인 "Democracy and Socialism," *Conference on Jurisprudence and Politics* ("University of Chicago Law School Conference Series," No. 15 [Chicago, 1955])도 참조하라.

511) *Allgemeine Staatslehre*, p.14.
512) *Ibid*., pp.154 이하를 참조하라. 이 구절은 "소위 말하는 자유"이다
513) *Ibid*., p.335.
514) *Ibid*., pp.231 이하. 같은 저자의 General Theory of Law and State, p.38도 참조하라.
515) E. Voegelin, "Kelsen's Pure Theory of Law," *Political Science Quarterly*, XLII (1927), p.268.
516) F. Darmstädter, *Die Grenzen der Wirksamkeit des Rechtsstaates* (Heidelberg, 1930). 또한 Hallowell의 *The Decline of Liberalism as an Ideology*와 *The Moral Foundations of Democracy*를 참조하라. 나치 치하에서의 발전에 대해서는 F. Neumann, *Behemoth: The Structure and Practice of National Socialism* (2d ed.; New York, 1944)와 A. Kolnai, *The War against the West* (New York, 1938), pp.299~310을 참조하라.
517) Darmstädter, *op. cit*., p.95.
518) *Veröffentlichungen der Vereinigung deutscher Staatsrechtslehrer*, Vol. VII (Berlin, 1932)를 참조하라. 특히 H. Triepel과 G. Leibholz의 글을 참조하라.
519) 1929년 러시아어로 출간되었던 A. L. Malitzki의 B. Mirkin-Getzewitsch, *Die rechtstheoretischen Grundlagen des Sovjetstaates* (Leipzig and Vienna, 1929), p.117에서 인용하였다. 그러나 이와 유사한 논의로 R. von Ihering, *Law as a Means to an End, trans. I. Husik* (Boston, 1913), p.315를 참조하라. "전적인 법의 지배란 두 손을 놓아버린 사회의 체념과 동의어이다. 사회는 엄격한 필요성에 손이 묶여 자포자기할 것이며, 법에 규정되어 있지 않거나 불충분하다고 판명된 삶의 모든 상황과 요구조건 앞에서 무기력하게 서 있기만 할 것이다. 우리는 이로부터 다음과 같은 격언을 끌어낼 수 있다. 국가는 절대적으로 필요한 것 이상으로 법률에 의해 자발적인 자기 활동의 힘을 제한해서는 안 된다. 그 권한은 이런 방향으로 너무 많은 게 아니라 오히려 너무 적다. 권리와 정치적 자유에 대한 관심이나 보장을 위해선 법으로 정부를

가능한 한 최대로 제한해야 한다는 것은 잘못된 믿음이다. 이것은 힘이란 끝까지 맞서 싸워야 하는 악이라는 이상한(!) 인식에 기초하고 있다. 그러나 실제로 힘은 일종의 선으로, 다른 모든 선들과 마찬가지로 그것을 유익하게 이용하기 위해서는 그 남용 가능성을 줄일 필요가 있다."

520) G. Perticone, "Quelques aspects de la crise du droit publique en Italie," *Revue internationale de la théorie du droit*, 1931-32, p.2.

521) C. Schmitt, "Was bedeutet der Streit um den 'Rechtsstaat,'" *Zeitschrift für die gesamte Staatswissenschaft*, XCV (1935), p.190.

522) Archipov, *Law in the Soviet State* (Moscow, 1926) (in Russian). 다음 B. Mirkin-Getzewitsch, *op. cit.*, p.108에서 인용.

523) P. J. Stuchka, *The Theory of the State of the Proletarians and Peasants and Its Constitution* (5th ed.; Moscow, 1926) (in Russian). 다음 Mirkin-Getzewitsch, *op. cit.*, pp.70 이하에서 인용.

524) Mirkin-Getzewitsch, *op. cit.*, p.107.

525) Malitzki, *op. cit.* 그러나 이 원칙은 Aristotle Ethics 1138a에서도 발견된다는 사실을 인정해야 한다. "이것은 (법이) 정하지 않는 것은 무엇이든 금지할 수 있다."

526) P. J. Stuchka, Encyclopedia of State and Law (Moscow, 1925~1927) (in Russian), p.1593 에서 V. Gsovski, *Soviet Civil Law* (Ann Arbor, Mich., 1948), I, p.170을 인용함.

527) Pashukanis의 운명에 관해서는 Roscoe Pound, *Administrative Law* (Pittsburgh: University of Pittsburgh Press, 1942), p.127을 참조하라. "그 교수는 이제 우리와 함께 있지 않다. 현 러시아 정부가 수립되자 강령에 변화가 요구되었고, 그는 새로운 질서의 강령적 요구에 재빨리 부합하여 가르치지 못했다. 만약 행정 명령 대신 법이 있었다면, 그는 목숨을 부지한 채 일자리만 잃었을 수도 있었다."

528) E. B. Paschukanis, *Allgemeine Rechtslehre und Marxismus, 2d Russian* ed. (Moscow, 1927) (Berlin, 1929), p.117에서 번역. Pashukanis의 이 저서와 그 이후 저서의 영어 번역본은 *Soviet Legal Philosophy*, trans. H. W. Babb, Introduction by J. N. Hazard (Cambridge: Harvard University Press, 1951)를 보라. 토론을 위해서는 H. Kelsen, *The Communist Theory of Law* (New York and London, 1955), R. Schlesinger, *Soviet Legal Theory* (2d ed.; London, 1951) 그리고 S. Dobrin, "Soviet Jurisprudence and Socialism," *Law Quarterly Review*, Vol. LII (1936)를 참조하라.

529) Pashukanis의 논의에 대한 개관은 W. Friedmann, *Law and Social Change in Contemporary Britain* (London, 1951), p.154를 참조하라.
530) Dicey, *Constitution* (8th ed.), p.xxxviii.
531) Lord Hewart, *The New Despotism* (London, 1929).
532) *Economist*, June 19, 1954, p.952. "'새로운 전제주의'는 한마디로 과장이 아니라 현실이다. 지금까지 전제주의는 가장 성실하고, 부패하지 않으며 부지런한 독재자에 의해 이루어졌다."
533) R. H. S. Crossman, *Socialism and the New Despotism* ("Fabian Tracts," No.298 [London, 1956]), *Economist*, June 19, 1954, p.952.
534) 이 정당한 경고가 미국에서 받은 대접의 특성은 1938년에 출판된 Felix Frankfurter 교수(지금은 대법원 판사)의 논평에 나와 있다. "1929년 무렵에 Hewart 경은 다 죽어가던 Dicey의 비현실성에 경각심을 불러일으킴으로써 신선한 생명력을 부여하려고 했다. 불행히도 이 책의 설득력 있는 저널리즘은 대법원장의 승인을 받았다. 그의 터무니없는 비판은 권위의 승인을 필요로 했고, 그것을 얻은 것이다." ("Current Developments in Administrative Law," *Yale Law Journal*, XLVII [1938], p.517 논의의 머리말)
535) Committee on Ministers' Powers, *Report* (일반적으로 'Donoughmore Report'로 알려져 있다.) (London: H. M. Stationery Office, 1932; Cmd. 4060). 또한 the *Memoranda Submitted by Government Departments in Reply to Questionnaire of November 1929 and Minutes of Evidence Taken before the Committee on Ministers' Powers* (London: H. M. Stationery Office, 1932)를 참조하라.
536) H. J. Laski, W. I. Jennings, W. A. Robson 그리고 H. Finer를 같은 그룹의 멤버로 묘사한 W. I. Jennings, "Administrative Law and Administrative Jurisdiction," *Journal of Comparative Legislation and International Law*, 3d ser., XX (1938), p.103을 참조하라.
537) W. Ivor Jennings, "The Report on Ministers' Powers," *Public Administration*, Vols. X (1932) 와 XI (1933).
538) *Ibid.*, X, p.342.
539) *Ibid.*, p.343.
540) *Ibid.*, p.345.
541) *Ibid.*
542) W. Ivor Jennings, *The Law and the Constitution* (1933) (4th ed.; London, 1952), p.54.

543) *Ibid.*, p.291.
544) Ibid., p.292.
545) *Ibid.*, p.294.
546) *Ibid.*
547) Sir Ivor Jennings, *The Queen's Government* ("Pelican Books" [London, 1954]).
548) T. D. Weldon, *The Vocabulary of Politics* ("Pelican Books" [London, 1953]).
549) W. A. Robson, *Justice and Administrative Law* (3d ed.; London, 1951), p.xi.
550) *Ibid.*, p.16.
551) *Ibid.*, p.433.
552) *Ibid.*, pp.572~573.
553) *Rule of Law:A Study by the Inns of Courts Conservative and Unionist Society* (London: Conservative Political Centre, 1955), p.30.
554) *Liberty in the Modern State* (London: Conservative Political Centre, 1957).
555) *Times Literary Supplement* (London), March 1, 1951. 이러한 점에 몇몇 사회주의자들은 공식적인 보수적 입장보다 더 큰 관심을 보인다. 위에서(n.40, p.12) 인용했던 Mr. R. H. S. Crossman은 다음 단계로 '사법부를 개혁하여 개인의 권리를 그 침해로부터 보호하는 전통적인 기능을 되찾을 수 있도록' 만들고자 했다.
556) W. Friedmann, *The Planned State and the Rule of Law* (Melbourne, Australia, 1948), 그의 *Law and Social Change in Contemporary Britain* (London, 1951)에 재수록.
557) *Ibid.*, 재수록, p.284.
558) *Ibid.*, p.310. 법치와 사회주의가 양립할 수 없다는 주장은 오랫동안 사회주의 입안자들에 의해 언급된 내용이지만, 그것이 사회주의를 겨냥하게 되자 그들 사이에 커다란 분노가 야기되었다는 사실은 흥미롭다. 내가 이 점을 *The Road to Serfdom*에서 강조하기 훨씬 전에 K. Mannheim, *Man and Society in an Age of Reconstruction* (London, 1940), p.180에서는 오랜 논의 끝에 다음과 같은 진술로 끝을 맺고 있다. "법사회학의 최근 연구들은, 모든 사례가 가능한 한 예외가 없어야 하고 논리적인 가정을 기반으로 일반적인 합리적 규정에 따라 판단되어야 한다는 형식법의 근본 원칙이 자본주의의 자유주의적 경쟁 단계에서만 통용된다는 사실을 다시 한번 확인시켜준다." 또한 F. L. Neumann, *The Democratic and the Authoritarian State* (Glencoe, Ill., 1957), p.50과 M. Horkheimer, "Bemerkungen zur philosophischen Anthropologie," *Zeitschrift für Sozialforschung*, IV (1935), 특히 p.14를 참조하라. "약속

의 중요성에 대한 경제적 기초는 점점 덜 중요해진다. 왜냐하면 경제생활에서 계약이 아니라 명령과 복종으로 특징지어지는 범위가 점차 늘어나기 때문이다."

559) H. Finer, *The Road to Reaction* (Boston, 1945), p.60.
560) W. S. Churchill, "The Conservative Case for a New Parliament," *Listener*, February 19, 1948, p.302를 참조하라. "나는 300명의 공무원들이 의회와는 별개로 새로운 규제를 만들 권한을 가지며, 이를 통해 법적으로 알려지지 않은 범죄에 대해 징역형을 부과할 수 있다고 들었다."
561) *The Town and Country Planning Act* (1947), Sec. 70, subsec.(3)은 다음과 같이 규정하고 있다. "재무부의 동의를 얻어 이 법에 따라 제정된 규정은 중앙토지위원회가 결정을 내릴 때 따라야 할 일반 원칙을 규정할 수 있다… 어떤 개발 부담금을 지급해야 하는지 여부에 대해." 이 규정하에서 도시계획장관은 개발 부담금이 특정 개발허가에 기인하는 토지의 전체 부가가치보다 보통 '적으면 안 된다'는 규제안을 공표할 수 있었다.
562) *Central Land Board, Practice Notes* (First Series): *Being Notes on Development Charges under the Town and Country Planning Act, 1947* (London: H.M. Stationery Office, 1949) 서문. 이 문서에서는 "당사자가 만일 자신이 달리 취급되어야 할 타당한 이유를 보여주거나 위원회가 그에게 정상적인 규칙이 적용되지 않는 특별한 이유를 알려주지 않는 한, 모든 당사자들이 자신의 경우가 어떻게 될지 확실하게 알 수 있도록 해주는 원칙과 적용 규칙을 기술하기 위한 것"이라고 설명하고 있다. 또한 "특정 규정이 특정 사례에 맞지 않을 경우 변경 가능해야 한다"고 기술하고 있으며 위원회는 "우리가 수시로 우리의 정책을 바꿀 것이라는 데 의심의 여지가 없다"고 설명한다. 이에 대한 더 자세한 논의를 위해서는 chap. xxii, sec.6을 참조하라.
563) 공식 보고서인 *Public Inquiry Ordered by the Minister of Agriculture into the Disposal of Land at Crichel Down* (London: H. M. Stationery Office, 1954) (Cmd. 9176)를 참조하라. 그리고 덜 알려져 있지만 교훈적인 판례인 Odlum v. Stratton before Mr. Justice Atkinson in the King's Bench Division을 참조하라. 이 재판에 대한 속기록은 *Wiltshire Gazette* (Devizes, 1946)에 의해 발간되었다.
564) Dwight Waldo, *The Administrative State: A Study of the Political Theory of American Public Administration* (New York, 1948), p.70, n.13을 참조하라. 또한 같은 책의 p.5, p.15, p.40도 참조하라.
565) *ibid.*, p.79: "만약 새로운 질서 안에서 덜 배려되어야 하는 사람을 꼽으라면 그것은 법률가들이다!"

566) *Ibid.*, p.73.
567) Roscoe Pound, *The Spirit of the Common Law* (Boston, 1921), p.72. 또한 C. H. McIlwain, *Constitutionalism and the Changing World* (Cambridge: Cambridge University Press, 1939), p.261을 참조하라. "천천히 그러나 확실히 우리는 전체주의 국가로 떠내려가고 있으며, 대부분의 이상주의자들이 그것에 열광하지도 무심하지도 않다면 그렇게 많이 말하는 게 이상한 일이다."
568) J. Dickinson, *Administrative Justice and the Supremacy of Law in the United States* (Cambridge: Harvard University Press, 1927), p.21.
569) *The Political Philosophy of Robert M. La Follette*, ed. E. Torelle (Madison, Wis., 1920)를 참조하라.
570) A. H. Pekelis, *Law and Social Action* (Ithaca and New York, 1950), p.88. 또한 H. Kelsen, "Foundations of Democracy," *Ethics*, LXVI (1955), suppl., 특히 p.77 이하를 참조하라.
571) C. G. Haines, *A Government of Laws or a Government of Men* (Berkeley: University of California Press, 1929), p.37.
572) *Ibid.*, p. 18.
573) Thomas Jefferson, *Draft of Kentucky Resolution of 1789*, in E. D. Warfield, *The Kentucky Resolutions of 1799* (2d ed.; New York, 1894), pp.157~158.
574) Jerome Frank, *Law and the Modern Mind* (New York, 1930). 이 책이 출판된 지 4반세기 이상이 지난 후에 Thurman Arnold, *the University of Chicago Law Review*, XXIV (1957), p.635에서 다음과 같이 말할 수 있었다. "그것은 다른 어떤 것보다 시민과 정부의 관계에 대한 새로운 개념과 이상을 향한 길을 분명하게 해주었다."
575) U.S. Attorney General's Committee on Administrative Procedure, *Report* (Washington, D.C.: Government Printing Office, 1941)를 참조하라.
576) Roscoe Pound, "Administrative Procedure Legislation. For the 'Minority Report,'" *American Bar Association Journal*, XXVI (1941), p.664. 현재의 상황에 대해서는 B. Schwartz, "Administrative Justice and Its Place in the Legal Order," *New York University Law Review*, Vol. XXX (1955)와 W. Gellhorn, *Individual Freedom and Governmental Restraints* (Baton Rouge: Louisiana State University Press, 1956), 특히 p.18 내용을 참조하라. "행정 절차법에 대한 이전 지지자들 중 상당수는(저자를 포함하여) 상상 속의 위험이 현실화되었다고 느끼며 두려워한다."
577) G. Radbruch, *Rechtsphilosophie,* ed. E. Wolf (4th ed.; Stuttgart, 1950), p.357. 법

실증주의가 법치국가에 대한 믿음을 파괴하는 과정에서 어떤 역할을 했는지에 대해서는 특히 p.335의 중요한 언급을 참조하라. "법과 그 효력에 대한 이러한 견해(우리는 그것을 실증주의 학설이라고 부른다)는 법률가 및 국민들로 하여금 그토록 자의적이고 잔혹하며 부당한 법에 저항할 수 없도록 만들었다. 그들은 결국 법과 권력을 동일시하였다. 권력이 있는 곳에 법이 있다." 또 p.352에서 "실증주의는 사실상 '법은 법이다'라는 신념으로 독일 법학자들로 하여금 자의적이고 부당한 내용을 지닌 법에 저항할 수 없도록 만들었다. 따라서 실증주의는 스스로의 힘으로 법의 효력을 정당화할 수 없다. 그들은 법의 효력이란 그것이 관철될 힘을 갖는다는 사실에 의해 증명된다고 믿었다." 따라서 E. Brunner, *Justice and the Social Order* (New York, 1945), p.7의 "전체주의 국가는 법실증주의가 정치 영역에서 실현된 결과일 뿐이다."라는 주장은 지나친 과장이 아닙니다.

578) G. Dietze, "America and Europe—Decline and Emergence of Judicial Review," *Virginia Law Review*, Vol. XLIV (1958)를 참조하라. 한편 자연법의 부활에 관해서는 H. Coing, *Grundzüge der Rechtsphilosophie* (Berlin, 1950)와 H. Mitteis, Ueber das Naturrecht (Berlin, 1948)와 K. Ritter, *Zwischen Naturrecht und Rechtspositivismus* (Witten-Ruhr, 1956)를 참조하라.

579) G. Ripert, *Le Déclin du droit* (Paris, 1949). 또한 P. Roubier, *Théorie générale du droit* (Paris, 1950)와 L. Rougier, *La France à la recherche d'une constitution* (Paris, 1952)를 참조하라.

580) C. K. Allen, *Law and Orders* (London, 1945), G. W. Keeton, *The Passing of Parliament* (London, 1952), C. J. Hamson, *Executive Discretion and Judicial Control* (London, 1954), Lord Radcliffe, *Law and the Democratic State* (Birmingham: Holdsworth Club of the University of Birmingham, 1955)를 참조하라.

581) *Report of the Committee on Administrative Tribunals and Enquiries* ("Franks Committee") (London: H. M. Stationery Office, 1957), p.218, par.37.

582) *Ibid.*, pars.28, 29.

583) *Ibid.*, par.120.

584) 553번 주석에서 언급했던 보수주의적 소논문인 *Rule of Law*를 참조하라. 또한 W. A. Robson, *Justice and Administrative Law* (3d ed.; London, 1951)도 참조하라. 미국 "Hoover Commission"의 유사한 권고안에 대해서는 symposium "Hoover Commission and Task Force Reports on Legal Services and Procedure," *New York University Law Review*, Vol. XXX (1955)를 참조하라.

585) 헤이그에 있는 국제사법위원회는(지금은 제네바에 있음) 1955년 6월 아테네에서 회합을 갖고 다음의 결의안을 엄숙하게 선포했다. "1. 국가는 법에 종속된다. 2. 정부는 법치 하에서 개인의 권리를 존중하고 그것을 시행하기 위한 효과적인 수단을 제공해야 한다. 3. 재판관은 법치를 따르고, 두려움이나 편견 없이 그것을 보호하고 실행하며, 재판관으로서 자신들의 독립성을 침해하는 어떤 정부나 정당에도 맞서야 한다. 4. 전 세계의 법률가들은 자기 직업의 독립성을 유지하며, 법치하에서 개인의 권리를 주장하고 모든 피고인들이 공정한 재판을 받도록 노력해야 한다." (*Report of the International Congress of Jurists* [The Hague, 1956], p.9를 참조하라.)

586) 한 법학자(J. Stone, *The Province and Function of Law* [Cambridge: Harvard University Press, 1950], p.261)가 여기서 정의한 법치주의의 부활은 "지난 반세기 동안 모든 민주적 입법부가 필수적이라고 생각했던 입법 조치를 완전히 뒤집는 것"이라고 한 주장은 과장이 아니다. 당연한 말이지만, 민주적 입법부가 이런 일을 해왔다는 사실이 있다고 해서 그들이 성취하고자 하는 것을 달성하기 위해 이런 식의 조치에 의존하는 것이 현명했다거나 또는 필수적이었다는 것을 증명하는 것도 아니며, 더구나 그들이 예측하지 못했던 바람직하지 않은 결과가 초래된다는 것을 인식한다면 자신들의 결정을 뒤집지 않을 이유도 없다.

3부 복지국가에서의 자유

587) Tocqueville, *Democracy*, II, p.318. 뒤에 나오는 세 문단, 아니 사실상 이 구절을 가져온 Book IV의 4장 전체가 다음 논의에 서문으로 인용할 가치가 있다.

17. 사회주의의 쇠퇴와 복지국가의 등장

588) Brandeis 판사의 반대 의견에서 인용함. *Olmstead v. United States*, XXX. 277, U.S. p.479(1927)

589) 이 문제에 대한 가장 생생한 논의는 영국에서 이루어졌다. 특히 다음 글을 참조하라. *New Fabian Essays*, ed. R. H. S. Crossman (London, 1952), *Socialism: A New Statement of Principles, presented by the Socialist Union* (London, 1952); W. A. Lewis, *The Principles of Economic Planning* (London, 1949), G. D. H. Cole, *Is This Socialism?* (New Statesman pamphlet) (London, 1954), H. T. N. Gaitskell, *Recent Developments in British Socialism* (London, n.d.), *Twentieth Centu-*

ry Socialism, by the Socialist Union (London, 1956), C. A. R. Crosland, *The Future of Socialism* (London, 1956), R. H. S. Crossman, Socialism and the New Despotism ("Fabian Tracts," No. 298 [London, 1956]), 그리고 저널인 Socialist Commentary와 the New Statesman에서 이루어진 토론들. 이 논쟁에 대한 유용한 개론서로는 T. Wilson, "Changing Tendencies in Socialist Thought," Lloyds B.R., July, 1956. 외국 관찰자들에 의한 영국 실험에 대한 뛰어난 논평으로는 B. de Jouvenel, *Problèmes de l' Angleterre socialiste* (Paris, 1947), C. E. Griffin, *Britain: A Case Study for Americans* (Ann Arbor: University of Michigan Press, 1950), D. M. Wright, *Post-War West German and United Kingdom Recovery* (Washington: American Enterprise Association, 1957), J. Messner, *Das englische Experiment des Sozialismus* (Innsbruck, 1954)가 있다.

590) 특히 대륙의 발전에 대해서는 J. Buttinger, *In the Twilight of Socialism: An Epilogue to Austro-Marxism*, trans. F. B. Ashton (Cambridge: Harvard University Press, 1956), K. Bednarik, *The Young Worker of Today—a New Type* (London, 1955), F. Klenner, *Das Unbehagen in der Demokratie* (Vienna, 1956)를 참조하라. 미국 사회주의자들 사이의 비슷한 태도 변화는 Norman Thomas, *Democratic Socialism: A New Appraisal* (New York: League for Industrial Democracy, 1953)를 참조하라.

591) Crossman, *op. cit.*, p.4에 서술된 1955년 옥스퍼드 Fabian 여름학교에서의 토론을 참조하라.

592) Crosland, *op. cit.*, and Bednarik, op. cit.

593) 특히 Klenner, *op. cit.*, p.66 이하를 참조하라.

594) Karl Mannheim의 인용구를 보면 확실히 알 수 있듯 *The Road to Serfdom* (London and Chicago, 1944)의 'Planning and the Rule of Law' 장 맨 앞에 나와 있으며, 이 책의 558번 주석에도 다시 반복된다.

595) 특히 George Orwell, *Nineteen Eighty-four* (London, 1949)를 참조하라. 또한 *Observer* (London), April 9, 1944에 실린 그의 *The Road to Serfdom*에 대한 서평을 참조하라.

596) Crossman, *op. cit.*, p.1.

597) *Ibid.*

598) *Ibid.*, p.6.

599) *Ibid.*, p. 13. 이러한 우려는 또한 이 이슈에 관한 영국노동당의 최근 공식 논평에도

많은 영향을 끼쳤다(*Personal Freedom: Labour's Policy for the Individual and Society* [London: Labour Party, 1956]). 그러나 이 소책자는 많은 중요한 주제들을 다루고 있으며, 우리가 논의한 문제들이 자유주의 전통을 가진 나라의 사회주의 정권하에서 얼마나 전면에 나서도록 했는지를 보여주지만, 기이하게도 상당히 모순된 문서이다. 그것은 "엄청난 불평등을 가진 자유는 가질 가치가 없다"(p.7)는 말을 되풀이할 뿐 아니라 심지어 행정 전제주의의 기본 논제인 "장관은 정확히 같은 상황에도 다른 결정을 할 수 있는 자유를 가져야 한다"(p.26)라고 명시하고 있다.

600) '복지국가'라는 용어는 영어에서는 상대적으로 새로운 것이며, 아마도 25년 전까지만 하더라도 알려지지 않았을 것이다. 독일어인 Wohlfahrtstaat가 오랫동안 그 나라에서 사용되었고 그것이 설명하는 것이 독일에서 처음 발전했기 때문에, 이 영어 단어는 아마도 독일에서 유래했을 것이다. 이 독일어는 애초 경찰국가라는 개념의 한 변형을 설명하기 위해 사용되었는데, 이것 역시 19세기 역사학자들이 18세기에 정부의 좀 더 우월한 측면을 설명하기 위해 처음 사용했다. 복지국가에 대한 현대적 개념은 1870년부터 독일의 학구적인 사회정치인 또는 '강단사회주의자'들에 의해 처음으로 완전하게 발전하였고, 비스마르크가 처음으로 실행에 옮겼다. 영국에서는 유사한 발전이 Fabians 및 A. C. Pigou와 L. T. Hobhouse 같은 이론가들에 의해 고안되었고, Lloyd George와 Beveridge에 의해 실행되었다. 영국의 발전은 적어도 초기에는 독일의 사례에서 큰 영향을 받았다. '복지국가'란 용어가 수용된 데에는 Pigou와 그의 학파가 그 동안 제공해온 이론적 토대가 '복지경제학'으로 통했기 때문이다.

루스벨트 대통령이 Bismarck와 Lloyd George의 전철을 밟을 무렵에는 미국에서도 그 기초가 잘 마련되어 있었으며, 1937년 대법원이 제정한 미국헌법의 '일반복지' 조항이 적용되었기 때문에 이미 다른 곳에서 사용되던 '복지국가' 용어가 자연스럽게 채택되었다.

601) 예를 들어 Henry Sidgwick, *The Elements of Politics* (London, 1891), 4장을 참조하라.

602) 이에 대해서는 특히 Lionel Robbins, *The Theory of Economic Policy* (London, 1952)를 보라.

603) 앞의 문장들은 이 주제에 대해 훨씬 길게 다룬 내 저서인 *The Road to Serfdom*, 9장에 쓴 글을 약간만 바꾸어 의도적으로 다시 쓴 것이다.

604) A. H. Hansen, "The Task of Promoting Economic Growth and Stability," address to the National Planning Association, February 26, 1956 (등사판).

605) J. S. Mill, *On Liberty*, ed. R. B. McCallum (Oxford, 1946), pp.99~100을 참조하

라. "만일 도로, 철도, 은행, 보험회사, 대형 주식회사, 대학 및 공공 자선단체 등이 모두 정부의 산하에 있다면, 게다가 지방자치단체와 지방기관들이 오늘날 그들에게 부여된 모든 권한을 가지고 중앙 정부의 부서가 된다면, 이 모든 다양한 기업의 사원들이 정부에 의해 고용되고 임금을 받으며 평생 동안 정부에 의지하게 된다면, 완전한 출판의 자유와 입법부의 국민 헌법 모두 이 나라나 다른 어느 나라라도 명실상부하게 자유롭게 만들 수는 없을 것이다. 행정기구가 보다 효율적이고 과학적일수록, 즉 거기서 일할 최상의 재원들을 확보하기 위해 보다 숙련되게 제도를 마련할수록 악은 더욱 커질 것이다."

606) T. H. Marshall, *Citizenship and Social Class* (Cambridge: Cambridge University Press, 1958), p.59를 참조하라. "그래서 우리는 입법이… 언젠가 시행되기를 바라는 정책의 선포라는 성격을 점점 더 얻게 된다는 것을 알게 되었다."

607) Roscoe Pound, "The Rise of the Service State and Its Consequences," in *The Welfare State and the National Welfare*, ed. S. Glueck (Cambridge, Mass., 1952), p.220.

608) P. Wiles, "Property and Equality," in *The Unservile State*, ed. G. Watson (London, 1957), p.107. 또한 보수당의 소논문인 *Rule of Law* (London, 1955), p.20 내용과 "Franks Committee" (*Report of the Committee on Administrative Tribunals and Enquiries* [Cmd. 218; London, 1957], p.60)가 승인한 이하의 내용도 참조하라. "이 주장의 이론적 타당성이 어떻든 간에, 우리 하원의원들은 그것이 현실과 거의 무관하다고 감히 말할 수 있다. 의회는 장관을 감독하고 그의 행정적인 결정을 심사하기 위해 그를 소환할 시간도 지식도 없다."

609) L. von Mises, *Human Action* (New Haven: Yale University Press, 1949), p.196 이하를 참조하라.

610) Lionel Robbins, *Economic Planning and International Order* (London, 1937).

611) W. F. Berns, "The Case against World Government," *in World Politics*, ed. American Foundation for Political Education (3d ed.; Chicago, 1955).

612) George Stigler, "The Tenable Range of Functions of Local Government" (unpublished lecture, 1957; mimeographed).

613) 이 문제에 대해 백과사전식으로 다룬 것으로는 나의 동료인 Fritz Machlup, *The Political Economy of Monopoly* (Baltimore: Johns Hopkins Press, 1952)를 참조하라.

614) 특히 J. Schumpeter, *Capitalism, Socialism, and Democracy*, (New York, 1942), 7장을 참조하라.

615) *The Road to Serfdom*, 4장.
616) F. H. Knight, "Conflict of Values: Freedom and Justice," *Goals of Economic Life*, ed. A Dudley Ward (New York, 1953), p.224를 참조하라. "대중은 독점의 범위에 대해 가장 과장된 생각을 가지고 있다. 이는 독점이 정말 나쁜 것이며 교정할 수 있다는 것이다. 그리고 그것의 '폐지'라는 말을 하지만 이는 단순히 무지하거나 무책임한 것이다. 정당하고 필요한 이윤과 문제되는 행위를 보이는 독점적 이득 사이에 분명한 경계는 없다. 명망 있는 의사나 예술가는 모두 독점권을 가지고 있으며, 발명이나 다른 창조적 활동을 장려하기 위해 법에 의해 의도적으로 독점권이 승인되기도 한다. 마지막으로 대부분의 독점은 '특허'와 동일한 방식으로 작동하며, 일시적이고, 대체로 손실이 보상돼 균형을 이룬다. 게다가 지금까지 독점자가 저지른 최악의 제한은, 정부의 묵인이나 직접적인 지원을 얻고 대중의 승인을 받은 임금 노동자나 농민에 의해 조직된 것이다." 또한 같은 저자의 이전 논의인 "The Meaning of Freedom," *Ethics*, LII (1941~1942), p.103도 참조하라. "실제 경제생활에서 '독점'의 역할은 대중들의 마음속에 지나치게 과장되어 있으며, 실제로 최악이 되는 가장 큰 독점은 정부의 활동에서 기인한다는 것을 지적할 필요가 있다. 일반적으로(특히 미국에서 뉴딜 정책에 따른) 이러한 것들은 시장 경쟁의 조건을 조성하거나 실행하기보다는 직접적이지는 않더라도 대체로 독점을 증가시켰다. 경쟁이 실제로 의미하는 것은 단순히 개인이 누구와도 '거래'할 수 있고, 제안 받은 조건들 중에서 스스로 판단하기에 가장 좋은 조건을 선택할 자유가 있다는 것이다."

18. 노동조합과 고용

617) H. C. Simons의 "Hansen on Fiscal Policy" 장의 서두에서 인용했으며 J.P.E., Vol. L (1942), in *Economic Policy for a Free Society* (Chicago: University of Chicago Press, 1948), p.193에 재수록됨.
618) 결사의 자유를 변함없이 지지했던 가장 '정통적인' 경제학자를 포함한다. 특히 자발적 연합을 강조하는 J. R. McCulloch, *Treatise on the Circumstances Which Determine the Rate of Wages and the Condition of the Labouring Classes* (London, 1851), pp.79~89를 참조하라. 관련된 법적 문제에 대한 고전적 자유주의자들의 태도에 대한 포괄적 설명은 Ludwig Bamberger, *Die Arbeiterfrage unter dem Gesichtspunkte des Vereinsrechtes* (Stuttgart, 1873)를 참조하라.
619) C. W. Mills, The New Men of Power (New York, 1948), p.21에는 노동조합에 대

한 '자유주의자(liberal)'의 태도가 특징적으로 묘사되어 있다. "많은 자유주의자들의 사고방식에서 '나는 노동조합과 그들의 지도자들을 비판하지 않을 것이다. 그 점에서 나는 구별된다.'라고 속삭이는 부정적 정서가 있는 것 같다. 이는 그들로 하여금 대다수의 공화당원 및 우파 민주당원들과 구별되고, 좌익성과 사회적 순수성이 유지된다고 느끼게 만드는 것임에 틀림없다."

620) A. V. Dicey, Law and Opinion의 2판 서문, pp. xlv~xlvi. 그는 계속해서 다음과 같이 말한다. 이 법은 "노동조합을 이 나라의 일반 법률에서 면제되는 특권단체로 만든다. 이러한 특권단체는 영국의회가 이전에 의도적으로 만든 적이 없다. 그것은 노동자들 사이에 평등이 아니라 특권 획득을 목표로 해야 한다는 치명적 망상을 갖도록 자극한다." 또한 30년 후에 출판된 J. A. Schumpeter, Capitalism, Socialism, and Democracy (New York, 1942), p.321에서 같은 법에 대해 다음과 같이 논평한다. "이 조치가 사유재산제도를 중심으로 한 국가와 법체계를 여전히 믿는 사람들에게 어떤 충격을 주었을지 현재로서는 깨닫기 어렵다. 평화적 피케팅에 관한 불법공모법의 완화(실제로 무력 위협을 의미하는 노동조합 행동의 합법화에 해당함)와, 노조 기금을 불법 행위에 대한 손해 배상 책임에서 면제하는 법안(실제로 노조가 잘못할 수 없음을 법제화하는 것과 같음)은 실제로 국가 권한의 일부를 노조에게 양도하고 특권적 지위를 부여한 꼴이다. 이 면제권을 고용주 연합에게도 공식적으로 확대해봤자 그들에겐 별 쓸모가 없기 때문이다." 좀 더 최근에 북아일랜드의 수식 재판관은 이 법에 대해 다음과 같이 언급했다. (Lord MacDermott, *Protection from Power under English Law* [London, 1957], p.174) "한 마디로 10년 전까지 국왕이 불법행위를 저지르며 누렸던 특권적 지위를 노동조합에게 부여하는 것이다."

621) Roscoe Pound, *Legal Immunities of Labor Unions* (Washington: American Enterprise Association, 1957), p.23. E. H. Chamberlin, and others, *Labor Unions and Public Policy* (Washington: American Enterprise Association, 1958)에 재수록됨.

622) *Hunt v. Crumboch*, 325 U.S. 831 (1946)에서 이의를 제기하는 Jackson 판사.

623) L. von Mises, *Die Gemeinwirtschaft* (2d ed.; Jena, 1932), p.447.

624) 노동조합에 대한 어떤 자유주의적 동조자도 영국 노동운동에서 용기 있는 여성이 솔직하게 얘기한 다음의 명백한 진실을 감히 표현하려 하지 않을 것이다. "사실상 노동조합의 업무는 반사회적인 것이다. 만약 그들의 대표자와 위원회가 자기 부문만의 이익을 우선시하는 것을 멈출 경우 노조원들은 정당한 불만을 가질 것이다." (Barbara Wootton, *Freedom under Planning* [London, 1945], p.97) 미국에서 노조의 악명 높은 권력 남용에 대해서는 여기서 다루지 않을 것이다. Sylvester Petro, *Power Unlimited: The*

Corruption of Union Leadership (New York, 1959)을 참조하라.

625) 이 장에서 나는 다른 어느 장에서보다 이 문제에 대해 사려 깊은 학자들 사이에서 점점 더 형성되고 있는 의견을 이끌어낼 수 있을 것이다. 그들은 배경이나 관심에 있어서 과거에 노조의 특권을 옹호해온 사람들만큼이나 노동자들의 진정한 관심사에 공감하고 있다. 다음의 자료를 참고하라. W. H. Hutt, *The Theory of Collective Bargaining* (London, 1930)과 Economists and the Public (London, 1936), H. C. Simons, "Some Reflections on Syndicalism," *J.P.E.*, Vol. LII (1944), *Economic Policy for a Free Society*에 재수록, J. T. Dunlop, *Wage Determination under Trade Unions* (New York, 1944), *Economic Institute on Wage Determination and the Economics of Liberalism* (Washington: Chamber of Commerce of the United States, 1947) (특히 Jacob Viner와 Fritz Machlup의 논문), Leo Wolman, *Industry-wide Bargaining* (Irvington-on-Hudson, N.Y.: Foundation for Economic Education, 1948), C. E. Lindblom, *Unions and Capitalism* (New Haven: Yale University Press, 1949) (A. Director의 서평 *University of Chicago Law Review*, Vol. XVIII [1950], J. T. Dunlop의 서평 *A.E.R.*, Vol. XL [1950], Albert Rees의 서평 *J.P.E.*, Vol. LVIII [1950]을 참조할 것), *The Impact of the Union*, ed. David McCord Wright (New York, 1951 [특히 M. Friedman와 G. Haberler의 논문]), Fritz Machlup, *The Political Economy of Monopoly* (Baltimore: Johns Hopkins Press, 1952), D. R. Richberg, *Labor Union Monopoly* (Chicago, 1957), Sylvester Petro, *The Labor Policy of the Free Society* (New York, 1957), E. H. Chamberlin, *The Economic Analysis of Labor Power* (1958), P. D. Bradley, *Involuntary Participation in Unionism* (1956), G. D. Reilley, *State Rights and the Law of Labor Relations* (1955), 이 세 논문은 모두 *American Enterprise Association* (Washington, 1958)에 발표되었고 621번 주석에서 인용한 책에 Roscoe Pound의 논문과 함께 재수록. B. C. Roberts, *Trade Unions in a Free Society* (London, Institute of Economic Affairs, 1959), John Davenport, "Labor Unions in the Free Society," *Fortune*, April, 1959 그리고 "Labor and the Law," *ibid.*, May, 1959. 일반임금 이론과 노동조합 권력의 한계에 대해서는 J. R. Hicks, *The Theory of Wages* (London, 1932), R. Strigl, *Angewandte Lohntheorie* (Leipzig and Vienna, 1926), *The Theory of Wage Determination,* ed. J. T. Dunlop (London, 1957)를 참조하라.

626) 특히 바로 앞의 625번 주석에서 인용한 H. C. Simons와 W. H. Hutt의 저서를 참조하라. 노동조합 결성에 의한 '평등한 협상력'의 필요성에 대한 오래된 주장이 가진 제

한된 타당성조차도, 고용주의 투자규모 증가와 특수성이 증가하는 현대적 발전과 노동 이동성의 증가(자동차에 의해 가능해짐)에 의해 확실히 소멸되었다.

627) 이 점은 625번 주석에서 인용된 저서인 Lindblom의 주장과 반대된다는 사실이 특히 강조되어야 한다.

628) Chamberlin, *op. cit*., pp.4~5에서 다음과 같이 올바르게 강조하고 있다. "노동조합 정책의 한 가지 효과는 저소득 임금 수령자뿐 아니라 '자영업자'와 소상공인 같은 사회의 다른 계층을 포함하는 저소득 집단의 실질 소득을 더욱 감소시키는 것이라는 점은 의심할 여지가 없다."

629) 625번 주석에서 인용된 F. Machlup의 두 연구를 참조하라.

630) 최근 들어 눈에 띄는 예는 (M. Friedman가 D. Wright, The Impact of the Union, p.224에서 지적한 대로) 조직화되지 않은 것으로 악명 높은 가사 고용인들의 사례이다. 미국에서 1947년 이들의 임금은 1939년에 비해 2.72배 높아졌다. 반면 동일한 기간 동안 종합적으로 조직화된 철강노동자들의 평균 임금은 처음 수준의 1.98배만큼 증가했을 뿐이다.

631) Bradley *op. cit*.

632) S. P. Sobotka, "Union Influence on Wages: The Construction Industry," *J.P.E.*, Vol. LXI (1953).

633) 노동조합이 고용주와 피고용자 모두에게 이익이 될 수 있는 새로운 제도의 실험과 도입을 막고 있다는 사실은 아무리 강조해도 지나치지 않을 것이다. 예를 들어, 노조가 더 높은 수준의 안전을 대가로 임금의 희생을 감수하도록 허용한다면 상호 이득을 위해 '연간보장임금'에 합의하는 것도 전혀 불가능한 일은 아닐 것이다.

634) 현재 미국에서 벌어지는 임금협상의 성격을 설명하기 위해 E. H. Chamberlin은 625번 주석에서 인용한 그의 논문 p.41에 다음과 같은 비유를 사용하고 있다. "다른 어떤 분야에서 노동시장의 기법들이 적용되는 것을 상상함으로써 관련 사항에 대한 전망을 다소 얻을 수 있다. 만약 A와 B가 주택매매협상을 하고 있고, A가 현대의 노조와 같은 특권을 부여 받았다면 (1) A는 다른 주택소유자와 공모해 B에게 다른 제안을 할 수 없도록 할 수 있다. 필요하다면 폭력 또는 폭력의 위협을 사용할 수도 있다. (2) B가 다른 제안에 접근할 수 없도록 할 수 있다. (3) B의 집을 둘러싸고는 (소포를 제외하고) 모든 식품 반입을 차단할 수 있다. (4) B의 집으로부터 모든 이동을 중단시킬 수 있다. 만약 그가 의사라면 그는 의료 서비스를 판매하여 생계를 유지할 수 없도록 하고, 따라서 생계를 유지할 수 없게 한다. (5) B의 사업에 대한 보이콧을 시행할 수 있다. 만약 A가 이것들을 실행할 수 있다면, 이 모든 특권들은 틀림없이 A의 지위를 강화시킬 것이다. 그러나 A가 노동조합이 아니라면, 이 특권들은 어느 누구에게도 '협상과정'의 일부로 허용

되지 못할 것이다."

635) Petro, *op. cit.*, p.51를 참조하라. "노조는 유용한 목적을 달성할 수 있고 그렇게 하고 있다. 직원들에게는 그들의 잠재적 능력을 거의 사용하지 않았다. 그리고 근로자를 위한 도구라는 잠재성의 복권을 아직 긁어보지도 않은 상태다. 노조가 근로자를 억압하고 악용하는 것으로 악명을 떨치는 대신 근로자를 섬기는 일을 하게 된다면, 새로운 구성원을 확보하고 유지하는 데 겪는 현재의 어려움이 훨씬 줄어들 것이다. 지금처럼 클로즈드 숍을 고집하는 노조는 사실 노조가 자신들의 기능을 제대로 수행하지 못하고 있다는 것을 인정하는 꼴이다."

636) C. I. Barnard, "Functions and Pathology of Status Systems in Formal Organizations," in *Industry and Society*, ed. W. F. Whyte (New York, 1946)를 참조하라. Barnard, *Organization and Management* (Cambridge: Harvard University Press, 1949)에 재수록됨.

637) Sumner Slichter, *Trade Unions in a Free Society* (Cambridge, Mass. 1947), p.12를 참조하라. 여기서는 다음과 같은 주장을 하고 있다. 그러한 규칙들은 "산업영역에 시민권과 동일한 것을 도입한다. 그리고 그것은 변덕보다는 법칙에 의해 지배되는 인간 활동의 범위를 크게 확장시킨다." 또한 A. W. Gouldner, *Patterns of Industrial Bureaucracy* (Glencoe, Ill., 1954)에서 '규칙에 의한 지배'에 대한 논의를 참조하라.

638) 특히 Franz Böhm, "Das wirtschaftliche Mitbestimmungsrecht der Arbeiter im Betrieb," *Ordo*, Vol. IV (1951)를 참조하라. 그리고 Goetz Briefs, *Zwischen Kapitalismus und Syndikalismus* (Bern, 1952)를 참조하라.

639) 위의 625번 주석에 인용된 S. Petro의 저서와 J. Viner, G. Haberler, M. Friedman의 논문을 참조하라.

640) '공정거래법'에 의해 가격유지협정을 비계약자에게 강요하는 것을 금지하는 것과 마찬가지로 제3자에게 구속력을 갖는 그러한 계약은 이 분야에서도 금지되어야 한다.

641) 그러한 법률은 우리의 원칙과 일관되도록 하기 위해 특정 계약을 무효로 선언하는 것 이상을 넘어서는 안 된다. 이는 계약을 얻기 위한 모든 전제조건을 제거하기에 충분하다. '일할 권리법'이라는 제목이 암시하듯이 개인에게 특정 직업에 대한 청구권을 주어서는 안 된다. 더구나(미국의 몇몇 주에서 시행되고 있는 일부 법률처럼) 다른 근거로 인해 고용거부가 합법적인 경우 특정직업에서 거부되었다고 해서 손해배상 청구권이 주어져서는 안 된다. 이러한 조항에 대한 반대는 '공정고용 실행법'에 적용되는 반대 이유와 동일하다.

642) A. Lenhoff, "The Problem of Compulsory Unionism in Europe," *American*

Journal of Comparative Law, Vol. V (1956).

643) Petro, *op. cit.*, 특히 p.235 이하와 p.282를 참조하라.

644) G. Haberler와 나의 *Problems of United States Economic Development*, ed. by the Committee for Economic Development, Vol. I (New York, 1958) 논문을 참조하라.

645) Arthur J. Brown, *The Great Inflation*, 1939-1951 (London, 1955).

646) J. R. Hicks, "Economic Foundations of Wage Policy," E.J., LXV (1955), 특히 p.391를 참조하라. "지금 우리가 살고 있는 세계는 통화 체제가 전보다 탄력적으로 변한 세상이기 때문에, 통화변화에 임금이 적응하는 게 아니라 임금 변화에 통화가 적응할 수 있게 되었다. 실제 임금이 균형 수준에 맞춰 조정되는 대신, 통화정책은 실제 수준에 맞도록 명목임금의 균형 수준을 조정한다. 금본위제 대신 노동본위제라고 해도 과언이 아니다." 그러나 동일 저자의 이후 논문인 "The Instability of Wages," *Three Banks Review*, No. 31 (September, 1956) 또한 참조하라.

647) W. Beveridge, *Full Employment in a Free Society* (London, 1944), M. Joseph and N. Kaldor, *Economic Reconstruction after the War* (handbooks published for the Association for Education in Citizenship [London, n.d.]). Barbara Wootton, *The Social Foundations of Wage Policy* (London, 1955)를 참조하라. 그리고 현재의 논의 상황에 대해서는 D. T. Jack "Is a Wage Policy Desirable and Practicable?" *E.J.*, Vol. LXVII (1957)를 참조하라. 이러한 전개의 지지자들 중 일부는 이 임금 정책이 모든 노조의 단체행동을 의미하는 '노동'에 의해 이루어질 것이라고 상상하는 것처럼 보인다. 이것은 가능성이 있는 것도 아니고 실행할 수 있는 것도 아니다. 많은 노동자 집단은 그들의 상대적 임금이 모든 노동자들의 과반수 투표에 의해 결정되는 것에 당연히 반대할 것이고, 그러한 제도를 허용하는 정부는 사실상 모든 경제 정책의 통제권을 노동조합에게 양도하는 꼴이 될 것이다.

648) Barbara Wootton, *Freedom under Planning*, p.101을 참조하라. "'공정한'이라는 용어의 지속적인 사용은 매우 주관적이다. 공통적으로 받아들여질 윤리적 패턴은 정할 수 없다. 따라서 '공정하고 공평하게' 행동할 의무를 지닌 가련한 중재자는 아무 의미 없는 상황에서 이러한 자질을 보여주어야 한다. 받아들여진 규범 말고는 공정성이나 공평성 같은 것은 존재하지 않기 때문이다. 아무것도 없는 상태에서는 아무도 공평할 수 없다. 크리켓은 규칙이 있기 때문에 심판할 수 있고, 또 권투경기에서는 벨트 아래에 대한 공격이 금지되어 있기 때문에 심판할 수 있는 것이다. 따라서 임금 결정처럼 규칙도 없고 규범도 없는 곳에서 공평성에 대해 설명하려면 그저 보수주의라고밖

에 할 수 없다." 또한 Kenneth F. Walker, *Industrial Relations in Australia* (Cambridge: Harvard University Press, 1956), p.362를 참조하라. "노동분쟁위원회는 일반 법원과 달리 규정된 법률이 없을 뿐 아니라, 일반적으로 받아들여지는 공정성이나 정의의 기준이 없는 사안에 대해 판결을 내려야 한다." 또한 Gertrud Williams [Lady Williams], "The Myth of 'Fair' Wages," *E.J.*, Vol. LXVI (1956)를 참조하라.

649) Petro, *op. cit*., p.262 이하 특히 p.264를 참조하라. "나는 이 장에서 노동관계에는 법률규칙이 존재하지 않는다는 것을 알리려 한다. 누군가 아무리 불법적으로 피해를 입었다고 하더라도, 오직 예외적인 경우에만 법정에서 자기주장을 말할 수 있을 뿐이다." 그리고 p.272도 참조하라. 의회는 NLRB[National Labor Relations Board, 국가노사관계위원회]와 법률 고문에게 임의의 권한을 부여하여 피해자의 청문회를 거부하였으며, 의회는 연방법으로 금지된 행위를 통해 피해자에게 연방법원의 문을 폐쇄했다. 그러나 의회는 불법적으로 피해를 입은 사람들이 주법원에서 어떤 구제책이든 찾을 수 있는 길을 막지는 않았다. 모든 사람은 법원에서 자기주장을 펼칠 수 있는 권리가 있다는 이상은 대법원에 의해 타격을 입었다.

650) 영국노동조합회의 의장인 Charles Geddes은 1955년에 다음과 같이 말했다고 전해진다. "나는 영국의 노동조합 운동이 강요의 방법에 의존하여 그리 더 오랫동안 살아남을 것이라고 생각하지 않는다. 사람들이 우리 정책을 좋아하든 싫어하든 상관없이, 사람들이 우리에게 속하든지 굶든지 해야 하는가? 아니다! 노동조합 카드는 수여된 영예일 뿐이지, 그것이 좋든 싫든 당신이 무엇을 해야만 한다는 것을 의미하는 배지가 아니다. 우리는 필요할 때 노조에서 사람들을 배제할 수 있는 권리를 갖길 원한다. 하지만 우리는 '속할 것인가 굶을 것인가'에 기초해서 배제할 수는 없다."

19. 사회보장

651) *Economist* (London), March 15, 1958, p.918.
652) Alfred Marshall이 왕립 협회에서 노인 빈곤층의 연금 보편화 방안에 대해 현명하게 진술한 내용을 참고하라(1893) (*Official Papers by Alfred Marshall*, ed. J. M. Keynes [London, 1926], p.244). "그것에 대해 내가 반대하는 것은, 그것의 교육 효과가 진짜 있기는 하지만, 간접적이고 상당히 비용이 많이 들며, 그것 자체가 스스로 소멸되는, 일종의 씨앗을 포함하고 있지 않다는 것이다. 만약 시작한다면 그것은 영구적이 될 경향이 있다. 나는 이러한 모든 빈곤의 문제를 인류가 진보하는 과정에서 나타나는 일시적인 악으로 간주한다. 그리고 빈곤의 원인은 스스로 축소될 것이기 때문에, 스스로 축소

되게 만들 요인을 그 자체에 포함하고 있지 않은 제도를 만드는 것에 나는 반대한다."

653) Eveline M. Burns, "Private and Social Insurance and the Problem of Social Security," *Canadian Welfare, February* 1와 March 15, 1953, in *Analysis of the Social Security System: Hearings before a Subcommittee of the Committee on Ways and Means, House of Representatives* (83d Cong., 1st sess.), No. 38458 [Washington: Government Printing Office, 1954]), p.1475에 재수록되었다. "이것은 더 이상 각 개인에게 보험사의 계산에 의해 산출된 보험료 내에서 얼마만큼의 보호를 구매할 수 있는가에 대한 선택을 제공하는 문제가 아니다. 민간 보험사와 달리 정부는 경쟁에 대한 두려움에 전혀 제약을 받지 않는다. 그리고 정부는 균일한 기여금에 대해 안전하게 차등 혜택을 제공하거나 특정 피보험 집단을 차별할 수도 있다…. 민간 보험에서는 사람들이 원하는 것을 판매함으로써 이윤을 내는 것이 목적이다. 계약 조건에 관한 모든 결정을 좌우하는 본질적인 기준은 그것이 회사의 존립에 미치는 영향이다. 분명히, 회사가 경쟁 세계에서 계속해서 영업을 하기 위해서는 사람들이 대가를 지불할 만하다고 생각하는 서비스를 제공해야 하며, 제공된 보증서가 조건을 충족하였을 때 효력을 발휘할 수 있는 방식으로 일을 처리해야 한다…. 사회 보험은 그 목적이 다르다." 또한 같은 저자의 "Social Insurance in Evolution," *A.E.R.*, Vol. XLV, Suppl. (1944)와 *Social Security and Public Policy* (New York, 1956) 그리고 W. Hagenbuch, *Social Economics* (Cambridge: Cambridge University Press, 1958), p.198을 참조하라.

654) L. Meriam와 K. Schlotterbeck, *The Cost and Financing of Social Security* (1950), p.8을 참조하라. "사회보장 제안자들에 의해 '보험'이라는 용어가 채택된 것은 천재적인 홍보 수단이었다. 따라서 사회보장제도는 민간 보험의 선의를 활용하였고, 적립금의 형성을 통해 재정건전성을 확보하게 되었다. 그러나 사실상 노후 보장과 생명보험의 건전성은 사회보장 적립금에 의존하는 것이 아니라 연방 정부가 세금을 부과하고 빌릴 수 있는 권한에 달려 있다."

655) 653번 주석에서 인용된, 한때 사회보장위원회 의장이었고 미국 사회보장국장인 A. J. Altmeyer의 언급을 참조하라. "나는 사회보장이 소득재분배의 방법으로 사용되지 않아야 한다고 생각한다. 그 문제는 누진세를 통해 정면으로 솔직하게 다뤄져야 한다…. 그러나 나는 또한 사회보장혜택의 상당부분을 누진세금으로 충당하는 것에 대해 매우 찬성한다." 비슷한 입장으로 M. P. Laroque, "From Social Insurance to Social Security: Evolution in France," *International Labour Review*, LVII (June, 1948), p.588. "프랑스 사회보장제도는 국민소득분배에 조금 더 정의를 도입하는 것

이외에 다른 어떤 목적도 갖지 않는다." 그리고 G. Weisser, "Soziale Sicherheit," *Handwörterbuch der Sozialwissenschaften*, IX (1956), p.401. "사회보장제도의 본질적 특성은 문화적 관점에서 중요하다. 이 체계는 국민소득의 일부를 강제적으로 특정한 욕구, 즉 객관적으로 주어진 것으로 간주되는 욕구를 충족시키는 데 사용된다." 또한 A. Müller-Armack, "Soziale Markwirtschaft," *ibid.*, p.391도 참조하라. "시장경제적인 소득과정은 사회정책에 복지급여, 연금, 보상금 지급, 주택보조금, 보조금 등의 형태로 소득분배를 바로잡는 국가의 소득보조를 위한 적절한 기반을 제공한다."

656) 여기 제한된 지면 내에서 정부의 사회보장제도의 야심찬 목적이 광범위한 재량권과 강압적 권력을 어떻게 당국에 부여하는지를 상세히 보여주는 것은 불가능하다. 이 문제들 중 일부는 같은 목적을 달성하기 위해 민간 보험계획을 수립하려고 한 A. D. Watson, *The Principles Which Should Govern the Structure and Provisions of a Scheme of Unemployment Insurance* (Ottawa: Unemployment Insurance Commission, 1948)의 흥미로운 시도에서 잘 드러난다. 이에 대해 E. M. Burns는 653번 주석에 인용한 문서에서 다음과 같이 논평했다. "'사회보험을 민간보험과 연관시키기 위한 가장 지속적이고 일관된 노력은 무엇인가'의 저자인 A. D. Watson은 다음과 같이 언급했다. '건전한 보험 원리의 위반은 황무지로 인도한다. 그 안에서는 아무것도 돌려받을 수 없다.' 그러나 실업보험법의 구체적인 조항을 고안하기 위한 시도에서, 이 저자조차도 '합리적인', '행정적으로 가능한', '실제로 공정한'이라는 관점에서 작동하는 원칙에 의지할 수밖에 없다고 생각한다. 그러나 그러한 단어들은 어떤 근본적인 목적, 어떤 특정한 사회적 환경, 그리고 지배적인 사회적 가치들과 관련지어 해석될 수 있을 뿐이다. 따라서 무엇이 '합리적인지'에 대한 정확한 결정은 관심과 목적의 균형을 필요로 한다." 이러한 어려움은 민간보험의 체계가 정부 보험의 시스템이 제공할 수 있는 모든 것을 제공해야 한다고 가정하는 경우에만 발생한다. 더 제한된 목적의 경우라도 민간 경쟁시스템은 여전히 더 나을 수 있다.

657) 이러한 잘못된 신념이 미국의 정책을 이끌어간 충분한 사례는 Dillard Stokes, *Social Security—Fact and Fancy* (Chicago, 1956)에 잘 나와 있다. 영국의 비슷한 사례도 볼 수 있다.

658) Meriam와 Schlotterbeck, *op. cit.*, pp.9~10를 참고하라. 여기에는 그 당시 미국의 가장 최신 사회보장법안이 보고되어 있다. "1945년 10월 5일 의원석이나 '방법 및 수단 위원회'의 소수구성원으로부터 수정제안을 허용하지 않는 규칙하에 하원을 통과하였다. 상당한 장점이 없는 것은 아니지만, H.R. 6000은 모든 복잡성에 익숙하지 않은 사람들이 단편적으로 수정하기에는 너무 복잡하고 전문적이었다."

659) L. von Mises, *Human Action* (New Haven: Yale University Press, 1949), p.613을 참조하라. "누군가는 임금 근로자들이 그들 자신의 미래를 위해 자발적으로 대비하기에는 통찰력과 도덕적 힘이 부족하다고 주장함으로써 그러한 사회보장시스템을 정당화하려고 노력할 수도 있다. 그러나 그렇다면 국가의 복지를 자신의 일도 처리할 능력이 없다고 생각되는 유권자의 결정에 맡기는 것이 역설적이지 않느냐고 반문하는 사람들의 목소리를 잠재우기는 쉽지 않다. 자신들의 수입을 어리석게 지출하지 못하도록 막아줄 감독자가 분명히 필요한 그 사람들을 주권자로 만드는 것은 터무니없는 일이 아닌가? 그들에게 감독자를 선출할 권한을 부여하는 것이 타당한가?"

660) 몇 년 전 우리 시대의 가장 저명한 경제학자들이 참석한 '노조의 영향'을 주제로 한 심포지엄 리셉션에서 이것에 대한 훌륭한 사례가 제시되었다. 비록 그것이 우리의 가장 시급한 경제 문제들 중 하나에 대한 가장 깊이 있는 논의를 담고 있었지만, 그것은 '노사관계 전문가'들에 의해 생색내듯 다뤄졌다.

661) 전문가의 규칙에는 간단히 고찰해볼 만한 추가 효과가 있다. 같은 조직 내에서 일하는 일련의 다양한 전문가들의 연속적인 결정에 의해 이루어지는 전개는, 경쟁 세계에 비해 현실 검증을 덜 받기 때문에 진행되기 더 쉽다. 의료전문가들이 이런저런 게 필요하고 '반드시' 이루어져야 한다고 말할 때, 그것은 행정 전문가가 의사결정의 기초자료로 사용한다. 그리고 결과적으로 행정적으로 필요하다고 내린 결정 역시 마찬가지로 법률가들이 법률의 초안을 잡을 때 기초자료가 된다. 이들 전문가들 중 어느 누구도 전체적인 결과를 볼 때 자신이 다른 전문가의 '필수'를 무시할 수 있는 위치에 있다고 느낄 수 없다. 과거 일이 단순하고 '전문가는 우위에 서있는 것이 아니라 언제든지 이용 가능해야 한다'는 것이 규칙이었을 때, 그 일은 정부 부처의 정치적 수장이 해야 할 업무였다. 현대에는 조치의 복잡성으로 인해 정치적 수장은 전문가 앞에서 힘을 쓸 수 없게 되었다. 그 결과, 조치들은 점점 더 조정 및 상호간에 조정된 결정의 결과가 아니라 총합의 산물이 된다. 비록 이것이 첫 번째 결정을 내린 사람에 의해 예측될 수 없는 것이라 하더라도, 그 속에서 어느 누구도 "멈춰!"라고 말할 수 있는 힘을 갖지 못한다. 결과적인 조치들은 각 단계에서 한 사람이 다른 특정 기관이 그에게 제공하는 것을 결정의 근거로 그가 자유롭게 받아들이거나 거부할 수 있는 종류의 노동 분업에 의존하지 않는다. 대안이 없는 단일 계획은 이러한 과정에서 내부의 필요성에 의해 결정된다. 이것은 한 개인의 전체에 대한 이해도와는 아무 관련이 없다. 전 국민 의료서비스 제공과 같은 규모의 업무를 하나의 종합 기관이 수행하는 것은 가장 효율적인 방법이 아니다. 이는 이미 알고 있는 지식을 활용하는 경우도 마찬가지이며, 새로운 지식을 신속히 개발하고 확산시키는 경우에는 더더욱 그러하다. 다른 많은 분야에서와 마찬가지로 매우 복잡한

업무에서는 의식적인 지배나 관리당국의 통제에 의존하기보다는 비인격적인 메커니즘에 의해 유도되는 조정 기술이 필요하다.

662) J. Schreiegg, *Die Versicherung als geistige Schöpfung des Wirtschaftslebens* (Leipzig and Berlin, 1934), pp.59~60.

663) 영국의 민간 연금체계 성장에 대해서는 특히 the Report of the Committee on the Economic and Financial Problems of the Provisions for Old Age (London: H. M. Stationery Office, 1954; Cmd. 9333), 조사결과에 대한 요약은 A. Seldon, *Pensions in a Free Society* (London: Institute of Economic Affairs, 1957), p.4를 참조하라. 여기에는 다음과 같이 언급되어 있다. "1936년에 대략 180만 명이 산업 및 상업에 종사했다. 1951년에는 대략 630만 명이 종사했는데, 민간의 고용은 390만 명이었고 공공영역에서의 고용은 240만 명이었다. 1953~1954년에 총고용은 710만 명으로 증가했다. 현재는(1957년 6월) 850만 명에 이른다. 이것은 민간산업의 약 550만 명을 포함한 것이다." 이 영역에서 미국의 발전은 훨씬 놀랍다. 그러나 가장 놀랄 만한 사실은 새로운 형식의 의료보험이나 건강보험의 급속한 발전이다. (C. C. Nash, "The Contribution of Life Insurance to Social Security in the United States," *International Labour Review*, Vol. LXXII [July, 1955]를 참조하라)

664) 불행하게도 이러한 단계를 표현하는 독일어 용어인 'Fürsorge, Versicherung, Versorgung'와 같은 편리한 영어 용어가 존재하지 않는다. H. Achinger, *Soziale Sicherheit* (Stuttgart, 1953), p.35를 참조하라. 그리고 같은 저자의 공동 저서 *Neurodnung der sozialen Leistungen* (Cologne, 1955)의 기고 논문을 참조하라. 그리고 K. H. Hansmeyer, *Der Weg zum Wohlfahrtsstaat* (Frankfurt a.M., 1957)도 참조하라.

665) 이에 대한 다양한 사례는 Stokes, *op. cit.* 를 참조하라.

666) 655번 주석에 인용된 구절을 참조하라. 그리고 이 목표가 실제로 다양한 국가에서 달성된 범위에 대해서는 A. T. Peacock (ed.), *Income Redistribution and Social Policy* (London, 1954)를 참조하라.

667) 국제노동기구의 발간물과 별개로 자유와 복지에 대한 무수한 책들이 쏟아졌다. *Social Patterns in the Northern Countries of Europe*, ed. G. R. Nelson and sponsored by the Ministries of Social Affairs of Denmark, Finland, Iceland, Norway, and Sweden (1953)(출판 장소는 미기재)를 참조하라. 이 책은 국제적인 규모의 선전의 대표적 예이며, 이 책의 자금 조달에 대해 조사하는 것도 흥미로울 것이다.

668) Bank for International Settlements, 24th Annual Report (Basel, 1954), p.46.

669) Laroque, *op. cit.*, 그리고 Peacock, op. cit., p.98에서 인용된 G. Rottier의 저서를 참조하라.
670) Weisser, op. cit., p.407. 이에 상응하는 영어권 주요 5개국의 1950년 국민 소득에 대한 비중은 E. M. Burns, *Social Security and Public Policy*, p.5에 제시되어 있다: 오스트레일리아 7.3, 캐나다 7.99, 영국 11.87, 뉴질랜드 13.18, 미국 5.53. 유럽 국가들의 최근 수치는 "Free Trade and Social Security," *Planning*, No. 412 (1957)에 따르면, 독일 20.0, 프랑스 16.5, 오스트리아 15.8, 이탈리아 11.3, 영국 11, 스위스 10.00%이다.
671) 내가 알기로 벨기에서는 12년 동안 임금이 25%에서 41%로 인상된 후, 마침내 노동자와 피고용자 스스로가 이러한 전개를 종식시켰다(W. Roepke, *Jenseits von Angebot und Nachfrage* [Erlenbach and Zurich, 1958], p.295를 참조하라).
672) A. T. Peacock, *The Economics of National Insurance* (London, 1952)를 참조하라.
673) Stokes, *op. cit.*, p.89 이하를 참조하라.
674) Henry D. Allen, "The Proper Federal Function in Security for the Aged," *American Social Security*, X (1953), p.50.
675) 예를 들어 *Wall Street Journal*, January 2, 1958, 표제 칼럼을 보라. "사회보장 선거가 다가오면서, 혜택의 새로운 증가 가능성이 커진다. 의회가 월별 수표를 5% 또는 10% 인상시킬 수 있다." 등등의 예상은 적중했다
676) *National Superannuation: Labour's Policy for Security in Old Age* (London: Labour Party [1957]), p.30.
677) *Ibid.*, p.104와 p.106.
678) 이러한 견해의 가장 특징적인 표현은 "Beveridge Report" (*Social Insurance and Allied Services: Report by Sir William Beveridge* [London: H. M. Stationery Office, 1942; Cmd. 6404], secs. 426~439)에서 발견할 수 있다. 여기에서는 국민건강서비스가 다음과 같아야 한다고 제안하고 있다. "모든 시민에게 그들이 원하는 어떤 형태의 의료서비스든 (가정방문 또는 병원, 일반, 전문, 또는 상담) 이용할 수 있도록 해야 한다. 그것은 또한 '모든 시민에게 모든 종류의 완전한 예방 및 치료처방을 공급하는 건강서비스로서, 예외도 없고, 보수의 제한도 없고, 치료를 늦추는 경제적 장벽도 없어야 한다." Beveridge 보고서에서 1억 7,000만 파운드로 추산했던 연간 서비스 비용이 현재 4억 5,000만 파운드를 훨씬 넘어섰다는 점을 여기서 언급해두어야 한다. B. Abel-Smith와 R. M. Titmuss, *The Cost of the National Health Service in England and Wales* (Cambridge: Cambridge University Press, 1956), *Report of the Committee of En-*

quiry into the Cost of the National Health Service ("Guillebaud Report") (London: H.M. Stationery Office, 1956; Cmd. 9663), 또한 C. A. R. Crosland, *The Future of Socialism* (London, 1956), p.120와 p.135를 참조하라.

679) Ffrangcon Roberts, *The Cost of Health* (London, 1952)와 W. Bosch, Patient, *Arzt, Kasse* (Heidelberg, 1954)를 참조하라. 또한 L. von Mises, *Socialism* (new ed.; New Haven: Yale University Press, 1951), p.476 이하, 그리고 이 책에서 인용된 초기 독일 문헌들을 참조하라.

680) Roberts, op. cit., p.129를 참조하라. 또한 J. Jewkes, "The Economist and Economic Change," in *Economics and Public Policy* (Washington, D.C., 1955), p.96을 참조하라. "[영국 국민건강서비스NHS에 관한] 중요한 경제적 질문은 이것이었다. 만약 가격은 0인데 수요가 거의 무한대인 서비스가 있다면, 만약 공급을 늘리기 위한 조치를 취하지 않는다면, 만약 비용 곡선이 급격히 상승한다면, 만약 모든 시민이 법으로 보장된 최상의 의료서비스를 받는다면, 만약 분명한 할당 방법이 없다면, 무슨 일이 벌어질까? 나는 영국의 어떤 경제학자들도 사건이 벌어지기 전에 그러한 질문을 던지는 것을 본 적이 없다. 사건이 벌어진 후 이러한 질문을 던진 사람들은 경제학자들이 아니라 의사들이었다."

681) Roberts, *op. cit.*, p.116을 참조하라. "우리의 조사에 따르면 의학은 과학과 연계되어 빠른 속도로 확장되는 성질을 얻게 되었다. 그것은 직업적 야망과 거래 이익을 키우고, 결국 그것에 의해 키워진다. 이 과정은 치유라기보다는 의료에 의한 생존의 상태로 생명을 연장시키는 것을 촉진한다는 점에서 그 자체의 성공에 의해 더욱 강화된다. 그리고 의학을 확장시키는 또 다른 요인은 삶의 기준 향상 및 병에 대해 걱정하는 마음이다."

682) *Ibid.*, p.136. "고관절 골절상을 입은 80대 노인이 즉시 병원에 입원하겠다고 요청한다. 그는 입원 후 오랫동안 병원에 머문다. 반면 병원에 잠깐 머물면서 약간의 물리적 손상(그럼에도 이 손상은 그의 노동 능력에 영향을 줄 수 있다)만 치료할 수 있었던 사람은 상당히 오래 기다려야 할 수도 있다." Roberts 박사는 다음과 같이 덧붙인다. "이러한 치료술에 대한 경제적 관점은 냉담해 보일 수 있다. 우리의 목표가 초인간적 실체로 간주되는 국가의 복지라고 한다면 그러한 부담은 실제로 정당화될 수 있다. 의사는 환자의 경제적 가치에 대해 전혀 관심이 없다는 건 말할 필요도 없다. 하지만 우리의 목표는 국가구성원의 복지이다. 우리는 자원이 부족하므로 모든 질병을 다 치료할 수 없다. 모두 가능할 만큼 과학이 발전한 운 좋은 상황이 아니라면 말이다. 우리는 단기적으로 개인에게 직접 주어지는 혜택과 장기적으로 개인에게 간접적으로 주어질 혜택 사이에서

적절한 균형을 이룰 것을 강요받는다."

683) Mark G. Field, *Doctor and Patient in Soviet Russia* (Cambridge: Harvard University Press, 1957)를 참조하라.
684) E. M. Burns, "Social Insurance in Evolution"를 참조하라.
685) 이 문제에 대해 영국에서 가장 신중한 연구자들 중 한 명인 J. R. Hicks는 몇 년 전 다음과 같이 지적했다. ("The Pursuit of Economic Freedom" *in What We Defend*, ed. E. F. Jacob [Oxford: Oxford University Press, 1942], p.105) "실업률이 높은 이유 중 한 가지는…. 진보적 사회정책의 직접적인 결과이다. 실업통계는 실업수당 행정과 밀접하게 관련되어 작성되며, 그 수당에 대한 권리는 매우 관대하게 주어진다."
686) Colin Clark, *Welfare and Taxation* (Oxford, 1954), p.25를 참조하라.
687) Barbara Wootton, "The Labour Party and the Social Services," *Political Quarterly*, XXIV (1953) p.65를 참조하라. "사회 복지 서비스의 장래 구성 계획은 이러한 서비스들의 목표가 무엇인지에 대해 보다 명확한 결정을 기다린다. 특히 그것이 사회적 평등 정책에 기여하려는 목표를 갖는가? 아니면 그것은 Webbs의 초기 작업에서 발표된 국가의 최소 생계비 계획의 일부인가? Webb의 그 계획은 굶어 죽는 사람이 없고, 너무 가난해서 진료를 받지 못하는 사람이 없으며, 초등교육을 받지 못하는 사람이 없도록 한다는 것이다. 사회서비스의 미래를 좌우하는 것은 이러한 질문에 대한 대답이다."
688) Edmund Burke, *Thoughts and Details on Scarcity*, Works, VII, pp.390~391에서 표현된 이 문제들에 대한 고전적인 교리를 다시 생각해보는 것이 유용할 것이다. "어떤 사람이 상업의 규칙과 정의의 원칙에 따라 아무것도 주장할 수 없는 상황이 생길 때마다 그는 그 구역을 벗어나 자비의 관할구역으로 들어간다."
내가 알고 있는 이 분야의 현재 경향에 대한 최고의 비판적 분석은 W. Hagenbuch의 논문인 "The Rationale of the Social Services," *Lloyds B.R.*, July, 1953 (같은 저자의 *Social Economics* [Cambridge: Cambridge University Press, 1958]의 에필로그에 부분적으로 재수록)에 실려 있다. (pp. 9~12)에서 그는 다음과 같이 주장한다. "모든 사람이 특정한 기본적 필요를 위해 영구적으로 국가에 의존하게 되고 불가피하게 점점 더 의존하게 되는 시스템으로 우리도 모르게 흘러 들어갈 수도 있다. 사회 서비스는 더 이상 자기소멸적이지 않으며, 자기확산적이 된다…. 소수의 일부 불행한 사람들이 불행을 극복할 수 있기 위해 가끔 일시적으로 혜택을 받는 체제와 모든 사람의 수입이 상당부분을 계속해서 국가를 통해 전달받는 체제 사이에는 확실히 상당한 차이가 존재한다. 개인이 넣은 것과 가져가는 것 사이의 직접적인 연관성의 부재, 분배의 불평등을 논의할 때 반드시 발생하는 정치적 상황, 그리고 순전한 온정주의, 이 모든 것들은 사회서비스 기금을 통하지 않는 국민 소득의 작은 흐름의 급격한 감소를 암시하며 또한 모든 소득에 대해 국가의 완전한 통제로의 이동을 암시한다…. 그러므로 우리는 정책의 장기적인 갈등을 다음과 같이 요약할 수 있다. 한편으로, 우리는 모든 사람을 가난하게 함으로써(당신이 그것을 어떻게 보느냐에 따라 모든 사람을 부자로 만듦으로써) 보편적인 경우가 아니면 혜택을 주지 않고, 국민소득을 사회화함으로써 빈곤을 제거하는 사회서비스 시스템을 목표로 할 수 있다. 다른 한편으로는, 빈곤선 아래에 있는 사람들을 그 위로 끌어 올리고, 도움이 필요한 사람들에게 선택적 혜택을 제공하고, 가계조사 또는 보험 부문의 방법을 채택할 수 있다. 그리고 최저소득층이 빈곤선 이상이 되도록 함으로써 사회서비스가 더 이상 필요 없는 날을 기대하며 빈곤층을 제거하는 사회서비스 시스템을 목표로 할 수도 있다." 같은 저자의 "The Welfare State and Its Finances," *Lloyds* B.R., July, 1958와 H. Wilgerodt, "Die Krisis der sozialen Sicherheit und das Lohnproblem," Ordo, Vol. VII (1955)와 H. Achinger, *Soziale Sicherheit, and Roepke, op. cit.*, chap. Iv를 참조하라.

689) 653번 주석에서 인용한 E. M. Burns의 첫 번째 논문을 참조하라. 특히 p.1478.

690) P. Wiles, "Property and Equality," in *The Unservile State*, ed. G. Watson (London, 1957), p.100 또한 E. Dodds, "Liberty and Welfare," in *The Unservile State*, 특히 p.20을 참조하라. "복지에 대한 국가의 독점은 확실히 분별력 없는 결과를 초래한다는 것이 명백해졌으며, 우리는 단순한 복지가 아니라 다양하고 경쟁력 있는 복지를 제공할 때가 되었다고 확신한다."

691) Stokes, *op. cit* 에서 제안된 개혁안에 대한 반대의 의미로써(이미 발생한 의무를 부인하는 것에 해당함) 다음과 같이 얘기해야 한다. 이미 '빚을 청산하고 새로운 출발'을 하고 싶은 욕구가 아무리 크더라도, 그리고 이미 떠안게 된 부담이 아무리 크더라도, 이것은 더 합리적인 제도를 만들기 위한 시도로서 아주 중요한 새로운 시작으로 보인다.

692) 이 구절은 Joseph Wood Krutch가 비공식적인 강연에서 사용한 것이다.

20. 조세와 재분배

693) F. Guicciardini, "La decima scalata," *Opere inedite*, ed. P. and L. Guicciardini (Florence, 1867), X, p.377. 이러한 발언의 근거와 그 기반이 된 누진세에 대한 16세기의 뛰어난 고찰은 간략히 설명할 가치가 있다. 고대 아테나와 로마 이후로 알려지지 않은 법률에 따라 200년 동안 개인의 자유를 누려왔던 피렌체 공화국은 15세기에 대

중적 인기를 기반으로 점점 더 독재적 권력을 얻게 된 메디치 가문의 통치를 받게 되었다. 이러한 목적을 위해 사용한 도구 중 하나는 Guicciardini가 다른 책("Del reggimento di Firenze," *Opere inedite*, II, p.40)에서 서술한 바 있는 누진세였다. "귀족과 부자들이 Cosimo에 의해 얼마나 억압을 받았는지, 그리고 그 다음 시기에는 세금에 의해 얼마나 억압을 받았는지는 잘 알려져 있다. 그리고 메디치가는 결코 인정하지 않았지만, 겉으로는 합법적으로 보이는 파괴 수단인 과세가 그 원인이었다. 그들은 항상 누구든 원하는 사람을 자기 뜻대로 쓰러뜨릴 수 있는 힘을 가지고 있었기 때문이다." 다음 시기의 어느 시대인가에 누진세가 다시 주장되었을 때 Guicciardini는 누진세에 대한 뛰어난 두 편의 논문을 썼다(K. T. von Eheberg, *"Finanzwissenschaft,"* Handwörterbuch der Staatswissenschaften [3d ed., Jena, 1909], Vol. IV,에서 제시한 연도인 1538년은 추측에 불과하다). 첫 번째는 지지하는 것이었고, 두 번째는 분명한 그의 견해를 표명한 것으로 누진세에 반대하는 것이었다. 그것은 초고 형태로 남아 있다가 19세기 들어서야 출간되었다. 그가 반대하는 근본적 이유는 다음과 같다(X, p.368). "우리가 목표로 삼아야 할 평등은 시민이 다른 시민을 억압할 수 없고, 시민은 모두 법과 당국의 지배를 받으며, 의회에서 각자의 의견이 다른 사람의 의견과 동등하게 중요하다는 것이다. 이것은 자유의 평등을 의미하는 것이지, 모든 측면에서의 평등을 말하는 것이 아니다." 그는 계속해서 다음과 같이 말한다(p.372). "공동체의 일부가 나머지에 의해 억압받고 학대받는 것은 자유가 아니며, 이것은 우리가 추구하는 자유의 목적도 아니다. 자유는 각자가 안전하게 자신의 온전한 상태를 보존할 수 있어야 하는 것이다." 그리고 누진세의 옹호자들에 대해서는 이렇게 말한다(ibid.). "대중의 선동자들, 자유 방임자들, 그리고 공화국의 좋은 정부." 그가 이 장의 앞부분에서 인용한 주요 위험 요소는 이탈리아어 원문에서도 확인할 수 있다. "그러나 이러한 것들은 본래 작게 시작된다. 만일 사람들이 그것을 깨닫지 않는다면 빠르게 증식하여 어느 누구도 조치를 취할 수 없게 만든다." 이에 대해 G. Ricca-Salerno, *Storia delle dottrine finanziarie in Italia* (Palermo, 1896), pp.73~76와 M. Grabein, "Beiträge zur Geschichte der Lehre von der Steuerprogression," *Finanz-archiv*, XII (1895), pp.481~496을 참조하라.

694) 10년 전만 해도 원칙적으로 누진세에 반대하는 경제학자들은 극소수에 불과했다. 그들 중 L. von Mises(예를 들어 *Human Action* [New Haven: Yale University Press, 1949], p.803 이하)와 H. L. Lutz, *Guideposts to a Free Economy* [New York, 1948], chap. Xi를 특히 언급해야 한다. 그것의 위험성을 지적한 젊은 세대 중 첫 번째는 D. M. Wright, Democracy and Progress (New York, 1948), pp.94~103인 것으로 보인다. 일반적인 토론은 주로 W. J. Blum와 Harry Kalven, Jr의 주의 깊은 연구로부

터 재개되었다. *The Uneasy Case for Progressive Taxation*, first published in University of Chicago Law Review, Vol. XIX (1952)에서 처음 발표되었고, 1952년 시카고대학 출판사에서 별도로 출간되었다. 이 문제에 대한 나의 초기 논의는 "Die Ungerechtigkeit der Steuerprogression," *Schweizer Monatshefte*, Vol. XXXII (1952)와 "Progressive Taxation Reconsidered," in On Freedom and Free Enterprise: Essays in Honor of Ludwig von Mises, ed. M. Sennholz (Princeton, 1956)를 참조하라. 후자의 핵심 내용은 이 장에 포함되어 있다. 최근에 출판된 F. Shehab, *Progressive Taxation* (Oxford, 1953)에서는 영국의 누진세에 대해 비판적이지는 않지만 매우 교훈적인 역사를 담고 있다.

695) Turgot의 난외주, "Il faut exéuter l'auteur, et non le projet," F. Gentz, "Ueber die Hülfsquellen der französischen Regierung," *Historisches Journal*, III (1799), p.138. Gentz 자신은 누진세에 대해 다음과 같이 논평하고 있다. "따라서 소득과 재산에 대한 순수한(기하학적) 누진이 아니라 점증적 누진의 원리에 기초한 모든 과세는 노상강도 짓과 다를 바 없다."(여기서 Gentz는 '누진'이라는 용어를 조세의 비례량이 아니라 절대량으로 사용하고 있다.)

696) [J. R. McCulloch], "On the Complaints and Proposals Regarding Taxation," *Edinburgh Review*, LVII (1833), p.164. 이 초기 논문은 같은 저자의 잘 알려진 확장 버전으로 *Treatise on the Principles and Practical Influence of Taxation and the Funding System* (London, 1845, p.142)에 포함되어 있다.

697) K. Marx, *Selected Works*, ed. V. Adoratsky (London, n.d.), I, p.227을 참조하라. L. von Mises가 (*Planning for Freedom* [South Holland, Ill., 1952], p.96)에서 지적한 것처럼, "구 질서에 대한 더 많은 침투를 필요로 한다"는 구절은 『공산당 선언』의 원본에는 없으며 1888년 Friedrich Engels에 의해 영문 번역본에 삽입되었다.

698) M. A. Thiers, *De la propriété* (Paris, 1848), p.319: "비례성은 원리이고 누진성은 자의적 질서에 불과하다."

699) J. S. Mill, *Principles* (1st ed., 1848), II, p.353.

700) 누진세를 옹호하는 이러한 주장에 대한 최근 연구는 E. D. Fagan, "Recent and Contemporary Theories of Progressive Taxation," *J.P.E.*, Vol. XLVI (1938)와 E. Allix, "Die Theorie der Progressiv Steuer," *Die Wirtschafstheorie der Gegenwart*, Vol. IV (Vienna, 1928)를 참조하라.

701) 현대적 한계효용 분석의 창시자 중 한 사람이자 '한계효용'이란 용어를 만든 나의 스승인 F. von Wieser는 공정 관세에 대해 과학적 기초를 제공한 것을 자신의 주요 업

적 중 하나로 여겼던 것으로 기억한다. 이와 관련하여 영어권에서 가장 큰 영향력을 행사한 저자는 F. Y. Edgeworth이다. 그의 *Papers Relating to Political Economy* (London, 1925), II 특히 pp.234~270을 참조하라.

702) 1921년 말에 Sir Josiah Stamp(이후 Lord Stamp가 됨)는 (*The Fundamental Principles of Taxation* [London, 1921], p.40)에서 다음과 같이 말했다. "한계이론이 심리학적 측면에서 철저히 연구된 후에야 누진세는 원칙적으로 안전한 기초를 얻을 수 있었다." 좀 더 최근에 T. Barna, *Redistribution of Incomes through Public Finance* (Oxford: Oxford University Press, 1945), p.5는 다음과 같이 주장하였다. "주어진 국민 총소득 하에서, 만족도는 소득의 균등 분배에 의해 극대화 된다. 이 주장은 한편으로는 소득의 한계효용체감의 법칙에 기초하고, 다른 한편으로는 (경제학보다는 정치 민주주의의 가정에 근거하여) 동일한 소득을 가진 사람들은 동일한 향유능력을 가지고 있다는 가정에 기초하고 있다. 게다가 현재 받아들여지고 있는 경제원칙은 실업이 존재하는 한 (고소득자의 존재에 의해 훨씬 쉬워진) 검약이 미덕이라는 사실을 부정한다. 따라서 불평등에 대한 주된 전통적 정당성은 사라진다."

703) 대부분의 경우 한 사람의 필요가 다른 사람의 필요보다 큰지 작은지에 대해 자신만의 분명한 견해를 가지고 있다는 결론은 항상 반복되는 반대 의견에도 불구하고 확고하게 확립된 것으로 간주할 수 있다. 우리에게 각자의 견해가 있다는 것이, 필요에 대한 중요도의 견해가 사람들마다 다를 경우 누가 더 옳은지를 결정할 객관적 근거가 있다는 의미는 아니다. 또한 사람들에게 쉽게 동의 받을 증거가 있다는 의미도 아니다.

704) Stenographische Berichte der Verhandlungen . . . des preussischen Abgeord-netenhauses (1898~1899), II, p.907. "우리가 누진세의 문제에 다가서게 되면, 평등의 가장 신성한 기초는 무너지게 된다. 그것이 부자들을 겨냥한 것이라면 그것 자체가 수십만 명의 입장에서는 절대적 민주주의를 원칙적으로 부정하는 것이기 때문이다."

705) 특히 H. C. Simons, *Personal Income Taxation* (Chicago: University of Chicago Press, 1938), p.17 이하를 참조하라. 또한 A. T. Peacock, "Welfare in the Liberal State," in *The Unservile State*, ed. G. Watson (London, 1957), p.117을 참조하라. "누진세와 같은 조치에 대한 진보주의자들(Liberal)의 지지는 여분의 1파운드가 부자들보다는 가난한 이들에게 더 '가치가 있다'거나 '좀 더 큰 효용'을 줄 수 있다는 공리주의적 믿음에 기반한 것이 아니다. 사실 그것은 전반적 불평등에 대한 적극적인 반감에 기반하고 있다."

706) Taxation Committee of the National Association of Manufacturers, *Facing the Issue of Income Tax Discrimination* (rev. and enlarged ed.; New York, 1956), p.14.

707) D. G. Hutton, "The Dynamics of Progress," in *The Unservile State*, pp.184~185. 이것은 심지어 노동당에서도 지금 인정되고 있는 것이다. (예를 들어 C.A.R. Crosland, *The Future of Socialism* [London, 1956], p.190을 참조하라.)

708) G. Findlay Shirras와 L. Rostas, *The Burden of British Taxation* (Cambridge: Cambridge University Press, 1943), p.56. 이 조사의 주요 결과는 다음 표에 나타나 있다.

또한 Report of the Committee on National Debt and Taxation (London: H.M. Stationery Office, 1927; Cmd. 2800)의 초기 논의를 참조하라. 미국에 대해서는 G. Colm and H. Tarasov, *Who Pays the Taxes?* "Temporary National Economic Committee Monographs," No. 3 [Washington: Government Printing Office, 1940] 그리고 J. H. Adler, "The Fiscal System: The Distribution of Income and Public Welfare," in *Fiscal Policies and the American Economy*, ed. K. E. Poole (New York, 1951)를 참조하라. 프랑스에 대해서는 H. Brochier, *Finances publiques et redistribution des revenus* (Paris, 1950), 초기 프로이센의 비슷한 결과에 대해서는 F. J. Neumann, *Die persönlichen Steuern vom Einkommen* (Tübingen,1896)를 참조하라.

709) A. M. Cartter, *The Redistribution of Income in Postwar Britain* (New Haven: Yale University Press, 1955). 또한 *Income Redistribution and Social Policy*, ed. A. T. Peacock (London, 1954)와 R. A. Musgrave, J. J. Carroll, L. D. Cooke and L. Frane, "Distribution of Tax Payments by Income Groups: A Case Study for 1948," *National Tax Journal,* Vol. IV (1951)를 참조하라.

710) 이러한 비관적 진단 중 가장 잘 알려진 것은 W. E. H. Lecky, *Democracy and Liberty* (new ed.; New York, 1899), I, p.347이다. "높은 누진과세는 민주주의에 가장 심각한 최고단계의 위험을 가져온다. 한 계층이 다른 계층에게 요청하지도 않은 부담을 지우는 상태를 만들고, 국가를 거대한 낭비 시스템으로 몰아넣기 때문이다. 이는 전체 비용이 타인에게 전가된다는 믿음하에서 벌어지는 일이다."

711) *Royal Commission on Taxation of Profits and Income, Second Report* (London: H.M. Stationery Office, 1954; cmd. 9105), sec.142.

712) Justice White in *Knowlton v. Moore*, 178 U.S. 41 (1900), 앞의 694번 주석에서 인용한 Blum and Kalven에서 인용함.

713) E. R. A. Seligman, *Progressive Taxation in Theory and Practice* (2d ed.; Baltimore: American Economic Association, 1908), p.298.

714) 711번 주석에서 인용한 보고서 sec.150을 참조하라.

715) 696번 주석에서 인용한 논문 J. R. McCulloch, p.162 또한 *Treatise on Taxation*, p.141. 이 구절은 이후에도 자주 사용됐다. 예를 들어 F. A. Walker, *Political Economy* (2d ed.; New York, 1887), p.491에서도 나타난다.

716) *Final Report of the Royal Commission on the Taxation of Profits and Income* (London: H.M. Stationery Office, 1958; (Cmd. 9474), secs.186~207 특히 p.186을 참조하라. "불규칙한 소득과 고른 소득에 불공평한 부담을 지우는 것은 누진세의 본성이다."

717) '투자 기회의 고갈' 의혹을 가장 떠들썩하게 강조했던 저자들이 이제는 '소득세의 누진성이 강화되어야 한다'라고 요구하는 것은 주목할 만하다. 그들은 또한 "오늘날 미국 정치가 직면한 또 하나의 중요 영역은 우리 소득세의 누진성 문제"라고 강조했다. 그리고 "우리는 분명히 한계 세금달러가 한계 봉급달러보다 더 많은 사회적 효용을 낳고 있는 상황 속에 있다"고 심각하게 주장한다." (A. H. Hansen, "The Task of Promoting Economic Growth and Stability," National Planning Association에서의 연설, February 20, 1956; mimeographed).

718) 이것은 누진세의 정의를 너무 확신하여 국제 규모로 그것을 적용하기 원하는 저자들에게조차 충격인 것처럼 보였다. (J. E. Meade, *Planning and the Price Mechanism* [London, 1948], p.40을 참조하라.) "파운드당 19센트 6다임을 세금으로 내야 하는(즉 97.5%) 재능 있는 작가는 집안일을 대신 해줄 사람에게 5파운드를 지불하기 위해 200파운드를 벌어야만 한다. 그는 글을 쓰는 대신 집안일을 직접 하기로 결정할 것이다. 글쓰기가 집안일보다 40배 이상의 생산성이 있을 때만 분업을 확대하여 글쓰기를 집안일과 바꾸는 것이 이득이 된다."

719) W. A. Lewis, *The Principles of Economic Planning* (London, 1949), p.30. 이 주장은 L. T. Hobhouse, *Liberalism* (London, 1911), pp.199~201에 처음 등장하였으며, 그는 부가세에 대해 다음과 같이 말했다. "어떤 한 개인이 몇명의 개인이 획득한 것만큼 사회에 가치가 있는지에 대한 정중한 의심"이다. 그리고 "연간 5,000 파운드의 소득을 올릴 경우 개인의 산업적 가치는 한계에 도달하게 된다."

720) Wright, op. cit., p.96을 참조하라. "우리의 소득세법은 대부분 일정한 급여를 받는 사람들에 의해 일정한 급여를 받는 사람들의 이득을 위해 입안되고 제정되었음을 기억해야 한다."

721) L. von Mises, *Human Action*, pp.804~805. 또한 Colin Clark, *Welfare and Taxation* (Oxford, 1954), p.51을 참조하라. "높은 과세를 지지하는 많은 사람들은 독점에 대한 진심 어린 반대자들이다. 그러나 만약 과세가 더 낮아진다면 그리고 특히

분배되지 않은 이윤이 과세로부터 면제된다면, 많은 기업들이 생겨날 것이고, 이들은 기존의 독점업체들과 활발하게 경쟁할 것이다. 사실 현재의 과도한 세율은 독점이 강화되는 주요 원인 중 하나다." 비슷한 입장으로 Lionel Robbins, "Notes on Public Finance," *Lloyds B.R.*, October, 1955, p.100이 있다. "적은 재산도 모으기 매우 어렵다는 사실은 기업조직에 상당한 영향을 끼친다. 이러한 결과들이 사회적 이득에 부합하는지 나는 납득되지 않는다. 혁신을 통해 기업을 정착시키고 자산을 축적하는 것이 점점 어려워지고, 대부분의 축적은 빙하기가 도래하기 전 시작된 –주로 과거에 개인 기업이었던– 거대 가족기업 내에서만 이루어지고 있는 것은 이 모든 것의 필연적 결과가 아닌가?"

722) Wright, op. cit., pp.96~103. 또한 J. K. Butters and J. Lintner, *Effects of Federal Taxes on Growing Enterprises* (Boston: Harvard Graduate School of Business Administration, 1945) 참조하라.

723) New York Times, January 6, 1956, p.24의 기사를 참조하라.

724) 대부분의 비용 계정 낭비는 간접적으로 누진세의 결과이다. 왜냐하면 누진세가 없다면, 기업은 실무자들에게 돈을 지급해서 그들로 하여금 대행 비용을 그들 스스로 지출할 수 있도록 유도하는 것이 더 큰 이득이 되기 때문이다. 일반적으로 이해되는 것보다 누진세가 야기하는 법적 비용도 상당히 크다. Blum and Kalven, op. cit., p.431을 참조하라. "단지 세금이 누진적이라는 단순한 사실로 인해 소득세 분야의 변호사 하루 일과가 얼마나 늘어났는지 보는 것은 놀라운 일이다. 아마도 변호사가 맡는 문제의 대부분은 세금이 누진적이라는 이 사실로 인해 야기되었거나 악화되었을 것이다."

21. 통화 체계

725) J. M. Keynes, *The Economic Consequences of the Peace* (London, 1919), p.220.
케인즈의 진술은 "자본주의 체제를 파괴하는 가장 좋은 방법은 통화의 가치를 떨어뜨리는 것이다"라는 레닌의 발언에 자극 받은 것이다. 또한 케인즈가 이후에 쓴 *A Tract of Monetary Reform* (London, 1923), p.45를 참조하라. "오늘날 개인주의적 자본주의는 정확히 개인 투자자에게 저축을 맡기고 생산은 개별 고용주에게 위탁하기 때문에, 가치의 안정적인 척도를 전제해야 한다. 그것 없이는 효율적일 수 없으며 어쩌면 생존이 불가능할 수도 있다."

726) Cf. L. von Mises, *Human Action* (New Haven: Yale University Press, 1949),

pp.429~445.

727) 나는 현대 신용은행이 발전한 만큼 중앙은행과 같은 공공기관이 필요하다는 것을 확신하지만 그들(또는 정부)이 모든 종류의 화폐 발행을 독점하는 것이 필요하거나 바람직한지에 대해서는 의문이 든다. 물론 국가는 다른 누군가가 자신이 발행하는 화폐의 단위명과 동일한 이름의 화폐를 발행하는 경우, 예를 들어 '달러'를 발행하면 그것을 막을 권리가 있다. 그리고 계약을 집행하도록 하는 것이 국가의 기능이므로 계약 의무 이행을 위한 '법정화폐'가 무엇인지 결정할 수 있어야 한다. 그러나 국가가 국내외의 다른 기관이 발행한 상품이나 화폐 등 다른 종류의 교환수단 사용을 왜 금지해야 하는지 그 이유를 찾기 어렵다. 개인의 자유를 보호하기 위한 가장 효과적인 조치 중 하나는 실제로 어떤 종류의 화폐나 귀금속 거래에 대한 평화기의 모든 제한을 금지하는 헌법을 갖추는 것일지도 모른다.

728) 화폐 변동이 야기할 수 있는 이러한 일시적이고 자기역전적인 변화 중 가장 중요한 것은 소비재 및 투자재의 상대적 수요 변화이다. 경기 순환 이론의 모든 논쟁적인 문제를 다루지 않고는 이 문제를 여기서 고찰할 수 없다.

729) 이 문제에 대한 좀 더 상세한 논의는 저자의 *Monetary Nationalism and International Stability* (London, 1937)를 참조하라.

730) R. S. Sayers, *Central Banking after Bagehot* (Oxford, 1957), pp.92~107을 참조하라.

731) Colin Clark, "Public Finance and Changes in the Value of Money," *E. J.*, Vol. LV (1945)를 참조하라. 그리고 J. A. Pechman, T. Mayer, and D. T. Smith in *R.E.&S.*, Vol. XXXIV (1952) 논문의 주장을 참조하라.

732) 본문에 인용된 수치는 Salvator V. Ferrera가 나를 위해 계산한 결과이다. 그의 도움에 정중히 감사드린다. 이 수치는 40년 동안 생계비용지수를 얻을 수 있는 국가에 한정된 자료이다. 본문에서는 의도적으로 대략적인 수치만 제시했다. 이러한 종류의 계산 결과가 대략적인 지표 이상의 것을 제공할 수 있다고 생각하지 않기 때문이다. 여기에서 계산이 행해진 국가의 결과에 대해 소수점 한 자릿수까지 제시하겠다.

733) 프랑스에 대해서는, 1958년 프랑스 프랑의 상당한 환율 인하 및 그에 따른 평가절하를 고려하지 않은 것이다.

734) 전체 200년 동안 이용 가능한 연속적인 지수는 존재하지 않는다. 그러나 근사적인 가격 동향은 Elizabeth W. Gilboy, "The Cost of Living and Real Wages in Eighteenth Century England," *R.E.&S.*, Vol. XVIII (1936)와 R. S. Tucker, "Real Wages of Artisans in London, 1729–1935," *Journal of the American Statis-*

735) 이 언급은 미국 도매물가지수를 기초로 한 것이다(*Bureau of Labor Statistics Chart Series* [Washington: Government Printing Office, 1948], Chart E-11).
736) W. Roepke, Welfare, *Freedom, and Inflation* (London, 1957)을 참조하라.
737) 나의 논문인 "Full Employment, Planning, and Inflation," *Review of the Institute of Public Affairs* (Melbourne, Victoria, Australia), Vol. IV (1950)과 독일어 버전인 *Vollbeschäftigung, Inflation und Planwirtschaft*, ed. A. Hunold (Zurich, 1951)를 참조하라. 그리고 F. A. Lutz, "Inflationsgefahr und Konjunkturpolitik," *Schweizerische Zeitschrift für Volkswirtschaft und Statistik* (XCIII, 1957)와 "Cost- and Demand-Induced Inflation," *Banca Nazionale de Lavoro Quarterly Review*, Vol. XLIV (1958)를 참조하라.
738) J. M. Keynes, *A Tract on Monetary Reform*, p.80.
739) 이 제목의 Henry C. Simon 논문은 *J.P.E.*, Vol. XLIV (1936)에 처음 수록되었으며, *Economic Policy for a Free Society* (Chicago: University of Chicago Press, 1948)에 재수록되었다.
740) 이것은 은행의 필요 준비금의 변화와 같은 새로운 조치에는 아니지만, 적어도 전통적인 통화정책의 도구에는 적용된다.
741) 치명적 오류는 1차 세계대전 이후 영국이 파운드를 그것의 감소된 가치에 대응되도록 금의 가치와 새롭게 연계시키기보다는 이전의 파운드화 가치를 회복시키려고 했던 시도에서 시작되었다. 이는 금본위 원칙에도 맞지 않았을 뿐 아니라, 가장 중요한 고전적인 가르침에도 반하는 것이었다. D. Ricardo는 100년 전 비슷한 상황에 대해 분명히 언급하고 있다. "정부에게 30% 가치가 하락한 통화를 액면 그대로 복원하도록 권해서는 안 된다. 당신이 제안한 내용이지만, 동일하지 않은 방식으로 나는 권고할 것이다. 통화의 표준을 낮추어 인하된 가치로 고정해야 하며 더 이상 편차가 발생하지 않도록 해야 한다." (letter to John Wheatley, September 18, 1821, in *The Works and Correspondence of David Ricardo*, ed. P. Sraffa [Cambridge: Cambridge University Press, 1952], IX, p.73).
742) 물론 금을 완전히 자유롭게 거래하자고 강력히 주장하는 사람들도 있다. 실제로 이 방향으로 나가는 것이 상당히 바람직스러워 보인다. 아마도 서로 다른 나라들이 장애물 없이 서로의 통화를 자유롭게 거래하기로 상호 협약하는 것만큼, 국제 통화의 안정에 기여를 하는 것을 찾기 어려울 것이다(더 나아가 서로의 은행이 서로의 지역에서 자유롭게 영업할 수 있도록 허용해야 한다는 강한 주장도 있다). 그러나 설사 국제통화가 안정적인 국제 표준을 회

복하는 방향으로 진행한다 하더라도, 화폐의 표준 가치에 대한 통제는 여전히 그것에 참여하는 최강대국 당국의 손에 달려 있을 것이다.

743) 나의 논문인 "A Commodity Reserve Currency," *E.J.*, Vol. LIII (1943)를 참조하라. *Individualism and Economic Order* (London and Chicago, 1948)에 재수록되어 있다.
744) 나의 논문인 *Monetary Nationalism and International Stability* 를 참조하라.

22. 주택과 도시계획

745) W. A. Lewis, *The Principles of Economic Planning* (London, 1949), p.32.
746) 이러한 입장을 개선하기 위한 중요한 시도가 최근 R. Turvey, *Economics of Real Property* (London, 1957)에 의해 이루어졌다. E. Cannan의 지방세에 대한 논의를 다룬 초기 저서 중 특히 그의 *History of Local Rates* (2d ed.; London, 1912)와 *Royal Commission on Local Taxation: Memoranda Chiefly Relating to the Classification and Incidence of Imperial and Local Taxes* (London: H.M. Stationery Office, 1899; Cmd. 9528), pp.160~175에 있는 비망록은 여전히 이 중요한 문제에 도움이 되고 있다.
747) Adam Smith, *Lectures on Justice, Police, Revenue, and Arms* (1763년 강의), ed. E. Cannan (Oxford, 1896), p.154.
748) M. Friedman and G. J. Stigler, *Roofs or Ceilings?* (New York: Foundation for Economic Education, 1946), B. de Jouvenel, *No Vacancies* (New York: Foundation for Economic Education, 1948), R. F. Harrod, *Are These Hardships Necessary?* (London, 1948), F. W. Paish, "The Economics of Rent Restriction," *Lloyds B.R.*, April, 1950(저자의 *Post-War Financial Problems* (London, 1950)에 재수록), W. Roepke, *Wohnungszwangswirtschaft— ein europäisches Problem* (Düsseldorf, 1951), A. Amonn, "Normalisierung der Wohnungswirtschaft in grundsätzlicher Sicht," *Schweizer Monatshefte*, June, 1953을 참조하라. 그리고 나의 초기 논문인 *Das Mieterschutzproblem* (Vienna, 1929)와 "Wirkungen der Mietzinsbeschränkungen," *Schriften des Vereins für Sozialpolitik*, Vol. CLXXXII (1929)를 참조하라.
749) 이에 대한 사례는 앞의 주에서 인용한 F. W. Paish의 논문에 실려 있다. 재수록 논문 p.79.
750) 최근에서야 영국과 독일 양국에서 임대료 통제 시스템의 전면 폐지를 위한 체계적인

노력이 이루어졌다. 미국의 뉴욕에서는 이 시스템이 여전히 존재한다.

751) 이 조치들은 세계의 여러 지역에서 인기 없는 소수인종을 몰아내기 위해 자주 사용되었다.

752) Frederick Osborn 경, "How Subsidies Distort Housing Development," *Lloyds B. R*., April, 1955, p.36.

753) 이 문제에 대해서는 Turvey, *op. cit*.와 Allison Dunham, "City Planning: An Analysis of the Content of the Master Plan," *Journal of Law and Economics*, Vol. I (1958)를 참조하라.

754) Frederick Law Olmsted, Patrick Geddes, Lewis Mumford 같은 사람들의 주도하에 이루어진 도시계획 운동이 일종의 반경제학으로 발전한 것은 흥미로운 연구주제가 될 수 있다.

755) 영국 경제학자들을 변명하기 위해 다음과 같이 말할 수도 있다. 만약 입법 준비의 결정적인 단계가 경제학자들이 전쟁 준비에 몰두하고 있었을 때 일어나지 않았다고 한다면, 그리고 도시계획가들에게 더 나은 전후 세계를 구상하기 위한 시간과 자유로운 공간이 주어졌더라면, 그런 부조리들이 법률이 되기는 불가능했을 것이다. 그 법안이 통과될 당시 의회의 어느 누구도 그 의미를 이해하지 못했고, 담당 부서 장관이 자신에게 주어진 권한을 사용하여 개발 이익의 완전한 몰수를 명령할 것이라고 예상하지 못했을 것이라고 말하는 것도 전혀 과장이 아니다. 이 법안에 대해서는 Sir Arnold Plant, "Land Planning and the Economic Functions of Ownership," *Journal of the Chartered Auctioneers and Estate Agents Institute*, Vol. XXIX (1949)를 참조하라. 그리고 이미 언급한 R. Turvey의 저서와 함께 그의 논문인 "Development Charges and the Compensation-Betterment Problem," *E. J*., Vol. LXIII (1953) 그리고 나의 논문인 "A Levy on Increasing Efficiency," *Financial Times* (London), April 26, 27, 28, 1949를 참조하라.

756) C. M. Haar, *Land Planning Law in a Free Society: A Study of the British Town and Country Planning Act* (Cambridge: Harvard University Press, 1951)와 *University of Chicago Law Review*, Vol. XIX (1951~1952)에 실린 나의 서평을 참조하라.

757) 엄밀히 말하면, 개발 이익의 일정 비율을 개발부담금으로 정할 수 있는 권한을 가진 주무부서 장관에 의해 시행된 이 법안은 그것을 100%로 결정했다.

758) Central Land Board, *Practice Notes* (First Series) (London: H.M. Stationery Office, 1949), pp.ii~iii.

759) August Lösch, *The Economics of Location* (New Haven: Yale University Press, 1954), pp.343~344.

23. 농업과 천연자원

760) Edmund Burke, *Thoughts and Details upon Scarcity* (1795), in Works, VII, p.419의 결론 문장에서 인용.
761) E. M. Ojala, *Agriculture and Economic Progress* (Oxford: Oxford University Press, 1952, K. E. Boulding, "Economic Analysis and Agricultural Policy," *Canadian Journal of Economics and Political Science*, Vol. XIII (1947)(*Contemporary Readings in Agricultural Economics*, ed. H. G. Halcrow (New York, 1955)에 재수록), T. W. Schultz, *Agriculture in an Unstable Economy* (New York, 1945), J. Fourastié, *Le grand espoir du XX e siècle* (Paris, 1949), H. Niehaus, *Leitbilder der Wirtschafts- und Agrarpolitik* (Stuttgart, 1957), H. Niehaus and H. Priebe, *Agrarpolitik in der sozialen Marktwirtschaft* (Ludwigsburg, 1956)를 참조하라.
762) Ralph Enfield 경, "How Much Agriculture?" *Lloyds B.R.*, April, 1954, p.30.
763) 이 영역의 통제 조치에 대한 영감이 독일에서 온 것 같다는 사실은 거의 알려져 있지 않기 때문에 이 사실은 언급할 만한 가치가 있다. A. M. Schlesinger, Jr., *The Age of Roosevelt: The Crisis of the Old Order, 1919~1933* (Boston, 1957), p.110의 설명을 참조하라. "20대 후반인 Laura Spelman 록펠러 재단의 Beardsley Ruml은 독일에서 운영되는 농업 통제 프로그램에 감명을 받아 현재 하버드에 있는 John Black에게 그것이 미국의 농장 문제에 적용될 수 있는지 조사해보라고 요청했다. 1929년 Black은 자발적 국내 배분 계획에 대한 세부 사항을 고안해냈다…."
764) Hilde Weber, *Die Landwirtschaft in der volkswirtschaftlichen Entwicklung* ("Berichte über Landwirtschaft," Sonderheft No. 161 [Hamburg, 1955])를 참조하라.
765) '토양 보전'이 경제적 통제의 구실로만 사용된 경우에 대해서는 C. M. Hardin, *The Politics of Agriculture: Soil Conservation and the Struggle for Power in Rural America* (Glencoe, Ill., 1952)를 참조하라.
766) 저개발국가의 문제점과 그들 국가의 경제 개발 지원에 대해서는 특히 P. T. Bauer, *Economic Analysis and Policy in Underdeveloped Countries* (Cambridge: Cambridge University Press, 1958), S. H. Frankel, *The Economic Impact on Under-developed Societies* (Oxford, 1953), F. Benham, "Reflexiones sobre los pais-

es insufficientement desarrollados," *El Trimestre económico*, Vol. XIX (1952), M. Friedman, "Foreign Economic Aid," *Yale Review,* Vol. XLVII (1958)를 참조하라.

767) 오늘날 부유한 국가에서는 농부들에게 정기적으로 너무 많이 지출하고 가난한 국가에서는 일반적으로 너무 적게 지출한다는 상호보완적 모습을 처음 지적한 사람은 내가 알기로 F. W. Paish다.

768) 급속한 산업화가 부의 성장을 가져오기 이전에 농업에서의 잉여 개발이 반드시 필요하다는 중요하고도 잘 알려져 있는 주장은 761번 주석에서 인용한 논문에서 특히 K. E. Boulding에 의해 잘 제시되었다. 재수록 논문의 p.197을 참조하라. "소위 '산업혁명'은 섬유산업에서의 소소한 몇 개의 기술 발전에 의해 이루어진 것이 아니다. 그것은 18세기 상반기에 발달한 가축 개량과 순무, 클로버, 4윤작법 등에 기초한 농업혁명의 직접적 결과였다. 산업사회의 아버지는 직물방적기가 아니라 순무이다."

769) Anthony Scott, *Natural Resources: The Economics of Conservation* (Toronto: University of Toronto Press, 1955), p.37가 지적한 것처럼, '토지경제학의 전체 학파(그리고 그것의 사촌뻘인 제도경제학)'가 크게는 이러한 미국인의 관심에 근원을 두고 있다는 것은 중요하다.

770) P. B. Sears, "Science and Natural Resources," *American Scientist,* Vol. XLIV (1956)와 "The Processes of Environmental Change by Man," *in Man's Role in Changing the Face of the Earth*, ed. W. L. Thomas, Jr. (Chicago: University of Chicago Press, 1956)를 참조하라.

771) 주로 Scott, *op. cit.*, Scott Gordon, "Economics and the Conservation Question," *Journal of Law and Economics*, Vol. I (1958), S. von Ciriacy-Wantrup, *Resource Conservation: Economics and Policies* (Berkeley: University of California Press, 1952)를 참조하라.

772) L. von Mises, *Socialism* (New Haven: Yale University Press, 1951), p.392 그리고 Scott, *op. cit.*, pp.82~85를 참조하라.

773) 나의 *The Pure Theory of Capital* (London, 1941), 7장 특히 p.88을 참조하라.

774) Scott, *op. cit.*, p.8을 참조하라.

775) *Ibid.*, p.97.

24. 교육과 연구

776) J. S. Mill, *On Liberty*, ed. R. B. McCallum (Oxford, 1946), p.95. 또한 95년 후

Bertrand Russell이 그의 강연 "John Stuart Mill," *Proceedings of the British Academy*, XLI (1955), p.57에서 했던 동일한 주제에 대한 논평을 참조하라. "Fichte의 원리를 채택하고 있는 국가들에서의 국가 교육은 그것이 성공적인 경우, 그들에게 요구되는 전쟁이나 박해에 뛰어들 준비가 되어있는 무지한 광신자 무리를 양산하게 된다. (어쨌든 내 견해로는) 이러한 폐해가 너무 크기 때문에 국가 교육이 시작되지 않는 것이 훨씬 더 나은 세상을 만들었을 것이라고 생각한다."

777) Mill, *op. cit.*, pp.94~95를 참조하라. "어린이들의 경우 잘못 적용된 자유의 개념은 국가가 그 의무를 완수하는 데 진정한 방해물이 된다. 어떤 사람들은 자녀가 은유적이 아니라 문자 그대로 자신의 일부라고 생각한다. 따라서 아이들에 대한 절대적이고 독점적인 통제에 법이 최소한이라도 간섭해야 된다는 의견은 지나친 관심이다. 자신의 행동의 자유를 제약하는 그 어떤 것보다 더 지나친 관심이다. 권력보다 보편적 자유의 가치를 덜 중시하는 것이다. 예를 들어 교육의 경우를 생각해보자. 국가가 국민으로 태어난 모든 사람에게 일정한 기준에 따라 교육을 요구하고 강제해야 한다는 것은 자명한 이치가 아닌가?… 만약 정부가 모든 아이들에게 양질의 교육을 시키기로 결심했다면 정부는 스스로 그것을 제공하는 수고를 해서는 안 될 것이다. 어디서 어떻게 만족스러운 교육을 할지는 그들의 부모에게 맡겨야 한다. 국가는 가난한 계층의 아이들에게 학비를 지원하고, 지불할 돈이 전혀 없는 경우 학비 전액을 지원하는 것으로 만족해야 한다. 국가의 교육에 대해 이성적으로 반대하는 사람들은 국가의 교육 집행을 반대하는 것이 아니라, 국가가 교육의 방향을 결정하는 것을 반대하는 것이다. 그것은 완전히 다른 것이다."

778) 역사적으로 대부분의 정부에서 교육을 의무화하는 데 훨씬 결정적인 역할을 한 것은 보편적 참정권 요구보다는 보편적 군복무의 필요성이었다.

779) Wilhelm von Humboldt, *Ideen zu einem Versuch die Gränzen der Wirksamkeit des Staates zu bestimmen* (1792년에 작성됐지만 처음으로 완간된 것은 1851년 Breslau이다.), 6장의 첫 문장과 마지막 문장을 요약했다. 영역본 *The Sphere and Duties of Government* (London, 1854)에서는 이 요약이 목차로 옮겨졌다.

780) Ludwig von Mises, *Nation, Staat und Wirtschaft* (Vienna, 1919)를 참조하라.

781) Milton Friedman, "The Role of Government in Education," in *Economics and the Public Interest*, ed. R. A. Solo (New Brunswick, N.J.: Rutgers University Press, 1955).

782) G. J. Stigler의 미발간 논문인 'The Economic Theory of Education'을 참조하라.

783) 위의 781번 주석에서 인용한 논문에서 M. Friedman이 제시한 흥미로운 제안을 참조

하라. 비록 사람들이 실현 가능성에 대해 의문을 품을 수 있지만, 주의 깊게 연구할 가치가 있다.

784) R. H. Tawney, *Equality* (London, 1931), p.52.
785) 표준 교과목에서는 눈에 띄는 특별한 재능이 없으면서도 지식에 대한 열정을 가진 젊은이들은 현 상황에서 다뤄지지 않는 문제점을 제기하곤 한다. 그 열정은 사실 더 중시되어야 하며, 대학에서 연구한다고 해서 더 높은 차원의 해결책을 얻는 것도 아니다. 과거에 수도원이 담당했던 기능을 대신하는 기관에 대한 강한 요구는 항상 있어왔다. 그곳의 혜택을 받은 사람들은 생활의 안락함과 즐거움을 포기한 대가로, 그들의 성장기에 지식 추구에 전념할 수 있는 기회를 얻을 수 있었다.
786) D. V. Glass에 의해 편집되고 제목이 붙여진 *Social Mobility in Britain* (London, 1954), pp.25~26을 참조하라. 또한 이 책에 대한 A. Curle, *New Statesman and Nation,* N.S., XLVIII (August 14, 1954), p.190의 서평을 참조하라. 여기에서 다음과 같이 언급되고 있다. "교육적 딜레마는 보다 '열린' 사회를 만들고자 하는 욕구가 개인에 대해서는 유연하지만, 단순히 태어날 때의 지능지수에 근거해 엄격히 계층화된 사회를 만들었다는 것이다." 또한 Michael Young, *The Rise of the Meritocracy*, 1870~2033 (London, 1958).
787) Charles P. Snow 경, *Time*, May 27, 1957, p.106.
788) D. Blank and G. J. Stigler, *The Demand and Supply of Scientific Personnel* (New York, 1957).
789) 영국에서 대학은 재정적으로 독립된 기관으로서 수많은 조직이 자체적으로 관리하고 있으며, 정부의 산하 기구였던 과거와 달리 학문적 자유가 심각한 문제가 되지 않고 있다는 사실은 그 의미가 크다.
790) M. Polanyi, *The Logic of Liberty* (London, 1951), 특히 p.33을 참조하라. "학문적 자유는 탐구할 주제를 스스로 선택하고, 외부의 통제로부터 자유롭게 연구를 수행하며, 자신의 견해에 따라 가르칠 수 있는 권리에 있다."
791) T. Jefferson to Joseph C.Cabell, February 3, 1825, in *The Writings of Thomas Jefferson,* ed. by H. A. Washington, Vol. VII (New York, 1855), p.397을 참조하라. Jefferson의 학문의 자유에 대한 반대는 대부분의 교조주의적 민주주의자들처럼 그를 사법권의 독립에 반대하게 한 문제들에 대한 그의 일반적인 입장과 상당히 일치했다는 것을 언급해야 한다.
792) J. R. Baker, *Science and the Planned State* (London and New York, 1945).
793) 여기에서 러시아의 교육 제도에 대해 논의하기는 적절치 않다. 그러나 미국 제도와의

주된 차이점을 간단히 언급하자면, 미국의 체계와 다른 사회 질서와는 거의 관련이 없고 실제로 러시아는 유럽의 전통을 그대로 따르고 있다. 비판적인 측면에서 독일, 프랑스, 스칸디나비아 학교들의 성과 역시 러시아 학교들처럼 다시 연구되어야 한다.

794) John Jewkes, D. Sawers, and R. Stillerman, *The Sources of Invention* (London, 1958)을 참조하라.
795) Von Humboldt, op. cit.

후기

796) Acton, *Hist. of Freedom*, p.1
797) 1855년 J. S. Mill이 "요즘 사회 개혁가들의 거의 모든 프로젝트는 매우 자유 파괴적이다"라고 얘기할 수 있었을 정도로, 거의 한 세기 동안 이는 사실이었다. (나의 저서인 *John Stuart Mill and Harriet Taylor* [London and Chicago, 1951], p.216을 참조하라).
798) B. Crick는 "The Strange Quest for an American Conservatism," *Review of Politics*, XVII (1955), p.365에서 "스스로를 '보수주의자'라고 부르는 일반적인 미국인은 사실은 자유주의자다"라고 옳게 지적했다. 이런 보수주의자들이 자유주의자라는 더 적절한 이름으로 자신을 호칭하는 것을 꺼리는 것은 뉴딜시대 동안에 그 이름이 남용된 데서 비롯된 것으로 보인다.
799) 이 표현은 R. G. Collingwood, *The New Leviathan* (Oxford: Oxford University Press, 1942), p.209에서 나왔다.
800) 영국 수상인 Harold Macmillan이 제목을 특색 있게 지은 프로그래밍 방식의 책인 The Middle Way (London, 1938)를 참조하라.
801) Hugh Cecil 경, *Conservatism* ("Home University Library" [London, 1912]), p.9. "자연적인 보수주의는…. 변화를 싫어하는 경향이다. 그리고 이는 부분적으로 미지의 것에 대한 불신에서 비롯한다."
802) K. Feiling, *Sketches in Nineteenth Century Biography* (London, 1930), p.174에 나온 보수주의자의 자기 묘사적 글에 따르면 "솔직하게 말해서, 우파는 관념에 대해 공포를 가지고 있다. Disraeli의 말대로 하면 '전임자의 실수를 되풀이하는 사람'은 실천적인 사람이 아니다. 오랜 역사에서 그들은 개선에 대해 무조건적으로 반대해왔으며, 조상들을 존경한다고 주장하면서도 나이든 사람의 편견이라며 그들의 의견을 묵살했다. 이러한 입장은 안전하기는 하지만 좀 더 복잡하다. 왜냐하면 우파는 끊임없이 좌파를 따라잡으려고 하고, 자유주의 사상을 반복적으로 주입받아 연명하고 있으며, 따라

서 결코 완벽하지 않은 타협의 상태로 고통 받고 있다는 사실을 덧붙일 수 있다."

803) 내가 핵심이라고 지적했던 이전의 내용을 여기서 다시 반복해서 언급하는 것에 대해 양해를 구한다. [Adam Smith]와 그의 동시대 사람들이 주장했던 개인주의의 주된 장점은 그것이 나쁜 사람들에 의한 폐해를 최소화시킬 수 있는 시스템이라는 점이다. 그것은 우리가 그것을 유지하기 위해 좋은 사람을 찾거나 또는 모든 사람들이 이전보다 더 개선되어야 할 것을 요구하지 않는다. 어떤 때는 좋기도 하고 또는 나쁘기도 하며, 총명하기도 하지만 좀 더 어리석을 때가 많은 다양하고 복잡한 모든 사람들을 이용하는 시스템이다. (*Individualism and Economic Order* [London and Chicago, 1948], p.11).

804) Acton 경, *Letters of Lord Acton to Mary Gladstone*, ed. H. Paul (London, 1913), p.73을 참조하라. "위험은 어떤 특정 계급이 통치에 적합하지 않다는 것이 아니다. 모든 계급은 통치에 적합하지 않다. 자유의 법률(law of liberty)은 인종에 대한 인종의 지배, 신념에 의한 신념의 지배, 계급에 대한 계급의 지배를 철폐하는 경향이 있다."

805) J. R. Hicks는 이러한 맥락에서 "젊은 Disraeli와 Marx와 Goebbels에 의해 그려진 캐리커처"에 대해 올바르게 언급했다. ("The Pursuit of Economic Freedom," *What We Defend*, ed. E. F. Jacob [Oxford: Oxford University Press, 1942], p.96). 이 맥락에서 보수주의자들의 역할에 대해서는 나의 *Introduction to Capitalism and the Historians* (Chicago: University of Chicago Press, 1954), p.19 이하를 참조하라.

806) J. S. Mill, *On Liberty*, ed. R. B. McCallum (Oxford, 1946), p.83을 참조하라. "어떤 공동체가 다른 공동체를 문명화하도록 강제할 권리를 갖고 있는지 나는 알지 못한다."

807) J. W. Burgess, *The Reconciliation of Government with Liberty* (New York, 1915), p.380.

808) Learned Hand, *The Spirit of Liberty*, ed. I. Dilliard (New York, 1952), p.190을 참조하라. "자유의 정신은 그것이 옳다고 확신하지 않는 정신이다." 또한 Oliver Cromwell이 *General Assembly of the Church of Scotland*, August 3, 1650에 보낸 편지에는 자주 인용되는 구절이 들어있다. "원컨대, 그리스도의 품에서, 당신이 틀렸을 수 있다고 생각하시오." 이것이 영국 역사상 유일한 '독재자'의 가장 기억될 만한 발언이라는 데서 중요한 의미가 있다.

809) H. Hallam, *Constitutional History* (1827) ("Everyman" ed.), III, p.90. '자유주의자(liberal)'란 용어는 19세기 스페인의 정당인 liberales에서 유래된 것으로 종종 얘기된다. 나는 이 용어가 Adam Smith 의 W.o.N., II, p.41에서 유래되었다고 좀 더 확신한다. "자유로운 수출과 자유로운 수입의 자유주의적 시스템", 그리고 p.216의 "모든 사람이 평등, 자유, 정의라는 자유주의적 계획에 따라 자신의 이익을 추구하도록

하며."

810) Acton 경 in *Letters to Mary Gladstone*, p.44. 또한 Tocqueville에 대한 그의 평가인 Lectures on the French Revolution (London, 1910), p.357을 참조하라. "Tocqueville은 가장 순수한 자유주의자로서 자유주의 그 자체였으며, 민주주의와 그 비슷한, 평등, 중앙집중화, 공리주의에 대해 깊은 의심이 있었다." 비슷한 내용이 Nineteenth Century, XXXIII (1893), p.885에도 실려 있다. H. J. Laski의 "Alexis de Tocqueville and Democracy," *The Social and Political Ideas of Some Representative Thinkers of the Victorian Age,* ed. F. J. C. Hearnshaw (London, 1933), p.100 내용도 참조하라. "내 생각에 Tocqueville과 Lord Acton이 19세기의 핵심적 자유주의였다는 관점은 반박할 수 없어 보인다."

811) 18세기 초 영국의 관찰자는 "네덜란드인이든 독일인이든 프랑스인이든 이탈리아인이든 터키에서 자란 사람이든, 영국에 살고 있는 외국인은 우리와 어울린 후 얼마 되지 않아 모두 휘그가 되었다"고 지적했다. (G. H. Guttridge, *English Whiggism and the American Revolution* [Berkeley: University of California Press, 1942], p.3에서 인용).

812) 19세기 미국에서 사용된 '휘그'란 용어는, 18세기에 그들이 혁명을 이끌고 독립을 쟁취하고 헌법을 만든 원칙들을 지지했던 기억들이 모두 삭제된 상태였다. 젊은 James Madison와 John Adams가 그들의 정치적 이상을 발전시킨 곳은 휘그 모임이었다(E. M. Burns, *James Madison* [New Brunswick, N.J.: Rutgers University Press, 1938], p.4 참조). Jefferson이 얘기한 것처럼 독립선언 서명자나 헌정위원회에서 강력한 다수를 이루었던 법률가들을 이끈 것은 휘그 원리였다(*Writings of Thomas Jefferson* ["Memorial ed." (Washington, 1905)], XVI, p.156을 참조하라). 휘그 원리에 정통한 사람들은 영국의회의 Foxites 정당과 공유하는 휘그의 전통 색인 '청색과 담황색'의 군복을 워싱턴의 병사들에게 입게 했으며, 그 모습은 Edinburgh Review의 표지를 장식하여 오늘날까지 남아있다. 만약 한 세대의 사회주의자들이 휘그주의(Whiggism)를 그들이 가장 좋아하는 대상으로 삼았다면, 그것은 사회주의의 반대자들이 그 이름을 더욱 옹호하는 근거가 되었을 것이다. 이것은 평등이나 민주주의보다는 자유가 주요 목표였던 마지막 세대인 Gladstonian 자유주의자(Maitland, Acton, Bryce 같은 세대의 사람들)의 신념을 묘사하는 오늘날의 유일한 이름이다.

813) Acton 경, *Lectures on Modern History* (London, 1906), p.218 (나는 Acton의 생각을 재현하기 위해 그의 글을 약간 재배치했다.)

814) S. K. Padover의 *The Complete Madison* (New York, 1953), p.10 서문을 참조하라. "현대적 용어로 Madison은 중도적 자유주의자로 불릴 수 있고, Jefferson은 급진

주의자로 불릴 수 있다." 우리는 E. S. Corwin이 Madison의 후기에 대해 "Jefferson의 압도적 영향력에 굴복했다"고 서술한 것("James Madison: Layman, Publicist, and Exegete," *New York University Law Review*, XXVII [1952], p.285)을 기억해야 하지만, 위의 내용 또한 사실이며 중요하다.

815) 영국 보수당 정책집, *The Right Road for Britain* (London, 1950), pp.41~42를 참조하라. 상당한 정당성을 가지고 이 책은 다음과 같이 주장한다. "(사회 서비스의) 이 새로운 개념은 과반수의 보수당 장관을 보유한 연합정부와 하원에서 보수당 과반수의 완전한 승인을 받아 개발한 것이다…. (우리는) 연금, 질병 및 실업수당, 산업재해수당, 국가보건제도에 대한 원칙을 설정했다."

816) A Smith, *W.o.N.*, I, p.432.

817) *Ibid.*

역자 소개

최지희

고려대학교 중어중문학과와 이화여자대학교 통번역대학원 한중통역학과를 졸업했다. NH증권, 21세기 한중교류협회, 금융연수원, KDI 정책대학원 등에서 강의했으며 다양한 기업체와 정부 기관에서 동시통역 및 번역을 진행했다. 최근에는 영어와 중국어 전문번역가로 활동하고 있다. 옮긴 책으로는 〈하버드 경제학〉, 〈화폐의 몰락〉, 〈금의 귀환〉, 〈마윈, 내가 본 미래〉, 〈중국의 미래〉, 〈네이비씰 승리의 리더십〉 등이 있다.